近代物理实验

主　编　张立辉
副主编　牛晓娟　田　玉

科学出版社
北　京

内 容 简 介

本书选编了近代物理发展过程中起过重大作用的著名实验，以及近代物理实验技术中有广泛应用的典型实验. 全书共 21 个实验，分上篇和下篇. 上篇由误差分析与数据处理、弗兰克-赫兹实验、黑体辐射、密立根油滴实验、钠原子光谱、塞曼效应、脉冲核磁共振、气体放电中等离子体的研究、光拍频法测光速、声光效应与超声光栅测声速、X 射线实验、激光拉曼光谱 11 个实验组成. 下篇由巨磁电阻效应、LED 光电特性、光电传感器件的光谱特性、太阳能光伏电池实验、液晶电光效应、真空镀膜及膜厚测量、磁控溅射镀膜、化学气相沉积技术制备纳米材料、材料光学性能测试分析、接触角测量实验 10 个实验及两个附录组成，编排与上篇基本相同. 上篇偏重于一些著名实验，下篇偏重于光和材料应用实验，以及开放性物理虚拟仿真实验教学系统介绍和综合创新实验范例说明. 本书重点在于阐述实验的物理思想和方法，注重培养学生实验能力和良好的实验素质，并在实验技能和创新方面获得必要的训练.

本书可作为普通理工科大学物理专业或与物理相关专业“近代物理实验”课的教学用书，也可作为从事实验教学教师和工程技术人员的参考书.

图书在版编目(CIP)数据

近代物理实验/张立辉主编. —北京：科学出版社，2017.9
ISBN 978-7-03-054667-8

Ⅰ. ①近… Ⅱ. ①张… Ⅲ. ①物理学-实验 Ⅳ. ①O41-33

中国版本图书馆 CIP 数据核字(2017)第 238525 号

责任编辑：窦京涛/责任校对：彭珍珍 杜子昂
责任印制：吴兆东/封面设计：迷底书装

科 学 出 版 社出版
北京东黄城根北街 16 号
邮政编码：100717
http://www.sciencep.com

北京京华虎彩印刷有限公司印刷
科学出版社发行 各地新华书店经销

*

2017 年 9 月第 一 版 开本：787×1092 1/16
2018 年 1 月第二次印刷 印张：30
字数：710 000

定价：79.00 元

(如有印装质量问题，我社负责调换)

前　言

“近代物理实验”是为物理类专业高年级学生开设的一门综合性较强的基础实验课程. 该课程以一些著名经典实验和在近代物理实验技术中有广泛应用的典型实验为教学内容. 它不仅能使学生掌握如何用实验方法观察物理现象、研究物理规律，更能够让学生了解近代实验技术在许多科学研究领域与工程实践中的广泛应用，有助于开阔学生的视野，培养他们理论联系实际，以及刻苦学习的钻研精神.

由于该课程的知识面广、难度大，所需的实验装置比较昂贵，所以一般高校，特别是地方院校开设该课程困难较大. 为此，我们吸取近十年来开设该实验课程的经验，结合当前科技发展和教学改革精神，重新编写了本书，并结合江汉大学网上在线课程，为一般院校(特别是地方应用型院校)提供一本较容易接受的近代物理实验教材.

本书在选题方面希望做到基础与应用并重，既考虑现代应用研究的前沿性，又照顾到传统的训练题材. 因此，在保证基础物理内容的同时，注重加强应用技术，特别是光和材料方面的选题，以培养学生应用物理知识、开展创新思维和解决实际问题的能力. 本书 21 个实验中，不但有在近代物理发展过程中起过重大作用的一些著名实验，也有在近代物理实验技术中有广泛应用的典型实验. 本书结合学生创新能力培养，吸收了一些综合创新实验范例，并介绍江汉大学开放性物理虚拟仿真实验教学系统.

本书的出版得到了教育部高等学校物理学与天文学教学指导委员会桑建平教授的关注和支持，并提出了宝贵意见，在此表示衷心的感谢.

实验教学工作是一项群体性的工作，此书的编写及实验内容的改进、改革都凝聚着众多同志的心血. 对于本书的编写和出版，江汉大学校、院领导给予了大力支持. 近代物理实验室的全体人员及相关专业的老师做了很多的工作. 在此我们谨向他们致以诚挚的谢意.

根据我们的经验，在课时安排上，每个实验用 4～5 个学时，其中 1 个学时教师检查预习情况，学生熟悉实验设备，并完善预习报告，3～4 个学时做实验，效果较好. 这样更有利于随时发现问题和改正错误、逐步掌握仪器设备的操作和使用方法，尽可能获得准确的测量结果，因此要求学生在上课前做好充分的预习工作.

参加本书编写工作的有近代物理实验室的张立辉、牛晓娟、田玉、谭小平、涂亚芳和徐彬. 实验一、实验二由张立辉执笔，实验三～实验十二、实验十七由牛晓娟执笔，实验十三～实验十六、实验十八～实验二十一由田玉执笔，误差分析与数据处理、附录 A 和附录 B 由张立辉执笔. 本书由张立辉统稿、定稿.

由于编者水平有限，书中难免有不当之处，敬请读者批评指正.

编　者

2017 年 8 月

目　录

上　篇

误差分析与数据处理 …… 3
　一、测量误差与不确定度 …… 3
　二、随机变量的概率分布 …… 7
　三、数据分析与处理 …… 15
　四、测量结果的不确定度评定 …… 21
　五、最小二乘法和曲线拟合 …… 24
实验一　弗兰克–赫兹实验 …… 31
实验二　黑体辐射 …… 42
实验三　密立根油滴实验 …… 67
实验四　钠原子光谱 …… 77
实验五　塞曼效应 …… 99
实验六　脉冲核磁共振 …… 113
实验七　气体放电中等离子体的研究 …… 136
实验八　光拍频法测光速 …… 159
实验九　声光效应与超声光栅测声速 …… 170
实验十　X 射线实验 …… 184
实验十一　激光拉曼光谱 …… 210

下　篇

实验十二　巨磁电阻效应 …… 229
实验十三　LED 光电特性 …… 249
实验十四　光电传感器件的光谱特性 …… 275
实验十五　太阳能光伏电池实验 …… 292
实验十六　液晶电光效应 …… 313
实验十七　真空镀膜及膜厚测量 …… 326
实验十八　磁控溅射镀膜 …… 345
实验十九　化学气相沉积技术制备纳米材料 …… 361
实验二十　材料光学性能测试分析 …… 372
实验二十一　接触角测量实验 …… 387

参考文献 …… 401
附录 A 综合创新实验项目范例 …… 403
一、综合性光学实验测微小长度 …… 403
二、基于硫化铋光敏器件的设计 …… 409
三、铁氧体温度测量仪的设计 …… 416
四、利用双霍尔探头测螺线管中低频交变磁场 …… 425
五、护目镜设计 …… 429
附录 B 开放性物理虚拟仿真实验教学系统简介 …… 437
一、开放性物理虚拟仿真实验教学内容和课程体系构建说明 …… 437
二、物理实验开放式教学管理系统及数据库介绍 …… 439
附表 A 常用物理常数表 …… 466
附表 B 标准正态分布函数 $N(x;0,1)$ 数值表 …… 467
附表 C χ^2 分布的 $\chi_{\xi}^2(\nu)$ 数值表 …… 469

上 篇

误差分析与数据处理

物理实验离不开对各种物理量的测量，测量的结果总是或多或少地偏离真值，而且都毫无例外地包含一定数量的测量误差，没有误差的测量结果是不存在的. 测量误差存在于一切测量中，贯穿于测量的全过程. 无论在实验的设计阶段(确定实验方法、选择测量仪器和测量条件)，还是在实验的操作、控制及实验后对测量数据进行分析处理的过程，均需要运用误差的知识，以最大限度地减少误差，使实验结果更接近于被测量量的真值，做到能正确地表达实验结果，并做出科学的结论.

在近代物理实验中，通常要用到较为综合的实验技术，以及较为复杂的实验设备，其测量值有些比较精确，有些具有明显的统计涨落，其测量过程有些需要严格控制条件，有些只能获取微弱的信息……. 因此，只有提高误差理论水平，才能理解好实验设计，从而有效地进行实验测量和数据处理，对实验结果做出正确评价和分析.

不确定度是测量结果的测度，没有不确定度说明，测量结果将无从比较. 1993 年，国际计量局(BIPM)等 7 个国际组织发表了《测量不确定度表示指南》. 这一权威性文献，对计量和科学实验工作极其重要. 下面我们从误差和不确定度的基本概念开始，着重介绍常用的误差理论分析和数据处理知识，阐述误差分析的概率统计理论基础. 希望帮助读者提高实验误差分析和数据处理能力，学会用不确定度表示实验测量结果.

一、测量误差与不确定度

当我们对某一物理量进行测量时，总会受到测量环境、方法、仪器及测量者等诸多因素的影响，使得测量值偏离真值，即相对于真值存在着测量误差.

$$\text{测量误差} = \text{测量值} - \text{真值}$$

何谓真值？真值就是在特定条件下一个物理量客观存在的量值，与测量所用的理论方法及仪器无关. 当被测量的过程完全确定，且所有测量的不完善性完全排除时，测量值就等于真值. 这就是说，真值是一个理想的概念，只有通过完善的测量才能获得. 然而，严格完善的测量难以做到，故真值很难确定.

在实践中，有些物理量的真值或从相对意义上来说的真值是可以知道的，这有如下几种：

(1) 理论真值：理论公式表达值或理论设计值等.

(2) 计量单位制中的约定真值：国际单位制所定义的 7 个基本单位，根据国际计量大会的共同约定，凡满足上述定义条件而复现出的有关量值.

(3) 标(基)器相对真值：凡高一级标准器的误差是低级或变通测量仪器误差的 $\frac{1}{20}$ ～ $\frac{1}{3}$ 时，可认为前者是后者的相对真值.

在科学实验中，真值是在无系统误差的情况下，观测次数无限多时所求得的平均值. 但实际测量总是有限的，故用有限次测量所求得的平均值作为近似真值，又称最佳估计值、约定值或参考值.

1. 误差(error)

1) 误差的定义：量值与真值之间的差异

(1) 绝对误差(absolute error). 某物理量的测量值与其真值之差称为绝对误差(ε)，简称误差，它是测量值偏离真值大小的反映. 设被测物理量的真值为 x_0，则通过直接测量或间接测量得到的物理量的测量值 x 的绝对误差为

$$\varepsilon = x - x_0 \tag{0-1}$$

(2) 相对误差(relative error). 绝对误差与真值的比值所表示的误差大小称为相对误差. 真值不能确定时用最佳估计值，即多次测量的算术平均值 $\bar{x}$. 相对误差为

$$E = \frac{\varepsilon}{\bar{x}} \times 100\% \tag{0-2}$$

当绝对误差很小，即 $\frac{x}{\varepsilon} \gg 1$ 时，$E = \frac{\varepsilon}{x} \times 100\%$，由此可见，相对误差是评价测量值准确与否的客观标准.

相对误差还有一种简便实用的形式——引用误差. 它在多挡或连续刻度的仪表中应用广泛. 引用误差定义为

$$引用误差 = \frac{绝对误差}{仪表量程} \times 100\%$$

其中，绝对误差为仪表量程范围内可能出现的最大绝对误差.

在热工、电工仪表中，正确度等级一般都是用引用误差来表示的，通常分成 0.1、0.2、0.5、1.0、1.5、2.5 和 5 七级，这些数值表示该仪表最大引用误差的大小，但并不能认为该仪表在各个刻度上的测量都具有如此大的误差. 如某仪表的正确度等级为 S 级，即表明该仪表的最大引用误差不超过 $S\%$，其满量程的刻度值为 X，实际测量值为 $x(x \leqslant X)$，则

$$\varepsilon \leqslant X \cdot S\%, \quad E \leqslant \frac{X}{x} \cdot S\%$$

故 x 越接近 X，其准确度越高；x 越远离 X，其准确度越低. 因此，用这类仪表测量时，应选合适的量程挡，尽可能使测量点处在 2/3 量程以上.

2) 误差的分类

误差可分为两大类：系统误差、随机误差(或称偶然误差).

(1) 系统误差：是指在相同条件下用相同的方法，多次测量同一物理量，保持恒定或以预知方式变化的测量误差称为系统误差. 它包含两类：一是固定值的系统误差，其值(包

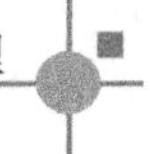

括正负号)恒定；二是随条件变化的系统误差，其值以确定的、已知的规律随某些测量条件变化，而且这种误差不能用重复多次测量的方法来限制或消除，只能从方法、理论、仪器等方面的改进与修正来实现，表现出恒偏大、恒偏小或周期性的特点.

系统误差来源于测量装置(标准器、仪器、附件和电源等的误差)，环境(温度、湿度、气压、振动和电磁辐射等影响)，方法(理论公式的近似限制或测量方法的不完善)，以及实验者自身(如感官不完善、具有某种习惯和偏向等)等方面. 其产生原因往往可知或能掌握，一经查明就应设法消除其影响，对于未能消除的系统误差，若它的符号和大小是确定的，则可以对测量值加以修正；若它的符号和大小都不确定的，可设法减小其影响并估计出误差范围.

(2)随机误差：在一定条件下多次重复测量同一物理量时，每次的观测值仍可能不相同，也就是存在着误差，这种误差的绝对值和符号以随机的方式变化着，这类误差称为随机误差. 这类误差来自于大量的微小的干扰. 其影响程度表现为随机特性，增加测量次数可减小其影响. 如果在相同的宏观条件下，对某一物理量进行多次测量，当测量次数足够多时，便可发现这些测量值呈现出一定的规律性——统计规律性，即它们服从某种概率分布.

随机误差来源于许多不可控因素的影响，如仪器性能的微小波动，观察者感官分辨力的统计涨落，周围环境(如温度、湿度、气压、气流和微振等)的无规起伏，测量对象本身的不确定性等.

随机误差的特点：①随机误差的有界性，在某确定条件下，误差的绝对值不会超过一定的限度；②随机误差的单峰性，绝对值小的误差出现的概率比绝对值大的误差出现的概率大，最小误差出现的概率最大；③随机误差的对称性，绝对值相等的正负误差出现的概率相等；④随机误差的抵偿性，在多次重复测量中，由于绝对值相等的正负误差再现的次数相等，所以全部误差的算术平均值随着测量次数的增加趋于零，即随机误差具有抵偿性. 抵偿性是随机误差最本质的统计特性，凡是具有相互抵偿特性的误差，原则上可按随机误差来处理.

3)误差的表示方法

(1)算术平均误差.

在一组测量中，用全部测量值的随机误差值的算术平均值来表示，即

$$\delta = \frac{\sum_{i=1}^{n}\left|x_i - \overline{x}\right|}{n} \tag{0-3}$$

式中，x_i为各测量值，$i=1,2,\cdots,n$为测量次数；$\overline{x}$为该测量组测量的算术平均值.

这种表示方法已经考虑到了观测次数对随机误差的影响，但是各次数观测中相互符合的程度不能予以反映. 因为一组测量中，偏差彼此接近的情况与另一组测量中偏差有大、中、小的情况，两者的算术平均误差很可能相等.

(2)标准误差(又称均方根误差).

它是观测值与真值偏差的平方和与观测次数的比值的平方根，即

$$\sigma(x)=\lim_{n\to\infty}\sqrt{\frac{1}{n}\sum_{i=1}^{n}(x_i-x_0)^2} \tag{0-4}$$

在实际测量中，观测次数总是有限的，真值只能用最佳估计值来替代，此时的标准差用实验标准(偏)差——贝塞尔法计算，即

$$s(x)=\sqrt{\frac{1}{n-1}\sum_{i=1}^{n}(x_i-\overline{x})^2} \tag{0-5}$$

有限次测量的算术平均值亦为随机变量，其实验标准差可用平均值的实验标准差表示，即

$$s(\overline{x})=\frac{s(x)}{\sqrt{n}}=\sqrt{\frac{1}{n(n-1)}\sum_{i=1}^{n}(x_i-\overline{x})^2} \tag{0-6}$$

平均值的实验标准差 $s(\overline{x})$ 比任何一次测量的实验标准差 $s(x)$ 都小，增加测量次数可以减少平均值的实验标准差，提高测量的准确度. 但是，当 $n>10$ 以后，n 再增加时，$s(\overline{x})$ 减小缓慢，因此，在物理实验教学中一般取 n 为 6～10 次.

4)几个重要概念

(1)精密度，简称精度(precision)：表示测量结果中随机误差大小的程度，即在一定条件下，进行多次、重复测量时，所得测量结果彼此之间符合的程度，通常用随机的不确定度来表示(图 0-1(a)).

(2)正确度(correctness)：表示测量结果中系统误差大小的程度，即在规定条件下，测量中所有系统误差的综合(图 0-1(b)).

(3)准确度，又称精确度(accuracy)：是测量结果中系统误差与随机误差的综合，它表示测量结果与其真值的一致程度. 从误差的观点看，准确度反映了测量的各类误差的综合. 如果所有已定系统误差已经修正，那么准确度可用不确定度来表示(图 0-1(c)).

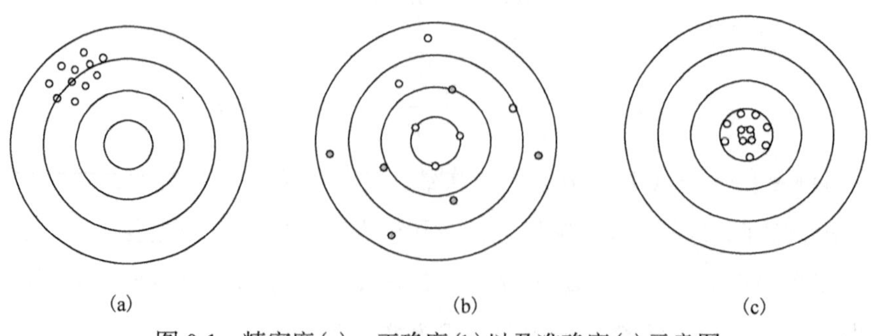

图 0-1　精密度(a)、正确度(b)以及准确度(c)示意图

2. 不确定度(uncertainty)

不确定度是由于测量误差的存在而对被测量值不能肯定的程度. 它是说明测量结果的一个参数，用于表征合理赋予被测量值的分散性，或者说，它是表征被测量真值所处量值范围的一个评定. 由此可见，不确定度与误差有区别，误差是一个理想的概念，一般不能准确知道，但不确定度反映误差存在的分布范围，即随机误差分量和未定系统误差分量综合的分布范围，可由误差理论求得. 表达方式有系统不确定度、随机不确定度和总不确定度. 不确定度一般包含多个分量，按其数值的评定方法可归并为两类：A 类，由统计分析方法评定的不确定度分量；B 类，由其他方法评定的不确定度分量.

系统不确定度实质上就是系统误差限度，常用未定系统误差可能不超过的界限或半区间宽度来表示. 随机不确定度实质上就是随机误差对应于置信概率 $1-\alpha$（α为显著性水平)时的置信区限 $\pm k\sigma$，当置信因子为 $k-1$时，标准误差 σ 就是随机不确定度，此时置信概率(按正态分布)为 68.27%. 总不确定度是由系统不确定度与随机不确定度按合成方差的方法合成而得到的，它反映了测量结果中未能确定的量值的范围. 不确定度是测量结果的测度，没有不确定度说明，测量结果将无从比较.

总之，不确定度是未定误差的特征描述，而不是具体的误差大小和符号，故不确定度不能用来修正测量结果.

二、随机变量的概率分布

由于随机变量受到不同因素的影响，或者物理现象本身的统计差异，所以随机变量的概率分布形式多种多样，这里讨论几种常用的分布，要注意掌握其概率函数(或概率密度函数)的数字特征量.

1. 几个基本概念

1)随机事件及概率

在一定条件下，现象 A 可能发生，也可能不发生，而且只有这两种可能性. 我们把发生现象 A 的事件称为随机事件 A.

在物理实验中，有许多被测量对象本身具有随机性. 例如，宏观热力学量(温度、密度、压强等)的数值都是统计平均值. 原子和原子核等微观领域的统计涨落现象也非常明显，这就使得实验观测值不可避免地带有随机性.

如果在一定条件下进行了 N 次试验，其中事件 A 发生了 N_A 次，则比值 N_A/N 称为事件 A 发生的频率. 当 $N\to\infty$ 时，频率的极限称为事件 A 的概率，记为 $P_r(A)$，即

$$P_r(A)=\lim_{N\to\infty}\frac{N_A}{N} \tag{0-7}$$

2) 随机变量

如果所研究的各个随机事件可以分别用一个数来表示，则这个数就是随机事件的函数，称为随机变量. 在物理量的测量中，测量结果为某一个特定的数值，是一随机事件，这个数值就是随机变量的取值.

随机变量全部可能取值的集合称为母体或总体. 一次测量得到的是随机变量的一个具体数值，称为随机变量的一个随机数. 如果总共进行了 N 次独立的实验得到随机变量的 N 个随机数 $(x_1, x_2, \cdots, x_N)$，则称为随机变量的一个随机子样(或称为样本)，简称子样. 一个子样中随机数的数目 N 称为子样的容量. 物理量的测量结果总是获得某些随机变量的子样，子样的容量由重复测量的次数决定.

随机变量按其取值情况分为离散型与连续型. 只能取有限个可数的一串数值的随机变量称为离散型随机变量；可能值布满某个区间的随机变量称为连续型随机变量. 在核物理实验和单光子计数实验中，粒子或光子的计数是离散型的随机变量，然而在物理量的测量中，更多见的是连续型的随机变量.

3) 分布函数、概率函数和概率密度函数

无论是离散型还是连续型的随机变量，其可能的全部取值可以排列在实数轴上，即实数轴上的一个子集合. 设有一随机变量 X，x 为排列在实数轴上的任一取值，则函数

$$F(x) = P\{X \leqslant x\} \tag{0-8}$$

称为 X 的分布函数. 表明分布函数在 x 处的取值，等于 X 取值小于等于 x 这样一个随机事件的概率. 因此，若已知 X 的分布函数，我们就知道了 X 在任一区间 $[x_1, x_2]$ 上的概率，从这个意义上说，分布函数完整地描述了随机变量的统计规律性.

如果将 X 看成是数轴上随机点的坐标，那么分布函数 $F(x)$ 在 x 处的函数值就表示 X 落在区间 $[-\infty, x]$ 上的概率.

分布函数 $F(x)$ 具有以下基本性质：

(1) $F(x)$ 是一个不减函数；

(2) $0 \leqslant F(x) \leqslant 1$，且 $F(-\infty) = \lim\limits_{x \to -\infty} F(x) = 0, F(\infty) = \lim\limits_{x \to \infty} F(x) = 1$.

对于离散型随机变量 X，只能取可数的数值 $x = x_1, x_2, x_3, \cdots$，除了用分布函数描述外，还可用概率函数 $P(x)$ 来描述它的分布. 概率函数在某一点 x_i 的取值等于随机变量 X 取值为 x_i 的概率，即

$$P(x_i) = P_r(X = x_i) \tag{0-9}$$

由分布函数和概率函数的定义可得

$$F_x(x) = \sum_{x_i = x} P_i(x_i) \tag{0-10}$$

对于连续型随机变量，可以引入概率密度函数 $p(x) = \mathrm{d}P(x) / \mathrm{d}x$ 来描述概率分布，则

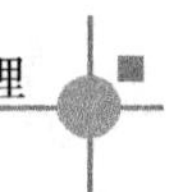

$$P(x)=\int_{-\infty}^{x} p(x)\mathrm{d}x \tag{0-11}$$

由归一化条件有

$$\int_{-\infty}^{\infty} p(x)\mathrm{d}x = P(\infty)=1$$

随机变量在区间$[a,b]$内取值的概率$P_r(a\leqslant x\leqslant b)$称为区间$[a,b]$的概率含量. 显然，区间$[a,b]$的概率含量为

$$P_r(a\leqslant x\leqslant b)=P(b)-P(a)=\int_{a}^{b} p(x)\mathrm{d}x \tag{0-12}$$

上述关于分布函数、概率函数和概率密度函数的概念都可推广到多个随机变量的情形. 特别是当X和Y是两个相互独立的随机变量时，由概率论可得，它们的联合概率密度函数等于各自的概率密度函数的乘积，即

$$p(x,y)=p(x)\cdot p(y) \tag{0-13}$$

2. 概率分布的数字特征量

随机变量在不同形式的分布中，常用一些有共同定义的数字特征量来表征它们，而最重要的特征量是随机变量的期望值和方差.

1）随机变量的期望值

随机变量的期望值定义为

$$\langle x\rangle=\int_{-\infty}^{\infty} xp(x)\mathrm{d}x \tag{0-14}$$

期望值的物理意义是做无穷多次重复测量时，测量结果的平均值. 根据期望值的定义可得

$$\int_{-\infty}^{\infty}\left(x-\langle x\rangle\right)p(x)\mathrm{d}x=0 \tag{0-15}$$

上式表明x分布在期望值的周围，但期望值和概率密度函数取极大值的位置未必重合.

现在，把随机变量期望值的概念加以推广，如随机变量x的函数$f(x)$的期望值定义为

$$\langle f(x)\rangle=\int_{-\infty}^{\infty} f(x)p(x)\mathrm{d}x \tag{0-16}$$

2）随机变量的方差

随机变量的方差（通常以$V(x)$或$\sigma^2(x)$标记）定义为

$$V(x)=\sigma^2(x)=\int_{-\infty}^{\infty}\left(x-\langle x\rangle\right)^2 p(x)\mathrm{d}x \tag{0-17}$$

方差描述随机变量围绕期望值分布的离散程度，也即随机变量取值偏离期望值起伏的大小. 方差的正平方根$\sigma(x)$称为随机变量x的标准误差，简称标准差.

根据方差的定义，由式(0-17)不难证明

$$\sigma^2(x)=\langle x^2\rangle-\langle x\rangle^2 \tag{0-18}$$

3) 两个随机变量的协方差

两个随机变量的协方差定义为

$$\mathrm{Cov}(x,y)=\iint_{-\infty}^{\infty}\big(x-\langle x\rangle\big)\big(y-\langle y\rangle\big)p(x,y)\mathrm{d}x\mathrm{d}y \tag{0-19}$$

协方差描述两随机变量的相关程度. 由定义式必然有$\mathrm{Cov}(x,y)=\mathrm{Cov}(y,x)$. 若两随机变量相互独立，则有$\mathrm{Cov}(x,y)=0$；若$\mathrm{Cov}(x,y)\neq 0$，则有两随机变量一定不相互独立；但若$\mathrm{Cov}(x,y)=0$，两随机变量可能相互独立，也可能相互不独立，通常还要用相关系数$\rho(x,y)$来描述两随机变量的相关程度

$$\rho(x,y)=\frac{\mathrm{Cov}(x,y)}{\sigma(x)\sigma(y)} \tag{0-20}$$

根据协方差定义，不难证明

$$\mathrm{Cov}(x,y)=\langle xy\rangle-\langle x\rangle\langle y\rangle \tag{0-21}$$

3. 几种常用的概率分布

由于随机变量受到不同因素的影响，或者物理现象本身的统计性差异，随机变量的概率分布形式多种多样. 这里讨论几种常用的分布，要注意掌握其概率函数(或概率密度函数)和数字特征量.

1) 二项式分布

若随机事件A发生的概率为P，则不发生的概率为$(1-P)$，现在讨论在N次独立试验中事件A发生k次的概率，显然k是一个离散型随机变量，可能取值为0，1，2，…，N. 对于这样一个随机事件，可导出其概率分布为

$$p(k)=\frac{N!}{k!(N-k)!}P^k(1-P)^{N-k} \tag{0-22}$$

式中，因子$N!/[k!(N-k)!]$代表N次试验中事件A发生k次，而不发生$(N-k)$次的各种可能组合数. 若令$q=1-P$，则这个概率表达式刚好是二项式展开

$$(P+q)^N=\sum_{k=0}^{N}\frac{N!}{k!(N-k)!}P^kq^{N-k} \tag{0-23}$$

中的项，因此式(0-22)所表示的概率分布称为二项式分布.

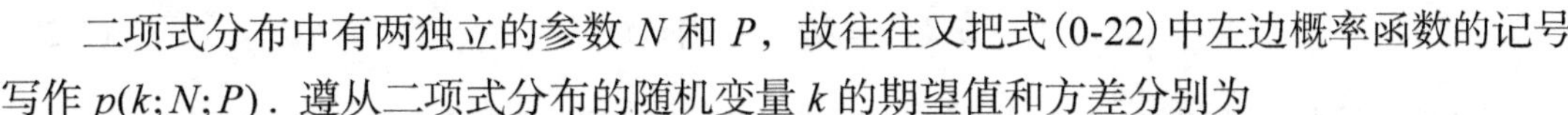

二项式分布中有两独立的参数 N 和 P，故往往又把式(0-22)中左边概率函数的记号写作 $p(k;N;P)$. 遵从二项式分布的随机变量 k 的期望值和方差分别为

$$\langle k\rangle=\sum_{k=0}^{N}k\frac{N!}{k!(N-k)!}P^k(1-P)^{N-k}=NP \tag{0-24}$$

$$\sigma^2(k)=\langle k^2\rangle-\langle k\rangle^2=NP(1-P) \tag{0-25}$$

二项式分布有许多实际应用. 例如，穿过仪器的 N 个粒子被探测到 k 个的概率，或 N 个放射性核经过一段时间后衰变为 k 个的概率等，这些问题的随机变量 k 都服从二项式分布.

2)泊松分布

对于二项式分布，若 $N\to\infty$，且每次试验中 A 发生的概率 $P\to 0$，但期望值 $\langle k\rangle=NP$ 趋于有限值 m，则在这种极限情况下其分布如何？

由二项式分布函数式

$$p(k)=\frac{1}{k!}\cdot\frac{N!}{(N-k)!}P^k(1-P)^{N-k} \tag{0-26}$$

可知，当 $N\to\infty$ 时，有

$$\lim_{N\to\infty}\frac{N!}{(N-k)!}=N^k$$

$$\lim_{N\to\infty}N^kP^k=m^k$$

$$\lim_{x\to\infty}(1-P)^{N-k}=\mathrm{e}^{-m}$$

可得到

$$p(k)=\frac{m^k}{k!}\mathrm{e}^{-m} \tag{0-27}$$

上式表示的概率分布称为泊松分布. 可见泊松分布是二项式分布的极限情况.

注意到 $P\to 0$ 时，$NP\to m$，利用式(0-24)和式(0-25)，可得到遵从泊松分布的随机变量 k 的期望值和方差分别为

$$\langle k\rangle=NP=m \tag{0-28}$$

$$\sigma^2(k)=NP(1-P)=m \tag{0-29}$$

因此，泊松分布只有一个参数 m，它等于随机变量的期望值或方差. 例如，一块放射性物质在一定时间间隔内的衰变数，一定时间间隔内计数器记录到的粒子数，高能荷电粒子在某一固定长度的路径上的碰撞次数等，都遵从泊松分布.

3) 均匀分布

若连续随机变量 x 在区间 $[a,b]$ 上取值恒定不变，则这种分布为均匀分布，均匀分布的概率密度函数为

$$p(x)=\begin{cases}\dfrac{1}{b-a}, & a<x<b\\ 0, & \text{其他}\end{cases} \tag{0-30}$$

其几何表示见图 0-2.

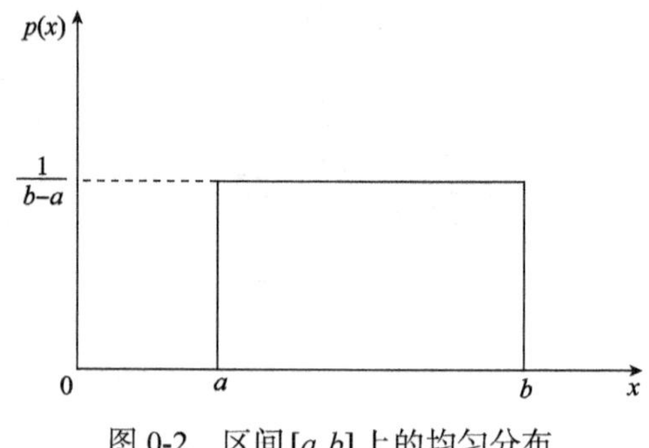

图 0-2　区间 $[a,b]$ 上的均匀分布

均匀分布的期望值和方差为

$$\langle x\rangle=(a+b)/2 \tag{0-31}$$

$$\sigma^2(x)=\frac{(b-a)^2}{2} \tag{0-32}$$

实验工作中常用 $[0,1]$ 区间的均匀分布，若用 r 表示该区间的随机变量，其概率密度函数为

$$p(r)=\begin{cases}1, & 0<r<1\\ 0, & \text{其他}\end{cases} \tag{0-33}$$

这种分布如图 0-3 所示，随机变量 r 在该区间的期望值和方差，读者不难求得.

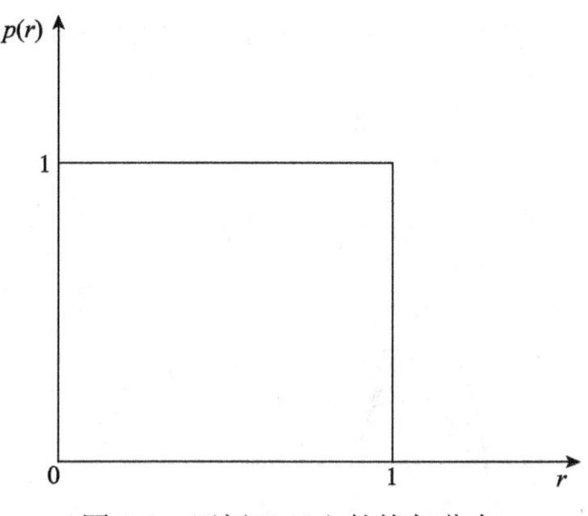

图 0-3　区间 [0,1] 上的均匀分布

均匀分布是一种最简单的连续型随机变量分布，数字式仪表末位 ± 1 量化误差、机械传动齿轮的回差、数值计算中凑整的舍入误差等都遵从均匀分布.

4) 正态分布

实际应用中最重要的概率分布是正态分布(又称高斯分布). 正态分布的概率密度函数为

$$p(x)=\frac{1}{\sigma\sqrt{2\pi}}\exp\left[-\frac{1}{2}\left(\frac{x-\mu}{\sigma}\right)^2\right] \tag{0-34}$$

式中，x 是连续型随机变量; μ 和 σ 是分布参量，且 $\sigma>0$. 为了标志其特征，通常又用 $n(x;\mu,\sigma^2)$ 表示正态分布概率密度函数，用 $N(x;\mu,\sigma^2)$ 表示正态分布的分布函数，即

$$n(x;\mu,\sigma^2)=\frac{1}{\sigma\sqrt{2\pi}}\exp\left[-\frac{1}{2}\left(\frac{x-\mu}{\sigma}\right)^2\right] \tag{0-35}$$

$$N(x;\mu,\sigma^2)=\frac{1}{\sigma\sqrt{2\pi}}\int_{-\infty}^{x}\exp\left[-\frac{1}{2}\left(\frac{x-\mu}{\sigma}\right)^2\right]\mathrm{d}x \tag{0-36}$$

不难求得，遵从正态分布的随机变量 x 的期望值和方差分别为

$$\langle x\rangle=\int_{-\infty}^{\infty}x\cdot p(x;\mu,\sigma)\mathrm{d}x=\mu \tag{0-37}$$

$$\sigma^2(x)=\int_{-\infty}^{\infty}(x-\mu)^2\cdot p(x;\mu,\sigma)\mathrm{d}x=\sigma^2 \tag{0-38}$$

由此可见，正态分布中的参数 μ 是期望值，参数 σ 是标准误差，正态分布的特征由这两个参数的数值完全确定；若消除了测量中的系统误差，则 μ 是待测物理量的真值，它决定分布的位置；而 σ 的大小与概率密度函数曲线的“胖”“瘦”有关，即决定分布偏离期望值的离散程度，不同参数值的正态分布概率密度函数曲线如图 0-4 所示，曲线

是单峰对称的，对称轴处于期望值和概率密度极大值所在处.

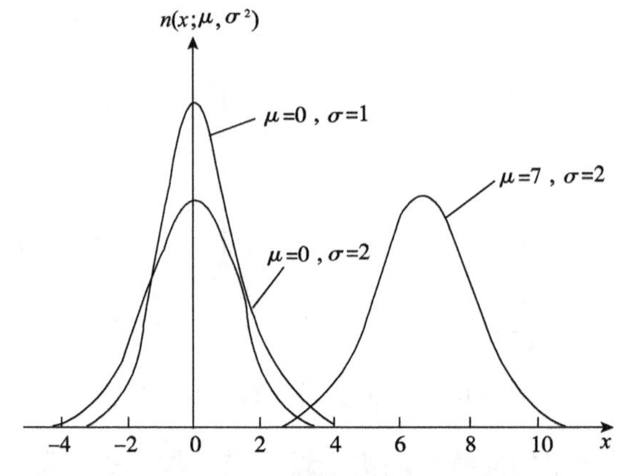

图 0-4 不同参数值的正态分布曲线

期望值$\mu=0$和方差$\sigma^2=1$的正态分布叫标准正态分布，其概率密度函数和分布函数为

$$n(x;0,1)=\frac{1}{\sqrt{2\pi}}\exp\left(-\frac{1}{2}x^2\right) \tag{0-39}$$

$$N(x;0,1)=\frac{1}{\sqrt{2\pi}}\int_{-\infty}^{x}\exp\left(-\frac{1}{2}x^2\right)\mathrm{d}x \tag{0-40}$$

若$\mu\neq0,\sigma^2\neq1$，只要把随机变量x作线性变换

$$u=\frac{x-\mu}{\sigma} \tag{0-41}$$

则随机变量u遵从标准正态分布，且有

$$n(x;\mu,\sigma^2)=\frac{1}{\sigma}n(u;0,1) \tag{0-42}$$

$$N(x;\mu,\sigma^2)=N(u;0,1) \tag{0-43}$$

这样便可利用标准正态分布求概率分布.

例 某随机变量x遵从正态分布，试用标准正态分布表分别求出x落在期望值μ附近$\pm\sigma$，$\pm2\sigma$和$\pm3\sigma$的概率含量.

解 由式(0-41)可知，当x偏离期望值$\pm\sigma$，$\pm2\sigma$和$\pm3\sigma$时，标准正态分布随机变量的取值分别为±1，±2和±3，故查标准正态分布表求随机变量落在区间[−1，1]、[−2，2]和[−3，3]内的概率即可.

当随机变量等于1时，标准正态分布表给出$N(u;0,1)=0.8413$，这是图0-5曲线下的阴影部分(区间为$[-\infty,1]$，而我们求的是图0-6曲线下阴影部分(区间为$[-1,1]$)，即

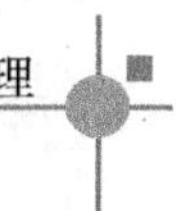

$$N(u;0,1)-[1-N(u;0,1)]=2N(u;0,1)-1=2\times 0.8413-1=0.6826\approx 68.3\%$$

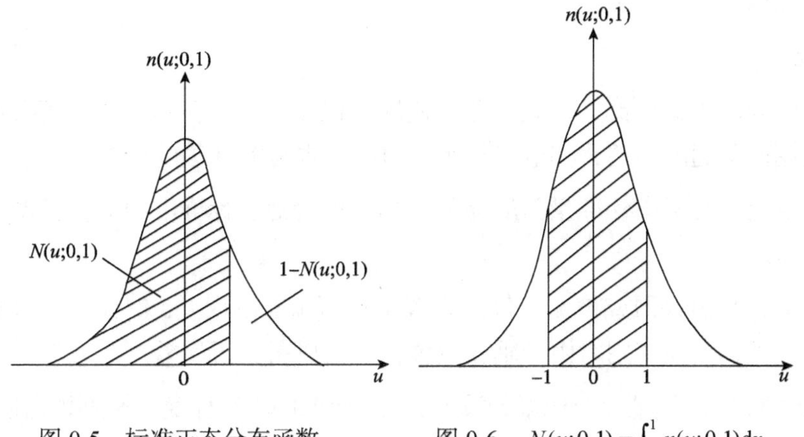

图 0-5 标准正态分布函数　　图 0-6 $N(u;0,1)=\int_{-1}^{1} n(u;0,1)\mathrm{d}x$

同理，标准正态分布随机变量的取值分别等于 2 和 3 时，则有

$$2N(u;0,1)-1=2\times 0.9772-1=0.9544\approx 95.4\%$$

$$2N(u;0,1)-1=2\times 0.9987-1=0.9974\approx 99.7\%$$

故 x 落在区间 $[\mu-\sigma,\mu+\sigma]$ 内的概率含量为 68.3%；落在区间 $[\mu-2\sigma,\mu+2\sigma]$ 内的概率含量为 95.4%；落在区间 $[\mu-3\sigma,\mu+3\sigma]$ 内的概率含量为 99.7%.

理论上可证明，若一个随机变量由大量的、相互独立的、微小的因素所合成，则这个随机变量就近似地服从正态分布. 这就是说，由不能控制的大量的偶然因素造成的随机误差会遵从或近似遵从正态分布. 另外，许多非正态分布也常以正态分布为极限或很快趋于正态分布. 例如，对于泊松分布，若期望值 m 足够大，则它趋近于形式

$$p(k)=\frac{1}{\sqrt{2\pi m}}\exp\left[-\frac{(k-m)^2}{2m}\right]$$

而泊松分布的 $\sigma=\sqrt{m}$，故上式与正态分布的形式相同. 虽然泊松分布中 k 是离散型变量，但当 $m\geqslant 10$ 时泊松分布已很接近于正态分布. 又如，对于二项式分布，当 N 足够大时，也趋于形式为 $n(k;\mu;\sigma^2)$ 的正态分布，只不过 $\mu=NP$，$\sigma^2=NP(1-P)$.

三、数据分析与处理

1. 系统误差的分析与处理

系统误差是一种固定的或服从一定规律变化的误差. 它不具有抵偿性，因此系统误差通常不能用处理随机误差的方法来处理. 下面我们就系统误差的主要来源、限制和消

除方法做如下讨论.

1) 系统误差的来源分析

(1) 装置误差.

仪器、仪表误差：仪器、仪表误差是使用的仪器或量具在结构上不完善或没有按照操作规程使用而引起的误差，如电工仪表、电桥、电势差计等的误差.

标准器误差：是提供标准量值的器具，如标准电池、标准电阻等，其本身的标称值所含有的误差.

安置误差：是由仪器或被测工件的安置不当所引起的误差. 例如，有些电工仪表按规定应水平放置，而在使用时由于垂直放置仪表所以引起了误差.

装备、附件误差：主要是指电源的波形、三相电源的不对称度，各种测量附件如转换开关、触点、接线引起的误差及测试设备和电路的安装、布置或调整不完善等产生的误差.

(2) 方法误差(理论误差).

测量方法本身的理论根据不完善或采用了近似公式引起的误差.

(3) 观测者误差.

观测者误差是观测者的生理或心理上的特点和固有习惯所造成的. 例如，观测者对刻度尺进行估读时，习惯地偏向某一方向(始终偏大或偏小)记录信息或计时的滞后等所造成的误差.

(4) 环境误差.

环境误差是测量时的环境影响量(如温度、湿度、气压、电磁场等)偏离规定值时而产生的误差.

除上述系统误差的来源外，还有很多系统误差是很复杂的. 例如，刻度盘刻度线不准确而引起的测量示数误差就是一种比较复杂的系统误差. 因此，我们在设计和制造测量仪器及设计选择测量方法时，都要预先考虑系统误差的来源，尽可能将系统误差减小到所允许的范围内.

2) 系统误差的限制与消除方法

消除产生系统误差的根源. 在测量之前，要求测量者对可能产生的系统误差的环节仔细分析，从产生根源上加以消除. 例如，若系统误差来自仪器不准确或使用不当，则应该把仪器校准并按规定的使用条件去使用；若理论公式只是近似的，则应在计算时加以修正等. 总之，从产生系统误差的根源上加以消除，无疑是一种最根本的方法.

在测量中限制和消除系统误差. 对于固定不变的系统误差的限制和消除，在测量中常常采用下列方法：

(1) 抵消法：有些定值的系统误差无法从根本上消除，也难以通过确定其大小来修正，但可以进行两次不同的测量，使两次读数时出现的系统误差大小相等而符号相反，然后

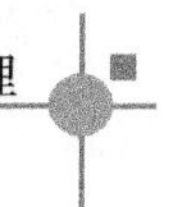

取两次测量的平均值便可消除系统误差.

(2) 替代法：在某装置上对未知量测量后，马上用一标准量代替未知量再进行测量，若仪器示值不变，便可肯定被测的未知量等于标准量的值，从而消除了测量结果中的误差.

(3) 交换法：根据误差产生的原因，对某些条件进行交换，以消除固定误差.

(4) 对称观测法：这是消除随时间线性变化的系统误差的有效方法. 随着时间的变化，被测量的量值作线性变化. 若定某时刻为中点，则对称于点的系统误差的算术平均值彼此相等. 利用此规律，可把测量点对称安排，取每组对称点读数的算术平均值作为测量值，便可消除这类误差.

(5) 半周期偶次测量法：这是消除周期性系统误差的基本方法. 周期性误差一般出现在有圆周运动的情况，以 2π 为周期呈正弦规律变化. 因此，在相距半周期的位置上做一次测量，取两次读数的平均值，便可有效地消除周期性系统误差.

(6) 实时反馈修正：这是消除各种变值系统误差的自动控制方法. 当查明某种误差因素(如位移、气压、光强等)的变化时，由传感器将这些因素引起的误差反馈回控制系统，通过计算机根据其影响测量结果的函数关系进行处理，对测量结果做出自动补偿修正.

2. 随机误差的统计分析

随机误差对任一次测量结果的影响具有随机性特点. 但在多次测量中表现出确定的规律即统计规律. 可用来对随机误差的影响程度做出客观的评价.

数据处理的任务是从测量结果中找出随机变量的分布规律或它的数字特征量，从而得出结论. 从理论上讲，只要测量的次数足够多，随机变量的规律性一定能呈现出来，但实际上进行的或允许的观测次数总是有限的，有时甚至是少量的，因此我们关心的是怎样有效地利用有限的数据去掉那些由于测量次数不够多而引起的随机干扰，尽可能做出精确可靠的结论. 由于测量时不是对全部可能的取值进行研究，只是得到一个容量有限的随机子样，所以基于这个随机子样得出的结论包含一定的不确定性，概率就是这种不确定性的度量. 这时，必须用概率的语言来表示我们的结论. 例如，对于某个正态变量测量结果表示为 $x=\overline{x}\pm\sigma$，通常意味着 x 落在 $\overline{x}-\sigma$ 到 $\overline{x}+\sigma$ 范围内取值的概率为 68.3%，表述这一结论所用的概率称为置信水平.

由于子样平均值 $\overline{x}$ 本身也是一随机变量，故区间 $\overline{x}\pm\frac{\sigma}{\sqrt{n}}$ 也应是随机的，则

$$p\left[\overline{x}-\frac{\sigma}{\sqrt{n}}<x_0<\overline{x}+\frac{\sigma}{\sqrt{n}}\right]=0.683 \quad 或 \quad p\left[x_0-\frac{\sigma}{\sqrt{n}}<\overline{x}<x_0+\frac{\sigma}{\sqrt{n}}\right]=0.683$$

该两式说明在区间 $\overline{x}\pm\frac{\sigma}{\sqrt{n}}$ 内包含真值的可靠程度为 68.3%，或者说子样均值有 68.3%的可能性落在以真值 x_0 为中心、$\overline{x}\pm\frac{\sigma}{\sqrt{n}}$ 的区间范围内.

通常称 $\overline{x} \pm \frac{\sigma}{\sqrt{n}}$ 为置信区间(或置信限)，$\frac{\sigma}{\sqrt{n}}$ 为置信区间的半长. 68.3%为置信概率(或置信度)，常表示为 $1-\alpha$，α 称为显著性水平.

概括起来，可以对测量结果做以下结论:

$$\text{测量结果} = \text{子样平均值}\,\overline{x} \pm \text{置信区间半长}\,\frac{\sigma}{\sqrt{n}}$$

该结论说明，一切测量结果都应该理解为在一定置信概率下，以子样平均值为中心，以置信区间半长为界限的量，这正是误差统计意义所在.

当随机变量规律的函数形式已知，未知的只是其中某些参数的数值时，数据处理的任务就是要估计这些参数的数值. 根据近代物理实验数据分析处理的需要，下面着重介绍正态分布参数的最大似然估计和分布规律的 χ^2 检验方法.

1) 正态分布参数的最大似然估计

设某物理量 X 的 N 个等精度测量值为 $x_1, x_2, \cdots, x_N$，它是总体 X 中容量为 N 的样本，我们把它看作 N 维的随机变量. 为了由样本估计总体参数，把 N 维随机变量的联合概率密度定义为样本的似然函数. 设 x 的概率密度函数为 $p(x,\theta)$，θ 为该分布的特征参数(参数个数由分布而定)，则联合概率密度函数为

$$p(x_1, x_2, \cdots, x_N; \theta) = p(x_1;\theta) \cdot p(x_2;\theta) \cdot \cdots \cdot p(x_N;\theta) = \prod_{i=1}^{N} p(x_i;\theta)$$

即这个样本的似然函数定义为

$$L(x_1, x_2, \cdots, x_N; \theta) = \prod_{i=1}^{N} p(x_i;\theta) \tag{0-44}$$

若参数 θ 为已知，则 L 的大小说明哪些样本有较大的可能性；若参数 θ 为未知，只知样本数据 $(x_1, x_2, \cdots, x_N)$，则采用 θ 不同估计值会使得 L 有不同的数值，L 的大小说明哪些 θ 值有较大的可能性. 最大似然法就是选择使实测数值有最大概率密度的参数值作为 θ 的估计值. 若估计值 $\hat{\theta}$ 使似然函数最大，即

$$L(x_1, x_2, \cdots, x_N; \theta)\big|_{\theta=\hat{\theta}} = L_{\max}$$

则 $\hat{\theta}$ 称为参数 θ 的最大似然估计. 而要使似然函数最大，可通过 L 对 θ 求极值的方法而得到. 为计算方便，可取 L 的对数再求导数，即

$$\left.\frac{\partial \ln L(x_1, x_2, \cdots, x_N; \theta)}{\partial \theta}\right|_{\theta=\hat{\theta}} = 0 \tag{0-45}$$

由于似然函数 L 与它的对数 $\ln L$ 是同时达到最大值的，故通过求解式(0-45)便可得到 θ 的最大似然估计值.

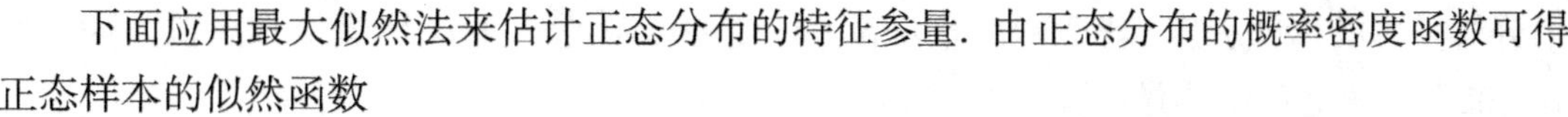

下面应用最大似然法来估计正态分布的特征参量. 由正态分布的概率密度函数可得正态样本的似然函数

$$L(x_1,x_2,\cdots,x_N;\theta)=\prod_{i=1}^{N}\frac{1}{\sigma\sqrt{2\pi}}\exp\left[-\frac{1}{2\sigma^2}(x_i-\mu)^2\right]$$
$$=\left(\frac{1}{2\pi\sigma^2}\right)^{N/2}\exp\left[-\frac{1}{2\sigma^2}\sum_{i=1}^{N}(x_i-\mu)^2\right]$$

取似然函数 L 的对数，并按式(0-45)求 $\ln L$ 对 μ 和 σ^2 的偏导数

$$\left.\frac{\partial\ln L}{\partial\mu}\right|_{\mu=\hat{\mu}}=\frac{1}{\sigma^2}\sum_{i=1}^{N}(x_i-\mu)^2=0$$

$$\left.\frac{\partial\ln L}{\partial\sigma^2}\right|_{\sigma^2=\hat{\sigma}^2}=-\frac{N}{2}\cdot\frac{1}{\hat{\sigma}^2}+\frac{1}{2\hat{\sigma}^4}\sum_{i=1}^{N}(x_i-\mu)^2=0$$

可得期望值和方差的估计

$$\hat{\mu}=\frac{1}{N}\sum_{i=1}^{N}x_i=\overline{x}$$

$$\hat{\sigma}^2=\frac{1}{N}\sum_{i=1}^{N}(x_i-\overline{x})^2$$

从而标准差的估计为

$$\hat{\sigma}=\sqrt{\frac{1}{N}\sum_{i=1}^{N}(x_i-\overline{x})^2}$$

式中，$x_i-\overline{x}$ 称为偏差(或残差).

上述最大似然估计的结果表明：测量值 x 的期望值 μ 由测量样本的算术平均值估计；方差 σ^2 由测量样本的均方偏差估计；标准差 σ 由均方根偏差估计. 但对容量有限的样本来说，上述估计量只是被估计参数的近似值. 由数理统计得知，若参数 θ 的估计量 $\hat{\theta}$ 的期望值满足 $\langle\hat{\theta}\rangle=\theta$，则 $\hat{\theta}$ 为 θ 的无偏估计量，否则是有偏估计量. 可证明，样本的均方偏差和均方根偏差都是无偏估计量.

2) χ^2 检验

设 N 个观测量 $x_1,x_2,\cdots,x_N$ 是正态分布 $n(x;\mu,\sigma^2)$ 的随机样本，可定义一统计量

$$\chi^2=\sum_{i=1}^{N}\frac{(x_i-\overline{x})^2}{\sigma^2}\tag{0-46}$$

来分析样本的离散程度. 若把标准差σ看作量度偏差单位，则χ^2量等于N个偏差的平方和. 推广到非等精度测量情况，则

$$\chi^2=\sum_{i=1}^{N}\frac{(x_i-\bar{x})^2}{\sigma_i^2} \tag{0-47}$$

式中，$\bar{x}$为加权平均值.

这样定义的χ^2量也是随机变量，且有$\chi^2 \geqslant 0$，其分布遵从概率密度函数

$$p(\chi^2;\nu)=\frac{1}{2^{\nu/2}\Gamma(\nu/2)}(\chi^2)^{\frac{\nu}{2}-1}\exp(-\chi^2/2) \tag{0-48}$$

这就是χ^2分布，分布参数ν为正整数，称自由度. 式(0-46)和式(0-47)所定义的χ^2量中，$\bar{x}$要满足所属的平均值表示式，故容量为N的随机样本的自由度$\nu=N-1$.

不难导出，χ^2的期望值和方差分别为

$$\langle \chi^2 \rangle=\nu,\quad \sigma^2(\chi^2)=2\nu \tag{0-49}$$

可见χ^2分布取决于自由度ν，也就是由样本容量决定，而与正态分布参量无关. 因此用满足χ^2分布的统计量来研究随机样本的离散性，比用样本方差来得方便.

χ^2的检验方法是选用服从或近似服从χ^2分布的统计量做检验. 如果某些观测值存在系统误差使得它们的期望值偏离被测量的真值，或某些观测值对标准差的估计过小都会使χ^2量的数值远小于N−1. 因此，当χ^2量的数值远大于N−1时，这组观测值之间存在着不协调.

由于$\sqrt{\chi^2}-\sqrt{N-1}>2$的概率小于1/400，若$\sqrt{\chi^2}-\sqrt{N-1}<1$，通常不能认为有系统误差存在；若$\sqrt{\chi^2}-\sqrt{N-1}>2$，则表明有系统误差存在或者在某些测量中误差$\sigma_i$的估计过小；当$\sqrt{\chi^2}-\sqrt{N-1}$介于1～2时，不能确定是否有系统误差存在. 当检验表明有系统误差存在时，应对各个观测结果进行审核，把可疑值剔除，重新计算并再做检验.

χ^2检验可以帮助我们发现是否有明显的系统误差，但并不能通过χ^2检验把系统误差都找出来. 例如，当$\sqrt{\chi^2}-\sqrt{N-1}$介于1～2时，χ^2量偏大有可能是由于存在系统误差，也有可能是统计涨落的结果.

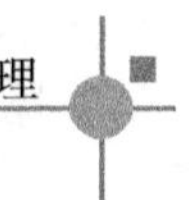

四、测量结果的不确定度评定

1. 测量不确定度的基本概念

1) 不确定度的定义

测量值 x 与真值 x_0 之差的绝对值以一定的概率分布在 $-u \sim u$，即

$$|x-x_0| \leqslant u \quad (\text{置信概率为 } P) \tag{0-50}$$

其不确定度表征真值以某种置信概率存在的范围，是测量结果含有误差情况的参考.

2) 不确定度的分量

A 类分量 u_A：多次重复测量，用统计方法求出的分量. 对于直接测量量：$u_A = s(\bar{x})$;

B 类分量 u_B：用其他非统计方法估算的分量. 主要为仪器误差(实验中通常这样取)：$u_B = \sigma_{\text{仪}} = \dfrac{\Delta_m}{\sqrt{3}}$，其中 Δ_m 为仪器精密度差.

2. 直接测量结果的不确定度评定

将测量得到的数据整理，计算得出有关结果，并对结果的好坏做出客观的评价. 数据处理是整个实验的最后一个关键环节.

(1) 合成不确定度

$$u(x) = \sqrt{u_A^2 + u_B^2} \quad (\text{各不确定度相互独立})$$

扩展不确定度

$$U(x) = ku(x)$$

(2) 测量结果的不确定度表示为

$$\begin{cases} \bar{x} \pm u(x)(\text{单位}), \quad P = \cdots \\ E(x) = \dfrac{u(x)}{\bar{x}} \times 100\% \ (\text{相对不确定度}) \end{cases}$$

注意：①根据有效数字运算规则，确定计算结果的位数；②不确定度最后结果取 1 位，且与结论中有效数字最后一位对齐，相对不确定度可以取两位；③直接测量量不确定度. 评定的步骤：多次测量估算步骤，对等精度测量列 $(x_1, x_2, \cdots, x_i, \cdots, x_n)$ 进行如下运算：

①修正可定系统误差；②计算 $\bar{x} = \dfrac{1}{n}\sum_{i=1}^{n} x_i$；③计算 $S(x)$；④剔除坏值后，计算 $u_A = s(\bar{x})$ (已无坏值)；⑤计算 $u_B = \dfrac{\Delta_m}{\sqrt{3}}$；⑥ $u(x) = \sqrt{u_A^2 + u_B^2} = \sqrt{s(\bar{x})^2 + \left(\dfrac{\Delta_m}{\sqrt{3}}\right)^2}$ 扩展不确定

度 $U(x)=ku(x)$；⑦最终结果：

$$\begin{cases} x=\bar{x}\pm U(x)(\text{单位}), \quad P=\cdots \\ E(x)=\dfrac{U(x)}{\bar{x}}\times 100\% \end{cases}$$

直接测量量数据处理举例：某长度测 6 次，分别为 29.18cm，29.19cm，29.27cm，29.25cm，29.26cm，29.24cm，$\varDelta_{\mathrm{m}}=0.02\mathrm{cm}$. 计算如下：

$$\bar{x}=\frac{1}{6}\sum_{i=1}^{6}x_i \approx 29.23\mathrm{cm}$$

$$s(\bar{x})=\frac{s(x)}{\sqrt{n}}=\sqrt{\frac{\sum\limits_{i=1}^{6}(x_i-\bar{x})^2}{n(n-1)}}=0.0168\approx 0.02(\mathrm{cm})$$

$$u_{\mathrm{B}}=\sigma_{\text{仪}}=\frac{\varDelta_{\mathrm{m}}}{\sqrt{3}}$$

$$u(x)=\sqrt{s(x)^2+u_{\mathrm{B}}^2}=0.02(\mathrm{cm})$$

$$E(x)=\frac{u(x)}{\bar{x}}\times 100\%=\frac{0.02}{29.23}\times 100\%\approx 0.07\%$$

最后结果为

$$\begin{cases} x=29.23\pm 0.02(\mathrm{cm}), \quad P=68.3\% \\ E(x)=0.07\% \end{cases}$$

不确定度保留 1 位，且与平均值的最后一位对齐.

单次测量：当无需、无法多次测量或仪器精密度差只测量一次时

$$u(x)=u_{\mathrm{B}}=\varDelta_{\mathrm{m}}$$

3. 间接测量量的不确定度评定

间接测量量 N 与直接测量量的函数关系

$$N=f(x,y,z,\cdots)$$

直接测量量 $x,y,z,\cdots$ 的不确定度为 $u(x),u(y),u(z),\cdots$，则 N 必具有不确定度 $u(N)$.

(1)间接测量量的最佳值.

直接测量量 $x,y,z,\cdots$ 的最佳值为 $\bar{x},\bar{y},\bar{z},\cdots$；间接测量量的最佳值为 $\bar{N}=f(\bar{x},\bar{y},\bar{z},\cdots)$.

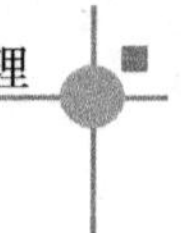

(2) 间接测量量不确定度的合成.

$$u(N)=\sqrt{\left\{\frac{\partial f}{\partial x}u(x)\right\}^2+\left\{\frac{\partial f}{\partial y}u(y)\right\}^2+\cdots}$$

$$E(N)=\frac{u(N)}{N}=\sqrt{\left\{\frac{\partial \ln f}{\partial x}\cdot u(x)\right\}^2+\left\{\frac{\partial \ln f}{\partial y}\cdot u(y)\right\}^2+\cdots}$$

$$u(x)=\sqrt{s^2(\overline{x})+u_{仪1}^2}$$

$$u(y)=\sqrt{s^2(\overline{y})+u_{仪2}^2}$$

……

(3) 间接测量结果不确定度评定的步骤.

①计算 $u(x),u(y),u(z),\cdots$；②计算 $\overline{N}=f(\overline{x},\overline{y},\overline{z},\cdots)$；③计算 $u(N),E(N)$；

④最后结果为

$$\begin{cases}N=\overline{N}\pm u(N)(\text{单位}), \quad P=\cdots\\ E(N)=\dfrac{u(N)}{\overline{N}}\times 100\%\end{cases}$$

间接测量量数据处理举例：测得某圆柱体质量 M，直径 D，高度 H 值如下，计算其密度及不确定度.

$$\begin{cases}M=236.124\pm 0.002(\text{g})\\ D=2.345\pm 0.005(\text{cm})\\ H=8.21\pm 0.01(\text{cm})\end{cases}$$

$$N=\frac{4M}{\pi D^2 H}$$

$$\overline{N}=\frac{4\overline{M}}{\pi\overline{D}^2\overline{H}}=\frac{4\times 236.124}{3.1416\times 2.345^2\times 8.21}\approx\frac{4\times 236.1}{3.142\times 2.345^2\times 8.21}\approx 6.66(\text{g}/\text{cm}^3)$$

$$\frac{u(N)}{\overline{N}}=\sqrt{\left[\frac{u(M)}{\overline{M}}\right]^2+\left[2\frac{u(D)}{\overline{D}}\right]^2+\left[\frac{u(H)}{\overline{H}}\right]^2}=\sqrt{\left(\frac{0.002}{236.124}\right)^2+\left(\frac{0.01}{2.345}\right)^2+\left(\frac{0.01}{8.21}\right)^2}$$

$$\approx\sqrt{\left(\frac{2}{2.4}\times 10^{-5}\right)^2+\left(\frac{1}{2.3}\times 10^{-2}\right)^2+\left(\frac{1}{8.2}\times 10^{-2}\right)^2}$$

$$\approx 0.452\times 10^{-2}$$

得

$$u(N)=0.452\times10^{-2}\times6.66=0.03(\text{g}/\text{cm}^2)$$

$$N=6.66\pm0.03(\text{g}/\text{cm}^3)$$

$$E=\frac{u(N)}{N}\times100\%\approx0.450\%\approx0.5\%$$

五、最小二乘法和曲线拟合

在物理实验中经常要观测两个有函数关系的物理量. 根据两个量的许多组观测数据来确定它们的函数曲线，这就是实验数据处理中的曲线拟合问题. 这类问题通常有两种情况：一种是两个观测量 x 与 y 的函数形式已知，但一些参数未知，需要确定未知参数的最佳估计值；另一种是 x 与 y 之间的函数形式还不知道，需要找出它们之间的经验公式. 后一种情况常假设 x 与 y 之间的关系是一个待定的多项式，多项式系数就是选定的未知参数，从而可采用类似于前一种情况的处理方法.

1. 最小二乘法原理

在两个观测量中往往总有一个测量精度比另一个高得多，为简单起见把精度高的观测量看成没有误差，并把这个观测量选为 x，而所有误差只认为是 y 的误差，设 x 和 y 的函数关系由理论公式

$$y=f(x;c_1,c_2,\cdots,c_m) \tag{0-51}$$

给出，其中 $c_1,c_2,\cdots,c_m$ 是 m 个要通过实验确定的参数. 对于每组观测数据 (x_i,y_i)，$i=1,2,\cdots,N$ 都对应于 xy 平面上的一个点，若不存在测量误差，则这些数据点都准确落在理论曲线上. 只要选取 m 组测量值代入式(0-51)，便得到方程组

$$y_i=f(x_i;c_1,c_2,\cdots,c_m) \tag{0-52}$$

式中，$i=1,2,\cdots,m$，求 m 个方程的联立解即得 m 个参数的数值. 显然，当 $N<m$ 时，参数不能确定.

由于观测值总存在误差，所以这些测量值不可能都准确地落在理论曲线上. 在 $N>m$ 的情况下，式(0-52)成为矛盾方程组，不能用直接解方程的方法求得 m 个参数值，只能用曲线拟合的方法来处理. 设测量中不存在系统误差，或者说已经修正，则 y 的观测量 y_i 围绕着期望值 $f(x_i;c_1,c_2,\cdots,c_m)$ 摆动，其分布为正态分布，则 y_i 的概率密度为

$$p(y_i)=\frac{1}{\sqrt{2\pi}\sigma_i}\exp\left\{-\frac{[y_i-f(x_i;c_1,c_2,\cdots,c_m)]^2}{2\sigma_i^2}\right\}$$

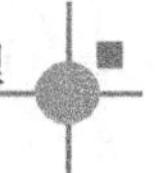

式中，σ_i 是分布的标准误差. 为简单起见，下面用 C 代表 $(c_1,c_2,\cdots,c_m)$. 考虑各测量量是相互独立的，故观测值 $(y_1,y_2,\cdots,y_N)$ 的似然函数为

$$L=\frac{1}{\left(\sqrt{2\pi}\right)^N\sigma_1\sigma_2\cdots\sigma_N}\exp\left\{-\frac{1}{2}\sum_{i=1}^{N}\frac{[y_i-f(x_i;C)]^2}{\sigma_i^2}\right\}$$

取似然函数 L 最大来估计参数 C，应使

$$\sum_{i=1}^{N}\frac{1}{\sigma_i^2}[y_i-f(x_i;C)]^2\big|_{c=\hat{c}} \tag{0-53}$$

取最小值.

对 y 的分布不限于正态分布来说，式(0-53)称为最小二乘法准则. 若为正态分布情况，则最大似然法和最小二乘法是一致的. 因权重因子 $\omega_i=1/\sigma_i^2$，故式(0-53)表明，用最小二乘法来估计参数，要求各测量量 y_i 偏差的加权平方和为最小.

根据式(0-53)的要求，应有

$$\frac{\partial}{\partial c_k}\sum_{i=1}^{N}\frac{1}{\sigma_i^2}[y_i-f(x;C)]^2\big|_{c=\hat{c}}=0\quad(k=1,2,\cdots,m)$$

从而得方程组

$$\sum_{i=1}^{N}\frac{1}{\sigma_i^2}[y_i-f(x;C)]\left.\frac{\partial f(x;C)}{\partial c_k}\right|_{c=\hat{c}}=0\quad(k=1,2,\cdots,m) \tag{0-54}$$

解方程组(0-54)，即得 m 个参数的估计值 $\hat{c}_1,\hat{c}_2,\cdots,\hat{c}_m$，从而得到拟合的曲线方程 $f(x;\hat{c}_1,\hat{c}_2,\cdots,\hat{c}_m)$.

然而，对拟合的结果还应给予合理的评价. 若 y_i 服从正态分布，可引入拟合的 χ^2 量

$$\chi^2=\sum_{i=1}^{N}\frac{1}{\sigma_i^2}[y_i-f(x_i;C)]^2 \tag{0-55}$$

把参数估计值 $\hat{c}=(\hat{c}_1,\hat{c}_2,\cdots,\hat{c}_m)$ 代入式（0-55），并比较式(0-53)，便得到最小的 χ^2 值

$$\chi^2_{\min}=\sum_{i=1}^{N}\frac{1}{\sigma_i^2}[y_i-f(x_i;\hat{c})]^2 \tag{0-56}$$

可以证明，$\chi^2_{\min}$ 服从自由度 $\nu=N-m$ 的 χ^2 分布，由此可对拟合结果做 χ^2 检验.

由 χ^2 分布得知，随机变量 $\chi^2_{\min}$ 的期望值为 $N-m$. 如果由式(0-56)计算出 $\chi^2_{\min}$ 接近 $N-m$（如 $\chi^2_{\min}\leqslant N-m$），则认为拟合结果是可以接受的；如果 $\sqrt{\chi^2_{\min}}-\sqrt{N-m}>2$，则认

为拟合结果与观测值有显著的矛盾.

2. 直线的最小二乘法

曲线拟合中最基本和最常用的是直线拟合. 设 x 和 y 之间的函数关系由直线方程

$$y = a_0 + a_1 x \tag{0-57}$$

给出. 式中有两个待定参数, a_0 代表截距, a_1 代表斜率. 对于等精度测量所得 N 组数据 (x_i, y_i), $i = 1, 2, \cdots, N$, x_i 值被认为是准确的, 所有的误差只联系着 y_i. 下面利用最小二乘法把观测数据拟合为直线.

(1) 直线参数的估计. 前面指出, 用最小二乘法估计参数时, 要求观测值 y_i 的偏差的加权平方和为最小. 对等精度观测值的直线拟合来说, 由式(0-53)可使

$$\sum_{i=1}^{N}[y_i - (a_0 + a_1 x_i)]^2 |_{a=\hat{a}} \tag{0-58}$$

最小, 即对参数 a (代表 a_0 和 a_1) 最佳估计, 要求观测值 y_i 的偏差的平方和为最小.

根据式(0-58)要求, 应有

$$\frac{\partial}{\partial a_0}\sum_{i=1}^{N}[y_i - (a_0 + a_1 x_i)]^2 |_{a=\hat{a}} = -2\sum_{i=1}^{N}(y_i - \hat{a}_0 \hat{a}_1 x_i) = 0$$

$$\frac{\partial}{\partial a_1}\sum_{i=1}^{N}[y_i - (a_0 + a_1 x_i)]^2 |_{a=\hat{a}} = -2\sum_{i=1}^{N}(y_i - \hat{a}_0 - \hat{a}_1 x_i) x_i = 0$$

整理后正规方程组为

$$\begin{cases} \hat{a}_0 N + \hat{a}_1 \sum x_i = \sum y_i \\ \hat{a}_0 \sum x_i + \hat{a}_1 \sum x_i^2 = \sum x_i y_i \end{cases} \tag{0-59}$$

解正规方程组便可得到直线参数 a_0 和 a_1 的最佳估计值 $\hat{a}_0$ 和 $\hat{a}_1$, 即

$$\begin{cases} \hat{a}_0 = \dfrac{\left(\sum x_i^2\right)\left(\sum y_i\right) - \left(\sum x_i\right)\left(\sum x_i y_i\right)}{N\left(\sum x_i^2\right) - \left(\sum x_i\right)^2} \\ \hat{a}_1 = \dfrac{N\left(\sum x_i y_i\right) - \left(\sum x_i\right)\left(\sum y_i\right)}{N\left(\sum x_i^2\right) - \left(\sum x_i\right)^2} \end{cases} \tag{0-60}$$

(2) 拟合结果的偏差. 由于直线参数的估计值 $\hat{a}_0$ 和 $\hat{a}_1$ 是根据有误差的观测数据点计算出来的, 所以它们不可避免地存在偏差. 同时各个观测数据点不是都准确地落于拟合线上面的, 观测值 y_i 与对应于拟合直线上的 $\hat{y}_i$ 之间也就有偏差.

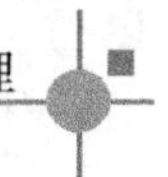

首先讨论测量值 y_i 的标准差 S. 考虑式(0-56)，由于等精度测量值 y_i 所有的 σ_i 都相同，所以可用 y_i 的标准偏差 S 来估计，故该式在等精度测量值的直线拟合中应表示为

$$\chi^2_{\min} = \frac{1}{S^2}\sum_{i=1}^{N}[y_i - (\hat{a}_0 + \hat{a}_1 x_i)]^2 \tag{0-61}$$

已知测量值服从正态分布时，$\chi^2_{\min}$ 服从自由度 $\nu = N-2$ 的 χ^2 分布，期望值

$$\left\langle \chi^2_{\min} \right\rangle = \left\langle \frac{1}{S^2}\sum_{i=1}^{N}[y_i - (\hat{a}_0 + \hat{a}_1 x_i)]^2 \right\rangle = N-2$$

由此可得 y_i 的标准偏差

$$S = \sqrt{\frac{1}{N-2}\sum_{i=1}^{N}[y_i - (\hat{a}_0 + \hat{a}_1 x_i)]^2} \tag{0-62}$$

这个表示式不难理解，它与贝塞尔公式是一致的，只不过这里计算 S 时受到两参数 $\hat{a}_0$ 和 $\hat{a}_1$ 估计值的约束，故自由度变为 $N-2$.

式(0-62)所表示的 S 值又称为拟合直线的标准偏差，它是检验拟合结果是否有效的重要标志. 如果在 xy 面上作两条与拟合直线平行的直线 $\begin{cases} y' = \hat{a}_0 + \hat{a}_1 x - S \\ y'' = \hat{a}_0 + \hat{a}_1 x + S \end{cases}$，如图 0-7 所示，则全部观测数据点 (x_i, y_i) 的分布约有 68.3%的点落在这两条直线之间的范围内.

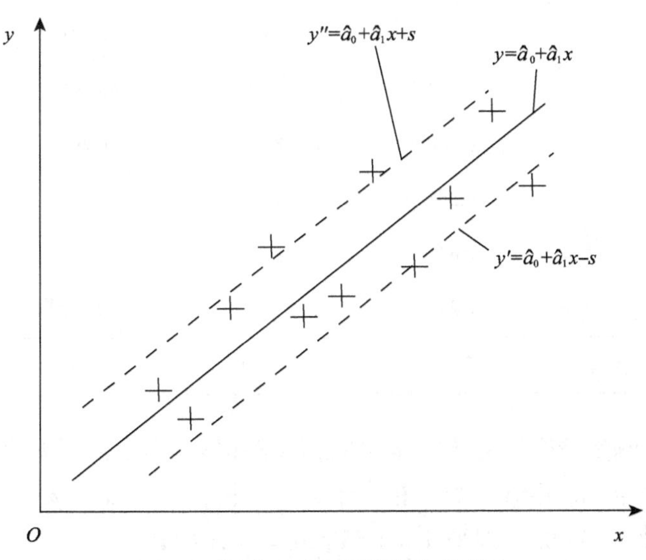

图 0-7　拟合直线两侧数据点的分布

下面讨论拟合参数偏差，由式(0-60)可见，直线拟合的两个参数估计值 $\hat{a}_0$ 和 $\hat{a}_1$ 是 x_i 和 y_i 的函数. 因为假定 x_i 是精确的，所有测量误差只与 y_i 有关，故两个估计参数的标准偏

差可利用不确定度传递公式求得

$$\begin{cases} S_{a_0} = \sqrt{\sum_{i=1}^{N}\left(\frac{\partial \hat{a}_0}{\partial y_i} S\right)^2} \\ S_{a_1} = \sqrt{\sum_{i=1}^{N}\left(\frac{\partial \hat{a}_1}{\partial y_i} S\right)^2} \end{cases}$$

把式(0-60)代入上两式，便可计算得

$$\begin{cases} S_{a_0} = S\sqrt{\frac{\sum x_i^2}{N\left(\sum x_i^2\right) - \left(\sum x_i\right)^2}} \\ S_{a_1} = S\sqrt{\frac{N}{N\left(\sum x_i^2\right) - \left(\sum x_i\right)^2}} \end{cases} \tag{0-63}$$

例 光电效应的实验中照射光的频率 ν 与电压 V 的关系为 $V=\varphi-(h/e)\nu$，式中 φ 为逸出功，e 和 h 分别为电子电荷与普朗克常量. 现有实验观测数据 (ν_i, V_i) 如表 0-1 所示，试用最小二乘法作曲线拟合，并求 h 的最佳估计值.

表 0-1　某光电效应实验的测量数据

序号	$\nu_i/(\times10^{14}\text{Hz})$	V_i/V	$\nu_i^2/(\times10^{28}\text{Hz}^2)$	V_i^2/V^2	$\nu_iV_i/(\times10^{14}\text{Hz}\cdot\text{V})$
1	7.021	−1.435	49.29	2.059	−10.08
2	6.056	−0.975	36.68	0.951	−5.905
3	5.678	−0.773	32.24	0.598	−4.389
4	5.334	−0.700	28.45	0.490	−3.734
5	4.931	−0.555	24.31	0.308	−2.737
6	5.087	−0.630	25.88	0.397	−3.205
7	4.738	−0.438	22.45	0.192	−2.075
和	38.845	−5.506	219.30	4.995	−32.125

由于频率 ν 的测量精度比遏止电压 V 的精度高得多，故 ν 的误差可忽略不计. 对照前面讨论的直线方程 $y=a_0+a_1x$，则 ν 相当于 x，V 相当于 y，$a_0=\varphi, a_1=-h/e$. 把表内的数据代入参数估计式(0-60)，即得 $\hat{a}_0=1.54\text{V}; \hat{a}_1=-4.19\times10^{-15}\text{V}\cdot\text{s}$.

为了求出拟合精度，先计算偏差 $\delta_i=V_i-\hat{a}_0-\hat{a}_1\nu_i$ 及 δ_i^2：

$$\delta_i = -0.033, 0.023, 0.067, -0.004, -0.055, -0.037, 0.009$$

$$\delta_i^2 = 0.00109, 0.00053, 0.00449, 0.00016, 0.00303, 0.00137, 0.00081$$

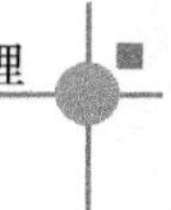

代入式(0-62)可得标准偏差

$$S=\sqrt{\frac{1}{7-2}\sum_{i=1}^{7}\delta_i^2}=\sqrt{\frac{1}{5}\times 0.0115}\approx 0.048(\mathrm{V})$$

经检验所有观测值V_i不存在大误差，从而拟合的直线方程为$V=1.54-4.19\times 10^{-15}\nu$. 该直线参量的标准偏差可由式(0-63)得

$$S_{a_0}=0.138\mathrm{V},\quad S_{a_1}=0.248\times 10^{-15}\mathrm{V\cdot s}$$

由于$a_1=-h/e$，所以$h=-ea_1$. 若取$e=1.6021\times 10^{-19}\mathrm{C}$，便可求得

$$h=-e\hat{a}_1\approx 6.71\times 10^{-34}\mathrm{J\cdot s}$$

其标准差为

$$S_h=eS_{a_1}\approx 0.39\times 10^{-34}\mathrm{J\cdot s}$$

故本实验测定的普朗克常量最佳估计值可表示为

$$h=(6.71\pm 0.39)\times 10^{-34}\mathrm{J\cdot s}$$

3. 相关系数及显著性检验

当我们把观测数据点(x_i,y_i)作直线拟合时，还不大了解x与y之间线性关系的密切程度，为此要用相关系数$\rho(x,y)$来判断. 其定义已由式(0-20)给出，现改写为另一种形式，并改用r来表示相关系数，得

$$r(x,y)=\frac{\sum_i (x_i-\overline{x})(y_i-\overline{y})}{\left[\sum_i (x_i-\overline{x})^2\sum_i (y_i-\overline{y})^2\right]^{1/2}}$$

式中，$\overline{x}$和$\overline{y}$分别为x和y的算术平均值. r的取值范围为−1～+1，即$-1\leqslant r\leqslant 1$. 当$r>0$时，直线的斜率为正，称正相关；当$r<0$时，直线的斜率为负，称为负相关. 当$|r|=1$时，全部数据点(x_i,y_i)都落在拟合直线上. 若$r=0$，则x与y之间完全不相关. r值越接近±1，它们之间的线性关系越密切.

用相关系数做显著性检验，是要给出相关系数的绝对值大到什么程度才可用拟合直线来近似表示x与y的关系. 所谓相关系数显著，即x与y的关系密切. 表0-2给出了自由度 $N-2$ 两种显著水平α(0.05和0.01)的相关系数达到显著的最小值. 如 $N=10$，若$|r|\geqslant 0.632$，则说明r在$\alpha=0.05$水平上显著；若$|r|\geqslant 0.765$，则说明r在$\alpha=0.01$水平上显著；若$|r|<0.632$，则r不显著，用这些数据点作直线拟合没有意义.

表 0-2　相关系数检验表

$N-2$	α		$N-2$	α	
	0.05	0.01		0.05	0.01
1	0.997	1.000	10	0.576	0.708
2	0.950	0.990	11	0.553	0.684
3	0.878	0.959	12	0.532	0.661
4	0.811	0.917	13	0.514	0.641
5	0.754	0.874	14	0.497	0.623
6	0.707	0.834	15	0.482	0.606
7	0.666	0.798	16	0.468	0.590
8	0.632	0.765	17	0.456	0.575
9	0.602	0.735	18	0.444	0.561

4. 非线性关系的线性化处理

若两个变量之间并非线性关系，通常要进行线性化处理才能作曲线拟合，有些非线性函数，只要做适当的变量置换，便可变为待定参数的线性问题求解.

例如，指数函数 $y=ae^{bx}$ ，式中 a,b 为常数. 若对等式两边取对数，得 $\ln y=\ln a+bx$. 令 $\ln y=y',\ln a=b_0$ ，即得直线方程 $y'=b_0+bx$. 这样便可把指数函数的非线性拟合问题变为直线拟合问题来解决.

因此，采用适当的变量置换，便可把一些非线性函数的拟合问题变为直线拟合问题来解决. 不过要注意，由于做了变量置换，新变量 y' 的标准差 $S(y')$ 不等于原变量 y 的标准差 $S(y)$ ，拟合时应用不确定度传递公式转换计算. 同理，新参数的标准差也不同于原参数，也要利用传递公式进行计算，以便对原参数的拟合不确定度做出估计.

然而，通过变量置换把非线性关系线性化，并不是都能做到的. 当非线性函数 $y=f(x;c_1,c_2,\cdots,c_m)$ 找不到合适的变量置换时，可采用泰勒级数展开的方法，把 $y=f(x;c_1,c_2,\cdots,c_m)$ 在参数初始估计值(零级近似值)附近做泰勒展开，并略去二阶以上的项，便可使计算 m 个参数估计值的方程组线性化，然后用逐次迭代求解即可.

实验一　弗兰克-赫兹实验

20 世纪初，人类对原子光谱的研究逐步深入，人们发现卢瑟福于 1911 年提出的原子核结构模型与经典电磁理论存在很大的矛盾. 按照经典理论，原子应当是一个不稳定的系统，原子光谱应为连续光谱. 但事实上，原子是稳定的，原子光谱是具有一定规律性的分离谱线. 为了解决这一矛盾，丹麦物理学家玻尔(N. Bohr)根据光谱学研究的成就和普朗克(M. Planck)、爱因斯坦(A. Einstein)的量子理论思想，在卢瑟福核式模型基础上，把量子概念应用于原子系统，提出了半经典的氢原子理论，指出原子中存在能级. 该模型的预言在氢光谱的观察中取得了显著成功. 根据玻尔理论，原子光谱中的每条谱线表示原子从一个能级跃迁到另一个较低能级时产生的辐射. 为此，1922 年玻尔获诺贝尔物理学奖.

德国物理学家弗兰克(J. Franck)擅长低压气体放电的实验研究. 1913 年他和赫兹(G. Hertz)在柏林大学合作，研究电离电势和量子理论的关系，用的方法是勒纳德(P. Lenard)创造的反向电压法，由此得到了一系列气体，如氦、氖、氢和氧的电离电势. 后来他们又特地研究了电子和惰性气体的碰撞特性. 1914 年他们巧妙地改进了勒纳德用来测量电离电势的实验装置，采用慢电子(几到几十电子伏)与单原子气体碰撞观察电子状态的变化(勒纳德观察的是离子). 他们用此装置测定了汞原子的第一激发电势，后又通过改进电路测出了汞原子的较高激发电势及电离电势，取得了意想不到的结果，他们的结论是:

(1)汞蒸气中的电子与分子进行弹性碰撞，直到取得某一临界速度为止;

(2)此临界速度可测准到 0.1V，测得的结果是：这一速度相当于电子经过 4.9V 的加速;

(3)可以证明 4.9V电子束的能量等于波长为 2536Å 的汞谱线的能量子;

(4)4.9V 电子束损失的能量导致汞电离，所以 4.9V 也许就是汞原子的电离电势.

弗兰克和赫兹的实验装置主要是一只充气三极管. 电子从加热的铂丝发射，铂丝外有一同轴圆柱形栅极，电压加于其间，形成加速电场. 电子多穿过栅极被外面的圆柱形板极接收，板极电流用电流计测量. 当电子管中充以汞蒸气时，他们观测到，每隔 4.9V 电势差，板极电流都要突降一次. 如果在管子里充以氦气，也会发生类似情况，其临界电势差约为 21V.

弗兰克和赫兹最初是依据斯塔克的理论，斯塔克认为线光谱产生的原因是原子或分子的电离，光谱频率ν与电离电势 U 有如下的量子关系：

$$h\nu = eU$$

弗兰克和赫兹在 1914 年以后的好几年仍然坚持斯塔克的观点，他们相信自己的实验无可辩驳地证实了斯塔克的观点，认为 4.9V 电势差引起了汞原子的电离. 也许由于战争期间信息不通，他们对玻尔的原子理论不甚了解，所以还在论文中表示他们的实验结果不符合玻尔的理论. 其实，玻尔在得知弗兰克-赫兹的实验后，早在 1915 年就指出，弗兰克-赫兹实验的 4.9V 正是他的能级理论中预言的汞原子的第一激发电势.

1919 年，弗兰克和赫兹表示同意玻尔的观点. 弗兰克在他的诺贝尔奖领奖词中讲道："在用电子碰撞方法证明向原子传递的能量是量子化的这一科学研究的发展中，我们所做的一部分工作犯了许多错误，走了一些弯路，尽管玻尔理论已为这个领域开辟了笔直的通道. 后来我们认识到了玻尔理论的指导意义，一切困难才迎刃而解. 我们清楚地知道，我们的工作之所以会获得广泛的承认，是由于它和普朗克，特别是和玻尔的伟大思想和概念有了联系". 这个事实直接证明了汞原子具有玻尔所设想的那种"完全确定的、互相分立的能量状态"，是对玻尔的原子量子化模型的第一个决定性的证据. 由于他们的工作对原子物理学的发展起了重要作用，所以共同获得 1925 年的诺贝尔物理学奖.

弗兰克-赫兹实验至今仍是探索原子内部结构的主要手段之一. 所以在近代物理实验中，仍把它作为传统的经典实验. 通过这一实验，可以了解弗兰克和赫兹研究气体放电现象中低能电子与原子间相互作用的实验思想和方法，电子与原子碰撞的微观过程是怎样与实验中的宏观量相联系的，并可用于研究原子内部的能量状态与能量交换的微观过程.

【实验原理】

1. 玻尔提出的量子理论

(1) 玻尔提出的量子理论指出：原子只能较长久地停留在一些稳定状态(简称定态)，原子处在这些状态时，不发射或吸收能量；各定态有一定的能量，其数值是彼此分立的，这些能量值称为能级，最低能级所对应的状态称为基态，其他高能级所对应的状态称为激发态. 原子的能量不论通过什么方式发生改变，它只能使原子由一个定态跃迁到另一个定态.

(2) 原子从一个定态跃迁到另一个定态而发射或吸收辐射时，辐射频率是一定的. 用 E_m 和 E_n 代表有关两定态的能量，ν 代表辐射的频率，确定普朗克公式

$$h\nu = E_m - E_n \tag{1-1}$$

式中，h 为普朗克常量，其值为 $6.6260\times10^{-34}\,\mathrm{J\cdot s}$.

为了使原子从低能级向高能级跃迁，可以通过具有一定频率 ν 的光子来实现，也可以通过具有一定能量的电子与原子碰撞(非弹性碰撞)进行能量交换的方法来实现. 后者为本实验采用的方法. 设初速度为零的电子在电势差为 U 的加速电场作用下，获得 eU 的能量. 在充氩气的弗兰克-赫兹管中，具有一定能量的电子将与氩原子发生碰撞. 如果以 E_0 代表氩原子的基态能量，E_1 代表氩原子的第一激发态的能量，当电子与氩原子相碰撞时传递给氩原子的能量恰好是

$$eU_1 = E_1 - E_0 \tag{1-2}$$

则氩原子就会从基态跃迁到第一激发态，而相应的电势差 U_1 称为氩原子的第一激发电势. 其他元素气体原子的第一激发电势也可以按此法测量得到.

1914 年，弗兰克和赫兹首次用慢电子轰击汞蒸气中汞原子的实验方法，测定了汞原子的第一激发电势.

2. 弗兰克-赫兹实验的物理过程

本仪器采用的是充氩四极弗兰克-赫兹管，实验原理如图 1-1 所示. 管内有发射电子的阴极 K，它可通电加热管中的灯丝而产生热电子发射. 管中还有用于消除空间电荷对阴极电子发射的影响，同时提高电子发射效率的第一栅极 G_1、用于加速电子的第二栅极 G_2 和收集电子的板极 A.

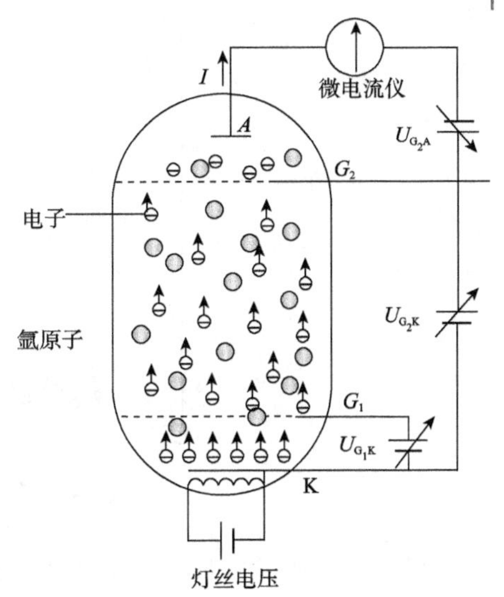

图 1-1　弗兰克-赫兹实验原理图

在充氩气的管中，电子由热阴极 K 发出，阴极 K 和栅极 G_2 之间的可调加速电压 U_{G_2K} 使电子加速. 在板极 A 和栅极 G_2 之间加有反向拒斥电压(减速电压) U_{G_2A}. 管内空间电势分布如图 1-2 所示.

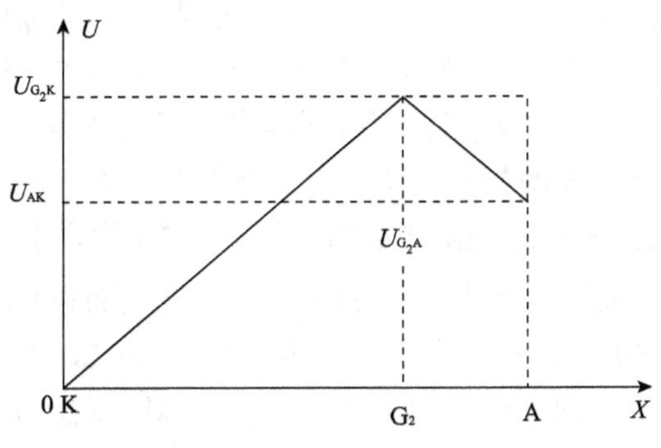

图 1-2　弗兰克-赫兹管空间电势分布

当电子通过 KG_2 空间进入 G_2A 空间时，如果具有足够克服反向拒斥电场做功而达到极板 A 的能量，就能冲过 G_2A 空间达到极板，形成极板电流 I_A，被微电流计检出. 如果电子在 KG_2 空间与氩原子碰撞，把自己一部分能量给了氩原子而使原子激发，而电子所剩的能量不足以克服拒斥电场就会被迫折回到栅极，这时通过微电流计的电流将显著减小.

实验时，使栅极电压 U_{G_2K} 逐渐增加并观察微电流计的电流指示. 如果原子能级确实存在，而且基态与第一激发态之间有确定的能量差，就能观察到如图 1-3 所示的 U_{G_2K}-I 的关系曲线.

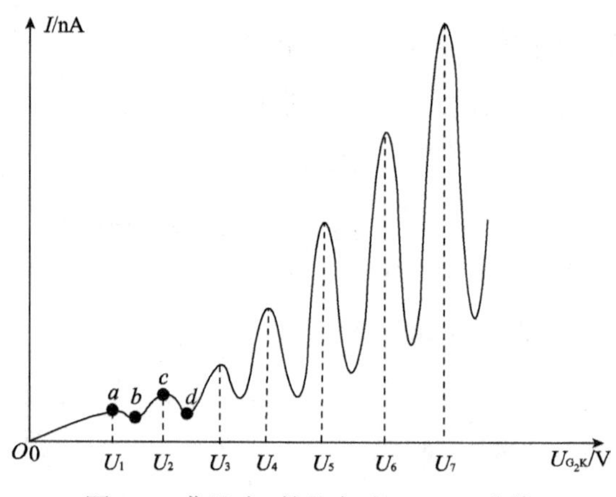

图 1-3　弗兰克-赫兹实验 $U_{\mathrm{G_2K}}$ - I 曲线

该曲线反映了氩原子在 $\mathrm{G_2K}$ 空间与电子进行能量交换的情况. 当 $\mathrm{G_2K}$ 空间电压逐渐增加时，电子在 $\mathrm{G_2K}$ 空间被加速而取得越来越大的能量. 在起始阶段由于电压较低，电子的能量较小($eU < E_1 - E_0$)，即使运动过程中电子与原子只能发生弹性碰撞，由于电子质量远小于氩原子质量，电子的能量也几乎不会减少，穿过栅极电子形成的板极电流 I_A 将随栅极电压 $U_{\mathrm{G_2K}}$ 的增加而增大，即图中 $0a$ 段. 图中 $0a$ 段前的 $O0$ 段电压是弗兰克-赫兹管的阴极 K 和栅极 $\mathrm{G_2}$ 之间由于存在接触电势差和 $\mathrm{G_2A}$ 空间的反向电势差而出现的. 图中的接触电势差 U_{O0} 是正的，它使整个曲线向右平移. 如果接触电势差 U_{O0} 是负的，则整个曲线向左平移.

当 $\mathrm{G_2K}$ 间的电压达到(U_1+U_{O0})时，电子能量达到 $e(U_1+U_{O0}) > E_1 - E_0$，电子在栅极 $\mathrm{G_2}$ 附近与氩原子之间将发生非弹性碰撞，将自己从加速电场中获得的能量交给氩原子，并使氩原子从基态激发到第一激发态，而电子本身由于把能量给了氩原子，即使穿过栅极也不能克服反向拒斥电场而被折回栅极，板极电流 I_A 将显著减小，如图中 ab 段. 随着栅极电压 $U_{\mathrm{G_2K}}$ 的增加，电子的能量也随之增加，在与氩原子相碰撞后，一部分能量($E_1 - E_0$)交换给氩原子，还留下一部分能量足够克服反向拒斥电场而达到板极 A，这时板极电流 I_A 又开始上升，如曲线中的 bc 段，直到 $\mathrm{G_2K}$ 间的电压是($2U_1+U_{O0}$)时，电子在 $\mathrm{G_2K}$ 空间会因与氩原子发生两次非弹性碰撞而失去 $2eU_1$ 的能量，又造成了第二次板极电流的下降，即图中的 cd 段. 同理，凡是在

$$U_{\mathrm{G_2K}} = nU_1 + U_{O0} \tag{1-3}$$

的条件下，板极电流都会相应地下降，形成规则起伏变化的曲线，式中 n 是正整数. 而各次板极电流开始下降，即曲线的各峰之间相应的电势差($U_{\mathrm{G_2K}}$)$_{n+1}$-($U_{\mathrm{G_2K}}$)$_n$ 应该是氩原子的第一激发电势 U_1(对氩原子，公认值为 U_1=11.55V). 由此证实原子确实有不连续的能级存在.

实验中因为 K 极发出的热电子能量服从麦克斯韦统计分布规律，因此 $U_{\mathrm{G_2K}}$ - I 图中的板极电流下降不是陡然的. 在 I_A 极大值附近出现的峰有一定宽度.

弗兰克-赫兹实验设计的巧妙之处在于板极 A 与栅极 G_2 之间加了一个小而稳定的拒斥电压 U_{G_2A}，用它筛去能量小于 eU_{G_2A} 的电子，从而能检测出电子因非弹性碰撞而损失能量的情况. 如果弗兰克-赫兹管中充以其他元素，则可以得到它们的第一激发电势(表 1-1).

表 1-1　几种元素的第一激发电势

元素	Na (sodium)	K (potassium)	Li (lithium)	Mg (magnesium)	Hg (mercury)	He (helium)	Ne (neon)
U_0/V	2.12	1.63	1.84	3.2	4.9	21.2	18.6
λ/Å	5898 5896	7664 7699	6707.8	4571	2536	5843	6402

【实验仪器】

本实验采用 ZKY-FH-2 智能弗兰克-赫兹实验仪(图 1-4)，它由弗兰克-赫兹管、工作电源及扫描电源、微电流测量仪三部分组成. 弗兰克-赫兹管中充有氩，不需要加热. 工作电源及扫描电源提供灯丝电压(0～6.3V)，第一栅压(0～5V)，第二栅压(0～100V)，拒斥电压(0～12V).

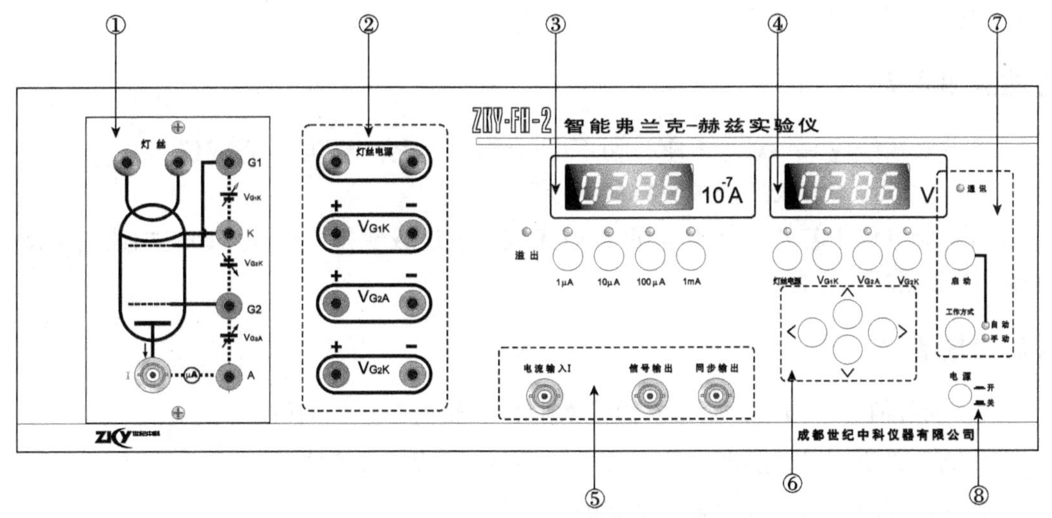

图 1-4　ZKY-FH-2 智能弗兰克-赫兹仪

智能弗兰克-赫兹实验仪前面板功能划分为 8 个区：①、②区是弗兰克-赫兹管输入、输出电压的连接插孔；③区是测试电流指示区，四个电流量程挡位按键用于选择不同的最大电流量程挡；④区是测试电压指示区，四个电压源按键用于选择不同的电压源；⑤区是测试信号输入输出区；⑥区是调整按键区，用于改变当前电压源电压设定值；⑦区是工作状态指示区，通信指示灯指示实验仪与计算机的通信状态；启动按键与工作方式按键共同完成多种操作；⑧区是电源开关.

智能弗兰克-赫兹实验仪与计算机连接，其工作方式分联机测试和联机显示两种. 在与计算机联机测试的过程中，操作控制是由计算机完成的，实验仪面板上的⑦区的自动测试指示灯亮，通信指示灯闪亮，所有按键都被屏蔽禁止；在③、④区的电流、电压指示表上可观察到即时的测试电压值和弗兰克-赫兹管的板极电流值；在计算机的显示屏上也能看到测试波形. 联机显示时，所有操作在智能弗兰克-赫兹实验仪上进行，计算机只显示测试波形.

【实验内容】

(1)选择适当的灯丝电压，U_{G_1K}，U_{G_2A} 和电流表量程，完成工作环境.

(2)连接示波器或计算机，缓慢改变加速电压 U_{G_2K}，从 0 逐渐加大到 85V，定性观察板流的起伏变化，粗测“峰”“谷”的位置.

(3)在粗测调整适宜的基础上，用手动的方法，从 U_{G_2K} 最小开始逐点记录 U_{G_2K} 和板极电流 I 的值，U_{G_2K} 每隔 0.5V 记录一次.

(4)在坐标纸上描绘各组 U_{G_2K} - I 数据对应曲线.

(5)计算每两个相邻峰或谷所对应的 U_{G_2K} 之差值 ΔU_{G_2K}，并求出其平均值 $\bar{U}_1$，将实验值 $\bar{U}_1$ 与氩的第一激发电势 U_1=11.55V 比较，计算相对误差，并写出结果表达式.

(6)请对不同工作条件下的各组曲线和对应的第一激发电势进行比较，分析哪些量发生了变化，哪些量基本不变，为什么?

【注意事项】

(1)各对插线应一一对号入座，切不可插错！否则会损坏电子管或仪器.

(2)一定要按照要求的范围进行数据设置.

(3)实验过程中若产生电离击穿(即电流表严重过载现象)时，要立即将加速电压减少到零，以免损坏电子管.

【思考题】

(1)I 的谷值并不为零，而且谷值依次沿 U_{G_2K} 轴升高，如何解释?

(2)第一峰值所对应的电压是否等于第一激发电势？原因是什么?

(3)写出氩原子第一激发态与基态的能级差.

【附录】

一、实验仪器操作手册

(1)将面板上的四对插座(灯丝电压，第一栅压：V_{G_1K}，拒斥电压：V_{G_2A}，第二栅压：V_{G_2K})按面板上的接线图与电子管测试架上的相应插座用专用连接线连好. 微电流检测器已在内部连好. 将仪器的“信号输出”与示波器的“CH1 输入(X)”相连；仪器的“同

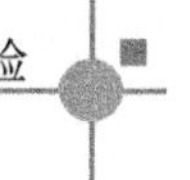

步输出”与示波器的“外接输入”相连.

(2)打开仪器电源和示波器电源.

(3)“自动/手动”挡开机时位于“手动”位置，此时“手动”灯点亮.

(4)电流挡为10^{-7}A，10^{-6}A，10^{-5}A和10^{-4}A. 开机时位于“10^{-7}A”本实验保持此挡不变.

(5)按电子管测试架铭牌上给出的灯丝电压值，第一栅压V_{G_1K}，拒斥电压V_{G_2A}，电流量程I预置相应值. 按下相应电压键，指示灯点亮，按下“∧”键或“∨”键，更改预置值，若按下“<”键或“>”键，可更改预置值的位数，向前或向后移动一位.

(6)电子管的加载. 同时按下“set”键和“>”键，则灯丝电压、第一栅压、第二栅压和拒斥电压等四组电压按预置值加载到电子管上，此时“加载”指示灯亮. 注意：只有四组电压都加载时，此灯才常亮.

(7)四组电压都加载后，预热 10 分钟以上方可进行实验.

(8)按下“自动/手动”键，此时“自动”灯点亮，仪器进入自动测量状态.

(9)在自动测量状态下，第二栅压从 0 开始变到 85V 结束，期间要注意观察示波器曲线峰值位置，并记录相应的第二栅压值.

(10)自动状态测量结束后，按“自动/手动”键到“手动”状态，等待 5 分钟后进行手动测量.

(11)改变第二栅压从 0 开始变到 80V 结束，要求每改变 0.5V 记录相应I和U_{G_2K}值，注意：在示波器所观察的曲线峰值位置附近每 0.2V 记录相应I_A和U_{G_2K}值，不少于 10 个点.

(12)实验完毕后，同时按下“set”键和“<”键，“加载”指示灯熄灭，使四组电压卸载.

(13)关闭仪器电源和示波器电源.

二、早期的弗兰克-赫兹实验

1911 年，弗兰克和赫兹为了研究放电中低能电子和原子间的相互作用，设计了电子与原子碰撞的实验. 首先他们改进了勒纳德的单栅三极式碰撞管的结构，将加速极 G 向收集电子的板极 P 靠拢，同时在实验时减小加速极 G 与板极 P 之间的减速电压(约 0.5V)，管内的气体则改用单原子分子，如氦气和汞(勒纳德用的是氢分子). 因为汞是单原子分子，结构较简单，而且在常温下是液态，所以只要改变温度就能大幅度改变汞原子的密度，同时还由于汞的原子量大，电子与汞原子碰撞时，电子损失的能量极小. 除汞原子处，另一些金属原子(如钾、钠、镁)，也不容易和电子亲和而形成负离子，可以用来研究电子与原子的碰撞规律；惰性气体(如氦、氩、氖)，也是较早用于研究碰撞规律的，因为它们封闭的饱和壳层具有良好的屏蔽作用，对电子的亲和势小，不易形成负

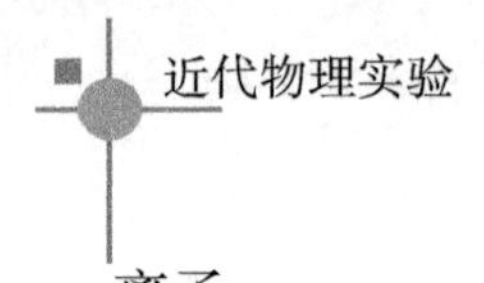

离子.

1914 年，他们用图 1-5 所示的实验装置获得了一系列重要的实验结果，碰撞管中的电子由热阴极 K 发射，经 K 与栅极 G 之间的电场加速，电子由 K 极射向 G 极，栅极 G 与板极 P 之间则有一个减速电压，形成一个减速电场，使电子减速，当穿越 G 的电子具有较大的能量而足以克服这一减速电场时，就能到达板极 P 而形成管流 I_P. 对于早期的充汞管得到的管流与 K 和 G 之间的电压的关系如图 1-6 所示.

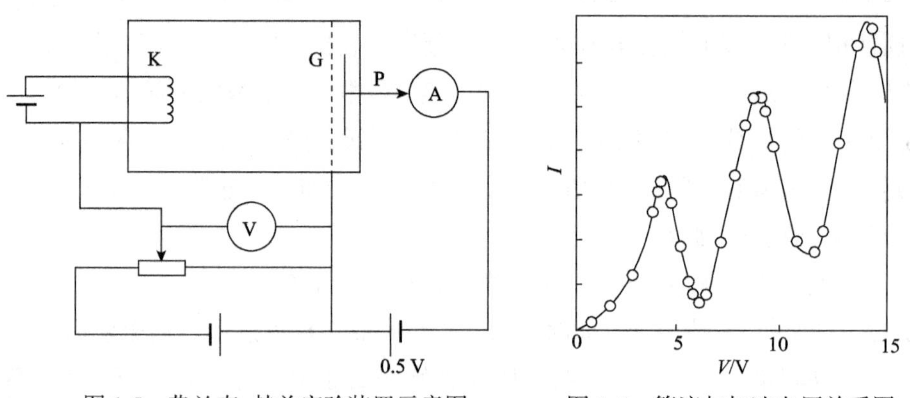

图 1-5　弗兰克-赫兹实验装置示意图　　图 1-6　管流与加速电压关系图

1920 年，弗兰克对原来的装置做了改进，如图 1-7 所示，原有的直热式阴极用傍热式来替代，并在阴极处增加了一个栅极 G_1 并且降低了管内的汞蒸气压，傍热式阴极发射的电子在加速区 K-G_1 内得到加速，然后进入 G_1-G_2 等势区(G_1 和 G_2 处于等电势)进行碰撞. 在改进后的碰撞管中，可以使电子在加速区内获得相当高的能量，可测得汞原子的一系列量子态. 汞原子的第一激发能较低(4.89eV)，相应的发射光谱线的波长为 253.7nm，可以用紫外光谱仪来证实上述实验结果.

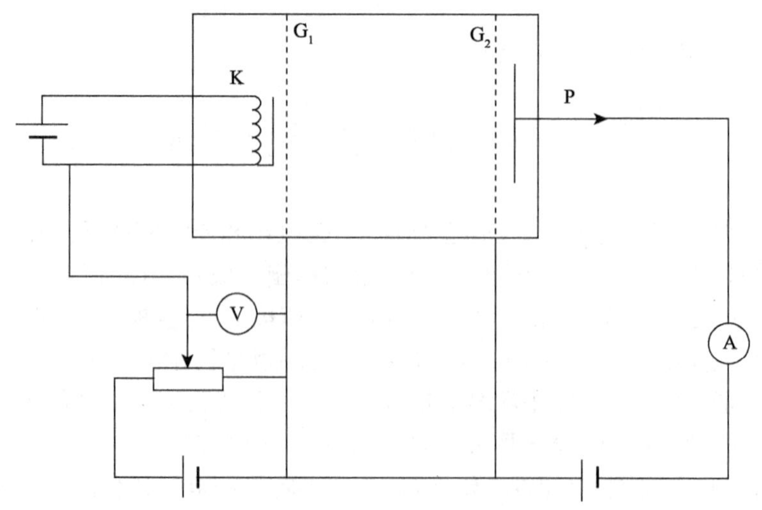

图 1-7　改装后的弗兰克-赫兹实验装置示意图

实验装置介绍：实验方框图如图 1-8 所示. 将充有汞滴的弗兰克-赫兹管放在加热炉中，加热到一定温度使汞滴气化后，管内达到一定气压(对于充氦、氖、氩等气体的电子管则无须加热，可直接在常温下进行实验). 灯丝接 6.3V 交流或直流，以使阴极受热发射电子. 栅极 G 与阴极 K 之间接有 0～50V 可调直流(或慢锯齿波)电压，板极 A 与栅极 G 之间接有-3V 左右的反向拒斥电压(测量电离电势时反向拒斥电压可在-5～-15V). U_{GK} 的变化情况，可通过微电流测量放大器(图 1-9)测量观察，也可通过微电流测量放大器，用示波器或 X-Y 函数记录仪自动记录. 其整机连接如图 1-10 所示.

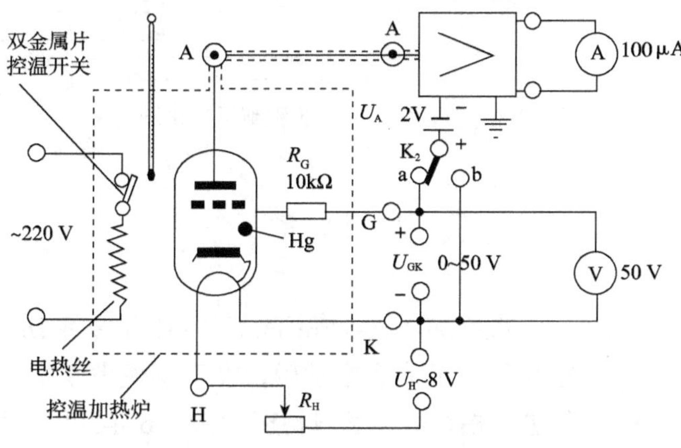

图 1-8　弗兰克-赫兹实验方框图

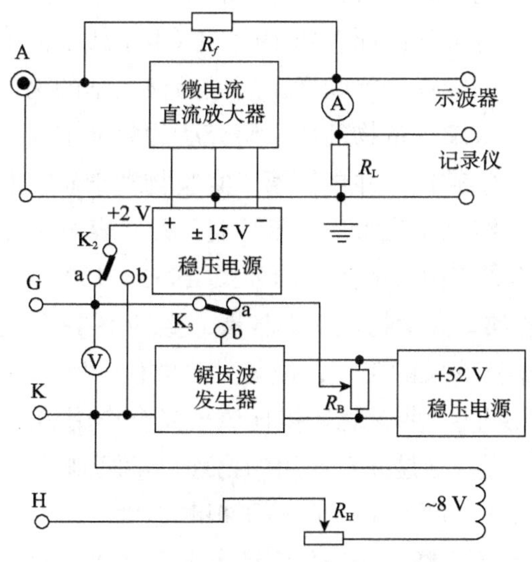

图 1-9　微电流测量放大器原理图

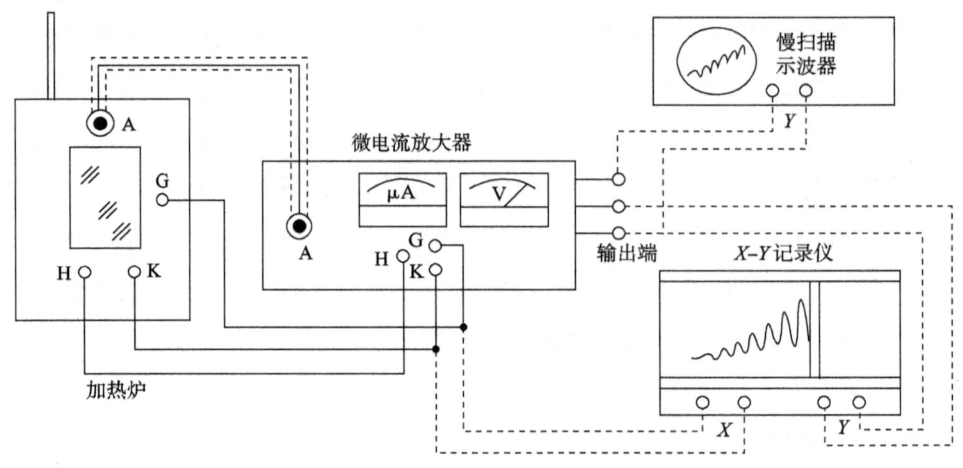

图 1-10　弗兰克-赫兹实验整机连接图

三、人 物 简 介

弗兰克

弗兰克(James Franck)　1882 年 8 月 26 日出生于汉堡. 他在汉堡上了威廉中学后，在海德堡大学学了一年化学，1902 年进入柏林大学学习物理学，1906 年获博士学位，并在法兰克福大学担任助教，不久，又返回柏林大学任鲁宾斯(H. Rubens)的助教. 1911 年获得柏林大学物理学“大学授课资格”，在柏林大学讲课直到 1918 年(由于战争而中断了教学. 战争中曾获一级铁十字勋章)，后成为该大学的物理学副教授. 1917 年起任威廉皇帝物理化学研究所的分部主任. 1921 年受聘为格丁根大学教授，并担任第二实验物理学研究所主任. 1933 年为抗议希特勒反犹太法，弗兰克公开发表声明并辞去主任职务，离开德国去哥本哈根，一年后移居美国，成为美国公民. 1935～1938 年任约翰·霍布金斯大学物理系教授. 1938 年起任芝加哥大学物理化学教授，直到 1949 年退休. 第二次世界大战期间，他参加了与研制原子弹有关的工程，但与大多数科学家一样，他反对对日本使用核武器. 在芝加哥大学授课期间，弗兰克还担任该校光合作用实验室主任，对各种生物过程特别是光合作用的物理化学机制进行了研究. 1964 年 5 月 21 日弗兰克在访问格丁根时逝世.

G. 赫兹

G. 赫兹(Gustav Hertz)　1887 年 7 月 22 日出生于汉堡. 他是电磁波的发现者 H.赫兹的侄子. G. 赫兹在汉堡的约翰尼厄姆学校毕业后，于 1906 年进入格丁根大学，后来又在慕尼黑大学和柏林大学学习，于 1911 年毕业. 1913 年任柏林大学物理研究所研究助理. 由于爆发了第一次世界大战，G.赫兹于 1914

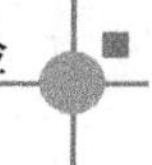

年从军，1915 年在一次作战中负重伤，1917 年回到柏林当校外教师. 1920～1925 年，G. 赫兹在埃因霍温的菲利普白炽灯厂物理研究室工作. 1925 年被选为哈雷大学的教授和物理研究所所长. 1928 年回到柏林任夏洛腾堡工业大学物理教研室主任. 1935 年由于政治原因辞去了主任职务，又回到工业界，担任西蒙公司研究室主任. 1945～1954 年在苏联工作，领导一个研究室，这期间他被任命为莱比锡卡尔・马克思大学物理研究所所长和教授. 1961 年退休，先后在莱比锡和柏林居住.

从研究课题上说，G.赫兹早年研究的是二氧化碳的红外吸收及压力和分压的关系. 1913 年和弗兰克一起开始研究电子碰撞. 1928 年，赫兹回到柏林的第一个任务是重建物理研究所和学校. 他为这一目标不停地工作. 在此期间，他负责用多级扩散方法分离氖的同位素.

G. 赫兹发表了许多关于电子和原子间能量交换的论文和关于测量电离电势的论文. 有些是他自己单独完成的，有些是和弗兰克、克洛珀斯合作的. 他还有一些关于分离同位素的著作.

G. 赫兹是柏林德国科学院院士，1975 年在柏林去世.

实验二　黑 体 辐 射

任何物体都具有不断辐射、吸收、反射电磁波的本领. 辐射出去的电磁波在各个波段是不同的，也就是具有一定的谱分布，这种谱分布与物体本身的特性及其温度有关，因而称为热辐射. 热辐射(包括黑体和红外辐射)探测技术及相关的定律在现代国防、科研、航天、天体的演化、医学、考古、环保、工农业生产等各个领域均有广泛应用，现已发展成为一门独立学科——辐射测量学，它是研究光谱范围内辐射能测量的科学. 这部分光谱范围包括：紫外、可见光和红外辐射. 辐射测量技术是一门评价辐射源、传感器及其性能的技术.

在物理科学的每个学科里，测量是技术能力的起源. 而对测量大家有一共识标准，如一级码尺标准保存在美国的度量衡局中，铂米尺由法国政府保存着. 光强度的一级标准是 1948 年规定的“铂凝固点温度黑体(black body)的光亮度”，该亮度的测定为每平方厘米 58.9 国际烛光. 由此可见，评价一些光源时，黑体是一不变的基准. 但黑体是物理学家为了研究不依赖于物质具体物性的热辐射规律而定义的一种理想物体，以此作为热辐射研究的标准物体.

1790 年皮克泰(M. A. Pictet)认识到了热辐射问题，1800 年赫歇尔(F. W. Herschel)发现了红外线；1850 年，梅隆尼(M. Melloni)提出在热辐射中存在可见光部分；1860 年基尔霍夫从理论上导入了辐射本领、吸收本领和黑体概念，证明了一切物体的热辐射本领和吸收本领之比等于同一温度下黑体的辐射本领，黑体的辐射本领只由温度决定. 在 1861 年进一步指出，在一定温度下用不透光的壁包围起来的空腔中的热辐射等同于黑体的热辐射；1879 年，斯特藩(J. Stefan)从实验中总结出了物体热辐射的总能量与物体绝对温度四次方成正比的结论；1884 年，玻尔兹曼对上述结论给出了严格的理论证明；1888 年，韦伯(F. Weber)提出了波长与绝对温度之积是一定的，维恩从理论上进行了证明.

在黑体辐射中，随着温度不同，光的颜色各不相同，黑体呈现由红-橙红-黄-黄白-白-蓝白的渐变过程. 某个光源所发射的光的颜色，看起来与黑体在某一个温度下所发射的光颜色相同时，黑体的这个温度称为该光源的色温. “黑体”的温度越高，光谱中蓝色的成分越多，而红色的成分越少. 例如，白炽灯的光色是暖白色，其色温表示为 2700K，而日光色荧光灯的色温表示则是 6000K.

【实验原理】

1. 辐射测量的相关概念

(1) 黑体：是一种理想的辐射能源，是一种辐射仅取决于它的温度的辐射体，它在给定的温度下比在同样温度下的任何实际物体辐射出更多的能量，故也称为“完全辐射体”或“理想的温度辐射体”或“普朗克辐射体”. 所谓黑体是指入射的电磁波全部被吸收，既没有反射，也没有透射(当然黑体仍然要向外辐射).

(2)辐射度：也称为“辐射出射度”，简称“辐出度”. 表面上一点的辐出度为该点表面元发出的辐射通量除以该表面元的面积的商，单位是(W/m^2).

(3)辐亮度：表示光源的表面元发出的，在给定方向的基准所确定的方向传播的辐射通量，除以锥的立体角和表面元在垂直于给定方向的平面上的投影面积的乘积的商，单位是($W/(m^2 \cdot sr)$).

(4)色温：一个光源的色温就是辐射同一色彩光的黑体的温度.

2. 黑体辐射

指黑体发出的电磁辐射，任何物体只要其温度在绝对零度以上就可以向周围发射辐射，称为温度辐射. 黑体是一种完全的温度辐射体，它吸收全部的入射光辐射而一点也不反射. 黑体辐射能量的效率最高，仅与温度有关，它的发射率是 1，任何其他物体的发射率都小于 1.

固体或液体，在任何温度下都在发射各种波长的电磁波，这种由于物体中的分子、原子受到激发而发射电磁波的现象称为热辐射. 所辐射电磁波的特征仅与温度有关，且物体辐射总能量及能量按波长分布都决定于温度.

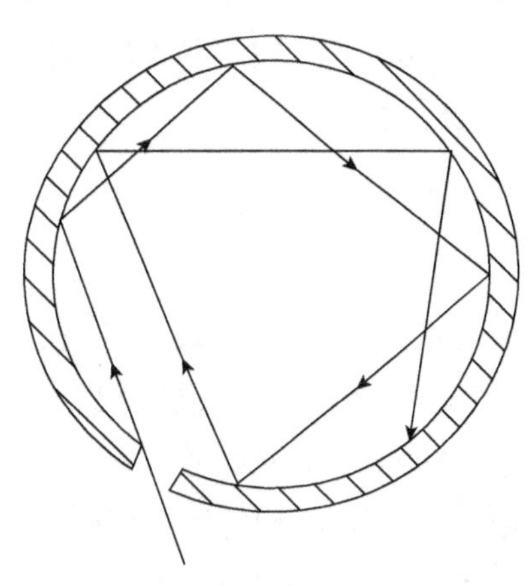

图 2-1　近似黑体——空腔

3. 黑体辐射定律

不透明的材料制成带小孔的空腔，可近似看成黑体(图 2-1). 研究黑体辐射的规律是了解一般物体热辐射性质的基础，而热辐射的真正研究是从基尔霍夫(Kirchhoff)开始的. 1859 年他从理论上导入了辐射本领、吸收本领和黑体概念，利用热力学第二定律证明了一切物体的热辐射本领 $r(\nu,T)$ 与吸收本领 $a(\nu,T)$ 成正比，比值仅与频率 ν 和温度 T 有关，其数学表达式为

$$\frac{r(\nu,T)}{a(\nu,T)}=F(\nu,T) \tag{2-1}$$

式中，$F(\nu,T)$ 是一个与物质无关的普适函数. 1861 年他进一步指出，在一定温度下，用不透光的壁包围起来的空腔中的热辐射等同于黑体的热辐射.

1879 年，斯特藩从实验中总结出了黑体辐射的辐射本领 R 与物体绝对温度 T 的四次方成正比的结论。1884 年，玻尔兹曼对上述结论给出了严格的理论证明，其数学表达式为

$$R_T=\sigma T^4 \tag{2-2}$$

即斯特藩-玻尔兹曼定律. 实验测得 $\sigma=5.673\times10^{-12}\,W/(cm^2\cdot K^4)$，称为斯特藩-玻尔兹曼

常量.

1888 年,韦伯提出了波长与绝对值之积是一定的. 1893 年维恩从理论上进行了证明,其数学表达式为

$$\lambda_{\max} T = b \tag{2-3}$$

式中,b 为一普适常量,实验测得 $b = 2.897\times10^{-3}\,\mathrm{m\cdot K}$,随温度的升高,绝对黑体光谱亮度的最大值的波长向短波方向移动,即维恩位移定律. 根据维恩位移定律,我们可以估算,当 T~6000K 时,λ_{m}~0.48μm(绿色),这就是太阳辐射中大致的最大谱辐射亮度处. 当 T~300K,λ_{m}~9.6μm 时,就是地球物体辐射中大致的最大谱辐射亮度处.

1896 年维恩推导出黑体辐射谱的函数形式

$$r(\lambda,T) = \frac{\alpha c^2}{\lambda^5}\mathrm{e}^{\frac{-\beta c}{\lambda T}} \tag{2-4}$$

式中,α, β 为常数. 该公式与实验数据比较,在短波区域符合得很好,但在长波部分出现系统偏差. 为表彰维恩在热辐射研究方面的卓越贡献,1911 年授予他诺贝尔物理学奖.

1900 年,英国物理学家瑞利从能量按自由度均分定律出发,推出了黑体辐射的能量分布公式

$$r(\lambda,T) = \frac{2\pi c}{\lambda^4}kT \tag{2-5}$$

该公式称为瑞利-金斯公式,公式在长波部分与实验数据较相符,但在短波部分却出现了无穷值,而实验结果趋于零,这部分的严重背离,被称为“紫外灾难”.

1900 年德国物理学家普朗克(Planck),在总结前人工作的基础上,采用内插法将使用于短波的维恩公式和使用于长波的瑞利-金斯公式衔接起来,得到了在所有波段都与实验数据符合很好的黑体辐射公式

$$r(\lambda,T) = \frac{c_1}{\lambda^5}\frac{1}{\mathrm{e}^{\frac{c_2}{\lambda T}} - 1} \tag{2-6}$$

式中,c_1,c_2 均为常数,但该公式的理论依据尚不清楚.

这一研究的结果促使普朗克进一步去探索该公式所蕴含的更深刻的物理本质. 他发现如果作如下“量子”假设:对一定频率 ν 的电磁辐射,物体只能以 $h\nu$ 为单位吸收或发射. 也就是说,吸收或发射电磁辐射只能以“量子”的方式进行,每个“量子”的能量为 $E = h\nu$,称其为能量子. 式中,h 是一个应该用来确定的比例系数,称为普朗克常量,它的数值是 $6.6260755\times10^{-34}\,\mathrm{J\cdot s}$. 式(2-6)中的 c_1,c_2 可表述为

$$c_1 = 2\pi hc^2, \quad c_2 = \frac{ch}{k}$$

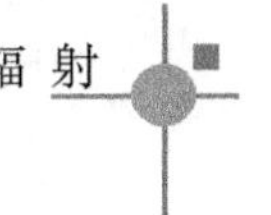

均与普朗克常量相关，分别称为第一辐射常数和第二辐射常数. 式(2-6)可改写为如下形式：

$$r(\lambda,T)=\frac{2\pi hc^2}{\lambda^5}\frac{1}{\mathrm{e}^{\frac{hc}{k\lambda T}}-1} \tag{2-7}$$

这种吸收或发射电磁辐射能量不连续性的概念，尽管可以很好地解释黑体辐射的经验公式，但因为与经典光学和电磁学相对立，所以未能得到科学界的认可. 第一个关注量子假设的是爱因斯坦，他在 1905 年用普朗克的量子假设成功地解释了光电效应的问题，1913 年尼尔斯·玻尔在他的原子结构学说中也使用了这一概念. 至此普朗克的能量不连续概念才被人们广泛接受，并于 1918 年获诺贝尔物理学奖. 爱因斯坦也因光电效应定律荣获 1921 年诺贝尔物理学奖，1922 年玻尔因原子结构和原子辐射的研究荣获诺贝尔物理学奖. 黑体辐射和光电效应等现象引导人们发现了光的波粒二象性. 人们在波粒二象性的启发下，才开辟了建立量子力学的途径.

4. 光学系统原理图

图 2-2 为光学系统原理图.

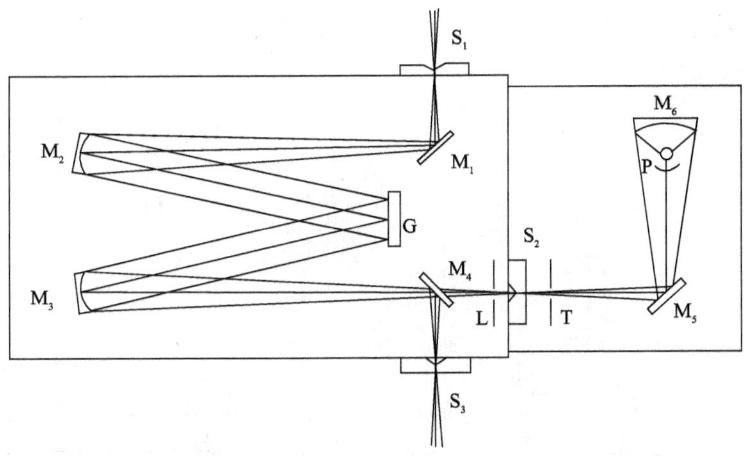

图 2-2 光学系统原理图

S_1. 入射狭缝；S_2. 出射狭缝Ⅰ；S_3. 出射狭缝Ⅱ；G. 平面衍射光栅；M_1，M_4，M_5. 反射镜；M_2，M_3. 球面反射镜；M_6. 深椭球镜；L. 滤光片；T. 调制器；P. 接收器件

图 2-2 中各光学条件参数：M_2、M_3 焦距为 f=302.5mm；光栅 G：300L；闪耀波长 1400nm；滤光片 L 工作区间为第一片 800～1200nm，第二片 1200～1950nm，第三片 1950～2500nm；狭缝 S 的长度为 20mm，可调范围 0～2.5mm；接收单元(PbS)的波长范围为 800～2500nm.

5. 实验曲线

图 2-3 为绝对黑体的辐出度波长曲线.

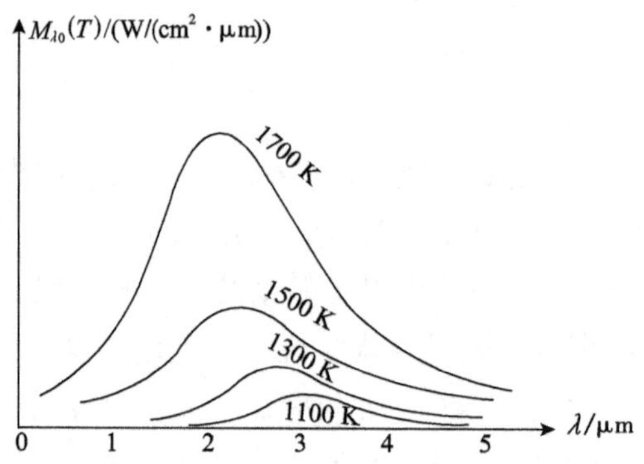

图 2-3　绝对黑体的辐出度按波长分布曲线

【实验仪器】

黑体实验装置，由光栅单色仪、接收单元、扫描系统、电子放大器、A/D 采集单元、电压可调的稳压溴钨灯光源、计算机及输出设备组成. 该设备集光学、精密机械、电子学、计算机技术于一体. 本实验采用的仪器为 WSD-Ⅱ型黑体实验装置，具体装置如图 2-4～图 2-6 所示.

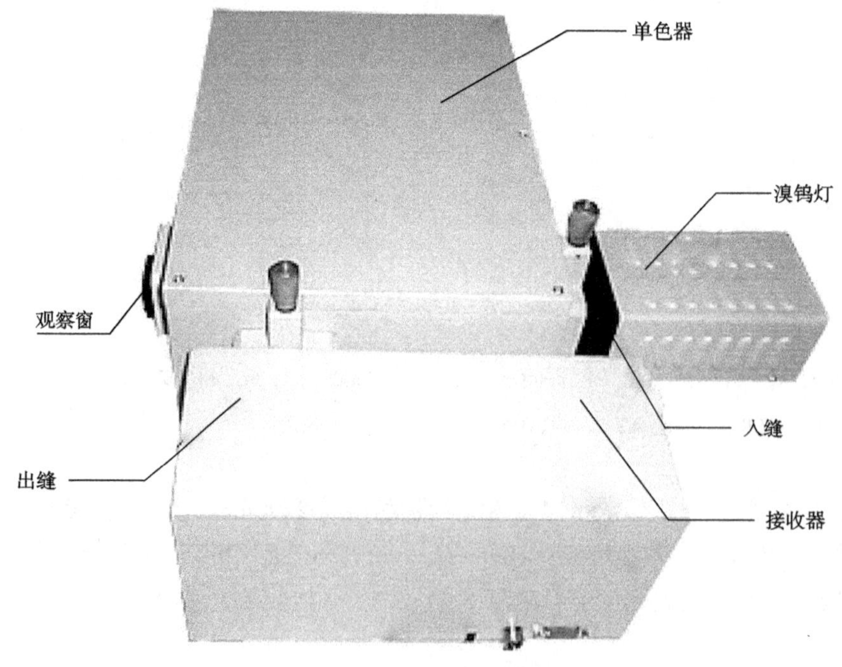

图 2-4　WSD-Ⅱ型黑体实验装置

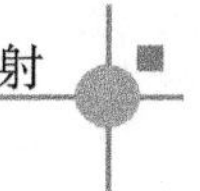

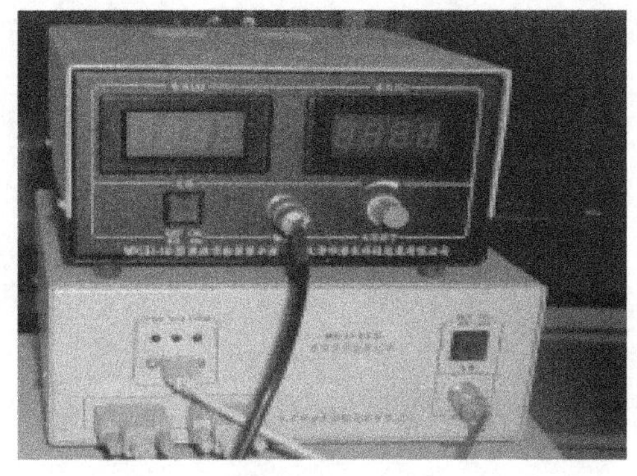

图 2-5 电压可调的稳压溴钨灯光源

图 2-6 计算机及配套数据处理软件

【实验内容】

本实验采用 WSD-Ⅱ型黑体实验装置，可进行以下实验：

(1) 验证黑体辐射定律.

(2) 测量其他发光体的能量曲线.

(3) 观察窗的演示实验.

(4) 其他实验.

1. 验证黑体辐射定律

(1) 连接计算机、打印机、单色仪、接收单元、电控箱、溴钨灯电源、溴钨灯.

(2) 打开计算机、电控箱及溴钨灯电源，使机器预热 20 分钟.

(3) 将溴钨灯电源的电流调节为 1.7A(色温在 2999K)，扫描一条 800~2500nm 的曲线，即得到在色温 2999K 时的黑体辐射曲线(可依次做不同色温下的各条黑体辐射能曲线，分别存入各寄存器，最多可以存 9 条曲线).

(4) 分别验证普朗克定律、斯特藩-玻尔兹曼定律、维恩位移定律.

(5) 将实验数据及表格打印出来.

2. 测量其他发光体的能量曲线

(1) 将待测发光体(光源) 置于仪器的入射狭缝处.

(2) 按照计算机软件提示的步骤，可以测量其发光体的辐照度.

(3) 按照计算机软件提示的步骤，可以测其辐射能曲线.

(4) 将实验数据及表格打印出来.

3. 观察窗的演示实验

点击该实验后，按照操作提示，可实现如下两种演示：

(1) 观察光栅的二级光谱.

(2) 观察黑体的色温.

【注意事项】

(1) 注意狭缝调节，不要过大或过小.

(2) 各连接线接口必须一一对应.

(3) 在打开电控箱及溴钨灯电源前，使溴钨灯电源的调节钮旋至最小.

【思考题】

(1) 为什么在同样的温度下，表面状态不同，辐射本领有显著的差异?

(2) 根据辐射体表面状态与辐射本领密切相关的特点，思考该物理现象有无应用价值?

(3) 实验为何能用溴钨灯进行黑体辐射测量并进行黑体辐射定律验证?

(4) 实验数据处理中为何要对数据进行归一化处理?

(5) 实验中使用的光谱分布辐射度与辐射能量密度有何关系?

【附录】

一、溴钨灯的工作电流与色温的对应关系

溴钨灯的工作电流与色温的对应关系见表 2-1.

表 2-1　电流与色温的对应关系

电流/A	1.7	1.6	1.5	1.4	1.3	1.2	1.1	1.0	0.9
实测色温/K	2999	2889	2674	2548	2455	2303	2208	2101	2001

二、普朗克量子假设

问题　如何从理论上找到黑体的辐出度符合实验曲线的函数式

$$M_{\lambda 0}(T)=f(\lambda,T) \tag{2-8}$$

分析　维恩经验公式

$$M_{\lambda 0}(T)=C_1\lambda^{-5}\mathrm{e}^{-\frac{C_2}{\lambda T}} \tag{2-9}$$

这个公式与实验曲线短波长处符合得很好，但在长波长处与实验曲线相差较大.

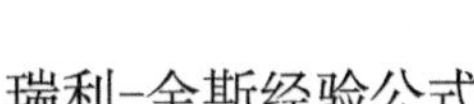

瑞利-金斯经验公式

$$M_{\lambda 0}(T)=C_3\lambda^{-4}T \tag{2-10}$$

这个公式在波长很长处与实验曲线比较相近，但在短波区，按此公式，将得出 $M_{\lambda 0}(T)$ 随波长趋向于零而趋向无穷大的荒谬结果，即“紫外灾难”.

维恩公式和瑞利-金斯公式都是用经典物理学的方法来研究热辐射所得的结果，都与实验结果不符，明显地暴露了经典物理学的缺陷. 黑体辐射实验是物理学晴朗天空中一朵令人不安的乌云. 为了解决上述困难，普朗克利用内插法将适用于短波的维恩公式和适用于长波的瑞利-金斯公式衔接起来，提出了一个新的公式

$$M_{\lambda 0}=2\pi hc^2\lambda^{-5}\frac{1}{e^{\frac{hc}{\lambda kT}}-1} \tag{2-11}$$

普朗克常量 $h=6.6260755\times10^{-34}\,\mathrm{J\cdot s}$，这一公式称为普朗克公式. 它与实验结果符合得很好（图 2-7）.

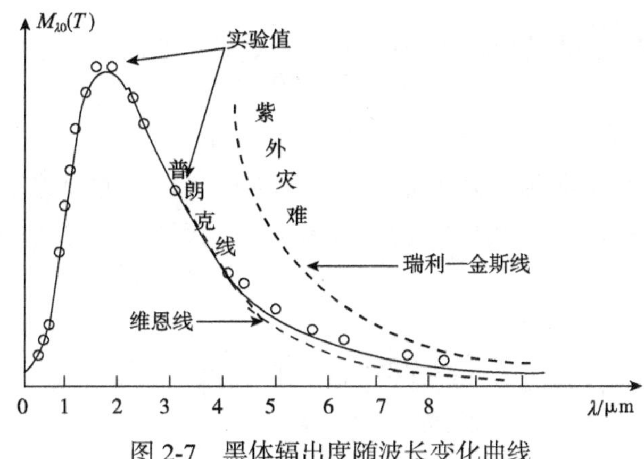

图 2-7　黑体辐出度随波长变化曲线

普朗克公式还可以用频率表示为

$$M_{\nu 0}(T)=\frac{2\pi h\nu^3}{c^2}\frac{1}{e^{\frac{h\nu}{kT}}-1} \tag{2-12}$$

普朗克得到上述公式后意识到，如果仅仅是一个侥幸揣测出来的内插公式，其价值只能是有限的，所以必须寻找这个公式的理论根据. 他经过深入研究后发现：必须使谐振子的能量取分立值，才能得到上述普朗克公式.

能量子假说：辐射黑体分子、原子的振动可看作谐振子，这些谐振子可以发射和吸收辐射能. 但是这些谐振子只能处于某些分立的状态，在这些状态中，谐振子的能量并不像经典物理学所允许的可具有任意值. 相应的能量是某一最小能量 ε（称为能量子）的整数倍，即 $\varepsilon,2\varepsilon,3\varepsilon,\cdots,n\varepsilon$，$n$ 为正整数，称为量子数.

对于频率为ν的谐振子最小能量为

$$\varepsilon = h\nu \tag{2-13}$$

振子在辐射或吸收能量时，从一个状态跃迁到另一个状态. 在能量子假说基础上，普朗克由玻尔兹曼分布律和经典电动力学理论，得到黑体的单色辐出度，即普朗克公式.

能量子的概念是非常新奇的，它冲破了传统的概念，揭示了微观世界中一个重要规律，开创了物理学的一个全新领域. 由于普朗克发现了能量子，对建立量子理论做出了卓越贡献，所以获 1918 年诺贝尔物理学奖.

根据实验得出黑体辐射的两条定律：

(1) 斯特藩-玻尔兹曼定律.

黑体的辐出度与黑体的绝对温度四次方成正比

$$M_0(T) = \sigma T^4 \tag{2-14}$$

由此可见，热辐射的功率随着温度的升高而迅速增加.

(2) 维恩位移定律.

对于给定温度 T，黑体的单色辐出度有一最大值，其对应波长为 λ_{m}

$$T\lambda_{\mathrm{m}} = b \tag{2-15}$$

由此可看出，热辐射的峰值波长随着温度的增加而向着短波方向移动.

事实上，斯特藩-玻尔兹曼定律和维恩位移定律均可从普朗克公式导出. 例如，在普朗克公式中，引入

$$C_1 = 2\pi hc^2, \qquad x = \frac{hc}{\lambda kT}$$

则

$$\mathrm{d}x = -\frac{hc}{\lambda^2 kT}\mathrm{d}\lambda, \qquad \mathrm{d}\lambda = -\frac{hc}{kTx^2}\mathrm{d}x$$

普朗克公式可改写为

$$M_0(x,T) = \frac{C_1 k^4 T^4}{h^4 c^4}\frac{x^3}{\mathrm{e}^x - 1}$$

黑体的总辐出度为

$$M_0(T) = \int_0^\infty M_{\lambda 0}(T)\mathrm{d}\lambda = \frac{C_1 k^4 T^4}{h^4 c^4}\int_0^\infty \frac{x^3}{\mathrm{e}^x - 1}\mathrm{d}x$$

其中

$$\int_0^{\infty} \frac{x^3}{e^x - 1}dx = \int_0^{\infty} \frac{e^{-x}x^3}{1 - e^{-x}}dx = \int_0^{\infty} e^{-x}x^3 \sum_{n=0}^{\infty} e^{-nx}dx$$
$$= \sum_{n=0}^{\infty} \int_0^{\infty} x^3 e^{-(n+1)x}dx$$

由分部积分法可计算

$$\int_0^{\infty} x^3 e^{-(n+1)x}dx = \frac{6}{(n+1)^4}$$

所以

$$M_0(T) = \frac{C_1 k^4 T^4}{h^4 c^4} \sum_{n=0}^{\infty} \frac{6}{(n+1)^4} = \frac{C_1 k^4 T^4}{h^4 c^4} \frac{\pi^4}{15} = \sigma T^4$$

则

$$\sigma = \frac{2\pi k^4}{h^3 c^2} \frac{\pi^4}{15} = 5.6693 \times 10^{-8}\ \mathrm{W/(m^2 \cdot K^4)}$$

可见由普朗克公式可以推导出斯特藩–玻尔兹曼定律.

为了求出最大辐射值对应的波长 λ_m，可以由普朗克公式得到 λ_m，满足

$$\frac{dM_{\lambda 0}(T)}{d\lambda} = 0$$

经整理得到

$$5\left(1 - e^{-\frac{hc}{\lambda_m kT}}\right) = \frac{hc}{\lambda_m kT}$$

令 $\frac{hc}{\lambda_m kT} = x$，则有

$$x = 5(1 - e^{-x})$$

这个方程通过迭代法解得 $x = 4.9651$，即

$$\lambda_m T = \frac{hc}{4.9651k} = b$$

于是

$$b = \frac{hc}{4.9651k} = 2.8978 \times 10^{-3}\ \mathrm{m \cdot K}$$

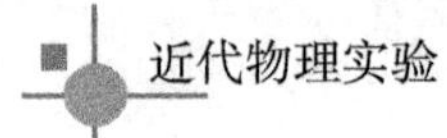

可见由普朗克公式可推导得出维恩位移定律.

三、软件应用介绍(天津拓普开发)

打开黑体辐射实验软件系统，然后出现如图 2-8 所示界面，选择你要进行的实验.

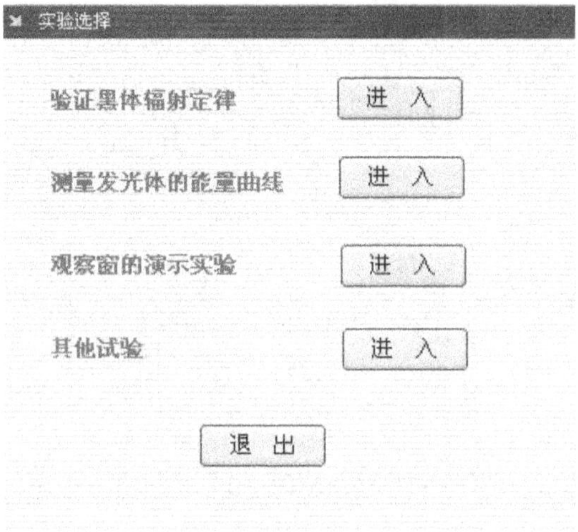

实验选择
验证黑体辐射定律 进 入
测量发光体的能量曲线 进 入
观察窗的演示实验 进 入
其他试验 进 入
退 出

图 2-8

1. 验证黑体辐射定律

点击验证黑体辐射定律“进入”出现如图 2-9 所示界面.在进行实验前要将仪器复位，以保证测量的准确度. 点击“是”，进入复位状态，界面如图 2-10 所示.

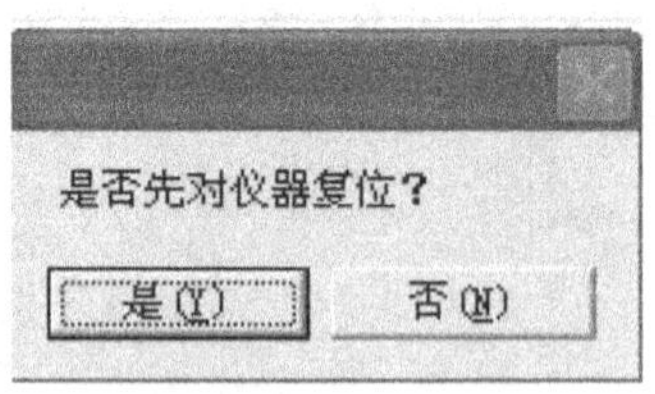

图 2-9

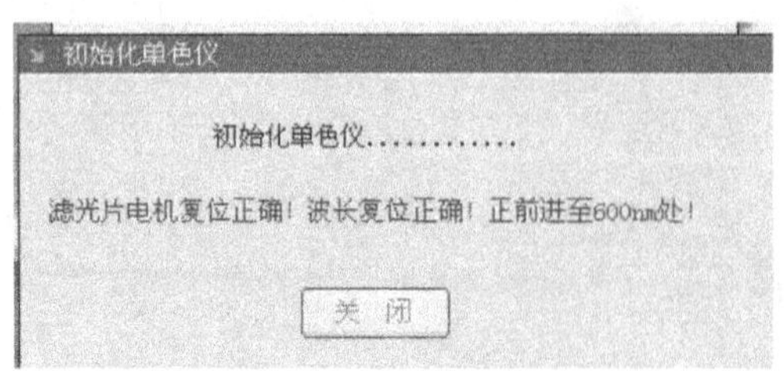

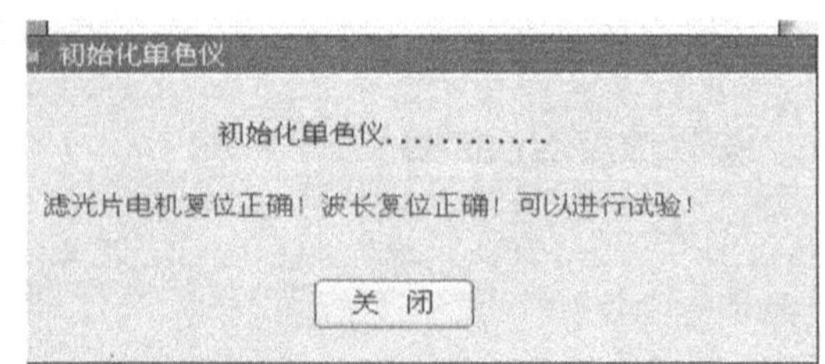

图 2-10

若仪器连接出现错误将出现错误提示界面如图 2-11 所示.

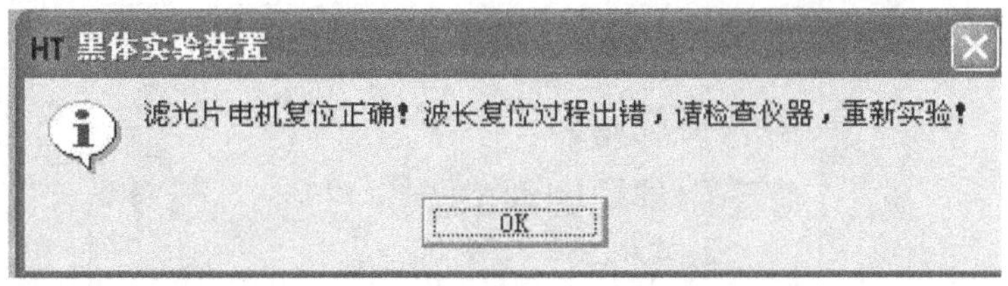

图 2-11

若出现错误提示界面请你按照提示检查并修正. 在系统复位正确后，将进入主测试界面，如图 2-12 所示.

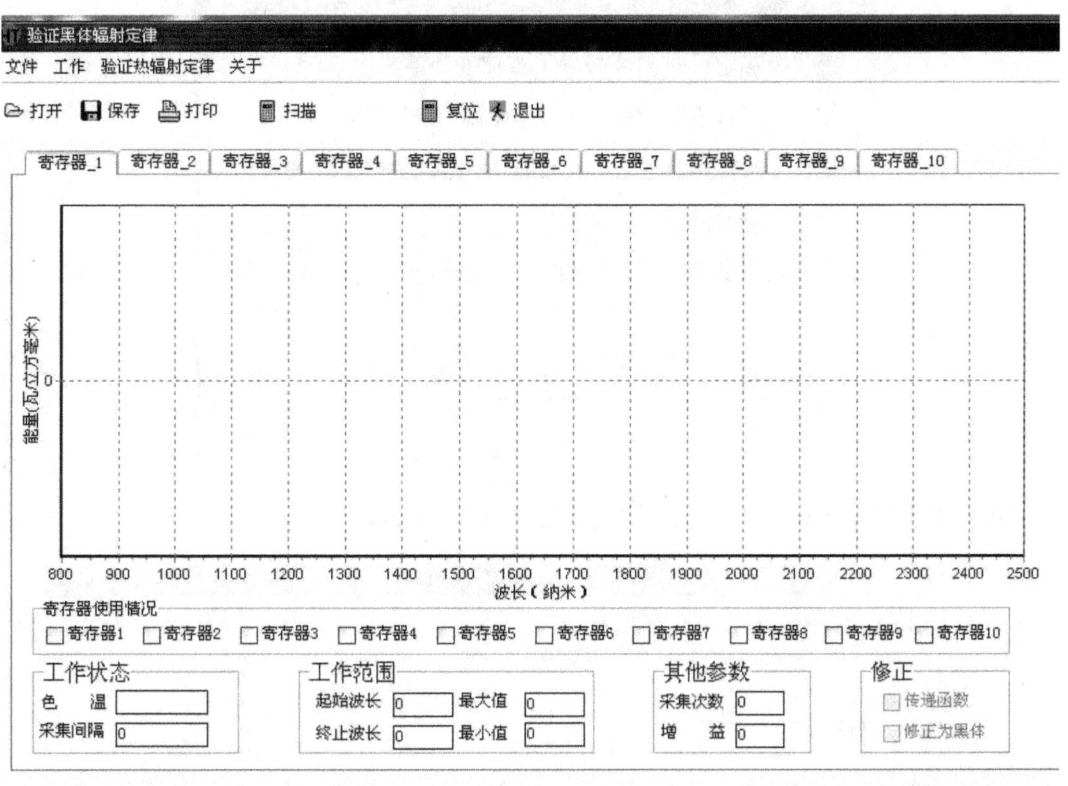

图 2-12

首先，点击工作菜单，将出现如图 2-13 所示界面. 点击“修正黑体辐射系数参数”，将出现“顺序计算（Y）选择计算（Z）”，若选择顺序计算，则出现如图 2-14 所示界面.

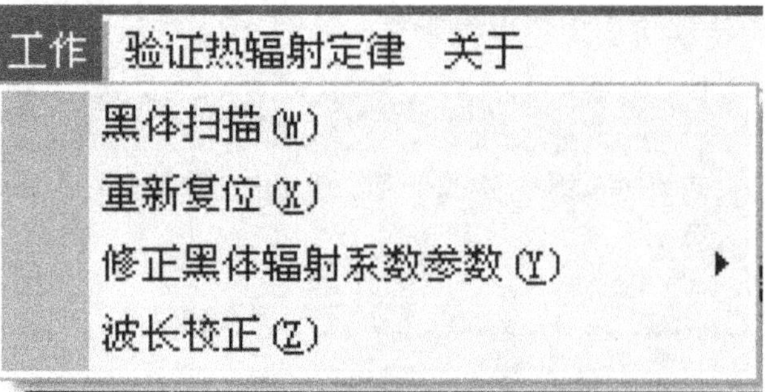

图 2-13

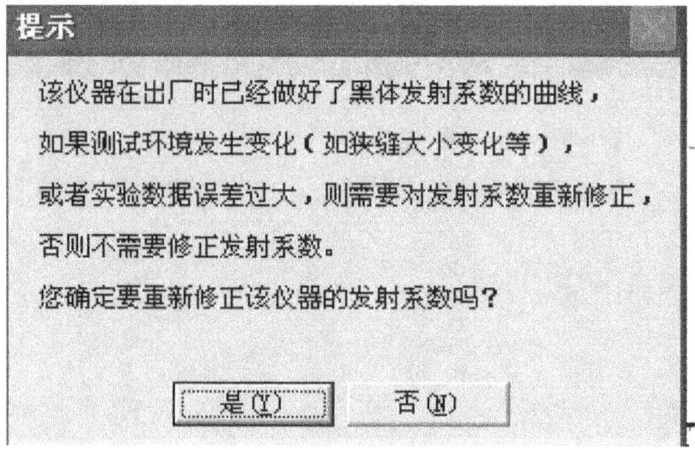

图 2-14

若修正发射系数，点击“是”则出现如图 2-15 所示界面.

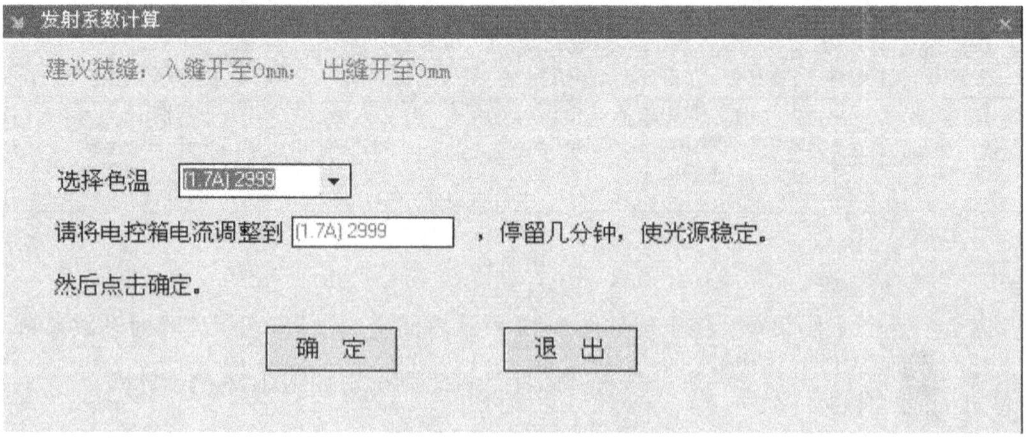

发射系数计算
建议狭缝：入缝开至0mm；出缝开至0mm
选择色温 (1.7A) 2999
请将电控箱电流调整到 (1.7A) 2999 ，停留几分钟，使光源稳定。
然后点击确定。
确 定 退 出

图 2-15

将溴钨灯电源控制箱上的电流值调到 1.7A 后，点击“确定”则出现如图 2-16 所示界面.

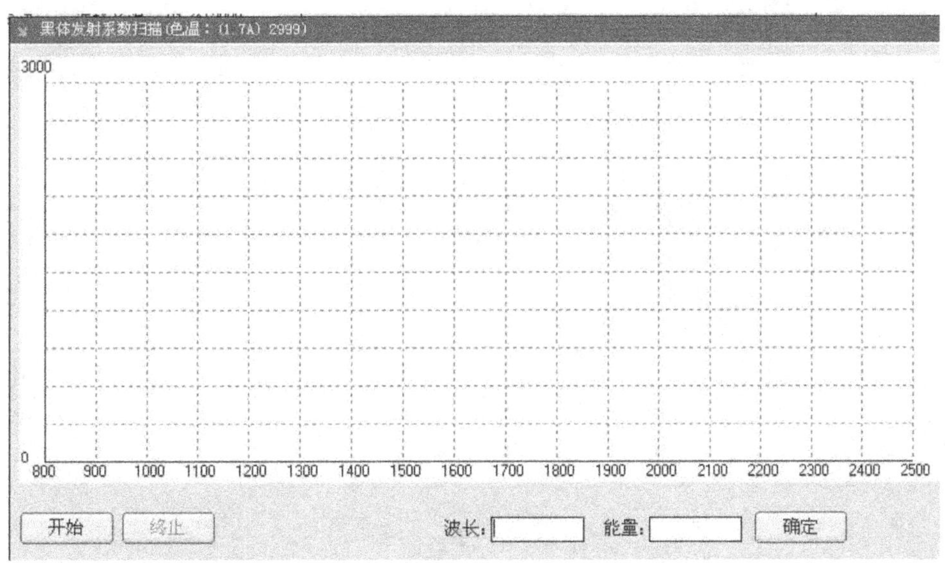

图 2-16

点击“开始”，即可完成色温 2999K 的黑体发射系数扫描曲线. 依次作 1.6～0.9A 等 9 条相应色温的黑体发射系数扫描曲线. 然后作修正黑体扫描，点击“ 扫描 ”则出现如图 2-17 所示界面.

设置工作参数
参数设置
起始波长: 800 nm　终止波长: 2500 nm
最 大 值: 4095　最 小 值: 0
采集间隔: 1.0 nm
采集次数: 200
编　号: no　日　期: 2000-12-2
色温选择(红色色温表示已经完成扫描)
2999(1.7A)　2889(1.6A)　2674(1.5A)
2548(1.4A)　2455(1.3A)　2303(1.2A)
2208(1.1A)　2101(1.0A)　2001(0.9A)
保存位置(红色寄存器表示已经保存了数据)
寄存器_1　寄存器_2　寄存器_3
寄存器_4　寄存器_5　寄存器_6
寄存器_7　寄存器_8　寄存器_9
寄存器_10
确 定　取 消

图 2-17

界面中的红色标记为已经将数据扫描进入系统，“ ◉ ”为选中要做实验的数据. 点击“确定”出现如图 2-18 所示界面.

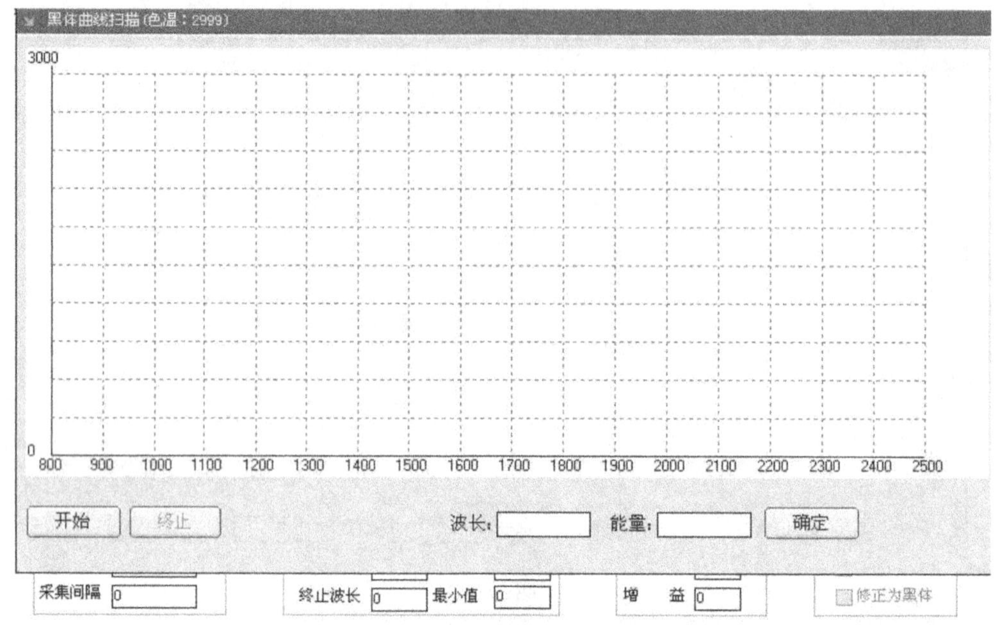

图 2-18

扫描完成后，点击“确定”，出现如图 2-19 所示界面。黑体曲线扫描成功后，即可验证热辐射定律.

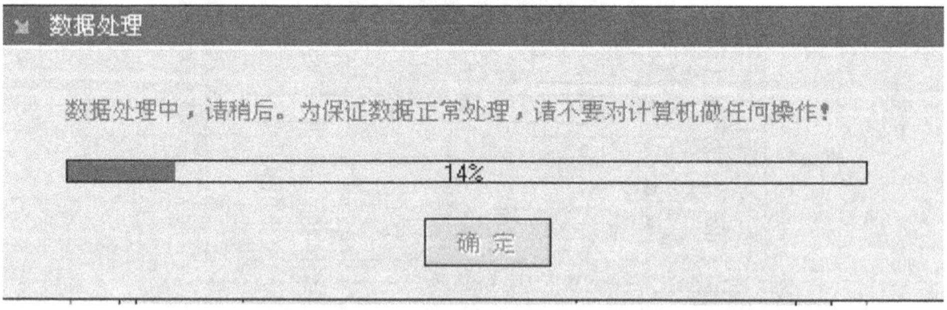

数据处理

数据处理中，请稍后。为保证数据正常处理，请不要对计算机做任何操作！

14%

确 定

图 2-19

在验证热辐射定律菜单下包括内容如图 2-20 所示.

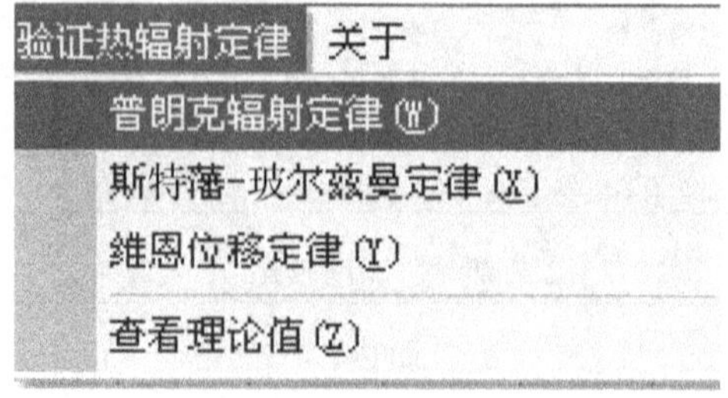

图 2-20

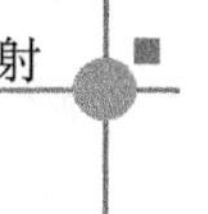

1) 验证普朗克定律

点击“普朗克辐射定律”，将出现如图 2-21 所示界面. 验证普朗克定律时，可以用鼠标在曲线上点取，也可在图中右侧的采样点的波长框内输入采样波长.

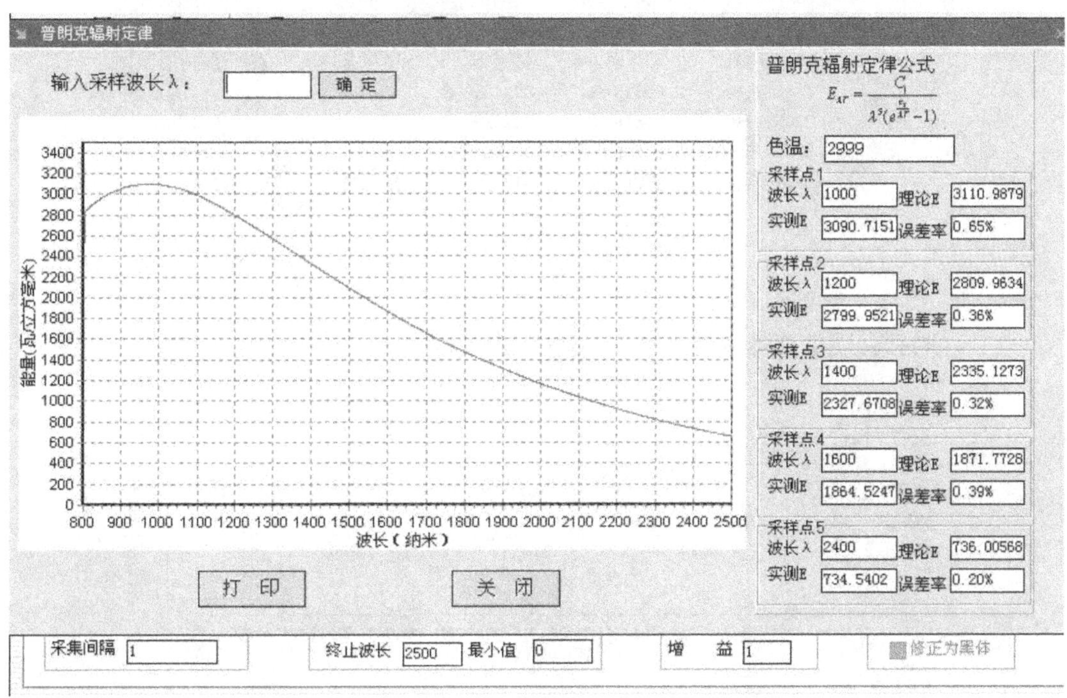

图 2-21

2) 验证斯特藩-玻尔兹曼定律

点击验证“斯特藩-玻尔兹曼定律”(图 2-22)将出现如图 2-23 所示对话框.

验证热辐射定律　关于
普朗克辐射定律 (W)
斯特藩-玻尔兹曼定律 (X)
维恩位移定律 (Y)
查看理论值 (Z)

图 2-22

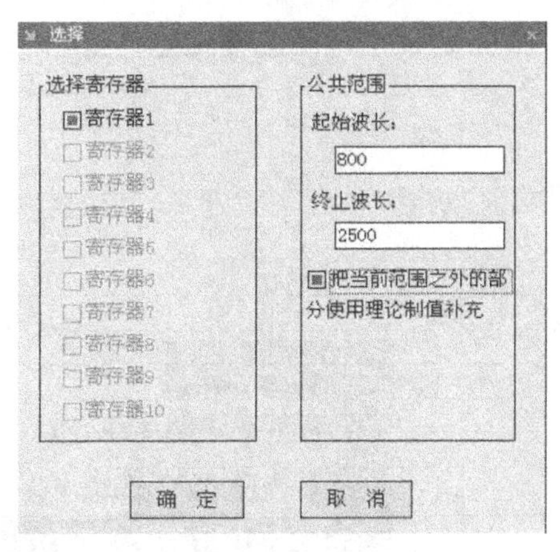

图 2-23

选取不少于三个寄存器(每个寄存器内都存有不同色温的能量曲线)，点击“确定”即出现如图 2-24 所示界面.

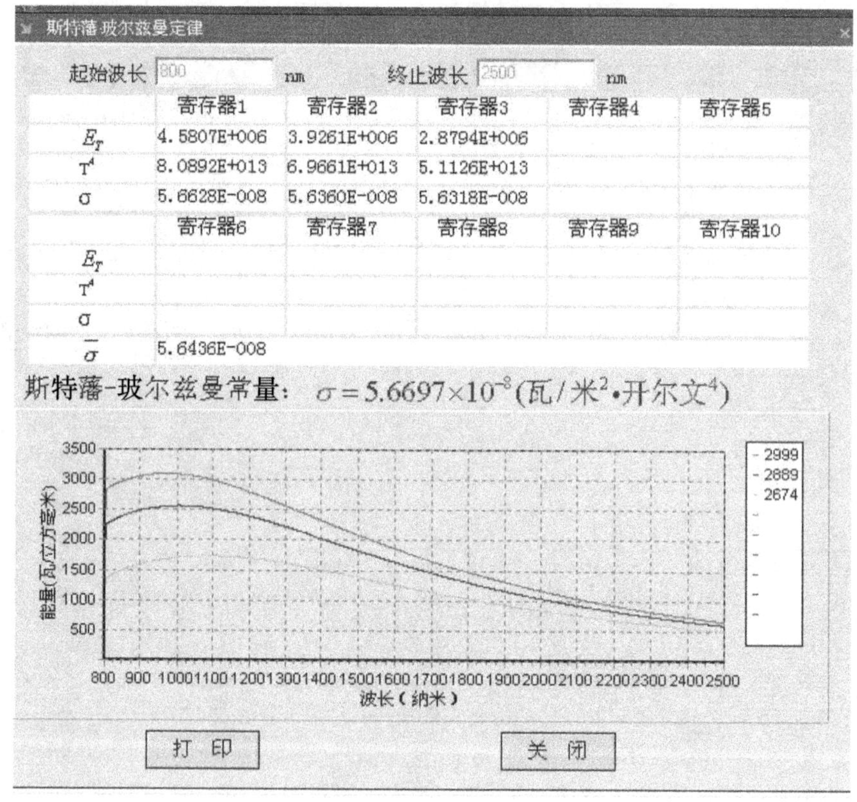

图 2-24

3) 验证维恩位移定律

点击验证“维恩位移定律”(图 2-25)，将出现如图 2-26 所示对话框.

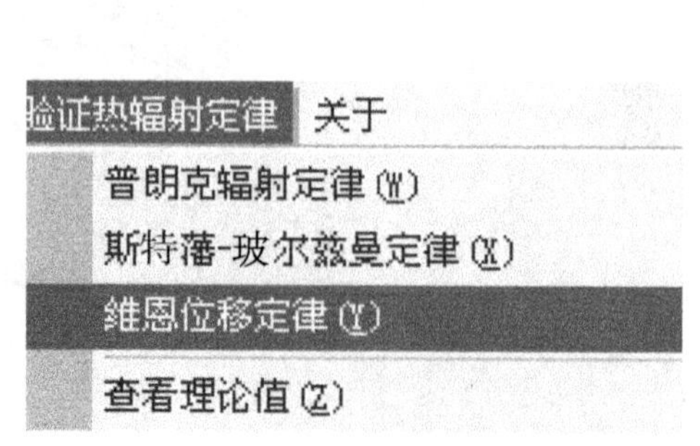

图 2-25

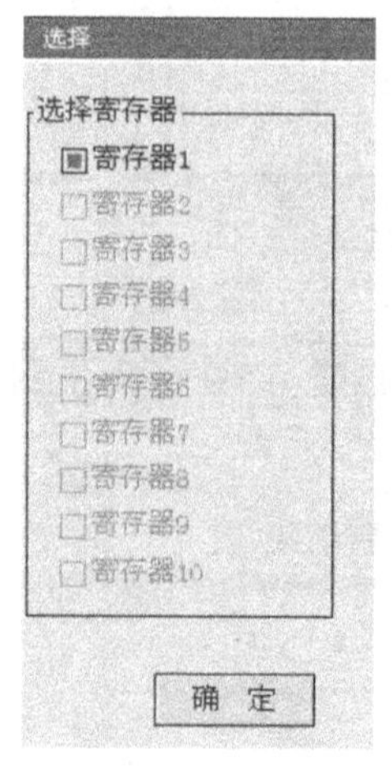

图 2-26

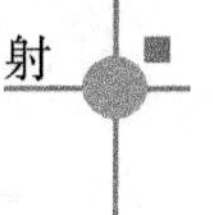

点击“确定”将出现如图 2-27 所示界面.

波恩位移定律

	寄存器1	寄存器2	寄存器3	寄存器4	寄存器5
λ_{max}	9.8200E-007	1.0050E-006	1.0760E-006		
T	2999	2889	2674		
A	2.9450E-003	2.9034E-003	2.8772E-003		

	寄存器6	寄存器7	寄存器8	寄存器9	寄存器10
λ_{max}					
T					
A					

$\overline{A}$　2.9086E-003

A为常数：A=2.896 × 10-3　(米×开尔文)

3500
3000
2500
2000
1500
1000
500

800 900 1000 1100 1200 1300 1400 1500 1600 1700 1800 1900 2000 2100 2200 2300 2400 2500

2999
2889
2674

打　印　　关　闭

图 2-27

2. 测量发光体的能量曲线

测量发光体的能量曲线，点击“进入”后，出现与验证黑体辐射定律相同的界面，直到进入测量的主界面如图 2-28 所示.

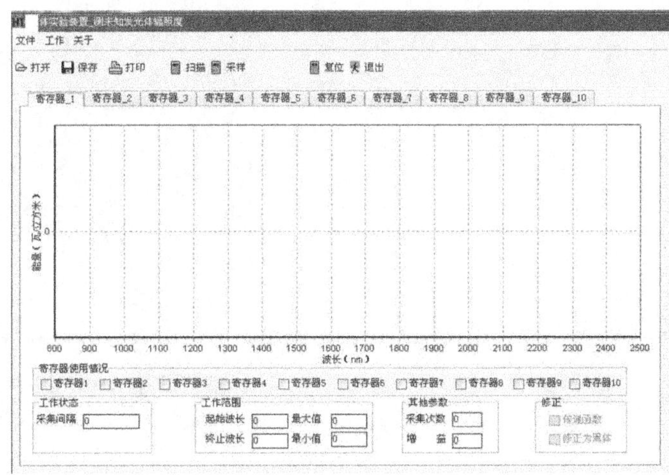

图 2-28

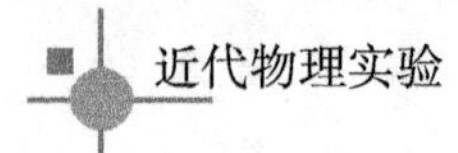

测未知发光体的辐射照度，在快捷方式上点击“扫描”按钮，系统将进入提示，如图 2-29 所示. 点击“确定”后将出现如图 2-30 所示提示信息.

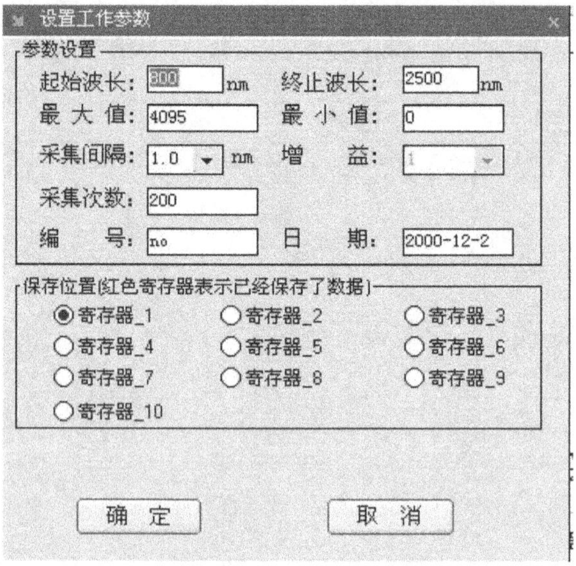

设置工作参数
参数设置
起始波长: 800 nm
终止波长: 2500 nm
最 大 值: 4095
最 小 值: 0
采集间隔: 1.0 nm
增 益: 1
采集次数: 200
编 号: no
日 期: 2000-12-2
保存位置(红色寄存器表示已经保存了数据)
寄存器_1
寄存器_2
寄存器_3
寄存器_4
寄存器_5
寄存器_6
寄存器_7
寄存器_8
寄存器_9
寄存器_10
确 定
取 消

图 2-29

HT 黑体实验装置
使用厂家提供的设备，将电流调至1.7A，预热20分钟后，点击确定进行传递函数扫描!
OK

图 2-30

点击“OK”，进入下一步操作，传递函数扫描如图 2-31 所示.

传递函数扫描
3000
0
800
900
1000
1100
1200
1300
1400
1500
1600
1700
1800
1900
2000
2100
2200
2300
2400
2500
开始
终止
波长:
能量:
确定

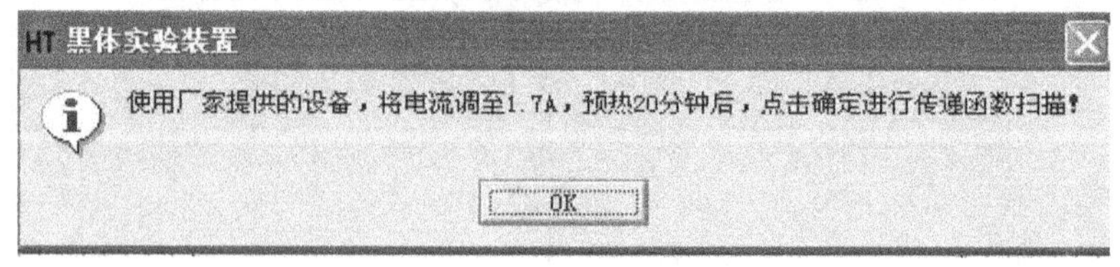

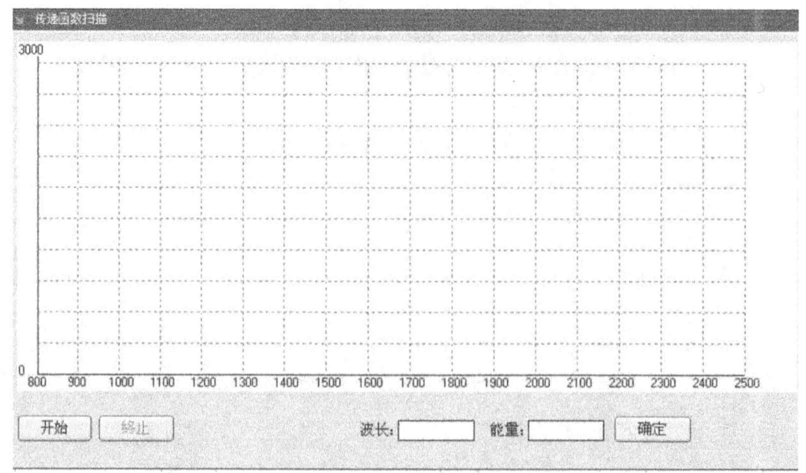

图 2-31

传递函数扫描完成后，请更换要测量的发光体（图 2-32）.

图 2-32

点击“OK”进入发光体辐照度扫描，如图 2-33 所示.

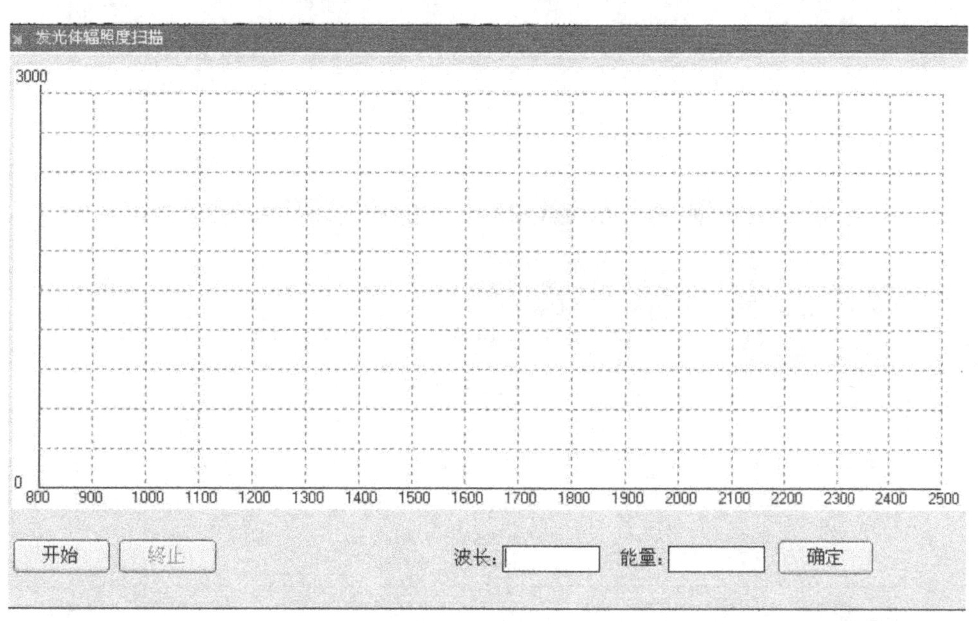

图 2-33

扫描完成后，点击“确定”即完成了未知发光体辐照度的测量，点击“采样”可查看扫描的数据.

3. 观察窗演示实验

在做观察窗演示实验之前，先将拨杆拨到出缝 2 处，观察演示实验分为光栅的二级光谱演示和黑体的色温演示实验(图 2-34 和图 2-35). 在波长检索范围内输入二级光谱范围，如 800～860nm，在观察窗处观察紫色的光谱.

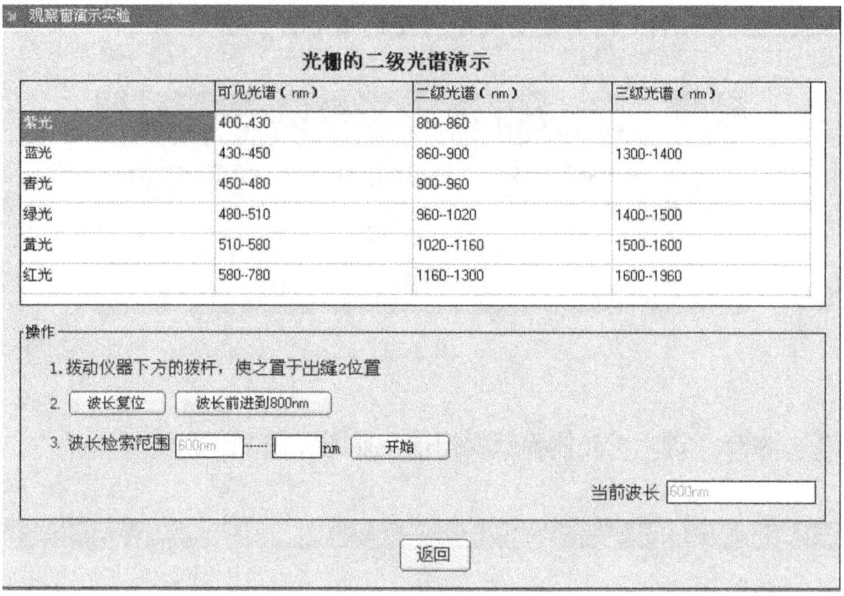

观察窗演示实验

光栅的二级光谱演示

	可见光谱（nm）	二级光谱（nm）	三级光谱（nm）
紫光	400--430	800--860	
蓝光	430--450	860--900	1300--1400
青光	450--480	900--960	
绿光	480--510	960--1020	1400--1500
黄光	510--580	1020--1160	1500--1600
红光	580--780	1160--1300	1600--1960

操作

1. 拨动仪器下方的拨杆，使之置于出缝2位置
2. 波长复位　波长前进到800nm
3. 波长检索范围 600nm ...... nm 开始

当前波长 600nm

返回

图 2-34

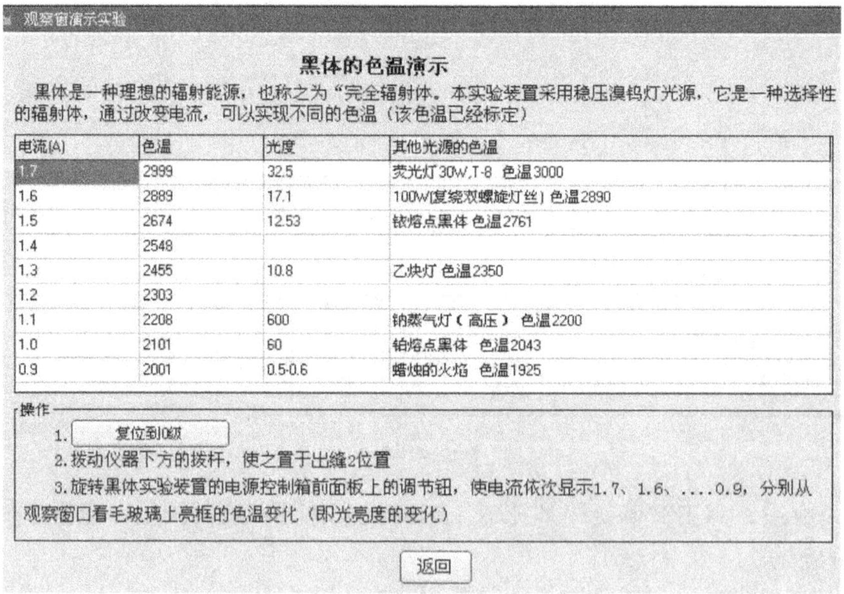

观察窗演示实验

黑体的色温演示

黑体是一种理想的辐射能源，也称之为“完全辐射体。本实验装置采用稳压溴钨灯光源，它是一种选择性的辐射体，通过改变电流，可以实现不同的色温（该色温已经标定）

电流(A)	色温	光度	其他光源的色温
1.7	2999	32.5	荧光灯30W,T-8 色温3000
1.6	2889	17.1	100W(复绕双螺旋灯丝）色温2890
1.5	2674	12.53	铱熔点黑体 色温2761
1.4	2548		
1.3	2455	10.8	乙炔灯 色温2350
1.2	2303		
1.1	2208	600	钠蒸气灯（高压） 色温2200
1.0	2101	60	铂熔点黑体 色温2043
0.9	2001	0.5-0.6	蜡烛的火焰 色温1925

操作

1. 复位到0级
2. 拨动仪器下方的拨杆，使之置于出缝2位置
3. 旋转黑体实验装置的电源控制箱前面板上的调节钮，使电流依次显示1.7、1.6、....0.9，分别从观察窗口看毛玻璃上亮框的色温变化（即光亮度的变化）

返回

图 2-35

4. 其他实验

其他实验为扩充实验.

四、人物简介

马克斯·普朗克

马克斯·普朗克(Max Karl Ernst Ludwig Planck) 德国物理学家. 量子论的奠基人. 1858年，出生在一个受到良好教育的传统家庭，他的曾祖父戈特利布·雅各布·普朗克(Gottlieb Jakob Planck，1751～1833)和祖父海因里希·路德维希·普朗克(Heinrich Ludwig Planck，1785～1831)都是哥廷根的神学教授，他的父亲威廉·约翰·尤利乌斯·普朗克(Wilhelm Johann Julius Planck，1817～1900)是基尔和慕尼黑的法学教授，他的叔叔戈特利布·普朗克(Gottlieb Planck，1824～1907)也是哥廷根的法学家和德国民法典的重要创立者之一. 普朗克在慕尼黑的马克西米利安文理中学(Maximilians gymnasium)读书，并在那里受到数学家奥斯卡·冯·米勒(Oskar von Miller)(后来成为德意志博物馆的创始人)的启发，使青年时期的普朗克发现自己对数理方面的兴趣. 米勒也教他天文学、力学和数学，从米勒那里普朗克也学到了生平第一个原理——能量守恒. 之后普朗克在16岁时完成了中学的学业，在中学学习的这段时期，也是普朗克第一次接触物理学这个领域.

普朗克具有音乐天赋，他会钢琴、管风琴和大提琴，还上过演唱课，曾在慕尼黑学生学者歌唱协会(Akademischer Gesangverein Munchen)为多首歌曲和一部轻歌剧(1876年)作曲. 但是普朗克并没有选择音乐作为他的大学专业，而是决定学习物理. 慕尼黑的物理学教授菲利普·冯·约利(Philipp von Jolly，1809～1884)曾劝说普朗克不要学习物理，他认为“这门科学中的一切都已经被研究了，只有一些不重要的空白需要被填补”，这也是当时许多物理学家所坚持的观点，但是普朗克回复道：“我并不期望发现新大陆，只希望理解已经存在的物理学基础，或许能将其加深”. 普朗克于1874年在慕尼黑开始了他的物理学学业. 普朗克整个科学事业中仅有的几次实验都是在约利手下完成的，如研究氢气在加热后的铂中的扩散，但是普朗克很快就把研究转向了理论物理学. 1877～1878年，普朗克转学到柏林，在著名物理学家赫尔曼·冯·亥姆霍兹和古斯塔夫·罗伯特·基尔霍夫及数学家卡尔·魏尔施特拉斯手下学习. 关于亥姆霍兹，普朗克曾这样写道：“他上课前从来不好好准备，讲课时断时续，经常出现计算错误，让学生觉得他上课很无聊.” 而关于基尔霍夫，普朗克写道：“他讲课仔细，但是单调乏味.” 即便如此，普朗克还是很快与亥姆霍兹建立了真挚的友谊. 普朗克主要从鲁道夫·克劳修斯的讲义中自学，并受到这位热力学奠基人的重要影响，热学理论成为普朗克的工作领域. 1878年10月，普朗克在慕尼黑完成了教师资格考试，1879年2月递交了他的博士论文《关于热力学第二定律》，1880年6月以论文《各向同性物质在不同温度下的平衡态》获得大学任教资格.

在慕尼黑大学取得博士学位后，先后在该校和基尔大学任教. 1888年柏林大学任命他为基尔霍夫的继任人和理论物理学研究所主任，1892 年升为教授. 1900 年，他在黑体辐射研究中引入能量量子，因此于 1918 年获诺贝尔物理学奖. 1918 年选为英国皇家学会会员，1930～1937 年担任威廉皇家科学促进协会会长. 后因反对纳粹暴政，1935 年被免去院长职务. 晚年退出科学界，从事反法西斯活动. 1947 年 10 月 3 日卒于格丁根.

约瑟夫・斯蒂芬

约瑟夫・斯蒂芬(Josef Stefan，也译为约瑟夫・斯特藩） 奥地利籍斯洛文尼亚裔物理学家和诗人，他的研究涉猎七个科学领域，其中包括空气动力学、流体力学、热辐射等. 在他的学生时代曾在斯洛文尼亚发表过自己的诗集.

1835 年 3 月 24 日斯蒂芬生于斯洛文尼亚克拉根福附近的圣彼得村，父亲亚历山大是个小店主，在克拉根福完成了小学学业，期间就展露了他过人的天赋，并且对文学产生了较大的兴趣. 1853 年高中毕业后，离开克拉根福来到维也纳大学学习数学和物理，1857 年大学毕业，并于 1858 年在维也纳大学获得哲学博士学位，之后，他在大学做过一段时间的义务教师，教授数学物理学. 1863 年被评为物理学教授，并在该大学任教. 1866 年斯蒂芬当选为物理学研究所的所长，成为维也纳科学研究院和欧洲的一些科研机构的成员，并在 1875 年担任科学院的秘书职务.

早在斯蒂芬的研究之前，德国物理学家基尔霍夫已经将理想的辐射现象描述为一个“绝对黑体”，即在任何温度下对任何波长的辐射能的吸收率都等于 1 的物体，这是一种理想的模型. 1879 年，斯蒂芬通过实验断定：黑体的辐射能力正比于它的绝对温度的四次方. 1884 年，这个结论在理论上经玻尔兹曼验证，从而形成了“斯蒂芬-玻尔兹曼定律”.

1893 年 1 月 7 日，约瑟夫・斯蒂芬在奥地利的维也纳去世，享年 57 岁.

玻尔兹曼

玻尔兹曼(Ludwig Edward Boltzmann) 热力学和统计物理学的奠基人之一. 1844 年出生于奥地利的维也纳，1866 年获得维也纳大学博士学位，历任格拉茨大学、维也纳大学、慕尼黑大学和莱比锡大学教授. 他发展了麦克斯韦的分子运动类学说，把物理体系的熵和概率联系起来，阐明了热力学第二定律的统计性质，并引出能量均分理论(麦克斯韦-玻尔兹曼定律). 他首先指出，一切自发过程，总是从概率小的状态向概率大的状态变化，从有序向无序变化. 1869 年，他将麦克斯韦速度分布律推广到保守力场作用下的情况，得到了玻尔兹曼分布律. 1872

年，玻尔兹曼建立了玻尔兹曼方程(又称输运方程)，用来描述气体从非平衡态到平衡态过渡的过程. 1877 年，玻尔兹曼又提出用“熵”来量度一个系统中分子的无序程度，并给出熵 S 与无序度 Ω(即某一个客观状态对应微观态数目，或者说是宏观态出现的概率)之间的关系为 $S = k\ln\Omega$，这就是著名的玻尔兹曼公式，其中常量 $k = 1.38\times10^{-23}\,\text{J}/\text{K}$ 称为玻尔兹曼常量. 他最先把热力学原理应用于辐射，导出热辐射定律，称斯特藩-玻尔兹曼定律. 他还注重自然科学哲学问题的研究，著有《物质的动理论》等. 作为哲学家，他反对实证论和现象论，并在原子论遭到严重攻击的时刻坚决捍卫它.

按理说，玻尔兹曼的学术生涯应该很平坦，可事实上却充满了艰辛，其中有不少是社会的因素，但更多的应该与他个人的性格有关.

玻尔兹曼与奥斯特瓦尔德之间发生的“原子论”和“唯能论”的争论，在科学史上非常著名. 按照普朗克的话来说，“这两个死对头都同样机智，应答如流，彼此都很有才气”. 当时，双方各有自己的支持者. 奥斯特瓦尔德的“后台”——恩斯特·马赫是不承认有“原子”存在的. 由于马赫在科学界的巨大影响，当时有许多著名的科学家也拒绝承认“原子”的实在性. 后来大名鼎鼎的普朗克站在玻尔兹曼一边，但由于普朗克当时名气还小，最多只是扮演了玻尔兹曼助手的角色. 玻尔兹曼却不承认这位助手的功劳，甚至有点不屑一顾. 尽管都反对“唯能论”，普朗克的观点与玻尔兹曼的观点还是有所区别的. 尤其让玻尔兹曼恼火的是，普朗克对玻尔兹曼珍爱的原子论并没有多少热情. 后来，普朗克的一位学生泽尔梅罗(E. Zermelo)又写了一篇文章指出玻尔兹曼的 H 定理中的一个严重的缺陷，这就更让玻尔兹曼恼羞成怒. 玻尔兹曼以一种讽刺的口吻答复泽尔梅罗，转过来对普朗克的意见更大. 即使在给普朗克的信中，玻尔兹曼也常常难掩自己的“愤恨”之情. 只是到了晚年，当普朗克向他报告自己以原子论为基础来推导辐射定律时，他才转怒为喜.

玻尔兹曼沉浸在与这些不同见解的斗争中，在一定程度上损害了他的生理和心理健康.

维恩

维恩(Wilhelm Carl Werner Otto Fritz Franz Wien)德国物理学家，研究领域为热辐射与电磁学等. 1864 年 1 月 13 日出生在东普鲁士(现俄罗斯)的菲施豪森，他的父亲卡尔·维恩(Carl Wien)是地主. 维恩于 1879年在拉斯滕堡、1880～1882 年在海德堡读中学. 中学毕业后，1882 年在格丁根大学学习数学，同年转去柏林大学. 1883～1885 年在赫尔曼·冯·亥姆霍兹的实验室工作，维恩于 1886 年获得博士学位，论文题目是《光对金属的衍射，以及不同材料对折射光颜色的影响》. 此后，由于维恩的父亲生病，维恩不得不回去帮助管理他父亲的土地. 期间他有一个学期跟随亥姆霍兹，1887 年完成了金属对光和热辐射的导磁性实验，一直到1890年，父亲的土地变卖后，维恩回到亥姆霍兹的身边，作为他的助手在国家物理工程研究所工作，为工业课题做研究. 在国家物理工程研究所，维恩与路德维希·霍尔伯恩一起研究用勒沙特列温度计测量高温的方法，同时对热动力学进行理论研究，尤其是热辐射的定律. 1892年在柏林大学获得大学任教资格. 1893年，维恩经由热力学、光谱学、电磁学和光学等理论支援，发现了维恩位移定律，并应用于黑体等学术理论，揭开量子力学新领域. 1894年他发表了一篇关于辐射的温度和熵的论文，将温度和熵的概念扩展到了真空中的辐射. 1896 年前往亚琛工业大学任物理学教授以接替菲利普·莱纳德，之后他在那里建立实验室研究真空中的静电放电. 1897开始研究阴极射线，借助莱纳德窗的高真空管，确认了让·巴蒂斯特·皮兰两年前的发现，即阴极射线由高速运动的带负电的粒子(电子)组成. 几乎与约瑟夫·汤姆孙在剑桥发现电子是同一时间，维恩用与汤姆孙不同的方法测量到了这些粒子带电量和质量的关系，并且得出了与汤姆孙相同的结果，即它们的质量只有氢原子的千分之一. 1898年维恩又研究了欧根·戈尔德施泰因发现的阳极射线，指出它们的带正电量与阴极射线的带负电量相等，测量了它们在磁场和电场影响下的偏移，并得出阳极射线由带正电的粒子组成，并且它们不比电子重的结论. 1899年在吉森大学任物理学教授，1900年赴维尔茨堡大学接替伦琴，同年出版了教科书《流体力学》. 1902年，他曾被邀请接替玻尔兹曼出任莱比锡大学的物理学教授，1906年又被邀请接替保罗 · 德鲁德(Paul Drude)出任柏林大学的物理学教授，但他拒绝了这两个邀请. 1911年，他因对热辐射等物理法则的贡献而获得诺贝尔物理学奖，并在1912年发现，在并非高真空的环境下，气压不是非常弱时，阳极射线通过与残余气体的原子碰撞，会在运动过程中损失并重得它们的带电量. 1918年他再次发表对阳极射线的研究结果，测量了射线在离开阴极后，发光度的累积减少过程，通过这些实验，他推断出在经典物理学中所谓的原子发光度的衰退这一结论，对应于量子物理学中的原子处于活跃状态的时间有限. 1920年年底前往慕尼黑，再次接替伦琴，直到1928年逝世.

实验三　密立根油滴实验

著名的美国物理学家密立根(Robert A. Millikan)在1909～1917年所做的测量微小油滴上所带电荷的工作，即油滴实验，是物理学发展史上具有重要意义的实验. 这一实验的设计思想简明巧妙，方法简单，而结论却具有不容置疑的说服力，因此这一实验堪称物理实验的精华和典范. 密立根在这一实验工作上花费了近10年的心血，从而取得了具有重大意义的结果，即①证明了电荷的不连续性(具有颗粒性)；②测量并得到了元电荷，即电子电荷，其值为$e=1.60\times10^{-19}\text{C}$. 现公认$e$是元电荷，对其值的测量精度在不断提高，目前给出最好的结果为

$$e=(1.60217733\pm0.00000049)\times10^{-19}\text{C}$$

正是这一实验的成就，密立根荣获了1923年诺贝尔物理学奖.

近百年来，物理学发生了根本的变化，而这个实验又重新站到实验物理的前列，近年来根据这一实验的设计思想改进的用磁漂浮的方法测量分立电荷的实验，使古老的实验又焕发了青春，也进一步说明密立根油滴实验是富有巨大生命力的实验.

【实验原理】

密立根油滴实验测定电子电荷的基本设计思想是使带电油滴在测量范围内处于受力平衡的状态. 按油滴做匀速运动或静止两种运动方式分类，油滴法测电子电荷分为动态测量法和平衡测量法.

1. 动态测量法

考虑重力场中一个足够小油滴的运动，设此油滴半径为r，质量为m_1，空气是黏滞流体，故此运动油滴除重力和浮力外还受黏滞阻力的作用. 由斯托克斯定律，黏滞阻力与物体运动速度成正比. 设油滴以匀速度v_f下落，则有

$$m_1g-m_2g=Kv_f \tag{3-1}$$

此处m_2为与油滴同体积的空气的质量，K为比例系数，g为重力加速度. 油滴在空气及重力场中的受力情况如图3-1所示.

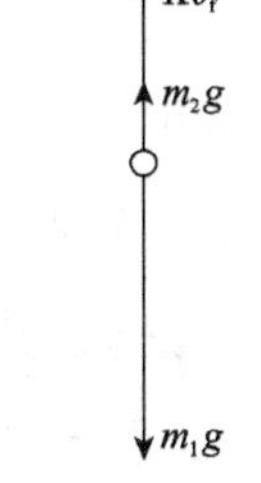

图3-1　重力场中油滴受力示意图

若此油滴带电荷为q，并处在场强为E的均匀电场

中，设电场力 qE 方向与重力方向相反，如图 3-2 所示，如果油滴以匀速 v_r 上升，则有

$$qE=(m_1-m_2)g+Kv_r \tag{3-2}$$

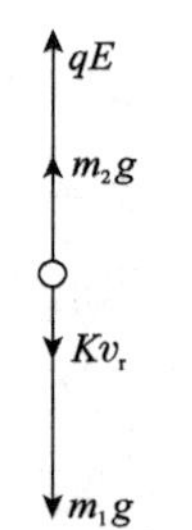

图 3-2 电场中油滴受力示意图

由式(3-1)和式(3-2)消去 K，可解出 q 为

$$q=\frac{(m_1-m_2)g}{Ev_f}(v_f+v_r) \tag{3-3}$$

由式(3-3)可以看出，要测量油滴上携带的电荷 q，需要分别测出 m_1、m_2、E、v_f、v_r 等物理量.

由喷雾器喷出的小油滴的半径 r 是微米数量级，直接测量其质量 m_1 也是困难的，为此希望消去 m_1，而代之以容易测量的量. 设油与空气的密度分别为 ρ_1、ρ_2，于是半径为 r 的油滴的视重为

$$m_1g-m_2g=\frac{4}{3}\pi r^3(\rho_1-\rho_2)g \tag{3-4}$$

由斯托克斯定律，黏滞流体对球形运动物体的阻力与物体速度成正比，其比例系数 K 为 $6\pi\eta r$，此处 η 为黏度，r 为物体半径. 于是可将式(3-4)代入式(3-1)，有

$$v_f=\frac{2gr^2}{9\eta}(\rho_1-\rho_2) \tag{3-5}$$

因此

$$r=\left[\frac{9\eta v_f}{2g(\rho_1-\rho_2)}\right]^{\frac{1}{2}} \tag{3-6}$$

以此代入式(3-3)并整理得到

$$q=9\sqrt{2}\pi\left[\frac{\eta^3}{(\rho_1-\rho_2)g}\right]^{\frac{1}{2}}\cdot\frac{1}{E}\left(1+\frac{v_r}{v_f}\right)v_f^{\frac{3}{2}} \tag{3-7}$$

因此，如果测出 v_r、v_f 和 η、ρ_1、ρ_2、E 等宏观量即可得到 q 值.

考虑到油滴的直径与空气分子的间隙相当，空气已不能看成是连续介质，其黏度 η 须作相应的修正 $\eta'=\dfrac{\eta}{1+\dfrac{b}{pr}}$，此处 p 为空气压强，b 为修正常数，$b=0.00823\text{N/m}$，因此

$$v_{\mathrm{f}}=\frac{2gr^2}{9\eta}(\rho_1-\rho_2)\left(1+\frac{b}{pr}\right) \tag{3-8}$$

当精确度要求不太高时，常采用近似计算方法，先将v_{f}值代入式(3-6)计算得

$$r_0=\left[\frac{9\eta v_{\mathrm{f}}}{2g(\rho_1-\rho_2)}\right]^{\frac{1}{2}} \tag{3-9}$$

再将此r_0值代入η'中，并以η'代入式(3-7)，得

$$q=9\sqrt{2}\pi\left[\frac{\eta^3}{(\rho_1-\rho_2)g}\right]^{\frac{1}{2}}\frac{1}{E}\left(1+\frac{v_{\mathrm{r}}}{v_{\mathrm{f}}}\right)v_{\mathrm{f}}^{\frac{3}{2}}\left[\frac{1}{1+\dfrac{b}{pr_0}}\right]^{\frac{3}{2}} \tag{3-10}$$

实验中常固定油滴运动的距离，测量油滴通过此距离s所需的时间来求得其运动速度，且电场强度$E=U/d$，d为平行板间的距离，U为所加的电压，因此，式(3-10)可写成

$$q=9\sqrt{2}\pi d\left[\frac{(\eta s)^3}{(\rho_1-\rho_2)g}\right]^{\frac{1}{2}}\cdot\frac{1}{U}\left(\frac{1}{t_{\mathrm{f}}}+\frac{1}{t_{\mathrm{r}}}\right)\left(\frac{1}{t_{\mathrm{f}}}\right)^{\frac{1}{2}}\left[\frac{1}{1+\dfrac{b}{pr_0}}\right]^{\frac{3}{2}} \tag{3-11}$$

式中有些量和实验仪器及条件有关，选定之后在实验过程中不变，如d、s、$(\rho_1-\rho_2)$及η等，将这些量与常数一起用C代表，可称为仪器常数，于是式(3-11)简化成

$$q=C\frac{1}{U}\left(\frac{1}{t_{\mathrm{f}}}+\frac{1}{t_{\mathrm{r}}}\right)\left(\frac{1}{t_{\mathrm{f}}}\right)^{\frac{1}{2}}\left[\frac{1}{1+\dfrac{b}{pr_0}}\right]^{\frac{3}{2}} \tag{3-11'}$$

由此可知，量度油滴上的电荷，只体现在U、t_{f}、t_{r}的不同. 对同一油滴，t_{f}相同，U与t_{r}不同标志着电荷的不同.

2. 平衡测量法

平衡测量法的出发点是，使油滴在均匀电场中静止在某一位置，或在重力场中做匀速运动.

当油滴在电场中平衡时，油滴在两极板间受到的电场力qE、重力m_1g和浮力m_2g达

到平衡，从而静止在某一位置，即

$$qE = (m_1 - m_2)g$$

油滴在重力场中做匀速运动时，情形同动态测量法. 将式(3-4)、式(3-9)和η'代入式(3-11)并注意到$1/t_r = 0$，则有

$$q = 9\sqrt{2}\pi d\left[\frac{(\eta s)^3}{(\rho_1 - \rho_2)g}\right]^{\frac{1}{2}} \cdot \frac{1}{U}\left[\frac{1}{1+\dfrac{b}{pr_0}}\right]^{\frac{3}{2}}\left(\frac{1}{t_f}\right)^{\frac{3}{2}} \tag{3-12}$$

3. 元电荷的测量方法

测量油滴电荷的目的是找出电荷的最小单位e. 为此可以分别测出不同的油滴所带的电荷值q_i，它们应近似为某一最小单位的整数倍，即油滴电荷量的最大公约数，或油滴带电量之差的最大公约数，即为元电荷.

实验中常采用紫外线、X射线或放射源等改变同一油滴所带的电荷，测量油滴上所带电荷的改变值Δq_i，而Δq_i值应是元电荷的整数倍，即

$$\Delta q_i = n_i e \quad (n_i = 1, 2, \cdots) \tag{3-13}$$

也可以用作图法求e值，根据式(3-13)，e为直线方程的斜率，通过拟合直线，即可求得e值.

【实验仪器】

实验仪器由油滴仪和CCD成像系统组成，其外观如图3-3所示.

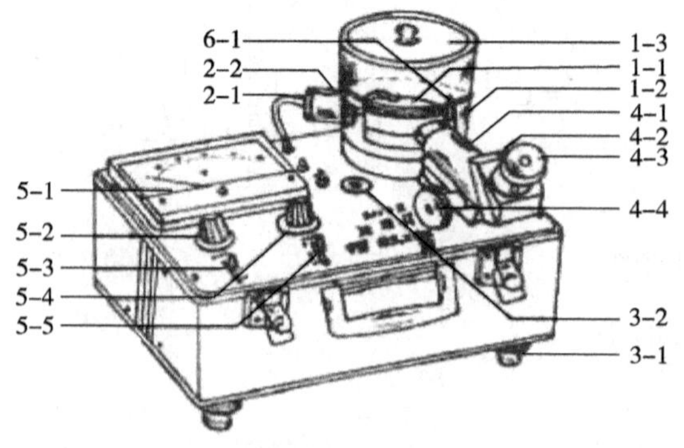

图3-3 密立根油滴仪

1-1. 油滴盒；1-2. 有机玻璃防风罩；1-3. 有机玻璃油雾室；2-1. 油滴照明灯室；2-2. 导光棒；3-1. 调平螺丝(三只)；3-2. 水准泡；4-1. 测量显微镜；4-2. 目镜头；4-3. 接目镜；4-4. 调焦手轮；5-1. 电压表；5-2. 平衡电压调节旋钮；5-3. 平衡电压反向开关；5-4. 升降电压调节旋钮；5-5. 升降电压反向开关；6-1. 特制紫外灯

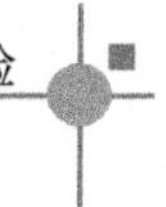

1. 油滴仪

油滴仪包括油滴盒、防风罩、照明装置、显微镜、水准仪等，油滴盒(图 3-4)是由两块经过精磨的平行极板组成的，间距为 5.00mm，上极板的中央有一个直径为 0.4mm 的小孔，以供油滴落入. 油滴盒放在防风罩中，以防止周围空气流动对油滴的影响. 防风罩上面是油雾室，用喷雾器可将油滴从喷雾口喷入，并经油雾孔落入油滴盒，油雾孔由油雾孔开关控制，它打开后油滴才能落入油滴盒. 照明装置用高亮度发光二极管照明. 显微镜是用来观察和测量油滴运动的. 目镜中装有分划板(图 3-5)，上下共 6 格，其垂直总长度相当于视场中的 3.00mm，用以测量油滴运动的距离 l 和速度 v. 在防风罩内(或外)有一水准泡，用于调节极板水平.

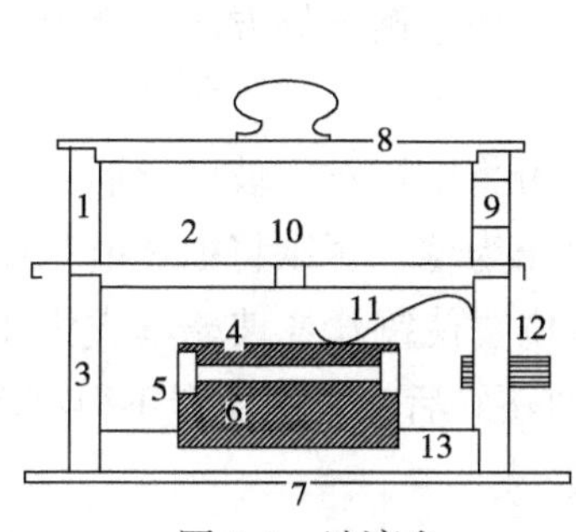

图 3-4 油滴盒

1. 油雾室；2. 油雾孔开关；3. 防风罩；4. 上电极板；5. 胶木圆环；6. 下电极板；7. 底板；8. 上盖板；9. 喷雾口；10. 油雾孔；11. 上电极板压簧；12. 上电极板电源插孔；13. 油滴盒基座

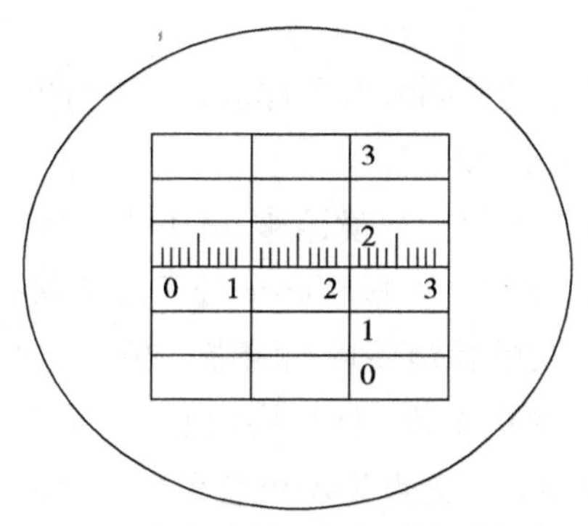

图 3-5 油滴实验装置视场中的分划板

2. 电源

(1) 5V 直流电压经限流电阻给高亮度发光二极管供电.

(2) 500V 直流平衡电压，可以连续调节，数值可以从电压表上读出，并用“平衡电压”换向开关换向，可以改变上、下极板的极性. 换向开关拨在“+”位置时，能达到平衡的油滴带正电，反之带负电. 换向开关拨在“0”位置时，上下极板不加电压，同时被短路.

(3) 300V 直流升降电压，可以连续调节，并可通过“升降电压”拨动开关叠加在平衡电压上. “升降电压”和“平衡电压”的两个拨动开关拨向同侧时，加在平行极板上的电压为两个电压之和；拨向异侧时，极板上的电压为两个电压之差. 由于升降电压只起移动油滴上下位置的作用，不需测量，故电压表上无指示.

3. CCD 成像系统

CCD 是电荷耦合器件的英文缩写(charge-doubled device，简称 CCD)，它是固体图像传感器的核心器件. 由它制成的摄像头，可把光学图像变为视频电信号，由视频电缆接到监视器上显示，用计算机对数据进行处理. 本实验使用灵敏度和分辨率比较高的黑白 CCD 摄像头，以及高分辨率的黑白监视器检测油滴的运动，图像清晰逼真地显示在屏幕上，方便观测和测量.

【实验内容】

1. 调整油滴实验装置

油滴实验是一个操作技巧要求较高的实验，为了得到满意的实验结果，必须仔细认真调整油滴仪. 将仪器放平稳，调节仪器底部左右两只调平螺丝，使水准泡指示水平，这时平行极板处于水平位置. 先预热 10 分钟，利用预热时间，调节监视器，使分划板刻线清晰.

(1) 首先要调节调平螺丝，将平行电极板调到水平，使平衡电场方向与重力方向平行以免引起实验误差.

(2) 为了使望远镜迅速、准确地调到油滴下落区，可将细铜丝或玻璃丝插入上盖板的小孔中，此时上下极板必须处于短路状态，即外加电压为零，否则将损坏电源或涉及人身安全. 调整目镜使横丝清晰、位置适当，调整物镜位置使铜丝或玻璃丝成像在横线平面上，并调整光源，使其均匀照亮，背景稍暗即可. 调整好后望远镜位置不得移动. 取出铜丝或玻璃丝(此点切不可忘记！)，盖好屏幕盒盖板.

(3) 喷雾器是用来快速向油滴仪内喷油雾的，在喷射过程中，摩擦作用使油滴带电，为了在视场中获得足够供挑选的油滴，在喷射油雾时，一定要将油滴仪两极板短路. (请思考，若不短路，对实验有何影响？)

当油雾从喷雾口喷入油滴室内后，视场中将出现大量清晰的油滴，犹如夜空繁星. 试加上平衡电压，改变其大小和极性，驱散不需要的油滴，练习控制其中一颗油滴的运动，并用停表记录油滴经过两条横线间距离所用的时间.

为了提高测量结果的精确度，每个油滴上、下往返次数不宜少于 7 次，要求测得 9 个不同的油滴或一个油滴所带电量改变 7 次以上.

2. 学习控制油滴

学习控制油滴在视场中的运动，并选择合适的油滴测量元电荷.

3. 选择适当的油滴并测量油滴上所带的电荷

要做好油滴实验，所选的油滴体积要适中，大的油滴虽然比较亮，但一般带的电荷多，下降速度太快，不容易测准确；太小则受布朗运动的影响明显，测量结果涨落很大，也不容易测准确. 因此应该选择质量适中而带电不多的油滴.

4. 读取数据

实验室给定其他有用常数，以及计算电荷的基本单位(数据处理方法不限)，并选取

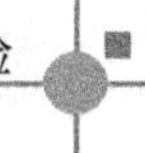

一个油滴计算所带电荷的标准偏差$\Delta q/q$.

5. 数据处理

根据式(3-12)，有

$$q=\frac{18\pi}{\sqrt{2\rho g}}\left(\frac{\eta l}{t_{\mathrm{f}}\left(1+\frac{b}{pr}\right)}\right)^{\frac{3}{2}}\cdot\frac{d}{U}$$

式中

$$r=\sqrt{\frac{9\eta l}{2\rho g t_{\mathrm{f}}}}$$

将r代入上式，并设k_1、k_2分别为

$$k_1=\frac{18\pi}{\sqrt{2\rho g}}(\eta l)^{\frac{3}{2}}\cdot d \tag{3-14}$$

$$k_2=b\cdot\sqrt{\frac{2\rho g}{9\eta l}} \tag{3-15}$$

则式(3-12)可以写成下面的形式：

$$q=\frac{k_1}{\left[t_{\mathrm{f}}\left(1+\frac{k_2}{p}\sqrt{t_{\mathrm{f}}}\right)\right]^{\frac{3}{2}}\cdot U} \tag{3-16}$$

同理，式(3-11)也可以改写成下式：

$$q=\frac{k_1}{\left[t_{\mathrm{f}}\left(1+\frac{k_2}{p}\sqrt{t_{\mathrm{f}}}\right)\right]^{\frac{3}{2}}\cdot U}\cdot\left(1+\frac{t_{\mathrm{f}}}{t_{\mathrm{r}}}\right) \tag{3-17}$$

其中$\rho=981\mathrm{kg/m^3}$，$g=9.8\mathrm{m/s^2}$，$\eta=1.83\times10^{-5}\mathrm{kg/(m\cdot s)}$，$l=2.00\times10^{-3}\mathrm{m}$（分划板中央四格的距离）. 将以上数据代入式(3-14)和式(3-15)得

$$k_1=1.43\times10^{-14}\mathrm{kg\cdot m^2/s^{1/2}}$$

$$k_2=1.49\mathrm{cmHg}^{①}/\mathrm{s}^{1/2}$$

①1mmHg=0.133kPa.

将k_1和k_2分别代入式(3-16)和式(3-17)得

$$q=\frac{1.43\times10^{-14}}{\left[t_f\left(1+\frac{1.49}{p}\sqrt{t_f}\right)\right]^{3/2}\cdot U}\quad（平衡法）$$

$$q=\frac{1.43\times10^{-14}}{\left[t_f\left(1+\frac{1.49}{p}\sqrt{t_f}\right)\right]^{3/2}\cdot U}\left(1+\frac{t_f}{t_r}\right)\quad（动态法）$$

把实验测得的U、t和p代入上式，就可以计算出油滴所带的电量q.

由于ρ和η都是温度的函数，g也随时间、地点的不同而变化，所以上式是近似的，好处是运算大大简化了.

实验中发现，对于不同的油滴，计算出的电量是一些不连续变化的值，存在$q_i=n_ie$的关系，n_i是整数. 对于同一个油滴，用紫外线照射改变它所带的电量，能够使油滴再次达到平衡的电压，必须是某些特定的值U_n，即$q=mg\frac{d}{U_n}=ne$，n也为整数. 这就表明电量存在着最小的电荷单位，即电子电荷值e，或称基本电荷.

求基本电荷e值的方法有逐差法和作图法两种. 前者是对测得的各个油滴电量求最大公约数，这个最大公约数就是电子电荷e值. 后者是以纵坐标表示电量，横坐标表示电子个数n，在图中找出一条通过原点的直线，使各个油滴所带的电量q与正整数n的交点都位于这条直线上(因测量有误差，交点应分布在该直线的两侧，并且很靠近直线). 这条直线的斜率即基本电荷e值. 由于初学者实验技术不熟练，测量误差比较大，测量油滴的个数也不够多，所以用上述方法求电子电荷e值比较困难. 因此，可以采用“反过来验证”的办法处理数据：计算出每个油滴电量q_i后，用e的公认值去除，得到每个油滴带基本电荷个数的近似值n_i，将n_i四舍五入取整，再用这个整数去除q_i，所得结果为我们测出的电子电量e_i.

求出e_i的平均值，并与公认值($e=1.602\times10^{-19}$C)比较，求出百分误差.

【注意事项】

(1) 喷油次数不能太多(1～2 次即可)，喷油量也不能过大，否则将堵塞油孔，而且还会使进入视场油滴太多，造成跟踪困难.

(2) 在每一次测量时都要检查和调整平衡电压以减小偶然误差和因油滴挥发而使平衡电压发生的变化.

(3) 在测量过程中，油滴可能前后移动，油滴亮度变暗甚至模糊不清，应当微微旋动对焦手轮使油滴重新对焦，保持视场清晰，以便跟踪油滴测量.

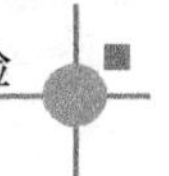

(4)平衡电压取 300～350V 为最好，应该尽量在这个平衡电压范围内选择油滴. 例如，开始时平衡电压可定在 320V，如果在 320V 的平衡电压情况下已经基本平衡，那么只需稍微调节平衡电压就可使油滴平衡，这时油滴的平衡电压就在 320～350V 内.

(5)在监视器上要保证油滴竖直下落.

(6)电源有高压，应注意安全.

(7)插入调焦针对显微镜调焦时，油滴仪二极板绝对不允许加电压，否则会因短路造成仪器损坏.

【思考题】

(1)为什么必须使油滴做匀速运动或静止？实验中如何保证油滴在测量范围内做匀速运动？

(2)怎样区别油滴上电荷的改变和测量时间的误差？

(3)试计算直径为 10^{-6}m 的油滴在重力场中下落达到力的平衡状态时所经过的距离.

(4)两极板不水平对测量有什么影响？

(5)为什么要测量油滴匀速运动的速度？在实验中怎样才能保证油滴做匀速运动？

(6)实验中应该选择什么样的油滴？如何选择？

(7)喷油时“平衡电压”拨动开关应该处在什么位置？为什么？

(8)“升降电压”拨动开关起什么作用？测量平衡电压时，它应该处于什么位置？

(9)两极板加电压后，油滴有的向上运动，有的向下运动，要使某一油滴静止，需调节什么电压？欲改变该静止油滴在视场中的位置，需调节什么电压？

(10)油滴下落极快，说明了什么？若平衡电压太小又说明了什么？

(11)为了减小计时误差，油滴下落是否越慢越好？为什么？

(12)在对一个油滴测量过程中发现平衡电压有显著变化，说明了什么？如果平衡电压在不大的范围内逐渐变小，又说明了什么问题？

(13)实验中发现油滴逐渐变模糊，是什么原因？为什么会发生？又如何处理？

【附录】

人 物 简 介

密立根(Robert Andrews Millikan) 美国物理学家. 1868 年 3 月 22 日生于伊利诺伊州的莫里森. 1887 年入奥柏林大学，读完二年级时，被聘任为初等物理班的教员，他很喜爱这个工作，这使他可以更深入地钻研物理学，甚至在 1891 年大学毕业后，仍继续在初级物理班讲课两年，由此写成了广泛流传的教材. 在大学期间，密立根最喜欢的学科就是希腊语和数学. 1893 年取得硕士学位，同年得到哥伦比亚大学(以下简称哥大)物理系

密立根

攻读博士学位的奖金. 1895年密立根博士毕业，成为哥大物理系建系以来毕业的第一位物理学博士. 随后他留学德国的柏林大学和哥廷根大学. 1896年回国任教于芝加哥大学. 由于教学成绩优异，第二年就升任副教授. 在1910年，由于他出色的教学和科研工作，正式提升为教授. 1921年，密立根离开芝加哥大学，转到加州理工学院担任物理系普通电桥实验室（Normal Bridge Laboratory）的主任. 在那里，他主要研究由另外一名物理学家维克多·海斯(Victor Hess)发现的从外太空来的射线，密立根证明，这些射线确实来自于外太空,并且命名为"宇宙射线"(cosmic rays). 1916年他还兼任国家研究委员会主席. 密立根于1921～1945年，担任加州理工执行理事会的主席，并在此期间，让加州理工成为全美最优秀的研究型大学之一. 1953年12月19日在加利福尼亚的帕萨迪纳逝世.

密立根以其实验的精确著名. 从1907年开始，他致力于改进威尔逊云雾室中对α粒子电荷的测量，甚有成效，得到卢瑟福的肯定. 卢瑟福建议他努力防止水滴蒸发. 1909年，当他准备好条件使带电云雾在重力与电场力平衡下把电压加到10000V时，他发现的是云层消散后"有几颗水滴留在机场中"，从而创造出测量电子电荷的平衡水珠法、平衡油滑法，但有人攻击他得到的只是平均值而不是元电荷. 1910年，他第三次做了改进，使油滴可以在电场力与重力平衡时上上下下地运动，而且在受到照射时还可看到因电量改变而导致的油滴突然变化，从而求出电荷量改变的差值；1913年，他得到电子电荷的数值：$e=(4.774\pm0.009)\times10^{-10}\text{esu}$，这样，就从实验上确证了元电荷的存在. 他测得的精确值最终结束了关于对电子离散性的争论，并使许多物理常数的计算获得较高的精度.

他的求实、严谨细致、富有创造性的实验作风也成为物理界的楷模，与此同时，他还致力于光电效应的研究，经过细心认真的观测，1916年，他的实验结果完全肯定了爱因斯坦光电效应方程，并且测出了当时最精确的普朗克常量h的值. 由于上述工作，密立根赢得1923年度诺贝尔物理学奖.

他还从事元素火花光谱学的研究工作，测量了紫外线与X射线之间的光谱区，发现了近1000条谱线，波长直到13.66nm，使紫外光谱远超出当时已知的范围. 他对X射线谱的分析工作，使乌伦贝克(G. E. Uhlenbeck，1900～1974)等人在1925年提出电子自旋理论.

他在宇宙线方面也做过大量的研究. 他提出了"宇宙射线"这个名称. 研究了宇宙粒子的轨道及其曲率，发现了宇宙线中的α粒子、高速电子、质子、中子、正电子和V粒子. 改变了过去"宇宙线是光子"的观念. 尤其是他用强磁场中的云室对宇宙线进行实验研究，使他的学生安德森在1932年发现正电子.

实验四　钠原子光谱

原子光谱是线光谱，光谱排列的规律不同，反映出原子结构的不同，研究原子结构的基本方法之一是进行光谱分析. 研究元素的原子光谱，可以了解原子的内部结构，认识原子内部电子的运动，并发现电子自旋. 原子光谱的分析，为量子理论的建立提供了坚实的实验基础. 1885 年，年近 60 岁的瑞士数学老师巴耳末(J. J. Balmer)在巴塞尔大学兼任讲师期间，受到该校一位研究光谱的物理学教授哈根拜希(E. Hagenbach)的鼓励，开始试图寻找氢原子光谱的规律. 当时氢光谱可见光区波段的 4 条谱线已经过阿姆斯特朗等人的精确测定，通过观测恒星光谱也发现了紫外波段的 10 条谱线，然而它们波长的规律尚不为人所知. 巴耳末从寻找可见光波段 4 条谱线波长的公共因子和比例系数入手，否定了将谱线类比声音的思路. 受投影几何的启发，巴耳末利用几何图形为这些谱线的波长确定了一个公共因子，写出了著名的巴耳末公式. 氢光谱规律的发现为玻尔理论的建立提供了坚实的实验基础. 氢原子光谱是最简单、最典型的原子光谱. 碱金属是元素周期表中的第一列元素(H 除外)，包括 Li、Na、K、Rb、Cs、Fr，是一价元素，具有相似的化学、物理性质. 碱金属原子的光谱和氢原子光谱相似，也可以归纳成一些谱线系列，而且各种不同的碱金属原子具有非常相似的谱线系列. 碱金属原子的光谱线主要由 4 个线系组成：主线系、第一辅线系(漫线系)、第二辅线系(锐线系)和伯格曼线系(基线系).

碱金属原子与氢原子在能级方面存在差异，而且谱线系种类也不完全相同. 原子实的极化和轨道贯穿理论很好地解释了这种差别. 进一步对碱金属原子光谱精细结构的研究证实了电子自旋的存在和原子中电子的自旋与轨道运动的相互作用，即自旋-轨道相互作用，这种作用较弱，由它引起了光谱的精细结构. 钠原子光谱及其相应的能级结构具有碱金属原子光谱和能级结构的典型特征.

本实验通过对钠原子光谱的观察与分析，以加深对有关原子结构、原子内部电子的运动、碱金属原子的外层电子与原子核相互作用，以及自旋与轨道运动相互作用的了解，在分析光谱线和测量波长的基础上，计算钠原子中价电子的各能级和相应的量子亏损，绘制钠原子的部分能级图.

【实验原理】

原子光谱是研究原子结构的一种重要方法. 1885 年，巴耳末根据人们的观测数据，发现了氢光谱的规律，提出了著名的氢光谱线的经验公式. 氢光谱规律的发现为玻尔理论的建立提供了坚实的实验基础，对原子物理学和量子力学的发展起到了重要作用.

根据玻尔理论或量子力学中的相关理论，可得出对氢及类氢离子的光谱规律为

$$\tilde{\nu}=R_{\mathrm{H}}\left[\frac{1}{n_1^2}-\frac{1}{n_2^2}\right] \tag{4-1}$$

其中，$\tilde{\nu}$ 为波数，R_{H} 为氢的里德伯常量($109677.58\mathrm{cm}^{-1}$)，$n_1$ 和 n_2 为整数. 当 $n_1=2$ 且 n_2 依次为 3，4，5，…时，则是我们熟知的巴耳末线系. 在氢原子中，只有一个电子在原子核的单位正点电荷的库仑场中围绕核运动. 根据玻尔理论或量子力学计算，电子的能量为

$$E_n=-\frac{2\pi^2\mu Z^2e^4}{(4\pi\varepsilon_0)^2n^2h^2}, \qquad n=1,2,\cdots \tag{4-2}$$

式中，μ 为折合质量；e 为电子电荷；Z 为原子序数；ε_0 为真空介电常量；h 为普朗克常量；n 为主量子数. 若 E_{n_2} 与 E_{n_1} 分别表示上下两能级的能量，则有

$$\tilde{\nu}=\frac{1}{hc}(E_{n_2}-E_{n_1}) \tag{4-3}$$

式中，c 为光速. 将式(4-2)代入，即得

$$\tilde{\nu}=-\frac{2\pi^2\mu Z^2e^4}{(4\pi\varepsilon_0)^2h^3c}\left(\frac{1}{n_1^2}-\frac{1}{n_2^2}\right) \tag{4-4}$$

与式(4-1)比较，氢原子 $Z=1$，得到

$$R=\frac{2\pi^2\mu e^4}{(4\pi\varepsilon_0)^2h^3c} \tag{4-5}$$

因而电子能量 E_n 可表示为

$$E_n=-hc\frac{R}{n^2} \tag{4-6}$$

令 $T_n=\dfrac{R}{n^2}$，T 为光谱项，则

$$E_n=-hcT_n \tag{4-7}$$

钠是碱金属原子，是一个多电子原子，核外有 11 个电子，其中 $1s^2 2s^2 3p^6$ 这 10 个电子形成稳定的满壳层结构，并与原子核共同组成原子实，在最外层只有一个价电子. 在这一点上又与最简单的氢原子相似，称为类氢原子. 钠原子既存在着原子核和电子的相互作用，又存在着电子之间的相互作用，还有电子自旋运动与轨道运动的相互作用. 钠原子光谱中各谱线的波数 $\tilde{\nu}$，也可以用下列关系式表示：

$$\tilde{\nu}=R\left[\frac{1}{n_1^2}-\frac{1}{n_2^2}\right] \tag{4-8}$$

其中，R为里德伯常量(=109737.31cm^{-1})，在氢原子光谱中，n_1和n_2都是正整数，相应于n_1=1，2，3，…值，分别有莱曼谱系、巴耳末谱系、帕邢谱系等. 但在钠原子及其他碱金属原子光谱中，由于价电子和原子实的相互作用，表现为原子实的极化和价电子轨道贯穿原子实的作用，所以使钠原子的能级与氢原子的能级有显著的不同. 为此，光谱项中的主量子数n用有效量子数n^*替代，则钠原子光谱项可以表示为

$$T_{nl}=\frac{R}{(n/Z^*)^2}=\frac{R}{(n^*)^2}=\frac{R}{(n-\varDelta_l)^2} \tag{4-9}$$

式中，$n^*=n-\varDelta_l$，$\varDelta_l$称为量子数亏损，Z^*是原子实的平均有效电荷，有效量子数n^*不再是整数了. 当主量子数n越小时，价电子越靠近原子实，其运行轨道的椭圆偏心率越大，角量子数l越小，这时$\varDelta_l$的数值越大，所以量子数亏损$\varDelta_l$是一个与n、l有关的量，量子数亏损是由原子实的极化和价电子在原子实中的贯穿引起的，是反映原子实作用于价电子的电场与点电荷的电场偏离程度的物理量. 理论和实验均证明，当n不是很大时，量子数亏损的大小主要取决于l，而随n的变化不大，本实验中近似认为$\varDelta_l$与n无关.

各线系中谱线的波数可由下列公式表示：

$$\tilde{\nu}=\frac{R}{(n_1^*)^2}-\frac{R}{(n_2^*)^2}=\frac{R}{(n-\varDelta_l)^2}-\frac{R}{(n'-\varDelta_{l'})^2} \tag{4-10}$$

式中，n、$\varDelta_l$和n'、$\varDelta_{l'}$分别为上、下能级的主量子数与量子数亏损，n_1^*与n_2^*分别表示上、下能级的有效量子数，脚标l和l'分别表示上、下能级所属轨道量子数. 如果令n'、l'固定，依次改变l（Z的选择定则为$\varDelta_l=\pm1$），则得到一系列的$\tilde{\nu}$再构成一光谱系. 光谱中常用n、l符号表示线系，$l=0,1,2,3,\cdots$，分别用$\mathrm{s,p,d,f},\cdots$表示. 钠原子光谱通常有下列四个线系.

1. 主线系

各谱线的波数可以用下式表示：

$$\tilde{\nu}=3\mathrm{S}-n\mathrm{P}=\frac{R}{(3-\varDelta_\mathrm{s})^2}-\frac{R}{(n-\varDelta_\mathrm{p})^2},\quad n=3,4,5,\cdots \tag{4-11}$$

是诸P能级（$^2\mathrm{P}_{1/2,3/2}$）到基态3S能级的跃迁辐射，对于碱金属原子，他们的S能级都是单重的，其他能级（P,D,F,…）分裂为双重的，这称为谱线的精细结构. 精细结构可用电子的自旋-轨道耦合所引起的能级分裂来解释. 根据选择定则，主线系呈现双线结构. 因此，钠黄线就是由波长分别为5889.963Å和5895.930Å的两条谱线组成，它是主线系的第一条谱线，也是该系落在可见光区唯一的一条谱线. 主线系其他谱线都在紫外区.

2. 漫线系(由 D 到 P 间的跃迁所产生)

$$\tilde{\nu}=3\mathrm{P}-n\mathrm{D}=\frac{R}{(3-\varDelta_{\mathrm{p}})^{2}}-\frac{R}{(n-\varDelta_{\mathrm{d}})^{2}},\quad n=3,4,5,\cdots \tag{4-12}$$

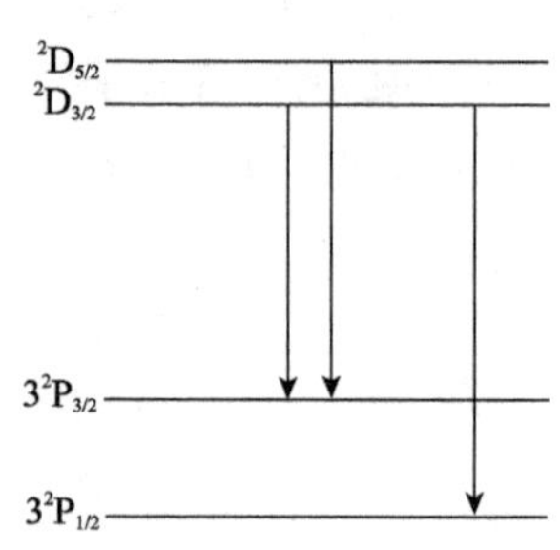

图 4-1　漫线系的分裂

是诸 D 能级($^2\mathrm{D}_{3/2,5/2}$)到第一激发态 $3\,^2\mathrm{P}_{1/2,3/2}$ 能级的跃迁辐射. 碱金属原子 P, D, F, ⋯ 能级都是双重的. 假设上下各能级之间都能发生跃迁，则似应有四条谱线存在. 但按照选择定则，$\Delta J=0,\pm1$，实际上只有三种跃迁才是可能的，故该线系为三线结构. 由于D能级的分裂(分裂后二能级之差)远比P能级的分裂小，而且这种分裂随主量子数 n 的增大而减小. 故随着 n 的增加，如图 4-1 所示，左边两个跃迁的波长迅速靠近. 非高分辨率光谱仪不足以把它们分开，所以看起来好像是双线. 谱线在长波侧表现为边缘模糊和漫散，因而称为漫线系. 波长越大，谱线的漫散越显著，甚至连成一片. 该线系除了第一条谱线(8794.82Å，8183.30Å)落在红外区，大部分谱线都在可见光区，在可见光区通常也可以观测到 3 或 4 条.

3. 锐线系(由 S 到 P 间的跃迁所产生)

$$\tilde{\nu}=3\mathrm{P}-n\mathrm{S}=\frac{R}{(3-\varDelta_{\mathrm{p}})^{2}}-\frac{R}{(n-\varDelta_{\mathrm{s}})^{2}},\quad n=4,5,6,\cdots \tag{4-13}$$

是诸 $^2\mathrm{S}_{1/2}$ 能级到第一激发态 $3\,^2\mathrm{P}_{1/2,3/2}$ 能级的跃迁辐射，各谱线都是边缘清晰的双线结构，谱线较锐，各双线的波数差相等. 该线系除第一条谱线(11404.2Å，11382.4Å)落在红外区，大部分谱线都在可见光区，在可见光区可以观测到该线系的 3 或 4 条谱线.

4. 基线系也称伯格曼线系(由 F 到 D 间的跃迁所产生)

$$\tilde{\nu}=3\mathrm{D}-n\mathrm{F}=\frac{R}{(3-\varDelta_{\mathrm{d}})^{2}}-\frac{R}{(n-\varDelta_{\mathrm{f}})^{2}},\quad n=4,5,6,\cdots \tag{4-14}$$

线系中每一谱线的精细结构的不同成分具有不同的强度，其强度取决于有关能级值的大小(玻尔兹曼因子)、能级的统计权重及能级间的跃迁概率. 该线系谱线在红外区很弱，本实验不做研究.

由于原子的能量状态可用光谱项表示，所以，把原子中所有可能存在状态的光谱项即能级及能级跃迁用图解的形式表示出来，称为能级图，图 4-2 为钠原子的能级图.

图 4-2 中的水平线表示实际存在的能级，能级的高低用一系列的水平线表示. 由于相邻两能级的能量差与主量子数 n^2 成反比，随 n 增大，能级排布越来越密. 当 $n\to\infty$ 时，原子处于电离状态，这时体系的能量相当于电离能. 由于电离了的电子可以具有任意的动能，所以当 $n\to\infty$ 时，能级图中出现了一个连续的区域. 能级图中的纵坐标表示能量标

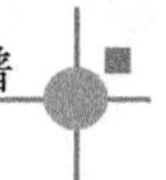

度，左边用电子伏特标度，右边用波数标度. 各能级之间的垂直距离表示跃迁时以电磁辐射形式释放的能量的大小. 每一时刻一个原子只发射一条谱线，由于许多原子处于不同的激发态，所以发射出各种不同的谱线. 其中在基态与第一激发态之间跃迁产生的谱线称为共振线，通常它是最强的谱线.

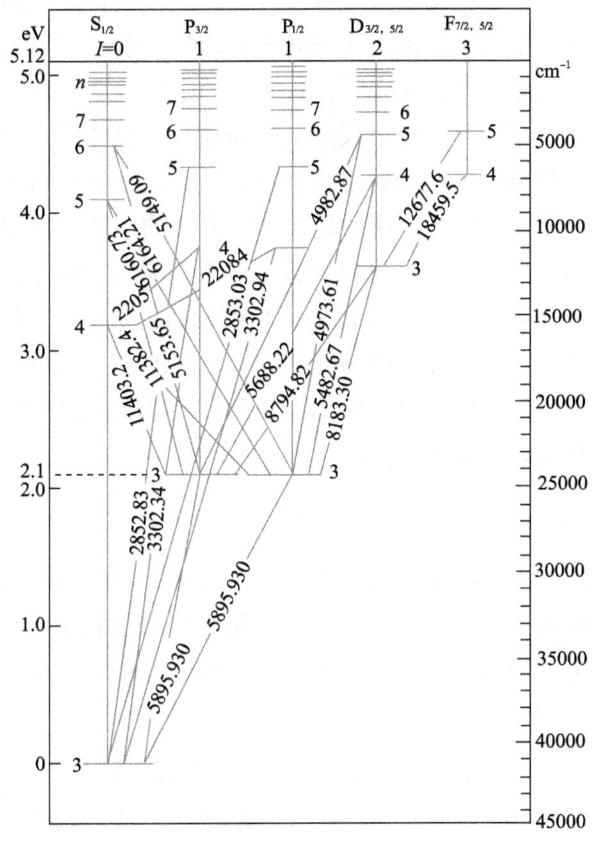

图 4-2　钠原子能级跃迁图

应该指出的是，并不是原子内所有能级之间的跃迁都是可以发生的，实际发生的跃迁是有限制的，服从光谱选择定则. 对于L-S耦合，这些选择定则如下：

(1) 在跃迁时候，主量子数 n 的改变不受限制.

(2) $\Delta L=\pm1$，即跃迁只允许在S与P之间、P与S或者D之间，D与P或F之间等.

(3) $\Delta S=0$，即单重态只能跃迁到单重态，三重态只能跃迁到三重态.

(4) $\Delta J=0,\pm1$，但 $J=0$，$\Delta J=0$ 时的跃迁是禁止的.

【实验仪器】

实验用的主要仪器有：光栅光谱仪、钠光谱灯、计算机，其中光栅光谱仪包括光学系统、电子系统及软件系统. 平面光栅摄谱仪原理图如图 4-3 所示.

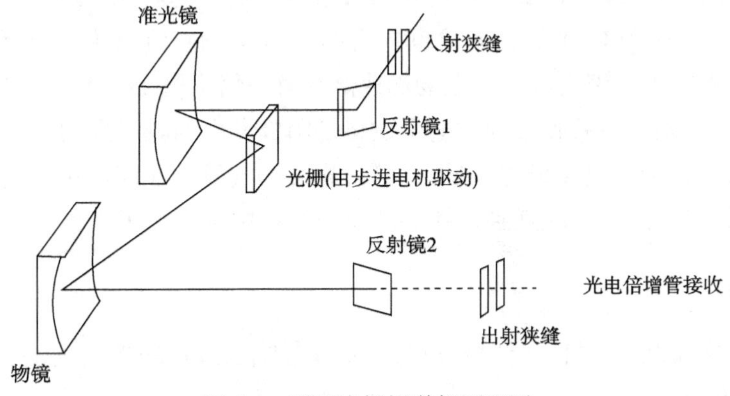

图 4-3　平面光栅摄谱仪原理图

1. 光学系统

平面光栅摄谱仪可以分为两类，一类是透射式摄谱仪，另一类是反射式摄谱仪，由于制造精密的透射式光栅比较困难，现代光栅摄谱仪几乎都采用反射式光栅(平面光栅摄谱的简介和使用说明在本实验的【附录】中会详细说明).

平面光栅摄谱仪是以平面衍射光栅作为色散元件的光谱仪器. 由光源发射的光，进入狭缝，再经反射镜折向球面反射镜下方的准光镜上. 经准光镜反射，以平行光束射到光栅上，经光栅衍射后，不同方向的单色光束射到球面反射镜的中央窗口暗箱物镜处，最后按波长排列聚焦于感光板上. 旋转光栅台，改变光栅的入射角，便可改变拍摄谱线的波段范围和光谱级次. 这种装置的入射狭缝和光谱感光板是垂直平面内对称于光栅放置的，由于光路结构的对称性，彗差和像散可以矫正到理想的程度，使得在较长谱面范围内，谱线清晰、均匀. 由于同时使用球面镜作为准直物镜和摄谱物镜，所以不易产生色差，且谱面平直.

2. 电子系统

电子系统由电源系统、接收系统、信号放大系统、A/D 转换系统和光源组成. 信号放大主要依靠光电倍增管，用光电倍增管来接收和记录谱线的方法称为光电直读法. 光电倍增管既是光电转换元件，又是电流放大元件，其结构见图 4-4.

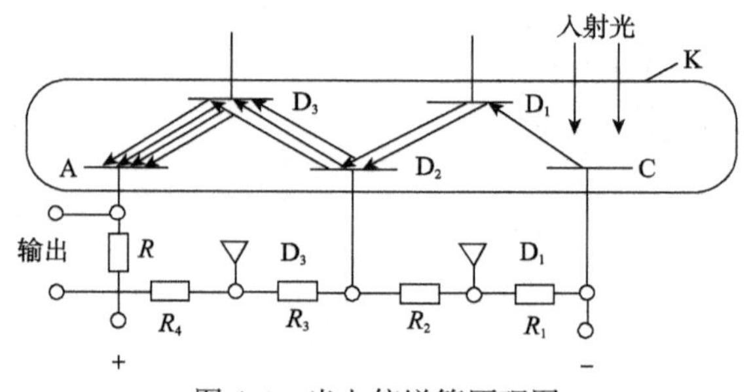

图 4-4　光电倍增管原理图

光电倍增管的外壳由玻璃或石英制成，内部抽真空，阴极涂有能发射电子的光敏物质，如 Sb-Cs 或 Ag-O-Cs 等，在阴极 C 和阳极 A 间装有一系列次级电子发射极，即电子倍增极 D_1，D_2 等. 阴极 C 和阳极 A 之间加有约 1000V 的直流电压，当辐射光子撞击光阴极 C 时发射光电子，该光电子被电场加速落在第一倍增极 D_1 上，撞击出更多的二次电子，依次类推，阳极最后收集到的电子数将是阴极发出的电子数的 10^5～10^8 倍.

钠原子光谱灯(或放电管)作为光源，管内充纯净气体，在高压小电流放电时分解成原子并被激发到高能态，在跃迁到低能态的退激过程中发出原子光谱.

【实验内容】

(1) 调节各实验装置，打开计算机软件，获取各线系清晰的光谱线，并记录相应的波长值和相对强度值.

(2)求波数$\tilde{\nu}$及波数差$\Delta\tilde{\nu}$.

测出各谱线波长后，取双线的平均值，换算成波数$\tilde{\nu}$，然后求出同一线系的各谱线，也可以从以后的计算中得到的量子数亏损$\varDelta_l$反过来确认，凡是同一线系，$\varDelta_l$近似相等.

(3)由波数差$\Delta\tilde{\nu}$对照里德伯表(本实验【附录】中)，求有效量子数n^*和光谱项T：

$$\Delta\tilde{\nu}=\tilde{\nu}_{n+1}-\tilde{\nu}_n=T_n-T_{n-1}=\frac{R}{(n-\varDelta_l)^2}-\frac{R}{(n+1+\varDelta_l)^2}$$

$$=\frac{R}{n^{*2}}-\frac{R}{(n^*+1)^2} \tag{4-15}$$

式中，令$n^*=m+\varDelta$，m为整数，$\varDelta$为小数，可将式(4-15)改写为

$$\Delta\tilde{\nu}=\frac{R}{(m+\varDelta)^2}-\frac{R}{(m+1+\varDelta)^2} \tag{4-16}$$

则有

$$T=R/(m+\varDelta)^2 \tag{4-17}$$

(4)求量子数亏损$\varDelta_l$.

据$n^*=n-\varDelta_l$，如果n和n^*已定，则可求出$\varDelta_l$，将同一线系的几个$\varDelta_l$值取平均(忽略n的影响)，即为所求的量子数亏损.

对于每个线系均如此处理，最后根据所得数据，按照比例画出钠原子能级图(以波数为单位).

【注意事项】

(1)谱仪为精密仪器，使用时要注意爱护，尤其是狭缝，未经教师允许，不可以随意调节各旋钮，手柄均应轻调慢调，旋到头时不能再继续用力，不要触及仪器的各光学表面.

(2)光电倍增管两端电压不要过高，测完后电压调到最低位置，再关闭电源.

【思考题】

(1)钠原子光谱项中，量子数亏损产生的原因是什么？它对钠原子能级有何影响？

(2)如何解释钠原子光谱的双重结构，并说明各线系的相对强度特征.

(3)对照钠原子能级图，讨论钠原子量子数n、l、s的作用.

【附录】

一、钠原子光谱波长表

钠原子光谱波长表如表4-1所示.

表4-1 钠原子光谱波长表

波长/nm	平均波长/nm	所属线系
616.072 615.421	615.746	锐
589.592 588.995	589.295	主
568.892 568.262	568.542	漫
515.365 514.910	518.542	锐
498.287 497.861	498.074	漫
474.802 475.189	474.995	锐
466.860 466.486	466.673	漫
330.294 330.234	330.264	主
285.363 285.283	285.323	主
268.044 268.074	268.059	主

二、里德伯常量表

里德伯常量表如表 4-2 和表 4-3 所示.

表 4-2 里德伯常量表 A

a	m								
	1	12	2	23	3	34	4	45	5
0.00	109737.31	82302.98	27434.33	15241.30	12193.03	5334.45	6858.58	2469.09	4389.49
0.02	105476.08	78582.32	26893.76	14861.69	12032.07	5241.56	6790.51	2435.92	4354.59
0.02	101458.31	75089.29	26369.02	14494.74	11874.28	5150.48	6723.44	2403.35	4320.09
0.06	97665.82	71806.34	25859.48	14139.92	11719.56	5062.20	6657.36	2371.35	4286.01
0.08	94082.06	68717.48	25364.58	13796.72	11567.86	4975.61	6592.25	2339.92	4252.33
0.10	90691.99	65808.25	24883.74	13464.67	11419.07	4890.97	6528.10	2309.06	4219.04
0.12	87481.91	63065.46	24416.45	13143.30	11273.15	4808.28	6464.87	2278.72	4186.15
0.14	84439.30	60477.10	23963.20	12832.20	11130.00	4727.44	6402.56	2248.93	4153.63
0.16	81552.70	58032.19	23520.51	12530.95	10989.56	4648.42	6341.14	2219.64	4121.50
0.18	78811.63	55720.11	23090.92	12239.16	10851.76	4571.15	6280.61	2190.88	5089.73
0.20	76206.47	53533.47	22673.00	11956.47	10716.53	4495.59	6220.94	2162.61	4058.33
0.22	73728.37	51462.05	22266.32	11682.50	10583.28	4421.74	6162.11	2134.82	4027.29
0.24	71369.22	49498.74	21870.48	11416.92	10454.56	4349.45	6104.11	2107.50	3996.61
0.26	69121.51	47636.41	21485.10	11159.41	10325.69	4278.76	6046.93	2080.66	3966.27
0.28	66978.34	45868.52	21109.82	10909.67	10200.15	4209.60	5990.55	2054.27	3936.28
0.30	64933.32	44189.03	20744.29	10667.40	10076.89	4141.49	5934.59	2028.32	3906.63
0.32	62980.55	42592.38	20388.17	10432.32	9955.85	4075.72	5880.13	2002.82	3877.31
0.34	61114.56	41073.41	20041.15	10204.18	9836.97	4010.91	5826.06	1977.73	3848.33
0.36	59330.29	39627.38	19702.91	9982.70	9720.21	3947.48	5772.73	1953.07	3819.66
0.38	57623.04	38249.88	19373.16	9767.64	9605.52	3885.39	5720.13	1928.82	3791.31
0.40	55988.42	36936.80	19051.62	9558.77	9492.58	3824.60	5668.25	1904.97	3763.28
0.42	54422.39	35684.48	18738.01	9355.87	9382.14	3765.07	5617.07	1881.51	3735.56
0.44	52921.16	34489.07	18432.09	9158.72	9273.37	3706.79	5566.58	1858.44	3708.14
0.46	51841.19	33347.59	18133.60	8967.13	9166.47	3649.70	5516.77	1835.74	3681.03
0.48	50099.21	32256.91	17842.30	8780.89	9061.41	3593.79	5467.62	1813.41	3654.21
0.50	48772.14	31214.17	17559.17	8599.82	8958.15	3539.02	5419.13	1791.45	3627.68
0.52	47492.10	30216.72	17280.38	8423.74	8856.64	3485.36	5375.28	1769.84	3601.44
0.54	46271.42	29262.10	19009.3	8252.47	8756.85	3432.97	5324.06	1748.58	3575.48

续表

a	m								
	1	12	2	23	3	34	4	45	5
0.56	45092.58	28348.00	16744.58	8085.85	8658.73	3381.27	5277.46	1727.65	3549.81
0.58	43958.22	27472.24	16485.98	7923.72	8562.26	3330.79	5231.47	1707.06	3524.41
0.60	42866.14	26632.81	16233.33	7765.94	8467.39	3281.32	5186.07	1686.79	3499.28
0.62	41814.25	26827.81	15986.44	7612.36	8374.08	3232.81	5141.27	1666.86	3474.41
0.64	40800.61	25055.47	15745.14	7462.83	8282.31	3185.27	5097.04	1647.22	3449.82
0.66	39833.38	24314.12	15509.26	7317.21	8192.04	3138.65	5053.39	1627.91	3425.48
0.68	38880.85	23602.21	15278.64	7175.40	8103.24	3092.95	5010.29	1608.89	3401.40
0.70	37971.39	22918.26	15053.13	7037.26	8015.87	3048.13	4964.74	1590.17	3377.57
0.72	37093.47	22260.90	14832.57	6902.66	7929.91	3004.18	4925.73	1571.74	3353.99
0.74	36245.64	21628.81	14616.83	6771.50	7845.33	2961.08	4884.25	1553.59	3330.66
0.76	35426.56	21020.80	14405.76	6643.67	7762.09	2918.80	4843.29	1535.72	3307.57
0.78	34634.93	20435.70	14199.23	6519.06	7680.17	2877.33	4802.84	1518.12	3284.72
0.80	33869.54	19872.43	13997.11	6397.57	7599.54	2836.64	4762.90	1500.79	3262.11
0.82	33129.24	19329.79	13799.27	6279.10	7520.17	2796.71	4723.46	1483.73	3239.73
0.84	32412.96	18807.36	13605.60	6163.56	7442.04	2757.54	4684.50	1466.93	3217.57
0.86	31719.65	18303.67	13415.98	6050.86	7365.12	2719.09	4646.03	1450.38	3195.65
0.88	31048.36	17818.07	13230.29	5940.91	7289.38	2681.36	4608.02	1434.07	3173.59
0.90	30398.15	17349.72	13048.43	5833.62	7214.81	2644.33	4570.48	1418.01	3152.47
0.92	29768.15	16897.85	12870.30	5728.92	7141.38	2607.98	4533.40	1402.20	3131.20
0.94	29157.54	16461.75	12695.79	5626.73	7069.06	2572.29	4496.77	1386.62	3110.15
0.96	28565.52	16040.72	12524.80	5526.96	6997.84	2537.26	4460.58	1371.27	3089.31
0.98	27991.36	15634.11	12357.25	5429.56	6927.69	2502.87	4424.82	1356.14	3068.68

表 4-3　里德伯常量表 B

a	m									
	56	6	67	7	78	8	89	9	910	10
0.00	1341.23	3048.26	808.72	2239.45	524.89	1714.65	359.87	1354.78	257.41	1097.37
0.02	1326.55	3028.04	801.25	2226.79	520.69	1706.10	357.32	1348.78	255.78	1093.00
0.04	1312.07	3008.02	793.86	2214.16	516.53	1697.63	354.81	1342.82	254.17	1088.65
0.06	1297.81	2988.20	786.57	2201.63	512.42	1689.21	352.31	1336.90	252.58	1084.32
0.08	1283.76	2968.57	779.36	2189.21	508.35	1680.86	349.85	1331.01	250.99	1080.02

续表

a	m									
	56	6	67	7	78	8	89	9	910	10
0.10	1299.91	2949.13	772.23	2176.90	504.33	1672.57	347.40	1325.17	249.92	1075.75
0.12	1256.26	2929.89	765.21	2164.68	500.34	1664.34	344.98	1319.36	247.86	1071.50
0.14	1242.80	2910.83	758.26	2152.57	496.40	1656.17	342.57	1313.60	246.32	1067.28
0.16	1229.54	2891.96	751.40	2140.56	292.50	1648.06	340.19	1307.87	244.79	1063.08
0.18	1216.45	2873.28	744.62	2128.66	488.65	1640.01	337.84	1302.17	243.26	1058.91
0.20	1203.56	2854.77	737.92	2116.58	484.83	1632.02	335.50	1296.52	241.76	1054.76
0.22	1190.85	2836.44	731.31	2105.13	481.04	1624.09	333.19	1290.90	240.26	1050.64
0.24	1178.32	2818.29	724.77	2093.52	477.30	1616.22	330.90	1285.32	238.78	1046.54
0.26	1165.96	2800.31	718.31	2082.00	473.60	1608.40	328.63	1279.77	237.31	1042.46
0.28	1153.78	2782.50	711.92	2070.58	469.94	1600.64	326.38	1274.26	235.85	1038.41
0.30	1141.77	2764.86	705.61	2059.25	466.31	1592.94	324.15	1268.79	234.41	1034.38
0.32	1121.92	2747.39	699.38	2048.01	462.72	1585.29	321.94	1263.35	232.98	1030.37
0.34	1118.25	2730.08	693.22	2036.86	459.17	1577.69	319.75	1257.94	231.55	1026.39
0.36	1106.72	2712.94	687.13	2025.81	455.66	1570.15	317.58	1252.57	230.14	1022.43
0.38	1095.35	2695.96	681.12	2014.86	452.17	1562.67	315.43	1247.24	228.74	1018.05
0.40	1084.15	2679.13	675.16	2003.97	448.74	1555.23	313.30	1241.93	227.35	1014.58
0.42	1073.09	2662.47	669.29	1993.18	445.33	1547.85	311.18	1236.67	225.98	1010.69
0.44	1062.18	2645.96	663.48	1982.48	441.95	1540.53	309.10	1231.43	224.61	1006.82
0.46	1051.43	2629.60	657.74	1971.86	438.61	1533.25	307.02	1226.23	223.25	1002.98
0.48	1040.82	2613.39	652.06	1961.33	435.30	1526.03	304.97	1221.06	221.91	999.15
0.50	1030.35	2597.33	646.44	1950.89	432.03	1518.86	302.93	1215.93	220.58	995.35
0.52	1020.02	2881.42	640.90	1940.52	428.79	1511.73	300.91	1210.82	219.25	991.57
0.54	1009.82	2565.66	635.42	1930.24	425.58	1504.66	298.91	1205.75	217.94	987.81
0.56	999.77	2550.04	630.00	1920.04	422.40	1497.64	296.93	1200.71	216.64	984.07
0.58	989.85	2534.56	624.64	1909.92	419.26	1490.66	294.96	1195.70	215.35	980.35
0.60	980.06	2519.22	619.34	1899.88	416.14	1483.74	293.01	1190.73	214.07	976.66
0.62	970.39	2504.02	614.10	1889.92	416.06	1476.86	291.08	1185.78	212.80	972.98
0.64	969.86	2488.96	608.92	1880.04	410.01	1470.03	289.17	1180.86	211.53	969.33
0.66	951.44	2474.04	603.80	1870.24	406.99	1463.25	287.27	1175.98	210.29	965.69

续表

a	m									
	56	6	67	7	78	8	89	9	910	10
0.68	942.16	2459.24	598.73	1860.51	404.00	1456.51	285.38	1171.13	209.05	962.08
0.70	932.99	2444.58	593.72	1850.86	401.03	1449.83	283.53	1166.30	207.81	958.49
0.72	923.94	2430.05	588.77	1841.28	398.10	1443.18	281.67	1161.51	206.59	954.92
0.74	915.01	2415.65	583.87	1831.78	395.19	1436.59	279.85	1156.74	205.38	951.36
0.76	906.19	2401.38	579.03	1822.35	392.32	1430.03	278.02	1152.01	204.18	947.83
0.78	897.49	2387.23	574.24	1812.99	389.46	1423.53	279.23	1147.30	202.99	944.31
0.80	888.90	2371.21	569.51	1803.70	386.64	1417.06	274.44	1142.62	201.08	940.82
0.82	880.42	2359.31	564.82	1794.49	383.85	1410.64	272.67	1137.97	200.62	937.35
0.84	872.03	2345.54	560.19	1785.35	381.08	1404.27	270.92	1133.35	199.46	933.89
0.86	863.77	2331.88	555.61	1776.27	378.34	1397.93	269.17	1128.76	198.31	930.45
0.88	855.61	2318.34	551.07	1767.27	375.63	1391.64	267.45	1124.19	197.15	927.04
0.90	847.55	2304.92	546.59	1758.33	372.93	1385.40	265.75	1119.65	196.01	923.64
0.92	839.58	2291.62	542.16	1749.46	370.27	1379.19	264.05	1115.14	194.88	920.26
0.94	831.72	2278.43	537.77	1740.66	367.63	1373.03	262.73	1110.66	193.76	916.90
0.96	823.96	2265.35	533.43	1731.92	365.02	1366.90	260.69	1106.21	192.66	913.55
0.98	816.29	2252.39	529.14	1723.25	362.43	1360.82	259.04	1101.78	191.55	910.23

三、钠原子光谱的双重结构

由于电子自旋量子数 $s=1/2$ 和轨道运动的相互作用，所以原子所具有的附加能量不仅与量子数 n、l 有关，还与原子的总角动量的量子数 j 有关，这样同一光谱项又分裂为不同能级.

碱金属原子只有一个价电子，并且原子实的角动量为零(暂不考虑原子核自旋的影响)，因此价电子的角动量就等于原子的总角动量. 对于 s 轨道($l=0$)，因此电子的轨道角动量为零，所以总角动量等于电子的自旋角动量，j 只能取一个数值，即 $j=1/2$，致使 S 谱项只有一个能级，是单重能级，对于 $l\neq 0$，即 p, d, f, …轨道可取 $j=l\pm 1/2$ 两个数值，因此相应的谱线分裂为双重能级. 由于能级分裂，用式(4-9)表示的光谱相应发生变化，根据量子力学计算结果，双重能级的项值可以分别表示为

$$T_{n,l,j=l+1/2}=\frac{R}{(n-\Delta_l)^2}-\frac{l}{2}\xi_{n,l} \tag{4-18}$$

$$T_{n,l,j=l-1/2}=\frac{R}{(n-\Delta_l)^2}+\frac{l+1}{2}\xi_{n,l} \tag{4-19}$$

式中，$\xi_{n,l}$ 只与 n、l 有关，称为单电子的分裂因子，它等于

$$\xi_{n,l}=\frac{a^2R(Z_s^*)^4}{n^3l(l+1/2)(l+1)} \tag{4-20}$$

式中，里得伯常量 $R=109737.312\text{cm}^{-1}$，$a=2\pi e^2/4\pi\varepsilon_0 ch=1/137.036$，为精细结构常数；$Z_s^*$ 为原子实的有效电荷，它与量子数亏损确定的原子实有效电荷 Z_σ^* 不完全相同. 由式(4-18)和式(4-19)，双重能级的间隔可以用波数表示为

$$\Delta\tilde{\nu}=\left(l+\frac{1}{2}\right)\xi_{n,l}=\frac{a^2R(Z_s^*)^4}{n^3l(l+1)} \tag{4-21}$$

由此可知，双重能级的间隔随 n 和 l 的增大而迅速减小.

下面给出光谱线双重能级不同成分的两种特性.

1. *波数差*

由于钠原子光谱的主线系所对应的电子跃迁的下能级是 3S 谱项，为单重能级（$j=1/2$），上能级分别是 3P,4P,…谱项，都为双重能级，量子数 j 分别是 1/2 和 3/2. 当电子在不同能级之间跃迁时，量子数 j 的选择定则（$\Delta j=0,\pm1$）决定了主线系各组光谱线均包含双重结构两个成分，其波数差分别是上能级中双重能级的波数差，因此要确定 3P，4P 等谱项双重分裂的大小，可测量主线系光谱线双重结构两个成分的波长. 根据式(4-21)，$\Delta\tilde{\nu}\propto 1/n^3$，说明波数差随谱线波数的增大而迅速减小.

对锐线系所对应的跃迁做同样的分析，不难得出，锐线系光谱线也包含双重结构的两个成分，不同的是两个成分的波数差都相等，其值等于 3P 谱项双重分裂的大小.

基线系和漫线系光谱线所对应的电子跃迁，它的上下能级都是双重能级，而选择定则（$\Delta j=0,\pm1$）使每一组谱线的多重结构中产生三个成分，但这一组线不称为三重线，它叫复双重线，因为它是由双重能级之间的跃迁产生的. 在这三个成分中，有一个成分的强度比较弱，并且还与另一个成分十分靠近，当仪器的分辨率不高时，仅能观察到两个成分. 因漫线系十分弥漫，所以在钠原子的弧光光谱中也只能观察到两个成分，而 nD 谱项的双重分裂比较小，因此这两个成分的波数差近似等于 3P 谱项的双重分裂.

2. *相对强度*

用电弧、火花或辉光放电等光源拍摄原子光谱时，谱线的强度只与自发辐射跃迁有关，设 N_n 为处于上能级的原子数目，$h\nu_{nm}$ 为上下能级的能量差，A_{nm} 为单位时间内原子从上能级 n 跃迁到下能级 m 的跃迁概率，则原子从上能级 n 至下能级 m 的跃迁发出的光谱线强度为

$$I_{nm} = N_n A_{nm} h\nu_{nm} \tag{4-22}$$

如果没有外场造成双重能级的进一步分裂，碱金属原子在不同能级之间跃迁时，每一能级的统计权重为 $g = 2j+1$. 通常是能级间隔不太大，并且光源中电子气体的温度很高，使处于不同能级的原子数目和它们的统计权重成正比，对能级 m 和 n，有

$$N_n / N_m = g_n / g_m \tag{4-23}$$

这样只要计算出原子在不同能级之间的自发跃迁概率 A_{nm}，就可以利用上两式计算出不同谱线的强度比.

我们还可用谱线跃迁的“强度和”定则来估算谱线的相对强度：①从同一能级向下能级跃迁产生的所有谱线成分的强度和正比于该能级的统计权重 $g_{上}$；②终止于同一下能级的所有谱线的强度和正比于该能级的统计权重 $g_{下}$. 现在只需找出各个能级的统计权重，就可得到碱金属原子光谱的不同线系双重结构不同成分的相对强度. 例如，主线系光谱的双重线在 $3^0\mathrm{S}_{1/2} - n^2\mathrm{P}_{3/2,1/2}(n=3,4,\cdots)$ 之间的跃迁产生的，因为上能级是双重的，下能级是单重的，据“强度和”定则，主线系光谱线双重结构的两个成分中，短波成分 λ_A 和长波成分 λ_B 的强度比为

$$\frac{I_\mathrm{PA}}{I_\mathrm{PB}} = \frac{g_{3/2}}{g_{1/2}} = \frac{2\times\dfrac{3}{2}+1}{2\times\dfrac{1}{2}+1} = \frac{2}{1} \tag{4-24}$$

其中，$g_{3/2}$ 和 $g_{1/2}$ 分别是两个上能级 $n^2\mathrm{P}_{3/2}$ 和 $n^2\mathrm{P}_{1/2}$ 的统计权重，它与由上面两公式计算得到的结果一致.

锐线系光谱的双重线是在 $3^2\mathrm{P}_{3/2,1/2} - n^2\mathrm{S}_{1/2}(n=4,5,\cdots)$ 之间跃迁产生的，上能级是单重的，下能级是双重的. 根据“强度和”定则，锐线系光谱线双重结构的两个成分中，短波成分 λ_A 和长波成分 λ_B 的强度比为

$$\frac{I_\mathrm{SA}}{I_\mathrm{SB}} = \frac{g_{1/2}}{g_{3/2}} = \frac{2\times\dfrac{1}{2}+1}{2\times\dfrac{3}{2}+1} = \frac{1}{2} \tag{4-25}$$

其中，$g_{1/2}$ 和 $g_{3/2}$ 是下能级 $3^2\mathrm{P}_{1/2}$ 和 $3^2\mathrm{P}_{3/2}$ 的统计权重，结果与主线系的情形正相反.

漫线系光谱的复双重线是在 $3^2\mathrm{P}_{3/2,1/2} - n^2\mathrm{D}_{5/2,3/2}(n=3,4,\cdots)$ 之间跃迁产生的，这时上、下能级都是双重的.

设复双重线的三个成分的波长从小到大依次为 λ_A，λ_B 和 λ_C；强度分别为 $I_\mathrm{DA}, I_\mathrm{DB}$ 和 I_DC. 据“强度和”定则中①有

$$\frac{I_\mathrm{DB}}{I_\mathrm{DA}+I_\mathrm{DC}} = \frac{g_{5/2}}{g_{3/2}} = \frac{2\times\dfrac{5}{2}+1}{2\times\dfrac{3}{2}+1} = \frac{6}{4} \tag{4-26}$$

其中，$g_{5/2}$ 和 $g_{3/2}$ 分别是上能级 $n^2\mathrm{D}_{5/2}$ 和 $n^2\mathrm{D}_{3/2}$ 的统计权重. 据“强度和”定则中②有

$$\frac{I_{\mathrm{DB}}+I_{\mathrm{DC}}}{I_{\mathrm{DA}}}=\frac{g_{3/2}}{g_{1/2}}=\frac{2\times\frac{3}{2}+1}{2\times\frac{1}{2}+1}=\frac{4}{2} \tag{4-27}$$

其中 $g_{3/2}$ 和 $g_{1/2}$ 分别是下能级 $3^2\mathrm{P}_{3/2}$ 和 $3^2\mathrm{P}_{1/2}$ 的统计权重. 由两式解得 $I_{\mathrm{DA}}:I_{\mathrm{DB}}:I_{\mathrm{DC}}=5:9:1$，但由于 λ_{B} 和 λ_{C} 相距很近，通常无法分开，所以两个成分合二为一，其波长可用 λ_{BC} 表示，这个成分比 λ_{A} 的波长要长，这时有 $I_{\mathrm{DA}}/I_{\mathrm{DB}}+I_{\mathrm{DC}}=5/(9+1)=1/2$. 可见，漫线系双重线短波成分与长波成分的强度比也是 1∶2，与锐线系的情形相同，而与主线系相反. 由于基线系的情形与漫线系类似，这里就不再讨论.

四、平面光栅摄谱仪简介及使用说明

1. 仪器结构及原理简介

WPG-100 型平面光栅摄谱仪，是一种波段范围为 2000～8000Å、具有中等和较大色散率的精密贵重仪器. 光栅摄谱仪是由准直系统、色散系统和照明系统三部分组成，其光学系统如图 4-5 所示.

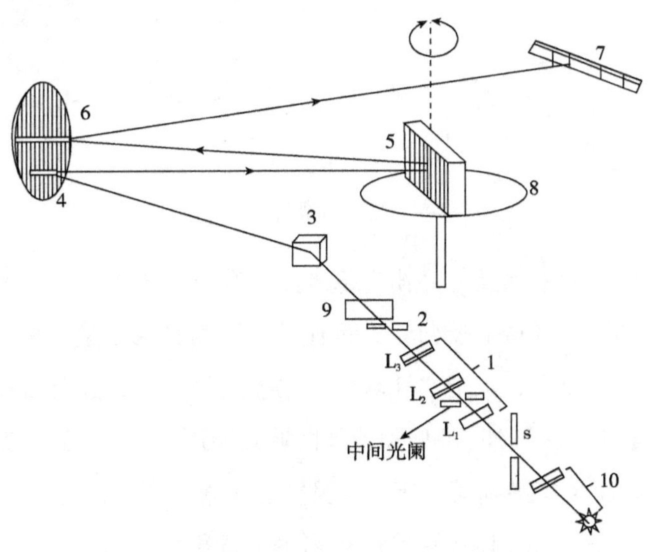

图 4-5　平面光栅光路原理图

s. 光源；1. 三透镜照明系统；2. 狭缝；3. 小平面反射镜；4. 准直镜；5. 光栅；6. 照相物镜；7. 底板；8. 光栅转台；9. 电磁快门；10. 对光灯

由光源 s 发出的光通过三透镜照明系统 1 均匀照亮狭缝 2，再经过反射镜 3 折向大球面反射镜下部(准直镜 4)后成平行光束投射至光栅 5 上. 经光栅分光后，不同波长的平

行光束以不同方向射向大球面反射镜中部——照相物镜 6，最后成像在感光底板 7 上.

由于光栅的色散较大，在底板 7 上每次只能摄得一部分光谱，为了得到较大波长范围的谱片，可旋转光栅平台 8，即可得到不同的波段.

本仪器目前所装光栅的闪耀波长为 3000Å，5700Å 刻槽数为 1200 条/mm，线色散为 8Å/mm 一级光谱. 球面反射镜的焦距约为 1m，故称 1m 平面光栅摄谱仪.

1) 平面反射光栅的构造与光栅方程

投射光栅有很大缺点，就是衍射图样中无色散的 0 级主极强占总光能的很大一部分，其余的光能也分散在各级光谱，以至于每级光谱的强度都比较小. 实际上使用光栅时只利用它的某一级光谱，我们需要设法把光能集中到这一级光谱上来，用闪耀光栅可以解决这个问题.

目前闪耀光栅多是平面反射光栅，它是玻璃基板上镀上铝层，用特殊的刀具刻画出许多互相平行而且间距相等的槽面支撑的，图 4-6 是垂直于光栅刻槽的断面放大图.

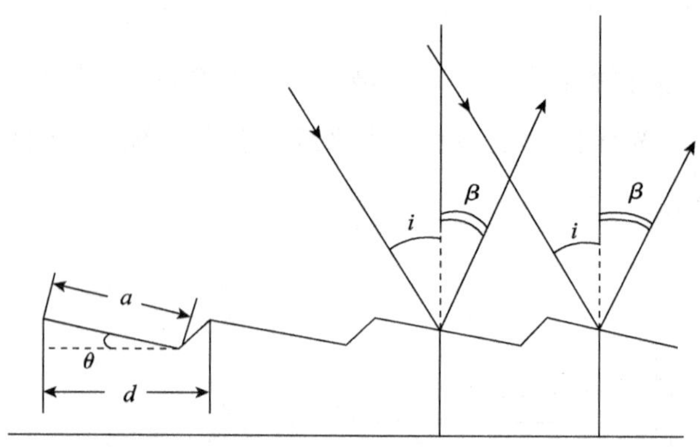

图 4-6　光栅刻槽断面示意图

我国目前大量生产的平面反射光栅每毫米刻槽数目为 600 条、1200 条和 800 条. 由于铝在近红外区域和可见区域的反射系数都比较大，而且几乎是常数，此外在紫外区铝的反射系数比金和银都要大，加上它比较软，易于刻画，所以通常都用铝来刻制反射光栅. 铝制的反射光栅几乎在红外、可见和紫外区域都能用. 也就是说在铝层上刻画出适当的槽形，就能把光的能量集中到某一级，克服投射光栅光谱线强度微弱的缺点. 在图 4-6 中，衍射槽面(宽度为 a)与光栅面的夹角，或者说光栅衍射平面法线 n 和光栅平面法线 N 之间的夹角 θ 称为光栅的闪耀角. 当平行光束入射到光栅上时，由于槽面的衍射及各个槽面衍射光的相干叠加，不同方向的衍射光束强度不同. 考虑槽面之间的干涉，当满足光栅方程

$$d(\sin i \pm \sin \beta) = m\lambda \tag{4-28}$$

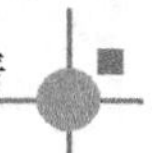

时，光强将有一极大值，或者说将出现一条亮纹. 式中，i 和 β 分别是入射光栅及衍射光栅与光栅平面法线的夹角，即入射角与衍射角，d 为光栅常数(通常给出的是每毫米刻线数，可根据它求出光栅常数)，$m=\pm1,\pm2,\pm3,\cdots$ 表示干涉级，λ 是出现亮条纹的光的波长. 公式中当入射线与衍射线在光栅法线同侧时取正号，异侧时取负号.

由式(4-28)知，当入射角 i 一定时，不同波长的光经光栅衍射后按不同的方向被分开排列成光谱，这就是光栅的分光原理.

我们把成像于谱面中心的谱线波长称为中心波长. 本仪器所用的光路中，对中心波长 λ_0 而言，入射角与衍射角相等 $i=\beta$，图 4-7 这种特殊而又通用的布置方式称为 Littrow 型，因此对中心波长 λ_0 有

$$2d\sin i = m\lambda_0 \tag{4-29}$$

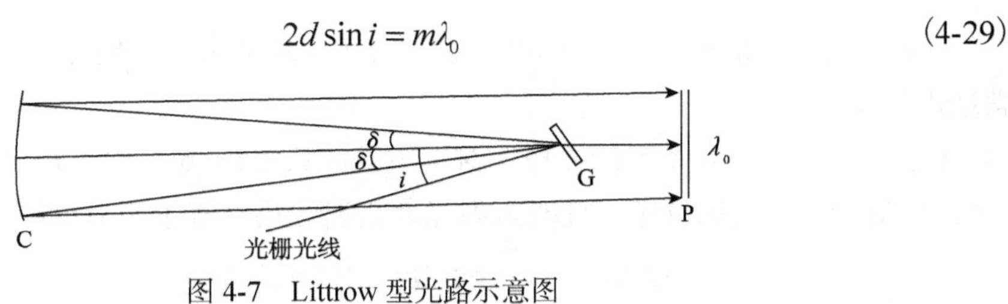

图 4-7　Littrow 型光路示意图

从图中可看到，谱面上成像于中心波长 λ_0 两侧的谱线，衍射角为 $\beta=i\pm\delta$，正负号分别为右侧和左侧对应，因此相应有

$$d\left[\sin i+\sin(i\pm\delta)\right]=m\lambda \tag{4-30}$$

对于我们所采用的仪器，δ 的最大值不超过 5°.

2) 光栅的闪耀

对于棱镜摄谱仪，入射光束经过棱镜分光后，某一波长的单色光的能量除了被棱镜表面反射及被棱镜吸收的那部分外，其余全部集中到某一确定的方向，因此一般来说光谱线比较强. 光栅则不同，入射光中某一波长的单色光，经过光栅衍射后能量被分配到各级光谱中去，而能量的分配方式与光栅的形式及各种几何参数有关. 如前所述，能量的分配是单槽衍射与槽间干涉的综合结果. 光栅方程知识给出各级干涉极大的方向，由式(4-28)可知，光栅方程只包含光栅常数 d，而与槽面形状无关，各干涉极大的相对强度决定于单槽衍射强度分布曲线. 反射式闪耀光栅的基本出发点在于把单缝衍射的主极强方向从没有色散的零级转到某一级有色散的方向上去，以增大该级光谱的谱线强度. 图 4-6 所示的反射光栅，每个衍射槽面的作用和单缝相同，可以证明，槽面衍射的主极强方向，对槽面来说正好服从几何光学反射定律的方向. 因此，当满足光栅方程(4-28)

的某一波长的某一级衍射方向正好与槽面衍射主极强方向一致时，从这个方向观察到的光谱特别亮，就好像看到表面光滑的物体反射的耀眼的光一样，所以这个方向称为闪耀方向. 下面分析闪耀的条件.

入射光线、衍射光线与光栅法线、槽面法线的几何关系如图 4-8 所示. 对光栅平面的法线而言，入射角、衍射角分别为 i 和 β（图中画出入射光线与衍射光线在光栅法线同侧的情形）. 显然，光栅法线与槽面法线之间夹角等于光栅的闪耀角 θ，因此，对衍射槽面而言，入射角为 $i-\theta$，反射角为 $\theta-\beta$. 根据上面的分析，实现闪耀的条件是 $i-\theta=\theta-\beta$. 从而有

$$i+\beta=2\theta \tag{4-31}$$

因此，对某一波长而言，实现闪耀时，i,β,λ 除了满足光栅方程(4-28)，还必须同时满足式(4-31).

按照 Littrow 方式布置的光栅，对于中心波长有 $i=\beta$，代入式(4-30)得到 $i=\theta$，即入射角 i 等于光栅的闪耀角，此时入射光及衍射光均垂直于衍射槽面，如图 4-9 所示.

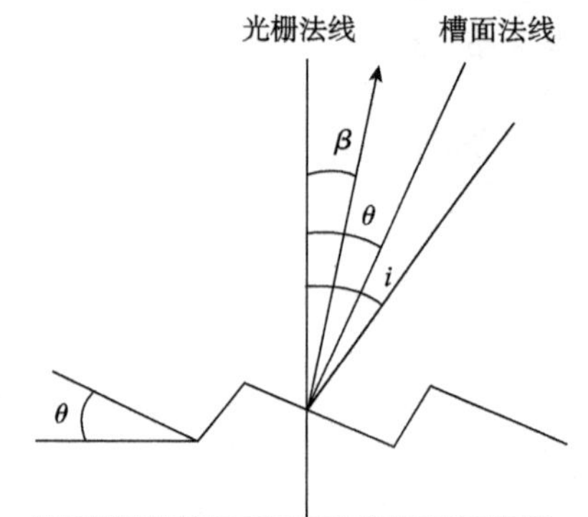

图 4-8 入射光线、衍射光线与光栅法线、槽面法线的几何关系图

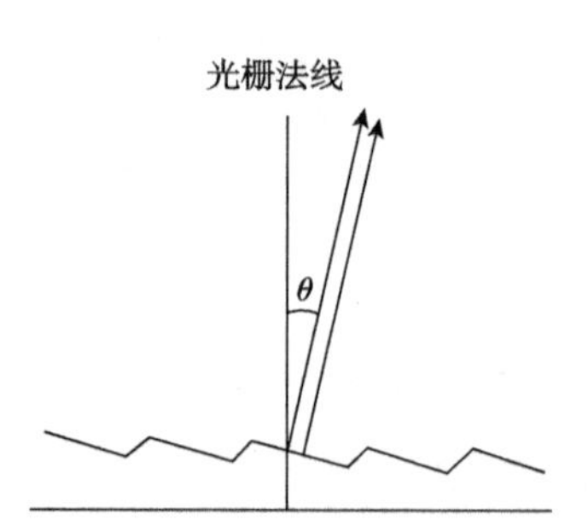

4-9 中心波长的入射与衍射方向

把 $i=\beta=\theta$ 代入光栅方程得

$$2d\sin\theta=m\lambda \tag{4-32}$$

只要 i,β,λ 同时满足式(4-28)和式(4-31)，对波长 λ 而言也就满足闪耀条件，但通常却是把满足式(4-32)的波长称为闪耀波长. 由于 m 可以取 m=1，2，3，…，所以对于一块确定的光栅（d,θ 一定）仍然有第一级闪耀波长、第二级闪耀波长等各种数值，但习惯上在说明光栅的规格时，闪耀波长通常指的是第一级闪耀波长.

由于 $d\approx a$（图 4-6），对满足闪耀条件的波长为 λ 的某一级光谱来说，同一波长的其他级（包括零级）光谱都几乎落在单槽衍射强度曲线的零点附近，如图 4-10 所示（在图中，

单槽衍射主极强方向与$m=1$的光谱线重合)，这样，就可以把 80%～90%以上的能量集中到闪耀方向上，因此对满足闪耀条件的波长来说衍射效率最高. 在它两侧的波长则不能同时满足闪耀条件，衍射效率下降，而且随干涉级增加下降速度加快. 当衍射效率下降太多时，光谱线就很弱，经验表明：当光栅常数d 较大($d>2\lambda$)时，如果第一级闪耀波长为λ_b，光栅使用范围可由下面经验公式计算：

$$\frac{2}{2m+1}\lambda_b<\lambda<\frac{2}{2m-1}\lambda_b$$

式中m所用的光谱级次在这范围内，相对效率大于 0.4.

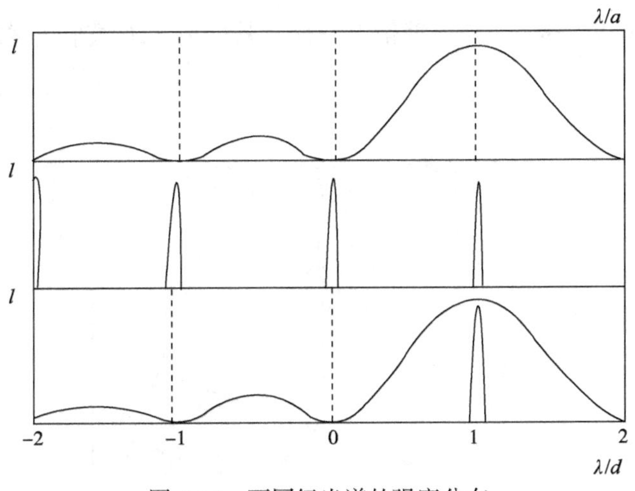

图 4-10　不同级光谱的强度分布

3) 光栅摄谱仪的色散

与棱镜光谱仪一样，光栅摄谱仪的色散大小是描述一起把多色光分解成各种波长单色光的分散程度. 这里我们把相邻两束单色颜色之差$\Delta\beta$与波长之差$\Delta\lambda$之比称为光栅的角色散，当入射角i一定时，对式(4-30)求微分，取绝对值得

$$\frac{\mathrm{d}\beta}{\mathrm{d}\lambda}=\frac{m}{d}\frac{1}{\cos\beta} \tag{4-33}$$

可见干涉级越高或光栅常数d越小，角色散越大. 由于$\Delta\beta$是两束光线分开的角距离，使用时很不方便，实际测量的是它们在谱面上的距离Δl，显然$\Delta l=f\Delta\beta$，f为凹透镜的焦距. 我们把Δl与$\Delta\lambda$的比值称为仪器的线色散，根据式(4-33)，线色散为

$$\frac{\mathrm{d}l}{\mathrm{d}\lambda}=f\frac{\mathrm{d}\beta}{\mathrm{d}\lambda}=\frac{mf}{d}\frac{1}{\cos\beta} \tag{4-34}$$

习惯上，为方便起见，经常使用的是线色散的倒数，即上式的倒数，它表示谱面上

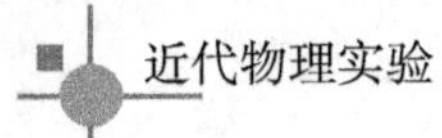

单位距离的波长间隔，常用单位是 Å/mm，线色散的倒数越小越好.

实际使用时 β 不是太大，而且在谱面范围内，β 的变化也不大. 因此 $\cos\beta$ 变化很小，从而 $\dfrac{dl}{d\lambda}$ 接近于一常量，亦即光栅的色散是均匀的，在谱面上得到的是接近于按波长均匀排列的光谱，这是与棱镜光谱仪的不同之处.

4）光栅摄谱仪的分辨率

与棱镜摄谱仪一样，分辨率定义为谱线波长 λ 与邻近的刚好能分开的谱线波长差 $\Delta\lambda$ 的比值，即 $R=\lambda/\Delta\lambda$. 根据这个定义，可以求出光栅的理论分辨率.

一块宽度为 b 的光栅见图 4-11，其光栅常数为 d，刻线数为 N，他在衍射方向的投影宽度 $b'=b\cos\beta=Nd\cos\beta$. 与单缝衍射一样，其衍射主级强半角宽度，亦即最小可分辨角为

$$\Delta\beta=\frac{\lambda}{b\cos\beta}=\frac{\lambda}{Nd\cos\beta}$$

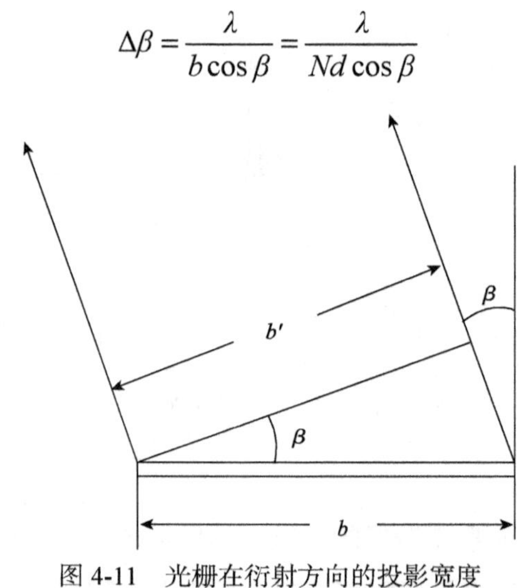

图 4-11　光栅在衍射方向的投影宽度

而根据式(4-33)，如果谱线刚好能被分开，它们的角距离应该等于这个最小分辨角，即

$$\frac{m}{d\cos\beta}\Delta\lambda=\frac{\lambda}{Nd\cos\beta}$$

从而得到

$$R=\frac{\lambda}{\Delta\lambda}=mN \tag{4-35}$$

可见，为了提高分辨率，应在高级次下使用较大的光栅(尺寸较大或每毫米刻线较多). 如果从光栅方程(4-28)解出 m，代入上式可得

$$R = \frac{Nd(\sin i \pm \sin \beta)}{\lambda} = \frac{b(\sin i \pm \sin \beta)}{\lambda} \tag{4-36}$$

由于$|\sin i \pm \sin \beta|$的最大值是 2，所以光栅可达到的最大分辨率为

$$R_{\max} = \frac{2b}{\lambda} \tag{4-37}$$

由式(4-35)和式(4-36)可知，光栅的分辨率受到光栅尺寸 b 及工作波长的限制，在大角度下工作可提高分辨率，但 i 和 β 接近 90° 时，谱线太弱不实用.

理论分辨率实际是达不到的，由于种种原因，如光栅表面的光学质量、刻线间距均匀性及其他光学元件质量的限制等，在正常狭缝宽度使用时，实际分辨率在一级光谱中只能达到理论值的 70%～80%左右，在二级光谱中为 60%左右. 狭缝正常宽度 s_0 为上述最小可分辨角与准直镜焦距 f 的乘积，即

$$s_0 = \frac{\lambda}{b} f = \frac{\lambda f}{Nd \cos \beta}$$

光谱摄谱仪的性能及质量指标除了上述几个问题以外，还有诸如刻线间距周期性误差造成光谱中出现各种假的谱线(鬼线及伴线)等问题. 这里不做介绍.

2. 使用说明

1)注意事项

(1)由于本仪器为精密贵重仪器，使用前应先阅读台上的说明卡. 使用和调节各部分时，必须按操作规程进行，以确保人身及设备的安全.

(2)狭缝宽度、聚焦及倾斜角皆已调好，切勿随意变动.

(3)主体应经常处在封闭状态，所以暗箱位置应经常装有毛玻璃，不得长时间敞开，以防止尘土进入主体内. 除在使用时，狭缝前面经常盖上金属套，该盖套还兼作调整光源的光斑用.

(4)光谱片不要曝光过度，否则谱线所在处的变黑程度和谱线程度之间并非正比关系，不能看出谱线的强度. 实验时可利用双重线两个成分的强度不同把主线系和锐线系、漫线系区分开.

2)电极架及光源照明系统

(1)为保证在摄谱时弧焰能准确地成像在狭缝上，应检查电极、透镜系统与狭缝的等高共轴. 电极中心高度的控制，可利用电极后面的对光灯束调整，这样让电极隙成像在三透镜照明系统中的 L_2 前的中间光阑上，并利用此像调整电极间的大小和位置，使电极间隙略大于中间光阑，并上下左右对称于光阑. 注意不要使电极头的像落在光阑孔里.

(2)点燃电弧，细调透镜 L_2 使中间光阑像对称地充满准直镜(即大球面反射镜下部)，这时应从暗箱的位置观察照相物镜(即球面反射镜上部)，能看到中间的光阑像上下左右地充满光栅. 调好后固定 L_2(在细调 L_2 的过程中，应随时调整 L_1 及光源 s，使光能通过

L_2射入仪器)，并检查电极是否仍对称地成像在中间光阑上.

(3)细调 L_1，使通过 L_2 所成 L_1 像(即圆光斑)均匀对称地照射在狭缝前兼作保护用的金属盖套上的十字线，光斑充满整个黑线圆圈，然后固定 L_1. 在这个过程中，光源 s 亦应随时调整.

(4)最后微调光源 s，使电极清晰对称地成像在中间光阑上. 以上的操作，对拍好一张钠谱片是十分关键的.

3)哈特曼光阑

图 4-12 为哈特曼光阑制作在一个圆形薄板上，分 A、B、C 三部分，封在狭缝前，该三部分分别用三种图形来表示，其档位用小转盘来调节. 作限制谱线高度用的光阑 A 共 7 挡，在调节转盘上用数字(0.5、1、2、4、6、8、10)来表示. 作比较光谱用的光阑有两组. 光阑高度为 1mm，各有 9 孔. C 按 1～9 顺序排列，其中 2、5、8 孔在一条竖线上，即排列在同一半径的不同位置上，以便同时一次曝光；其余各孔依次排列，用 1、3、4、6、7、9 表示. B 用数字 1、2、3、4、5、6、7、8、9 表示. 这三部分可根据不同的需要加以选用.

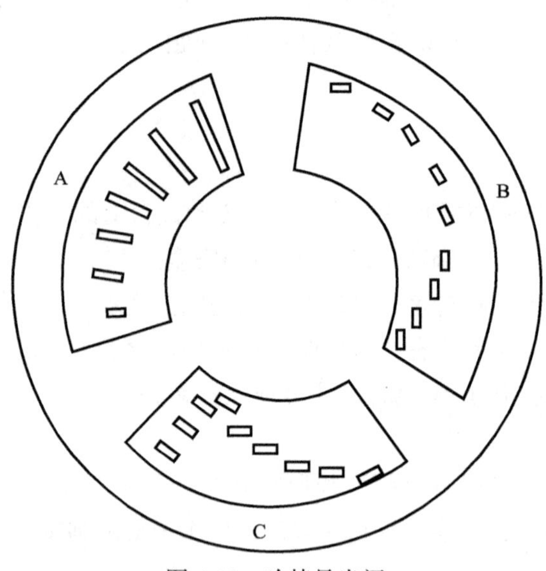

图 4-12　哈特曼光阑

4)光栅台和中心波长指示

光栅台是固定放置光栅的小平台，它可以通过绕轴转动来改变中心波长的位置，以求得到不同的波长范围. 它的转动是通过旋转手轮来实现的. 光栅转角可直接在转盘上读出.

摄谱仪的自动控制部分及弧光发生器的使用，简单了解.

实验五　塞 曼 效 应

塞曼效应(Zeeman effect)是物理学史上一个著名的实验. 荷兰物理学家塞曼在 1896 年发现：把产生光谱的光源置于足够强的磁场中，磁场作用于发光体使光谱由一条谱线分裂成几条偏振化谱线的现象称为塞曼效应. 若一条谱线分裂成三条，裂矩按波数计算正好等于一个洛伦兹单位($L_0=eB/4\pi mc$)的现象称为正常塞曼效应，而分裂成更多条且裂矩大于或小于一个洛伦兹单位的现象称为反常塞曼效应. 塞曼效应证实了原子具有磁矩和空间取向量子化的现象，至今塞曼效应仍是研究能级结构的重要方法之一. 正常塞曼效应可用经典理论很好地解释，而反常塞曼效应却不能用经典理论解释，只有用量子理论才能得到满意的解释.

英国物理学家法拉第(M. Faraday)在 1862 年做了他最后一个实验，即研究磁场对光源影响的实验. 当时由于磁场不强，分光仪器的分辨率也不大，所以没有观测到在磁场作用下光源所发出的光的变化. 34 年后，1896 年荷兰物理学家塞曼在莱顿大学重做了这个实验，他在电磁铁的磁极间将食盐(NaCl)放入火焰中燃烧发出钠光，用 3m 凹面光栅(473 条 / mm)摄谱仪去观察钠的两条黄线. 他发现在磁场的作用下,谱线变宽(如果磁场再强些或摄谱仪的分辨率再高些，就能看到谱线分裂)，这一现象称为塞曼效应. 当时原子结构的量子理论尚未产生，塞曼的老师荷兰物理学家、数学家洛伦兹(H. Lorentz)用经典的电子理论对这一现象进行了理论计算，得出正常塞曼效应的结果，即当光源在外磁场的作用下，一条谱线将分裂成三条(垂直于磁场方向观察)和两条(平行于磁场方向观察)偏振化的分谱线. 他认为，由于电子存在轨道磁矩，并且磁矩方向在空间的取向是量子化的，所以在磁场作用下能级发生分裂，谱线分裂成间隔相等的 3 条谱线. 塞曼和洛伦兹因为这一发现共同获得了 1902 年的诺贝尔物理学奖.

1897 年 12 月，英国人普雷斯顿(T. Supeston)报告称，在很多实验中观察到光谱线，有时并非分裂成 3 条，间隔也不尽相同. 人们把这种现象称为反常塞曼效应，将塞曼原来发现的现象叫做正常塞曼效应. 反常塞曼效应的机制在其后二十余年时间里一直没能得到很好的解释，困扰了一大批物理学家. 1898 年，普雷斯顿发表了普雷斯顿定则，即同一类型的线系，具有相同的塞曼分裂. 德国人龙格(Runge)和帕邢(Paschen)也进行了大量的实验研究，1907 年发表了龙格定则，即所有塞曼分裂的图像，都可用正常塞曼效应所分裂的大小的有理分数来表示. 从他归纳的结果中可以一目了然地看到所有塞曼分裂的图像和规律. 1912 年，帕邢和巴克(E. E. A. Back)发现在极强磁场中，反常塞曼效应又表现为三重分裂，叫做帕邢-巴克效应. 这些现象都无法从理论上进行解释，此后二十多年一直是物理界的一件疑案. 正如不相容原理的发现者泡利(Pauli)回忆的那样：“这不正常的分裂，一方面有漂亮而简单的规律，显得富有成果，另一方面又是那样难以理解……使我感觉无法下手. ”1921 年，德国蒂宾根大学教授朗德(Landé)发表题为《论反常塞曼效应》的论文，他引进一因子 g 代表原子能级在磁场作用下的能量改变值，这一因子只与能级的量子数有关. 1925 年，两名荷兰学生乌仑贝克(G. E. Uhlenbeck)和古兹米特(S. A. Goudsmit)为了解释反常塞曼效应和光谱线的双线结构，提出了电子自旋的假设，很好地解释了反常塞曼效应. 也可以说：反常塞曼效应是电子自旋假设的有力根据之一. 1926 年海森伯(Heisenberg)和乔丹(Jordan)引入自旋 S，从量子力学角度对反常塞曼效应做出了正确的计算. 由此可见，塞曼效应的研究推动了量子理论的发展，在物理学发展史上占有重要地位.

塞曼效应是继 1845 年法拉第效应和 1875 年克尔效应之后发现的第三个磁场对光有影响的实例. 塞曼效应证实了原子磁矩的空间量子化，为研究原子结构提供了重要途径，被认为是 19 世纪末 20 世纪初物理学最重要的发现之一. 应用正常塞曼效应测量谱线分裂的频率间隔可以测出电子的荷质比. 由此计算得到的荷质比数值与约瑟夫·汤姆孙(J. J. Thomson)在阴极射线偏转实验中测得的电子荷质比数量级是相同的，二者互相印证，进一步证实了电子的存在. 塞曼效应也可以用来测量天体的磁场. 1908 年美国天文学家海尔(Haier)等人在威尔逊山天文台利用塞曼效应，首次测量到了太阳黑子的磁场. 本实验是用高分辨率的分光仪器[如法布里-珀罗(Fabry-Perot，F-P)标准具]去观察或拍摄汞的谱线(546.1nm)的塞曼效应，测量它分裂的波长差，并计算出电子的荷质比(e/m)的值.

【实验原理】

当发光的光源置于足够强的外磁场中时，由于磁场的作用，每条光谱线分裂成波长很靠近的几条偏振化的谱线，分裂的条数随能级的类别而不同，这种现象称为塞曼效应. 正常塞曼效应谱线分裂为三条，而且两边的两条与中间的频率差正好等于 $eB/4\pi mc$，经典理论可给予很好的解释. 但实际上大多数谱线的分裂多于三条，谱线的裂矩是 $eB/4\pi mc$ 的简单分数倍，称反常塞曼效应，它不能用经典理论解释，只有量子理论才能给出满意的解释.

1. 原子的总磁矩和总角动量的关系

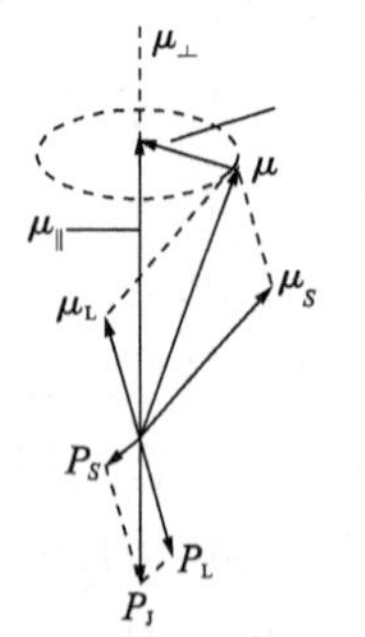

图 5-1 原子磁矩与角动量的矢量模型

塞曼效应是原子磁矩和外加磁场相互作用引起原子能级分裂进而产生光谱线分裂的现象. 原子总磁矩包括电子磁矩和核磁矩，由于核磁矩比电子磁矩小三个数量级，所以只考虑电子磁矩. 原子中电子既有轨道磁矩也有自旋磁矩. 原子的总轨道角动量 $\boldsymbol{P}_L$ 和总自旋角动量 $\boldsymbol{P}_S$ 合成为原子的总角动量 $\boldsymbol{P}_J$，原子的轨道磁矩 $\boldsymbol{\mu}_L$ 和自旋磁矩 $\boldsymbol{\mu}_S$ 合成为原子的总磁矩 $\boldsymbol{\mu}$ (图 5-1).

总轨道磁矩 $\boldsymbol{\mu}_L$ 与总轨道角动量 $\boldsymbol{P}_L$ 的关系为

$$\boldsymbol{\mu}_L = \frac{e}{2m}\boldsymbol{P}_L, \quad P_L = \sqrt{L(L+1)}\hbar \tag{5-1}$$

总自旋磁矩 $\boldsymbol{\mu}_S$ 与总自旋角动量 $\boldsymbol{P}_S$ 的关系为

$$\boldsymbol{\mu}_S = \frac{e}{m}\boldsymbol{P}_S, \quad P_S = \sqrt{S(S+1)}\hbar \tag{5-2}$$

因总磁矩 $\boldsymbol{\mu}$ 与总角动量 $\boldsymbol{P}_J$ 不共线，把 $\boldsymbol{\mu}$ 分解为与 $\boldsymbol{P}_J$ 平行的分量 $\boldsymbol{\mu}_{\parallel} \equiv \boldsymbol{\mu}_J$ 和垂直的分量 $\boldsymbol{\mu}_{\perp}$，在总磁矩 $\boldsymbol{\mu}$ 绕总角动量 $\boldsymbol{P}_J$ 旋进时 $\boldsymbol{\mu}_{\perp}$ 的平均为零，因此原子的有效磁矩是 $\boldsymbol{\mu}_J$，它与 $\boldsymbol{P}_J$ 的数值关系为

$$\mu_J = g\frac{e}{2m}P_J, \quad P_J = \sqrt{J(J+1)}\hbar \tag{5-3}$$

式（5-1）～式（5-3）中，J 为总角动量量子数；L 为总轨道角动量量子数；S 为总自旋量子数；$\hbar$ 为普朗克常量；m 为电子质量；g 为朗德因子，它表征原子的总磁矩与总角动量的关系，而且决定了能级在磁场中分裂的大小. 对于 L - S 耦合

$$g = 1 + \frac{J(J+1) - L(L+1) + S(S+1)}{2J(J+1)} \tag{5-4}$$

2. 外磁场对原子能级的作用

在外磁场中，原子的总磁矩在外磁场中受到力矩 $\boldsymbol{L}$ 的作用

$$\boldsymbol{L} = \boldsymbol{\mu}_J \times \boldsymbol{B} \tag{5-5}$$

式中，$\boldsymbol{B}$ 表示磁感应强度，力矩 $\boldsymbol{L}$ 使原子总角动量 $\boldsymbol{P}_J$ 和磁矩 $\boldsymbol{\mu}_J$ 绕磁场方向进动（图 5-2）. 进动引起附加的能量 ΔE 为

$$\Delta E = -\mu_J B\cos\alpha$$

将式(5-2)代入上式得

$$\Delta E = g\frac{e}{2m}P_J B\cos\beta \tag{5-6}$$

由于 $\boldsymbol{\mu}_L$ 和 $\boldsymbol{P}_J$ 在磁场中取向是量子化的，也就是 $\boldsymbol{P}_J$ 在磁场方向的分量是量子化的，所以 $\boldsymbol{P}_J$ 的分量只能是 $\hbar$ 的整数倍，即

$$P_J\cos\beta = M\hbar, \quad M = J, J-1, \cdots, -J \tag{5-7}$$

磁量子数 M 共有 $2J+1$ 个值，所以

$$\Delta E = Mg\frac{e\hbar}{2m}B \tag{5-8}$$

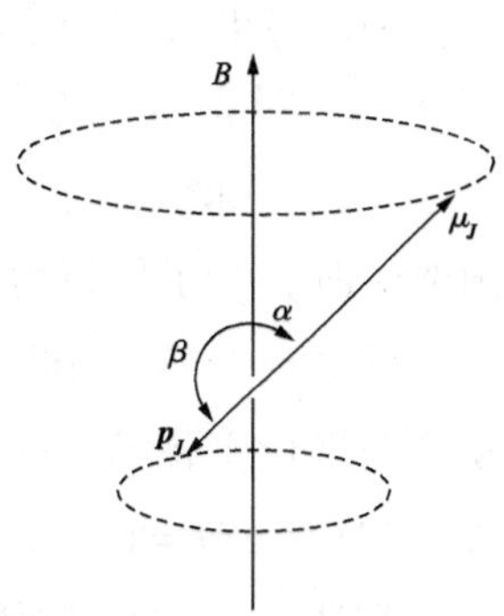

图 5-2 μ_J 和 P_J 的进动

这样，无外磁场时的一个能级，在外磁场的作用下分裂成$2J+1$个子能级，每个能级附加的能量由式(5-8)决定，它正比于外磁场$\boldsymbol{B}$和朗德因子g.

3. 塞曼效应的选择定则

设未加磁场时跃迁前后的能级为E_2和E_1，则谱线的频率ν满足下式：

$$\nu=\frac{1}{h}(E_2-E_1)$$

在磁场中上下能级分别分裂为$2J_2+1$和$2J_1+1$个子能级，附加的能量分别为ΔE_2和ΔE_1，新的谱线频率ν'决定于

$$\nu'=\frac{1}{h}(E_2+\Delta E_2)-\frac{1}{h}(E_2+\Delta E_1) \tag{5-9}$$

分裂谱线的频率差为

$$\Delta\nu=\nu'-\nu=\frac{1}{h}(\Delta E_2-\Delta E_1)=(M_2g_2-M_1g_1)\frac{e}{4\pi m}B \tag{5-10}$$

用波数来表示为

$$\Delta\tilde{\nu}=\frac{\Delta\nu}{c}=(M_2g_2-M_1g_1)\frac{e}{4\pi mc}B \tag{5-11}$$

令$L_0=\dfrac{eB}{4\pi mc}$，称为洛伦兹单位，将有关参数代入得

$$L_0=\frac{eB}{4\pi mc}=0.467B\text{cm}^{-1}$$

式中，B的单位为T(特斯拉).

但是并非任何两个能级间的跃迁都是可能的，跃迁必须满足选择定则：$\Delta M=0,\pm1$. 当$J_2=J_1$时，$M_2=0\rightarrow M_1=0$禁戒.

(1)当$\Delta M=0$时，原子在磁场方向的角动量不变，但光子具有固有角动量$\hbar$.原子发射光子时，为了保持角动量守恒，所发射的光子的角动量一定垂直于磁场，以使沿磁场方向的分量为零. 因此，垂直于磁场的方向观察时，能观察到线偏振光，线偏振光的振动方向平行于磁场，称为π成分(图 5-3)，平行于磁场方向观察时π成分不出现.

(2)当$\Delta M=1$时，原子在磁场方向的角动量减少一个$\hbar$，把原子和发出的光子作为一个整体，角动量必须守恒. 因此所发光子必定在磁场方向具有$\hbar$角动量. 当$\Delta M=-1$时，原子在磁场方向的角动量增加一个$\hbar$，所发光子必定在与磁场相反的方向上具有$\hbar$角动量. 所以，当$\Delta M=\pm1$时，垂直于磁场观察时，能观察到线偏振光，线偏振光的振动

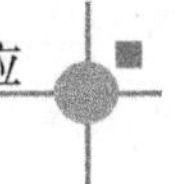

方向垂直于磁场，叫做σ线. 平行于磁场方向观察时，能观察到圆偏振光，圆偏振光的转向依赖于ΔM的正负号、磁场方向及观察者相对磁场的方向. $\Delta M = 1$，偏振转向是沿磁场方向前进的螺旋转动方向，磁场指向观察者时，为左旋圆偏振光，称为σ^+；$\Delta M = -1$，偏振转向是沿磁场方向倒退的螺旋转动方向，磁场指向观察者时，为右旋圆偏振光，称为σ^-.

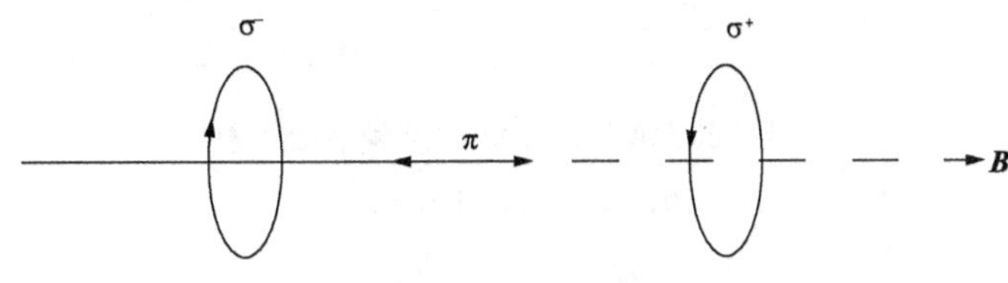

图 5-3 π线和σ线

4. 汞绿线在外磁场中的塞曼效应

本实验所观察到的汞绿线，即 546.1nm 谱线是能级7^3S_1到6^3P_2之间的跃迁. 与这两能级及其塞曼分裂能级对应的量子数、g、M、Mg值及偏振态列表见表 5-1 和表 5-2.

表 5-1 各光线的偏振态

选择定则	$K \perp B$（横向）	$K \parallel B$（纵向）
$\Delta M = 0$	线偏振光π成分	无光
$\Delta M = +1$	线偏振光σ成分	右旋圆偏振光
$\Delta M = -1$	线偏振光σ成分	左旋圆偏振光

表 5-2 7^3S_1和6^3P_2原子态的量子数

原子态符号	7^3S_1	6^3P_2
L	0	1
S	1	1
J	1	2
g	2	3/2
M	1，0，−1	2，1，0，−1，−2
Mg	2，0，−2	3，3/2，0，−3/2，−3

表 5-1 中$\boldsymbol{K}$为光波矢量，$\boldsymbol{B}$为磁感应强度矢量，σ表示光波电矢量$\boldsymbol{E} \perp \boldsymbol{B}$，π表示光波电矢量$\boldsymbol{E} \parallel \boldsymbol{B}$.

在外磁场的作用下，能级间的跃迁如图 5-4 所示.

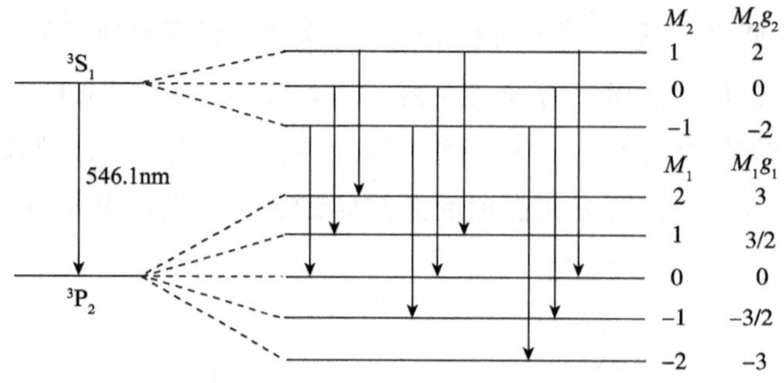

图 5-4　汞 546.1nm 谱线的塞曼效应示意图

$M_2g_2 - M_1g_1$:　−2，−3/2，−1；−1/2，0，1/2；1，3/2，2

$\Delta M = M_2 - M_1$:　−1；　0；　+1

$\sigma(\boldsymbol{E}\perp\boldsymbol{B})$；$\pi(\boldsymbol{E}\parallel\boldsymbol{B})$；$\sigma(\boldsymbol{E}\perp\boldsymbol{B})$

垂直 **B** 方向观察：都是线偏振光；平行 **B** 方向观察：左旋圆偏振光，无光，右旋圆偏振光

【实验仪器】

1. 塞曼效应仪

塞曼效应实验装置是由电磁铁、F-P 标准具($d=2$mm)、干涉滤光片、会聚透镜、偏振片、测微目镜、导轨、笔型汞灯、CCD、毫特斯拉计及监视器组成的，其装置如图 5-5 所示.

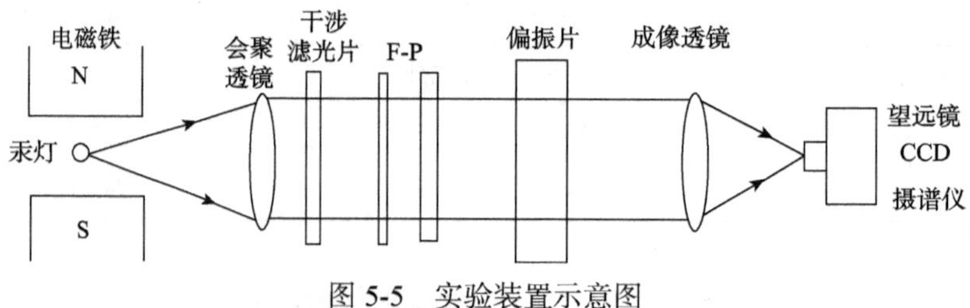

图 5-5　实验装置示意图

晶体管稳流电源可为直流电磁铁提供 0.5～3A 稳定激磁电流. 当激磁电流为 2A 时，磁场强度可达 955kA/m，磁铁可绕轴旋转 90°直接观察纵效应. 纵向可调滑座置在三角导轨上，不仅沿着光轴方向可调，垂直于光轴方向也可调. 采用汞灯为光源，将汞灯管固定于两磁极之间的灯架上(装灯时可取下灯架)，接通变压器，灯管便发出很强的光谱线. 1/4 波片(中心波长 546.1nm)：当沿着磁场方向观察纵向效应时，将 1/4 波片置于偏振片前，用以观察左、右旋的圆偏振光；偏振片用以观察偏振性质不同的 π 成分和 σ 成分；测量望远镜是该仪器的关键部件，干涉光束通过望远物镜成像于分划板上，通过测量望远镜的读数机构可直接测得各级干涉圆环的直径 D 或分裂宽度. 读数鼓轮格值为 0.01mm. 测量望远镜与 F-P 标准具相匹配、成像清晰，便于观测.

2. F-P 标准具

本实验 F-P 标准具中心波长 $\lambda = 546.1$nm，分辨率 $\lambda/\Delta\lambda \geqslant 1\times10^5$，反射率≥90%，能观察到 9 条明显的塞曼分裂谱线.

塞曼效应所分裂的谱线与原线间的波长差是很小的，以正常塞曼效应为例

（$\Delta\tilde{\nu}=L=0.467B\text{cm}^{-1}$），当 $B=0.5\text{T}$ 时，$\Delta\tilde{\nu}=0.23\text{cm}^{-1}$．如换以波长差表示，则 $\lambda=500.0\text{nm}$，$\Delta\lambda=\lambda^2\Delta\tilde{\nu}=0.006\text{nm}$．分辨如此小的波长差，要求分光仪器的分辨率为 $\lambda/\Delta\lambda=500.0\text{nm}/0.006\text{nm}\approx8.3\times10^4\approx10^5$．从表 5-3 可以看出：①一般单棱镜摄谱仪是不能胜任的，况且实际的分辨率比理论分辨论还要低．②采用大型光栅摄谱仪是可以分辨的，如 2m 平面光测，它的二级光谱分辨率可达到 2.3×10^5，线色散率为 $0.2\text{nm}/\text{mm}$．对 $\Delta\lambda=0.006\text{nm}$ 的两条谱线在底片上的间距为 0.03mm，如果再加大 B 值是可以分开的．③多光束干涉的分光仪器，如 F-P 标准具的分辨率是很高的，采用它比较适宜．

表 5-3 三种谱仪分辨率

光谱仪种类	理论分辨率
单棱镜摄谱仪	$10^3\sim10^4$
光栅摄谱仪	$10^4\sim10^5$
多光束干涉光谱仪	$10^5\sim10^7$

1）F-P 标准具的结构

F-P 标准具是由两块表面光平的玻璃板，中间夹有一个间隔圈组成．平面玻璃板内表面加工精度要求高于 1/30 波长，内表面镀有反射率很高的薄膜，反射率 $R>90\%$．间隔圈用膨胀系数很小的石英（或铟钢）加工成一定厚度，以保证两块平面玻璃板之间精确的平行度和稳定的间距 d 不变，再用三个螺丝调节玻璃板上的三点压力，来达到精确的平行．该装置是具有高分辨本领的多光束干涉光谱仪器，其干涉条纹为一组明暗相间、条纹清晰、细锐的同心圆环．

2）F-P 标准具的原理及性能

标准具的光路如图 5-6 所示．自扩展光源 S 上任一点发出的光经过透镜 L_1 后射入玻璃板，在镀膜的两个表面间进行多次反射和透射，分别形成一系列相互平行的反射光束和透射光束．在透射的诸光束中，相邻两光束的光程差 $\varDelta=2nd\cos\varphi$，在空气中 $n\approx1$，此时一系列平行并有一定光程差的光束在无穷远处（或聚焦透镜 L_2 的焦平面上）发生干涉．当光程差为波长 λ 的整数倍时，产生干涉极大

$$2d\cos\varphi=K\lambda \tag{5-12}$$

K 为干涉级次．同一级次 K 对应着相同的入射角 φ，形成一个亮圆环，中心亮环 $\varphi=0$，$\cos\varphi=1$，级次 K 最大，$K_{\max}=2d/\lambda$．向外不同半径的亮环依次为 $K_{\max}=1,2,\cdots$．形成一套同心的圆环．由于 $d\gg\lambda$，所以级次 K 的值是很高的，有利于实现高的分辨率．因为，多光束干涉的分辨率为 $\dfrac{\lambda}{\Delta\lambda}=KF$，式中 $F=\dfrac{\pi\sqrt{R}}{1-R}$，称为精细度，它表示相邻两环的间距与圆环条纹半宽度之比，相当于两环间能够分辨的最多条纹数．由此可见，欲提高分辨率：①要增加 d，使 K 增大这样会减少自由光谱范围 $\Delta\lambda_R$；②要采用镀多层介质膜的方

法，以提高反射率 R 值．设 $R=90\%$，则 $F\approx30$．当 $d=5\text{mm}$，$\lambda=500\text{nm}$ 时，$\dfrac{\lambda}{\Delta\lambda}=6\times10^5$，$\Delta\lambda=0.001\text{nm}$．这个分辨率用作塞曼效应实验是够用的．

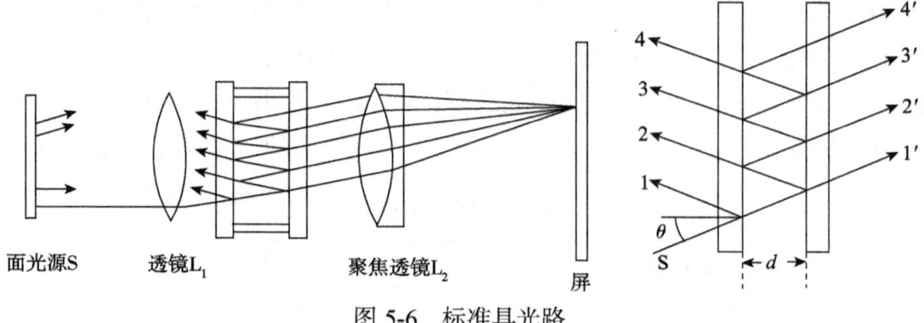

图 5-6　标准具光路

3）F-P 标准具的调节

点燃汞灯，不加磁场，将标准具放在导轨上，使光轴与汞灯在同一水平线上，聚光透镜与汞灯之间的距离要大于透镜的焦距 80mm，直接用肉眼去看干涉环，应该整个视野充满绿色圆环．如果标准具有三颗螺丝压力不均，即两反射面未达到平行，则圆环并不圆．将肉眼上下左右移动观看，会看到干涉环在某一方向上扩张，在另一方向上收缩．如果在环扩张的方向旋紧螺丝，加大压力，或在环收缩方向放松螺丝，减少压力，就能调节在这方向上的反射面平行．同法，调节其他螺丝，直至三颗螺丝方向上均达到圆环既不扩张又不收缩时为止．注意要轻微调整，不可用力过猛．

3．特斯拉计

特斯拉计又称为高斯计，是测量物体于空间上一个点的静态或动态（交流）磁感应强度的，由霍尔传感器（精度更高可选择磁通门传感器）经过物体磁力线穿过产生电流电压，主设备上面显示磁感应强度，是根据霍尔效应制成的测量磁感应强度的仪器，它由霍尔探头和测量仪表构成．霍尔探头在磁场中因霍尔效应而产生霍尔电压，测出霍尔电压后根据霍尔电压公式和已知的霍尔系数可确定磁感应强度的大小．特斯拉计的读数以高斯或千高斯为单位．

【实验内容】

（1）调整光路，使光束通过各光学元件的中心．调节 F-P 标准具的平行度，以便能观察到清晰的等倾干涉圆环．

（2）逐渐加大磁铁电流，观察 Hg5461Å 谱线的塞曼分裂现象．分别从横向和纵向观察谱线的分支数和偏振状态．判别平面偏振的偏振方向及圆偏振光圆偏振的旋向．将所观察到的结果与理论相比较，并在实验报告中做全面报告．

（3）利用 CCD 和计算机采集数据：在计算机桌面上点击塞曼效应实验图标，计算机会显示实验界面；点击摄像，显示波动不稳的图形；点击操作，将视屏属性定为 PL-B 得稳定干涉图像；用保存文件*. BUT 的格式记录保存无磁场和有磁场两个图片文件；关

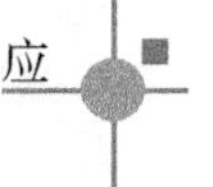

掉示图界面，首先打开无磁场文件，定图形的圆心. 对中心的三个圆进行操作，打开放大器，在每一个圆的圆周上打三个点，点击图标得一个定圆，另两个圆也如此操作得圆心坐标；按提示打开有磁场文件，对K、$K-1$、$K-2$三级中间的三个分裂环进行定圆. 方法如上(注意：在记录干涉环的过程中请注意环的级数和内、中、外环)；用特斯拉计测量磁感应强度；再点击计算，将磁感应强度以特斯拉为单位填入就可计算得到电子荷质比.

(4)也可手动计算：拍摄 Hg5461Å π 成分，同时测出磁感应强度；用读数显微镜对干涉环进行圆环直径的测量，例如，以正常塞曼效应为例，其分裂后的波数差$\Delta\tilde{\nu} = L = \dfrac{eB}{4\pi mc}$，如换以波长差表示，则$\Delta\lambda = \lambda^2\Delta\tilde{\nu} = \dfrac{\lambda^2 eB}{4\pi mc}$，将它代入测量波长差的公式中得

$$\frac{e}{m} = \frac{2\pi c}{dB}\left(\frac{D_1^2 - D_2^2}{D_{K-1}^2 - D_K^2}\right) \tag{5-13}$$

已知d和B，从塞曼分裂的照片中测出各环直径（图 5-7），由表 5-4 中数据和波长差公式就可计算e/m的值. 进行误差分析和讨论.(标准值：$e/m = 1.76\times10^{11}\text{C/kg}$)

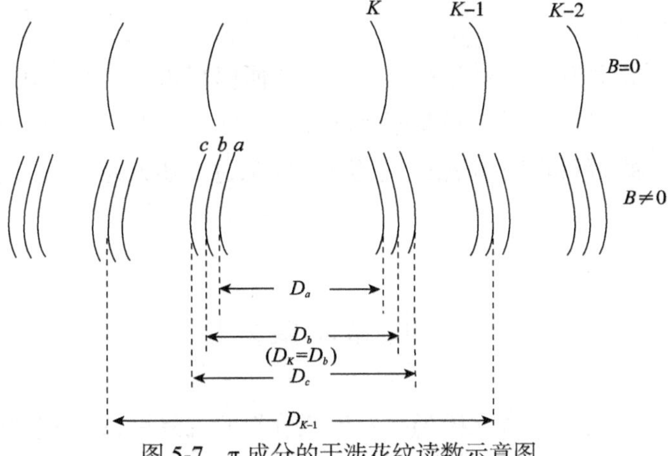

图 5-7　π 成分的干涉花纹读数示意图

表 5-4　数据记录表

F-P 标准具间隙 d(mm)：_______；　磁感应强度 B(T)：_______；

光速 c(m/s)：________；　波长 λ(nm)：________

级数	$D_c>D_b>D_a$ /mm	左边读数	右边读数	直径/mm (等高弦长)	实验结果：	波长差 $\Delta\lambda$/nm	荷质比 e/m /($\times10^{11}$C/kg)
K (外环)	D_c						
	D_b				$\lambda_b-\lambda_c$		
	D_a				$\lambda_a-\lambda_b$		
$K-1$ (内环)	D_c						
	D_b				$\lambda_b-\lambda_c$		
	D_a				$\lambda_a-\lambda_b$		

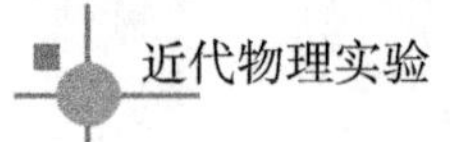

其中测量波长差公式为

$$\frac{\Delta\lambda}{D_1^2 - D_2^2} = \frac{\lambda^2 / 2d}{D_{K-1}^2 - D_K^2}$$

【注意事项】

(1)汞灯的电压近万伏，工作时要注意安全.

(2)必须逐渐使磁场降低到零时，才能切断电磁电源，以防损坏电磁铁.

(3)注意保护磁极，不要使其端面受撞或划痕. 在磁极间装、卸汞灯时，要使灯管与两端面积保持 1mm 的距离.

(4)所有光学仪器的光学表面严禁用手触摸.

【思考题】

(1)对 Hg5461Å 谱线，在用 1T 的磁场条件下，观察塞曼效应，应选用多大间距的 F-P 标准具比较合适?

(2)在用 F-P 标准具观察塞曼分裂时，你是如何识别属于同一公式级次光谱的?

(3)如何通过塞曼效应实验中所观察到的 π 及 σ 分量的支数，来确定能级的 M、J 量子数? 若已测得相邻谱线间隔的洛伦兹单位数，如何进一步确定 L、S 量子数及 g 因子?

【附录】

一、反常塞曼效应

在 1896 年塞曼发现光谱线在磁场中发生三分裂的现象后，很快由当时很有名望的洛伦兹给出了理论解释，并在后来被称为正常的塞曼效应. 但在 1897 年 12 月，普雷斯顿报告说，在很多实验事例中，分裂的数目可以不是三个，间隔也不尽相同. 在以后近三十年内，虽经许多人尝试，但一直未能得到合理的解释，从而被称为反常塞曼效应. 在 1920 年，索末菲把反常塞曼效应列为“原子物理中悬而未决的问题”之一. 泡利曾回忆：“一位同事见我在哥本哈根美丽的街道上毫无目的地来回闲荡，就好意的问我：看样子您很不高兴啊? 我当时不耐烦地回答：当一个人在思考反常塞曼效应时，他怎么会显得高兴呢！”

反常塞曼效应是乌伦贝克-古兹密特提出电子自旋的又一重要根据. 利用自旋假设，反常塞曼效应这一难题迎刃而解. 即当外加磁场的强度比较弱，不足以破坏自旋-轨道耦合时才会出现反常塞曼效应，这时自旋角动量和轨道角动量分别围绕总角动量做快速进动，而总角动量绕外磁场做慢速进动. 当磁场很强时，自旋角动量和轨道角动量不再合成总角动量，而是分别围绕外磁场进动. 这时反常塞曼效应被帕邢-巴克效应所取代，其效果是恢复到正常塞曼效应，即谱线分裂成 3 条，相互之间间隔一个洛伦兹单位. 这里磁场的“强”与“弱”是相对的，例如，3T 的磁场对于钠 589.6nm 和 589.0nm 的双线是弱磁场，不会引起帕邢-巴克效应，但对于锂的 670.785nm 和 670.800nm 的双线是强磁场，足够观察到帕邢-巴克效应.

二、微小波长差的测量

从 F-P 标准具透射出的平行光束，用消色差透镜 L_2（焦距为 f）聚在焦平面上，形成同心的干涉圆环，对出射角 φ 的某一圆环，其直径为 D，如图 5-8 所示，$D/2 = f\tan\varphi$.

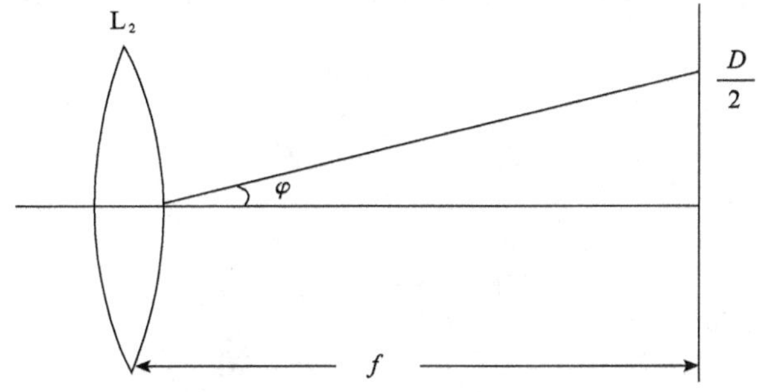

图 5-8　出射角和圆环直径及透镜焦距间的关系图

对于近中心的圆环，φ 角很小，则 $\tan\varphi \approx \sin\varphi \approx \varphi$，得 $D/2 = f\cdot\varphi$ 和 $\cos\varphi = 1-\varphi^2/2 = 1-D^2/8f^2$，代入式(5-12)中得

$$2d\cos\varphi = 2d\left(1-\frac{D^2}{8f^2}\right) = K\lambda \tag{5-14}$$

由上式可见，级次 K 与圆环直径 D 的平方呈线性关系：即随着亮环直径的增大，圆环将越来越密集.

设入射光包含两种波长 λ_1 和 λ_2（$\lambda_1 < \lambda_2$），同一级次如 K 级对应着两个圆环（图 5-9），其直径各为 D_1 和 D_2（$D_2 < D_1$），代入式(5-14)中得

$$2d\left(1-\frac{D_1^2}{8f^2}\right) = K\lambda_1,\quad 2d\left(1-\frac{D_2^2}{8f^2}\right) = K\lambda_2$$

则波长差为

$$\Delta\lambda = \lambda_2 - \lambda_1 = \frac{d}{4\pi f^2}(D_1^2 - D_2^2) \tag{5-15}$$

式中，$\dfrac{d}{4\pi f^2}$为常数，因而λ正比于$D_1^2-D_2^2$.

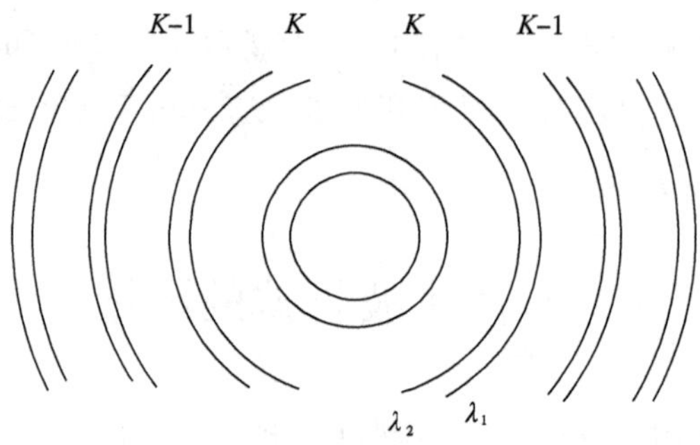

图 5-9　同一干涉级中不同波长的干涉圆环

将式(5-14)应用于单一波长λ的相邻两级次(如K，$K-1$)，设其直径为D_K和D_{K-1}，得

$$2d\left(1-\frac{D_K^2}{8f^2}\right)=K\lambda$$

$$2d\left(1-\frac{D_{K-1}^2}{8f^2}\right)=(K-1)\lambda$$

两式相减

$$D_{K-1}^2-D_K^2=\frac{4f^2\lambda}{d} \tag{5-16}$$

上式表示确定的d和f，对波长λ的光，任意相邻两环的直径平方差为一常数. 也说明，任意相邻两环间的面积都相等.

将式(5-16)和近中心圆环的$K=2d/\lambda$代入式(5-15)中得

$$\frac{\Delta\lambda}{D_1^2-D_2^2}=\frac{\lambda^2/2d}{D_{K-1}^2-D_K^2} \tag{5-17}$$

上式为测量波长差$\Delta\lambda$的公式. 等号左边为被测波长差$\Delta\lambda$与对应两环的直径平方差$D_1^2-D_2^2$之比，等号右边$\lambda^2/2d$值也表示一个波长差，这个波长差所产生的两个圆环直径平方差相当于相邻级次两环的直径平方差，我们称它为自由光谱范围$\Delta\lambda_R$，即如果实验中被测的波长差$\Delta\lambda>\Delta\lambda_R$，将发生相邻级次的重叠. 所以在使用 F-P 标准具前，要计算一下它的自由光谱范围$\Delta\lambda_R=\lambda^2/2d$，然后用预色散手段将光源发出的复合光分离出不超出$\Delta\lambda_R$的光，才能不致重叠. 预色散手段一般采用单色仪、中小型摄谱仪或三棱镜等. 如果光源发出的谱线不甚密集(如汞放电管)，用滤光片滤掉其他谱线也是很简便的.

三、人物简介

彼得·塞曼(Pieter Zeeman) 1865年5月25日，出生于荷兰斯豪文——德伊弗兰岛上的宗内迈雷小镇，父亲卡塔里尼斯·福兰迪尼斯·塞曼是荷兰归正会的牧师，母亲叫维莱米娜·沃尔斯特(Willemina Worst). 塞曼从小就对物理感兴趣. 1883年，塞曼在荷兰济里克泽读高中时恰巧见到了北极光. 他画了一幅北极光现象的图并描述了现象，寄给《自然》，成功发表. 杂志的编辑称赞作品是“塞曼教授在宗内迈雷天文台细致观察的结果”.

彼得·塞曼

1883年，塞曼高中毕业后前往代尔夫特进修经典语言. 那时想被大学录取，必须具备经典语言的知识. 他住在文科中学校长莱利博士(J. W. Lely, Dr)的家里. 莱利的兄弟就是负责须德海工程设计与实现的工程师科尔内利斯·莱利. 在代尔夫特期间，塞曼第一次见到了海克·卡末林·昂内斯. 塞曼广泛的阅读与对实验的热爱，给昂内斯留下了深刻的印象. 海克·卡末林·昂内斯后来成为塞曼的博士生导师. 1885年，塞曼通过入学考试，进入莱顿大学学习物理，师从卡末林·昂内斯和亨德里克·洛伦兹. 1890年，他成为洛伦兹的助手，这时他的毕业论文还没有完成. 成为洛伦兹的助手，使得他可以参与磁光克尔效应的研究. 磁光克尔效应即偏振光入射到磁体上时偏振性质发生改变的现象，1877年被约翰·克尔首先发现. 1893年，塞曼提交了他关于磁光克尔效应的博士论文. 获得博士学位之后，塞曼前往斯特拉斯堡，在弗里德里希·科尔劳施的研究所里度过了半年时间. 1895年，塞曼回到莱顿，成为莱顿大学的一位讲师. 同年他与约翰娜·伊丽莎白·勒布莱特(Johanna Elisabeth Lebret)结婚，两人育有三女一子.

1896年，即塞曼提交磁光克尔效应的博士论文两年之后，塞曼不顾实验室管理员主管的命令，使用实验室的设备观测强磁场下光谱线的分裂，被实验室开除. 但是，后来的结果证明塞曼是对的：他发现了塞曼效应，为此获得了1902年的诺贝尔物理学奖. 塞曼的打算是深入研究磁光克尔效应，以作为他博士论文的拓展. 他发现谱线在磁场的作用下会发生分裂. 1896年10月31日(星期六)，阿姆斯特丹的荷兰皇家艺术与科学院会议上，亨德里克·洛伦兹从卡末林·昂内斯处第一次听说了塞曼的发现. 紧接着的星期一，洛伦兹把塞曼请到了他的办公室里，对塞曼的实验结果给出了一种解释. 这一解释基于洛伦兹的电磁波理论. 很快，物理界意识到塞曼的发现是多么重要. 塞曼的实验证实了洛伦兹的“磁场中发出的光会发生偏振”的理论. 洛伦兹曾提出发光是某种粒子振动的结果. 塞曼的实验使人们清晰地认识到，这种粒子带有负电，比氢原子轻一千倍. 得到这一结果时，约瑟夫·汤姆孙还没有发现电子. 因而，塞曼效应成为人们研究原子结构的重要工具.

由于他的发现，1897年阿姆斯特丹大学聘任塞曼为讲师. 1900年，塞曼升任物理学教授. 1902年，因发现塞曼效应，他与之前的导师洛伦兹获得诺贝尔物理学奖. 1908年，塞曼接替范德华任正教授兼阿姆斯特丹物理研究所主管. 1923 年，阿姆斯特丹大学特地为塞曼新建了一座实验室，供塞曼更精细地研究塞曼效应. 该实验室在 1940 年被命名为“塞曼实验室”. 此后的科学生涯，塞曼仍对磁光学的研究充满兴趣. 他还研究了光在运动介质中的传播问题. 由于狭义相对论的提出，后一个问题成了物理学界的焦点. 为此，洛伦兹和爱因斯坦都对塞曼的研究很感兴趣. 后来，质谱法也引起了他的研究兴趣，他还与德・基尔(J. de Gier)一同发现了 38Ar、64Ni 等同位素. 1898 年，塞曼被选为荷兰皇家艺术与科学院院士，并在 1912～1920 年任秘书. 1921 年，他获颁亨利・德雷伯奖章，同年被选为英国皇家学会外籍院士. 此外，他还获得了多个奖项和名誉学位. 1935 年，身为教授的塞曼退休. 1943 年 10 月 9 日，塞曼在阿姆斯特丹逝世，葬于哈勒姆.

实验六　脉冲核磁共振

在强磁场的作用下，光谱的谱线会发生分裂(即原子的能级在磁场中分裂)，这一现象被称为“塞曼效应”. 当入射电磁波的频率所对应的能量与磁场引起塞曼分裂的能级差相同时，原子体系的吸收最大，这种现象称为“磁共振”. 当入射电磁波的频率所对应的能量与核能级的塞曼分裂的能级差相同时，该原子核系统对这种电磁波的吸收最大，这种现象称为“核磁共振”，即具有磁矩的原子核在恒定磁场的作用下对一定频率的射频电磁波产生的共振吸收现象. 1946 年，美国哈佛大学的伯塞尔用吸收法观测到了石蜡中质子的核磁共振信号，斯坦福大学的布洛赫几乎同时用感应法发现了液态水的核磁共振现象，它指出，在共振条件下施加一短脉冲射频场作用于核自旋系统，在射频脉冲消失后可检测到核感应信号. 为此伯塞尔和布洛赫分享了 1952 年的诺贝尔物理学奖金. 年轻的哈恩(E. L. Hahn)在读研究生时也致力于这一研究，1950 年他观察到自由感应衰减(free induced decay, FID)信号，且发现了自旋回波. 哈恩的这一成果被誉为核磁共振中最主要贡献之一. 但早期的核磁共振电磁波主要采用连续波，灵敏度较低，1966 年恩斯特发明了脉冲傅里叶变换核磁共振谱(PFT-NMR)仪，可把瞬态的自由感应衰减信号转变为稳态的核磁共振波谱，将信号采集由频域变为时域，从而大大提高了检测灵敏度，由此核磁共振技术得到迅速发展. 恩斯特也荣获了 1991 年度诺贝尔化学奖. 弛豫时间是核磁共振中的重要参数，它在医学上是区分正常细胞和癌细胞的标准，也是判断正常细胞和缺血细胞的方法之一. 在农业上成为无损测量结合水、油、固体物质和自由水含量的一个指标. 半个世纪以来，它已渗透到化学、生物、医学、地学和计算学等学科领域，并应用于众多的生产技术部门，成为分析测试中不可缺少的实验手段.

用核磁共振方法测量磁场，其精确度可达 0.001%. 核磁共振成像技术，具有清晰、快速、无害等优点，在医学上可以准确地诊断肿瘤等疾病. 本实验将介绍脉冲核磁共振的基本概念和方法，通过观察核磁矩对射频脉冲的响应以加深对弛豫过程的理解，进而学会用基本脉冲序列来测定液体样品的弛豫时间 T_1 和 T_2.

【实验原理】

1. 单个原子核

物体内的磁矩可以来自电子自旋，也可以是核自旋，因此有不同的磁共振，但共振现象都是一样的，因此可以用共同的理论去处理. 磁共振的理论有经典与量子两种，他们都能说明共振现象的本质. 下面首先从经典理论去描述.

将一个具有磁矩 $\boldsymbol{\mu}$ 的粒子放在恒定磁场 $\boldsymbol{B}_0$ 中，它会受到一个力矩 $\boldsymbol{L}=\boldsymbol{\mu}\times\boldsymbol{B}_0$ 作用，从而引起角动量的变化，角动量改变的方向就是力矩的方向，即

$$L = \frac{\mathrm{d}\boldsymbol{P}}{\mathrm{d}t} = \boldsymbol{\mu} \times \boldsymbol{B}_0 \tag{6-1}$$

考虑到自旋的核磁矩 $\boldsymbol{\mu}$ 和自旋角动量 $\boldsymbol{P}$ 的关系为 $\boldsymbol{\mu} = \gamma \boldsymbol{P}$，式中，$\gamma$ 为旋磁比，可得

$$\frac{\mathrm{d}\boldsymbol{\mu}}{\mathrm{d}t} = \gamma \boldsymbol{\mu} \times \boldsymbol{B}_0 \tag{6-2}$$

这就是磁矩在外磁场作用下的运动方程，求解这个方程，便能得到磁矩和磁场做拉莫尔旋进(图 6-1(a))，其旋进角频率 $\omega_0 = \gamma B_0$. 可见旋进角频率与磁场大小成正比.

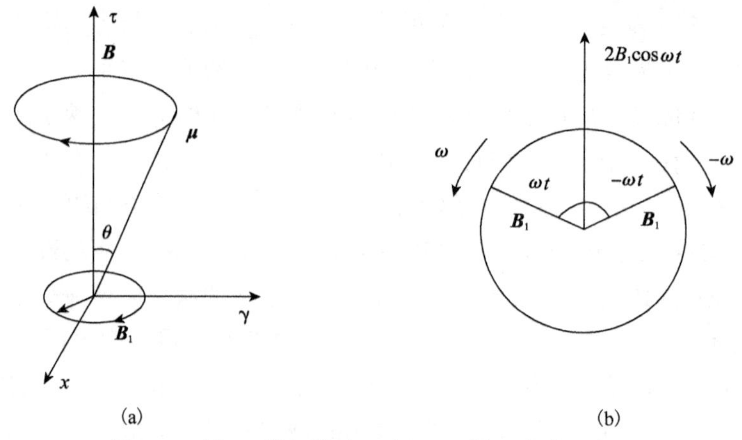

图 6-1　(a) 90°射频脉冲和 (b) 180°射频脉冲的作用

对于电子磁矩

$$\gamma = -\frac{-g\mu_{\mathrm{B}}}{\hbar}, \quad \mu_{\mathrm{B}} = \frac{e\hbar}{2m_{\mathrm{e}}} \tag{6-3}$$

对于核磁矩

$$\gamma_1 = \frac{g_{\mathrm{N}}\mu_{\mathrm{N}}}{\hbar}, \quad \mu_{\mathrm{N}} = \frac{e\hbar}{2m_{\mathrm{p}}} \tag{6-4}$$

其中，μ_{B} 为玻尔磁子，是电子磁矩单位；μ_{N} 为核磁子，是核磁矩单位. 由于质子质量 m_{p} 是电子质量 m_{e} 的 1836 倍，为此 μ_{N} 是 μ_{B} 的 1/1836，g 称 g 因子或朗德因子，$\hbar = \dfrac{h}{2\pi}$ 为约化普朗克常量.

根据量子理论，具有自旋的原子核，其自旋角动量 P 为

$$P = \sqrt{I(I+1)}\,\hbar \tag{6-5}$$

式中，I 为自旋量子数，其值为半整数或整数，由核性质决定.

在外加磁场 $B_0 = 0$ 时，核自旋为 I 的核处于 $(2I+1)$ 度简并态. 外磁场 $B_0 \neq 0$ 时，角

动量 $\boldsymbol{P}$ 和磁矩 $\boldsymbol{\mu}$ 绕 B_0(设为 z 方向)进动，进动角频率为

$$\omega_0 = \gamma B_0 \tag{6-6}$$

此式称为拉莫尔进动公式. 由拉莫尔进动公式可知，核磁矩在恒定磁场中将绕磁场方向做进动，进动的角频率 ω_0 取决于核的旋磁比 γ 和磁场磁感应强度 B_0 的大小.

由于核自旋角动量 $\boldsymbol{P}$ 空间取向是量子化的，$\boldsymbol{P}$ 在 z 方向上的分量只能取 $(2I+1)$ 个值，即

$$P_z = m\hbar \quad (m = I, I-1, \cdots, -I+1, -I) \tag{6-7}$$

m 为磁量子数，相应地

$$\mu_z = \gamma P_z = \gamma m \hbar \tag{6-8}$$

此时原$(2I+1)$度简并能级发生塞曼分裂，形成$(2I+1)$个分裂磁能级

$$E = -\boldsymbol{\mu} \cdot \boldsymbol{B}_0 = -\mu\cos\theta\, B_0 = -\mu_z B_0 = -\gamma \hbar m B_0 \tag{6-9}$$

相邻两个能级之间的能量差为

$$\Delta E = \gamma \hbar B = \hbar\omega_0 \tag{6-10}$$

对 $I = 1/2$ 的核，如氢、氟等，在磁场中仅分裂为上下两个能级.

2. 核磁共振

实现核磁共振的条件：在一个恒定外磁场 $\boldsymbol{B}_0$ 作用下，在垂直于 $\boldsymbol{B}_0$ 的平面(x，y 平面)内加一弱的旋转频率为 ω 的旋转磁场 $\boldsymbol{B}_1$，使 $\boldsymbol{B}_1$ 转动方向与磁矩 $\boldsymbol{\mu}$ 的拉莫尔进动同方向，见图 6-1(a). 那么磁矩会在以角频率 ω 绕 z 轴方向旋进的同时，还受到 $\boldsymbol{B}_1$ 的作用而绕 $\boldsymbol{B}_1$ 方向旋进. 当旋转磁场 $\boldsymbol{B}_1$ 的转动频率 ω 与拉莫尔进动频率 ω_0 不相等时，从旋转坐标系来观察磁矩的运动，其方位是不断改变的，这样磁场 $\boldsymbol{B}_1$ 对 $\boldsymbol{\mu}$ 便不能施加作用，因此不会产生有效的实际影响. 若使 $\omega = \omega_0$，则从旋转坐标来看，$\boldsymbol{B}_1$ 对 $\boldsymbol{\mu}$ 的方位保持不变，$\boldsymbol{B}_1$ 对磁矩 $\boldsymbol{\mu}$ 的作用就以一个稳定磁场形式出现，产生有效的作用，导致 $\boldsymbol{\mu}$ 绕 $\boldsymbol{B}_1$ 磁场方向旋进. 同理，旋进频率 ω_1 应满足 $\omega_1 = \gamma B_1$，此旋进的效果使 $\boldsymbol{\mu}$ 与 $\boldsymbol{B}_0$ 的夹角 θ 发生改变，θ 增大，核吸收 $\boldsymbol{B}_1$ 磁场的能量使势能增加，见式(6-6). 如果 $\boldsymbol{B}_1$ 的旋转频率 ω 与 ω_0 不等，自旋系统会交替地吸收和放出能量，没有净能量吸收. 因此能量吸收是一种共振现象，只有当旋转磁场 $\boldsymbol{B}_1$ 的频率 ω 等于磁矩在恒定磁场 $\boldsymbol{B}_0$ 作用下的拉莫尔旋转频率 ω_0 时才能发生共振.

旋转磁场 $\boldsymbol{B}_1$ 可以方便地由振荡回路线圈中产生的直线振荡磁场得到. 因为一个 $2B_1\cos\omega t$ 的直线磁场，可以看成两个相反方向旋转的磁场 $\boldsymbol{B}_1$ 合成，见图 6-1(b). 一个与拉莫尔进动同方向，另一个反方向. 反方向的磁场对 $\boldsymbol{\mu}$ 的作用可以忽略. 旋转磁场作用方

式可以采用连续波的方式也可以采用脉冲方式.

3. 体磁化强度

因为磁共振的对象不是单个核，而是包含大量等同核的系统，所以用体磁化强度 $\boldsymbol{M}$ 来描述，核系统 $\boldsymbol{M}$ 和单个核 $\boldsymbol{\mu}_i$ 的关系为：$\boldsymbol{M}=\sum_{i=1}^{N}\boldsymbol{\mu}_i$ ，$\boldsymbol{M}$ 体现了原子核系统被磁化的程度. 具有磁矩的核系统，在恒磁场 $\boldsymbol{B}_0$ 的作用下，宏观体磁化矢量 $\boldsymbol{M}$ 将绕 $\boldsymbol{B}_0$ 做拉莫尔进动，进动角频率 $\omega_0=\gamma B_0$.

4. 射频脉冲磁场 $\boldsymbol{B}_1$ 瞬态作用

如引入一个旋转坐标系 (x',y',z) ，z 方向与 $\boldsymbol{B}_0$ 方向重合，坐标旋转角频率 $\omega=\omega_0$ ，则 $\boldsymbol{M}$ 在新坐标系中静止. 若某时刻，在垂直于 $\boldsymbol{B}_0$ 方向上施加一射频脉冲，其脉冲宽度 t_{p} 满足 $t_{\mathrm{p}}\ll T_1$ ，$t_{\mathrm{p}}\ll T_2$（T_1 ，T_2 为原子核系统的弛豫时间），通常可以把它分解为两个方向相反的圆偏振脉冲射频场，其中起作用的是施加在轴上的恒定磁场 $\boldsymbol{B}_1$ ，作用时间为脉宽 t_{p} ，在射频脉冲作用前，$\boldsymbol{M}$ 处在热平衡状态，方向与 z 轴（z' 轴）重合，施加射频脉冲作用，则 $\boldsymbol{M}$ 将以频率 γB_1 绕 x' 轴进动.

$\boldsymbol{M}$ 转过的角度 $\theta=\gamma B_1 t_{\mathrm{p}}$（图 6-2）称为倾倒角，如果脉冲宽度恰好使 $\theta=\pi/2$ 或 $\theta=\pi$ ，则称这种脉冲为 90°或 180°脉冲. 90°脉冲作用下 $\boldsymbol{M}$ 将倒在 y' 上，180°脉冲作用下 $\boldsymbol{M}$ 将倒向 $-z$ 方向. 由 $\theta=\gamma B_1 t_{\mathrm{p}}$ 可知，只要射频场足够强，那么 t_{p} 值均可以做到足够小而满足 $t_{\mathrm{p}}\ll T_1,T_2$ ，这意味着射频脉冲作用期间弛豫作用可以忽略不计.

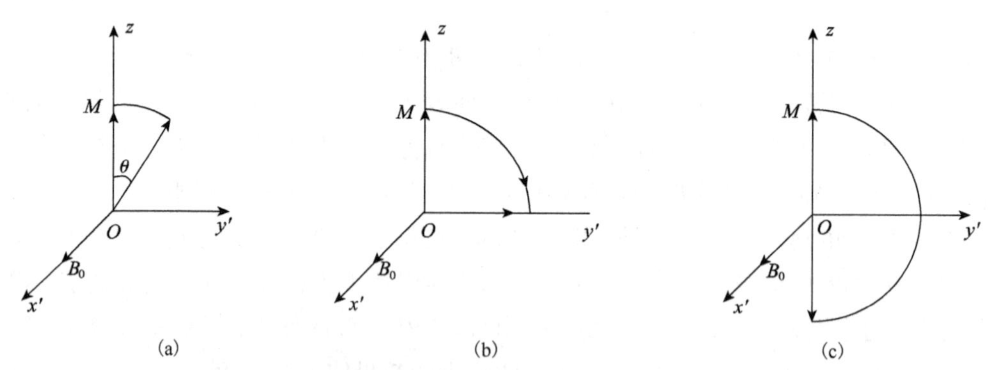

图 6-2 (a) 倾倒角，(b) 90°射频脉冲和 (c) 180°射频脉冲

5. 脉冲作用后体磁化强度 $\boldsymbol{M}$ 的行为——FID 信号

设 $t=0$ 时刻加上射频场 $\boldsymbol{B}_1$ ，到 $t=t_{\mathrm{p}}$ 时 $\boldsymbol{M}$ 绕 $\boldsymbol{B}_1$ 旋转 90°而倾倒在 y' 轴上，这时射频场 $\boldsymbol{B}_1$ 消失，核磁矩系统将由弛豫过程回复到热平衡状态. 其中 $M_z\to M_0$ 的变化速度取决于 T_1 ，$M_x\to 0$ 和 $M_y\to 0$ 的衰减速度取决于 T_2 ，在旋转坐标系看来，$\boldsymbol{M}$ 没有进动，恢复到平衡位置的过程如图 6-3（a）所示. 在实验室坐标系看来，$\boldsymbol{M}$ 绕 z 轴旋进按螺旋形式

回到平衡位置，如图 6-3(b)所示.

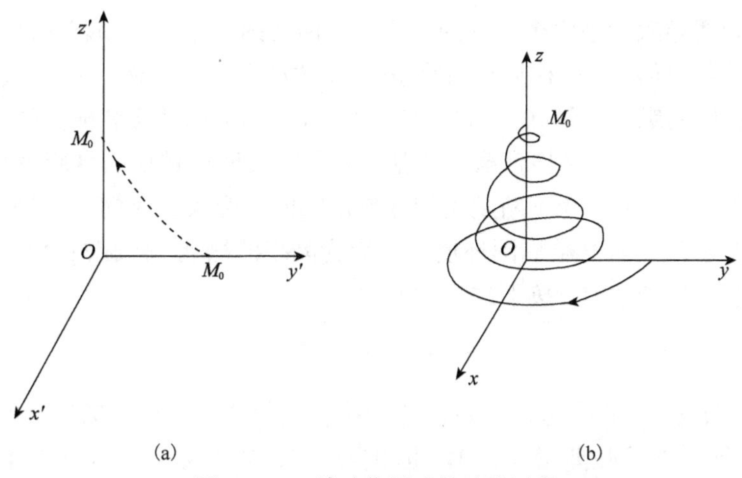

图 6-3　90°脉冲作用后的弛豫过程

在这个弛豫过程中，若在垂直于 z 轴方向上置一个接收线圈，便可感应出一个射频信号，其频率与进动频率 ω_0 相同，其幅值按照指数规律衰减，称为自由感应衰减信号. 经检波并滤去射频以后，观察到的自由感应衰减信号是指数衰减的包络线，如图 6-4(a)所示. 自由感应衰减信号与 $\boldsymbol{M}$ 在 xy 平面上横向分量的大小有关，所以 90°脉冲的自由感应衰减信号幅值最大，180°脉冲的幅值为零.

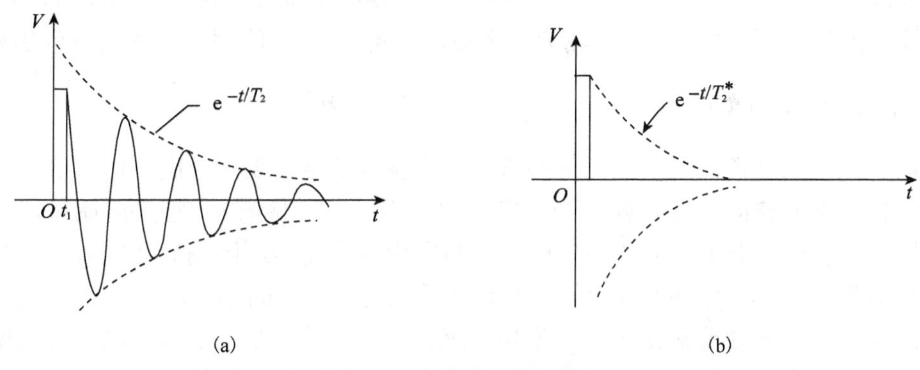

图 6-4　自由感应衰减信号

实验中由于恒定磁场 $\boldsymbol{B}_0$ 不可能绝对均匀，样品中不同位置的核磁矩所处的外场大小有所不同，其进动频率各有差异，实际观测到的自由感应衰减信号是各个不同进动频率的指数衰减信号的叠加，如图 6-4(b)所示，设 T_2' 为磁场不均匀所等效的横向弛豫时间，则总的自由感应衰减信号的衰减速度由 T_2 和 T_2' 两者决定，可以用一个称为表观横向弛豫时间 T_2^* 来等效

$$\frac{1}{T_2^*}=\frac{1}{T_2}+\frac{1}{T_2'}$$

磁场域越不均匀，T_2' 越小，从而 T_2^* 也越小，自由感应衰减信号衰减也越快.

6. 弛豫过程

弛豫和射频诱导激发是两个相反的过程，当两者的作用达到动态平衡时，实验上可以观测到稳定的共振信号. 处在热平衡状态时，体磁化强度 $\boldsymbol{M}$ 沿 z 方向，记为 $\boldsymbol{M}_0$. 弛豫因涉及体磁化强度的纵向分量和横向分量变化，故分为纵向弛豫和横向弛豫.

纵向弛豫又称为自旋-晶格弛豫. 宏观样品是由大量小磁矩的自旋系统和它们所依附的晶格系统组成的. 系统间不断发生相互作用和能量变换，纵向弛豫是指自旋系统把从射频磁场中吸收的能量交给周围环境，转变为晶格的热能. 自旋核由高能态无辐射地返回低能态，能态粒子数差 n 按下式规律变化：

$$n = n_0 \exp(-t / T_1)$$

式中，n_0 为时间 $t = 0$ 时的能态粒子差，T_1 为粒子数的差异，与体磁化强度 $\boldsymbol{M}$ 的纵向分量 M_z 的变化一致，粒子数差增加，M_z 也相应增加，故 T_1 称为纵向弛豫时间.

T_1 是自旋体系与环境相互作用时的速度量度，T_1 的大小主要依赖于样品核的类型和样品状态，所以由 T_1 的测定可知样品核的信息.

横向弛豫又称为自旋-自旋弛豫. 自旋系统内部也就是核自旋与相邻核自旋之间进行能量交换，不与外界进行能量交换，故此过程体系总能量不变. 自旋-自旋弛豫过程，由非平衡进动相位产生时的体磁化强度 $\boldsymbol{M}$ 的横向分量 $M_\perp \neq 0$ 恢复到平衡态时相位无关 $M_\perp$=0 表征，所需的特征时间记为 T_2. 由于 T_2 与体磁化强度的横向分量 $M_\perp$ 的弛豫时间有关，故 T_2 也称横向弛豫时间. 自旋-自旋相互作用也是一种磁相互作用，进动相位相关主要来自于核自旋产生的局部磁场. 射频场 $\boldsymbol{B}_1$，外磁场空间分布不均匀都可看成是局部磁场.

7. 自旋回波法测量横向弛豫时间 T_2（$90°$-τ-$180°$脉冲序列方式）

横向弛豫时间是指核磁共振发射的自由感应衰减信号的衰减速度，但是磁场不均匀的影响，使得不同空间位置的样品处于发射频率不同的射频场中. 许多起始相位相同而频率不同的正弦信号叠加后经历一定的时间会因为相位完全不同而导致信号过早消失，称为相位散失. 如果加入 180°脉冲使得所有样品发射的信号的相位产生 180°反转，再经历相同时间，相位又会重新相同，称为相位重合，这时信号强度是真实的发射强度，重新恢复的信号称为自旋回波. 通过测量自旋回波强度随时间变化的关系可以得到横向弛豫时间 T_2. 自旋回波是一种用双脉冲或多个脉冲来观察核磁共振信号的方法，它特别适用于测量横向弛豫时间 T_2，谱线的自然线宽是由自旋-自旋相互作用决定的，但在许多情况下，由于外磁场不够均匀，谱线就会变宽，与这个宽度相对应的横向弛豫时间是前面讨论过的表观横向弛豫时间 T_2^*，而不是 T_2，但用自旋回波法仍可以测出横向弛豫时间 T_2.

实际应用中，常用两个或多个射频脉冲组成脉冲序列，周期性地作用于核磁矩系统. 比如在 90°射频脉冲作用后，经过 τ 时间再施加一个 180°射频脉冲，便组成一个 $90°$-τ-$180°$脉冲序列，这些脉冲序列的脉宽 t_p 和脉距 τ 应满足下列条件：

$$t_\mathrm{p} \ll T_1, T_2, \tau$$

$$T_2^* < \tau < T_1, T_2$$

90° -τ - 180°脉冲序列的作用结果如图 6-5 所示，在 90°射频脉冲后即观察到自由感应衰减信号；在 180°射频脉冲后面对应于初始时刻的 2τ 处可以观察到一个“回波”信号. 这种回波信号是在脉冲序列作用下由核自旋系统的运动引起的，所以称为自旋回波.

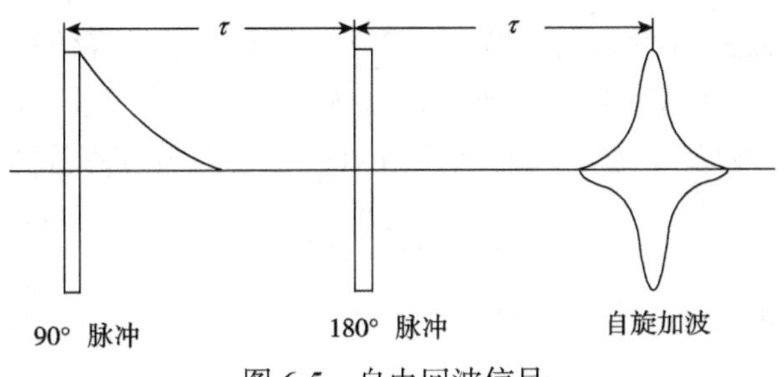

图 6-5　自由回波信号

下面利用图 6-6 来说明自旋回波的产生过程. 图 6-6(a)表示体磁化强度 $\boldsymbol{M}_0$ 在 90°射频脉冲作用下绕 x' 轴转到 y' 轴上；图 6-6(b)表示脉冲消失后核磁矩自由进动受到 $\boldsymbol{B}_0$ 不均匀的影响，样品中部分磁矩的进动频率不同，引起磁矩的进动频率不同，所以磁矩相位分散并呈扇形展开. 为此可把 $\boldsymbol{M}$ 看成是许多分量 $\boldsymbol{M}_i$ 之和. 从旋转坐标系看来，进动频率等于 ω_0 的分量相对静止，大于 ω_0 的分量(图中以 $\boldsymbol{M}_1$ 代表)向前转动，小于 ω_0 的分量(图中以 $\boldsymbol{M}_2$ 为代表)向后转动；图 6-6(c)表示 180°射频脉冲的作用使磁化强度各分量绕 z' 轴翻转 180°，并继续它们原来的转动方向运动；图 6-6(d)表示 $t = 2\tau$ 时刻各磁化强度分量刚好汇聚到 $-y'$ 轴上；图 6-6(e)表示 $t > 2\tau$ 以后，用于磁化强度各矢量继续转动而又呈扇形展开. 因此，在 $t = 2\tau$ 处得到如图 6-3 所示的自旋回波信号.

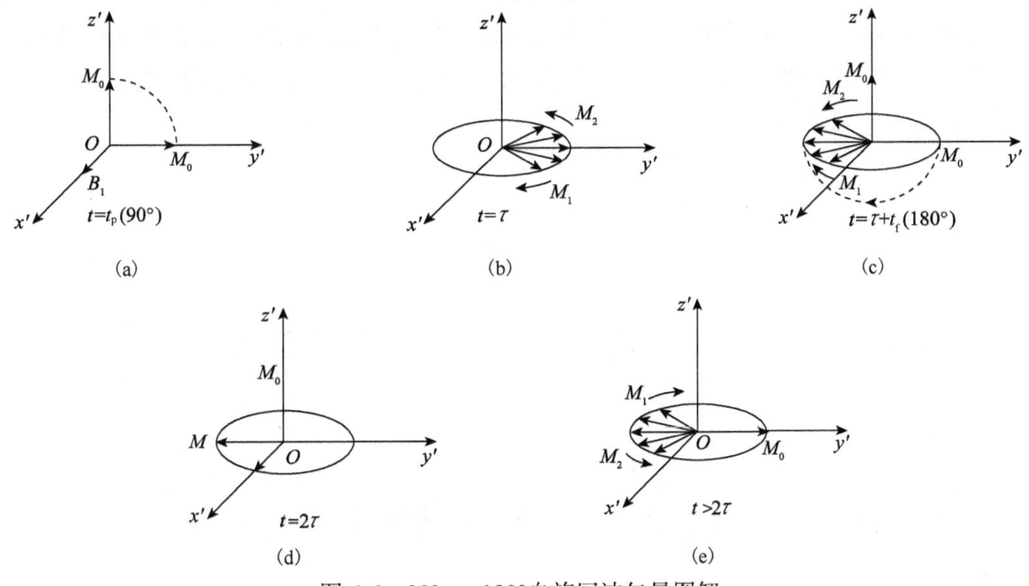

图 6-6　90° -τ - 180°自旋回波矢量图解

由此可知，自旋回波与自由感应衰减信号密切相关，如果不存在横向弛豫，则自旋回波幅值应与初始的自由感应衰减信号一样，但在2τ时间内横向弛豫作用不能忽略，体磁化强度各横向分量相应减小，所以自旋回波信号幅值小于自由感应衰减信号的初始幅值，而且脉距τ越大自旋回波幅值越小，并且回波幅值U与脉距τ存在以下关系：

$$U = U_0 e^{-t/T_2} \tag{6-11}$$

式(6-11)中$t = 2\tau$，U_0是90°射频脉冲刚结束时自由感应衰减信号的初始幅值，实验中只要改变脉距τ，回波的峰值就相应地改变，若依次增大τ测出若干个相应的回波峰值，便得到指数衰减的包络线. 对式(6-11)两边取对数，可以得到直线方程

$$\ln U = \ln U_0 - 2\tau / T_2 \tag{6-12}$$

式中，2τ作为自变量，则直线斜率的倒数便是T_2.

8. 反转恢复法测量纵向弛豫时间T_1（180°-90°脉冲序列）

纵向弛豫时间指上能级不经过辐射跃迁至下能级的时间. 反转恢复法测量T_1是利用核磁矩完全平行静时磁场无任何射频辐射信号来测量弛豫时间的. 反转恢复法是180°-90°脉冲序列完成的. 180°脉冲后核磁矩反平行静磁场核磁矩处于上能级，则无辐射信号. 如果在180°脉冲后马上加90°脉冲，成为270°脉冲核磁矩垂直静磁场，则有较强的辐射，如果跃迁至一半核磁矩垂直静磁场，加90°脉冲后核磁矩平行静磁场，无辐射信号. 如果在核磁矩完全跃迁至平行静磁场再加90°脉冲后核磁矩垂直静磁场有较强的辐射信号. 所以跃迁一半的时间具有特殊性：第一脉冲(180°脉冲)无辐射信号，第二脉冲也无辐射信号，如果改变脉冲间隔那么第二脉冲具有较小的辐射信号. 所以调节第二脉冲至跃迁一半的时间就可测出T_1. 当系统加上180°脉冲时，体磁化强度$\boldsymbol{M}$从z轴反转至$-z$方向，而由于纵向弛豫效应，z轴方向的体磁化强度M_z幅值沿$-z$轴方向逐渐缩短，乃至变为零，再沿z轴方向增长直至恢复平衡态M_0，M_z随时间变化的规律是以时间T_2呈指数增长的，见图6-7.

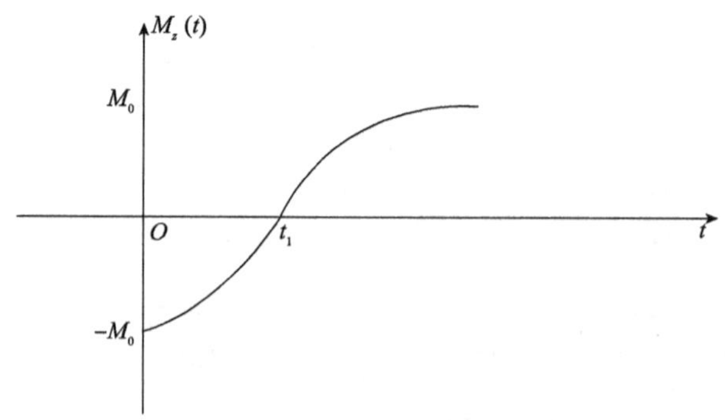

图6-7　M_z随t变化曲线

用式表示为

$$M_z(t) = M_0(1 - 2e^{-t/T_1}) \tag{6-13}$$

为检测 M_z 瞬时值 $M_z(t)$，在 180°脉冲后，隔一时间 t 再加上 90°脉冲，使 M_z 倾倒至 x' 与 y' 构成平面上产生一自由感应衰减信号. 这个信号初始幅值必定等于 $M_z(t)$. 如果等待时间 t 比 T_1 长得多，样品将完全恢复平衡. 用另一不同的时间间隔 t 重复 180°–90°脉冲序列的实验，得到另一自由感应衰减信号初始幅值. 这样，画出初始幅值与脉冲间隔 t 的关系曲线，就能得到图 6-7.

曲线表征体磁化强度 $\boldsymbol{M}$ 经 180°脉冲反转后 $M_z(t)$ 按指数规律恢复平衡态的过程. 以此实测曲线可算出纵向弛豫时间 T_1（自旋-晶格弛豫时间）. 最简约的方法是寻找 $M_z(t)=0$ 处，由式 $T_1 = t_n / \ln 2 = 1.44 t_n$ 得到.

9. 脉冲核磁共振的捕捉范围

为了实现核磁共振，连续核磁共振通常采用“扫场法”或者“扫频法”，但效率不高，因为这类方法只捕捉到频率波谱上的一个点. 脉冲核磁共振采用时间短而功率大的脉冲，根据傅里叶变换可知它具备很宽的频谱. 一个无限窄的脉冲对应的频谱无限宽且各频率分量幅度又相等. 用这样的理想脉冲作用于原子核系统激发所有成分而得到波谱. 但实际工作中使用的是有一定宽度的方形脉冲，它是由一个射频振荡被方形脉冲调制而成的，用傅里叶变换可得它的频率谱，其为连续谱，但各频率的幅度不相同，射频 f_0 成分最强，在 f_0 两边幅度逐渐衰减并有负值出现，当 $f = 1/2T_0$ 时，幅度第一次为零. 但只要 $2T_0$ 足够小，在 f_0 旁边就有足够宽的振幅基本相等的频谱区域，这样就能够很好地激发原子核系统.

相应频率范围幅度如下式：

$$I(f) = 2AT_0 \frac{\sin(T_0 \cdot 2\pi \cdot (f - f_0))}{T_0 \cdot 2\pi \cdot (f - f_0)}$$

式中，T_0 是矩形脉冲半宽度，A 是脉冲幅度，f 是射频脉冲频率. 可见，$2T_0$ 越短 $1/2T_0$ 覆盖的范围越宽. 所以只要有足够短的脉冲就具有大的捕捉共振频率的范围，同时对测量无任何影响，这是连续核磁共振无法获得的，也是脉冲核磁共振广泛应用的原因. 脉宽和频宽及幅度的关系见图 6-8（这里我们以 20.0000MHz 为例）.

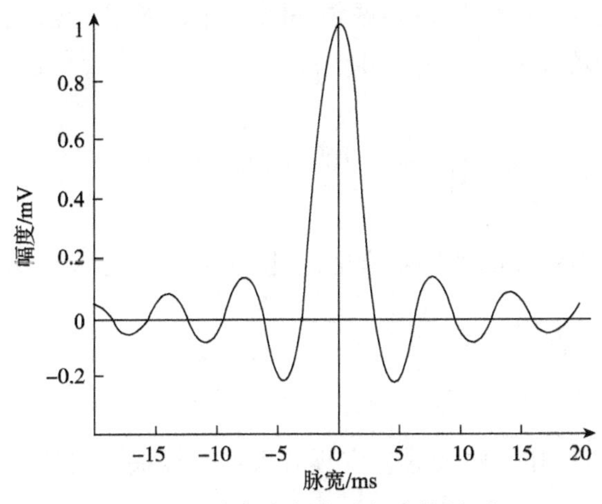

图 6-8　脉宽和频宽及幅度的关系

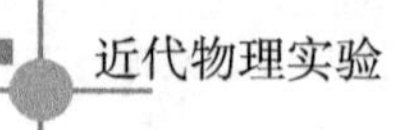

10. 化学位移

化学位移起因于逆磁物质中核磁矩与周围电子轨道的耦合. 逆磁物质中分子内电子的总轨道角动量与自旋角动量均为零. 所以在无外磁场时, 核磁矩与电子轨道无耦合. 当处于外磁场 $\boldsymbol{B}_0$ 中时, 电子轨道产生方向相反正比于 $\boldsymbol{B}_0$ 的屏蔽磁场 $-\sigma\boldsymbol{B}_0$, 使得原子核处于低于 $\boldsymbol{B}_0$ 的磁场. 不同的材料电子轨道的屏蔽作用不相同, 所以测量屏蔽作用成为测量化学物质的重要方法. 化学位移的标准以屏蔽效果较大, 同时谱线较细的单峰材料——四甲基硅烷(TMS)作为化学位移的零点, 其他材料的化学位移以 $\delta=\sigma-\sigma_{\mathrm{TMS}}$ 来表示. 化学位移的单位以 1×10^{-6} (即 1ppm)表示.

核磁共振范围极为微小, 所以用连续射频场是无法得到信号的, 一般连续核磁共振采用调场或调频的射频场得到共振信号, 但是信号较弱谱线较宽, 同时扫描时间较长. 现在采用脉冲射频的宽频带激发因化学位移不同而共振频率不同的核磁矩, 然后采用计算机快速记录发射不同频率的核磁矩, 采用傅里叶变换频谱分析信号的频率成分计算化学位移量. 化学位移是核磁共振应用于化学上的支柱, 它起源于电子产生的磁屏蔽. 原子和分子中的核不是裸露的核, 它们周围都围绕着电子. 所以原子和分子所受到的外磁场作用, 除了 $\boldsymbol{B}_0$ 磁场, 还有核周围电子引起的屏蔽作用. 电子也是磁性体, 它的运动也受到外磁场影响, 外磁场引起电子的附加运动, 感应出磁场, 方向与外磁场相反, 大小则与外磁场成正比, 所以核处实际磁场是

$$\boldsymbol{B}_{核}=\boldsymbol{B}_0-\sigma\boldsymbol{B}_0=\boldsymbol{B}_0(1-\sigma)$$

式中, σ 是屏蔽因子, 它是个小量, 其值小于 10^{-3}.

因此核的化学环境不同, 屏蔽常数 σ 也就不同, 从而引起他们的共振频率不同

$$\omega_0=\gamma\,(1-\sigma)B_0$$

化学位移可以用频率进行测量, 但是共振频率随外场 $\boldsymbol{B}_0$ 而变, 这样标度显然是不方便的, 实际化学位移用无量纲的 δ 表示, 单位是 ppm

$$\delta=\frac{\sigma_{\mathrm{R}}-\sigma_{\mathrm{S}}}{1-\sigma_{\mathrm{S}}}\times10^6\approx(\sigma_{\mathrm{R}}-\sigma_{\mathrm{S}})\times10^6 \tag{6-14}$$

式中, σ_{R}, σ_{S} 为参照物和样品的屏蔽常数. 用 δ 表示化学位移, 只取决于样品与参照物屏蔽常数之差值.

【实验仪器】

系统由脉冲发生器、开关放大器、变频放大器、探头、磁铁组成, 如图 6-9 所示.

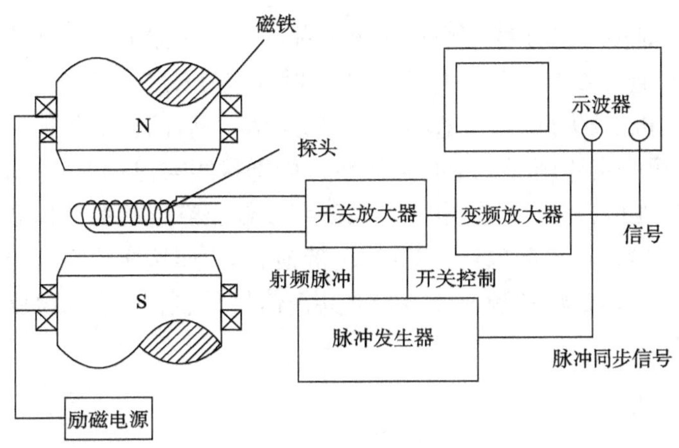

图 6-9　系统框图

脉冲发生器：产生脉冲序列同时调制射频信号得到射频脉冲.

开关放大器：将大功率射频脉冲加至探头，当脉冲结束后关闭脉冲通道，打开信号通道，将来自探头的自由感应衰减信号放大 300 倍，如图 6-10 所示.

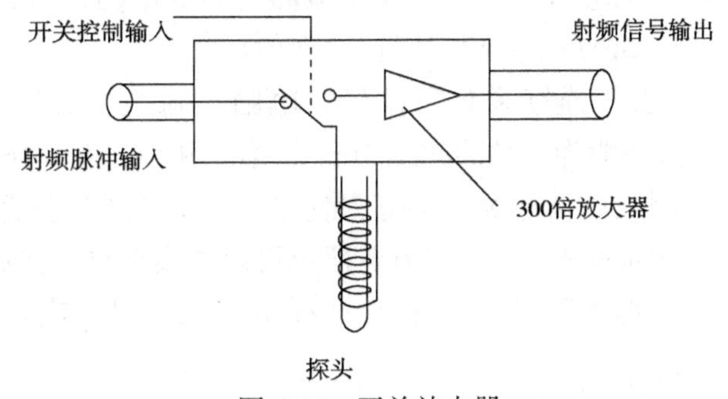

图 6-10　开关放大器

变频放大器：又称为相位检波器，将 20MHz 的信号通过混频将信号频率降低至 100Hz～20kHz 以便于示波器观察计算机记录. 变频放大器内具有带通滤波器，同时可以大幅度提高信噪比.

励磁电源：改变磁场强度至共振频率，同时作为“开关放大器”“变频放大器”及附件“脉冲发生器”的电源.

脉冲发生器：当调试信号过小或调试无太大把握时为了调节匹配需要，“射频发生器”提供与共振信号频率相同的模拟共振信号.

【实验内容】

1. 仪器连接

将射频发射主机(表头标志“磁铁调场电源显示”)后面板中“信号控制(电脑)”9 芯串口座用白色串行口连接线(注意一定要用白色串行连接线)与电脑主机的串口连接；将“调场电源”用两芯带锁航空连接线与恒温箱体后部的“调场电源”连接；将“放大

器电源”用五芯带锁航空连接线与恒温箱体后部的“放大器电源”连接；将“射频信号(O)”用带锁BNC连接线与恒温箱体后部的“射频信号(I)”连接；最后插上电源线.

将信号接收主机(表头标志“磁铁匀场电源显示”)后面板中“恒温控制信号”用黑色串行连接线(注意一定要用黑色串行连接线，内部接线与白色不同)与恒温箱体后部的“恒温控制信号”连接；将“加热电源”用四芯带锁航空连接线与恒温箱体后部的“加热电源(220V)”连接；将“前放信号(I)”用带锁BNC连接线与恒温箱体后部的“前放信号(O)”连接；用BNC转音频连接线将“共振信号(接电脑)”与电脑麦克风音频插座连接，插上电源线.

2. 仪器预热准备

打开主机后面板的电源开关，可以看到恒温箱体上的温度显示磁铁的当前温度，一般与当时当地的室内温度相当，过一段时间可以看到温度升高，这说明加热器在工作，磁铁温度在升高，因为永磁铁有一定的温漂，所以仪器设置了PID恒温控制系统，每台仪器都控制在36.50℃，这样在不同的环境下能够保证磁场稳定.

经过 3～4 个小时(各地季节变化会导致恒温时间的不同)，可以看到磁铁稳定在36.50℃(有时会在36.44～36.56℃变化，属正常现象).

打开采集软件，点击“连续采集”按钮，电脑控制发出射频信号，频率一般在20.000MHz，另外初始值一般为：脉冲间隔10ms，第一脉冲宽度0.16ms，第二脉冲宽度0.36ms，这时仔细调节磁铁调场电源，小范围改变磁场，当调至合适值时，可以在采集软件界面中观察到自由感应衰减信号(调节合适也可以观察到自旋回波信号)，这时调节主机面板上“磁铁匀场电源”可以看到自由感应衰减信号尾波的变化.

3. 观察核磁矩对射频脉冲的响应

(1) 根据发射机频率ω与恒定磁场$\boldsymbol{B}_0$的调节范围，借助特斯拉计调节磁场值，使其基本满足样品的共振条件$\omega=\gamma B_0$.

(2) 根据本实验装置的射频脉冲参数值，试调一个 90°-τ-180°脉冲序列，寻找自由感应衰减信号和自旋回波，初步观察核磁矩对射频脉冲的响应，并利用观察到的信号来调节共振条件.

4. 自由感应衰减信号测量表观横向弛豫时间T_2^*

将脉冲间隔调节至最大(60ms)，第二脉冲宽度调节至0ms，只剩下第一脉冲，仔细调节调场电源和匀场电源(电源粗调和电源细调结合起来用)，并小范围调节第一脉冲宽度(在0.16ms附近调节)，使尾波最大，应用软件通过指数拟合测量表观横向弛豫时间T_2^*，换取不同的样品(如甘油样品、机油样品等)做比较并记录其数值.

5. 用自旋回波(SE信号)法测量横向弛豫时间T_2

在上一步的基础上，找到 90°脉冲的时间宽度(作为第一脉冲)，将脉冲间隔调节至10ms，并调节第二脉冲宽度至第一脉冲宽度的两倍(因为仪器本身的特性，所以并不完

全是两倍关系）作为 180°脉冲，仔细调节匀场电源和调场电源，使自旋回波信号最大.

应用软件测量不同脉冲间隔情况下的回波信号大小，进行指数拟合得到横向弛豫时间 T_2，与表观横向弛豫时间 T_2^* 进行比较，分析磁场均匀性对横向弛豫时间的影响.

换取不同的实验样品进行比较.

6. 测量不同浓度的硫酸铜溶液中氢核的横向弛豫时间，分析弛豫时间随浓度变化的关系

测量过程同上一步骤，测量五种不同浓度的硫酸铜溶液的横向弛豫时间，拟合其关系，具体参见理论及方法相关论文.

7. 学习用反转恢复法测量纵向弛豫时间 T_1

反转恢复法是采用 180-90°脉冲序列测量纵向弛豫时间 T_1 的，方法与自旋回波法相似，首先调节第一脉冲为 180°脉冲，第二脉冲为 90°脉冲，改变脉冲间隔，测量第二脉冲的尾波幅度，并进行拟合即可得到纵向弛豫时间 T_1.

8. 测量样品的相对化学位移

在调节出甘油自由感应衰减信号的基础上，换入二甲苯样品，通过实验软件分析二甲苯的相对化学位移（二甲苯频谱图两个峰的频率差大约为 100Hz）.

【注意事项】

（1）鉴于永磁铁的温度特性影响，实验前首先开机预热 3～4 个小时，等到磁铁温度达到稳定时再开始实验.

（2）仪器连接时应严格按照说明书要求连线，避免出错损坏主机.

（3）在测量弛豫时间 T_1、T_2 时会引起误差，误差的原因主要有下面几个方面，在实验过程中应注意.

①样品在射频场非均匀区：如图 6-11 所示.

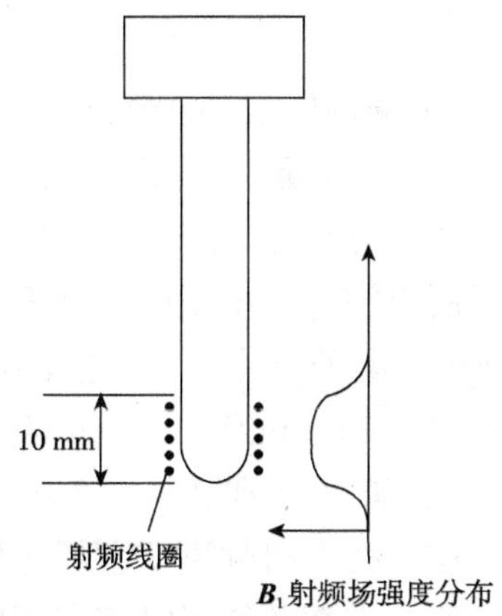

图 6-11　样品在射频场非均匀区

超出 B_1 均匀区域时，T_1 测量中无法产生严格的 180°脉冲，导致 T_1 测量错误

②脉冲宽度设置错误：脉冲不是严格的 180°脉冲或 90°脉冲.

③频率设置：工作频率与共振频率偏差较大.

(4)避免实验操作的差错.

(5)样品本身的因素引起的误差：

扩散因素：低分子低黏度液体在梯度场下会对自旋信号产生影响. 如果将所测的 T_2 表示为 T_2^*，那么 $1/T_2^*=1/(T_2+G\times K)$，其中 G 为磁场梯度大小，K 为与扩散因素有关的系数. 水是 K 值较大的液体，所以测量误差较大.

杂质影响：铁离子杂质对 T_1 和 T_2 影响非常惊人，可以使水的 T_2 从 2.3s 降至 0.5ms，相差 2000 多倍，其他还有 Mn 和 Cu. 所以必须用纯净水做溶剂. 空气中二氧化碳产生 Mn、Cu、Fe 沉淀导致 T_1、T_2 变化.

氧气溶解产生影响：氧气对 T_1、T_2 影响较大，饱和氧的水溶液使 T_2 降到 1s 左右. 如果溶液有其他金属离子，影响更大. 氧对血液影响非常明显，静脉学 100ms 以上，1 分钟后降至 70ms，5 分钟降至 23ms；甘油、植物油测量精度相对高，重复精度 2%～5%，其他材料测量精度相对低，一般重复精度 20%左右.

【思考题】

(1)脉冲核磁共振实验中，磁感应强度 $\boldsymbol{B}_0$，$\boldsymbol{B}_1$ 和不均匀磁场 $\boldsymbol{B}'$ 各代表什么物理量？

(2)试述倾倒角 θ 的物理意义. 说明如何实现倾倒角？

(3)何为 $90°$-τ-$180°$脉冲序列及 $180°$-τ-$90°$脉冲序列？理解其用处和意义？

(4)不均匀磁场对自由感应衰减信号有何影响？

(5)如何理解核磁共振与弛豫时间的关系，如何避免核磁共振饱和现象？

【附录】

一、顺 磁 共 振

电子顺磁共振(electron paramagnetic resonance)又称电子自旋共振(electron spin resonance)，简称“EPR”或“ESR”. 它是指处于恒定磁场中的电子自旋磁矩在射频电磁场作用下发生的一种磁能级间的共振跃迁现象. 由于这种共振跃迁只能发生在原子的固有磁矩不为零的顺磁材料中，所以被称为电子顺磁共振；由于分子和固体中的磁矩主要是自旋磁矩的贡献，所以又被称为电子自旋共振. 电子自旋的概念是泡利在 1924 年首先提出的. 1925 年，哥德斯密(S. A. Goudsmit)和乌仑贝克用它成功地解释了碱金属光谱中的精细结构. 但电子自旋共振现象直到 1944 年才由苏联的扎沃伊斯基(N. K. Zavoisky)在实验中观察到. 随后这一技术得到迅速发展，作为研究顺磁性物质的重要手段，在化学、物理、生物和医学等各方面获得了极其广泛的应用.

电子顺磁共振的研究对象是具有不成对电子的物质，如：①具有奇数个电子的原子，如氢原子；②内电子壳层未被充满的离子，如过渡族元素的离子；③具有奇数个电子的

分子，如 NO；④某些虽不含奇数个电子，但总角动量不为零的分子，如 O_2；⑤在反应过程中或物质因受辐射作用产生的自由基；⑥金属半导体中的未成对电子等. 通过对电子自旋共振波谱进行研究，即可得到有关分子、原子或离子中未偶电子的状态及其周围环境方面的信息，从而得到有关的物理结构和化学键方面的知识.

与核磁共振相比，电子顺磁共振在技术上更容易实现，由于电子磁矩较核磁矩大很多，所以在实验中，若二者的共振频率大致相同，则电子自旋共振所需的外加静磁场要小得多. 在同样的磁场下，电子顺磁共振的灵敏度也比核磁共振高得多. 本实验使用微波进行电子顺磁共振实验，测定 DPPH 中电子的 g 因子和微波波导波长.

1. 电子自旋共振条件

原子的磁性来源于原子磁矩. 由于原子核的磁矩很小，可以略去不计，所以原子的总磁矩由原子中各电子的轨道磁矩和自旋磁矩所决定. 由原子物理学可知，原子的总磁矩 $\boldsymbol{\mu}_J$ 与 $\boldsymbol{P}_J$ 总角动量之间满足如下关系：

$$\boldsymbol{\mu}_J = -g\frac{\mu_B}{\hbar}\boldsymbol{P}_J \tag{6-15}$$

式中，$\mu_B = \dfrac{e\hbar}{2m_e}$ 为玻尔磁子，$\hbar$ 为约化普朗克常量，m_e 为电子质量；g 称为朗德因子. 按照量子理论中电子的 L-S 耦合结果，朗德因子

$$g = 1 + \frac{J(J+1)+S(S+1)-L(L+1)}{2J(J+1)} \tag{6-16}$$

式中，L、S 分别为对原子总角动量 J 有贡献的各电子所合成的总轨道和自旋角动量量子数. 由式(6-16)可见，若原子的磁矩完全由电子自旋磁矩贡献（$L=0$，$J=S$），则 $g=2$. 反之，若磁矩完全由电子的轨道磁矩所贡献（$S=0$，$J=1$），则 $g=1$. 若自旋和轨道磁矩两者都有贡献，则 g 的值介乎 1～2. 因此，精确测定 g 的值便可判断电子运动的影响，从而有助于了解原子的结构.

引入回磁比 $\gamma = -g\dfrac{\mu_B}{\hbar}$，这样式(6-15)可写成

$$\boldsymbol{\mu}_J = \gamma \boldsymbol{P}_J \tag{6-17}$$

由量子力学可知，在外磁场中角动量 $\boldsymbol{P}_J$ 和磁矩 $\boldsymbol{\mu}_J$ 在空间的取向是量子化的. 在外磁场方向（z 轴）的投影为

$$p_z = m\hbar \tag{6-18}$$

$$\mu_z = \gamma_m \hbar \tag{6-19}$$

式中，m 为磁量子数，$m = j, j-1, \cdots, -j$.

将原子磁矩不为零的顺磁物质置于外磁场 $\boldsymbol{B}_0$ 中，则原子磁矩与外磁场相互作用能是不连续的，其相应的能量为

$$E = -\boldsymbol{\mu}_J \cdot \boldsymbol{B}_0 = -\gamma m\hbar B_0 = -mg\mu_B B_0 \tag{6-20}$$

不同磁量子数 m 所对应的状态上的电子具有不同的能量. 各磁能级是等距分裂的，两相邻磁能级之间的能量差为

$$\Delta E = \gamma\hbar B_0 \tag{6-21}$$

如果在垂直于外磁场 B_0 的方向上加一振幅值很小的交变磁场 $2B_1\cos\omega t$ ，当交变磁场的角频率 ω 满足共振条件

$$\hbar\omega = \Delta E = \gamma B_0\hbar \tag{6-22}$$

即 $\omega = \gamma B_0$ ，或 $f = g\dfrac{\mu_B}{h}B_0$ 时，原子在相邻磁能级之间发生共振跃迁，这种现象称为电子自旋共振，又叫顺磁共振.

2. 电子顺磁共振研究对象

由上述分析可知，电子顺磁现象只能发生在原子的固有磁矩不为零的顺磁材料中. 许多原子具有固有磁矩，因而不难看到顺磁共振现象. 但是当原子结合成分子和固体时，却很难观察到顺磁共振现象，这是因为在分子和固体中，电子轨道运动的角动量要被邻近的原子或离子所产生的电场(晶格场或分子场)完全地或部分地猝灭，所以分子和固体中的磁矩主要来自于电子自旋磁矩的贡献，故电子顺磁共振又称为电子自旋共振. 根据泡利不相容原理，一个分子轨道中只能容纳两个自旋相反的电子. 如果分子中所有分子轨道都已成对地填满，则它们的自旋磁矩完全抵消，便没有固有磁矩. 通常大多数的化合物都属于这种情况，不是电子自旋共振的研究对象. 当分子轨道中只有一个电子时(即分子中具有一个未偶的电子的化合物)，电子自旋磁矩不被抵消，分子才呈现顺磁性. 正是这种未偶电子向我们提供了 ESR 信息.

我们以含有自由基的有机物 DPPH(di-phenyl-picryl-hydrazyl)为测量的标准样品，它也叫二苯基-苦基肼基，其分子式为 $(C_6H_5)_2N—NC_6H_2\cdot(NO_2)_3$，结构式如图 6-12 所示. 它的第二个 N 原子少了一个共价键，有一个未偶电子，或者说一个未配对的“自由电子”. 是一个稳定的有机自由基. 对于这种自由电子，它只有自旋角动量而没有轨道角动量，或者说它的轨道角动量完全猝灭了，故在实验中能容易地观察到电子自旋共振现象.

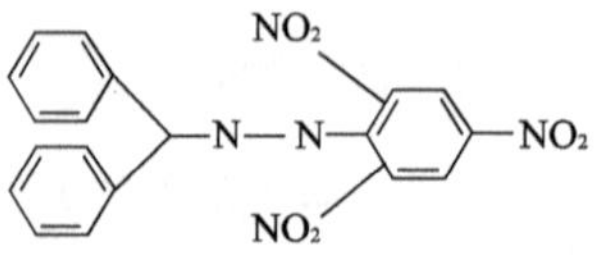

图 6-12　DPPH 结构图

实际上样品是一个含有大量不成对的电子自旋所组成的系统，他们在磁场中只分裂为两个塞曼能级. 在热平衡时，分布于各塞曼能级上的粒子数服从玻尔兹曼分布，即低能级上的粒子数总比高能级的多一些. 但是，即使粒子数因感应辐射由高能级跃迁到低能级的概率和粒子因感应吸收由低能级跃迁到高能级的概率相等，但由于低能级的粒子数比高能级的多，也就是感应吸收占优势，从而有可能观测不到共振现象，即达到所谓的饱和. 但实际上共振现象仍可继续发生，这是弛豫过程在起作用，弛豫过程使整个系统有恢复到玻尔兹曼分布的趋势. 两种作用的综合效应，使自旋系统达到动态平衡，电子自旋共振现象就能维持下去.

电子自旋共振有两种弛豫过程. 一是电子自旋与晶格交换能量，使处在高能级的粒子把一部分能量传给晶格，从而返回低能级，这种作用称为自旋-晶格弛豫. 二是自旋粒子相互之间交换能量，使他们的旋进相位趋于随机分布，这种作用称自旋-自旋弛豫.

二、核磁共振的应用

核磁共振的应用主要有两个方面：核磁共振波谱应用和核磁共振成像的应用. 所谓核磁共振波谱，实际上是吸收率对化学位移的关系曲线，由核磁共振波谱可以得到分子结构的某些信息，如核外电子云的分布等. 核磁共振成像利用核磁共振的共振频率严格正比于磁场这一基本规律，采用梯度磁场达到不同空间位置对应不同共振频率，从而完成核磁共振成像. 核磁共振成像是随着计算机技术、电子电路技术、超导体技术的发展而迅速发展起来的一种生物磁学核自旋成像技术. 它是利用磁场与射频脉冲使人体组织内进动的氢核(即 H^+)发生章动产生射频信号,经计算机处理而成像的. 原子核在进动中，吸收与原子核进动频率相同的射频脉冲，即外加交变磁场的频率等于拉莫尔频率，原子核就发生共振吸收，去掉射频脉冲之后，原子核磁矩又把所吸收的能量中的一部分以电磁波的形式发射出来，称为共振发射. 共振吸收和共振发射的过程叫做“核磁共振”. 核磁共振成像的“核”指的是氢原子核，因为人体的约 70%是由水组成的，核磁共振成像即依赖于水中氢原子. 当把物体放置在磁场中时，用适当的电磁波照射它，使之共振，然后分析它释放的电磁波，就可以得知构成这一物体的原子核的位置和种类，据此可以绘制物体内部的精确立体图像. 通过一个核磁共振成像扫描人类大脑获得的一个连续切片的动画，由头顶开始，一直到基部. 目前已有多种核磁共振成像方法，如质子密度成像、投影重建成像、弛豫时间成像、化学位移成像等，它们各具特色.

1. 核磁共振的成像原理及医学上的应用

1)核磁共振成像技术

核磁共振技术早期仅限于原子核的磁矩、电四极矩和自旋的测量，随后被广泛用于确定分子结构，用于对生物在组织与活体组织的分析、病理分析、医疗诊断、产品无损检测等方面. 还可以观测一些动态过程(如生化过程、化学过程等)的变化. 核磁共振成像是一种生物磁自旋成像技术，是利用原子核自旋的特点，在外加磁场内，经射频脉冲受激后产生信号，用探测器检测并输入计算机，经过处理转换到屏幕上显示图像. 核磁共振成像提供的信息量不但大于医学影像学中的其他成像技术，而且不同于已有的成像术，因此它对于疾病的诊断具有很大的潜在优越性. 它可以直接做出横断面、矢状面、冠状面和各种斜面的体层图像，不会产生 CT(CT 是计算机断层扫描的英文缩写) 检测中的伪影；无须注射造影剂；无电离辐射，对机体没有不良影响. 核磁共振成像也存在不足之处：它的空间分辨率不及 CT，带有心脏起搏器的患者或者某些金属异物的部位不能做核磁共振成像的检查，另外价格比较昂贵.

2) 核磁共振层析成像

一般在做体格检查时常用于心电图的检查，在身体上几个部位贴电极片，然后用心电图检测仪测绘出心电图，再根据心电图来诊断心脏活动是否正常？有什么疾病？这是因为人的心脏活动会产生心脏电流，而心脏活动的正常与否便会反映在心脏电流随时间的变化上，这种心脏电流的变化称为心电图. 但心电图易受电极片接触情况的影响，而且心电图不能反映心电流的直流分量，电极片更不能离开人体. 众所周知，电流会产生磁场，因此心脏电流会产生心脏磁场，原理上同心电图一样也会有心磁图，但同心电图相比较，要测量心磁图却很困难，但从心磁图获得的心脏信息会更多更有优点. 磁在生物学和医学方面的一项重要应用是原子核磁共振成像，简称核磁共振成像，也称核磁共振 CT，是利用核磁共振的方法和电子计算机的处理技术等得到人体、生物体和物体内部一定剖面的一种原子核素，即这种核素的化学元素的浓度分布图像. 目前应用的是氢元素的原子核核磁共振层析成像. 这种层析成像比目前应用的 X 射线层析成像具有更多的优点. 例如，X 射线层析成像得到的是成像物的密度分布图像，而核磁共振层析成像却是成像物的原子核密度的分布图像. 氢元素是构成人体和生物体的主要化学元素. 因此从核磁共振层析成像得到的信息要比 X 射线层析成像更多. 例如，人体头部外 CT 成像和 X 射线成像，头骨的密度高，而内层脑组织的密度较低，因此从人头部的 X 射线层析成像难以得到人脑组织的清晰图像，但从人头部的核磁共振层析成像却可以得到头内脑组织的氢原子核即氢元素分布的清晰图像，从而看出脑组织是否正常. 对于初期脑瘤患者，其组织和正常组织没有明显差异，从 X 射线层析成像看不出异常，但从核磁共振层析成像就可看出异常.

3) 核磁共振成像的优缺点

核磁共振成像对人体没有损伤；能获得脑和脊髓的立体图像，不像 CT 那样一层一层地扫描而有可能漏掉病变部位；能诊断心脏病变，CT 因扫描速度慢而难以胜任；对膀胱、直肠、骨、关节、肌肉等部位的检查优于 CT. 同样，它也有一定的缺陷. 例如，和 CT 一样，核磁共振成像也是影像诊断，很多病变单凭核磁共振成像仍难以确诊，不像内窥镜可同时获得影像和病理两方面的诊断；对肺部的检查不优于 X 线或 CT 检查，对肝脏、胰腺、肾上腺、前列腺的检查不比 CT 优越，但费用要高昂得多；对胃肠道的病变

不如内窥镜；体内留有金属物品者不宜接受核磁共振成像.

2. 磁共振波谱(MRS)的基本原理及医学上的应用

1)磁共振波谱的基本原理

磁共振波谱成像是利用磁共振和化学位移的作用来对特定原子核及其化合物进行分析，是无创研究活体组织生化代谢的一种技术. 磁共振波谱通过射频脉冲激励受检物质的原子核，然后测量原子核弛豫过程中释放出来的自由感应衰减信号，再经过傅里叶转换，在化合物固有的化学位移上显示其波峰，以波谱曲线的形式表示出感兴趣区内物质生化代谢的变化. 在理想均匀的磁场中，同一种质子(如 1H)理论上应具有相同的共振频率. 事实上，当频率测量精度非常高时会发现，即使同一种核处在相同磁场中，它们的共振频率也不完全相同，而是在一个有限的频率范围内. 这是由于原子核外的电子对原子核有磁屏蔽作用，它使作用于原子核的磁场强度小于外加磁场的强度，其屏蔽作用大小用屏蔽系数 s 来表示，被这种屏蔽作用削弱掉的磁场为 sB，与外加磁场方向相反. 外加磁场越强，sB 越大，原子核实际感受到的磁场强度与外加磁场强度之差越大. 此外，s 还与核的特性和化学环境有关. 核的化学环境指核所在的分子结构，同一种核处在不同的分子中，甚至在同一分子的不同位置或不同的原子基团中，它周围的电子数和电子的分布将有所不同. 因而，受到电子的磁屏蔽作用的程度不同. 考虑到电子的磁屏蔽作用，决定共振频率的拉莫方程应表示为

$$\omega=\gamma B=\gamma B_0(1-s)$$

由上式可知，在相同外加磁场作用下，样品中有不同化学环境的同一种核，由于受磁屏蔽的程度(s 的大小)不同，它们将具有不同的共振频率. 例如，在磁共振波谱中，水、NAA(N-乙酰天门冬氨酸)、Cr(肌酸)、Cho(胆碱)、脂肪的共振峰位置不同，这种现象就称为化学位移(chemical shift)，即因质子所处的化学环境不同，也就是核外电子云密度不同和所受屏蔽作用的不同，引起相同质子在磁共振波谱中吸收信号位置的不同. 实际上，研究某种样品物质的磁共振频谱时，常选用一种物质作为参考基准，以它的共振频率作为频谱图横坐标的原点. 并且，将不同种原子基团中的核的共振频率相对于坐标原点的频率之差作为该基团的化学位移. 显然，这种用频率之差表示的化学位移的大小与磁场强度高低有关. 在正常组织中，代谢物在物质中以特定的浓度存在，当组织发生病变时，代谢物浓度会发生改变. 磁共振成像主要是对水和脂肪中的氢质子共振峰进行测量，在 1.5T 场强下水和脂肪共振频率相差 220Hz(化学位移)，但是在这两个峰之间还有多种浓度较低代谢物所形成的共振峰，如 NAA、Cr、Cho 等，这些代谢物的浓度与水和脂肪相比非常低. 磁共振波谱需要通过匀场抑制水和脂肪的共振峰，才能使这些微弱的共振峰群得以显示.

下面是研究磁共振波谱时常用到的参数：

(1)共振峰的共振频率的中心——峰的位置所在频率：化学位移决定磁共振波谱中共

振峰的位置.

(2)共振峰的分裂.

(3)共振峰下的面积和共振峰的高度：在磁共振波谱中，吸收峰占有的面积与产生信号的质子数目成正比. 在研究波谱时，共振峰下的面积比峰的高度更有价值，因为它不受磁场均匀度的影响，对噪音相对不敏感.

(4)半高宽：半高宽是指吸收峰高度一半时吸收峰的宽度，它代表了波谱的分辨率. 原子核自旋磁矩之间的相互作用称为自旋耦合. 高分辨率磁共振频谱可以观察到自旋耦合引起的共振谱线的裂分，裂分的数目和幅度是相互耦合的核的自旋和核的数目的指征. 在一个氢核和一个氢核发生自旋耦合的情况下，由于一个氢核的磁矩有顺磁场和逆磁场两种可能的取向，所以它对受耦合作用的氢核可能产生两个不同的附加磁场的作用，这引起受耦合的氢核的共振由一个单峰分裂为二重峰. 如此类推，在两个氢核和一个氢核发生耦合的情况下，共振谱由一个分裂为三个.

磁共振波谱仪不仅可以描绘频谱，还可以描绘频谱的积分曲线，积分曲线对应共振峰的面积. 峰的面积反映一个原子基团中参与磁共振的核的数量. 比较频谱中各个峰的面积能确定出不同分子或原子基团中产生共振的核的相对数量. 将各共振峰的相对面积与参考标准进行比较可以推算样品分子或化学基团中共振核的绝对数目.

众所周知，磁共振研究的核首先必须具有磁矩. 这就排除了有偶数质子和偶数中子的核，如 16O 和 12C 等. 另外，有两个自旋状态的核最便于研究，满足这个条件的核有 1H、31P、19F 和 13C. 其中，19F 和 13C 在人体中含量很小，大多数研究必须在 19F 或 13C 增浓的物质条件下进行，1H 在人体内的含量最高，但人体组织极强的水信号往往导致频谱中水共振频率两侧其他生化物质的微弱信号被淹没，因此 31P 频谱研究得到最早应用，并在活体频谱研究中占据首要地位.

磁共振成像（MPI）尽量去除化学位移的作用，并突出反映组织间 T_1 、T_2 的差异，而磁共振波谱恰恰要利用化学位移的作用来确定代谢物的种类和含量. 磁共振波谱的敏感性较低，因为代谢物的浓度较低，产生的信号几乎是正常磁共振成像中水信号的万分之一，需要重复多次采集才能得到信号，所以需要更多的扫描时间，限制了磁共振波谱测定代谢物浓度变化的时间分辨率.

由于活体中组织水浓度比代谢物的质子浓度大几个量级，所产生的信号也大很多，并且由于磁共振成像的接收机增益动态范围有限，必须抑制水峰，才有可能观察到微弱的代谢信号，常用 CHESS(chemical shift selective suppression)方法抑制水峰，大部分 CHESS 技术是使用一种窄带频率选择性 90°RF 脉冲激发水峰，之后可激发测量代谢物的质子磁共振波谱，也可以躲开水的频率，使激发频谱中不包含水的频率成分，只激发代谢物的质子进行谱测量. 另外一种有效的抑制水的方法为 WET(water suppression enhanced through T1 effects)，该方法利用 180°脉冲反转医学图形 VOI(values of interest)内水磁化强度，当水磁化强度穿越零点时，用 90°脉冲激发 VOI 内样品，进行质子磁共振波谱测量，这时水不贡献信号.

另外，匀场技术(shimming)在磁共振波谱技术中也占有很重要的位置，波谱的信噪比和分辨率部分决定于谱线线宽，谱线线宽受原子核自然线宽及磁场均匀度的影响，内磁场的均匀度越高，线宽越小，基线越平滑. 1H 谱用水峰的半高宽来检测磁场的均匀性，由于磷的代谢产物化学位移范围较宽，故对匀场的要求不如氢谱高. 首先在病人进入磁场之前对较大范围进行匀场，但确定 VOI 后再进一步对 VOI 匀场. 方法是通过逐步调整 X、Y、Z 三个轴方向上的梯度线圈内电流使产生的自由感应衰减信号达到最慢来实现.

2)磁共振波谱的临床应用

临床波谱学的一个重要方面是可以对代谢产物进行定量分析. 利用波谱峰的高度和峰的宽度计算峰下面积，代谢物的峰下面积与所测的代谢产物的含量成正比. 主要有三种定量方法：绝对定量、半定量和相对定量. 绝对定量的方法为：将已知含量的化合物作为外标准，内标准用内生水来计算代谢物的浓度，用其峰下面积来校正代谢产物的峰下面积，计算出代谢产物含量的绝对值;半定量是直接测峰下面积. 相对定量是代谢物峰下面积的比值.

活体定域脑组织的磁共振波谱检查可显示脑组织代谢和生物化学改变. 其中 H 磁共振波谱能检测脂肪、氨基酸、酮体和乳酸等生物的重要代谢物质，31P 磁共振波谱用于能量代谢的检查，并可测定组织的 pH. 此外，13C 磁共振波谱可检测葡萄糖无氧酵解过程，而 23Na 和 39K 的磁共振波谱则可观察钾、钠离子动力学变化. 作为一种研究工具磁共振波谱已经成熟，正进入临床应用阶段，敏感度较低为其主要缺点.

磁共振波谱在海马硬化的诊断中有极其重要的应用. 虽然磁共振成像通过对海马容积的测定可有效诊断海马硬化，但对于轻微海马硬化或病理改变严重但体积变化不明显的病人以及海马神经元缺失后胶质细胞增生导致海马体积变化不大的情况，则不能有效确诊. 研究证明，几乎所有 NAA 均存在于神经元内，成熟的胶质细胞中不含 NAA，而 Cr 和胆碱 Cho 主要位于胶质细胞内. 只要存在神经元缺失的病理改变，就会表现为 NAA/(Cr+Cho)的减少. 磁共振波谱可以探测出以上物质的含量，通过计算即可发现早期海马硬化. 磁共振波谱和磁共振成像分别从不同角度反映了海马硬化的特点，互相补充，以提高海马硬化的诊断敏感性.

三、人 物 简 介

伊西多・艾萨克・拉比

伊西多・艾萨克・拉比(Isidor Isaac Rabi，1898～1988)　美国人，物理学家，核磁共振仪的发明者. 1930 年，拉比发现在磁场中的原子核会沿磁场方向呈正向或反向有序平行排列，而施加无线电波之后，原子核的自旋方向发生翻转. 这是人类关于原子核与磁场以及外加射频场相互作用的最早认识. 也因此获得 1944 年诺贝尔物理学奖. 用拉比发明的核磁共振方法测量原子核的磁矩，其绝对准确度可达 10^{-5}. 拉比曾经用它测量了 80 多种原子核

爱德华·米尔斯·珀塞尔

的磁矩. 另外，用核磁共振方法还可测量原子核的自旋. 这些都在核物理的研究中起过重要作用. 拉比的实验研究，不仅有重要的科学意义，而且有重大的实用价值. 20 世纪 50 年代以来，各种核磁共振仪被研制了出来，并在物理、化学、生物、地质和冶金等领域发挥着越来越大的作用.

爱德华·米尔斯·珀塞尔(Edward Mills Purcell，1912～1997） 美国物理学会成员、国家科学院院士、美国艺术和科学研究院成员，以及艾森豪威尔总统和肯尼迪总统当政时期的总统科学咨询委员会成员. 1912 年 8 月 30 日出生于美国依利诺伊州的特落威尔(Taylorville)城. 他先在依利诺伊州的马顿(Mattoon)公立学校受教育，1929 年进入印第安纳州的普度(Purdue)大学电力工程系学习. 大学毕业后，他被选为交流学生到德国的卡尔思鲁恩高等工业学校留学，在韦泽尔教授指导下学习. 一年之后，他回国进入哈佛大学攻读博士学位；两年之后，珀塞尔成为该大学讲师. 第二次世界大战开始后，他来到麻省理工大学放射研究所进行微波雷达开发研究. 许多微波波长都是1m以下的电磁波，人们可以将这种波的直线系统用于雷达. 珀塞尔这段经历在一生中十分有用，他亦因这一研究结识了许多著名科学家. 后来珀塞尔发现了原子磁共振的吸收. 第二次世界大战结束后，他回到哈佛大学，1949 年成为该校物理学教授. 珀塞尔对核磁共振研究是于 1945 年开始的. 他认为，处于原子中心的原子核具有很小的磁场，在原子核外有静磁场存在时，核的旋进运动就会开始. 地球的自转轴也会产生周期 26000 公里的旋进运动. 从外向输送电波时，这种电磁波的频率与原子核的旋进频率一致，这就是共振. 珀塞尔利用各种各样的固体和液体试验材料，测定共振频率构成这种材料的原子旋进频率. 此后这种现象叫做核磁共振，而且在人类生活的各个方面得到广泛的应用. 1952 年，他同费利克斯·布洛赫一同获诺贝尔物理学奖.

费利克斯·布洛赫(Felix Bloch，1905～1983） 瑞士物理学家. 布洛赫也独立地观察并测量了核磁共振. 1946 年，布洛赫提出了他的高精度测量核磁矩的方法：“核感应”方法，其数学公式被称为“布洛赫方程”. 布洛赫设想，在共振条件下，原子核的总磁矩与交变磁场成一有限的角度并绕恒定磁场做进动. 他把观察到的信号看作是感应电动势. 这样，原子核就变成了微型无线电发报机，而布洛赫收到了它发射的信号. 由示波器屏幕上条纹的方向便可知道核的旋转是顺着磁场方向还是逆着磁场方向，进而便可推算出核的磁矩. 虽然珀塞尔和布洛赫的实验方法不一样，但是从物理意义上讲，他们的想法是一致的. 布洛赫是一位在近代物理理论和实验都做出过巨大贡献的物理学家. 他早年的博士论文《金属的传导理论》就是一项很有价值的科学文献，提供了金属和绝缘体结构的近代图像，是半导体研究的理论基础. 他的名字在固体物理学中多次提到，如布洛赫方程、布洛赫波函数、布洛赫

费利克斯·布洛赫

自旋波、布洛赫壁，以及铁磁物质磁化时的布洛赫效应、自发磁化的布洛赫 T3/2 定律等都出自他的创建.

理查德·恩斯特(Richard Robert Ernst) 于 1933 年生于瑞士的温特图尔(Winterthur). 1958 年在苏黎世联邦高等工业学(ETH)获得化学学士学位. 1958～1962 年，他在该校物理化学研究所普利马斯(Hans Primas)教授指导下完成其博士学位论文. 1963～1966 年期间他受雇于美国加利福尼亚州的帕罗奥多(Palo Alto)的瓦里安联合(Varian Associates)公司，在那里与安德森(W. A. Anderson)一起研制出脉冲傅里叶变换核磁共振谱 (PFT-NMR) 仪. 从 1968 年起他在苏黎世 ETH 领导一个小组从事核磁共振和电子自旋共振(ESR)方法学的研究. 1975 年他和他领导的小组研究出二维核磁共振(2D NMR)技术. 从 1976 年到现在，他和他的研究组在发展二维和多维核磁共振波谱方面继续做了大量的工作. 此外，他在核磁共振成像方面也做出过重要贡献. 1991 年 10 月 16 日，瑞典皇家科学院授予瑞士苏黎世联邦高等工业学校(ETH)的物理化学家恩斯特教授以诺贝尔化学奖，表彰他在发展高分辨核磁共振波谱学方法方面的杰出贡献.

理查德·恩斯特

实验七　气体放电中等离子体的研究

众所周知，物质有三种聚集状态：固态、液态和气态. 然而，20 世纪，一些科学家在实验中却发现了与物质这三态不同的第四种状态，等离子体(plasma)态. 等离子体是由大量带电粒子组成的非束缚态宏观体系. 等离子体与固体、液体、气体一样，是物质的一种聚集状态. 常规意义上的等离子体态是中性气体中产生了相当数量的电离. 当气体温度升高到其粒子的热运动动能与气体的电离能可以比拟时，粒子之间通过碰撞就可以产生大量的电离过程. 对处于热力学平衡态的系统，提高系统的温度是获得等离子体态的唯一途径. 按温度在物质聚集状态中由低向高的顺序，等离子体态是物质的第四态.

等离子体的基本粒子元是正负电荷的粒子(离子)，而不是其结合体，异类带电粒子之间是相互“自由”和独立的. 等离子体粒子之间的相互作用力是电磁力，电磁力是长程的，原则上来说，彼此很远的带电粒子仍然能感觉到对方的存在. 在相互作用的力程范围内存在着大量的粒子，这些粒子间会发生多体的彼此自洽的相互作用，结果使得等离子体中粒子运动行为在很大程度上表现为集体的运动，存在集体运动是等离子体最重要的特点. 等离子体的微观基本组元是带电粒子，一方面，电磁场支配着粒子的运动，另一方面，带电粒子运动又会产生电磁场，因而等离子体中粒子的运动与电磁场的运动紧密耦合，不可分割. 等离子体概念可以推广，但核心内涵是集体行为起支配作用的宏观体系，例如，非中性等离子体：在宏观上表现为非电中性的宏观体系，若由电子或离子单一荷电成分组成，则称为纯电子或纯离子等离子体. 非中性等离子体存在着很强的自电(磁)场，磁场对其平衡起重要作用. 固态等离子体：金属中的电子气、半导体中的自由电子与空穴在一定程度上具有等离子体特征. 液态等离子体：电解液中的正负离子是自由的，具有等离子体特征. 天体物理中的星体：如果将万有引力与库仑力等价，则在天体尺度中，由星体构成的体系可视为一种类等离子体. 夸克-胶子等离子体：将强相互作用与电磁相互作用做类比，某些概念可用于粒子物理领域.

1835 年，物理学家法拉第在低压放电管中观察到了气体的辉光放电现象. 1879 年，物理学家克鲁克斯在研究了放电管中“电离气体”的性质后，认为物质还存在着第四态，称为一种表现的“物质第四态”. 1902 年，克尼理(A. E. Kenneally)和赫维塞德(O. Heaviside)提出电离层假设，解释短波无线电在天空反射的现象. 1923 年，德拜(P. Debye)提出等离子体屏蔽概念. 1925 年，阿普勒顿(E. V. Appleton)提出电磁波在电离层中传播理论，并划分电离层. 1928 年，朗缪尔(I. Langmuir)提出等离子体集体振荡等重要概念. 1929 年，汤克斯(L. Tonks)与朗缪尔(I. Langmuir)首次提出“Plasma”一词. 1937 年，阿尔芬(H. Alfven)指出等离子体与磁场的相互作用在空间和天文物理学中起重要作用. 1952 年，美国受控热核聚变的“Sherwood”计划开始，英国、法国、苏联也开展了相应的计划. 1958 年，人们发现等离子体物理是受控热核聚变研究的关键，开展了广泛的国

际合作. 20 世纪 50～80 年代，受控热核聚变研究和空间等离子体的研究使现代等离子体物理学建立起来. 1980 年起，低温等离子体的广泛应用使等离子体物理与科学达到新的高潮. 现代，等离子体物理学已经取得迅速的发展，而且在很多领域中获得了广泛的应用. 例如，在受控热核反应、新型磁流体发电机、空间技术、电子工业、金属加工、广播通信以及医疗技术等应用方面的研究中，等离子体都发挥着不可缺少的作用.

【实验原理】

1. 等离子体及其物理特性

等离子体(又称等离子区)定义为包含大量正负带电粒子，而又不出现净空间电荷的电离气体. 也就是说，其正负电荷密度相等，整体上呈现电中性. 等离子体可分为等温等离子体和不等温等离子体，一般气体放电产生的等离子体属不等温等离子体.

等离子体有一系列不同于普通气体的特性：高度电离，是电和热的良导体，具有比普通气体大几百倍的比热容，带正电的和带负电的粒子密度几乎相等，宏观上是电中性的.

虽然等离子体宏观上是电中性的，但是由于电子的热运动，等离子体局部会偏离电中性. 电荷之间的库仑相互作用使这种偏离电中性的范围不能无限扩大，最终使电中性得以恢复. 偏离电中性的区域最大尺度称为德拜长度 λ_D ，λ_D 是等离子体密度和温度的函数，是等离子体本身的属性，是等离子体电荷分布不均匀性的一种尺度. 当系统尺度 $L > \lambda_D$ 时，系统呈现电中性，当 $L < \lambda_D$ 时，系统可能出现非电中性.

2. 等离子体的主要参量

描述等离子体的一些主要参量为：

(1) 电子温度 T_{e0} ，它是等离子体的一个主要参量，因为在等离子体中电子碰撞电离是主要的，而电子碰撞电离与电子的能量有直接关系，即与电子温度相关联.

(2) 带电粒子密度：电子密度为 n_e ，正离子密度为 n_i ，在等离子体中 $n_e \approx n_i$.

(3) 轴向电场强度 E_{L0} ，表征为维持等离子体的存在所需的能量.

(4) 电子平均动能 $\overline{E}_e$.

(5) 空间电位分布.

此外，由于等离子体中带电粒子间的相互作用是长程的库仑力，所以它们在无规则的热运动之外，能产生某些类型的集体运动，如等离子振荡，其振荡频率 f 称为朗缪尔频率或等离子体频率. 电子振荡时辐射的电磁称为等离子体电磁辐射.

3. 稀薄气体产生的辉光放电

本实验研究的是辉光放电等离子体. 辉光放电是气体导电的一种形态. 当放电管内的压强保持在 $10 \sim 10^2$ Pa 时，在两电极上加高电压，就能观察到管内有放电现象. 辉光分为明暗相间的 8 个区域，在管内两个电极间的光强、电位和场强分布如图 7-1 所示.

8 个区域的名称为 1 阿斯顿区，2 阴极辉区，3 阴极暗区，4 负辉区，5 法拉第暗区，6 正辉区(即正辉柱)，7 阳极暗区，8 阳极辉区.

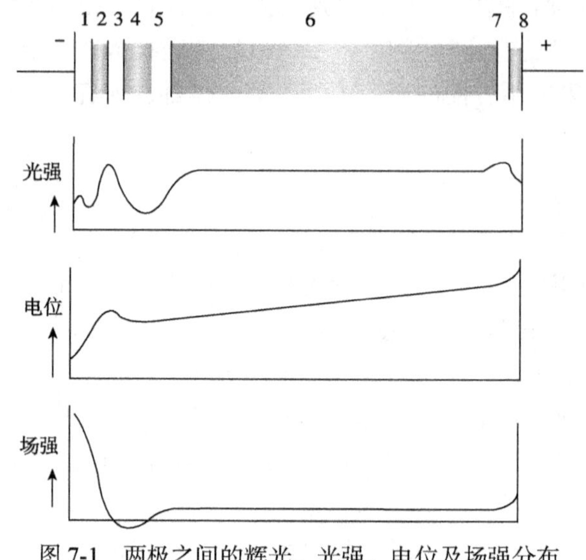

图 7-1　两极之间的辉光、光强、电位及场强分布

正辉区是我们感兴趣的等离子区. 其特征是：气体高度电离，电场强度很小，且沿轴向有恒定值，这使得其中带电粒子的无规则热运动胜过它们的定向运动. 所以它们基本上遵从麦克斯韦速度分布律. 由其具体分布可得到一个相应的温度，即电子温度. 但是，由于电子质量小，它在跟离子或原子弹性碰撞时能量损失很小，所以电子的平均动能比其他粒子大得多，这是一种非平衡状态. 因此，虽然电子温度很高(约为10^5K)，但放电气体的整体温度并不明显升高，放电管的玻璃壁并不会被软化.

4. 等离子体诊断

测试等离子体的方法称为诊断，它是等离子体物理实验的重要部分. 等离子体诊断有：探针法、霍尔效应法、光谱法、微波法等. 下面分别来介绍几种方法.

1)探针法

探针法测定等离子体参量是朗缪尔提出的，又称朗缪尔探针法，分单探针法和双探针法.

(1)单探针法.

探针是封入等离子体中的一个小的金属电极(其形状可以是平板形、圆柱形、球形)，其接法如图 7-2 所示. 以放电管的阳极或阴极作为参考点，改变探针电位，测出相应的探针电流，得到探针电流与其电位之间的关系，即探针伏安特性曲线，如图 7-3 所示.

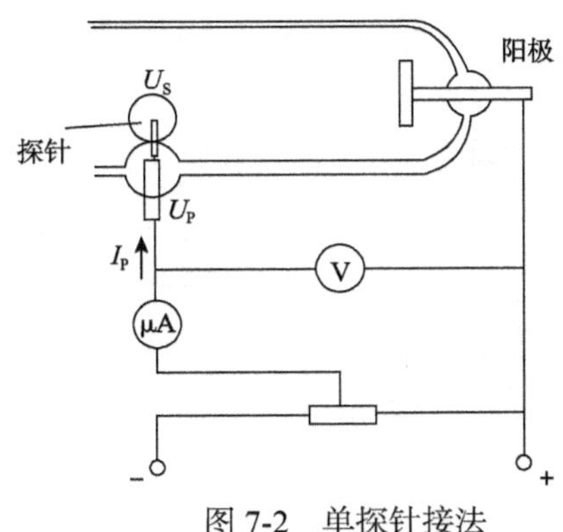

图 7-2　单探针接法

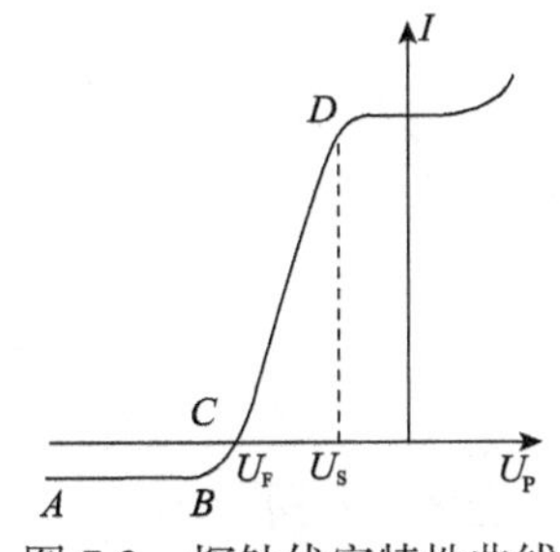

图 7-3　探针伏安特性曲线

对此曲线的解释为：在 AB 段，探针的负电位很大，电子受负电位的拒斥，而速度很慢的正离子被吸向探针，在探针周围形成正离子构成的空间电荷层，即所谓“正离子鞘”，它把探针电场屏蔽起来. 等离子区中的正离子只能靠热运动穿过鞘层抵达探针，形成探针电流，所以 AB 段为正离子流，这个电流很小. 过了 B 点，随着探针负电位减小，电场对电子的拒斥作用减弱，一些快速电子能够克服电场拒斥作用，抵达探极，这些电子形成的电流抵消了部分正离子流，使探针电流逐渐下降，所以 BC 段为正离子流加电子流. 到了 C 点，电子流刚好等于正离子流，互相抵消，使探针电流为零. 此时探针电位就是悬浮电位 U_F. 继续减小探极电位绝对值，到达探极电子数比正离子数多得多，探极电流转为正向，并且迅速增大，所以 CD 段为电子流加离子流，以电子流为主. 当探极电位 U_P 和等离子体的空间电位 U_S 相等时，正离子鞘消失，全部电子都能到达探极，这对应于曲线上的 D 点. 此后电流达到饱和. 如果 U_P 进一步升高，探极周围的气体也被电离，探极电流又迅速增大，甚至烧毁探针.

由单探针法得到的伏安特性曲线，可求得等离子体的一些主要参量. 对于曲线的 CD 段，由于电子受到减速电位 (U_P-U_S) 的作用，只有能量比 $e(U_P-U_S)$ 大的那部分电子能够到达探针. 假定等离子区内电子的速度服从麦克斯韦分布，则减速电场中靠近探针表面处的电子密度 n_e，按玻尔兹曼分布应为

$$n_e = n_0 \exp\left[\frac{e(U_P - U_S)}{kT_e}\right] \tag{7-1}$$

式中，n_0 为等离子区中的电子密度；T_e 为等离子区中的电子温度；k 为玻尔兹曼常量.

在电子平均速率为 $\overline{v}_e$ 时，在单位时间内落到表面积为 S 的探针上的电子数为

$$N_e = \frac{1}{4} n_e \overline{v}_e S \tag{7-2}$$

将式(7-1)代入式(7-2)得探针上的电子电流

$$I = N_e \cdot e = \frac{1}{4} n_e \overline{v} \cdot S \cdot e = I_0 \exp\left[\frac{e(U_P - U_S)}{kT_e}\right] \tag{7-3}$$

其中

$$I_0 = \frac{1}{4} n_e \overline{v}_e \cdot S \cdot e \tag{7-4}$$

对式(7-3)取对数

$$\ln I = \ln I_0 - \frac{eU_S}{kT_e} + \frac{eU_P}{kT_e}$$

其中，$\ln I_0 - \frac{eU_S}{kT_e}$=常数，则

$$\ln I = \frac{eU_P}{kT_e} + 常数 \tag{7-5}$$

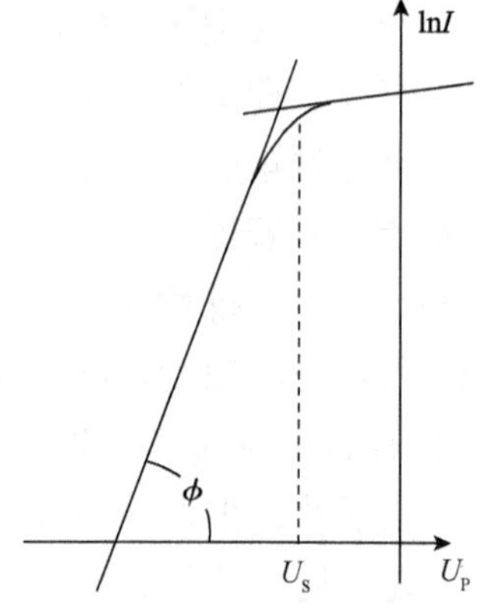

图 7-4　电流对数和探针点位曲线

可见电子电流的对数和探针电位呈线性关系，作半对数曲线，如图 7-4 所示，由直线部分的斜率 $\tan\phi$，可决定电子温度 T_e，即 $\tan\phi = \frac{\ln I}{U_P} = \frac{e}{kT_e}$，则有

$$T_e = \frac{e}{k\tan\phi} = \frac{11600}{\tan\phi}(\mathrm{K}) \tag{7-6}$$

若取以 10 为底的对数，则常数 11600 应为 5040. 电子平均动能 $\overline{E}_e$ 和平均速度 $\overline{v}_e$ 分别为

$$\overline{E}_e = \frac{3}{2} kT_e \tag{7-7}$$

$$\overline{v}_e = \sqrt{\frac{8kT_e}{\pi m_e}} \tag{7-8}$$

式中，m_e 为电子质量.

由式(7-4)可得等离子区中的电子密度

$$n_e = \frac{4I_0}{eS\overline{v}_e} = \frac{I_0}{eS}\sqrt{\frac{2\pi m_e}{kT_e}} \tag{7-9}$$

式中，I_0 为 $U_P = U_S$ 时的电子电流；S 为探针裸露在等离子区中的表面面积.

(2) 双探针法.

单探针法有一定的局限性，因为探针的电位要以放电管的阳极或阴极电位作为参考点，而且一部分放电电流会对探针电流有所贡献，造成探极电流过大和特性曲线失真. 双探针是在放电管中装两根探针，相隔一段距离 l. 双探针的伏安特性曲线如图 7-5 所示. 熟悉了单探针的理论后，对双探针的特性曲线就不难理解. 在坐标原点，如果两根探针之

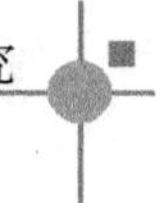

间没有电位差，它们各自得到的电流相等，所以外电流为零. 然而一般说来，由于两个探针所在的等离子体电位略有不同，所以外加电压为零时，电流不为零. 随着外加电压逐步增加，电流趋于饱和. 最大电流时饱和离子电流为I_{s1}，I_{s2}.

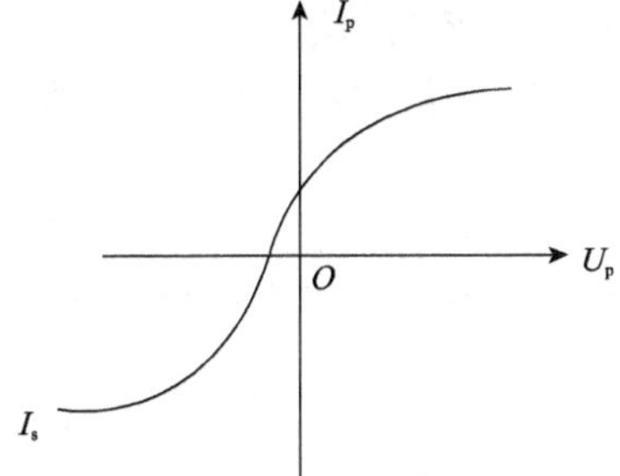

图 7-5　双探针伏安特性曲线

双探针有一个重要的优点，即流到系统的总电流不可能大于饱和离子电流. 这是因为流到系统的电子电流总是与相等的离子电流平衡，从而探针对等离子体的干扰大为减小.

由双探针特性曲线，通过下式可求得电子温度T_e

$$T_e = \frac{e}{k}\frac{I_{i1} \cdot I_{i2}}{I_{i1} + I_{i2}} \cdot \left.\frac{\mathrm{d}U}{\mathrm{d}I}\right|_{U=0} \tag{7-10}$$

式中，e为电子电荷；k为玻尔兹曼常量；I_{i1}和I_{i2}为流到探针 1 和 2 的正离子电流，它们由饱和离子流确定；$\left.\frac{\mathrm{d}U}{\mathrm{d}I}\right|_{U=0}$是$U=0$附近伏安特性曲线斜率.

电子密度n_e为

$$n_e = \frac{2I_s}{eS}\sqrt{\frac{M}{kT_e}} \tag{7-11}$$

式中，M为放电管所充气体的离子质量；S为两根探针的平均表面积；I_s是正离子饱和电流.

由双探针法可测定等离子体内的轴向电场强度E_L. 一种方法是分别测定两根探针所在处的等离子体电位U_1和U_2，由下式得

$$E_L = \frac{U_1 - U_2}{l} \tag{7-12}$$

式中，l为两探针间距.

另一种方法称为补偿法，接线如图 7-6 所示. 当电流表上的读数为零时，伏特表上的电位差除以探针间距l也可得到E_L.

2)霍尔效应法

在等离子体中“悬浮”一对平行板，在与等离子体中带电粒子漂移垂直的方向加磁场，保持磁场方向、漂移方向和平行板法线方向三者互相垂直，如图 7-7 所示，则具有电荷e和漂移速度v_L的电子在磁场中受到洛伦兹力为

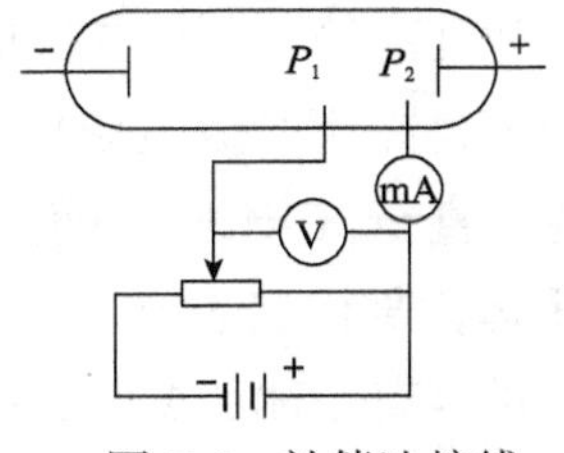

图 7-6　补偿法接线

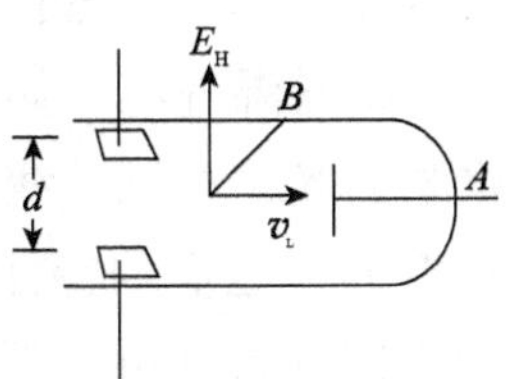

图 7-7　霍尔效应法

$$\boldsymbol{F}_{\mathrm{L}} = e\boldsymbol{v}_{\mathrm{L}} \times \boldsymbol{B} \tag{7-13}$$

式中，$\boldsymbol{B}$ 为磁感应强度. 这个作用力使电子向平行板法线方向偏转，从而建立起霍尔电场 $\boldsymbol{E}_{\mathrm{H}}$，这个电场对电子也将产生作用力

$$\boldsymbol{F}_{\mathrm{e}} = e \cdot \boldsymbol{E}_{\mathrm{H}} \tag{7-14}$$

当磁力和电场力平衡时，有

$$v_{\mathrm{L}} = \frac{E_{\mathrm{H}}}{B} = \frac{U_{\mathrm{H}}}{Bd} \tag{7-15}$$

式中，d 是平行板间距；U_{H} 是霍尔电压.

实验证明，对弱磁场，霍尔电压和磁场之间保持线性关系，但式(7-15)要修改为

$$v_{\mathrm{L}} = \frac{8U_{\mathrm{H}}}{Bd} \tag{7-16}$$

设电流密度为 j，则通过放电管的电流为

$$\mathrm{d}I = j\mathrm{d}A \tag{7-17}$$

设 r 是放电管半径，则

$$\mathrm{d}I = n_{\mathrm{e}}(r)ev_{\mathrm{L}}2\pi r\mathrm{d}r \tag{7-18}$$

在只考虑数量级时，可假定 $n_{\mathrm{e}}(r)$ 是常数，则有

$$I = n_{\mathrm{e}}e\pi r^2 v_{\mathrm{L}}$$

由此可求得电子密度

$$n_{\mathrm{e}} = \frac{I}{e\pi r^2 v_{\mathrm{L}}} = \frac{IBd}{8\pi e r^2 U_{\mathrm{H}}}$$

亥姆-霍兹线圈轴中央的磁感应强度为

$$B = 0.724\frac{\mu_0 Ni}{R}$$

式中，μ_0 为真空磁导率；N 为线圈匝数；i 为线圈电流；R 为线圈半径.

3) 光谱分析法

由于光谱分析技术操作简单、选择性好、灵敏度高等，所以广泛应用于测量等离子体参数. 我们知道大多数低温等离子体工艺过程都是在辉光放电条件下进行的. 辉光放电本身可以发射出很强的光，有红外线，紫外线，直至 X 射线. 发射出来的光谱有的是连续的，有的是不连续的，它们的特性与等离子体内部的状态有着直接的关系. 通过对等离子体发射出来的光谱进行分析，不仅可以测量等离子体的参数，同时还可以对工艺过程进行监控.

一般的光谱诊断系统由单色仪、光电倍增管、放大器及记录仪等组成，如图 7-8 所示. 辉光放电发射出来的光经过由放电室的光学窗口引入单色仪. 在单色仪的出口夹缝处装有光电倍增管，将单色仪发散后的不同波长的光转换成电信号，再经过放大器放大后进入记录仪，其中单色仪是这个测量系统中的一个关键部件. 在记录仪中装有光探测元件，可以对发射出来的光谱进行拍照. 将拍摄出来的光谱与已知元素的光谱线进行比较，即可以推断出等离子体中所含的成分，而根据底片的感光程度及曝光特性，可以推断出等离子体中电子的温度. 假定两次测得不同频率(为 ω_1 和 ω_2)处的发光强度之比为 γ，则电子的温度可以由下式确定：

$$T_e = (\omega_1 - \omega_2)\hbar / \ln\gamma \tag{7-19}$$

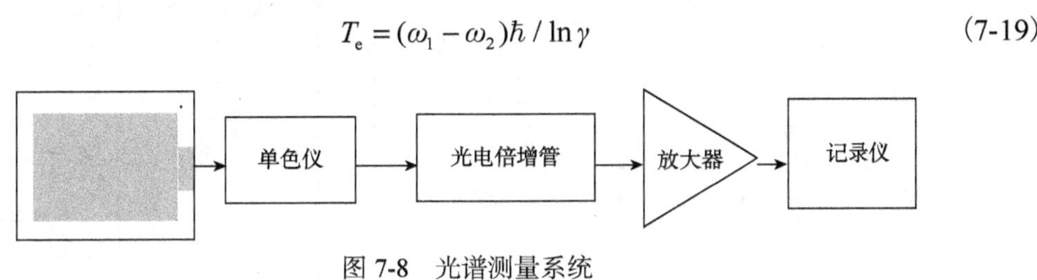

图 7-8 光谱测量系统

4) 微波透射测量法

微波是一种频率很高的电磁波，它的频率范围为 $10^9 \sim 10^{11}$ Hz，波长从几个厘米到几个毫米. 根据等离子体波动理论可以证明，频率为 ω 的电磁波在非磁化等离子体中传播时，波的色散关系为

$$\omega^2 = \omega_p^2 + c^2k^2 \tag{7-20}$$

可见，当 $\omega < \omega_p$ (ω_p 为等离子体频率)时，电磁波在等离子体中不能传播，称这种现象为波的截止现象. 利用波的截止现象可以测得电子的密度. 图 7-9 为微波透射测量装置示意图. 调整微波发生器的发射频率，使波的传播处于临界截止状态，即 $\omega = \omega_c = \omega_p$. 由此可以得到等离子体的密度为

$$n_0 = \frac{\omega_c^2 m_e}{4\pi e^2} \tag{7-21}$$

可见，这种测量方法较为简单.

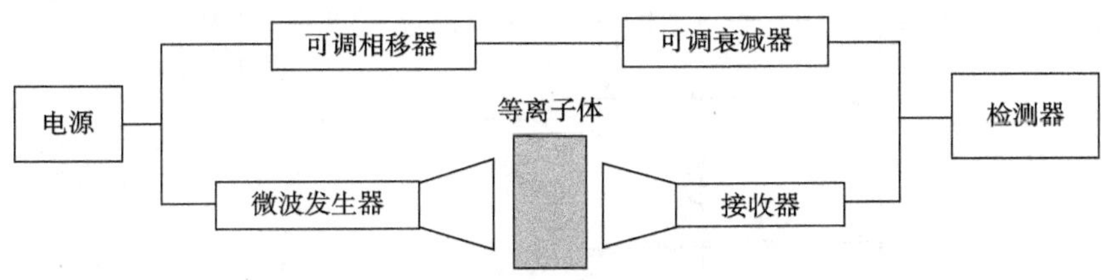

图 7-9 微波透射测量装置示意图

【实验仪器】

该实验使用 DL-1 型等离子体物理实验组合仪和 TJ-2001(A，O，P)型等离子体放电管，仪器如图 7-10 所示. 另外备一台微机及 *X-Y* 函数记录仪，可以更准确地得到探针的特性曲线.

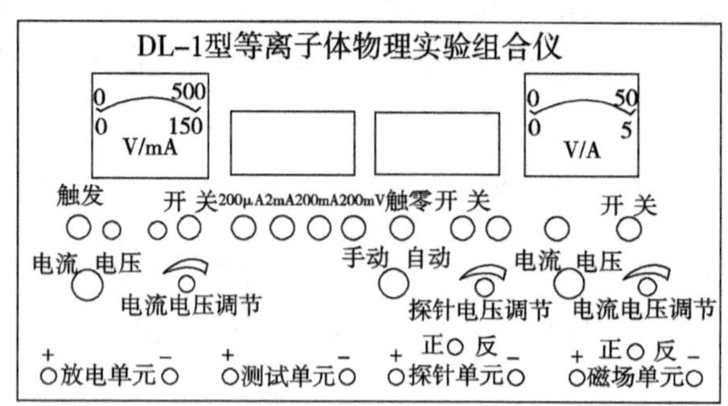

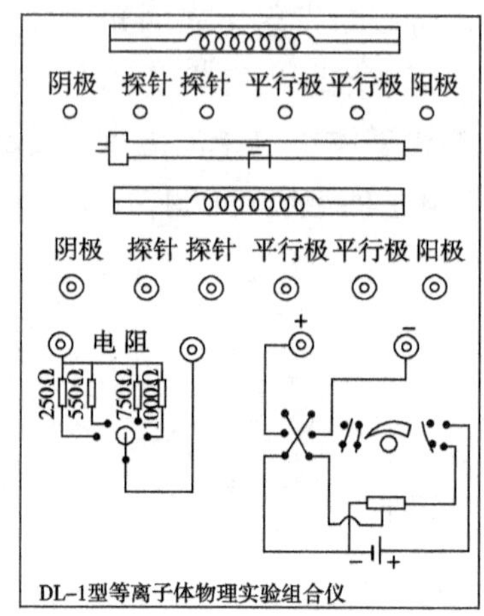

图 7-10 实验仪器面板

实验仪器参数及基本常数如下：

探针面积：$\frac{1}{4}\pi D^2(D=0.45\text{mm})$；探针轴向间距：30mm；放电管内径：$\Phi$6mm；平行板面积：(4×7) mm²；平行板间距：4mm；亥姆霍兹线圈直径：Φ200mm；亥姆霍兹线圈间距：100mm；亥姆霍兹线圈圈数：400 圈(单只)；电子电量：$e=1.60\times10^{-19}$C；电子质量：$m_e=9.11\times10^{-31}$kg；玻尔兹曼常量：$k=1.38\times10^{-23}$J · K.

【实验内容】

1. 单探针法

单探针法的实验原理图如图 7-11 所示.

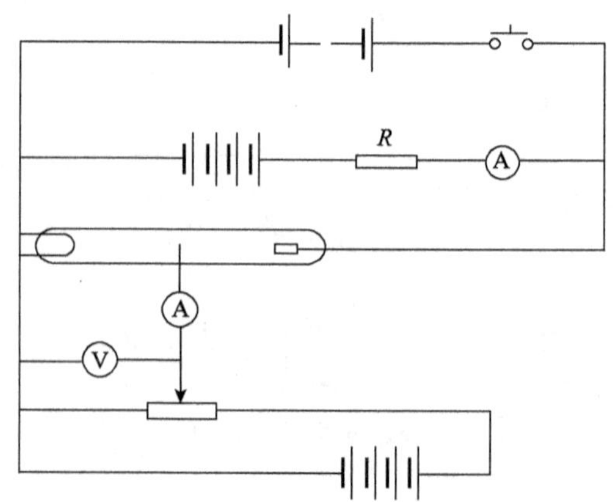

图 7-11 单探针法实验原理图

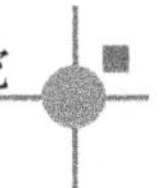

进行单探针法诊断实验可用两种方法：

1)逐点记录法

逐点改变探针电位，记录每点的探针电位和相应的探针电流数值，然后在直角坐标纸或半对数纸上描出 *I-V* 特性曲线，进行计算. 具体步骤如下：

(1)按图 7-12 连接好线路.

(2)接通仪器总电源.

(3)接通测试单元、探针单元电源.

(4)接通放电单元电源，显示开关置“电压显示”，调节输出电压，使输出电压为 300V 左右，再把显示开关置“电流显示”挡.

(5)按“高压触发”按钮数次，放电管即触发并转入正常放电. 此时，可将放电电流调节至 100mA 左右，稳定数分钟，然后，将放电电流调到实验需要值 30～40mA，待稳定后，即可开始做实验(如果按“高压触发”数次后，放电管不能转入正常放电，可将输出电压再调高一些，但不要忘了应把“输出”置于“电流显示”方可进行高压触发).

(6)接通探针单元电源，输出开关置“正向输出”. 调节“输出电压电位器”，使输出电压为实验需要的数值(一般为 50～70V).

(7)置测试单元为合适的量程. 调节电位器旋钮，逐点记录测得的探针电压和电流，直至完成单探针法的 *I-V* 特性曲线.

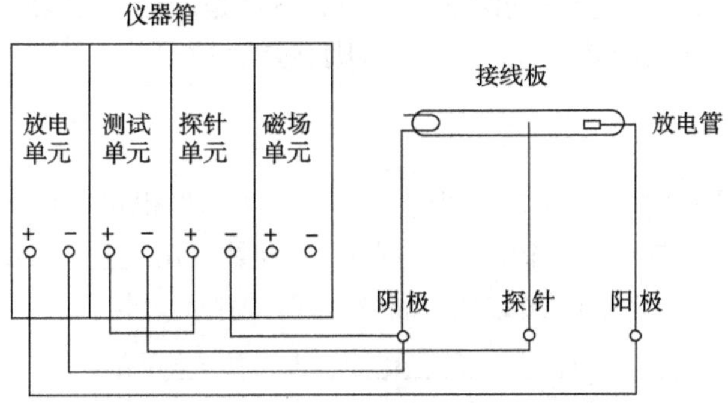

图 7-12　单探针法实验接线图(逐点记录法)

2)用(微机)*X-Y* 函数记录仪测量

用函数记录仪直接记录探针电位和探针电流，函数记录仪随着探针电位的变化自动描出实验曲线.

(1)参看图 7-11，将电压表位置用函数记录仪的“*X*”取代，将电流表的位置用电阻取代，并将函数记录仪的“*Y*”并在电阻两端，实际接线见图 7-13.

(2)接通仪器箱总电源.

(3)接通放电单元电源，按前面所述的方法使放电管放电，并使放电电流为需要值(30～40mA).

(4)接通(微机)*X-Y* 函数记录仪电源，选择合适的量程.

(5)接通探针单元电源，选择合适的输出电压.

(6)将接线板上的电阻调至适当阻值.

(7)将选择开关置于“自动”，则探针电压自动输出扫描电压，当需要回到“零点”电位时，请按动“清零按钮”，电压又从零点开始上升.

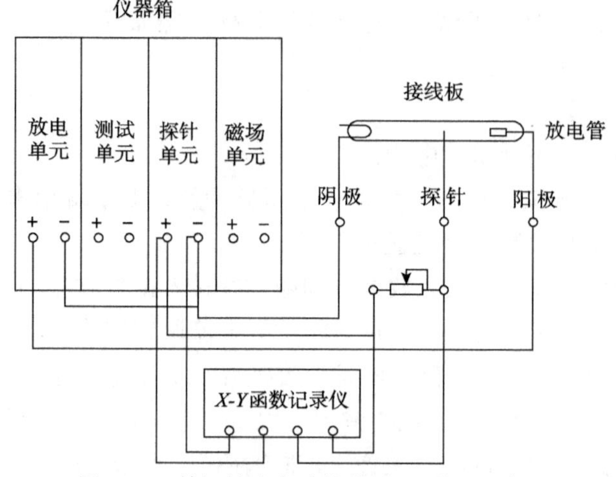

图 7-13　单探针法实验接线图(函数记录仪)

值得一提的是，用 X-Y 函数记录仪可以得到比逐点法好的数据，因为等离子体电位在几分钟内可以有 25%的漂移，而用逐点法测试所需的时间与离子体电位发生较大变化的时间是可以比拟的，这会使得到的曲线失真. 不管是用逐点记录还是用函数记录仪，都不要使加在探针上的电压超过 U_{P} 太多，否则会烧毁放电管.

2. 双探针法

双探针法的实验原理图如图 7-14 所示. 双探针法同样也可以用逐点记录或用函数记录仪记录，实验方法和单探针法相同，见图 7-15 和图 7-16. 注意：双探针的探针电流要比单探针小两个数量级，在 10^{-5}A 以内，故要合理选择仪表量程.

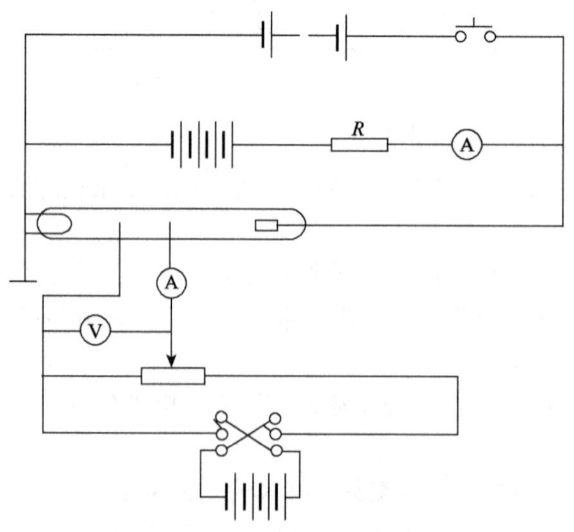

图 7-14　双探针法实验原理图

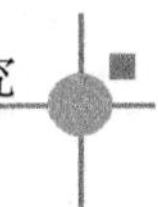

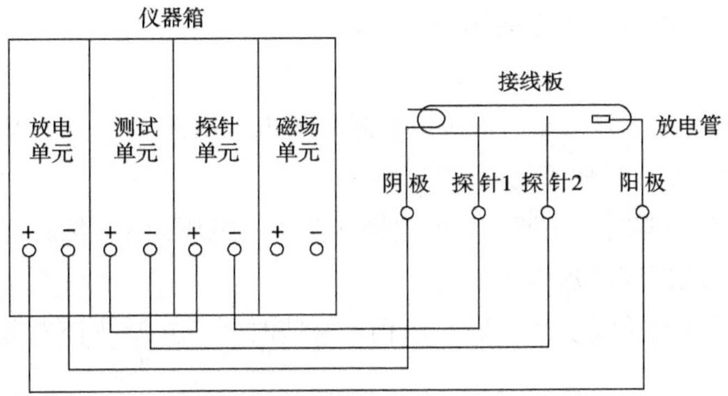

图 7-15　双探针法实验接线图(逐点记录)

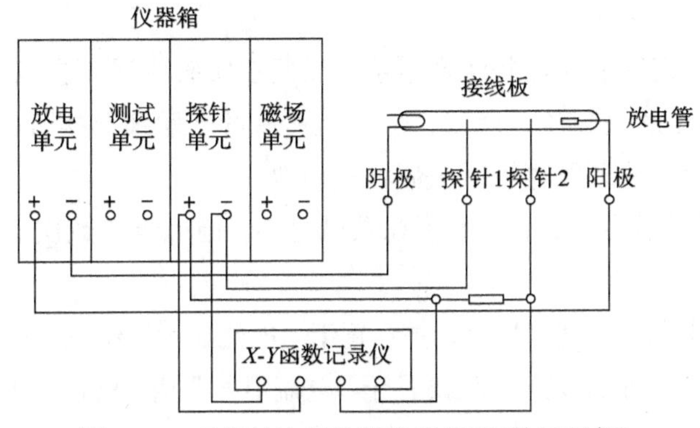

图 7-16　双探针法实验接线图(用函数记录仪)

3. 霍尔效应法

由于霍尔平行板相对阴极不完全对称和本身形状的不均匀，在未加磁场时，平行板之间会有一定的电位差，图 7-17 中，在接线板上用一个可调的补偿电源将它抵消掉，以使读数更加直观.

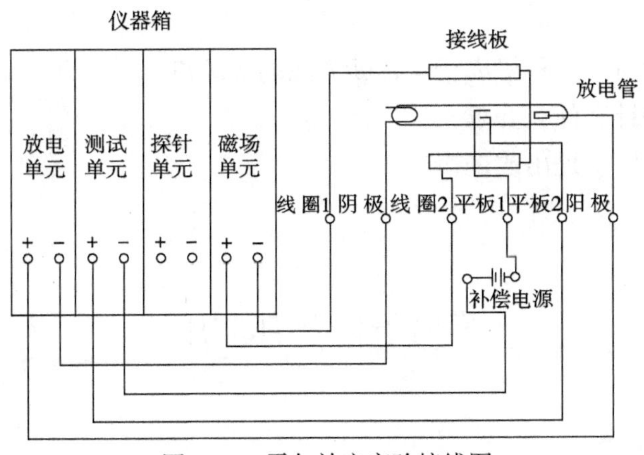

图 7-17　霍尔效应实验接线图

注意：放电管的霍尔平行板和线圈的磁场方向垂直，并对准线圈中心孔，两只线圈必须是串联连接，并保持磁场方向相同.

实验步骤如下：

(1)按图 7-17 接好线路，然后使放电管触发放电，电流调到 30～40mA.

(2)接通补偿电源、测试单元和磁场单元.

(3)在线圈电流为零时，先调节补偿电源，使霍尔电压为零. 然后逐点增加线圈的电流，记录每点的电流值和霍尔电压值.

如果改变磁场方向重复上述实验，应稍等一些时间，并调节补偿电源，仍使霍尔电压为零.

【注意事项】

在做实验之前，记住下面这些注意事项，以便在实验中提醒自己，否则容易出事故.

(1)放电单元输出的是高压，所以，应先将所有的实验线路接好后才接通放电单元，一旦放电单元接通后，就不要再用手去碰任何电极.

(2)高压触发时间不要太长，一般可在数秒之内，但可重复数次，直至使放电管起辉放电.

(3)放电管在放电前，要把“显示开关”置于“电流显示”位置，然后才可以进行触发.

(4)磁场单元的“显示开关”一般要置于“电流显示”挡，只有接上负载后才能置“电压显示”.

(5)磁场单元切换“显示开关”和“换向开关”时，一定要切断电源后才可以进行，否则会烧毁开关.

(6)应用不同诊断方法测量同一个等离子参量，会有较大差别，这正是测量等离子体的困难之处.

【思考题】

(1)比较本实验所用几种等离子体诊断方法的优缺点.

(2)探针法对探针有什么要求？

(3)分析误差原因，提出改进措施.

【附录】

等离子体及其应用

1. 等离子体

物质世界中一切宏观物体都是由大量分子(或原子)组成的，所有的分子都处于无休

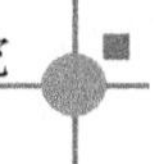

止的无规则运动之中. 物质的存在形式如固态、液态和气态，称为物质的凝聚态. 物质之所以会形成不同的凝聚态，包括固体和液体分子不会散开而能保持一定体积，是因为分子之间存在相互吸引力. 分子力的吸引作用使分子聚集在一起，在空间形成某种有规则的分布，叫做有序分布；而分子的无规则热运动具有破坏这种有序排列，使分子分散开来的趋势. 正是分子力与分子的无规则热运动这两种相互对立的作用，使得物质分子在不同温度下呈现出三种不同的凝聚态.

温度是分子热运动剧烈程度在宏观上的表现，温度越高物质分子的热运动越剧烈. 在较低温度下，分子的无规则热运动不太剧烈，分子在分子力的作用下被束缚在各自的平衡位置附近做微小的振动，分子排列有序，表现为固态. 温度升高，分子无规则热运动剧烈到某一程度，分子力作用已经不足以将分子束缚在固定的平衡位置附近做微小的振动，但还不至于使分子分散远离，这就表现为有一定体积但无固定形状的液态. 温度再高，分子无规则热运动进一步加强，分子力已无法使分子保持一定距离，分子互相分散远离，分子的运动几乎是自由运动，即气态.

物质由固态转变为液态的过程——溶解，由液态转变到固态——凝固；物质由固态转变为气态的过程——升华，由气态转变到固态——凝华；物质由液态转变到气态的过程——汽化，由气态转变到液态——液化. 其中，发生在液体表面的汽化叫做蒸发，发生在整个液体内部的剧烈汽化叫做沸腾.

当温度足够高时，构成分子的原子也将获得足够大的动能开始彼此分离——离化. 在此基础上，进一步提高温度，原子的外层电子脱离原子核的束缚成为自由电子——电离. 电离方式主要有以下两种。

热电离：在高温下，气体质点的热运动速度很大，具有足够大的动能，相互间的碰撞会使原子中的电子获得足够大的能量，超过原子电离所需的能量——电离能，从而产生电离；若要使气体电离成分≥1‰，根据沙哈公式，则必须使温度 T 高于 1 万摄氏度. 因此室温下气体中电离的成分微乎其微. 但是，高温未必意味着高热. 日光灯里面的电子温度大约为 20000K，但灯管也未烧坏，其原因在于日光灯中气体的数量远少于标准大气压时的数量，且电离度仅有万分之一左右. 尽管电子动能很大，但由于数量很少即热容量很小，故撞击管壁时传给管壁的热量也非常小. 此外，离子温度和大量中性粒子的温度远低于电子温度，因此，总的温度大约和室温差不多.

光电离：气体受光照射时，原子会吸收光子能量，若光子能量足够强，也会产生电离. 光电离主要发生在大气稀薄的情况，如电离层的形成. 要产生光电离，照射光必须满足

$$\text{波长 }\lambda=12400/\text{电离能(eV)}\ (\text{Å})$$

氧原子电离能为 12.56eV（电子伏特：能量单位，代表带一个电子电荷的粒子在电场中经过 1V 的电位变化后，粒子获得或损失的能量，$1\text{eV}=1.6022\times10^{-19}\text{J}$），则 $\lambda=987$ Å（紫

外线).

碰撞电离：气体中的带电粒子在电场中加速获得能量，它们与气体原子碰撞交换能量，从而引起气体电离，碰撞电离中主要是电子的贡献. 实际中，只要气体中电离成分超过千分之一，它的主要性质就会发生本质的变化. 电离层的电离度为 2‰～3‰，已经足以反射或折射高频电磁波. 尽管描述普通气体的宏观物理量如密度、温度、压力等对电离气体同样适用，但它的行为主要由离子和电子之间的库仑作用力所支配，中性粒子之间的相互作用退居次要地位，从而形成一种性质截然不同的全新物质聚集态——等离子体，导电率很高的导电流体，物质的第四态.

等离子体与普通气体是不同的，表现在粒子间的作用力不同，普通气体间不存在静电磁力，而等离子体中的带电粒子间存在库仑力；由于等离子体带电，其行为还会受到外加电磁场的影响. 但是，并非任何电离气体都是等离子体，只有当气体的电离度大到一定程度(≥1‰)，带电粒子所带电荷的密度达到一定程度，其所产生的带电空间足以限制其自身运动时，这样的电离气体才能称为等离子体.

宇宙空间 99%以上的物质处于等离子体态. 在地球的高层大气中，就有由于太阳紫外辐射和宇宙线的激发而形成的电离层. 电离层之上，还有一个范围更为广阔的磁层. 这些区域都是等离子体活动的场所. 太阳和其他恒星就是巨大的等离子体. 星际气体由于恒星的辐射作用也呈电离态. 在地球表面，天然产生的等离子体几乎是不存在的(闪电时产生的瞬时等离子体除外)，这是由于地球及其附近大气的低温和高密度妨碍了它的存在. 用人工的方法可产生所需要的等离子体.

并非任何带电粒子气体就是等离子体，等离子体也不仅局限于气体. 从一般意义上来说，等离子体是含有足量的自由带电粒子以致其动力学行为受到电磁力支配的任何一种物质体系. 等离子体不仅包括气态等离子体，而且也包括固态等离子体和液态等离子体，因为金属、半导体及电解液中的带电离子属于这个范畴.

随着等离子体物理研究的深入，等离子体的组分由原先的电子和离子(有时还有中性粒子)扩展到了单种电荷的粒子(电子或离子，正电子或反质子)，体系由电中性扩展到了非电中性，粒子间的库仑位能与粒子平均热能之比由 $c\phi/kT \ll 1$ 扩展到 $c\phi/kT > 1$. 我们将由电子和离子(有时还有中性粒子)组成的、整体呈电中性的等离子体称为中性等离子体；将整体呈非电中性且其中自身电场起主要作用的等离子体称为非中性等离子体；将具有的 $c\phi/kT > 1$ 的等离子体称为强耦合等离子体，反之，则称为弱耦合等离子体. 这些等离子体的性质虽有共同之处，但也有极不相同的地方.

中性等离子体：对中性等离子体的定义有两个. 一个常用的定义是将等离子体定义成：等离子体是由一种带电粒子和中性粒子组成的，具有集体行为的似中性气体，它必须满足以下条件：

$$\lambda_D \ll L, \quad N_D \gg 1, \quad \omega\tau > 1$$

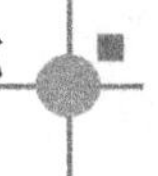

其中，L 是气体所占的尺度，即以德拜屏蔽长度 λ_D 为半径的球体内的粒子数；N_D 为德拜球内的粒子数；ω 为等离子体振荡频率；τ 是带电粒子与中性粒子的碰撞时间. 这三个条件的物理意义是很明确的. $\lambda_D \ll L$ 表示在尺度为 L 的体系中必须有很多个德拜球，每当发生电荷的局部集中或者把外部的电位引入体系时，它们都要在一个比 L 短的距离内被屏蔽掉，使大部分等离子体没有高的电位或电场，体系呈“似中性”的. $N_D \gg 1$，表示德拜球内的粒子数要很多，事实上，德拜屏蔽是一种统计的概念，只有当粒子周围的异号“电荷云”中的粒子足够多时，德拜屏蔽才是一个有意义的物理概念. $\omega\tau > 1$ 则表示粒子的运动主要是带电粒子间的电磁力(长程力)起支配作用，而不取决于带电粒子与中性粒子之间的短程作用即碰撞.

另一个定义是首先将等离子体看成是和固体、液体和气体同一层次的物质存在形式，即将等离子体看成是物质第四态，从而将等离子体定义成由大量带电粒子组成的有宏观空间尺度和时间尺度的体系. 这里宏观空间尺度下限就是德拜屏蔽半径 λ_D，时间尺度下限则为该带电粒子体系中电子组分在其平衡位置的振荡周期 ω_{pe}^{-1}(ω_{pe} 为电子振荡频率，也称朗缪尔振荡频率). 一个带电粒子体系要能具有作为物质基本存在形式所应该具有的典型性质，其所占据的空间尺度 L 必须远大于 λ_D，即 $\lambda_D \ll L$，其所存在的时间必须足够长，以使大量带电粒子有足够的时间相互作用来消除各个粒子初始状态的影响或这些粒子偶然发生的涨落所造成的影响，否则粒子体系的性质千变万化，不可能具有物质基本存在形态所应有的典型性质和运动规律. 带电粒子体系存在的所需要的最小时间尺度 τ' 为电子振荡周期，即 $\omega_{pe}^{-1} \ll \tau'$. 因此，等离子体作为一种物质形态存在所需要的条件是：$\lambda_D \ll L$ 和 $\omega_{pe}^{-1} \ll \tau'$. 这两个条件也是等离子体保持电荷准中性的条件.

非中性等离子体：非中性等离子体可以由异号电荷的粒子组成，但整体呈非电中性且其内部自身电场对粒子的行为起主要作用. 非中性等离子体也可由同号电荷的粒子组成，这种粒子可以是电子或正电子，也可以是离子或反质子. 例如，如果非中性等离子体中的带电粒子全部是电子，则称为纯电子非中性等离子体；如果带电粒子全部是离子，则称为纯离子非中性等离子体. 对于经典体系，弱耦合指的是耦合系数 $\Gamma = c\phi / kT < 1$ 的情形，对于量子体系，则为 $\Gamma = c\phi / E_F$，式中 $c\phi$ 是最邻近两个粒子间的库仑位能，T 为用 eV 表示的热能，E_F 为费米能. 理论表明，非中性等离子体中也存在德拜屏蔽效应，并且德拜长度也可表示成中性等离子体的形式，且当 $\lambda_D \ll L$ 时，也有类似于中性等离子体中的集体效应.

强耦合等离子体：强耦合等离子体是高密度离化物质的一种存在形式，其动力行为主要由带电粒子间的库仑关联作用决定，即 $\Gamma = c\phi / kT > 1$(经典体系)或 $\Gamma = c\phi / E_F > 1$(量子体系). 在强耦合等离子体中，德拜屏蔽失去了原有的物理意义. 空间特征长度是两粒子间的平均距离 a(维格纳-塞茨距离)而不是德拜长度了. 在强耦合等离子体中，由于库仑势的作用，在某个中心粒子周围出现相同粒子的概率大大减少了，粒子在空间的分布由分布函数或结构因子决定，即库仑势决定了体系的集体行为.

2. 等离子体的产生

在实验室中，有很多方法和途径可以产生等离子体，如气体放电、激光压缩、射线辐照及热电离等，但最常见和最主要的还是气体放电法. 在气体放电实验中，根据放电条件(如气压、电流等)的不同，可以将气体放电分为电晕放电、辉光放电和电弧放电. 对于等离子体材料表面改性和合成薄膜材料的工艺，所使用的等离子体通常都是由辉光放电产生的. 在辉光放电实验中，气压一般要小于 100Torr①、施加的电场强度在 50～1000V / cm ,产生的电子温度约为 1 eV (electronvolt,是等离子体领域中常用的温度单位，1eV=11600K)，电子密度为 10^9～10^{12} cm^{-3}. 辉光放电产生的等离子体是一种冷等离子体，有时也称为低温等离子体，其电子温度远大于离子的温度. 辉光放电又可以分为直流辉光放电(direct-current glow discharge)、射频辉光放电(radio-frequency glow discharge)和微波放电(microwave discharges). 下面分别对这三种放电形式做简单介绍.

1) 直流辉光放电

典型的直流辉光放电实验是在一密封的石英玻璃中充满待放电的气体，气压为 0.1～10Torr，并插入两个金属电极. 当管内气压处于上述气压范围某一固定值，且当电源电压 V 高于气体的击穿电压 V_B 时，气体开始电离，形成辉光放电. 这种放电的电压约为几百伏，电流约为几百个毫安培. 本实验采用的就是辉光放电. 直流辉光放电装置的优点是结构较简单，造价较低. 但缺点是电离度较低，且电极易受到等离子体中的带电粒子的轰击. 电极受到带电粒子的轰击后，将产生表面原子溅射，这样一来，不仅电极的使用寿命被缩短，同时溅射出来的原子将对等离子体造成污染.

2) 射频辉光放电

射频辉光放电是在薄膜合成工艺和集成电路制备工艺中最常采用的一种放电类型. 放电的频率一般在兆赫以上，目前国际上常用的射频放电频率为 13.56MHz. 这种放电可以产生大体积的稳态等离子体. 根据电源的耦合方式的不同，射频放电可以分为电容耦合型和电感耦合型；根据电极放置的位置，又可以分为外电极式和内电极式，外电极式又称无极式. 对于外电极式放电，电容耦合是将两环形电极以适当间隔匹配在放电管上，或者把电极分别放置在圆筒形放电管的两侧. 加在电极上的高频电场能透过玻璃管壁使管内的气体放电形成等离子体，而电感耦合则用绕在放电管上的线圈代替电极，借助于高频磁场在放电管中产生的涡流电场来电离气体. 无极放电的最大优点是避免了电极溅射造成的污染，可以产生均匀而纯净的等离子体. 这对采用等离子体技术制备高纯度的薄膜材料非常重要. 对于内电极式放电，大多采用平行板型. 由于平行板型放电稳定性好、效率高，且易获得大面积的均匀等离子体，所以这种形式的放电装置特别适用于等离子体化学气相沉积制备薄膜的工艺.

① 1Torr=1.333×10^2Pa.

3）微波放电

微波放电是将微波能量转换为气体分子的内能，使之激发、电离以产生等离子体的一种放电方式．这种放电虽然与射频放电有许多相似之处，但能量的传输方式却不相同．在微波放电中，通常采用波导管或天线将由微波电源产生的微波耦合到放电管内，放电气体存在的少量初始电子被微波电场加速后，与气体分子发生非弹性碰撞并使之电离．若微波的输出功率适当，便可以使气体击穿，实现持续放电，这样产生的等离子体称为微波等离子体．由于这种放电无须在放电管中设置电极，而输出的微波功率可以局域地集中，所以能获得高密度的等离子体．图 7-18 是一种微波电子回旋共振（electron cyclotron resonance，简称 ECR）放电装置．这种放电装置分为两部分，即放电室和工作室．在放电室中，工作气体中的初始电子在由电流线圈产生的稳恒磁场的作用下，绕磁力线做回旋运动．电子的回旋频率为

$$\omega_{ce}=\frac{eB}{m_e}$$

其中，B 是磁感应强度．通过适当地调整磁场的空间分布，使电子回旋频率在沿放电室的轴向上某一位置与微波的圆频率一致，那么就会产生共振现象，称为电子回旋共振．对于这种类型的放电装置，微波的频率一般为 2.45GHz，那么发生共振的磁感应强度为 875G（$1G=10^{-4}T$）．实际上，磁场沿着轴线是发散的．借助于发散磁场的梯度，可以将放电室中产生的等离子体输送到工作室中以供使用．

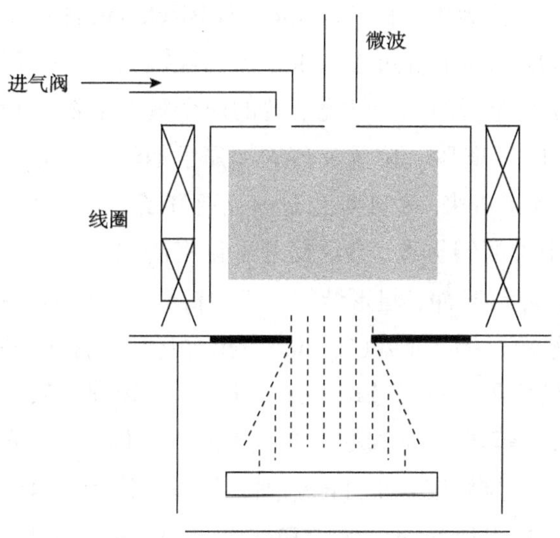

图 7-18　ECR 微波等离子体放电装置

3. 等离子体的应用

等离子体应用极为广泛，经济与社会效益显著，在军事领域更是有着诱人的前景．其中较为典型的，有应用于能源领域的受控热核聚变和磁流体发电；应用于材料科学领域

的等离子体冶金、超细粉末制造，等离子体物质表面改性，离子束冷态表面冶金；在国防工业中的等离子体火箭，粒子束武器，等离子体通信；在空间和空间技术领域中的空间等离子体物理学和等离子体助推器等. 下面简单介绍其中几种应用.

1) 受控热核反应

一些质量很轻的化学元素的原子核在高温下可以聚合起来，同时放出大量的能量，称为热核反应. 太阳、氢弹爆炸均是不可控的热核反应. 如果能够控制热核反应，使其能量逐步释放出来，从而可成为一种我们可控的新能源. 核聚变是轻原子核相遇时聚合成为较重原子核并放出巨大能量的过程. 实现核聚变必须要有极高的温度，故又称热核聚变. 自然界中只有在太阳等恒星内部才具有发生热核聚变的条件. 氢弹爆炸虽是人工热核聚变，但无法控制. 这样，受控热核聚变就成为当前世界科学技术最大的主攻课题之一. 核聚变能源同世界上已有的核电站所产生的核裂变能相比，不仅能源储量大得无法比拟，而且更加安全，它的原料是从浩瀚的海水中提取的. 受控热核反应一旦研究成功，人类就将从海水中的重氢(氘)中获得无限丰富的新能源.

对聚变能量的研究最早可以追溯到 19 世纪 20 年代，物理学家 Aston 就已经测量了氦元素的“质量损失”现象，这一现象揭示了在从较轻的元素形成一个氦核时获取大量能量的可能性. 此后，英国天文学家 Eddington 提出星体的能量来源是“亚原子”，并梦想“人类将有一天学会释放它的能量并按自己的意愿利用它”. 1938 年美国就开始进行将等离子气体限定在磁场中的试验. 第二次世界大战刚刚结束，一波热核研究的国际性浪潮就爆发了. 1946 年，伦敦大学的 Thomson 和 Blackman 注册了一个聚变反应堆的专利. 尽管他们发明的设施总体上说过于乐观，但已经提出了一个环形的真空室和由射频波产生的电流，而这正是今天的托卡马克装置的两个重要基石. 20 世纪 50 年代，冷战期间，聚变被视为最高机密. 美国、俄国和英国加强了他们在这方面的研究，法国、德国和日本在 1955 年也加入了进来. 1958 年在日内瓦召开了“和平利用原子能”会议，是受控核聚变历史上的一个重要转折点. 会议揭开了秘密研究的面纱，各个国家揭示了他们所做工作的磁场配置：环形脉冲、星形装置、镜像机器、Z 和 θ 箍束. 磁性约束装置的基础已经奠定，如苏联物理学家阿奇莫(Artsimovitch)在会议闭幕时的致词：“我们在这里，目睹着解决聚变反应堆所需的技术基础的曙光出现”. 物理学家同时也意识到等离子体的不稳定，磁场的丢失等问题使掌握核聚变技术成为一件很困难的事情. 物理学家泰勒(E. Teller)说：“我想受控核聚变也许能做到，但我不认为在这个世纪它会有实际的重要性”. 为迎接核聚变技术所面对的科学和技术上的挑战，世界开始全球范围的合作. 1959 年，欧洲原子能机构 EURATOM 和其成员国的研究组织联合起来，成立了 EURATOM-CEA. 这一机构早于目前的国际研究组织 EFDA、ITER 项目. 目前 EFDA 更加重要，它提供了研究所需的巨大资源. 在 1959 年后的 30 年里，在受控核聚变方向上取得的明显进步为：等离子的能量平衡，标志以密度、温度和能量的约束时间的三重积，

增长了1000倍！这一飞跃可以与微处理器的发展速度相比. 20世纪90年代末期，在JET和JT60-U托卡马克装置上，获取了氘的等离子体，系统的能量输入和输出接近平衡，也就是说输入装置用以加热混合的氘和氚的能量大致和他们聚变产生的能量相当. 在性能取得巨大进步的同时，大型托卡马克装置中的聚变脉冲时间也延长到2分钟，开启了持续核聚变反应堆之门. 另一个重要进步是1997年在JET上取得的，从氘氚混合体中聚变得了17MW的能量.

我国目前最大的受控核聚变实验装置“中国环流器一号”，于1984年9月21日在核工业部西南物理研究院(以下简称核西物院)建成并投入运行. 1994年，在“中国环流器一号”的基础上，核西物院又成功改建“中国环流器新一号(HL-1M)”装置(图7-19)，取得的实验参数，达到了当时的国际先进水平. 2002年，我国第一个具有偏滤器位形的托卡马克装置——中国环流器二号A在成都建成，标志着我国受控核聚变研究进入大规模物理实验阶段. 2006年，中国环流器二号A装置电子温度达到5500万摄氏度. 2009年6月22日，中国环流器二号A在国内首次实现偏滤器位形下的高约束模运行，中国受控核聚变研究步入世界先进行列.

图7-19　中国环流器新一号(HL-1M)

2)磁流体(MHD)发电

传统的发电方式，无论是火力发电站还是原子能电站，总是首先将能源中释放出的热能变成机械能，再经过发电机把机械能变成电能. 因而能源中所释放热能的利用率比较低，一般只有30%～40%. 磁流体发电可以直接把热能转换成电能，从而极大地提高有效作用系数.

磁流体发电的基本原理跟普通发电机一样，都是应用法拉第电磁感应定律，也就是导体在磁场中运动切割磁力线，于是在导体内感应出电动势，只要用适当的电极把这个电动势接到某负载上，即可在负载上获得电功率. 所有常规的法拉第发电机的导体都是用固体金属制成的，而驱动导体运动做功的是化学能或核能. 现磁流体发电采用电离气流作为运动导体. 用化学燃料或核燃料加热气体，使气体部分电离，当它流过磁流体发电通道时，热能直接转化成电能，这里所说的“直接”指不必经过转化成机械动能的中

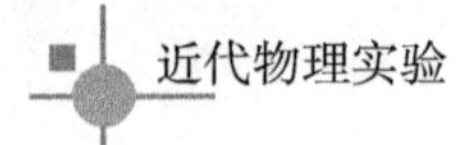

间阶段.

磁流体发电机主要由三大部分组成. 第一部分是燃烧室. 它的作用是产生导电气体即低温等离子体. 第二部分是发电通道. 它的两对相互平行的壁面中，一对是导电的电极，另一对是绝缘体. 第三部分是磁体. 两磁极设置在放电通道绝缘壁外侧. 燃烧室中产生部分电离气体，它在发电通道中流过，与磁体产生的磁场相互作用，把等离子体的内能转换成电功率. 当然这样得到的是直流电，还须变换成交流电再送入电网供电.

3) 等离子体推进

上面叙述的磁流体发电机是从发电机输出电流，产生的电流与磁场相互作用形成洛伦兹力，此力使等离子体流速有减慢的趋势，而等离子体推进装置(也称等离子体加速器)则是进行磁流体发电的“逆过程”装置，外界通以电流，在磁场中产生洛伦兹力使等离子体加速.

等离子体加速器除了作为一般的加速导电流体的装置(如核反应堆中输送液态金属的电磁泵)，还可用作推进装置，即在装置中等离子体加速向后喷出，从而产生推力.

等离子体推进比一般常规的化学燃料推进具有更多优点. 主要优点是等离子体推进的比冲(火箭排气速度与地球重力加速度的比值)较大. 化学燃料火箭的比冲只有 400s，因为排气速度受化学反应放出的可用能限制，也就是产生的可以转换成排气动能的焓有限制，即使在火箭中采用换热器使产生的温度达到 3000K 的上限，比冲还是小于 1000s. 然而等离子体推进理论上可能达到的比冲是没有限制的，只要电源保证供出足够的电能，以便产生极高温的等离子体. 实际上由于目前技术水平的限制，火箭总效率还是有限的，但一般仍可有效地运行在比冲为 2000～3000s.

4) 无线电通信

这里仅指与等离子体有关的无线电通信. 主要是借助于电离层反射的长距离无线电波传播、卫星通信、飞行器进入大气层期间与它的通信、核爆炸情况下无线电通信等. 长距离的无线电波传播仅在确定的频段才是可能的. 一般来说，入射频率偏低，电波遭电离层吸收严重；入射频率偏高，则电波容易穿透电离层. 实践中，人们往往选用一种最佳可用频率，使电波与电离层作用时既不致穿透又衰减最少. 对电离层的了解越多，通信质量就越高. 空间飞行器在重返地球大气层时，速度很高，而大气层空间又比较稠密，在飞行器的头部将产生激波，从而形成等离子体鞘套. 通过鞘套的电波信号将强烈衰减，甚至使通信完全中断. 为了克服等离子体鞘套对电波信号传输的影响，除了改进飞行器的设计、选用合适的弹道外，还要提高信号频率对电波传输实行静磁引导.

核爆炸形成的火球，其内部物质几乎是完全电离的. 它对电波传播的影响与爆炸当量及爆炸高度有关. 一般来说，不管爆炸高度在电离层还是在大气层，它都产生一个附加的电离层区. 当电路经过这一区域时，会产生异常吸收、折射和反射.

5) 日地空间及天体物理

日地空间物理的研究对象主要是太阳表面上和近地空间环境中发生的各种自然现

象. 近地空间一般从地面上 50km 算起，经电离层、磁层知道太阳或行星际空间. 太阳表面和近地空间的绝大部分区域都充满着等离子体. 日地空间是人类生存的空间环境，与人类的关系十分密切，而太阳表面活动(如太阳黑子、耀斑等)就是等离子体与磁场相互制约、相互作用的结果，太阳风是由太阳发出的磁化等离子体流，它与地磁场相互作用形成磁层. 太阳活动引起了许多地球物理现象，如极光、磁暴及电离层暴等.

宇宙可以说是一个等离子体. 在恒星内部，由于热核反应，能量逐渐地向外释放，等离子体把局部扰动能量转化为粒子动能和辐射能. 等离子体辐射的研究在现代天体物理学中占据了重要的位置. 带电粒子能被加速到相当高的能量也是一种广泛的宇宙现象. 加速机制除同步加速、费米加速等之外，值得注意的还有湍流加速. 湍流加速的效率十分惊人. 宇宙还存在着很强的电磁波，在某种情况下，它们能通过等离子体作用得到放大.

6) 新颖的等离子体显示

等离子体显示是一种新颖的显示技术. 简单来说，它是利用气体放电发光进行高精度显示的一种装置，在各个方面有着广泛应用. 其结构采用平板式，它由两块相距几百微米的玻璃板组成. 四周用低熔点玻璃密封，将空腔抽成真空，再充以某些气体(一般用氖气，气压为几百毫米汞柱). 两块玻璃板内侧相对的两个面均喷有 SnO_2 透明导电薄膜，作为等离子体显示板的两个电极. 应用光刻技术，把导电薄膜制成一定的图案，然后在电极上覆盖一层透明介质薄膜. 当等离子体显示板两电极接上电压后，空腔内所充的气体产生辉光放电，形成等离子体，发出鲜艳的霓虹色光，将图形显示出来. 等离子体显示，在结构与性能上具有很多突出的优点，有着诱人的应用前景，如等离子体显示彩电一经问世就大受欢迎.

7) 等离子体技术在军事上的应用

隐身技术是现代武器系统发展中出现的一项高新技术，它要求尽量降低目标的可被观测性，避开雷达、红外、光、声、电、紫外等设备的搜索和识别，是现代军事上隐蔽自己、借以增强突击生存能力和保护自身的重要手段. 电磁波与等离子体相互作用的特性为隐身技术提供了一种新颖的思路. 据 2001 年 1 月 5 日《参考消息》报道，俄罗斯克尔德什研究中心已研制出新的飞机隐形技术，完全不同于美国“降低识别特征”的隐形技术，它能够确保被保护目标完全避开雷达和其他跟踪系统，而且耗资很少，这项技术是在飞行器周围形成一种特殊的等离子体，在不影响飞行器空气动力性能的同时，可使飞行器被雷达发现的概率降低 99%以上. 等离子体隐身系统和等离子体武器是电子战的新概念、新技术装备，能够给敌方以电子硬杀伤并使敌方作战人员产生巨大的心理压力. 等离子体隐身技术的发展，相对未来的高技术战争、导弹突防技术和导弹、飞机等武器系统的发展和作战模式产生巨大而深远的影响.

其次，利用等离子体云团，在空中设置“陷阱”，这就是常说的等离子体武器. 在现代战争中，如何有效地抗击导弹袭击，是世界各国军事家共同关注的问题. 现有的方

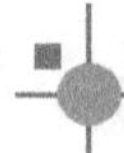

式是“以导反导”，即使用反导弹拦截攻击导弹. 由于攻击导弹目标小，飞行速度快，“以导反导”难度很大，就好比“大炮打蚊子”，并且等离子体隐形技术在美国、俄罗斯已取得了突破性的进展，所以有的科学家独辟蹊径，提出用等离子体武器消灭空中导弹的新方案，利用交汇的大功率电磁波束改变飞行器的飞行环境. 这种武器主要由超高频电磁波束发生器、导向天线和大功率电源组成. 等离子体武器辐射的电磁波束不是聚焦在目标上，而是聚焦在目标的前方和两侧，焦点处的空气被高度电离，形成电离度和密度极高的等离子云团——空中“陷阱”. 导弹、飞机等各种飞行器一旦进入等离子云团，就会偏离飞行轨道，产生旋转力矩，只要 10^{-1}s 就可以使它“粉身碎骨”. 另外，由于等离子体武器辐射的电磁波束是以光速传播的，导弹弹头的飞行速度不过 8km/s，最多 15km/s，对于等离子体武器辐射的电磁波束，相当于“慢镜头”动作或静止不动的目标，攻击非常方便，可在瞬间打击各种目标，不分主次，不辨真伪，假目标、真目标一并摧毁，能有效地对付来自太空和高、中、低空大气层的各种飞机、导弹的袭击.

实验八　光拍频法测光速

光波是电磁波，光在真空中的传播速度是一个极其重要的基本物理常量，许多物理概念和物理量都与它有密切的联系，因此光速的测定是物理学中一个十分重要的课题. 尤其是近年来天文测量、地球物理、空间技术的发展及计量工作的需要，使得光速的精确测量变得越来越重要. 早在麦克斯韦(J. C. Maxwell)光的电磁理论建立以前，人们已有了光具有一定传播速度的概念. 最初是用天文学方法来测定光速. 早在1676年，天文学家罗默(O. C. Romer)第一个定量地估计出光速. 1941年美国人安德森(H. L. Anderson)用克尔盒调制光弹法，测得光速值为$2.99776\times10^8\,\mathrm{m/s}$，此值的前四位与现在的公认值一致. 其中特别值得提到的是迈克尔孙(A.A.Michelson)和他的同事们在1879～1935年对光速做了多次系统的测量. 实验结果不仅验证了光是电磁波，而且为深入地了解光的本性和建立新的物理原理提供了宝贵的资料. 我们知道，光速$c=s/\Delta t$，s是光传播的距离，Δt是光传播s所需的时间. 例如，$c=f\lambda$中，λ相当上式的s，可以方便地测得，但光频f大约为10^{14}Hz，我们没有那样的频率计，同样传播λ距离所需的时间$\Delta t=1/f$也没有比较方便的测量方法. 要使f变得很低，如30MHz，波长约为10m，这种测量对我们来说是十分方便的. 这种使光频“变低”的方法就是所谓“光拍频法”. 频率相近的两束光同方向共线传播，叠加成拍频光波，其强度包络的频率(即光拍频)即为两束光的频差，适当控制它们的频差即可达到降低光波拍频的目的. 激光的出现把光速的测量推向一个新阶段，最先运用激光测定光速的是美国国家标准局(NBS)(发表于1973年). 由于采用了稳频技术，所以可以得到频率的稳定性与复现性均十分优良的激光辐射，从而使光速的测量精度比以前所有的实验方法都高. 1972年美国国家标准局埃文森(K. M. Evenson)等人测量了甲烷稳频激光的频率，又以^{86}Kr原子的基准波长测定了该激光的波长值，从而得到光速的新数值c=299792458m/s，不确定度为4×10^{-9}. 此值为1975年第十五届国际计量大会所确认.

【实验原理】

1. 光拍的形成及其特征

根据振动叠加原理，频差较小，速度相同的两列同向传播的简谐波叠加即形成拍. 若有振幅同为E_0、圆频率分别为ω_1和ω_2(频差$\Delta\omega=\omega_1-\omega_2$较小)的两光束：

$$\begin{aligned} E_1 &= E_0\cos(\omega_1 t - k_1 x + \varphi_1) \\ E_2 &= E_0\cos(\omega_2 t - k_2 x + \varphi_2) \end{aligned} \tag{8-1}$$

式中，$k_1=2\pi/\lambda_1$，$k_2=2\pi/\lambda_2$为波数；φ_1和φ_2为初相位. 若这两列光波的偏振方向相同，则叠加后的总场为

$$E = E_1 + E_2 = 2E_0 \cos\left[\frac{\omega_1 - \omega_2}{2}\left(t - \frac{x}{c}\right) + \frac{\varphi_1 - \varphi_2}{2}\right] \times \cos\left[\frac{\omega_1 + \omega_2}{2}\left(t - \frac{x}{c}\right) + \frac{\varphi_1 + \varphi_2}{2}\right] \tag{8-2}$$

上式是沿 x 轴方向的前进波，其圆频率为 $(\omega_1 + \omega_2)/2$，振幅为 $2E_0 \cos\left[\frac{\Delta\omega}{2}\left(t - \frac{x}{c}\right) + \frac{\varphi_1 - \varphi_2}{2}\right]$，因为振幅以频率为 $\Delta f = \Delta\omega / 2\pi$ 周期性变化，所以 E 被称为拍频波，Δf 称为拍频，$\varLambda = \Delta\lambda = c / \Delta f$ 为拍频波的波长.

2. 光拍信号的检测

用光电检测器(如光电倍增管等)接收光拍频波，可把光拍信号变为电信号. 因为光检测器光敏面上光照反应所产生的光电流与光强(即电场强度的平方)成正比，即

$$i_0 = gE^2 \tag{8-3}$$

式中，g 为接收器的光电转换常数.

光波的频率：$f_0 > 10^{14}$ Hz；光电接收管的光敏面响应频率一般 $\leqslant 10^9$Hz. 因此检测器所产生的光电流都只能是在响应时间 τ（$1/f_0 < \tau < 1/\Delta f$）内的平均值

$$\overline{i_0} = \frac{1}{\tau}\int_{\tau} i_0 \mathrm{d}t = gE^2 \left\{1 + \cos\left[\Delta\omega\left(t - \frac{x}{c}\right) + \Delta\varphi\right]\right\} \tag{8-4}$$

结果中高频项为零，只留下常数项和缓变项，缓变项即是光拍频波信号，$\Delta\omega$ 是与拍频 Δf 相应的角频率，$\Delta\varphi = \varphi_1 - \varphi_2$ 为初相位.

可见光检测器输出的光电流包含有直流和光拍信号两种成分. 滤去直流成分，检测器输出频率为拍频 Δf 、初相位 $\Delta\varphi$ 、相位与空间位置有关的光拍信号(图 8-1).

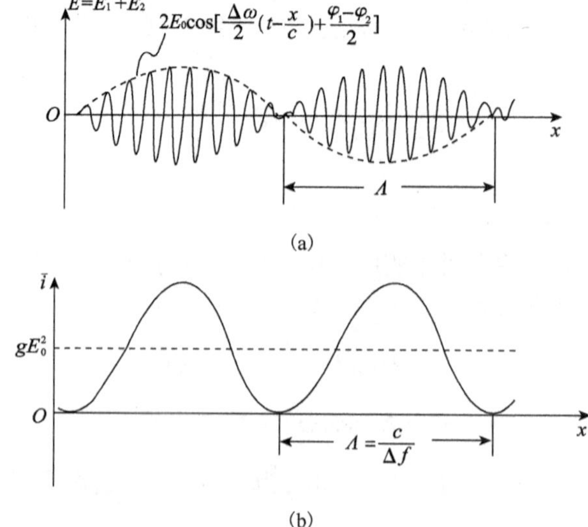

图 8-1　拍频波场在某一时刻 t 的空间分布

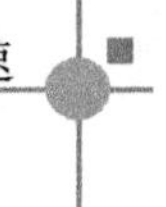

3. 光拍的获得

为产生光拍频波，要求相叠加的两光波具有一定的频差. 这可通过声波与光波相互作用发生声光效应来实现. 介质中的超声波能使介质内部产生应变引起介质折射率的周期性变化，就使介质成为一个相位光栅. 当入射光通过该介质时发生衍射，其衍射光的频率与声频有关. 这就是所谓的声光效应. 本实验是用超声波在声光介质与 He-Ne 激光束产生声光效应来实现的.

具体方法有两种，一种是行波法，如图 8-2(a)所示，在声光介质与声源(压电换能器)相对的端面敷以吸声材料，防止声反射，以保证只有声行波通过介质. 当激光束通过相当于相位光栅的介质时，使激光束产生对称多级衍射和频移，第 l 级衍射光的圆频率为 $\omega_l=\omega_0+l\Omega$，其中 ω_0 是入射光的圆频率，Ω 为超声波的圆频率，$l=0,\pm1,\pm2,\cdots$ 为衍射级. 利用适当的光路使零级与+1 级衍射光汇合起来，沿同一条路径传播，即可产生频差为 Ω 的光拍频波.

另一种是驻波法，如图 8-2(b)所示，在声光介质与声源相对的端面敷以声反射材料，以增强声反射. 沿超声传播方向，当介质的厚度恰为超声半波长的整数倍时，前进波与反射波在介质中形成驻波超声场，这样的介质也是一个超声相位光栅，激光束通过时也要发生衍射，且衍射效率比行波法要高. 第 l 级衍射光的圆频率为 $\omega_{l,m}=\omega_0+(l+2m)\Omega$. 若超声波功率信号源的频率为 $F=\Omega/2\pi$，则第 l 级衍射光的频率为 $f_{l,m}=f_0+(l+2m)F$. 式中，$l,m=0,\pm1,\pm2,\cdots$，可见，除不同衍射级的光波产生频移外，在同一级衍射光内也有不同频率的光波. 因此，用同一级衍射光就可获得不同的拍频波. 例如，选取第 1 级(或零级)，由 $m=0$ 和 $m=-1$ 的两种频率成分叠加，可得到拍频为 $2F$ 的拍频波.

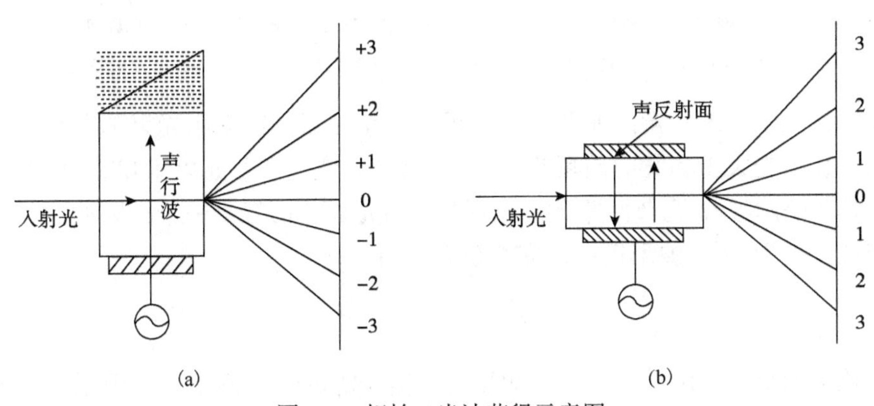

图 8-2　相拍二光波获得示意图

(a)行波法；(b)驻波法

本实验即采用驻波法. 驻波法衍射效率高，并且不需要特殊的光路使两级衍射光沿同向传播，在同一级衍射光中即可获得拍频波.

4. 光速 c 的测量

通过实验装置获得两束光拍信号，在示波器上对两光拍信号的相位进行比较，测出两光拍信号的光程差及相应光拍信号的频率，从而间接测出光速值.

假设两束光的光程差为 L，对应的光拍信号的相位差为 $\Delta\varphi'$，当两光拍信号的相位差为 2π 时，即光程差为光拍波的波长 $\Delta\lambda$ 时，示波器荧光屏上的两光束的波形就会完全重合. 由公式 $c=\Delta\lambda\cdot\Delta f=L\cdot(2F)$ 便可测得光速值 c，式中，L 为光程差，F 为功率信号发生器的振荡频率.

【实验仪器】

本实验所用仪器 LM2000C 光速测定仪、示波器和数字频率计各一台. 其外形结构如图 8-3 所示.

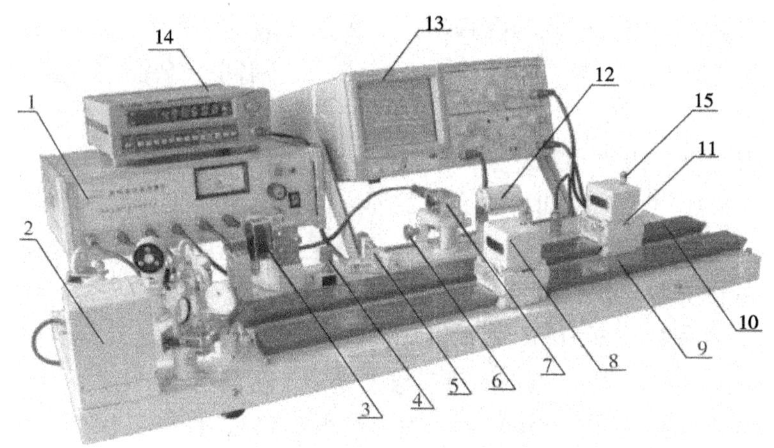

图 8-3　LM2000C 光速测定仪外形结构图

1. 电路控制箱；2. 光电接收盒；3. 斩光器；4. 斩光器转速控制旋钮；5. 手调旋钮 1；6. 手调旋钮 2；7. 声光器件；8. 棱镜小车 B；9. 导轨 B；10. 导轨 A；11. 棱镜小车 A；12. 半导体激光器；13. 示波器；14. 计数器；15. 棱镜仰角旋钮

实验中，光学系统示意图如图 8-4 所示，用斩光器依次切断光束①和②，则在示波器屏上同时显示光束①和②的拍频信号的正弦波形(依次切断光束①和②，相当于用电子开关控制的双踪示波)．调节两路光的光程差，当光程差恰等于一个拍频波长 Λ 时，两正弦波的相位差恰为 2π，波形第一次完全重合，有

$$c=\Delta f\cdot\Lambda=2F\cdot\Lambda \tag{8-5}$$

从导轨上测得 Λ，用数字频率计测得功率信号源的输出频率 F，根据上式可得出空气中的光速 c．因为实验中的拍频波长约为 2m，为了使装置紧凑，近远程光路采用折叠式，如图 8-4 所示. 注意光电接收和显示系统任一时刻都只接收和显示两光路之一的拍频波信号. 旋转式斩光器，它任何时刻只让一束光通过并到达光电接收器，截断另一束. 斩光器的旋转，使两路光交替达到接收器并显示出波形. 利用示波器的余辉，单通道示波器上可“同时”看到两路拍频光波的波形，以达到比较两路光拍频波相位的目的. 应当指出，为了正确比较相位，必须用统一的时基，示波器工作切不可用内触发同步，要用功率信号作示波器的外触发同步信号，否则将会引起较大测量误差.

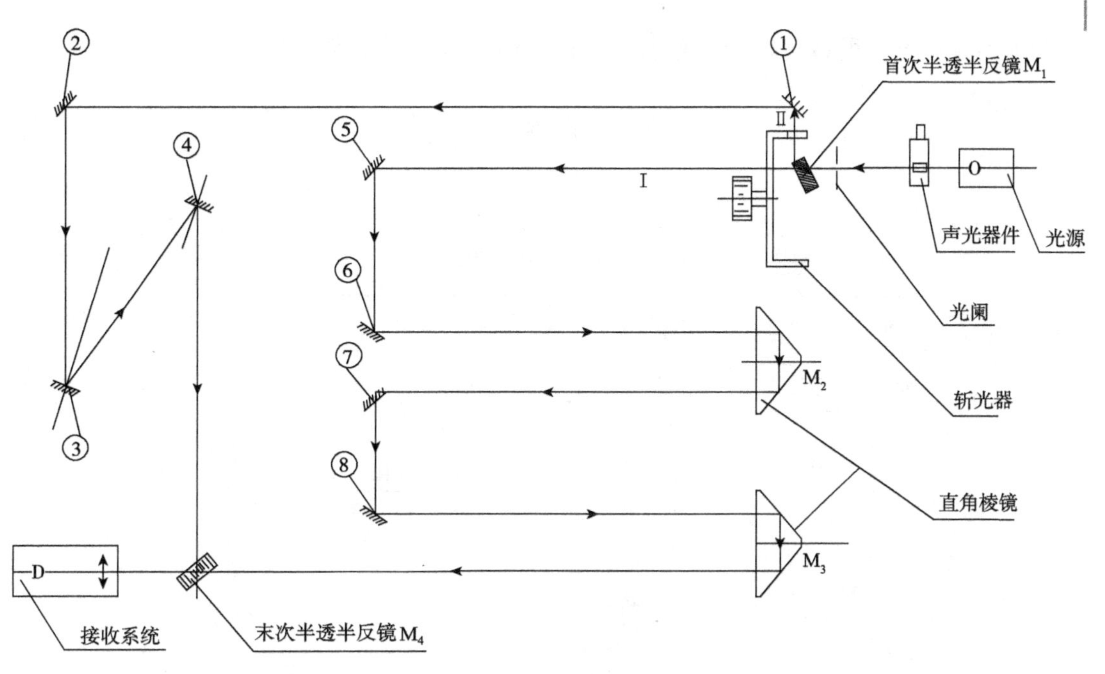

图 8-4 光学系统示意图

①②③④. 内(近)光路全反光镜；⑤⑥⑦⑧. 外(远)光路全反光镜

超高频功率信号源产生的频率为 F 的信号输入声光频移器，在声光介质中产生驻波超声场. 输出波长为 632.8nm 的 He-Ne 激光通过介质后发生衍射，第 1 级(或零级)衍射光中含有拍频为 $\Delta f = 2F$ 的成分. 首次半透半反镜 M_1 将第一级(或零级)衍射光分成两路，远程光束Ⅰ依次经图中⑤⑥和⑦⑧全反射镜 M_2、M_3 反射后，透过末次半透半反镜 M_4，再与经 M_4 反射后的近程光束Ⅱ汇合，入射到光电倍增管. 光电倍增管的输出电流经滤波放大电路后，滤掉了频率为 $2F$ 以外的其他所有成分，只将频率为 $\Delta f = 2F$ 的拍频信号输入示波器 Y 轴，而 X 轴则利用示波器本身的扫描系统，并把频率为 F 的功率信号作为示波器的外触发信号. 由于 He-Ne 激光器的噪声(噪声波谱在 25MHz 以下)和频移光束中不需要的成分很多，所以信号被淹没在噪声之中，难以观察. 用声表面波滤波器抑制噪声，明显地提高了信噪比，所用滤波放大电路的方框图如图 8-5 所示.

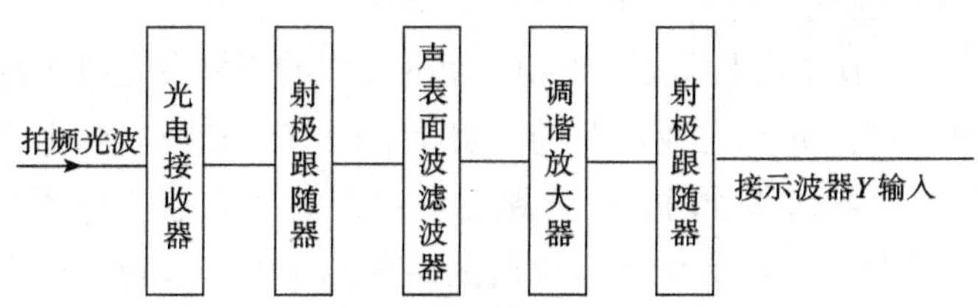

图 8-5 滤波放大电路

实验中用圆孔光阑取出第 1 级(或零级)衍射光产生拍频波，将其他级衍射光滤掉. 其光电接收系统如图 8-6 所示. LM2000C 型的主机本身含有超高频功率信号源和直流稳压电源；接收器采用光电二极管；由于采用了分频与混频的信号处理电路，即将高频信号转变为中频信号，所以可以使用普通示波器，而不再需要使用高频示波器.

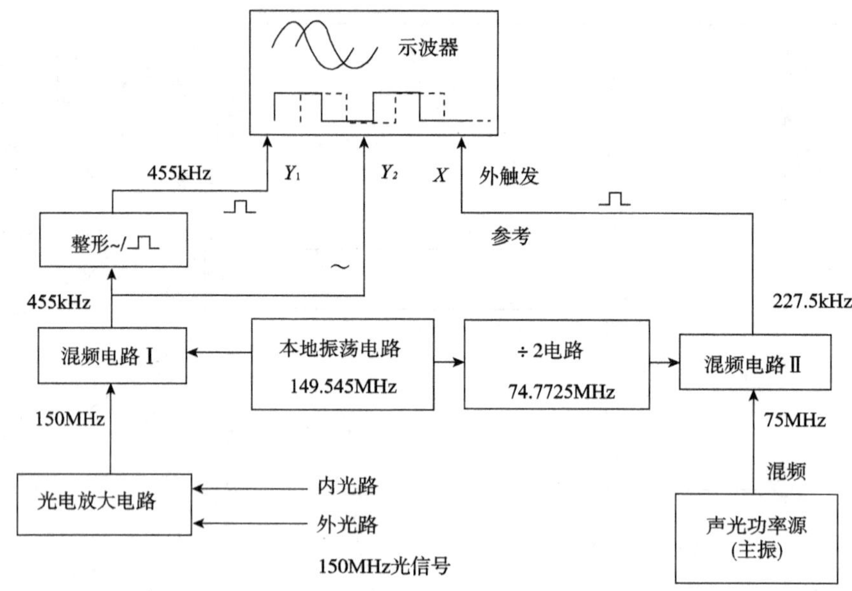

图 8-6　LM2000C 型光电接收系统框图

【实验内容】

用相位比较法测光波波长计算光速.

(1) 调节光速测定仪底脚螺丝，使仪器处于水平状态.

(2) 接通电源预热 15 分钟. 由于电子仪器都有温漂问题，光速仪的声光功率源、晶振和频率计须预热 15 分钟，使它们处于稳定工作状态.

(3) 调节电路控制箱面板上的“频率”和“功率”旋钮，使示波器上的图形清晰、稳定(频率在 (75 ± 0.02) MHz，功率指示一般在满量程的 60%～100%).

(4) 调节声光器件平台的手调旋钮 2，使激光器发出的光束垂直射入声光器件晶体，产生 Raman-Nath 衍射(可用一白屏置于声光器件的光出射端，以观察 Raman-Nath 衍射现象)，这时应明确观察到 0 级光和左右两个(以上)强度对称的衍射光斑，然后调节手调旋钮 1，使某个 1 级衍射光正好进入斩光器.

(5) 内光路调节：调节光路上平面反射镜，使内光程的光打在光电接收器入光孔的中心.

(6) 外光路调节：在内光路完成调节的前提下，调节外光路上的平面反射镜，使棱镜小车 A/B 在整个导轨上来回移动时，外光路也始终保持在光电接收器入光孔的中心.

(7) 反复进行步骤(5)和(6)，直至示波器上出现两条曲线清晰、稳定、幅值相等的正弦波. 注意调节斩光器的转速要适中. 过快，则示波器上两路波形会左右晃动；过慢，则示波器上两路波形会闪烁，引起眼睛观看的不适；另外各光学器件的光轴设定在平台表面上方 62.5mm 的高度，调节时注意保持才不致调节困难.

(8) 记下频率计上的读数 f，在步骤(8)和(9)中应随时注意 f，如发生变化，应立即调节声光管理源面板上的“频率”旋钮，保持 f 在整个实验过程中的稳定.

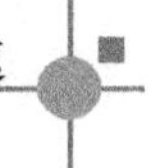

(9)利用千分尺将棱镜小车 A 定位于导轨 A 最左端某处(如 5mm 处),这个起始值记为 Da(0);同样,从导轨 B 最左端开始运动棱镜小车 B,当示波器上的两条正弦波完全重合时,记下棱镜小车 B 在导轨 B 上的读数,重复 5 次,取这 5 次的平均值,记为 Db(0).

(10)将棱镜小车 A 定位于导轨 A 右端某处(如 535mm 处,这是为了计算方便),这个值记为 Da(2π);将棱镜小车 B 向右移动,当示波器上的两条正弦波再次完全重合时,记下棱镜小车 B 在导轨 B 上的读数,重复 5 次,取这 5 次的平均值,记为 Db(2π).

(11)将上述各值填入表 8-1,计算出光速.

表 8-1　数据记录表

次数	Da(0)	Da(2π)	Db(0)	Db(2π)	f	$c=2f[2(Db(2\pi)-Db(0))+2(Da(2\pi)-Da(0))]$	误差/%
1							
2							
3							

注:光速在真空中的传播速度为 2.99792×10^{8}m/s.

【注意事项】

(1)声光频移器引线及冷却铜块不得拆卸;

(2)切勿用手或其他污物接触光学表面;

(3)切勿带电触摸激光管电极等高压部位.

【思考题】

(1)什么是光拍频波?

(2)斩光器的作用是什么?

(3)为什么采用光拍频法测光速?

(4)获得光拍频波的两种方法是什么?本实验采取哪一种?

(5)为使示波器上出现两个正旋拍频信号的振幅相等,应如何操作?

(6)分析本实验的主要误差来源,并讨论提高测量精确度的方法.

【附录】

一、早期的光速测量

光的速度究竟有多大?水中和空气中光速哪个大?一直是物理学家关心的问题.开普勒主张光速无限大,笛卡儿也持类似观点,但在推导光的折射公式时,不得不假设光在两种不同的介质中的速度是不同的,甚至优于其运用微粒说来解释光的折射,最后不得不做出光在水中的速度比在空气中还要快的结论. 而主张波动说的惠更斯则得出了相反的结论，即光在水中的速度比在空气中要慢. 究竟是更快还是更慢？这一问题引起了物理学家对光速测定的关注.

最早的实验是伽利略做的. 他让两位助手在夜间各执一盏灯，站在相距很远的两个山头上，甲先打开灯，乙看到甲灯亮后立即也打开灯，光传到甲处，立即记下时间. 光在两山之间往返一次，即可从距离与时间之比求出光速，但是由于光速太快了，实验者根本无法区分甲乙两人开灯的先后，更来不及记录时间间隔. 后来伽利略的学生加长距离，改用望远镜观察，也未奏效.

丹麦青年科学家罗默，生于奥尔胡斯，在哥本哈根受过教育，后来移居巴黎. 在罗默来巴黎的 30 年前，意大利天文学家卡西尼应路易十四聘请也来到巴黎，他对木星系进行了长期系统的观察和研究. 他告诉人们，木星和地球一样也是围绕着太阳运行的行星，但木星绕太阳运行的周期是 12 年. 在它的周围有 12 颗卫星，其中有 4 颗卫星特别亮，地球上的人借助于望远镜就可以看清楚它们的位置. 由于这些卫星绕木星运行，隔一段时间就会被木星遮食一次，其中距离木星最近的那颗卫星二次被木星遮食的平均时间间隔为 42 小时 28 分 16 秒. 罗默在仔细观察和测量之后发现(图 8-7，罗默在观察天体，图 8-8，罗默的木星卫星运动示意图)，这个时间间隔在一年之内的各个时间里并不是完全相同的，并且当木星的视角变小时，这个时间间隔要大于平均值. 1676 年 9 月，罗默向巴黎科学院宣布，原来预计 11 月 9 日上午 5 点 25 分 45 秒发生的木卫食将推迟 10 分钟. 巴黎天文台的天文学家们虽然怀疑罗默的神秘预言，但还是做了观测并证实了木卫食的推迟. 11 月 22 日罗默在解释这个现象时说，这是因为光穿越地球的轨道需要时间，最长时间可达 22 分钟. 后来惠更斯利用罗默的数据和地球轨道直径的数据，推算出光速 c 约为 $2\times10^8\,\mathrm{m/s}$.

图 8-7　罗默在观察天体

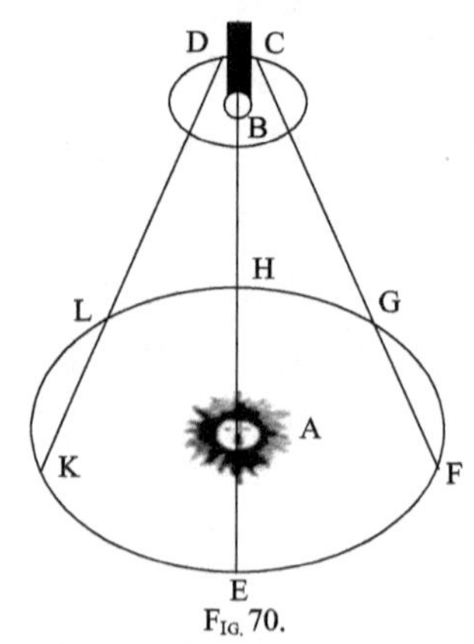

图 8-8　罗默的木星卫星运动示意图

1728 年英国天文学家布拉德罗根据行星的光行差再一次得出光速. 他曾长期观察某些恒星的方位，数据经过仔细校正后，把恒星一年十二个月的位置折算到天顶，发现都是一些圆形轨迹. 难道恒星的位置不恒定吗？布拉德罗百思不得其解. 据说，有一天他乘

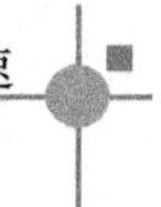

帆船航行，偶然注意到当船改变航向时，船帆上的旗帜飘向不同方向，他猛然醒悟，这不就是一种相对运动吗？恒星的圆周轨迹正是地球围绕太阳旋转的缘故. 根据圆周轨迹的半径对地球所张的角(叫做光行差角，图 8-9)及地球公转的速度，布拉德罗求得光速 $c=3.1\times10^8\,\mathrm{m/s}$.

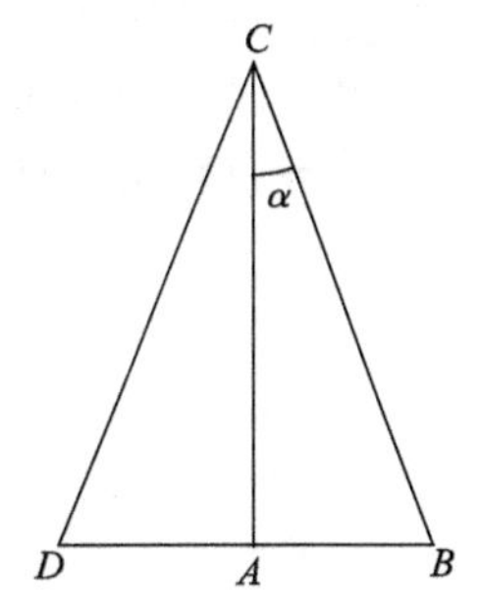

图 8-9　光行差角示意图

直到19世纪50年代才由法国科学家斐索和傅科实现在地面上用实验方法测量光速. 他们年轻时曾是合作者，一起进行过许多研究. 法国著名物理学家阿拉果曾设计过一种方法，用旋转镜 SS′(图 8-10)反射从电火花Ⅰ和Ⅱ同时发出的光线 1 和 2，在光线 1 的路径中安置水管，光线 2 则通过空气，由此比较光在水中和在空气中的速度，这就是旋转镜法的前身. 阿拉果眼睛不好，就让斐索和傅科两人合作进行这项实验. 斐索出生于 1819 年 9 月 23 日，早期的工作与改善摄影的程序有关，然后他与傅科合作，参与了一系列光和热的干涉现象研究. 傅科早年学习外科和显微医学，后转向照相术和物理学方面的实验研究. 1853 年由于光速的测定获物理学博士学位，并被拿破仑三世委任为巴黎天文台物理学教授. 由于他博学多才，有多项发明创造，所以受各国科学界垂青，1864 年当选为英国皇家学会会员，以及柏林科学院、圣彼得堡科学院院士. 1868 年被选为巴黎科学院院士. 1868 年 2 月 11 日逝世于巴黎，终年 49 岁. 刚开始时，斐索和傅科合作得很好，两人共同商议如何用旋转镜测量光速. 他们认识到凹面镜可以将光会聚从而保证光的强度. 遗憾的是，后来两人发生争执，致使合作关系破裂. 于是两人分别做了光速实验，方法上大同小异.

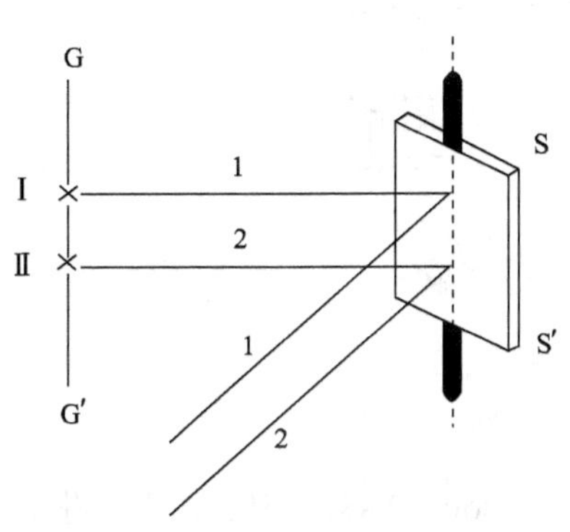

图 8-10　阿拉果的旋转镜

1849 年斐索先用选装齿轮法求得光速 $c=3.153\times10^8\,\mathrm{m/s}$. 他是地面上用实验方法测定光速的第一位实验者. 实验装置如图 8-11 所示. 光从半镀银面 m 反射后经过高速旋转的齿轮 W 投向反射镜 M，再沿原路返回. 如果齿轮转过一齿所需时间正好与光往返的时间相等，就可经半镀银面观测到光，从而通过齿轮的转速计算出光速.

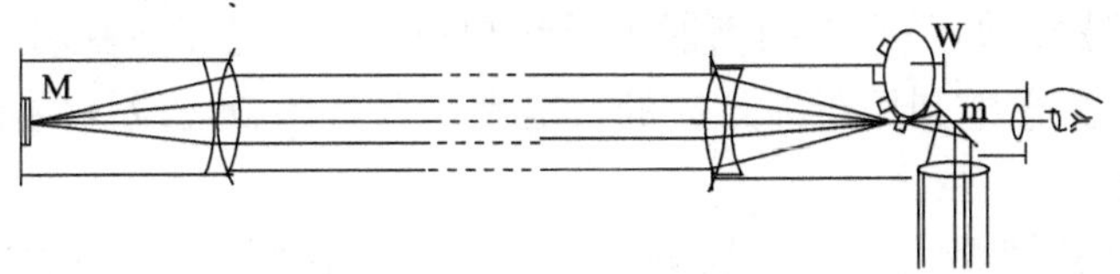

图 8-11　斐索的旋转齿轮法

次年，傅科用旋转镜法比较水中和空气中的光速，获得成功. 实验装置如图 8-12 所示，光线经旋转镜 m 反射到 M 与 M′，T 管中充满水，一束光经空气折返，一束光经水管折返. 结果发现，从水中通过的一束光总比从空气中通过的慢，可见水中的光速比空气中的光速慢，这正是惠更斯根据光的波动性学说所做的预见. 1862 年，傅科改进了他的装置，直接用于测量空气中的光速，得到$c = 2.98 \times 10^8 \mathrm{m/s}$.

第三位在地面上测到光速的人是考尔纽(A.Cornu，1841～1902). 1874 年他改进了斐索的旋转齿轮法，取得更精确的结果，光速$c = 2.999 \times 10^8 \mathrm{m/s}$.

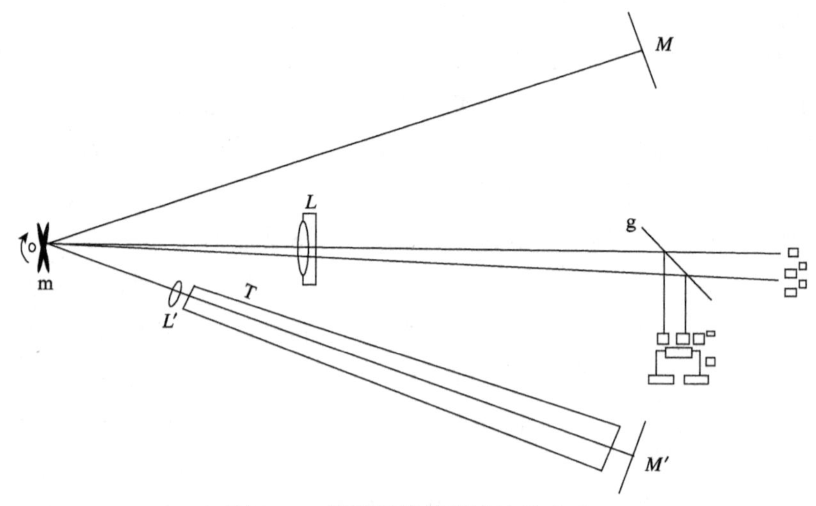

图 8-12　傅科用旋转镜法比较光速

注：最左边为旋转镜 m，最下面依次为 L'、T 和 M'，最上面为 M

1879 年，波兰裔美国籍物理学家迈克耳孙(A. A. Michelson，1852～1931)又改进了傅科的旋转镜法，测得光速$c = (2.9991 \pm 0.0005) \times 10^8 \mathrm{m/s}$. 迈克耳孙出生于普鲁士斯特雷诺(现属波兰)，后随父母移居美国，1873 年毕业于美国海军学院，曾任芝加哥大学教授，美国科学促进协会主席，美国科学院院长，还被选为法国科学院院士和伦敦皇家学会会员，1931 年 5 月 9 日在帕萨迪纳逝世. 迈克耳孙的实验非常精湛，他把毕生的精力沉浸在光学实验中，以光速精密测量作为己任，对结果精益求精. 1883 年，他测得光速$c = (2.99853 \pm 0.00060) \times 10^8 \mathrm{m/s}$. 40 多年后，他又将旋转镜法发展为旋转棱镜法，棱镜在旋转过程中，间断地用相反两面反射光线，棱镜相反两面分别起发送和接收信号的作用. 两块巨型凹面镜分别设在相距 35 公里的两山之巅，光速的测量结果是$c = (2.99796 \pm 0.00004) \times 10^8 \mathrm{m/s}$. 1887 年他与美国物理学家莫雷合作，进行了著名的迈克耳孙-莫雷实验，这是一个最重大的否定性实验，它动摇了经典物理学的基础，研制出高分辨率的光谱学仪器，如经改进的衍射光栅和测距仪. 迈克耳孙首倡用光波波长作为长度基准，提出在天文学中利用干涉效应的可能性，并且用自己设计的星体干涉仪测量了恒星参宿四的直径.

光速是基本物理常数之一. 它的测定花费了好几代物理学家的心血，方法不断改进，测试结果越来越精确，特别是由于激光的应用，光速已经成为最精确的基本常数之一.

二、巧用微波炉测光速

光速的测量并不一定要用科学的仪器，其实在生活中我们可以利用身边的东西进行测量，我们知道电磁波的传播速度等于光速，因此我们可以运用微波炉发出的微波进行光速的测量．具体做法如下：

把旋转托盘从微波炉中拿出来，再把一块巧克力放在托盘上．用最大的功率加热，直到巧克力上有两到三处出现融化——这仅需 20 秒钟的时间．然后，从微波炉中拿出巧克力，测量两个融化处之间的距离，将此距离乘以 2，再乘以 2450000000(即 2450MHz，如果你的微波炉是标准厂家生产的，那么多半就是这个频率)．接下来，你会惊奇地发现，算出的结果非常接近 299792458，若加上 m/s 的单位，即是光速．

我们知道，微波炉每秒产生 24 亿 5 千万次的超高频率，快速震荡炉中物质所含有的蛋白质、脂肪、水等成分的分子，使分子之间互相碰撞、挤压、摩擦，重新排列组合．简而言之，它是靠物质内部的摩擦生热原理来烹调的．由于巧克力棒静止不动地停留在微波炉里，微波持续地震荡相同的部位即迅速变热并融化的地方．而相邻两个融化点之间的距离即是波长的一半，因为微波穿过巧克力块时是上下波动的．将两个融化点之间的距离乘以 2，即为一个完整的波长．而微波和光波一样，它们都是以光速行驶的电磁波．在你的炉子里，它们的频率为 2450MHz，这就意味着它们每秒钟上下跳跃的次数为 24.5 亿次．我们已经计算出它们的波长——经历完整的一轮上升和下降的波动所走过的距离．因此可以计算出这样的微波经历 24.5 亿次上升和下降所走过的长度，也就是说，它们在一秒钟内所走过的长度．这样，我们的数据就足够了：如果你发现巧克力的融化点之间的距离是 6cm，那么用 $0.06\times2\times2.45\times1000000000$ 将会得到 294000000 这个结果与物理学家们用了半个世纪测出的结果极其相似．

实验九　声光效应与超声光栅测声速

当超声波在液体介质中传播时，将引起液体介质的弹性应变，从而引起介质折射率的变化. 声压的周期性变化决定了折射率的变化具有时间和空间上的周期性. 相当于一个移动的相位光栅，称为声光效应. 当光束通过有超声波的介质后，犹如通过一个相位光栅，如果该光栅间隔适当得小，就会与正常光栅一样观察到衍射现象，称为声光衍射. 利用声光衍射效应制成的器件，称为声光器件. 声光器件能快速有效地控制激光束的强度、方向和频率，还可以把电信号实时转换为光信号. 此外，声光衍射还是探测材料声学性质的主要手段. 1922 年布里渊(L. Brillouin)曾预言液体中的高频声波能使可见光产生衍射效应，1932 年德拜和席尔斯、卢卡斯和奈特分别观察到了声光衍射现象. 布里渊的预言在 10 年后被证实. 1935 年拉曼(C. V. Raman)和奈斯(Nath)发现，在一定条件下，声光效应的衍射光强分布类似于普通光栅的衍射. 这种声光效应称为拉曼-奈斯声光衍射. 这就是声光效应的典型实例，本实验利用该物理现象，进行在液体介质中的声速测量.

从 1966～1976 年，声光衍射理论、新声光材料及高性能声光器件的设计和制造工艺都得到迅速发展. 1970 年，实现了声表面波对导光波的声光衍射，并成功研制表面(或薄膜)声光器件. 1976 年后，随着声光技术的发展，声光信号处理已成为光信号处理的一个分支.

【实验原理】

1. 声光效应与声场相位光栅的形成

图 9-1　超声波作用下介质应变

声波是一种机械应力波，若把这种应力波作用于声光介质(如水、玻璃等透明介质)中，就会引起压缩与伸张效应，使介质内部产生疏密层次变化. 由于介质折射率与介质密度成正比，所以介质密度周期性的变化，必将导致介质中折射率发生周期性的变化. 例如，声波在传播的过程中，遇到反射产生信号叠加产生驻波，就会加剧上述现象. 图 9-1 为水介质在超声作用下汇聚起来的水波涟，显示在超声波的作用下引起介质内的应变.

如果介质在 Y 方向的高度 h 正好是超声波半波长的整数倍，在受到底部反射后就在介质中形成驻波场，则有

$$U(Y,t)=2U_0\cos\left(k_s y\right)\cdot\cos\left(\omega_s t\right) \tag{9-1}$$

理论证明它使得介质在 Y 方向的应变是

$$S=2S_0\sin\left(k_s y\right)\cdot\cos\left(\omega_s t\right)$$

可见驻波的作用可以成倍地引起振幅应变的变化，所以要使实验现象明显，本实验刻意在驻波声场中进行.

介质的应变 S 引起的折射率发生相应的变化，它们的关系可以表示为

$$\Delta\left(\frac{1}{n^2}\right)=\rho S \tag{9-2}$$

其中，n是介质的折射率；ρ 是应变引起的 $\frac{1}{n^2}$ 的光弹系数.由于在诸如水这样的各向同性的介质中，ρ 与 S 都是标量，所以对于驻波声场

$$\Delta n=-\frac{n^3}{2}\rho S=-n^3\rho S_0\sin k_s y\cdot\cos\omega_s t=-2A\sin k_s y\cdot\cos\omega_s t \tag{9-3}$$

公式中 $A=\frac{1}{2}n^3\rho S_0$ 为超声波引起介质的折射率变化的幅值，这样在声波传播的 Y 方向上，折射率是以

$$n(y)=n_0+\Delta n=n_0+2A\sin k_s y\cdot\cos\omega_s t \tag{9-4}$$

的规律发生变化，使介质内部疏密层次也发生相应的变化.

由驻波振动原理可知驻波波节两侧的波段振动方向永远相反，设一波节点，某时刻波节两侧质点涌向该点形成密集区，而在半个周期后质点又左右散开形成稀疏区，因此在振动过程中相邻节点光密与光疏交替排列，每隔半个周期交替变化，而同一时刻相邻波节附近的密集与稀疏正好相反，见图 9-2(a). 可见液体密度的空间变化间距正好为超声波之波长，用 Λ 表示.

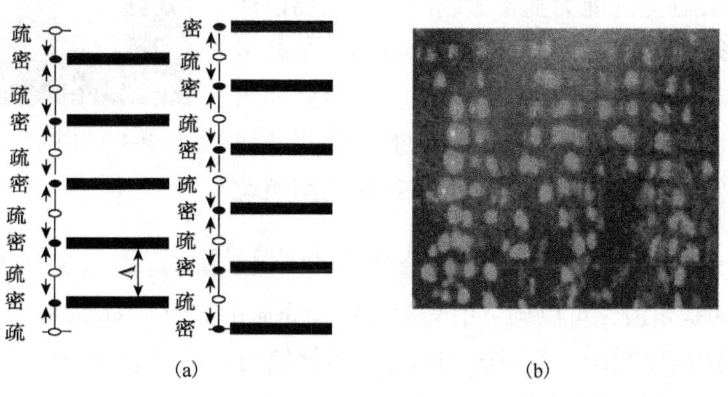

图 9-2　(a)疏密波；(b)水介质中的局部放大图

当光线垂直于超声波传播方向透过超声场后，由于入射光的波速是声波的10^5倍，这些变化被忽略，所以介质在空间的分布可以认为是静止的，图 9-2(b)就是水介质中的局部放大图，表示某瞬间水介质密度的排列情况. 因此在光通过介质层时只有光速发生变化，从而引起相位变化，而光的振幅不变，所以平面的光波波阵面变成褶皱波阵面，这样当光束通过有超声驻波场的介质时，就会产生光栅效应，介质密的地方形成阻光层，光疏处形成透光层，声场光栅就此形成，见图 9-3.

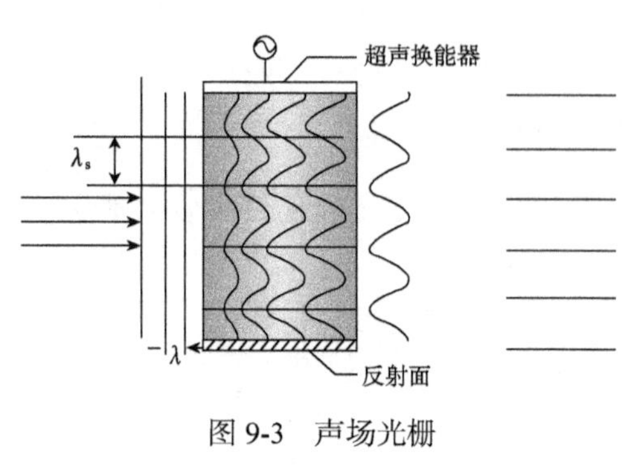

图 9-3　声场光栅

2. 超声致光衍射(超声光栅)

在超声波的频率较高时(即Λ较小)与光栅的作用相同. 当光通过超声区域时产生了与正常光栅一样的衍射现象，经研究表明，超声波的频率很高时($f \geqslant 100\text{MHz}$)，超声水槽的厚度$l$较长，满足$2\pi\lambda l \gg \Lambda^2$条件，属于布拉格衍射，超声水槽类似一个体光栅；当$l$不是很长，超声波的频率也不是很高(10MHz 左右)时，满足$2\pi\lambda l \ll \Lambda^2$，属于拉曼-奈斯衍射，是相位光栅，常称为超声光栅. 对于拉曼-奈斯衍射，其衍射规律与平行光通过平面透射光栅产生的衍射相似，符合以下所示的光栅方程：

$$\Lambda\sin\theta = k\lambda \quad (k = 0, \pm1, \pm2, \cdots) \tag{9-5}$$

其中，Λ为超声波之波长；θ是衍射角；k为衍射波级数；λ是光波波长.

3. 声场光栅的演示及声速测量

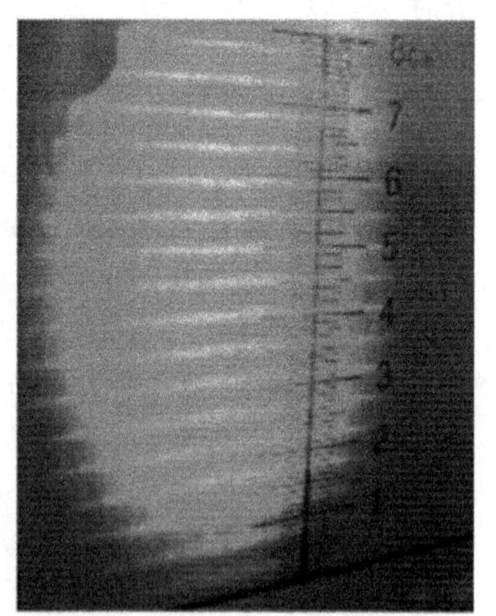
图 9-4　超声波对光振幅调制结果

声场光栅就是超声波波阵面轮廓成像，光波波阵面变成褶皱波阵面，通光的能力随褶皱波阵面产生周期性的变化，其图形是明暗相间等间距的分布条纹，是超声波对光调制的结果，图像如图 9-4 所示，实验装置如图 9-5 所示，为了方便实验操作，超声波的频率适当选择在 800kHz . 由实验原理分析可以知道该条纹的间距就是超声波之波长. 还可从驻波形成的公式来分析，当$D = n \cdot \dfrac{\Lambda}{2}$时，入射波与反射波形成驻波，如果$D$为确定值，可以调节信号源在声光介质中形成不同频率的驻波振动，Λ的大小与n值有关. 所以实验中通过改变信号发生器输出频率，就能观察到多次形成的条纹成像，当然条纹的间距宽度会发生变化.

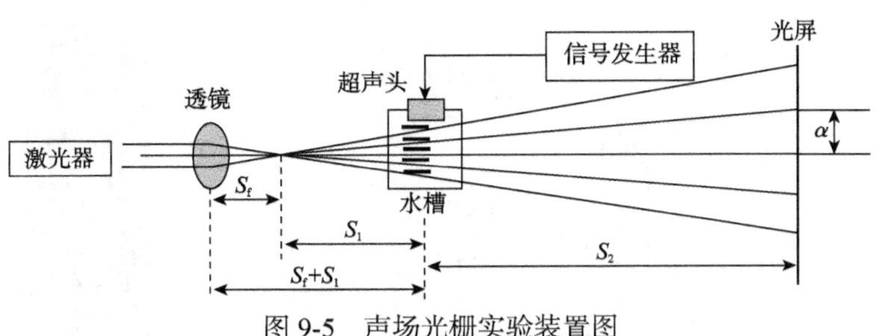

图 9-5 声场光栅实验装置图

利用该现象可以测量介质中的声速. 如果相邻两条纹之间的距离为α，可以利用相似三角形的原理得到

$$\Lambda = \frac{2\alpha \cdot S_1}{S_1 + S_2} \tag{9-6}$$

如果f为超声波的频率，那么可以得到液体中声速为

$$v = \Lambda \cdot f = \frac{2\alpha \cdot S_1}{S_1 + S_2} \cdot f \tag{9-7}$$

也可从驻波形成的原理来进行测量，固定D为确定值的时候，在$D = n \cdot \frac{\Lambda}{2}$时，入射波与反射波形成驻波，调节频率可以在声光介质中形成不同的驻波振动，f的大小与n值有关. 当激光束以垂直声场的方向入射时，在超声头频率响应带宽Δf范围内，调节f的大小，根据公式$D = n \cdot \frac{\Lambda}{2}$可以找到多个形成条纹像相对应的$f$值，因此可以通过光栅图像形成点来判断$n$值的变化. 因$\Lambda = \frac{v}{f}$则$f = \frac{n \cdot v}{2D}$，对该公式取微分，即

$$\mathrm{d}f = \mathrm{d}n \cdot \frac{v}{2D} \tag{9-8}$$

如果令$\mathrm{d}n = 1$则

$$\mathrm{d}f = \frac{v}{2D} \quad 或 \quad v = 2D \cdot \Delta f \tag{9-9}$$

这里Δf为相邻两次出现光栅图像的频率差，如果能测量出D的长度，再通过频率计读出精确测定Δf的大小，则可求出声速.

4. 超声光栅演示及声速测量

在上述实验的基础上，提高超声波的频率到10MHz以上，这时采用图 9-6 的实验方案就可以观察到衍射图像，属于拉曼-奈斯衍射.

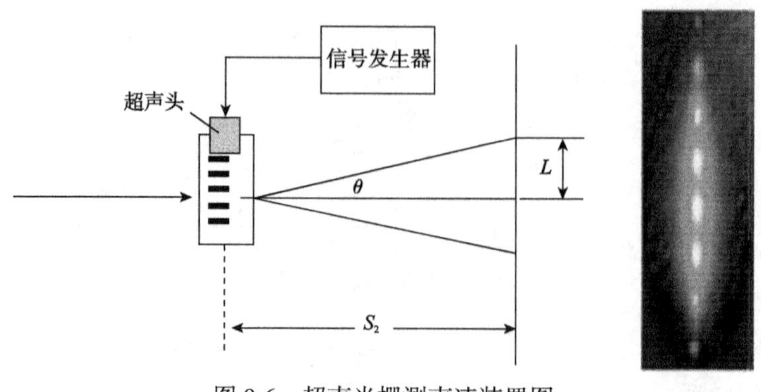

图 9-6　超声光栅测声速装置图

根据公式 $\Lambda\sin\theta = k\lambda$，由于角度 θ 很小，实验中如能测量出屏与水槽之间的距离 S_2，以及 0 级到 k 级条纹的间距 L，由公式

$$\Lambda = \frac{k\lambda}{\sin\theta} \tag{9-10}$$

得出

$$\Lambda = \frac{k\lambda S_2}{L} \tag{9-11}$$

其中 $\sin\theta \approx \tan\theta = \dfrac{L}{S_2}$. 如果知道声波频率 f，则声速

$$v = \Lambda \cdot f = \frac{k\lambda S_2}{L} f \tag{9-12}$$

【实验仪器】

本实验采用FB720型声光效应与激光超声光栅实验仪，该仪器的结构图如图 9-7 所示.

图 9-7　FB720 型声光效应与激光超声光栅实验仪结构图

1. 光具导轨；2. 半导体激光器；3. 扩束镜；4. 声光效应演示探头附三维调节架
5. 超声光栅演示探头附三维调节架；6. 超声信号源；7. 带刻度光屏；8. 水槽

(1) 半导体激光器提供整个仪器的光源. 供电电压 5V，功率 2.5mW，波长 635nm.

(2) 透镜起到扩束作用，焦距为 2cm.

(3) 玻璃水槽：通常提倡使用水作介质，采用去离子水或者清洁的矿泉水为首选，因为一旦水质较差，含有杂质，则会影响光的透明度.

(4) 超声头：为了演示清晰的图像，超声头必须功率强大，性能稳定，因此整台仪器最关键的部件是超声头，根据设计要求，超声头有两只，它们的谐振频率分别为 800kHz 与 10MHz 左右，各自承担声场与超声场的工作. 每只超声头都配有三维调节支架，可以方便地将超声头的平面调节到与水槽底面完全平行，以求获得最好的工作效果.

(5) 信号发生器：DDS 信号发生器，频率 7000～12000kHz 连续可调，分辨率为 1kHz，用于驱动 10MHz 换能器(10MHz 换能器为有机玻璃封装). 左右选装频率调节旋钮来改变频率大小，单击频率调节旋钮来改变需要调节的频率位；

信号发生器 2：DDS 信号发生器，频率 500.00～990.00kHz 连续可调，分辨率为 0.011kHz，用于驱动 800kHz 换能器(800kHz 换能器为金属封装). 左右选装频率调节旋钮来改变频率大小，单击频率调节旋钮来改变需要调节的频率位.

(6) 刻度屏：标有毫米刻度，并装有左右二维的调节螺丝，可方便地测量成像条纹的宽度.

【实验内容】

1. 声场光栅测声速

选择 800kHz 低频超声头，按图 9-5 连接仪器.

(1) 将玻璃容器中盛有液体，将超声波探头微微浸入液体上表面几毫米深处，并且使探头平行于玻璃容器底部. 利用一焦距 $S_f = 20\text{mm}$ 的凸透镜将入射平行激光束散射，其与玻璃容器的中心距离定为 170mm 左右，玻璃容器中心与投射屏之间的距离为 500mm. 打开激光发生器，根据激光束，仔细调节使其三者同轴，在一条水平线上. 控制室内的光线，打开超声波发生器，仔细观察水槽，可以看到在超声头作用下的水波涟，通过调节振幅及频率，直到屏幕上光栅投影图案最为清晰.

(2) 条纹 α 的测量可以按图 9-8 所示，用公式 $\alpha = \dfrac{S_{N-1}}{N-1}$ 来测量，其中 N 是条纹数，S_{N-1} 是 N 条纹的间隔长度. 实验中也可测出光屏上各条纹的位置 D_n，用逐差法求出 α 的平均值.

图 9-8　光栅投影图案

(3) S_f+S_1，S_2可以直接从光具座上读出．用式(9-6)、式(9-7)求出声速．改变透镜到屏的位置，再次测量屏上的条纹的间隔长度α，将数据记录于表9-1.

表 9-1　数据记录表

$f=$ ________(kHz)

(S_f+S_1)/mm	S_1/mm	S_2/mm	S_6/mm	α/mm	Λ/mm	v/(m/s)

注：表中$S_f=20\text{mm}$，$S_1=(S_f+S_1)-20\text{mm}$；$S_6=S_{N-1}$，图9-8中$N=7$.

(4) 利用式(9-7)测量出液体中的声速，并测量出水的温度t，按照声波在水中传播速度的经验公式加以修正得声速的理论值：$v=1557-0.0245\times(74-t)^2(\text{m/s})$．求出速度的理论值并与实验值对比求出相对误差.

2. 超声光栅测声速

选择10MHz的超声头，按图9-6连接好仪器.

(1) 操作与声场光栅实验类同.

(2) 测量0级与k级衍射条纹的间距L，有关数据填入表9-2.

表 9-2　数据记录表

k	L/mm	$\Lambda=k\lambda\dfrac{S_2}{L}\Big/$mm	$v=\Lambda f$/(m/s)	v/(m/s)
+3				
+2				
+1				
−1				
−2				
−3				

(3) 利用式(9-12)测量出液体中的声速，并测量出水的温度t，按照声波在水中传播速度的经验公式加以修正得声速的理论值：$v=1557-0.0245\times(74-t)^2$　(m/s)．求出速度的理论值后并与实验值对比求出相对误差.

【注意事项】

(1) 液槽置于载物台上必须稳定，在实验过程中应避免震动，导线分布电容的变化会对输出信号频率有影响，因此不能触碰连接液槽和信号源的导线.

(2) 在调节过程中，若屏幕上光栅投影条纹不够清晰，可以尝试调节超声换能器水平调节螺钉以及改变水槽到凸透镜之间的距离.

(3) 在换能器的某个频率段，换能器的输出功率将会很大，水槽中将带来水柱的剧烈振荡，这时形成的光栅投影条纹将模糊不堪，所以在实验时必须仔细调节，找到换能器的最佳工作频率点，使探头下方的超声光栅均匀稳定.

(4) 实验时间不宜过长，因为声波在液体中的传播与液体温度有关，时间过长，液体温度可能有变化. 实验时，特别注意不要使频率长时间调在 10MHz 以上，以免振荡线路过热.

(5) 实验时液槽中会产生一定的热量，并导致介质挥发，槽壁可见挥发气体凝聚，一般不影响实验结果，但须注意若页面下降太多致使压电陶瓷片外露，应及时补充液体至正常液面线处. 实验完毕时应将被测液体倒出，不要将压电陶瓷片长时间浸泡在液槽内.

【思考题】

(1) 为什么声光器件可相当于相位光栅?

(2) 怎样判断平行光束垂直入射到超声光栅面? 怎样判断压电陶瓷片处于共振状态?

【附录】

一、纯净液体中的声速

纯净液体中的声速见表 9-3.

表 9-3　纯净液体中的声速

液体名称	温度 t_0/℃	速度 v_0 /(m/s)	α/(m/(s · ℃))
海水	17	1510～1550	—
普通水	25	1497	2.5
甲醇	20	1123	−3.3
乙醇	20	1180	−3.6

注：表中 α 为温度系数，对于其他温度时的声速可近似按公式 $v_t = v_0 + \alpha(t - t_0)$ 计算.

二、超声波及其应用

1. 超声波

所谓超声波，是指人耳听不见的声波. 正常人的听觉可以听到20Hz～20kHz的声波，低于20Hz的声波称为次声波或亚声波，超过20kHz的声波称为超声波. 超声波是声波大家族中的一员，和可闻声本质上是一致的，它们的共同点都是一种机械振动，通常以纵波的方式在弹性介质内传播，是一种能量和动量的传播形式，其不同点是超声波频率高，波长短，在一定距离内沿直线传播具有良好的束射性和方向性. 超声波在介质中传播的波形取决于介质可以承受何种作用力以及如何对介质激发超声波. 通常有如下三种波形.

纵波波形：当介质中各体元振动的方向与波传播的方向平行时，称此超声波为纵波波形. 任何固体介质当其体积发生交替变化时均能产生纵波.

横波波形：当介质中各体元振动的方向与波传播的方向垂直时，称此种超声波为横波波形. 介质除了能承受体积变形外，还能承受切变变形，所以，当其有剪切应力交替作用于介质时均能产生横波. 横波只能在固体介质中传播.

表面波波形：是沿着两种介质的界面传播的具有纵波和横波的双重性质的波. 表面波可以看成是由平行于表面的纵波和垂直于表面的横波合成，振动质点的轨迹为一椭圆，在距表面1/4波长深处振幅最强，随着深度的增加很快衰减，实际上离表面一个波长以上的地方，质点振动的振幅已经很微弱了.

与可闻波相比，超声波由于频率高、波长短，在传播过程中具有许多特有的性质：

(1)方向性好. 由于超声波的频率高，其波长较同样介质中的声波波长短得多，衍射现象不明显，所以超声波的传播方向好.

(2)能量大. 超声波在介质中传播，当振幅相同时，振动频率越高能量越大. 因此，它比普通声波具有大得多的能量.

(3)穿透能力强. 超声波虽然在气体中衰减很强，但在固体和液体中衰减较弱. 在不透明的固体中，超声波能够穿透几十米的厚度，所以超声波在固体和液体中应用较广.

(4)引起空化作用. 在液体中传播时，超声波与声波一样是一种疏密的振动波，液体时而受拉，时而逐级挤压，产生近于真空或含少量气体的空穴. 在声波压缩阶段，空穴被压缩直至崩溃. 在空穴崩溃时产生放电和发光现象，这种现象称为空化作用.

也正是这些特点，超声波在工业、农业、医学、军事等众多方面都有着极其广泛的应用.

2. 超声波的应用

超声波在工农业生产中有极其广泛的应用. 包括超声波检测、超声波探伤、功率超声、超声波处理、超声波诊断、超声波治疗等. 超声波在工业中可用来对材料进行检测

和探伤，可以测量气体、液体和固体的物理参数，可以测量厚度、液面高度、流量、黏度和硬度等，还可以对材料的焊缝、粘接等进行检查. 超声波清洗和加工处理可以应用于切割、焊接、喷雾、乳化、电镀等工艺过程中. 超声波清洗是一种高效率的方法，已经用于尖端和精密工业. 大功率超声可用于机械加工，使超声波在拉管、拉丝、挤压和铆接等工艺中得到应用. 应用在医学中的超声波诊断发展甚快，已经成为医学上三大影像诊断方法之一，与X射线、同位素分别应用于不同场合，如超声波理疗、超声波诊断、肿瘤治疗和结石粉碎等. 在农业中，可以用超声波对有机体细胞的杀伤特性来进行消毒灭菌，对作物种子进行超声波处理，有利于种子发芽和作物增产. 此外超声波的液体处理和净化可应用于环境保护中，如超声波水处理、燃油乳化、大气除尘等. 微波超声的重点放在微波电子器件，已经制成了超声波延迟线、声电放大器、声电滤波器、脉冲压缩滤波器等. 下面简单介绍几种超声波的应用.

1）超声波传感器

由于许多仪器及控制应用中均涉及超声波传感器，尤其是在流量测量、材料无损检验及物位测量等方面，超声波传感器的应用尤为普遍. 广义上来讲，它是在超声频率范围内将交变的电信号转换成声信号或者将外界声场中的声信号转换为电信号的能量转换器件，又称为超声波换能器或者超声波探头.

超声波传感器分为发射换能器和接收换能器，既能发射超声波又能接收发射出去的超声波的回波. 发射换能器利用压电元件的逆压电效应，而接收换能器则是利用压电效应. 超声换能器的种类很多，按照其结构可分为直探头（纵波）、斜探头（横波）、表面波探头、双探头（一个发射，一个接收）、聚焦探头（将声波聚集成一束）、水浸探头（可浸在液体中）及其他专用探头. 按照实现超声换能器机电转换的物理效应的不同可将换能器分为电动式、电磁式、磁致式、压电式和电致伸缩式等.

超声波换能器的材料也有多种选择，某些电介质（如晶体、陶瓷、高分子聚合物等）在其适应的方向施加作用力时，内部的电极化状态会发生变化，在电介质的某相对两表面内会出现与外力成正比的符号相反的束缚电荷，这种外力作用使电介质带电的现象叫做压电效应. 相反地，若在电介质上加一外电场，在此电场作用下，电介质内部电极化状态会发生相应的变化，产生与外加电场强度成正比的应变现象，这一现象叫做逆压电效应. 压电材料是压电换能器的研制、应用和发展的关键. 大致可分为五类：压电单晶体、压电多晶体、压电半导体、压电高分子聚合物、复合压电材料，其中压电陶瓷是压电多晶体材料，这类压电陶瓷为实心、均匀和一体的压电功能材料，具有优良的压电性能. 压电陶瓷自问世以来，无论在材料基础研究方面或是在应用方面，都获得了飞速的发展. 压电陶瓷的出现，开辟了压电材料的广阔前景，也使压电换能器的理论发展和实际应用提高到一个新的高度. 压电陶瓷是当今最有前景的压电材料，目前在压电材料中无论是在数量上还是在质量上均处于支配地位，其原因是它有如下优点：所用原材料价廉且易得；

具有非水溶性，遇潮不易损坏；压电性能优越；品种繁多，性能各异，可满足不同的设计要求；机械强度好，易于加工成各种不同的形状和尺寸；采用不同的形状和不同的电极化轴，可以得到所需的各种振动模式；制作工艺较简单，生产周期较短，价格适中. 根据不同的实际应用情况，超声波传感器产生不同频率.

2) 超声波测距

超声波因其指向性强，能量消耗缓慢，在介质中传播距离远等特点，而经常用于进行各种测量. 如利用超声波在水中的发射，可以测量水深、液位等. 利用超声波测距，使用单片机系统，设计合理，计算处理也较方便，测量精度能达到各种场合使用的要求.

3) 超声波测液位

超声波液位测量主要是以超声波测距为原理，加上合理的设计，得到液位测距仪，最简单的是测量水位.

如图 9-9 所示，在离水塔底部高 H 处，安装设计好的超声波液位计. 液位计向水面垂直发出超声波，当超声波遇到水面，经液面向上反射到液位计，液位计接收到反射回的超声波时，由单片机 CFU 算出超声波往返一次所用的时间，即可算出液位计到水面的距离 L，液位高度可由公式：$h=H-Vt/2$ 算出. 其中，V 为超声波在空气中的传播速度，t 为超声波由液位计到水面往返一次的时间.

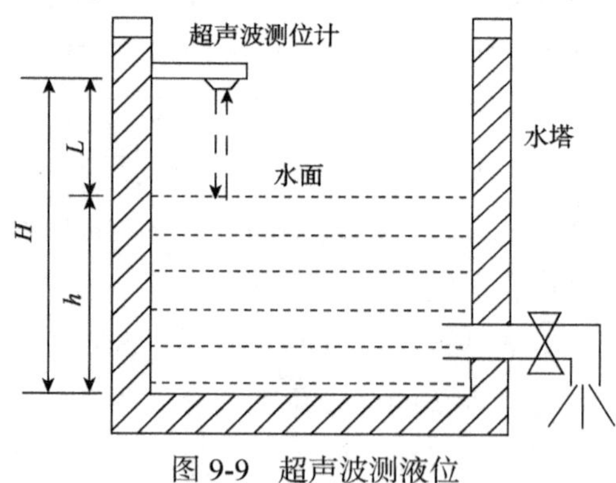

图 9-9　超声波测液位

利用超声波发生器，实现一定频率的振荡是很容易的，并且方法有多种，取液位计与水面的距离为适当的高度，可令超声波发出去后能有效地返回，让接收器收到信号，送到微处理器，用微处理器处理所得的数据，即可算出水位高度. 超声波在空气中一般可以实现有效传播，只要外部的环境不是特别的恶劣，所受到的干扰并不是很大，测量结果一般不会有太大的误差.

4) 超声波提取技术

超声波在传递过程中存在正负压强交变周期，在正相位时，对介质分子产生挤压，增加介质原来的密度；负相位时，介质分子稀疏、离散，介质密度减小. 也就是说，超

声波并不能使样品内的分子产生极化，而是在溶剂和样品之间产生声波空化作用，导致溶液内气泡的形成、增长和爆破压缩，从而使固体样品分散，增大样品与萃取溶剂之间的接触面积，提高目标物从固相转移到液相的传质速率.

超声波适用于中药材有效成分的萃取，是中药制药彻底改变传统的水煮、醇沉萃取方法的新方法、新工艺. 与水煮、醇沉工艺相比，超声波萃取具有如下突出特点：①不需要高温. 在 40～50℃水温下超声波强化萃取，无水煮高温，不破坏中药材中某些具有热不稳定、易水解或氧化特性的药效成分. 超声波能促使植物细胞的破壁，提高中药的疗效. ②常压萃取，安全性好，操作简单易行，维护保养方便. ③萃取效率高. 超声波强化萃取 20～40 分钟即可获最佳提取率，萃取时间仅为水煮、醇沉法的 1/3 或更少. 萃取充分，萃取量是传统方法的 2 倍以上. 据统计，超声波在 65～70℃下工作效率非常高. 而温度在 65℃内中草药植物的有效成分基本没有受到破坏. 加入超声波后（在 65℃条件下），植物有效成分提取时间约 40 分钟，而蒸煮法的蒸煮时间往往需要 2～3 个小时，是超声波提取时间的 3 倍以上. 每罐提取 3 次，基本上可提取有效成分的 90%以上. ④具有广谱性. 适用性广，绝大多数的中药材各类成分均可超声萃取. ⑤超声波萃取对溶剂和目标萃取物的性质（如极性）关系不大. 因此，可供选择的萃取溶剂种类多、目标萃取物范围广泛. ⑥减少能耗. 由于超声萃取不需要加热或加热温度低，萃取时间短，所以能大大降低能耗. ⑦药材原料处理量大，成倍或数倍提高，且杂质少，有效成分易于分离、净化. ⑧萃取工艺成本低，综合经济效益显著.

5）超声波清洗

超声波在液体中传播能够形成空化作用，用来清洗物件特别实用. 超声波清洗主要是利用超声波在液体中的空化作用. 超声波在液体传播过程中，当声波压强达到一个大气压时，超声波的功率密度约为 0.35W/cm^2，这时在液体中传播的超声波的声波压强峰值会产生一个很大的力，将液体拉裂成空洞（空化核），此空洞为真空或非常接近真空. 在信号电压（或超声波压强）的下一个半周达到最大时，由于周围压力的增大而被压碎，这些无数细小而密集的气泡破裂时产生冲击波的现象称为“空化”作用，空化泡崩溃时，在极短的时间和极小的空间内，形成局部热点，可产生高达 5000K 的高温和108Pa 的高压，温度变化率高达 109K/s，并伴随有强烈的冲击波和时速达 400km 的射流. 在此作用下，液体分子激烈碰撞产生非常强大的冲击力，将被清洗物体表面的污物撞击下来. 空化作用也在固体与液体的交界处产生一种剪切力，使污垢脱落，在两种力的作用下，对于浸入超声波作用下的液体中的物体外表面具有超乎寻常的清洗作用. 另外，由于超声波具有很强的穿透固体的作用，所以这种“空化”作用对浸入超声波作用下的液体中物体（如管件）内表面也能得到一定程度的清洗，这是超声波清洗优于其他清洗手段的重要方面.

6）超声波在军事中的应用

超声波在军事中主要利用其方向性好的特性. 超声波基本上是沿直线传播的，可以定向发射，如果渔船载有水下超声波发生器，它旋转着向各个方向发射超声波，当超声波遇到鱼群时会反射回来，渔船探测到反射波就知道鱼群的位置，这种仪器叫声呐. 它也可以用来探测水中的暗礁和敌人的潜艇及测量海水的深度. 在现代高科技中，虽然雷达的应用很广，但在水中依然采用声呐技术，这主要是因为海水有良好的导电性，对电磁波的吸收能力很强，雷达无法探测水下作战目标的方位和距离，超声波在空气中衰减较快，而在固体、液体中的衰减却很小，这正好与电磁波相反，在这种情况下，声呐技术可以发挥巨大的威力. 由于海水吸热能力太强，所以红外线技术无用武之地；又由于水的透光能力差，吸收光能力很强，故光学设备(如望远镜)也使用不上. 因此，声呐技术在特殊领域中占有不可取代的地位.

7)超声波技术在纳米材料制备中的应用

纳米材料是纳米科学中一个重要的研究发展方向，并且在越来越多的领域中受到重视，成为材料科学研究的热点. 近年来，声空化作用引起的特殊物理和化学环境为科学家制备纳米材料提供了新的途径，声空化方法正成为制备具有特殊性能材料的一种新技术，这其中包括超声化学法、超声雾化法等. 这些方法的出现，扩展了纳米材料的制备技术，为纳米科学技术注入了新的活力.

著名声化学家 Suslick 的研究小组在纳米结构材料的制备和合成方面做了大量的工作，如在 0℃时用超声辐照 $Fe(CO)_3$ 的癸烷溶液时可产生暗黑色的铁粉末. 经元素分析知，粉末中铁的质量分数为 96%以上；扫描电镜(SEM)和透射电镜(TEM)的结果证实，这种材料是由粒径为 4～6nm 的粒子组成的聚集体；磁性研究表明，这是一种非常软的铁磁性材料，居里温度高达 580K. 王建等以无水四氯化锡为原料，在超声波的作用下，用溶胶凝胶法制得纳米 SnO_2，并运用 TEM 和 XRD 对其结构进行了表征. 在适当的条件下制得的纳米 SnO_2 粉末平均粒径为 20nm，颗粒为球形，粒径均匀，流动性能好，产品结构为四方晶系锡石结构，纯度 95%以上，超声波在控制粒径大小和防止团聚方面起到了很好的作用. 林金谷等以溶于十氢萘的碳基铁 $Fe(CO)_5$ 和六碳基铬 $Cr(CO)_6$ 溶液注入一套专门设计的超声微粒制备装置，在超声功率 120W、频率 20kHz 下分解 3.5h，得到粒径 17～28nm 的 FeCr 合金纳米粉末. 王菊香等开发出制备纳米粉末的超声电解法，通过控制溶液浓度、超声功率、电解条件和电流密度等得到 10nm 以下的铜和镍粉. 该方法具有工艺简单、成本低和无毒、无污染等特点，是制备超细金属粉末的一种新方法. 陈雪梅等首次将超声波法运用于沉淀法制备纳米 Al_2O_3 粉体，利用超声辐射工艺制得粒径为 12nm 的 Al_2O_3 粉体. 结果表明，超声辐射通过对液体介质的空化作用而有效地细化了前驱体 $NH_4Al(OH)_2CO_3$ 沉淀颗粒，抑制了前驱体颗粒的聚焦，超声辐射延缓了前驱体向凝胶转化的过程，得到含较小包裹水和结合水的三维疏松网络状骨架结构的凝胶.

8)超声波在医疗方面的应用

医学上最早利用超声波是在 1942 年，奥地利医生杜西克首次用超声技术扫描脑部结构. 到20世纪60年代医生们开始将超声波应用于腹部器官的探测. 如今超声波扫描技术已成为现代医学诊断不可缺少的工具.

医学超声波检查的工作原理与声呐有一定的相似性，即将超声波发射到人体内，当它在体内遇到界面时会发生反射及折射，并且在人体组织中可能被吸收而衰减. 因为人体各种组织的形态与结构是不相同的，因此其反射与折射及吸收超声波的程度也就不同，医生们正是通过仪器所反映出的波形、曲线，或影像的特征来辨别它们. 此外再结合解剖学知识、正常与病理的改变，便可诊断所检查的器官是否有病.

目前，医生们应用的超声诊断方法有不同的形式，可分为 A 型、B 型、M 型及 D 型四大类.

A 型：是以波形来显示组织特征的方法，主要用于测量器官的径线，以判定其大小. 可用来鉴别病变组织的一些物理特性，如实质性、液体或是气体是否存在等.

B 型：用平面图形的形式来显示被探查组织的具体情况. 检查时，首先将人体界面的反射信号转变为强弱不同的光点，这些光点可通过荧光屏显现出来，这种方法直观性好，重复性强，可供前后对比，所以广泛用于妇产科、泌尿、消化及心血管等系统疾病的诊断.

M 型：是用于观察活动界面时间变化的一种方法. 最适用于检查心脏的活动情况，其曲线的动态改变称为超声心动图，可以用来观察心脏各层结构的位置、活动状态、结构的状况等，多用于辅助心脏及大血管疫病的诊断.

D 型：是专门用来检测血液流动和器官活动的一种超声诊断方法，又称为多普勒超声诊断法. 可确定血管是否通畅、管腔是否有狭窄、闭塞及病变部位. 新一代的 D 型超声波还能定量地测定管腔内血液的流量. 近几年来科学家又发展了彩色编码多普勒系统，可在超声心动图解剖标志的指示下，以不同颜色显示血流的方向，色泽的深浅代表血流的流速. 现在还有立体超声显像、超声 CT、超声内窥镜等超声技术不断涌现出来，并且还可以与其他检查仪器结合使用，使疾病的诊断准确率大大提高. 超声波技术正在医学界发挥着巨大的作用，随着科学的进步，它将更加完善，更好地造福于人类.

实验十　X 射线实验

X 射线、放射性和电子的发现被誉为 19 世纪与 20 世纪之交物理学的三大发现. 19 世纪上半叶为电气工业做好了准备，下半叶电气工业从萌芽到了大发展. 发电机、变压器和高压输电线路逐步进入生产应用中. 但是，在应用过程中，漏电和放电损耗非常严重，急需解决. 另外，电气照明也引起很多科学家的关注. 而这些问题都涉及低压气体放电现象. 于是，科学家们竞相研究与低压气体放电显现有关的问题. 德国物理学家和发明家盖斯勒(J. H. W. Geissler，1814～1879)在 1855 年发明了水银真空泵，1858 年发明了放电管. 1858 年德国人普鲁克尔(J. Plücker，1801～1868)在研究气体放电时，注意到在放电管正对阴极的管壁上发出绿色的荧光，证明是有一种射线从阴极发出打到管壁所致. 1876 年，另一位德国物理学家哥尔茨坦(Eügen Goldstein，1850～1930)认为是从阴极发出的某种射线，并命名为阴极射线. 此后，英国的物理学家也对阴极射线做了大量研究. 1895 年，德国维尔茨堡大学治学严谨，造诣很深的实验物理学家伦琴(W. K. Röntgen，1845～1923)教授在研究阴极射线时，突然被一块荧光屏的微弱闪烁吸引. 当时房间一片漆黑，放电光用黑纸包裹严实. 亚铂氰化钡做成的荧光屏距离放电管大约 1m 远. 随即，他移远荧光屏继续实验，发现荧光屏的闪光仍然随放电过程的节拍出现. 后来他用各种不同的物品实验，历经 6 个星期的反复验证，最终发表论文，确认发现了一种新的射线. 由于它的本质在当时是一个“未知数”，故称为 X 射线，也叫伦琴射线. 第二年，伦琴向普鲁斯国王演示了 X 射线，被授予二级荣誉勋章. 1896 年，有关 X 射线的论文就达到 1044 篇. X 射线的发现对于物理学的发展具有重大意义. 当时伦琴认为 X 射线可能是以太中的某种纵波，英国数学家、力学家斯托克斯(G. G. Stokes，1819～1903)认为 X 射线可能是横向的以太脉冲. 由于 X 射线可以使气体分子电离，英国物理学家汤姆孙(J. J. Thomson，1856～1940)也认为是一种脉冲波. 1912 年德国人劳埃(M.von Laue，1879～1960)以晶体为光栅，发现了晶体的 X 射线衍射现象，确定了 X 射线的电磁波性质.

X 射线的发现，引发了一连串的反应. 这一伟大发现当即在医学上获得非凡的应用，即 X 射线透视技术. 成为透视人体、检查伤病的有力工具. 后来也发展到金属探伤，对工业技术也有一定的促进作用. X 射线的研究在科学技术上为晶体学及其相关学科带来突破性的飞跃发展. 由于 X 射线的重大意义和价值，所以人们以它的发现者的名字为其命名，称为伦琴射线. 现在，X 射线在各种产业及科研等方面有着广泛和重要的应用. 工业上用于非破坏性材料的检查；在基础科学和应用科学领域内，被广泛用于晶体结构分析，以及通过 X 射线光谱和 X 射线吸收进行化学分析和原子结构的研究；医学上用来帮助人们进行医学诊断和治疗，如 CT 检查等. 有关的实验非常丰富，其内容广泛而深刻. 本实验采用德国莱宝教具公司的 X 射线实验仪 554800 及其附件，可做一系列 X 射线的有趣实验. 如 X 射线单晶衍射与钼金属特征谱的测量，杜红-昆特关系(Duane-Hunt relation)

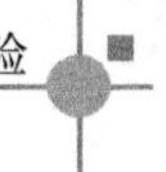

和普朗克常量 h 的测定等. 通过该实验，我们可以加深对 X 射线单晶衍射、布拉格反射与 X 发射谱特点的理解；利用 NaCl 单晶的布拉格反射，测出钼(Mo)靶的 X 射线特征谱 K_α、K_β 波长，测定 X 射线最短波长 λ_{min} 与 X 射线管电压 U 的杜红-昆特关系与普朗克常量 h，测量 X 射线的吸收与材料厚度的关系等.

【实验原理】

X 射线和可见光一样属于电磁辐射，但其波长比可见光短得多，介于紫外线与γ射线之间，为 $10^{-2}\sim10^{2}$Å 的范围(图 10-1). X 射线的频率大约是可见光的 10^3 倍，所以它的光子能量比可见光的光子能量大得多，表现出明显的粒子性. 由于 X 射线具有波长短光子能量大这个基本特性，所以，X 射线光学(几何光学和物理光学)虽然具有和普通光学一样的理论基础，但两者的性质却有很大的区别，X 射线与物质相互作用时产生的效应和可见光迥然不同.

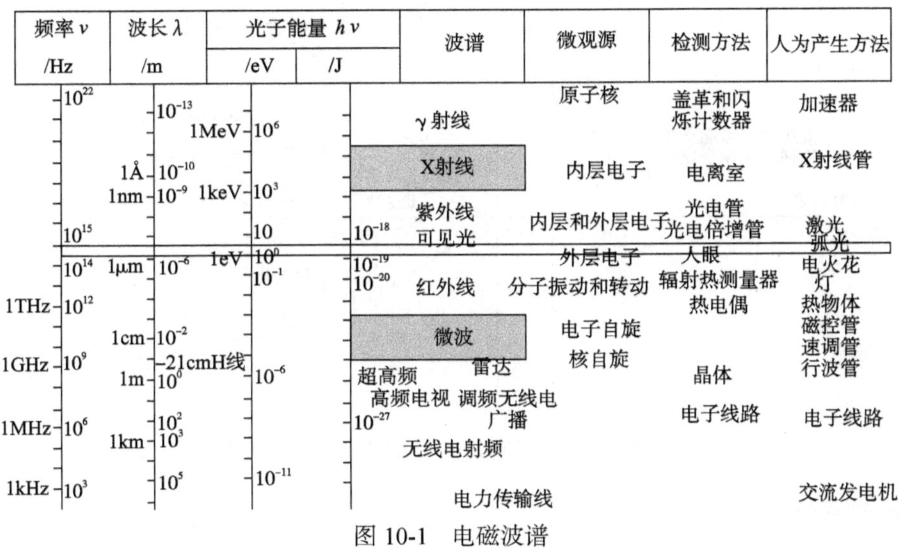

图 10-1　电磁波谱

在物质的微观结构中，原子和分子的距离(1～10Å)正好落在 X 射线的波长范围内，所以物质(特别是晶体)对 X 射线的散射和衍射能够传递极为丰富的微观结构信息. 可以说，大多数关于 X 射线光学性质的研究及其应用都集中在散射和衍射现象上，尤其是衍射方面. X 射线衍射方法是当今研究物质微观结构的主要方法.

X 射线穿透物质时都会被部分吸收，其强度将被衰减变弱；吸收的程度与物质的组成、密度和厚度有关. 在此过程中 X 射线与物质的相互作用是很复杂的，会引起多种效应，产生多种物理、化学过程. 例如，它可以使气体电离；使一些物质产生二次 X 射线或发出可见的荧光；能破坏物质的化学键，引起化学分解，也能促使新键的形成，以及物质的合成；作用于生物细胞组织，还会导致生理效应，使新陈代谢发生变化甚至造成辐射损伤. 然而，就 X 射线与物质之间的物理作用而言，可以分为两类：入射线被电子散射的过程及入射线能量被原子吸收的过程.

X 射线散射的过程可分为两种，一种是只引起 X 射线方向的改变，不引起能量变化的散射，称为相干散射，这是 X 射线衍射的物理基础；另一种是既引起 X 射线光子方向改变，也引起其能量的改变的散射，称为不相干散射或康普顿散射(或康普顿效应)，此过程同时产生反冲电子(光电子).

物质吸收 X 射线的过程主要是光电效应和热效应. 物质中原子被入射 X 射线激发，受激原子产生二次辐射和光电子，入射线的能量因此被转化从而导致衰减. 二次辐射又称为荧光 X 射线，是受激原子的特征射线，与入射线波长无关. 荧光辐射是 X 射线光谱分析的依据. 如果入射光子的能量被吸收，却没有激发出光电子，那么其能量只是转变为物质中分子的热振动能，以热的形式成为物质的内能.

综上所述，X 射线的主要物理性质及其穿过物质时的物理作用可以概括地用图 10-2 表示.

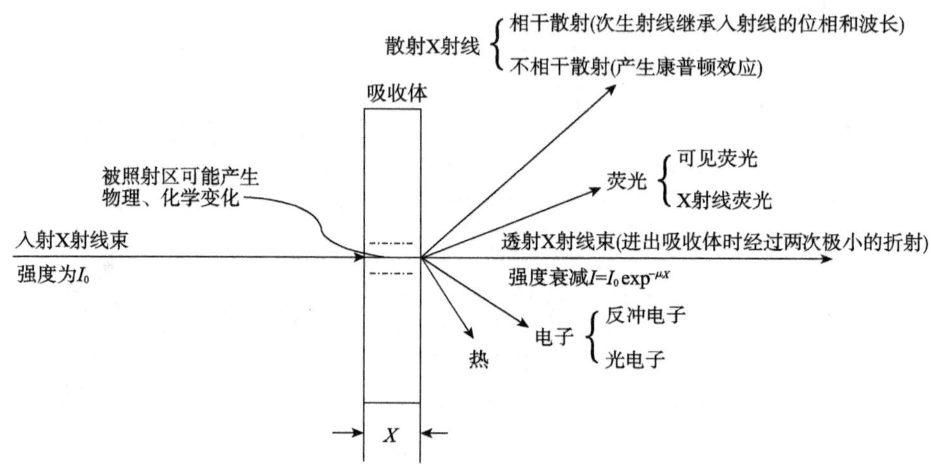

图 10-2　X 射线的物理性质和穿过物质时的作用

1. X 射线的产生

X 射线的产生方法中最简单、最常用的是用加速后的电子撞击金属靶. 产生 X 射线的主要部件是 X 射线管、变压器和操作台. 目前常用的 X 射线主要由 X 射线管产生，X 射线管是一种具有阴、阳两极的真空管，其中阴极用钨丝制成，阳极(俗称靶极)用高熔点金属制成，X 射线管结构如图 10-3 所示. 变压器为提供 X 射线管灯丝电源和高电压而

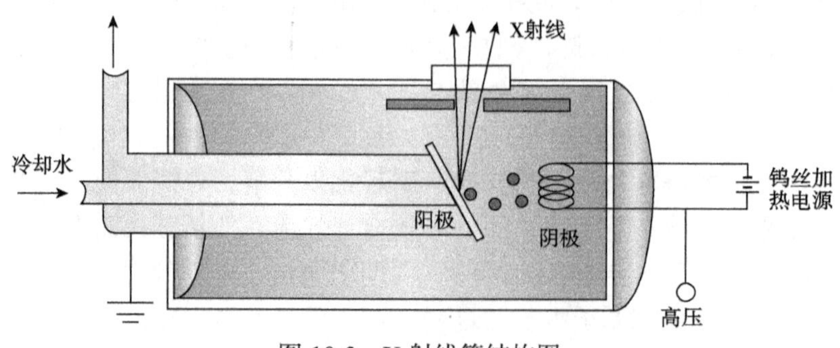

图 10-3　X 射线管结构图

设置，一般前者仅需 12V 以下，为一降压变压器，后者需 40～150kV（常用为 45～90kV）为一升压变压器. 操作台主要为调节电压、电流和曝光时间而设置，包括电压表、电流表、时计、调节旋钮和开关等，X 射线的产生原理如图 10-4 所示.

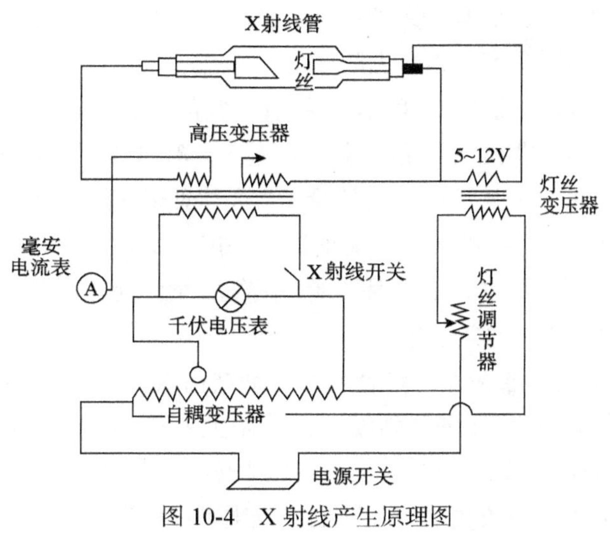

图 10-4　X 射线产生原理图

电源接通后会有大量的热电子束从被加热到白炽状态的钨丝端射出，射出后的热电子经过几万伏至几十万伏的高压加速，从阴极飞向阳极，高速的电子束撞击靶极，电子的速度急降，动能几乎全部损失，但是电子的大部分动能都转换成了热能，只有很小的一部分变成了 X 射线从阳极发出，形成 X 射线光谱的连续部分，称为制动辐射. 通过加大加速电压，电子携带的能量增大，则有可能将金属原子的内层电子撞出. 于是内层形成空穴，外层电子跃迁回内层填补空穴，同时放出波长在 0.1nm 左右的光子. 由于外层电子跃迁放出的能量是量子化的，所以放出的光子的波长也集中在某些部分，形成了 X 射线谱中的特征线，此称为特性辐射. 轰击到靶面上电子束的总能量只有极小一部分转变为 X 射线能. 靶面发射的 X 射线能量与电子束总能量的比率 ε 可用下面的近似公式表示：

$$\varepsilon = 1.1\times 10^{-9} ZV \tag{10-1}$$

式中，Z 为靶材组成元素的原子序数；V 为 X 射线管的极间电压（又称管电压），以伏特为单位. 例如，对于一只铜靶的 X 射线管，在 30kV 工作时，$\varepsilon = 0.2\%$，而一只钨靶的 X 射线管在 100kV 条件下工作时，也不过 $\varepsilon = 0.8\%$. 可见 X 射线管产生 X 射线的能量效率是十分低的，但是，目前 X 射线管仍是最实用的发生 X 射线的器件.

由于撞击后的电子动能大部分都转化成了热能，所以工作中的 X 射线管必须进行冷却，避免阴极温度过高而熔化. 也是这个缘故，使 X 射线管的最大功率受到一定限制，其最大功率决定于阳极材料的熔点、导热系数和靶面冷却手段的效果等因素. 同一种冷却结构的 X 射线管的额定功率，因靶材的不同是大不相同的. 例如，铜靶（铜有极佳的导热性）和钼靶（钼的熔点很高）的功率常为相同结构的铁、钴、铬靶的两倍. 本实验选用钼靶.

在晶体衍射实验中，常用的 X 射线管按其结构设计的特点可分为三种类型：

（1）可拆式管——这种 X 射线管在动真空下工作，配有真空系统，使用时须抽真空使管内真空度达到10^{-5} mPa 或更佳的真空度. 不同元素的靶可以随时更换，灯丝损坏后也可以更换，这种管的寿命可以说是无限的.

（2）密封式管——这是最常使用的 X 射线管，它的靶和灯丝密封在高真空的壳体内. 壳体上有对 X 射线"透明"的 X 射线出射"窗孔". 靶和灯丝不能更换，如果需要使用另一种靶，就需要换用另一只相应靶材的管子. 这种管子使用方便，但若灯丝烧断后它的寿命也就完全终结了. 密封式 X 射线管的寿命一般为 1000～2000 小时，它的报废往往并不是灯丝损坏，而是靶面被熔毁或因受到钨蒸气及管内受热部分金属的污染，致使发射的 X 射线谱线"不纯"而被废用.

（3）转靶式管——这种管采用一种特殊的运动结构以大大增强靶面的冷却，即所谓旋转阳极 X 射线管，是目前最实用的高强度 X 射线发生装置. 管子的阳极设计成圆柱体形，柱面作为靶面，阳极需要用水冷却. 工作时阳极圆柱以高速旋转，这样靶面受电子束轰击的部位不再是一个点或一条线段而是被延展成阳极柱体上的一段柱面，使受热面积展开，从而有效地加强了热量的散发. 所以，这种管的功率远高于前两种管子. 对于铜或钼靶管，密封式管的额定功率，目前只能达到 2.5kW 左右，而转靶式管最高可达 90kW.

2. X 射线管工作条件的确定

大多数晶体衍射实验都需要使用单一波长的 X 射线. 特征谱线的存在，尤其是强度很大而且分得很开的 K_α 线的存在，为晶体衍射实验带来极大的方便. 因为只要适当选择工作条件，一只 X 射线管就可视为近似单色的辐射源. 如何确定 X 射线管的最佳工作条件呢？这需要分析特征光谱强度与连续光谱强度之比随着 X 射线管的工作电压的改变是如何改变的. 实验证明，特征光谱的强度 I_c 是管电流 i 及管电压 V 的函数：

$$I_c = C \cdot i \cdot (V - V_k)^n \tag{10-2}$$

式中，指数 $n \approx 1.5$；V_k 为特征谱线的激发电压；C 为比例常数. 设 W 为 X 射线管可以采用的最大功率，则管电流 i 最多等于 W/V，故特征光谱的最大强度 I_c 将为

$$\begin{aligned} I_c &= C \cdot W \cdot (V - V_k)^{1.5} / V \\ &= C \cdot W \cdot V_k^{0.5} (V / V_k - 1)^{1.5} / (V / V_k) \end{aligned} \tag{10-3}$$

I_c 作为 V / V_k 的函数可用图 10-5 中的曲线（a）表示：电压 V 越高，特征线的强度越大，但是它的增加变慢. 于是我们可求得特征光谱与连续光谱的强度比

$$I_c / I_w = (1 / V_k^{0.5}) \times (V / V_k - 1)^{1.5} / [(V / V_k)^2 \times Z] \tag{10-4}$$

图 10-5 中的曲线（b）给出了对于某一对阴极的 I_c / I_w 作为 V / V_k 函数的曲线图：它随

V/V_k 增大而迅速增加，直到 V/V_k 增至 3 左右以后，在一个比较大的范围内维持不变，而后缓慢地减小.

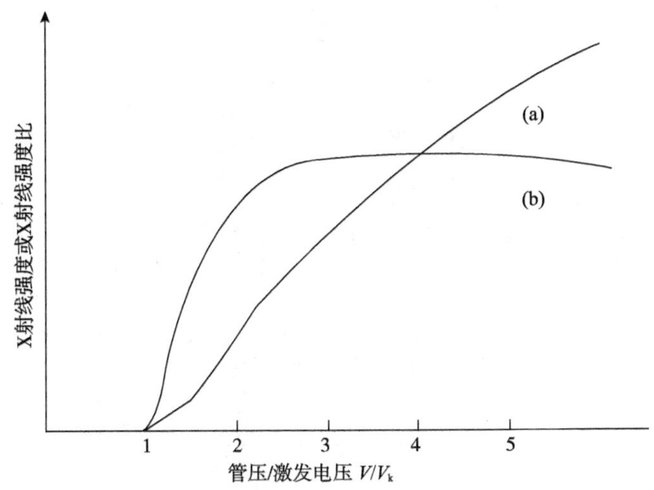

图 10-5　X 射线管发射强度与管工作电压的关系

曲线(a). 某一特征 K_α线的最大发射强度；曲线(b). K_α线与连续谱线强度比

从上面的分析可知：在实验中，当需要用一根管子的特征谱线（如用其 K_α 线）作为单色辐射源时，最有利的管压应该为该特征谱线激发电压的三倍以上. 但也不宜太高，若太高，连续光谱所占的比例也增加(虽然比较慢). 对于原子序数较小的对阴极，其 K_α 线的能量与其波长附近同宽度连续光谱的能量相比虽然较高，例如，在 30kV 下工作的 Cu 靶 X 射线管，发射光束中 CuK_α 辐射的强度约为其附近连续光谱强度的 90 倍，但是在 X 射线管的光束总能量中，特征光谱只占很小的一个份额，因为 I_c/I_w 是远小于 1 的. 所以，当需要使用“单色”射线时，除应选用适当的工作电压外，还必须选择适当的“单色化”手段. 当同一宽带的连续光谱起作用时，必须注意到它的作用是否可以同 K_α 线单独作用相比拟. 当需要“白色”X 射线时，通常使用钨靶 X 射线管在 50kV 以上工作比较合适. 在此条件下，光谱中只含有弱的钨的 L 线；K 线仅在电压高于 69kV 时才会出现，但是此时它们的强度还是很弱的，因为 V/V_k 才略大于 1.

3. X 射线光谱

X 射线具有很强的穿透本领，能透过许多对可见光不透明的物质，如纸、木料、人体等. 这种肉眼看不见的射线经过物质时会产生许多效应，例如，能使很多固体材料发生荧光，使照相底片感光，以及使空气电离等. 波长越短的 X 射线能量越大，叫做硬 X 射线，波长长的 X 射线能量较低，称为软 X 射线. 由 X 射线管所得到的 X 射线，其波长组成是很复杂的. 按其特征可以分成两部分：连续光谱和特征光谱（图 10-6），后者只与靶的组成元素有关. 这两部分射线是基于两种不同的机制产生的. 连续光谱又称为“白色”X 射线，包含了从短波限 λ_m 开始的全部波长，其强度随波长变化连续地改变. 从短波限开始随着波长的增加强度迅速达到一个极大值，之后逐渐减弱，趋向于零(图 10-6). 连续光谱的短波限 λ_m 只决定于 X 射线管的工作高压.

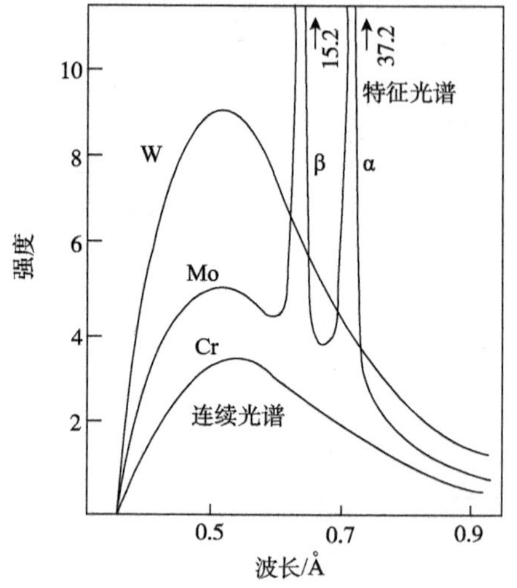

图 10-6　X 射线管产生的 X 射线的波长谱

目前还没有一个简单的理论能够对连续光谱变化的现象给予全面清楚的解释，但应用量子理论可以简单说明为什么连续光谱具有一个短波极限. 该理论认为，当能量为 eV 的电子和物质相碰撞产生光量子时，光量子的能量至多等于电子的能量，因此辐射必定有一个频率上限 ν_m ，此上限值应由下面的关系式决定：

$$h\nu_m = hc / \lambda_m = eV \tag{10-5}$$

式中，h 为普朗克常量；c 为光速. 当 V 以伏特为单位，波长 λ 以埃为单位时，短波极限 λ_m 可以表示为

$$\lambda_m = 12395 / V \tag{10-6}$$

如果一个电子射入物质后在发生有效碰撞(产生光量子)之前速度有所降低，则碰撞产生光量子的能量就会减小. 多种因素使得发生有效碰撞的电子速度可以从零到初速连续地取值，因而出现了连续光谱，其波长自 λ_m 开始向长波长方向伸展. 但是，量子论的这个解释并不能给出能量从电子传递到光子的机制.

元素的每条线光谱都是近单色的，衍射峰的半高宽小于 0.01Å. 参与产生特征 X 射线的电子层是原子的内层电子，内层电子的能量可以认为仅决定于原子核而与外层电子无关(外层电子决定原子的化学性质和它们的紫外、可见光谱)，所以，元素的 X 射线特征光谱比较简单，且随原子序数做有规律的变化，特征光谱只取决于元素的种类而不论物质处于何种化学或物理状态. 各系 X 射线特征辐射都包含几个很接近的频率. 例如，K 系辐射包含 $K_{\alpha1}$ 、$K_{\alpha2}$ 和 K_β 三个频率，$K_{\alpha1}$ 、$K_{\alpha2}$ 波长非常接近，相距 0.004Å，在实际使用时不易分开，统称为 K_α 线，K_β 线比 K_α 线频率要高，波长要短一些. K_α 线是电子

由 L 层跃迁到 K 层时产生的辐射，而$K_β$线则是电子由 M 层跃迁到 K 层时产生的(图10-7). 实际上 L、M 等能级又可分化成几个亚能级，依照选择法则，在能级之间只有满足一定选律要求跃迁才会发生. 例如，跃迁到 K 层的电子如果来自 L 层，则只能从 LⅡ和 LⅢ亚层跃迁过来；如果来自 M 层，则只能从 MⅡ及 MⅢ亚层跃迁过来. 所以，$K_α$线就有$K_{α1}$和$K_{α2}$之分，$K_β$线理论上也应该是双重的，但是$K_β$线的两根线中有一根非常弱，因此可以忽略.

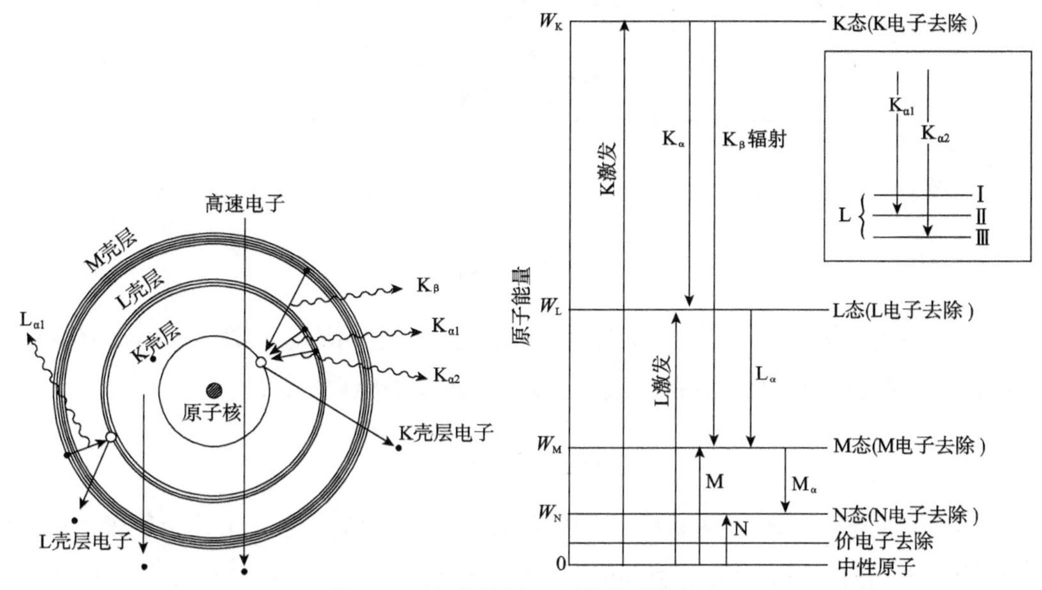

图 10-7　元素特征 X 射线的激发机理

各个系 X 射线的相对强度与产生该射线时能级的跃迁机遇有关. 由于从 L 层跃迁到 K 层的机遇最大，所以$K_α$强度大于$K_β$的强度，而在$K_α$线中，$K_{α1}$的强度又大于$K_{α2}$的强度. $K_{α2}$、$K_{α1}$和$K_β$三线的强度比约为 50：100：22. 考虑到$K_{α1}$的强度是$K_{α2}$强度的两倍，所以，$K_α$的平均波长应取两者的加权平均值：$\lambda(K_α) = (2\lambda(K_{α1}) + \lambda(K_{α2}))/3$.

4. X 射线在单晶中的衍射

将 X 射线晶体点阵上的定向衍射看作是一组由点阵原子组成的晶面上产生干涉性反射的结果. 由晶体点阵的原子所散射的射线相互作用，与从一组晶面或原子面上所发生的反射作用是类似的. 但是，这种反射与光学上的反射不同，它不能取任意的入射角，而是一种选择性的反射作用. 当一束波长为 λ，经过准直的单色 X 射线，以掠射角 θ 投射到晶面间距为 d 的一组晶面(hkl)上时，每一晶面上的原子，都向各种方向发射出次级散射线，其中有些散射线可以看成是各层原子面按照反射定律对入射线反射的结果，如图 10-8 所示，它的衍射条件如下：

(1) 入射束、反射束(衍射束)和衍射面(khl)的法线在同一平面上；

(2) 入射束和反射束同衍射面间的夹角相等，即掠射角等于反射角；

(3) 从顺次晶面上反射出来的射线，其光程差为波长 λ 的整数倍.

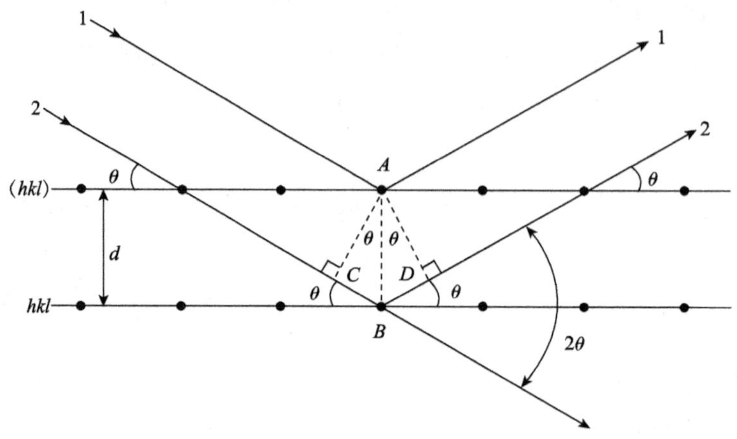

图 10-8 X 射线在晶格上的衍射

从图 10-8 中可以看出，射线 $1A1'$ 和 $2B2'$ 之间光程差为 $CBD=CB+BD=2AB\sin\theta=2d\sin\theta$，如果这些射线是同相的，其光程差为波长 λ 的整数倍，即

$$2d\sin\theta=n\lambda$$

这就是 Bragg 定律. 其中，n 为整数，可以是 0，±1，±2，±3，…等，n 为衍射级数；d 为晶面间距；θ 为布拉格角，即入射线和衍射面间的夹角. 根据布拉格公式，既可以利用已知的晶体（d 已知）通过测量 θ 来研究未知 X 射线的波长，也可以利用已知的 X 射线（λ 已知）来测量未知晶体的晶面间距. 本实验利用已知钼（$\lambda(K_\alpha)=7.11\times10^{-2}\text{nm}$，$\lambda(K_\beta)=6.32\times10^{-2}\text{nm}$）的 X 射线特征谱线来测量实验晶体（NaCl）的晶面间距.

5. 杜红-昆特关系与普朗克常量 h 的测定

杜红-昆特关系是指 X 射线最短波长 $\lambda_{最小}$ 的位置与 X 射线管电压 U 的反比关系

$$\lambda_{最小}=\frac{hc}{e}\cdot\frac{1}{U}$$

测定普朗克常量 h，要先求出 $\lambda_{最小}$ 与 $1/U$ 的比值

$$A=\frac{hc}{e}$$

其中，光速 $c=2.9979\times10^{8}\text{m/s}$；电子电荷 $e=1.6022\times10^{-19}\text{C}$. 实验上测出 A，就可以利用 c、e 数值求出普朗克常量 h.

6. X 射线与物质的相互作用

X 射线具有很强的穿透性，能够穿透很多可见光照不能透射的物质. 在 X 射线射入并透射物质的同时，不可避免地与物质发生一定的作用，这种相互作用实际上是 X 射线的光子与被透射物质的原子之间的相互关系，并且这种相互关系是单次的随机事件. 就入射光子束中的某个辐射光子而言，它们穿透物质时只有两种可能：一种是与物质发生作用后光子丢失自身的全部能量进而转化为其他形式的能量，称为光子的吸收；另一种情况是入射光子的能量只有部分丢失，之后光子沿着与入射光子不同的方向射出，这种情况称为光子的散射. 当 X 射线透射物质时，无论是发生光子的吸收还是光子的散射，都会伴随光子数的减少，透射过的 X 射线强度必然会降低，这种现象称为 X 射线的衰减特性. X 射线强度的改变与物质的材料、密度、厚度等因素相关.

常用的X射线主要有两种，一种是仅具有一种波长或者单一能量光子的单能X射线，另外一种是具有不同波长或者不同能量的光子的多能 X 射线. 在理论上使用单能的 X 射线源检测物质是非常理想的，能够更准确地测量物质的特征值. 但在实际的工业检测中，获得单能 X 射线是比较困难的，实际产生的射线中不可能仅是单一波长的 X 射线，大多数为多能 X 射线. 多能射线由不同能量的光子组成，对于光子能量的变化，射线的衰减系数是变化的，在穿透材料时不同能量光子具有不同的衰减系数.

为了使 X 射线的应用更理想化，尽量获取单能 X 射线. 但在获取单能 X 射线的过程中，全部单能 X 射线是很难获得的，大部分为部分单能 X 射线. 研究表明，透射后的射线强度与衰减系数(μ)和物质厚度(x)成正比. 设入射射线强度为 I_0，透射后的射线强度为 I，可得透射后的 X 射线强度公式为

$$I = I_0 \times \mathrm{e}^{-\mu x} \tag{10-7}$$

式中，μ 为衰减系数，衰减系数就等于散射系数和吸收系数的和. 但实践证明，平常散射系数要比吸收系数小得多，可以忽略不计，因此衰减系数就等于吸收系数. 设 σ 为原子的截面面积，n 为单位体积内的原子数，所以可得

$$n = \frac{N\rho}{A} \tag{10-8}$$

式中，N 为阿伏伽德罗(Avogadro)常量；ρ 为物质密度；A 为原子的摩尔质量. 于是有

$$\mu = \sigma \frac{N\rho}{A} \tag{10-9}$$

则 X 射线强度衰减公式为

$$I = I_0 \times \mathrm{e}^{-\frac{N\rho}{A}\sigma x} \tag{10-10}$$

【实验仪器】

本实验使用的是德国莱宝教具公司生产的 X 射线实验仪 554800 型，如图 10-9 所示. 它的正面装有两扇铅玻璃门，既可看清楚 X 射线管和实验装置的工作状况，又能保证人身不受到 X 射线的危害，要打开这两扇铅玻璃门中的任一扇，必须先按下 A0，此时 X 射线管上的高压立即断开，保证了人身安全.

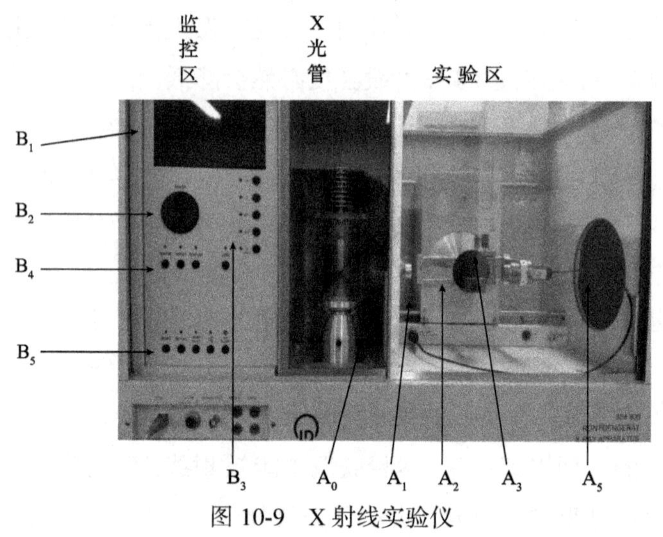

图 10-9　X 射线实验仪

该装置分为三个工作区：中间是 X 射线管，右边是实验区，左边是监控区. X 射线管的结构如图 10-10 所示. 它是一个抽成高真空的石英管，其下面 1 是接地的电子发射极，通电加热后可发射电子. 上面 2 是钼靶，工作时加以几万伏的高压. 电子在高压作用下轰击钼原子而产生 X 射线，钼靶受电子轰击的面呈斜面，以利于 X 射线向水平方向射出. 3 是铜块. 4 是螺旋状热沉，用以散热. 5 是管脚.

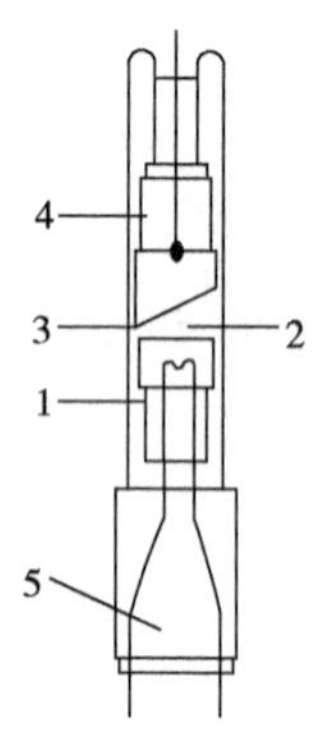

图 10-10　X 射线管

图 10-9 右边的实验区可安排各种实验.

A1 是 X 射线的出口，做 X 射线衍射实验时，要在它上面加一个光阑(光缝)或称准直器，使出射的 X 射线成为一个近似的细光束.

A2 是安放晶体样品的靶台，安装样品的方法如图 10-11 所示：

(1) 把样品(平块晶体)轻轻放在靶台上，向前推到底；

(2) 将靶台轻轻向上抬起，使样品被支架上的凸楞压住；

(3) 顺时针方向轻轻转动锁定杆，使靶台被锁定.

A3 是装有 G-M 计数管的传感器，它用来探测 X 射线的强度. G-M 计数管是一种用

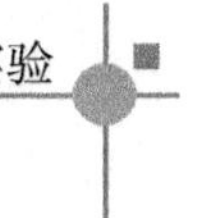

来测量 X 射线的强度的探测器，其计数 N 与所测 X 射线的强度成正比. 由于本装置的 X 射线强度不大，所以计数管的计数值较低，计数值的相对不确定度较大(根据放射性的统计规律，射线的强度为 $N\pm\sqrt{N}$，故计数 N 越大相对不确定度越小). 延长计数管每次测量的持续时间，从而增大总强度计数 N，有利于减少计数的相对不确定度.

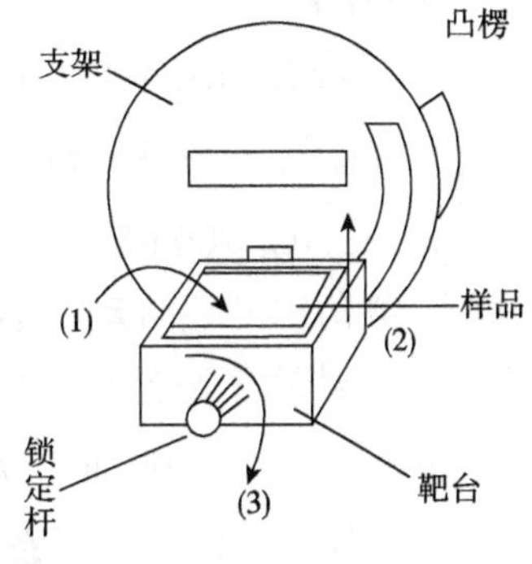

图 10-11　测角器的靶台

A2 和 A3 都可以转动，并可通过测角器分别测出它们的转角.

A4 是荧光屏，它是一块表面涂有荧光物质的圆形铅玻璃平板，平时外面有一块盖板遮住，以免环境光太亮而损害荧光物质；让 X 射线光打在荧光屏上，打开盖板，即可在荧光屏的右侧外面直接看到 X 射线的荧光，但因荧光较弱，所以观察应在暗室中进行.

左边的监控区包括电源和各种控制装置. B1 是液晶显示区，它分上下两行，通常情况下，上行显示 G-M 计数管的计数率 N(正比于 X 射线光强 R)，下行显示工作参数.

B2 是个大转盘，各参数都由它来调节和设置.

B3 有五个设置按键，由它确定 B2 所调节和设置的对象. 这五个按键如下所示：

U：设置 X 射线管上所加的高压值(0.0～35kV)；

I：设置 X 射线管内的电流值(0.0～1.0mA)；

Δt：设置每次测量的持续时间(1～9999s)；

$\Delta\beta$：设置自动测量时测角器每次转动的角度，即角步幅(通常取 0.1°)；

β-LIMIT：在选定扫描模式后，设置自动测量时测角器的扫描范围，即上限角与下限角(第一次按此键时，显示器上出现“↓”符号，此时利用 B2 选择下限角；第二次按此键时，显示器上出现“↑”符号，此时利用 B2 选择上限角).

B4 有三个扫描模式选择按键和一个归零按键. 三个扫描模式按键如下：

SENSOR：传感器扫描模式. 按下此键时，可利用 B2 手动旋转传感器的角位置，也可用 β-LIMIT 设置自动扫描时传感器的上限角和下限角，此时显示器的下行显示传感器的角位置；

TARGET：靶台扫描模式. 按下此键时，可利用 B2 手动旋转靶台的位置，也可用 β-LIMIT 设置自动扫描时传感器的上限角和下限角，显示器的下行此时显示靶台的角位置；

COUPLED：耦合扫描模式，按下此键时，可利用 B2 同时手动旋转靶台和传感器的角位置，要求传感器的转角自动保持为靶台转角的两倍，而显示器 B1 的下行此时显示靶台的角位置，也可用 β-LIMIT 设置自动扫描时传感器的上限角和下限角.

归零按键是 ZERO：按下此键后，靶台和传感器都回到 0 位.

B5 有五个操作键，如下所示：

RESET：按下此键，靶台和传感器都回到测量系统的 0 位置，所有参数都回到缺省值，X 射线管的高压断开；

REPLAY：按下此键，仪器会把最后的测量数据再次输出至计算机或记录仪上；

SCAN(ON/OFF)：此键是整个测量系统的开关键，按下此键，在 X 射线管上就加了高压，测角器开始自动扫描，所得数据会被储存起来(若开启了计算机的相关程序，则所得数据自动输出至计算机)；

◁：此键是声脉冲开关，本实验不必用到它；

HV(ON/OFF)：此键控制 X 射线管上的高压，它上面的指示灯闪烁时，表示已加了高压.

X-ray Apparatus 软件

软件“X-ray Apparatus”的界面如图 10-12 所示. 它具有标题栏、菜单栏和工作区域. 在菜单栏中，从左到右分别是：Delete Measurement or Settings(删除测量或设置)、Open Measurement (调用测量文件)、Save Measurement As (存储测量结果)、Print Diagram (打印)、Settings (设置)、Large Display & Status Line (wgkq 状态行信息以大字显示)、显示 X 射线装置参数设置信息、Help(帮助信息)、About(显示版本信息). 工作区域的左侧是所采集的数据列表，右侧是与这些数据相应的图.

数据采集是自动的，当在 X 射线装置中按下“SCAN”键进行自动扫描时，软件将自动采集数据和显示结果：工作区域左边显示靶台的角位置 β 和传感器中接收到的 X 射线光强 R 的数据；而右边则以此数据作图，其纵坐标为 X 射线光强 R(单位是 1/s)，横坐标为靶台的转角(单位是°)，如图 10-12 所示.

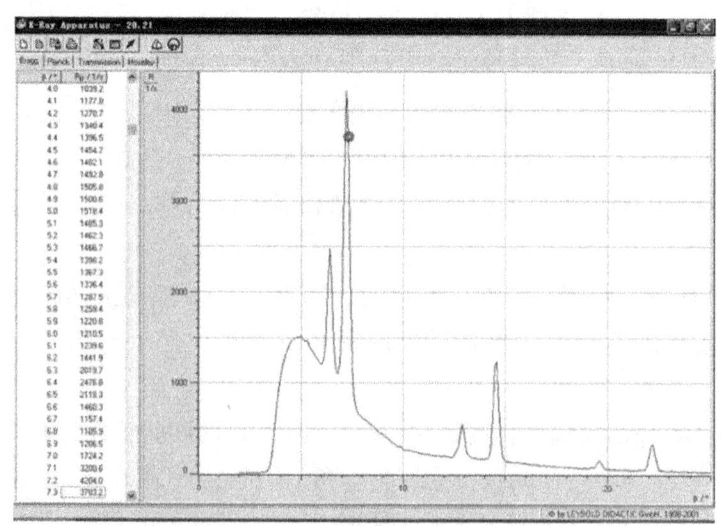

图 10-12　一个典型的测量结果画面

若须对参数进行设置，可单击“Settings”按钮，这时将显示如图 10-13 所示的“Settings”对话框.

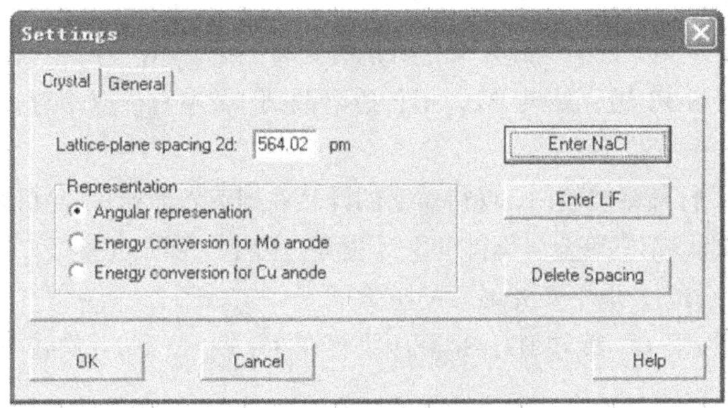

图 10-13　Settings 的对话框

其中有两个选项卡：“Crystal”和“General”.

“General”选项卡：用于设置连接计算机的串口地址和语言(一般为 COM1 和 English)，单击“Save New Paramenters”按钮将新设置存储为系统的缺省值.

“Crystal”选项卡：用于设置晶体的参数，如单击“Enter NaCl”和“Enter LiF”按钮将输入 NaCl 或 LiF 晶体的晶面间隔值，此时所画图的横坐标将转换成波长坐标，要删除已输入晶面间隔数值，可单击“Delete Spacing”按钮. 若选中“Energy conversion for Mo anode”复选框，可将所画图的横坐标转换成能量坐标，这时将得到一幅 X 射线的能级谱图，在连续能谱上叠加有特征 X 射线线谱.

吸收体

如图 10-14 所示，实验中用到两种吸收体来研究 X 射线衰减与吸收体厚度、吸收体物质(原子序数)的关系.

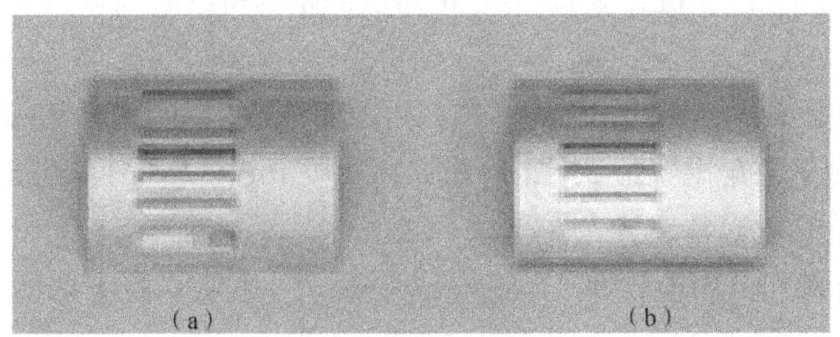

图 10-14　吸收体

(a)吸收体 1；(b)吸收体 2

吸收体 1：铝质，厚度分别为 0，0.5mm，1.0mm，1.5mm，2.0mm，2.5mm，3mm.

吸收体 2：厚度均为 0.5mm，材质分别为聚苯乙烯(原子序数为 6)、铝(原子序数为 13)、铁(原子序数为 26)、铜(原子序数为 29)、锆(原子序数为 40)、银(原子序数为 47).

【实验内容】

1. 观察 X 射线透射像

(1)打开仪器左侧下方的电源开关，可以看到有数据显示.

(2)按下 SENSOR 键，旋转 B2，把传感器调到 50°左右，以不遮挡 X 射线射向荧光屏.

(3)按下 A0，打开铅玻璃门，将待观察的样品放到荧光屏前(样品可以是一般的计算器，或者装有钥匙、钢笔等金属物件的文具袋等，请学生预先准备好).

(4)关好铅玻璃门，取下荧光屏后的防护罩.

(5)在 B3 中按下 U，旋转 B2，把高压设置在 35kV；按下 I，旋转 B2，把电流设置在 1mA.

(6)在暗室条件下按下 B5 中的 HV 键，以打开高压(此时应看到它上面的指示灯闪烁)，在荧光屏后观察样品的 X 射线透射像.

(7)分别改变高压和管流的大小，半定量地记录 X 射线透射像和高压和管流的关系(例如，高压或管流分别降低到原来的 0.9,0.8,0.7,0.6,…时透射像的强度和清晰度如何改变？)并分析讨论这种关系.

(8)再次按下 B5 中的 HV 键，以关闭高压(此时应看到它上面的指示灯熄灭.)

2. 测定 NaCl 单晶的晶面间距

(1)打开铅玻璃门，取出观察透视像的样品，在 A1 处装上光缝.

(2)在靶台上装上 NaCl 晶体(注意：NaCl 晶体易碎易受潮，取拿时必须小心，平时应放在干燥缸中，拿时须戴手套，不能用手直接接触其表面.)

(3)关闭铅玻璃门后，按 ZERO 键，使测角器归零.

(4)在 B3 中按下 Δt 键，旋转 B2，把每次测量的持续时间设为 3～5s；按下 $\Delta\beta$ 键，把角步幅设置为 0.1°.

(5)在 B4 中按下 COUPLED 键，在 B3 中按下 β-LIMIT 键，当显示器显示“↓”符号时，用 B2 把下限角设置为 $\beta=2°\sim4°$；再次按下 β-LIMIT 键，当显示器显示“↑”符号时，用 B2 把上限角设置为 $\beta=25°\sim35°$.

(6)打开计算机，启动软件“X-ray Apparatus”. 在菜单栏上选择“Bragg”，即可出现测量画面.

(7)在 B5 中按“SCAN”键，仪器会自动打开高压，计算机就开始自动采集和记录角度 β 和强度 R，并同时显示食盐晶体 X 射线反射曲线，如图 10-12 所示. 其中 β 最小的一对尖峰对应于两条特征光谱 n=1 的布拉格反射；随着角度增加，后面依次出现 n=2, n=3，…的各对反射峰.

(8)保存该曲线，记下各峰值附近 4～5 个数据，以便求出对应 R 最大的各 β 值，并

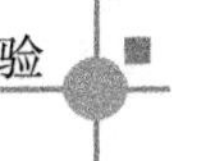

从各 β 值得出 NaCl 的晶面间距，比较各间距是否相同.

3. 测定 LiF 晶体的晶面间距

(1) 取出 NaCl 晶体，放回干燥罐，换上 LiF 晶体.

(2) 设置 X 射线管的高压 $U = 35.0\text{kV}$，电流为 $I = 1.0\text{mA}$. 测量时间 $\Delta t = 5\text{s}$，角步幅 $\Delta\beta = 0.1°$，下限角为 2.5°，上限角为 30°. 按 "SCAN" 键进行自动扫描. 测出 LiF 的 X 射线衍射曲线.

(3) 求出 LiF 的晶面间距.

4. 普朗克常量 h 的测定

(1) 管压分别为 $U = 22\text{kV}$，24kV，26kV，28kV，30kV，32kV，34kV，35kV，记录下对应的钼发射连续谱曲线图，如图 10-15 所示. 不同电压下的管流 I，扫描时间 Δt，β 角的上、下限，角步长 $\Delta\beta$ 的设置见表 10-1.

表 10-1　各参数设置表

U/kV	I/mA	Δt/s	β_{min}	β_{max}	$\Delta\beta$
22	1.00	9	5.2	6.2	0.1
24	1.00	9	5.0	6.2	0.1
26	1.00	6	4.5	6.2	0.1
28	1.00	6	3.8	6.0	0.1
30	1.00	6	3.2	6.0	0.1
32	1.00	3	2.5	6.0	0.1
34	1.00	3	2.5	6.0	0.1
35	1.00	3	2.5	6.0	0.1

图 10-15 的曲线图完成后，利用"X-ray Apparatus"软件，选择"Best-fit Straight Line"，画一条最佳直线，确定每个电压值对应的 $\lambda_{最小}$ 值(图 10-15)；再按下"Planck"键(图 10-16)，选择 "Caculate Straightt Line Through Origin"，画一条通过原点的直线，显示出 $\lambda_{最小}$ 与 $1/U$ 的成正比关系，即

$$\lambda_{最小} = A\frac{1}{U}$$

并在左下角栏上自动显示出比例系数 A 值.

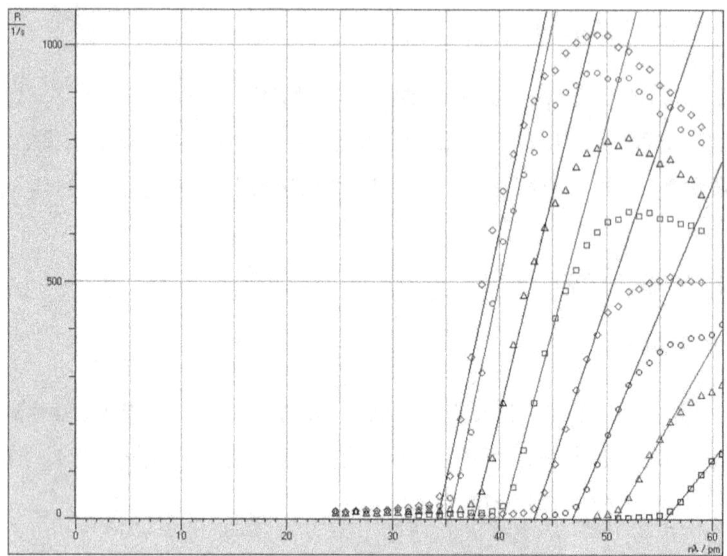

图 10-15 不同的电压对应的波长谱线

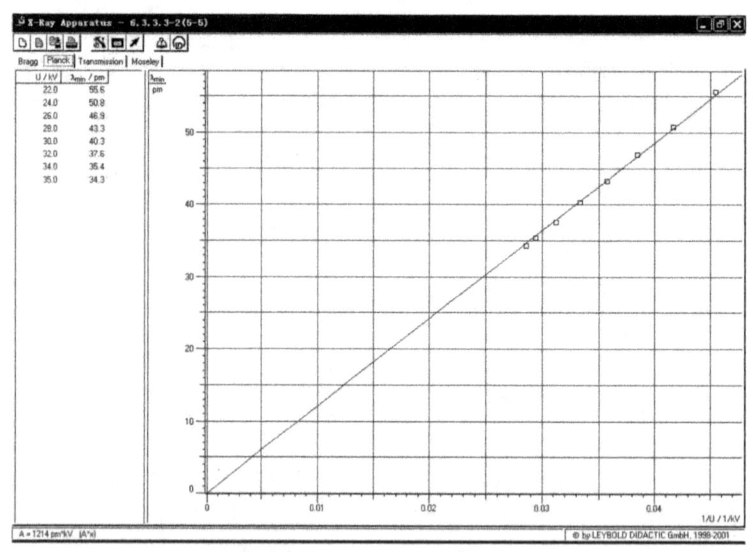

图 10-16 测定普朗克常量

(2)利用图 10-16 中的 A 值，由公式：$A=hc/e$，就可以求出普朗克常量 h. 与理论上的普朗克常量：$h=6.626\times10^{-34}$ 比较，可得它的相对误差.

5. 调校测角器的零点

由于各种原因，测角器的零点可能会不准确，即靶台位置显示值为零时，实际位置并不与入射 X 射线平行；而传感器位置显示为零时，实际位置并不正对 X 射线入射. 此时，应用已知晶面间距的晶体来调校测角器的零点. 通常我们用 NaCl 晶体(已知其晶面间距为 0.283nm)来调校测角器的零点，其方法如下：

(1) 按 ZERO 键，使测角器归零.

(2) 打开铅玻璃门，在靶台上转上已知晶面间距的 NaCl 晶体.

(3) 关上铅玻璃门，在 COUPLED 模式下，用 B2 把靶台转到 7.2°附近.

(4) 设置 X 射线管的高压 $U = 35.0\text{kV}$，电流为 $I = 1.0\text{mA}$，并用 HV 键打开高压，分别用 SENSOR 和 TARGET 模式，手动调节靶台和传感器的位置，注意 B1 的上行，仔细寻找计数率最大的传感器和靶台位置.

(5) 找到此位置后，用 COUPLED 模式令靶台反向(顺时针)转 7.2°，此时应为真正的零点位置.

(6) 同时按下 TARGET、COUPLED 和 β-LIMIT 三个键，从而确认该位置为新的零点位置.（注意：“三键同时按下”，会把原来设置的 0 位取消，并以当前位置为新的 0 位. 这个操作如有错误，将导致仪器严重失调而难以恢复. 因此，必须十分谨慎！应请老师检查确认无误后，再进行操作）.

6. 测量 X 射线的吸收与材料厚度的关系

(1) 直准器前安装吸收体 1；

(2) 按 ZERO 键，使测角器归零；

(3) 设置 X 射线管的高压 $U = 21\text{kV}$，电流 $I = 0.15\text{mA}$，角步幅，测量时间，再按 COUPLED 键，再按 β 键，使 β - LIMIT ↓= 0°，β - LIMIT ↑= 60°；

(4) 启动软件“X-ray Apparatus”按 F4 键清屏；

(5) 按 SCAN 键进行自动扫描；

(6) 扫瞄完毕后. 按 F2 键存储文件，记下数据. 得出 X 射线的吸收与铝材厚度的关系.

7. 研究 X 射线的衰减与吸收体物质(Z)的关系

(1) 直准器前安装吸收体 2；

(2) 按 ZERO 键，使测角器归零；

(3) 设置 X 射线管的高压 U=30kV，电流 I=0.2mA，角步幅，测量时间 $\Delta t = 30\text{s}$，再按 COUPLED 键，再按 β 键，使 β - LIMIT ↓= 0°，β - LIMIT ↑= 60°；

(4) 启动软件“X-ray Apparatus”按 F4 键清屏；

(5) 按 SCAN 键进行自动扫描；

(6) 扫描完毕后. 按 F2 键存储文件，得出 X 射线的吸收与物质原子序数的关系.

【注意事项】

(1) 本实验仪器有铅玻璃门，又有自动保护装置(即铅玻璃门一打开，X 射线管自动关闭)，实验进行时是安全的，但要注意一切实验应在铅玻璃门关闭下进行.

(2) 在操作 X 射线装置之前，检查它是否有损伤，确保当滑门打开时高压是关闭着的. 未经许可的人不要接触 X 射线装置. 不允许 X 射线管的 Mo 阳极过热. 操作 X 射线装置时，检查并确保开启 X 管室中的通风设备.

(3)测角器要单独通过步进电动机进行定位. 使用测角器测量时，光缝到靶台和靶台到传感器的距离一般可取 5～6cm，此距离太大，会使计数率太低；此距离太小，会降低角分辨本领. 不要阻碍测角器的靶臂和传感器臂的联动，也不要硬性移动它们.

(4)注意 NaCl、LiF 单晶易碎，易受潮，使用时要用手套. 安装时要十分小心，只接触晶体片的边缘，不碰它的表面；不要使它受到大的压力(用夹具时不要夹得太紧)；不要掉落地上. 做完实验放于干燥器皿中. 安装单晶时，先降低靶台，在靶台上平放单晶，将单晶推至最里，升高靶台至突起部分，拧紧螺钉.

(5)由于 X 射线管温度很高，寿命有限，当不进行实验或数据处理时，应及时关掉仪器，延长仪器使用寿命.

【思考题】

(1)本实验用的是单晶，如果用多晶，实验应如何改变或改进?

(2)任给一个未知晶体，用此实验方法能否测出其晶格常数? 如何测量?

(3)试改变管高压与发射电流，观察对实验结果有何影响.

(4)X 射线与可见光在发光机制上有何区别?

【附录】

一、X 射线检测和防护

1. X 射线检测

利用 X 射线和物质相互作用的一些效应，我们可以有很多有效的检测 X 射线的方法. 常用的检测手段如下.

1)荧光板

荧光板是将 ZnS、CdS 等荧光材料涂布在纸板上制成的，常用来确认光源产生的原射线束的存在.

2)照相方法

照相法是最早使用的检测并记录 X 射线的方法，直到现在仍是一种常用的基本方法. X 射线与可见光一样，能够使感光乳剂感光. 当感光乳剂受到 X 射线照射后，AgBr 颗粒离解形成显影核，经过显影而游离出来的单质银微粒使感光处变黑.

在一定的曝光条件下，黑度是与曝光量成比例的. 黑度也和波长有关. 测量黑度的简单方法是目估，较为准确的测量方法则需要事先制作好黑度标准，或者用光电黑度计来扫描测量.

3)正比计数管

正比计数管(PC)、电离室和盖革计数管都是气体器件，但后两者在 X 射线分析仪器中已经不常使用. 正比计数管一般以一个内径约 25mm 的金属圆筒作为阴极，圆筒中心有一根拉成直线的钨丝作为阳极，筒内充满 0.5～1 个大气压的氩气或氙气，并加有 10%左右的猝灭气体(一般为 CH_4、乙醇或 Cl_2)．圆筒的侧壁或一端设有入射 X 射线的“窗”，由于衍射实验使用的 X 射线多为软 X 射线，所以要求窗壁极薄，所用窗口材料通常为云母片或者铍片，其结构如图 10-17 所示．

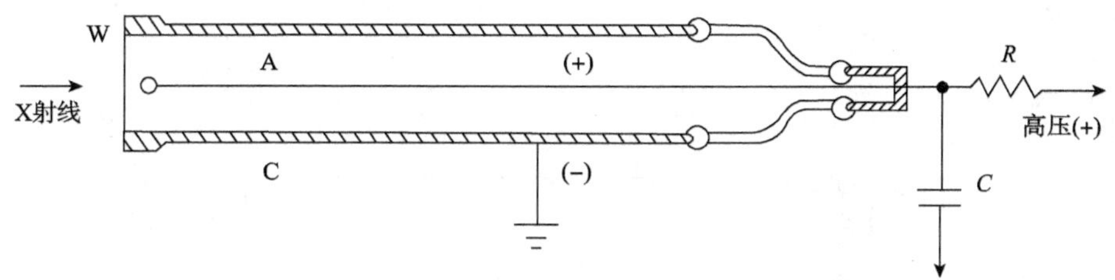

图 10-17　正比计数管的结构

W. 窗(云母、铍等)；A. 阳极钨丝；C. 阴极(金属圆筒)

在使用正比计数管时，两电极间需要加上 1000～2000V 的直流高压．计数管在被 X 射线照射时，管内气体被电离，初始产生的离子对数目与 X 射线的量子能量成比例，在极间电压的作用下，离子定向运动并在运动过程中不断碰撞其他的中性气体分子，由此产生二次以至多次的电离并伴随着光电效应，此时电离的数目大量增殖从而形成放电(称为电子雪崩或气体放电)，直到所有电荷都聚集到相应的电极上，放电才停止，每次放电的时间历程极短为 0.2～0.5μs.

图 10-18 给出了不同能量的 X 射线的脉冲幅度分布．每当有一个 X 射线量子进入计数管时，两极间将有一脉冲电流通过．正比计数管工作在气体放电的正比区，脉冲电流在负载电阻上产生的平均电压降 (即脉冲电压幅度)与入射 X 射线的量子能量成正比，故称正比计数管．正比计数管在接收单一波长的射线时，每个 X 射线量子产生的电脉冲幅度实际上不是严格相同的，而是分布在以平均幅度为中心的比较狭窄的一个范围内，根据正比计数管的放电特性，平均幅度的大小由入射 X 射线的量子能量决定，脉冲分布的宽度越窄，其能量分辨能力就越好．能量分辨能力可用能量分辨率 η 来表示，来作为计数管的一个重要特性：

$$\text{能量分辨率}\eta = \text{分布的半高宽 } W \div \text{平均脉冲幅度 } h \times 100\%$$

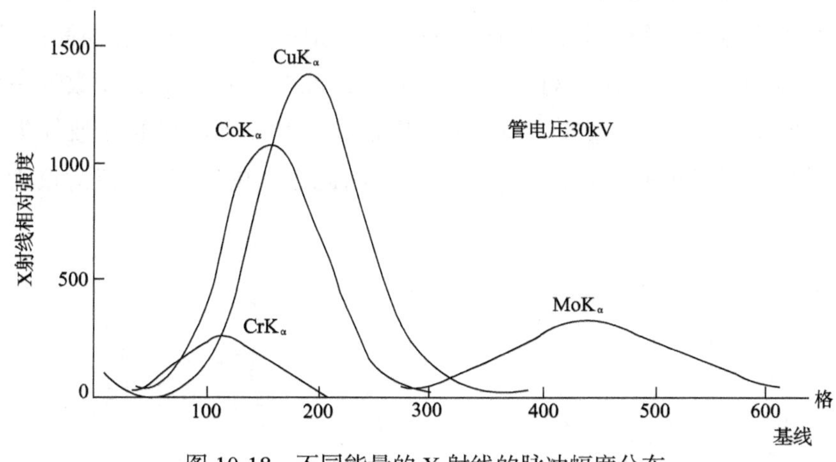

图 10-18　不同能量的 X 射线的脉冲幅度分布

4) NaI(Tl)闪烁计数管

X 射线衍射分析中使用的闪烁计数管(SC)，其闪烁体大多使用掺有 Tl 的 NaI 晶体. 图 10-19 给出闪烁计数管的基本结构，它由三部分组成：闪烁体、光电倍增管和前置放大器.

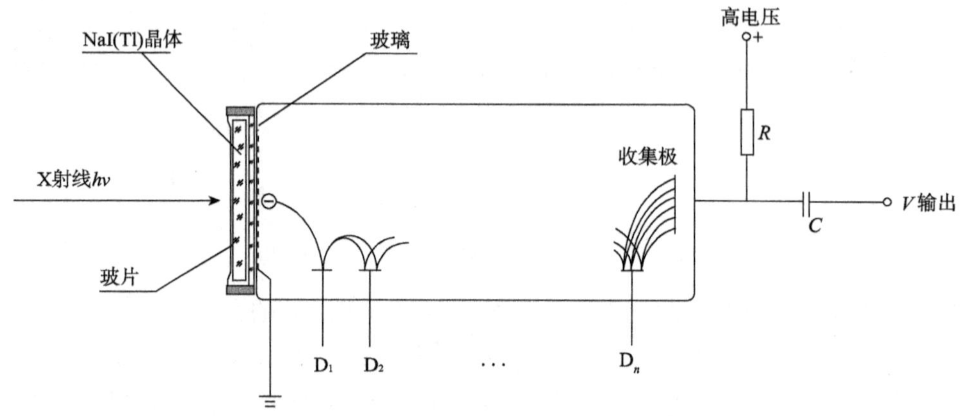

图 10-19　闪烁计数管的基本结构及工作原理

闪烁体是以掺有 0.5%左右的 Tl 作为激活剂的 NaI 透明单晶体的切片，厚 1～2mm. 晶体被密封在一个特制的盒子里，以防止 NaI 晶体受潮损坏. 密封盒的一面是薄的铍片(不透光)，用来作为接收 X 射线的窗；另一面是对蓝紫光透明的光学玻璃片. 密封盒的透光面紧贴在端窗式的光电倍增管的光电阴极窗面上，界面上涂有一薄层光学硅脂以增加界面的光导率. NaI 晶体被 X 射线激发能发出 4200Å(蓝紫色)的可见光，每个入射 X 射线量子将使晶体产生一次闪烁，每次闪烁将激发倍增管光电阴极产生光电子，这些一次光电子被第一级打拿极(D_1)收集并激发出更多的二次电子，再被下一级打拿极(D_2)收集，又倍增出更多的电子，如此，光电阴极发射的光电子经 10 级打拿极的倍增作用后，最后收集极能获得约为初始电子数目 10^5 倍的电子，从而形成可检测的电脉冲信号.

目前，闪烁计数管仍是各种晶体 X 射线衍射工作中通用性最好的检测器. 它的主要优点是：对于晶体 X 射线衍射工作使用的各种 X 射线波长，均具有很高的接近 100%的量子效率(图 10-20)；稳定性好；使用寿命长；此外，它和正比计数管一样具有很短的分辨时间(10^{-7} s)，因而实际上不必考虑检测器本身所带来的计数损失；它对晶体衍射用的软 X 射线也有一定的能量分辨力. 因此现在的 X 射线衍射仪大多配用闪烁计数管.

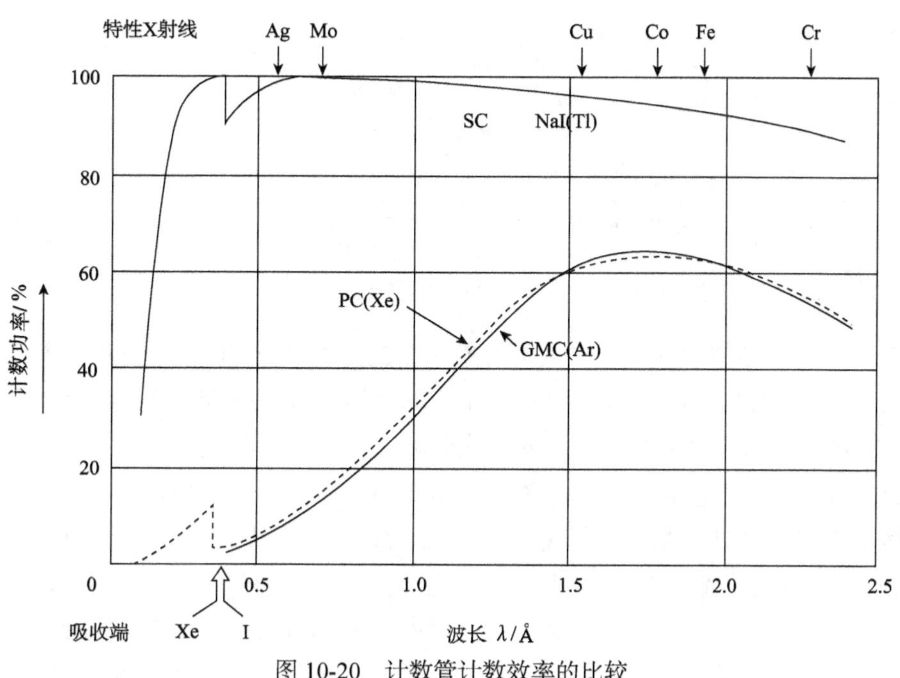

图 10-20 计数管计数效率的比较

5) 固体检测器

固体检测器（SSD）又称半导体检测器，图 10-21 给出 Si(Li) SSD 的基本结构.

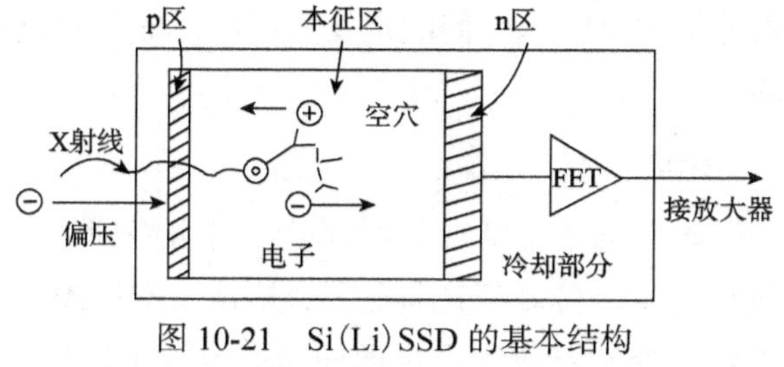

图 10-21 Si(Li) SSD 的基本结构

SSD 的工作原理如下：当 X 射线照射半导体时，由于射线量子的电离作用，能产生一些电子–空穴对，以图 10-21 的结构为例，在本征区产生的电子–空穴对在电极间的电场作用下，电子集中在 n 区，空穴则聚集在 p 区，其结果将有一股小脉冲电流向外电路输出，本征区起着“电离箱”的作用. SSD 被电离产生一对电子–空穴对所需的能量约为 3.8eV，而正比计数管约为 30eV，闪烁计数管约为 500eV，由此可见 SSD 与正比计数管和闪烁计数管三者相比，其能量分辨率最佳. 现在，Si(Li) SSD 的能量分辨力可达 160eV. 图 10-22 给出三种检测器能量分辨率的对比图. 此外，SSD 的脉冲分辨时间约为 10^{-8} s，可见 SSD 是性能极其优异的检测器.

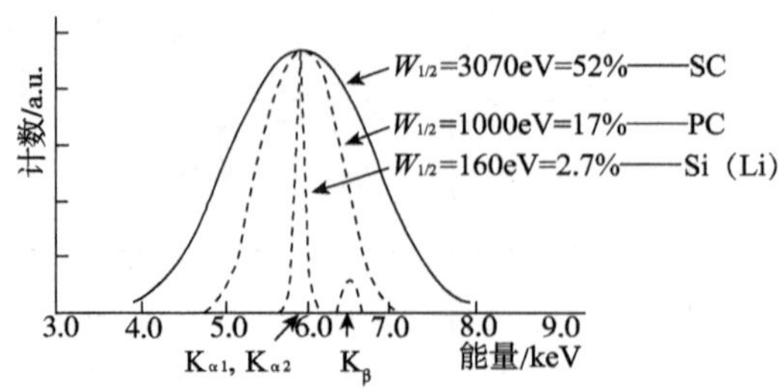

图 10-22　三种 X 射线检测器能量分辨力的比较

Si(Li)SSD 半导体检测器的缺点是需要在液氮温度(约-170℃)下才能正常工作，且售价很高. 现在已有可适用于 X 射线衍射工作的半导体电致冷 Si 检测器，能量分辨力为 250eV，是近年 X 射线检测实用技术的重要突破.

SSD 原是为核谱研究而发展的，有极佳的能量分辨本领，不仅作为射线计数器用来测量射线的强度，同时也能测量射线的能量. 20 世纪 60 年代 SSD 开始应用到 X 射线发射光谱分析(X 射线荧光分析)，特别是用到电子探针中. 应用到 X 射线衍射研究中，出现了能量色散型的 X 射线衍射仪. 高能量分辨率的 SSD 用作衍射仪的 X 射线检测器,可以同时作为一种高效的(近乎 100%)“单色化”方法. 滤波片、晶体单色器等物理“单色化”方法不可避免地会造成强度的损失，因而是低效率的. 借助 SSD 的高能量分辨率仅对 K_α 进行测量，避免了强度的损失，从而能成倍地增加 X 射线的接收强度. 在衍射仪上使用SSD还能实现X射线衍射和X射线能谱同时分析,这对于物相分析非常有价值. SSD 的这些优越性能在衍射分析中已引起人们的重视，现在，高能量分辨率的 SSD 已列为 X 射线衍射仪基本配置的一种选择.

6)位敏正比计数管(多丝正比计数管)

测量正比计数管阳极丝两端产生脉冲的时间差，有可能使正比计数管在丝线方向上具有位置分辨力，这就是一维的位敏正比计数管. 从这基本思想出发，正比计数管的阳极采用并排平行的多根丝，便发展成为二维面积型的位敏正比计数管. 这类器件的位置分辨能力可达 0.1mm，可以对整个窗口范围内的每个位置同时进行测量，不用扫描. 所以可以在极短的(微秒级)的时间内同时完成X射线衍射的强度和方向的测量，高速记录 X 射线衍射图，动态跟踪 X 射线衍射图的变化.

7)成像屏(imaging plate)

成像屏技术是 1990 年前后开始应用于 X 射线分析的新技术. 一些荧光材料(掺 Eu 的 BaFBr)有光刺激发光性质：当受 X 射线照射时，荧光体中的一些“色”中心受激发跃迁至亚稳态的能级上，从而储存了一部分被吸收的 X 射线的能量. 而后，当受到可见光或红外辐射刺激的时候，将产生光刺激发光(PSL)，PSL 的强度正比于吸收 X 射线光子的数目. 当把这些荧光粉涂在胶片上制成荧光屏时就可以把 X 射线产生的图像暂时储存起来. 这种荧光屏称为成像屏，是一种新型的X射线面积型积分检测器. 利用聚焦的 He-Ne 激光束逐点扫描屏的表面，测量每点的 PSL 的强度，通过检出系统便能读出成像

屏储存的 X 射线图像.

成像屏比照像底片的性能优越得多：成像屏的荧光粉对 X 射线的吸收效率很高(对 CuK 射线接近 100%)；灵敏度高于 X 射线胶片 60 倍而背景约为其 1/300；成像屏整个面积的响应十分均匀；成像屏的线性动态范围为 $1:10^5$，实际上没有计数速率的限制. 如此高的动态范围可以在很短的时间内在一块成像屏上记录一张完整的 X 射线衍射图. 成像屏的出现使 X 射线分析的各种照相方法焕发新的生机.

8) X 射线电视

X 射线电视有两种方法：①将 X 射线用荧光板转换成微弱的可见光图像，通过光耦合由图像增强器倍增，然后用电视系统接收并把图像送到计算机处理；②直接使用 X 射线摄像管. X 射线电视的优点是能够进行 X 射线图像的直接连续观察、录像、远距离观察等.

2. X 射线的防护

X射线对人体组织能造成伤害. 人体受X射线辐射损伤的程度与受辐射的量(强度和面积)和部位有关，眼睛和头部较易受伤害. 衍射分析用的 X 射线(属“软”X 射线)比医用 X 射线(属“硬”X 射线)的波长长，穿透弱，吸收强，故危害更大. 所以，每个实验人员都必须牢记：对 X 射线“要注意防护！”. 人体受超剂量的 X 射线照射，轻则烧伤，重则造成放射病乃至死亡. 因此，一定要避免受到直射 X 射线束的直接照射，对散射线也须加以防护，也就是说，在仪器工作时对其初级 X 射线(直射线束)和次级 X 射线(散射 X 射线)都要警惕. 前者是从 X 射线焦点发出的直射 X 射线，强度高，它通常只存在于 X 射线分析装置限定的方向中. 散射 X 射线的强度虽然比直射 X 射线的强度小几个数量级，但在直射 X 射线行程附近的空间都会有散射 X 射线，所以直射 X 射线束的光路必须用重金属板完全屏蔽起来，即使小于 1mm 的小缝隙，也会有 X 射线漏出.

防护 X 射线可以用各种铅的或含铅的制品(如铅板、铅玻璃、铅橡胶板等)或含重金属元素的制品，如含高量锡的防辐射有机玻璃等.

按照 X 射线防护的规定，以下的要求是必须遵守的：

(1) 每一个使用 X 射线的单位须向卫生防疫主管部申请办理“放射性工作许可证”和“放射性工作人员证”. 负责人须经过资格审查.

(2) X 射线装置防护罩的泄漏必须符合防护标准的限制：在距机壳表面外 5cm 处的任何位置，射线的空气吸收剂量率须小于 2.5 μGy / h (Gy (戈瑞)，吸收剂量单位). 在使用 X 射线装置的地方，要有明确的警示标记，禁止无关人员进入.

(3) X 射线操作者要使用防护用具.

(4) X 射线操作者要具备射线防护知识，要定期接受射线职业健康检查，特别注意眼、皮肤、指甲和血象的检查，检查记录要建档保存.

(5) X 射线操作者可允许的被辐照剂量当量定为一年不超过 5rem[①]或三个月不超过3rem(考虑到全身被辐照的最坏情况而做的估算).

二、人 物 简 介

威廉·伦琴(Wilhelm Röntgen) 德国物理学家. 1845 年 3 月 27 日出生于德国莱茵州莱耐普城(Lennep). 父亲是一个毛纺厂小企业主，母亲是一个心地非常善良的荷兰人，他是家里的独生子. 3 岁时全家迁居荷兰并入荷兰籍. 他的小学、中学是在荷兰读完的. 17 岁就读于荷兰乌屈克市技术学校. 1865 年迁居瑞士苏黎世，20 岁的伦琴进入瑞士苏黎世联邦工业大学机械工程系，1868 年毕业，取得机械工程师称号. 1869 年以论文《气体的特性》获苏黎世大学哲学博士学位. 伦琴工作认真仔细，被物理学家孔脱教授邀请为助手，在威茨堡市麦米伦大学物理研究所工作. 他选择物理学为终生事业也是受孔脱的影响，并得到了他很多的帮助. 1870 年随同孔脱返回德国，1871 年随他到维尔茨堡大学和 1872 年又随他到斯特拉斯堡大学工作. 1879 年由于杰出的研究工作在吉森大学取得了教授职衔. 在这里主要是研究“光”和“电”的关系. 1888 年又回到了威茨堡麦米伦大学，继孔德之后，任物理研究所所长. 1894 年被选任威茨堡麦米伦大学校长. 这时欧洲的物理学家们和伦琴都在研究真空放电现象和阴极射线. 伦琴在克鲁克斯高度真空管通高压电流时看到阴极射线，电子碰在管壁上发生蓝白色的荧光，还发现玻璃管外也有荧光. 于是便产生疑问，或许这是一种肉眼看不见的未知射线. 只有真正工作细心、认真踏实的人才能注意并进一步去探索这种细微的变化.

威廉·伦琴

1895 年伦琴使用他的同行赫兹、西托夫、克鲁克斯和勒纳德设计的设备研究真空管中的高压放电效应. 11 月 8 日，伦琴把实验室的门关得紧紧的，一个人在那里进行阴极射线的研究，在出现阴极射线时，旁边涂有氰化铂钡的荧光屏上，似乎也发出点蓝白色的光. 阴极射线是不能通过玻璃管壁的，尤其是伦琴自己精心制造的装置，阴极射线漏出来也是不可能的. 伦琴把玻璃管用黑纸紧紧地蒙上，通电后阴极射线发出的光被遮住了，氰化铂钡却依然发亮. 断电时就不见了，伦琴用 10 张黑纸包着玻璃管或以铝板把玻璃管和荧光屏隔开，荧光屏仍亮着. 把厚铅板夹在里面试试，亮光突然消失，铅板一拿开，又重新发亮. 伦琴把手插进去一看，在荧光屏上模模糊糊有手骨的形象，手的轮廓也隐约可见，由于这是一种性质不明的新射线，就姑且称为“X 射线”. 为了仔细研究 X 射线，伦琴把床也搬进了实验室，整整 7 个星期，伦琴埋首在“X 射线”中. 圣诞节前

①1rem=10^{-2}Sv.

夕，夫人别鲁塔来到实验室，他把她的手放到照相底板上用“X 射线”照了一张照片(图 10-23)，这是人类的第一张 X 射线照片，伦琴亲自在照相底板上用钢笔写上 1895.12.22. 别鲁塔看到照片惊叹不已，问：“这个圆环是什么？”，“是我们的结婚戒指！”. 此时他们完全沉醉于幸福之中.

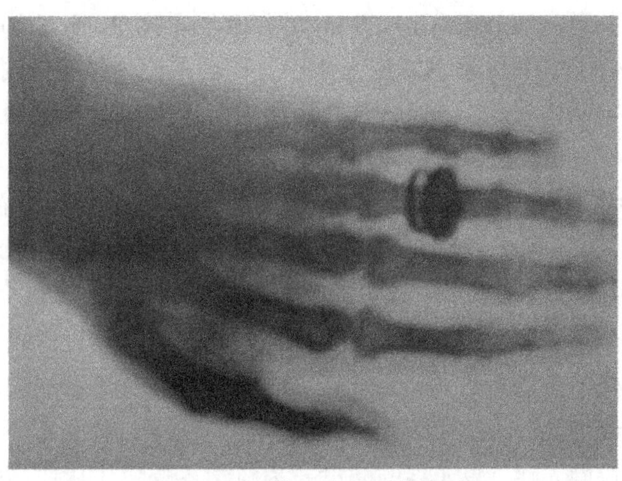

图 10-23　第一张 X 射线照片

1895 年 12 月 28 日伦琴将论文《关于一种新的射线》送交威茨堡物理学会和医学协会会长手里，他以严密的文笔，将 7 个星期的研究结果，写成 16 个专题. 这一年正是伦琴 50 年华诞. 这是他为人类奉献的一份最珍贵的礼物.

1895 年 1 月 5 日论文副本在《维也纳日报》星期版的头版头条做了详细的报道. 这一伟大的发现立即传遍了全世界. 1 月 13 日下午 5 时，伦琴应邀在德皇威廉二世和皇后御前做演讲和表演，德皇与他共进晚餐并授予二级宝冠勋章和勋位，批准在波茨坦桥旁为他建立塑像的荣誉. 1 月 23 日在做了公开演讲后，他的好友柯立卡，一位解剖学教授建议以“伦琴线”命名此新射线作为纪念，大学生也于当晚举行了火炬游行以示庆祝. 但伦琴说：“假如没有前人的卓越研究，我对 X 射线的发现是很难实现的.”伦琴谦虚的态度、高尚的品格，不愧是我们学习的楷模. 1900 年任慕尼黑大学物理学教授和物理研究所主任.

1901 年伦琴成为诺贝尔奖金第一位物理学奖金获得者，获奖后他立即将此项奖金转赠威茨堡大学物理研究所为添置设备之用. 此后，根据不完全统计，他生前和逝世后所获得的各种荣誉不下 150 项，所以对伦琴的成就做出估价是很困难的. 伦琴一生谦虚谨慎，从不居功自傲，他以一个普通成员的身份进行教学和科研工作. 他的 X 射线研究工作从当前的水平来看，已非常完整. 他谢绝了贵族的称号，不申请专利，不谋求赞助，使 X 射线的应用得到迅速发展和普及.

实验十一　激光拉曼光谱

1928年，印度物理学家拉曼(C. V. Raman)和克利希南(K. S. Krisman)实验发现，当光穿过液体苯时被分子散射后频率发生变化，这种现象称为拉曼散射. 几乎与此同时，苏联物理学家兰斯别而格(G. Landsberg)和曼杰尔斯达姆(L. Mandelstamm)也在晶体石英样品中发现了类似现象. 这种新谱线对应于散射分子中能级的跃迁，为研究分子结构提供了一种重要手段，引起学术界极大兴趣，拉曼也因此荣获1930年的诺贝尔物理学奖. 在散射光谱中，频率与入射光频率ν_0相同的成分称为瑞利散射，频率对称分布在ν_0两侧的谱线或谱带$\nu_0+\nu_1$即为拉曼光谱，其中频率较小的成分$\nu_0-\nu_1$又称为斯托克斯(Stokes)线，频率较大的成分$\nu_0+\nu_1$又称为反斯托克斯线. 这种新的散射谱线与散射体中分子的振动和转动，或晶格的振动等有关. 分子能级的跃迁仅涉及转动能级，发射的是小拉曼光谱；涉及振动-转动能级，发射的是大拉曼光谱. 与分子红外光谱不同，极性分子和非极性分子都能产生拉曼光谱. 激光器的问世，为科学界提供了优质高强度的单色光，有力地推动了拉曼散射的研究及其应用.

拉曼效应是单色光与分子或晶体物质作用时产生的一种非弹性散射现象. 拉曼谱线的数目，位移的大小，谱线的长度直接与试样分子振动或转动能级有关. 因此，与红外吸收光谱类似，对拉曼光谱的研究，也可以得到有关分子振动或转动的信息. 目前拉曼光谱分析技术已广泛应用于物质的鉴定，研究分子结构的谱线特征.

20世纪60年代激光的问世促进了拉曼光谱学的发展. 由于激光极高的单色亮度，它很快被用到拉曼光谱中作为激发光源. 而且基于新激光技术在拉曼光谱学中的使用，发展了共振拉曼、受激拉曼散射和反斯托克斯(anti-Stokes)拉曼散射等新的实验技术和手段.

拉曼光谱分析技术是以拉曼效应为基础建立起来的分子结构表征技术，其信号来源于分子的振动和转动. 它提供快速、简单、可重复，更重要的是无损伤的定性定量分析，无须样品准备，样品可直接通过光纤探头或者通过玻璃石英和光纤测量. 拉曼光谱的分析方向有定性分析、结构分析和定量分析. 拉曼光谱技术(Raman spectroscopy)具有非破坏性，几乎不需要样品制备，可直接测定气体、液体和固体样品. 在无机化合物研究、有机化合物研究、生物体系研究等方面都有重要的应用.

本实验主要通过记录CCl_4分子的拉曼光谱，学习和了解拉曼散射的基本原理、拉曼光谱实验及分析方法.

【实验原理】

1. 概述

光照射到介质时，介质除对光有反射、吸收、透射外，还有一部分向四周散射. 相

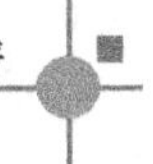

对于入射光的频率或波数的改变，散射可以分为三类. 第一类是散射光的频率与入射光的基本相同，频率变化小于$3×10^5$Hz，相应的波数变化小于$10^{-5}cm^{-1}$ 的散射，通常称它为瑞利(Rayleigh)散射，其频率与入射光频率ν_0相同，其强度和数量级为入射光强的10^{-4}～10^{-3}；第二类是频率变化约为$3×10^{10}$Hz，波数变化约为$0.1cm^{-1}$ 的散射，称为布里渊(Brillouin)散射；第三类是频率或波数变化比较大，频率变化大于$3×10^{10}$Hz，波数变化大于$1cm^{-1}$ 的散射，称为拉曼散射. 拉曼散射的散射光频率ν_0与入射光频率ν_0相比有明显的变化，即$\nu=\nu_0 \pm|\Delta\nu|$，其强度数量级约为瑞利散射的10^{-8}～10^{-6}，最强的也只是瑞利散射的10^{-3}. 瑞利线ν_0长波一侧出现的散射线$\nu=\nu_0-|\Delta\nu|$称为斯托克斯线，又称为红伴线；把短波一侧出现的$\nu=\nu_0+|\Delta\nu|$称为反斯托克斯线，又称紫伴线. 散射光频率ν相对于入射光频率ν_0的偏移,即拉曼光谱的频移$\Delta\nu$是拉曼光谱的一个重要特征量. 散射线的频移量$\pm|\Delta\nu|$相对于瑞利线是对称的，而且这些谱线的频移不随入射光频率而变化，只取决于散射物质的性质. 所以说,在不同频率单色光入射下都能得到类似的拉曼光谱. 拉曼光谱的这个特征是拉曼光谱技术的一大优点，在很多情况下已成为分子谱中红外吸收方法的一个重要补充.

图 11-1 是四氯化碳（CCl_4）的拉曼光谱，是用波长为λ_0=487.99nm 的氩离子激光照射样品获得的. 图中央的瑞利线上部已截去,两侧为拉曼线. 拉曼散射光谱图具有以下明显的特征：

(1) 在以频率(波数)为变量的拉曼光谱图上,斯托克斯线和反斯托克斯线对称地分布在瑞利散射线两侧.

(2) 拉曼散射谱线的频率虽然随入射光的频率而不同,但对同一样品,同一拉曼谱线的频率位移$\Delta\nu$与入射光的频率无关，只与样品本身的结构有关.

(3) 一般情况下，斯托克斯线比反斯托克斯线的强度大.

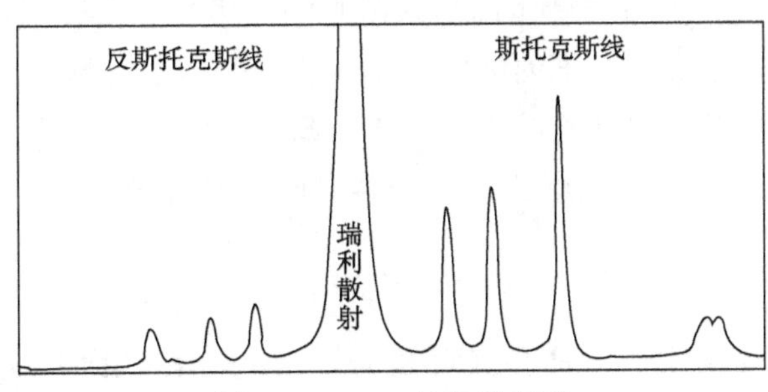

图 11-1　CCl_4的拉曼光谱

2. 量子理论的定性解释

当能量为$h\nu_0$的光子与物质的分子碰撞时，有两种情况，一种是弹性碰撞；一种是非弹性碰撞. 在弹性碰撞过程中，没有能量交换，光子仅改变运动方向，这就是瑞利散射. 而非弹性碰撞，不仅改变运动方向，而且有能量交换，这就是拉曼散射. 我们用分子散射的能级图 11-2 来说明这一过程. 处于基态E_0的分子受入射光子$h\nu_0$的激发跃迁到受激虚态，而受激虚态是不稳定的，所以分子很快地又跃迁到基态 E_0，把吸收的能量 $h\nu_0$ 以光子(频率为 ν_0)的形式释放出来，这就是弹性碰撞产生的瑞利散射. 跃迁到受激虚态的分子还可以跃迁到电子基态中的振动激发态 E_n 上，这时分子吸收了部分能量 $h\nu$，并释放出能量为 $h(\nu_0-\nu)$ 的光子，这就是非弹性碰撞，所产生的散射光为斯托克斯线. 若分子处于激发态 E_n 上，受能量为 $h\nu_0$ 的入射光子激发跃迁至受激虚态，再回到激发态 E_n 上(弹性碰撞)，也放出瑞利散射光. 处于受激虚态的分子若是跃迁回到基态(非弹性碰撞)，放出能量为 $h(\nu_0+\nu)$ 的光子，即为反斯托克斯线，这时分子失掉了 $h\nu$ 的能量. 根据玻尔兹曼分布，在常温下，处于基态的分子占绝大多数，所以通常斯托克斯线比反斯托克斯线强很多.

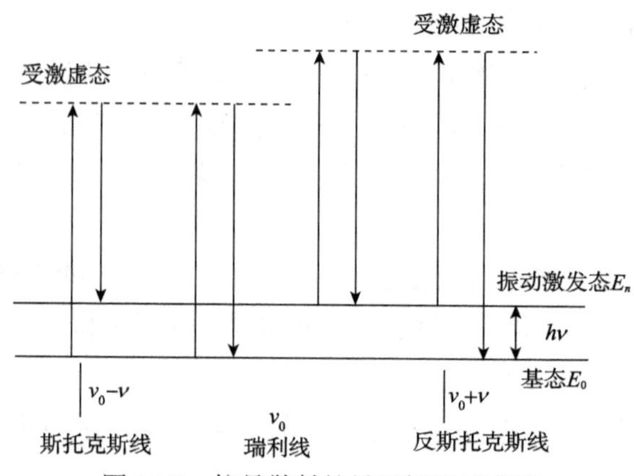

图 11-2　拉曼散射的量子解释示意图

3. 拉曼散射的经典理论

在经典理论中，可以把分子系统看作是一个振动偶极子系统，如果频率为 ν_0 的入射光作用到物质的分子上，使分子感生出与入射光同频率的电偶极矩，电偶极矩的辐射则产生瑞利散射光. 如果考虑到分子内部的运动，将有与入射光频率不同的辐射存在，即出现拉曼散射. 设入射光波的电场强度为 $\boldsymbol{E}(\boldsymbol{E}=\boldsymbol{E}_0\cos 2\pi\nu_0 t)$，与分子发生作用则产生一感应偶极矩 $\boldsymbol{P}$，它正比于电场强度 $\boldsymbol{E}$，对于各向同性的分子有

$$\boldsymbol{P}=\boldsymbol{\alpha}\cdot\boldsymbol{E} \tag{11-1}$$

比例常数 $\boldsymbol{\alpha}$ 叫做分子的极化率，$\boldsymbol{P}$ 和 $\boldsymbol{E}$ 都是矢量，$\boldsymbol{\alpha}$ 则是一张量. 它是分子内部运动坐标的函数. 当组成分子的所有原子在平衡位置附近振动时，分子极化率张量也随之做周期性变化，这样极化率可以表述为分子振动的简正坐标的函数，即：$\boldsymbol{\alpha}=\boldsymbol{\alpha}(Q_1,Q_2,\cdots Q_p)$，其中 Q_p 为表示各原子振动位移的简正坐标，分别为具有相应简正频率 ν_p 的周期函数，即

$$Q_p=Q_p^0\cos 2\pi\nu_p t \tag{11-2}$$

其中，Q_p^0 为振幅. 一般情况下各 Q_p 都很小，于是根据泰勒定理，将 $\boldsymbol{\alpha}$ 在平衡位置附近展开，得

$$\boldsymbol{\alpha}=\boldsymbol{\alpha}_0+\sum_p\left(\frac{\partial\boldsymbol{\alpha}}{\partial Q_p}\right)_0 Q_p \tag{11-3}$$

令 $\boldsymbol{\alpha}_n=(\partial\boldsymbol{\alpha}/\partial Q_p)_0$，得

$$\boldsymbol{\alpha}=\boldsymbol{\alpha}_0+\sum_p\boldsymbol{\alpha}_n Q_p \tag{11-4}$$

将式(11-4)代入式(11-1)中得

$$\begin{aligned}\boldsymbol{P}&=(\boldsymbol{\alpha}_0+\sum_p\boldsymbol{\alpha}_n Q_p)\cdot\boldsymbol{E}_0\cos 2\pi\nu_0 t\\&=\boldsymbol{E}_0\cdot\boldsymbol{\alpha}_0\cos 2\pi\nu_0 t+\frac{1}{2}\boldsymbol{E}_0\cdot\sum_p\boldsymbol{\alpha}_n Q_p^0\cos 2\pi(\nu_0+\nu_p)t+\frac{1}{2}\boldsymbol{E}_0\cdot\sum_p\boldsymbol{\alpha}_n Q_p^0\cos 2\pi(\nu_0-\nu_p)t\end{aligned} \tag{11-5}$$

上式第一项产生的辐射与入射光具有相同的频率 ν_0，因而是瑞利散射；第二项为包含有分子各振动频率信息 ν_p 在内的散射，其散射频率分别为 $\nu_0+\nu_p$ 和 $\nu_0-\nu_p$，前者为反斯托克斯拉曼线，后者为斯托克斯拉曼线. 拉曼散射光一共可以有对称的 $3N-6$ 种频率，但产生与否取决于极化率张量各分量对简正坐标的偏微商是否全为零.

4. 拉曼散射光的偏振性质

当电磁辐射与一系统相互作用时，偏振态常发生变化，这种现象称为退偏. 在拉曼散射中，散射光的退偏往往与分子的对称性有关. 退偏度(或退偏比)是为了定量描述退偏程度而引入的. 为了标志偏振方向，定义“散射平面”为包含入射光传播方向和观测方向的平面.

当入射光为自然光时，退偏度为：$\rho_n(\theta)=\dfrac{{}^nI_{/\!/}(\theta)}{{}^nI_{\perp}(\theta)}$ (θ 为观测方向在散射平面内与入射光传播方向的夹角).

当入射光为平面偏振光，且偏振方向垂直于散射平面时，定义退偏度为 $\rho_{\perp}(\theta)$；当入射光偏振方向平行于散射平面时，定义退偏度为 $\rho_{/\!/}(\theta)$，当散射光偏振方向垂直于散射面时，定义退偏度为 $\rho_{\mathrm{s}}(\theta)$，具体形式为

$$\rho_{\perp}(\theta)=\frac{{}^{\perp}I_{/\!/}(\theta)}{{}^{\perp}I_{\perp}(\theta)},\qquad \rho_{/\!/}(\theta)=\frac{{}^{/\!/}I_{\perp}(\theta)}{{}^{/\!/}I_{/\!/}(\theta)},\qquad \rho_{\mathrm{s}}(\theta)=\frac{{}^{/\!/}I_{\perp}(\theta)}{{}^{\perp}I_{\perp}(\theta)} \tag{11-6}$$

光强 I 左上标表示入射光电矢量与散射平面的关系，I 的右下标表示散射光的电矢量与散射平面的关系. 图 11-3 画出了两种拉曼散射实验配置对应的光强符号(入射光沿 z 轴，观测方向沿 x 轴，散射平面为 xz 平面). 根据 $\rho_{\mathrm{s}}(\theta)$ 的定义，在测量时，不用改变散射光

的偏振方向，只改变入射光的偏振方向，就可以克服单色仪对不同偏振状态入射光效率的不同.

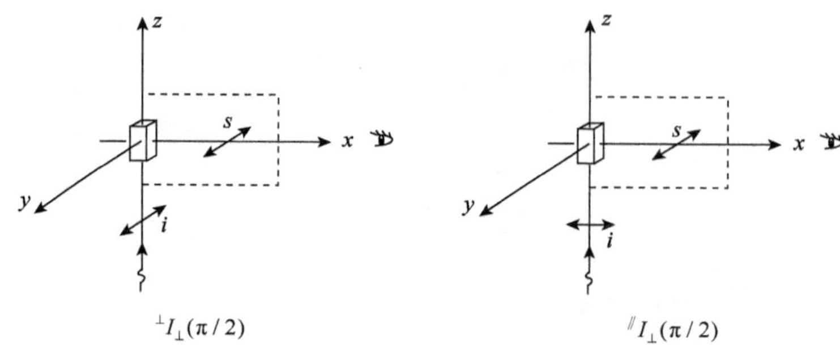

图 11-3 两种拉曼散射实验配置对应的光强符号

由理论计算可得，入射光为平面偏振光时

$$\rho_{\perp}(\pi/2)=\rho_{s}(\pi/2)=\frac{3\gamma^2}{45\overline{\alpha}^2+4\gamma^2}, \qquad \rho_{/\!/}(\pi/2)=1$$

入射光为自然光时

$$\rho_{n}(\pi/2)=\frac{6\gamma^2}{45\overline{\alpha}^2+7\gamma^2}$$

其中，$\overline{\alpha}$ 为平均电极化率，γ 为各向异性率，是极化率各向异性的量度.

通过实验测得的退偏度的大小可以判断散射光的偏振状态和分子振动的对称性. 例如，对于分子的某振动，当 $\rho_{n}(\pi/2)=\rho_{\perp}(\pi/2)=\rho_{s}(\pi/2)=0$ 时，说明各向异性率 $\gamma=0$，此时散射光的偏振性最大，称为完全偏振. 当 $\rho_{n}(\pi/2)=6/7$，$\rho_{\perp}(\pi/2)=\rho_{s}(\pi/2)=3/4$ 时，说明平均极化率 $\overline{\alpha}=0$，这时散射光偏振性最小，称为完全退偏. 当 $\rho_{\perp}(\pi/2)$、$\rho_{s}(\pi/2)$ 的值在 0～3/4，而 $\rho_{n}(\pi/2)$ 在 0～6/7 时，散射光是部分偏振的. 由于退偏度与极化率相联系，而极化率的具体形式又由分子及其振动的对称性质决定，所以退偏度也反映了分子及其振动的对称性质. 测量退偏度是区分分子振动对称性质的一个有效方法. 例如，某个振动拉曼线的退偏度 $\rho=0$，则说明该振动必是对称振动.

5. 四氯化碳(CCl_4)分子的对称结构及振动方式

四氯化碳的分子式为 CCl_4，它是一种无色有毒液体，能溶解脂肪、油漆等多种物质，易挥发不易燃烧，具氯仿的微甜气味. 平衡时它的分子式是一正四面体结构，四个氯原子处于正四面体的四个顶点，碳原子在正四面体的中心. 其分子结构图如图 11-4 所示.

我们知道，由 N 个原子组成的分子具有 $3N$ 个自由度. 由于分子质心有 3 个平移自由度，非线性分子有 3 个转动自由度，因此其余 $3N-6$ 个自由度是描述分子中的原子振动的. 分子内原子的振动很复杂，但是总可以根据运动的分解和叠加原理把分子的振动

分解为 $3N-6$ 种独立的振动，称为“简正振动”. 可以用“简正坐标”描述简正振动，$3N-6$ 种简正振动的简正坐标为 $(q_1, q_2, \cdots, q_i, \cdots, q_{3N-6})$. 每个简正坐标都以它对应的简正频率振动着

$$q_i = Q_i \cos(\omega_i t + \varphi_1), \quad i = 1, 2, \cdots, 3N-6 \tag{11-7}$$

因此，CCl_4 分子可以有 9 个自由度，或称为 9 个独立的简正振动. 根据分子的对称性，这 9 种简正振动可归成四类，在同一类中各振动方式具有相同的能量，即它们是简并的. 每一类振动所具有的振动方式的数目对应于能级简并的重数. 例如，一个振动有 n 个振动方式，就称该类振动为 n 重简并，每一类简并又对应同一条谱线. CCl_4 分子振动拉曼光谱共有 4 条基频谱线，其振动模式如下(图 11-5).

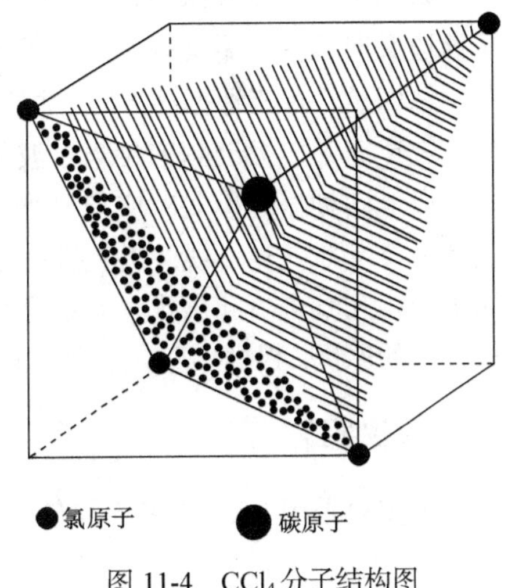

图 11-4　CCl_4 分子结构图

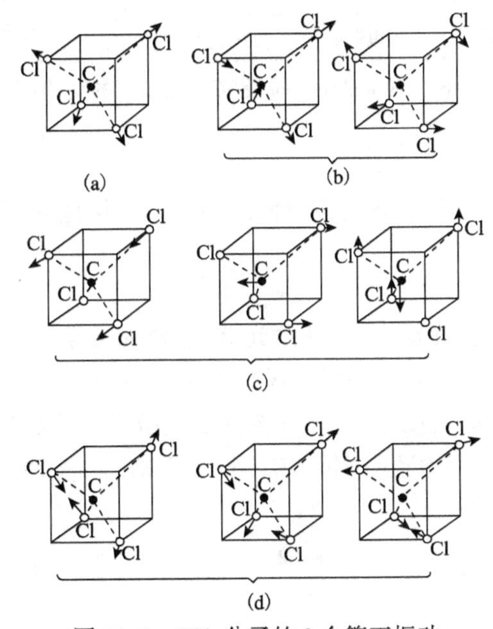

图 11-5　CCl_4 分子的 9 个简正振动

(a)第一类振动；(b)第二类振动；(c)第三类振动；(d)第四类振动

第一类，只有一种振动方式，4 个 Cl 原子沿与 C 原子的连线方向做伸缩振动，振动频率相当于波数 $\tilde{\nu}_1 = 458\text{cm}^{-1}$，见图 11-5(a).

第二类，有两种振动方式，相邻两对 Cl 原子在与 C 原子连线方向上，或在该连线垂直方向上同时做反向运动. 两种情况中力常数相同，振动频率是简并的，相当于波数 $\tilde{\nu}_2 = 221\text{cm}^{-1}$ 的振动，属二重简并，见图 11-5(b).

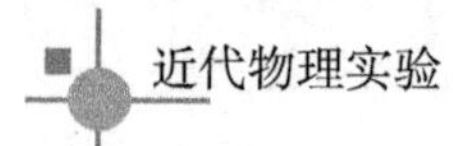

第三类，有三种振动方式，C 原子平行于正方形的一边运动，4 个 Cl 原子同时平行于该边反向运动，振动频率相当于波数 $\tilde{\nu}_3 = 776\text{cm}^{-1}$，属三重简并，见图 11-5(c).

第四类，有三种振动方式，相邻的一对 Cl 原子做伸张运动，另一对做压缩运动，也属于三重简并，振动频率相当于波数 $\tilde{\nu}_4 = 314\text{cm}^{-1}$，见图 11-5(d).

以上四种振动模式对应拉曼光谱的四种不同的散射频移，即每种对应一条斯托克斯线和一条反斯托克斯线. 其中第一类振动为对称振动，其他三种是反对称的. 考虑到振动间可能相互耦合引起微扰，有的谱线可分裂成两条， 这就是 CCl_4 拉曼谱中最弱线分裂成两条的原因. 根据实验，测得这四类振动的斯托克斯线强度依次是 $\tilde{\nu}_1 > \tilde{\nu}_4 > \tilde{\nu}_2 > \tilde{\nu}_3$.

【实验仪器】

本实验采用 LRS-Ⅲ激光拉曼/荧光光谱仪，其总体结构如图 11-6 所示.

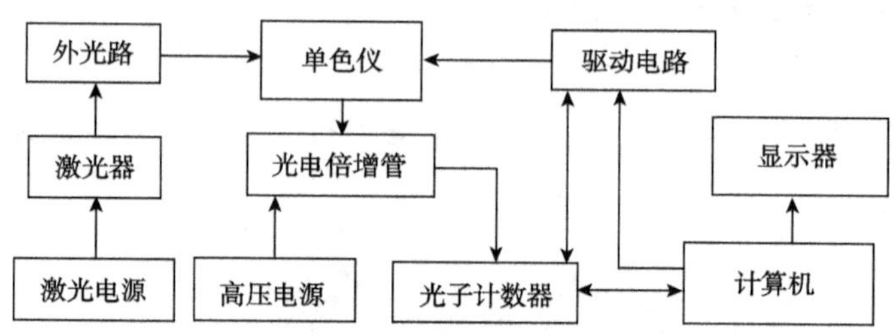

图 11-6　LRS-Ⅲ激光拉曼/荧光光谱仪的结构框图

1. 激发光源

本实验采用半导体激光器，该激光器输出的激光为偏振光. 波长为 532nm.

2. 外光路系统

外光路系统主要由激发光源(半导体激光器)、样品支架 S、偏振组件 P1 和 P2 及聚光透镜 C1 和 C2 等组成(图 11-7). 激光器射出的激光束被反射镜 R 反射后，照射到样品上. 为了得到较强的激发光，采用一个聚光镜 C1 使激光在样品池腰部会聚. 为了增强效果，在容器的另一侧放一个凹面反射镜 M2. 凹面镜 M2 可使样品在该侧的散射光返回，

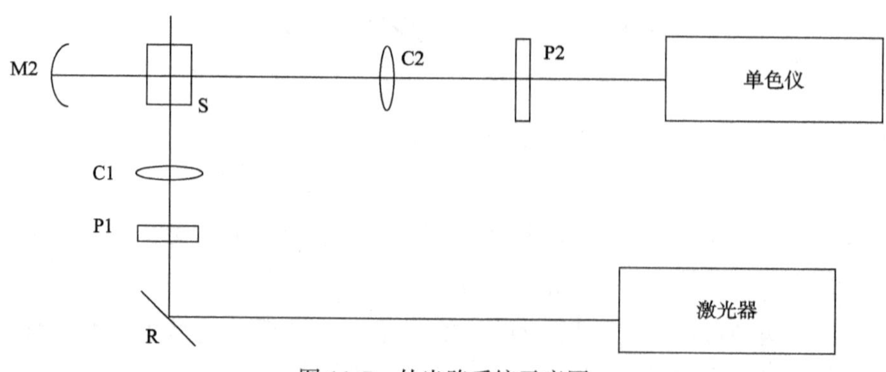

图 11-7　外光路系统示意图

最后由聚光镜 C2 把散射光会聚到单色仪的入射狭缝处，并进入单色仪. 调节好外光路是获得拉曼光谱的关键，是否处于最佳成像位置，可通过单色仪扫描出的某条拉曼谱线的强弱来判断.

激光拉曼光谱仪的光学原理图如图 11-8 所示.

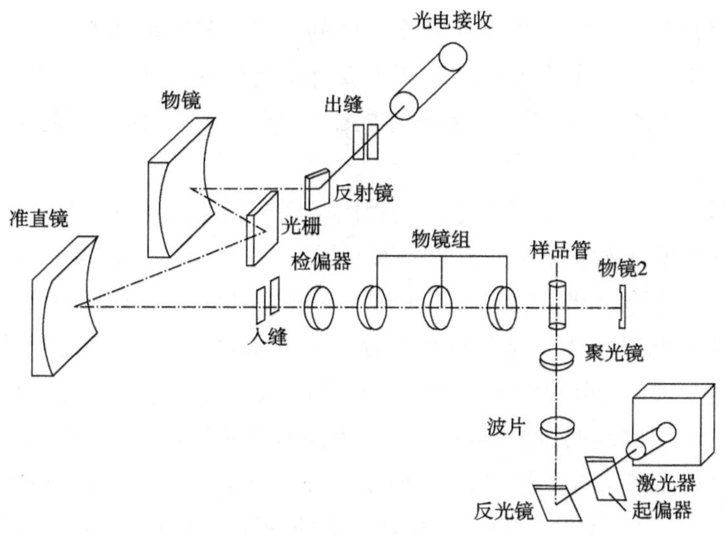

图 11-8 光学原理图

3. 单色仪

单色仪的光学结构如图 11-9 所示. S1 为入射狭缝，M1 为准直镜，G 为平面衍射光栅，衍射光束经成像物镜 M2 会聚，经平面镜 M3 反射直接照射到出射狭缝 S2 上，在 S2 外侧有一光电倍增管 PMT，当光谱仪的光栅转动时，光谱信号通过光电倍增管转换成相应的电脉冲，并由光子计数器放大、计数，进入计算机处理，在显示器的荧光屏上得到光谱的分布曲线.

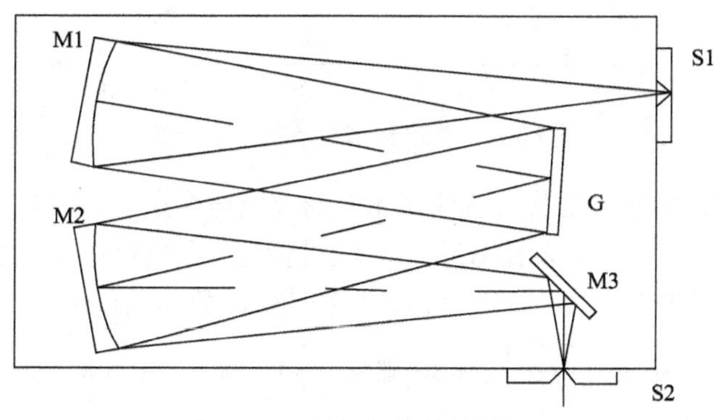

图 11-9　单色仪的结构框图

4. 探测和记录系统

拉曼散射是一种极微弱的光，其强度小于入射光强的 10^{-6}，比光电倍增管本身的热噪声水平还要低，用通常的直流检测方法已不能把这种淹没在噪声中的信号提取出来. 单光子计数器的方法是利用弱光下光电倍增管输出电流信号自然离散的特征，采用脉冲高度甄别和数字计数技术将淹没在背景噪声中的弱光信号提取出来. 与锁定放大器等模拟检测相比，它基本消除了光电倍增管高压直流漏电和各倍增极热噪声的影响，提高了信噪比. 受光电倍增管漂移，系统增益变化的影响较小. 它输出的是脉冲信号，不用经过 A/D 变换，可直接送到计算机处理.

在弱光测量时，通常是测量光电倍增管的阳极电阻上的电压. 测得的信号或电压是连续信号. 当弱光照射到阴极时，每个入射光子以一定的概率(即量子效率)使光阴极发射一个电子. 这个电子经过光电倍增系统倍增后在阳极回路中形成一个电流脉冲，通过负载电阻形成一个电压脉冲，这个脉冲称为单光子脉冲. 除光电子脉冲外，还有各倍增极的热发射电子在阳极回路中形成的热发射噪声脉冲. 热电子受倍增的次数比光电子少，因而它在阳极上形成的脉冲幅度较低. 此外还有光阴极的热发射形成的脉冲. 噪声脉冲和光电子脉冲的幅度分布如图 11-10 所示. 脉冲幅度较小的主要是热发射噪声信号，而光阴极发射的电子(包括光电子和热发射电子)形成的脉冲幅度较大，出现“单光电子峰”. 用脉冲幅度甄别器把幅度低于 V_h 的脉冲抑制掉. 只让幅度高于 V_h 的脉冲通过就能实现单光子计数.

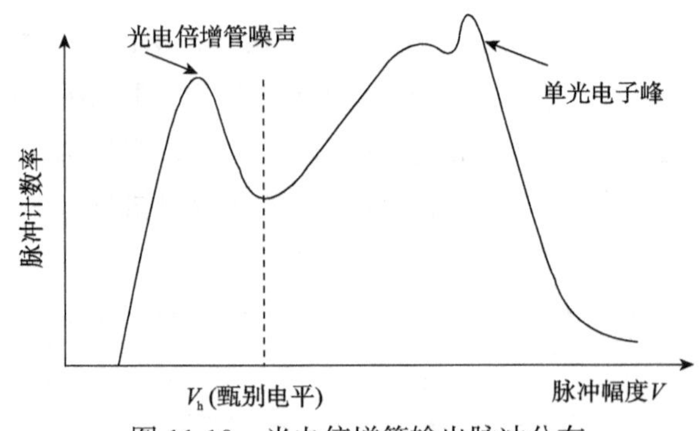

图 11-10　光电倍增管输出脉冲分布

单光子计数器中使用的光电倍增管其光谱响应应适合所用的工作波段，暗电流要小(它决定管子的探测灵敏度)，相应速度与光阴极稳定. 光电倍增管性能的好坏直接关系到光电子计数器能否正常工作. 图 11-11 给出单光子计数器的框图.

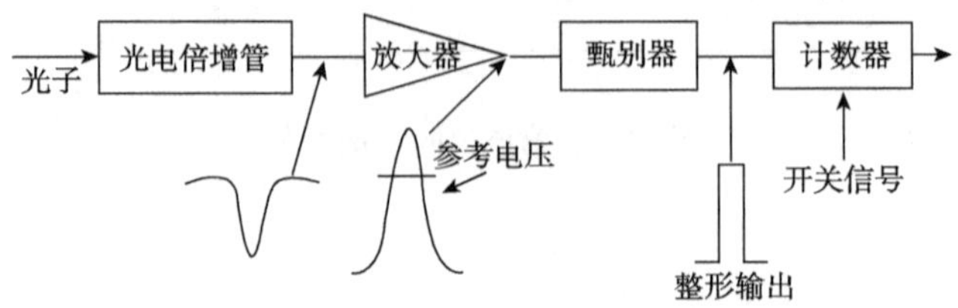

图 11-11　光电子计数器的框图

放大器的功能是把光电子脉冲和噪声脉冲线性放大，应有一定的增益，上升时间≤3ns，即放大器的通频带宽达 100MHz. 有较宽的线性动态范围及低噪声，经放大的脉冲信号送至脉冲幅度甄别器. 在脉冲幅度甄别器中设有一个连续可调的参考电压 V_h. 如图 11-12 所示，当输入脉冲高度低于 V_h 时，甄别器无输出. 只有高于 V_h 的脉冲，甄别器才输出一个标准脉冲. 如果把甄别电平选在图中的谷点对应的脉冲上，就能去掉大部分噪声脉冲而只有光电子脉冲通过，从而提高信噪比. 脉冲幅度甄别器应使甄别电平稳定，灵敏度高，死时间小、建立时间短、脉冲对分辨率小于 10ns，以保证不漏计. 甄别器输出经过整形的脉冲. 计数器的作用是在规定的时间间隔内将甄别器的输出脉冲累加计数. 在本仪器中此间隔时间与单色仪步进的时间间隔相同. 单色仪进一步，计数器向计算机送一次数，并将计数器清零后继续累加新的脉冲.

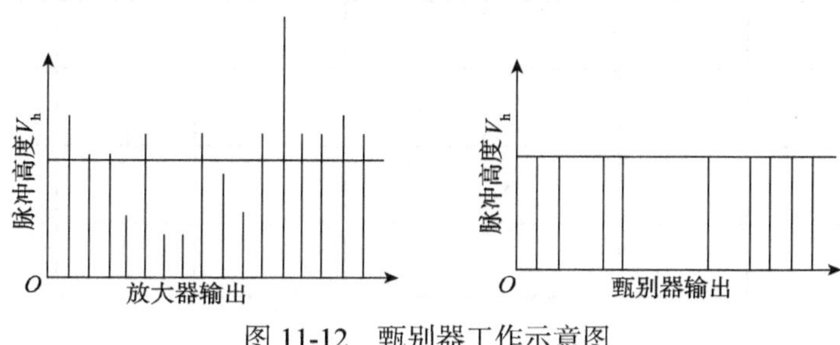

图 11-12　甄别器工作示意图

【实验内容】

(1) 打开仪器的电源，打开激光器，依照调节说明，调节外光路使入射激光束垂直地通过放置样品的中心，并平行于双光栅单色仪入射狭缝. 调节会聚透镜 Cl 的上下左右位置，使激光束的焦柱垂直地与聚光镜 C2 光轴延长相交，即焦柱正好处于待测样品中心处. 放入待测样品 (CCl_4) 在样品架上，转动偏振旋转器 P1，调节样品架位置，使激光束从各方向观察都处于样品中央，使样品处于最佳照明状态. 调节聚光镜 C2 前后左右位置，细致观察样品在狭缝上的像，使样品照明部分通过聚光镜 C2 后，清晰成像于单色仪入射狭缝上. 为了使样品在狭缝上的像亮度最大，应调节入射激光束的偏振方向至最佳位置. 样品是否最佳成像于狭缝，可在光谱仪扫描至某一谱线时，再微调 C2，并做进一步检查和修正.

(2) 打开计算机，启动应用程序，通过对话框对光谱仪进行初始化.

(3) 在参数设置区设置阈值和积分时间及其他参数；扫描区域可选取 510～560nm；间隔 0.1nm，负高压 7V，积分时间 100ms.

(4) 扫描，根据情况做定点扫描，调节狭缝大小及像的位置至最佳效果；

(5) 在扫描区域内扫描，检查瑞利散射峰是否位于 532.0nm，若不在，则点开波长修正窗口，进行修正. 重新扫描，完整记录 CCl_4 的拉曼光谱.

(6) CCl_4 的偏振拉曼光谱的记录（为了克服单色仪对不同偏振状态入射光效率的不同，我们在实验中只测量入射光偏振方向改变而散射光偏振方向不变时的退偏度

$\rho_s(\pi/2)$）．利用圆形偏振片、方形偏振片和 1/2 波片得到 ${}^{\perp}I_{\perp}(\pi/2)$ 和 ${}^{//}I_{\perp}(\pi/2)$，对比两条谱线，计算各峰的退偏比．

(7) 实验结束，依次关闭应用程序、仪器电源、激光器电源．

(8) 实验数据处理．

①记录 CCl_4 的拉曼光谱上的各谱线位置，比较各谱线的相对强度，辨认各谱线对应的简正振动类型；

②对比两条偏振拉曼光谱，对谱线上各峰相对瑞利线位移的波数及峰强度和计算得到的退偏比的数据列表（表 11-1），根据退偏比分析振动的对称性．

表 11-1　CCl_4 各峰相对于瑞利线位移的波数、强度和退偏比

波数/cm^{-1}								
${}^{\perp}I_{\perp}(\pi/2)$								
${}^{//}I_{\perp}(\pi/2)$								
$\rho_s(\pi/2)$								

【注意事项】

(1) 保证使用环境：具备暗室条件；无强振动源、无强电磁干扰；室内保持清洁、无腐蚀性气体；仪器放置处不可长时间受阳光照射．

(2) 光学零件表面有灰尘，不允许接触擦拭，可用气球小心吹掉．每次测试结束，首先取出样品，关断电源．注意，激光器开关电源的开、关机的顺序正好相反．

(3) 再次扫描前，软件上要选择新的寄存器，这样可使几条谱线同时显示，否则重新扫描的数据会覆盖当前的数据．

(4) 将方形偏振片放到相应位置后，可用圆形偏振片检查此时入射光的偏振特性．

(5) 在扫过瑞利线时，散射强度很大，因此应当在适当位置关闭单色仪上的光闸，以免光电倍增管进入强光而损坏．

(6) 在记录 ${}^{\perp}I_{\perp}(\pi/2)$ 和 ${}^{//}I_{\perp}(\pi/2)$ 时，要使两次记录的狭缝照明处于同样的最佳位置以及保持其他参数一致．

【思考题】

(1) 激光拉曼光谱定性的依据？

(2) 拉曼散射光谱图具有哪些特征？

(3) 怎样调节才能使进入狭缝的光较强？

(4) CCl_4 的偏振拉曼光谱和其拉曼光谱有何异同？说明了什么？

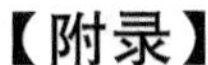

一、拉曼光谱的应用

在拉曼光谱中常常出现一些尖锐的峰，是试样中某些特定分子的特征. 所以拉曼光谱具有进行定性分析并对相似物质进行区分的功能. 而且，由于拉曼光谱的峰强度与相应分析的浓度成正比，拉曼光谱也能用于定量分析. 通常，将获得和分析拉曼光谱及与其应用有关的方法和技术称为拉曼光谱技术. 拉曼光谱技术可以提供快速、简单、可重复，更重要的是无损伤的定性定量分析，它无须样品准备，样品可直接通过光纤探头或者通过玻璃、石英和光纤测量. 随着激光技术、弱信号检测技术、计算机应用和仪器学本身的快速发展，拉曼光谱的应用已经快速地从各个学科分支拓展到材料、化工、生物医学、环保、考古、地质及商业贸易和刑事司法等广泛的应用技术领域. 例如，拉曼光谱在有机化学方面主要是用作结构鉴定的手段，拉曼位移的大小、强度及拉曼峰形状是化学键、官能团的重要依据. 利用偏振特性，拉曼光谱还可以作为顺反式结构判断的依据.

下面举几个例子：

鉴别宝石：绿松石是历史非常悠久的宝石，在神秘的埃及法老图坦卡门的金面具上即镶嵌有绿松石. 在我国古代，自先秦至明清，不少皇家饰物也镶嵌有绿松石. 绿松石工艺名称为“松石”，因其形似松球且色近松绿而得名，其英文名称 Turquoise，意为土耳其石. 但土耳其并不产绿松石，传说古代波斯产的绿松石是经土耳其运进欧洲而得名的. 古老的波斯王朝对绿松石喜爱尤甚，佛教也把它当作重要的法器. 由于颜色漂亮、质地坚硬的天然绿松石价格不菲，所以市面上大部分的绿松石通常经过优化处理，经过优化处理的绿松石与天然绿松石的颜色十分相近，肉眼无法辨别. 但其化学成分有别，可以通过它们的拉曼光谱进行区分. 天然鸡血石和仿造鸡血石的拉曼光谱也有本质的区别，前者主要是地开石和辰砂的拉曼光谱，后者主要是有机物的拉曼光谱，利用拉曼光谱可以区别二者. 对不同物质的拉曼光谱进行比对，可以知道，天然鸡血石“地”的主要成分为地开石，天然鸡血石样品“血”既有辰砂又有地开石，实际上是辰砂与地开石的集合体. 仿造鸡血石“地”的主要成分是聚苯乙烯-丙烯腈，“血”与一种名为 Permanent Bordo的红色有机染料的拉曼光谱一致.

鉴别毒品：使用拉曼光谱法对毒品和某些白色粉末进行分析，发现常见毒品均有相当丰富的拉曼特征位移峰，且每个峰的信噪比较高，表明用拉曼光谱法对毒品进行成分分析方法可行，得到的谱图质量较高. 由于激光拉曼光谱具有微区分析功能，即使毒品和其他白色粉末状物质混合在一起，也可以通过显微分析技术对其进行识别，得到毒品和其他白色粉末的拉曼光谱图.

检测水果表面残留的农药：拉曼光谱可以监测水果表面残留的农药. 在处理好的水果表面撕取一小片果皮，在水果表面分别滴上一滴不同的农药，农药就会浸润到果皮上.

用吸水纸擦拭果皮上的农药液体，然后把残留有农药的果皮压入铝片的小槽中，保证使残留农药的果皮表面呈现在铝片小槽的外面，然后把压出来的汁液用吸水纸擦拭干净．比较不同种类的水果表面滴加植保博士后得到的拉曼光谱．很明显，除了水果原本的拉曼峰外，植保博士的特征峰(993cm^{-1}、1348cm^{-1}、1591cm^{-1})也都出现了．实验中模拟农药喷洒的方式比实际喷洒时的农药量少得多，尽管如此，农药的残留仍然清晰地显示出来，表明这一方法是灵敏而适用的．定量地分析农药残留可以从农药特征谱线和水果特征谱线的相对强度比获得．

在医学上，根据其成分，胆结石可分类为胆固醇结石、色素胆结石和由胆固醇和胆红素的混合物引起的胆结石．目前，由于胆结石诊断最普遍的技术是成像术，如腹部 X 射线术、胆囊造影术、超声波成像术和静脉注射胆管成像术．这些技术能对胆结石的形状和大小做出快速诊断，但无法确定其化学组成．拉曼光谱术就能够分析胆结石的化学成分，判断胆结石的类型，同时还能确定成分在试样中的空间分布．

拉曼光谱具有进行定性定量分析并对相似物质进行区分的功能．其具有以下优势：由于水的拉曼散射很微弱，拉曼光谱是研究水溶液中的生物样品和化学化合物的理想工具．拉曼一次可以同时覆盖 50～4000 波数的区间，可对有机物及无机物进行分析．相反，若让红外光谱覆盖相同的区间则必须改变光栅、光束分离器、滤波器和检测器；拉曼光谱的谱峰清晰尖锐，更适合定量研究、数据库搜索，以及运用差异分析进行定性研究．在化学结构分析中，独立的拉曼区间的强度可以和功能集团的数量相关；因为激光束的直径在它的聚焦部位通常只有 0.2～2mm，常规拉曼光谱只需要少量的样品就可以得到．这是拉曼光谱相对常规红外光谱的一个很大优势．而且，拉曼显微镜物镜可将激光束进一步聚焦至 20μm 甚至更小，可分析更小面积的样品；共振拉曼效应可以有选择性地增强大生物分子发色基团的振动，这些发色基团的拉曼光强能被选择性地增强 1000～10000 倍．

拉曼光谱用于分析的不足：拉曼散射面积；不同振动峰重叠和拉曼散射强度容易受光学系统参数等因素的影响；荧光现象对傅里叶变换拉曼光谱分析的干扰；在进行傅里叶变换光谱分析时，常出现曲线的非线性问题；任何一种物质的引入都会对被测体体系带来某种程度的污染，这等于增加了引入一些误差的可能性，会对分析的结果产生一定的影响．

二、人 物 简 介

拉曼(Sir Chandrasekhara Venkata Raman，1888～1970)　又译喇曼，印度物理学家，是第一位获得诺贝尔物理学奖的亚洲科学家．拉曼还是一位教育家，他从事研究生的培养工作，并将其中很多优秀人才输送到印度的许多重要岗位．

拉曼 1888 年 11 月 7 日出生于印度南部的特里奇诺波利. 父亲是一位大学数学、物理教授，自幼对他进行科学启蒙教育，培养他对音乐和乐器的爱好. 他天资出众，16 岁大学毕业，以第一名获物理学金奖. 19 岁又以优异成绩获硕士学位. 1906 年，他仅 18 岁，就在英国著名科学杂志《自然》发表了关于光的衍射效应的论文. 由于生病，拉曼失去了去英国某个著名大学做博士的机会. 独立前的印度，如果没有取得英国的博士学位，就意味着没有资格在科学文化界任职. 但会计行业是当时唯一例外的行业，不需先到英国受训. 于是拉曼就投考财政部以谋求一份职业，结果获得第一名，被授予了总会计助理的职务.

拉曼

拉曼在财政部工作很出色，担负的责任也越来越重，但他并不想沉浸在官场之中. 他念念不忘自己的科学目标，把业余时间全部用于继续研究声学和乐器理论. 加尔各答有一所学术机构，叫印度科学教育协会，里面有实验室，拉曼就在这里开展他的声学和光学研究. 经过十年的努力，拉曼在没有高级科研人员指导的条件下，靠自己的努力做出了一系列成果，也发表了许多论文.

1917 年加尔各答大学破例邀请他担任物理学教授，从此他便能专心致力于科学研究. 他在加尔各答大学任教 16 年期间，仍在印度科学教育协会进行实验，不断有学生、教师和访问学者到这里来向他学习，与他合作，逐渐形成了以他为核心的学术团体. 许多人在他的激励下，走上了科学研究的道路，其中有著名的物理学家沙哈(M. N. Saha)和玻色(S. N. Bose). 这时，加尔各答正在形成印度的科学研究中心，加尔各答大学和拉曼小组在这里面成了众望所归的核心.

1921 年夏天，在航行在地中海的客轮“纳昆达”号(S. S. Narkunda)上，有一位印度学者正在甲板上用简便的光学仪器俯身对海面进行观测. 他对海水的深蓝色着了迷，一心要追究海水颜色的来源. 这位印度学者就是拉曼. 他正在去英国的途中，是代表了印度的最高学府——加尔各答大学，到牛津参加英联邦的大学会议，还准备去英国皇家学会发表演讲，这时他才 33 岁. 对拉曼来说，海水的蓝色并没有什么稀罕. 他上学的马德拉斯大学，面对本加尔(Bengal)海湾，每天都可以看到海湾里变幻的海水色彩. 事实上，他早在 16 岁(1904 年)时，就已熟悉著名物理学家瑞利用分子散射中散射光强与波长四次方成反比的定律(也叫瑞利定律)对蔚蓝色天空所做的解释. 不知道是由于从小养成的对自然奥秘刨根问底的个性，还是研究光散射问题时查阅文献中的深入思考，他注意到瑞利的一段话值得商榷，瑞利说：“深海的蓝色并不是海水的颜色，只不过是天空蓝色被海水反射所致. ”瑞利对海水蓝色的论述一直是拉曼关心的问题. 他决心进行实地考察. 于是，拉曼在启程去英国时，行装里准备了一套实验装置：几个尼科尔棱镜、小望远镜、狭缝，甚至还有一片光栅. 望远镜两头装上尼科尔棱镜当起偏器和检偏器，随时都可以进行实验. 他用尼科尔棱镜观察沿布儒斯特角从海面反射的光线，即可消去来自天空的蓝光．这样看到的光应该就是海水自身的颜色．结果证明，看到的是比天空更深的蓝色．他又用光栅分析海水的颜色，发现海水光谱的最大值比天空光谱的最大值更偏蓝．可见，海水的颜色并非由天空颜色引起，而是海水本身的一种性质．拉曼认为这一定起因于水分子对光的散射．他在回程的轮船上写了两篇论文，讨论这一现象，论文在中途停靠时先后寄往英国，发表在伦敦的两家杂志上．

拉曼返回印度后，立即在科学教育协会开展一系列的实验和理论研究，探索各种透明介质中光散射的规律．许多人参加了这些研究．这些人大多是学校的教师，他们在休假日来到科学教育协会，和拉曼一起或在拉曼的指导下进行光散射或其他实验，对拉曼的研究发挥了积极作用．七年间他们共发表了五六十篇论文．他们先是考察各种介质分子散射时所遵循的规律，选取不同的分子结构、不同的物态、不同的压强和温度，甚至在临界点发生相变时进行散射实验．1922 年，拉曼写了一本小册子总结了这项研究，题名《光的分子衍射》，书中系统地说明了自己的看法．在最后一章中，他提到用量子理论分析散射现象，认为进一步实验有可能鉴别经典电磁理论和光量子．1923 年 4 月，他的一个学生拉玛纳桑(K. R. Ramanathan)第一次观察到了光散射中颜色改变的现象．实验是以太阳作光源，经紫色滤光片后照射盛有纯水或纯酒精的烧瓶，然后从侧面观察，却出乎意料地观察到了很弱的绿色成分．拉玛纳桑不理解这一现象，把它看成是杂质造成的二次辐射，和荧光类似．因此，在论文中称之为“弱荧光”．然而拉曼不相信这是杂质造成的现象．如果真是杂质的荧光，在仔细提纯的样品中，应该能消除这一效应．

在以后的两年中，拉曼的另一名学生克利希南(K. S. Krishnan)观测了经过提纯的 65 种液体的散射光，证明都有类似的“弱荧光”，而且他还发现，颜色改变了的散射光是部分偏振的．众所周知，荧光是一种自然光，不具偏振性．由此证明，这种波长变化的现象不是荧光效应．

拉曼和他的学生们想了许多办法研究这一现象．他们试图把散射光拍成照片，以便比较，可惜没有成功．他们用互补的滤光片，用大望远镜的目镜配短焦距透镜将太阳聚焦，试验样品由液体扩展到固体，坚持进行各种试验．

与此同时，拉曼也在追寻理论上的解释．1924 年拉曼到美国访问，正值不久前 A.H. 康普顿发现 X 射线散射后波长变长的效应，而怀疑者正在挑起一场争论．拉曼显然从康普顿的发现中得到了重要启示，后来他把自己的发现看成是“康普顿效应的光学对应”．拉曼也经历了和康普顿类似的曲折，经过六七年的探索，才在 1928 年初给出明确的结论．拉曼这时已经认识到颜色有所改变，比较弱又带偏振性的散射光是一种普遍存在的现象．他参照康普顿效应中的命名“变线”，把这种新辐射称为：“变散射”(modified scattering)．拉曼又进一步改进了滤光的方法，在蓝紫滤光片前再加一道铀玻璃，使入射的太阳光只能通过更窄的波段，再用目测分光镜观察散射光，竟发现展现的光谱在变散射和不变的入射光之间，隔有一道暗区．

就在 1928 年 2 月 28 日下午，拉曼决定采用单色光作为光源，做了一个非常漂亮的

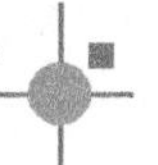

有判决意义的实验. 他从目测分光镜看散射光，看到在蓝光和绿光的区域里，有两根以上的尖锐亮线. 每一条入射谱线都有相应的变散射线. 一般情况下,变散射线的频率比入射线低，偶尔也观察到比入射线频率高的散射线，但强度更弱些.

1930 年诺贝尔物理学奖授予印度加尔各答大学的拉曼，以表彰他研究了光的散射和发现了以他的名字命名的定律. 同年，美国光谱学家武德(R. W. Wood)对频率变低的变散射线取名为斯托克斯线，频率变高的为反斯托克斯线.

拉曼发现反常散射的消息传遍世界，引起了强烈反响，许多实验室相继重复，证实并发展了他的结果. 1928 年关于拉曼效应的论文就发表了 57 篇之多. 科学界对他的发现给予很高的评价. 拉曼是印度人民的骄傲，也为第三世界的科学家做出了榜样，他大半生处于独立前的印度，竟取得了如此突出的成就，实在令人钦佩. 更难得的是拉曼是印度国内培养的科学家，他一直立足于印度国内，发愤图强，艰苦创业，建立了有特色的科学研究中心，走到了世界的前列.

1934 年，拉曼和其他学者一起创建了印度科学院，并亲任院长. 1947 年，又创建拉曼研究所. 他在发展印度的科学事业上立下了丰功伟绩. 拉曼抓住分子散射这一课题是很有眼力的. 在他持续多年的努力中，显然贯穿着一个思想，这就是：针对理论的薄弱环节，坚持不懈地进行基础研究. 拉曼很重视发掘人才，从印度科学教育协会到拉曼研究所，在他的周围总是不断涌现着一批批赋有才华的学生和合作者. 就以光散射这一课题统计，在三十年间，前后就有 66 名学者从他的实验室发表了 377 篇论文. 他对学生循循善诱，深受学生敬仰和爱戴. 拉曼爱好音乐，也很爱鲜花异石. 他研究金刚石的结构，耗去了他所得奖金的大部分. 晚年致力于对花卉进行光谱分析. 在他 80 寿辰时，出版了他的专集《视觉生理学》. 拉曼喜爱玫瑰胜于一切，他拥有一座玫瑰花园. 拉曼 1970 年逝世，享年 82 岁，按照他生前的意愿火葬于他的花园中.

在 X 射线的康普顿效应发现以后，海森伯曾于 1925 年预言：可见光也会有类似的效应. 1928 年，拉曼在《一种新的辐射》一文中指出：当单色光定向地通过透明物质时，会有一些光受到散射. 散射光的光谱，除了含有原来波长的一些光以外，还含有一些弱的光，其波长与原来光的波长相差一个恒定的数量. 这种单色光被介质分子散射后频率发生改变的现象,称为并合散射效应,又称为拉曼效应. 这一发现,很快就得到了公认. 英国皇家学会正式称之为“20 年代实验物理学中最卓越的发现之一”.

拉曼效应为光的量子理论提供了新的证据. 频率为 ν_0 的单色光入射到介质里会同时发生两种散射过程：一种是频率不变($\nu=\nu_0$)的散射，即瑞利散射，是由入射光量子与散射分子的弹性碰撞引起的；另一种是频率改变($\nu=\nu_0\pm\nu_R$)的散射，即拉曼散射，其中 ν_R 称为拉曼频率. 散射光频率的改变是由于入射光量子与散射分子之间发生了能量交换，交换的能量($h\nu_R$)由散射分子的振动或转动能级决定. 后人研究表明，拉曼效应对于研究分子结构和进行化学分析都是非常重要的.

下　　篇

实验十二　巨磁电阻效应

人们早已知道过渡金属铁、钴、镍能够出现铁磁性有序状态. 量子力学出现后，德国科学家海森伯(W. Heisenberg，1932 年诺贝尔奖得主)明确提出铁磁性有序状态源于铁磁性原子磁矩之间的量子力学交换作用，这个交换作用是短程的，称为直接交换作用. 后来发现很多的过渡金属和稀土金属的化合物都具有反铁磁有序状态，即在有序排列的磁材料中，相邻原子因受负的交换作用，自旋为反平行排列，如图 12-1 所示.

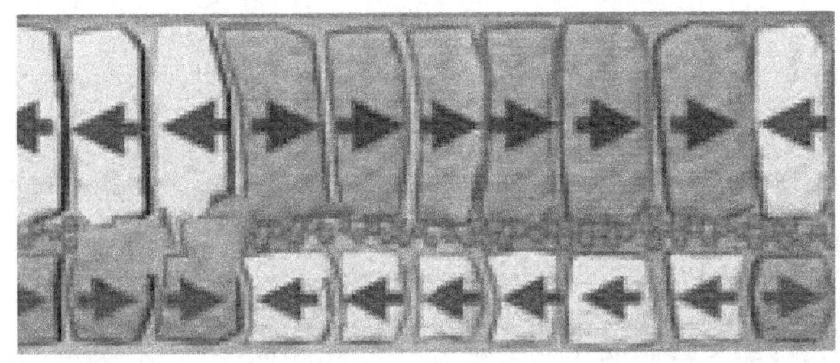

图 12-1　反铁磁有序

磁矩虽处于有序状态，但总的净磁矩在不受外场作用时仍为零. 这种磁有序状态称为反铁磁性. 法国科学家奈尔(L. E. F. Neel)因为系统地研究反铁磁性而获 1970 年诺贝尔奖. 在解释反铁磁性时认为，化合物中的氧离子(或其他非金属离子)作为中介，将最近的磁性原子的磁矩耦合起来，这是间接交换作用. 另外，在稀土金属中也出现了磁有序，其中原子的固有磁矩来自 4f 电子壳层. 相邻稀土原子的距离远大于 4f 电子壳层直径，所以稀土金属中的传导电子担当了中介，将相邻的稀土原子磁矩耦合起来，这就是 RKKY 型间接交换作用. 直接交换作用的特征长度为 0.1～0.3nm，间接交换作用可以长达 1nm 以上. 1nm 已经是实验室中人工微结构材料可以实现的尺度. 1970 年美国 IBM 实验室的江崎和朱兆祥提出了超晶格的概念，所谓的超晶格金属指由两种(或两种以上)组分(或导电类型)不同、厚度极小的薄层材料交替生长而得到的一种多周期结构材料. 由于这种复合材料的周期长度比各薄膜单品的晶格常数大几倍或更长，所以取得“超晶格”的名称. 20 世纪 80 年代，由于摆脱了以往难以制作高质量的纳米尺度样品的限制，金属超晶格成为研究前沿，凝聚态物理工作者对这类人工材料的磁有序、层间耦合和电子输送进行了广泛的基础方面的研究.

德国尤里希科研中心的物理学家彼得·格伦贝格尔(P·Grunberg)一直致力于研究铁磁性金属薄膜表面和界面上的磁有序状态. 研究对象是一个三明治结构的薄膜，两层厚度约 10nm 的铁层之间夹有厚度为 1nm 的铬层. 选择这个材料系统并不是偶然的，首先金属铁和铬是周期表上相近的元素，具有类似的电子壳层，容易实现两者的电子状态匹配，其次，金属铁和铬的晶格对称性和晶格常数相同，它们之间晶格结构也是匹配的，这两类匹配非常有利于基本物理过程的探索. 但是，很长时间以来制成的三明治薄膜都是多晶体，格伦贝格尔和很多研究者一样，并没有特别的发现. 直到1986年，他采用了分子束外延(MBE)方法制备薄膜，样品成分还是铁-铬-铁三层膜，不过已经是结构完整的单晶. 在此金属三层膜上利用光散射以获得铁磁矩的信息，实验中逐步减少薄膜上的外磁场，直到取消外磁场. 他们发现，在铬层厚度为 0.8nm 的铁-铬-铁三明治中，两边的两个铁磁层磁矩从彼此平行(较强磁场下)，转变为反平行(弱磁场下). 换言之，对于非铁磁场铬的某个特定厚度，没用外磁场时，两边铁磁层磁矩是反平行的，这个新现象成为巨磁电阻(giant magneto resistance，GMR)效应出现的前提. 既然磁场可以将三明治两个铁磁层磁矩在彼此平行与反平行之间转换，相应的物理性质会有什么变化？格伦贝格尔接下来发现，两个磁矩反平行时对应高电阻状态，平行时对应低电阻状态，两个电阻的差别高达 10%. 格伦贝格尔将结果写成论文，与此同时，他申请了将这种效应和材料应用于硬盘磁头的专利. 当时的申请需要一定的胆识，因为铁-铬-铁三明治上出现巨磁电阻效应所需磁场高达上千高斯，远高于硬盘上磁比特单元能够提供的磁场，但日后不断的结构和材料研究，使这个设想成为现实.

另一方面，1998 年巴黎第十一大学固体物理实验室物理学家阿尔贝·费尔(Albert Fert)小组将铁、铬薄膜交替制成几十个周期的铁-铬超晶体，也称为周期性多层膜. 他们发现，当改变磁场强度时，超晶格薄膜的电阻下降近一半，即磁电阻比率达到 50%. 他们称这个前所未有的电阻巨大变化现象为巨磁电阻，并用两电流模型解释这一物理现象. 显然，周期性多层膜可以被看成是若干个格伦贝格尔三明治的重叠，所以德国和法国的两个独立发现实际上是同一个物理现象.

人们自然要问，在其他过渡金属中，这个奇特的现象是否也存在？IBM公司的斯图尔特·帕金(S. P. Parkin)给出了肯定的回答. 1990年他首次报道，除了铁-铬超晶格，钴-钌和钴-铬超晶格也具有巨磁电阻效应. 并且随着非磁层厚度增加，上述超晶格的磁电阻值振荡下降. 在随后的几年，帕金和世界范围的科学家在过渡金属超晶格和金属多层膜中，找到了20多种具有巨磁电阻振荡现象的不同体系. 帕金的发现在技术层面上特别重要. 首先，他的结果为寻找更多的巨磁电阻材料开辟了广阔空间，最后人们的确找到了适合硬盘的巨磁电阻材料，1997年制成了巨磁电阻磁头. 其次，帕金采用较普通的磁控溅射技术，代替精密的分子束外延方法制备薄膜，目前这已经成为工业生产多层膜的标准. 磁控溅射技术克服了物理发现与产业化之间的障碍，使巨磁电阻成为基础研究快速转换为商业应用的国际典范. 同时，巨磁电阻效应也被认为是纳米技术的首次真正应用.

这一重大物理现象的发现，使得法国物理学家阿贝尔·费尔和德国物理学家彼得·格伦贝格尔共同获得了2007年诺贝尔物理学奖. 诺贝尔奖委员会在获奖说明中指出：“这是一次好奇心导致的发现，但其随后的应用却是革命性的，因为它计算机硬盘的容量从几百兆，几千兆，一跃而提高几百倍，达到几百吉乃至上千吉.” 委员会还指出：“巨磁电阻效应的发现打开了一扇通向新技术世界的大门——自旋电子学，这里，将同时利用电子的电荷及自旋这两个特性.”

巨磁电阻作为自旋电子学的开端具有深远的科学意义. 传统的电子学是以电子的电荷移动为基础的，电子自旋往往被忽略了. 巨磁电阻效应表明，电子自旋对于电流的影响非常强烈，电子的电荷与自旋两者都可能载运信息. 自旋电子学的研究和发展，引发了电子技术与信息技术的一场新的革命. 目前电脑、音乐播放器等各类数码电子产品中所装备的硬盘磁头，基本上都应用了巨磁电阻效应. 利用巨磁电阻效应制成的多种传感器，已广泛应用于各种测量和控制领域. 除利用铁磁膜-金属膜-铁磁膜的巨磁电阻效应，以及由两层铁磁膜夹一极薄的绝缘膜或半导体膜构成的隧穿磁阻(TMR)效应外，已显示出比巨磁电阻效应更高的灵敏度. 除在多层膜结构中发现巨磁电阻效应，并已实现产业化外，在单晶、多晶等多种形态的钙钛矿结构的稀土锰酸盐中，以及一些磁性半导体中，都发现了巨磁电阻效应. 但是大家应该注意到：巨磁电阻效应已经是一种非常成熟的旧技术了，目前人们感兴趣的是如何将隧穿磁阻效应开发为未来的新技术宠儿. 隧穿磁阻效应会在比巨磁电阻效应更弱的磁场下就获得显著的电阻改变.

本实验介绍多层膜巨磁电阻效应的原理，并通过实验让学生熟悉和了解巨磁电阻效应原理；测量巨磁电阻模拟传感器的磁电转换特性曲线；测量巨磁电阻的磁阻特性曲线；熟悉和掌握有关巨磁电阻传感器的原理和应用，包括用巨磁电阻传感器测量电流，用巨磁电阻梯度传感器测量角位移，以及了解磁记录与读出的原理等；了解几种巨磁电阻传感器的结构和特性.

【实验原理】

1. 磁电阻效应

所谓磁电阻(magnetoresistance，MR)效应，是指某些铁磁性材料在受到外加磁场作用时引起电阻变化的现象. 不论磁场与电流方向平行还是垂直，都将产生磁电阻效应，前者(平行)称为纵磁场效应，后者(垂直)称为横磁场效应. 也就是说，磁性材料的电阻大小不但受外加磁场大小的影响，而且受外加磁场与材料中电流之间相对方向的影响，故称为各向异性磁电阻(AMR)效应. 通常以材料电阻相对改变量来表示磁电阻的大小，即用 $\Delta R / R(0)$ 表示，其中 $R(0)$ 为零磁场时的电阻. 设材料在磁感应强度为 B 的磁场中电阻为 $R(B)$ ，$\Delta R = R(B) - R(0)$. 对于传统的铁磁导体，如 Fe 、 Co 、 Ni 及其合金等，在大多数情况下，磁电阻效应很小(约 3%或更低).

2. 巨磁电阻效应

巨磁电阻效应是指在磁性材料和非磁性材料之间的多层膜中，电阻率在有外磁场作用时较无外磁场作用时存在巨大变化的现象. 其值较合金各向异性磁电阻效应约大一个数量级. 这种结构物质的电阻值与磁性材料薄膜层的磁化方向有关，两层磁性材料磁化方向相反情况下的电阻值，明显大于磁化方向相同时的电阻值，电阻在很弱的外加磁场下具有很大的变化量. 通常用$(R\uparrow\downarrow - R\uparrow\uparrow)/R\uparrow\uparrow$表示磁电阻的大小，其中$R\uparrow\downarrow$为两层磁性材料磁化方向相反情况下的电阻值，$R\uparrow\uparrow$为两层磁性材料磁化方向相同情况下的电阻值.

3. 巨磁电阻效应的原理

根据导电的微观机理，电子在导电时并不是沿电场直线前进的，而是不断和晶格中的原子产生碰撞(又称散射)，每次散射后电子都会改变运动方向，总的运动是电场对电子的定向加速与这种无规则散射运动的叠加. 称电子在两次散射之间走过的平均路程为平均自由程，电子散射概率小，则平均自由程长，电阻率低，在电阻定律中，把电阻率视为常数，与材料的几何尺度无关，这是因为通常材料的几何尺度远大于电子的平均自由程(例如，铜中电子的平均自由程约 34nm)，可以忽略边界效应. 当材料的几何尺度小到纳米量级，只有几个原子的厚度时(例如，铜原子的直径约 0.3nm)，电子在边界上的散射概率大大增加，可以明显观察到厚度减小，电阻率增加的现象.

电子除携带电荷外，还具有自旋特性，自旋磁矩有平行或反平行于外磁场两种可能取向. 早在 1936 年，英国物理学家，诺贝尔奖获得者莫特(N. F. Mott)指出，在过渡金属中，自旋磁矩与材料的磁场方向平行的电子，所受散射概率远小于自旋磁矩与材料的磁场方向反平行的电子. 总电流是两类自旋电流之和；总电阻是两类自旋电流的并联电阻，这就是所谓的两电流模型.

在图 12-2 所示的多层膜结构中，无外磁场时，上下两层磁性材料是反平行(反磁铁)耦合的. 施加足够强的外磁场后，两层铁磁膜的方向都与外磁场方向一致，外磁场使两层铁磁膜从反平行耦合变成了平行耦合. 电流的方向在多数应用中是平行于膜面的.

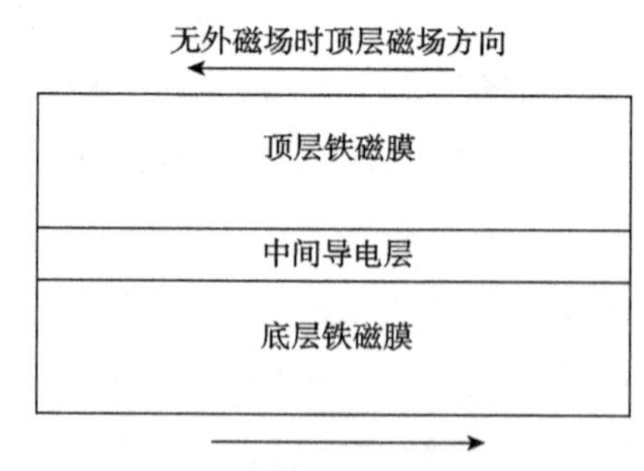

图 12-2　多层膜巨磁电阻结构图

图 12-3 是图 12-2 结构的某种巨磁电阻材料的磁阻特性. 由图可见，随着外磁场增大，电阻逐渐减小，其间有一段线性区域. 当外磁场已使两铁磁膜完全平行耦合后，继续增大磁场，电阻不再减小，进入磁饱和区域. 磁阻变化率达百分之十几，加反方向磁场时磁阻特性是对称的. 注意到图 12-3 中的曲线有两条，分别对应增大磁场和减小磁场时的

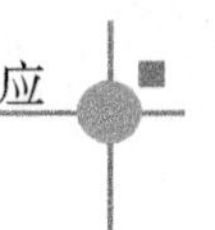

磁阻特性，这是因为铁磁材料都具有磁滞特性.

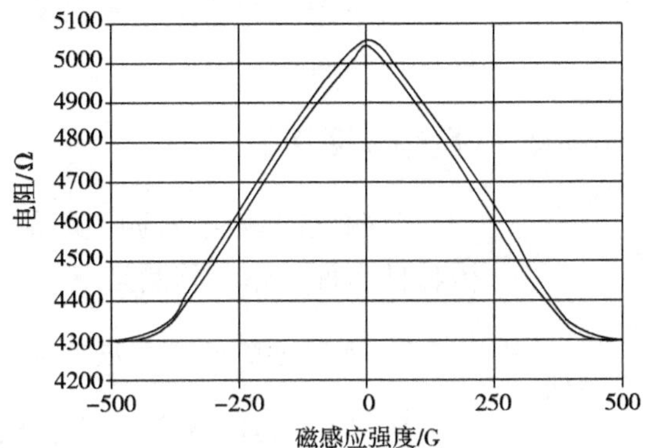

图 12-3 某种巨磁电阻材料的磁阻特性

有两类与自旋相关的散射对巨磁电阻效应有贡献.

1)界面上的散射

无外磁场时，上下两层铁磁膜的磁场方向相反，无论电子的初始自旋状态如何，从一层铁磁膜进入另一层铁磁膜时都面临状态改变(平行-反平行或反平行-平行)，电子在界面上的散射概率很大，对应于高电阻状态. 有外磁场时，上下两层铁磁膜的磁场方向一致，电子在界面上的散射概率很小，对应于低电阻状态.

2)铁磁膜内的散射

即使电流方向平行于膜面，由于无规则散射，电子也有一定概率在上下两层铁磁膜之间穿行. 无外磁场时，上下两层铁磁膜的磁场方向相反，无论电子的初始自旋状态如何，在穿行过程中都会经历散射概率小(平行)和散射概率大(反平行)两种过程，两类自旋电流的并联电阻相似于两个中等阻值的电阻的并联，对应于高电阻状态. 有外磁场时，上下两层铁磁膜的磁场方向一致，自旋平行的电子散射概率小，自旋反平行的电子散射概率大，两类自旋电流的并联电阻相似于一个小电阻与一个大电阻的并联，对应于低电阻状态.

多层膜巨磁电阻结构简单，工作可靠，磁阻随外磁场线性变化的范围大，在制作模拟传感器方面得到广泛应用. 在数字记录与读出领域，为进一步提高灵敏度，发展了自旋阀结构的巨磁电阻.

自旋阀结构的 SV-GMR(spin valve GMR)由钉扎层、被钉扎层、中间导电层和自由层构成(图 12-4). 其中，钉扎层使用反铁磁材料，被钉扎层使用硬铁磁材料，铁磁和反铁磁材料在交换耦合作用下形成一个偏转场，此偏转场将被钉扎层的磁化方向固定，不随外磁场改变. 自由层使用软铁磁材料，它的磁化方向易于随外磁场转动. 这样，很弱的外磁场就会改变自由层与被钉扎层的磁场的相对取向,对应于很高的灵敏度. 制造时，使自由层的初始磁化方向与被钉扎层垂直，磁记录材料的磁化方向与被钉扎层的方向相同或相反(对应于 0 或 1)，当感应到磁记录材料的磁场时，自由层的磁化方向就向被钉扎层磁化方向相同(低电阻)或相反(高电阻)的方向偏转，检测出电阻的变化，就可确定记录材料所记录的信息，硬盘所用的巨磁电阻磁头就采用这种结构.

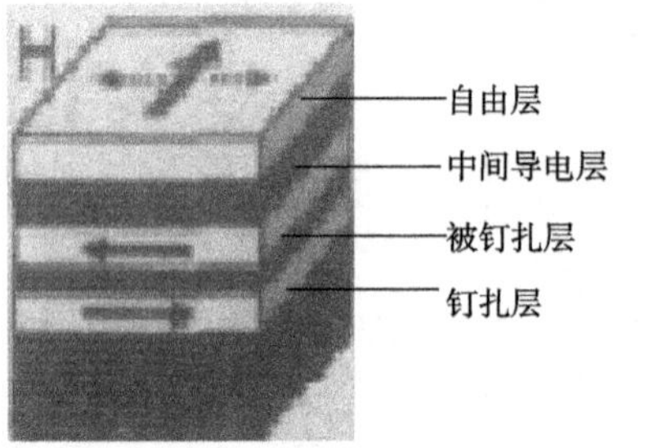

图 12-4　自旋阀 SV-GMR 结构图

【实验仪器】

巨磁电阻效应及应用试验仪、基本特性组件、电流特性组件，角位移测量组件，磁读写组件.

1. 巨磁电阻效应及应用实验仪

图 12-5 是巨磁实验仪操作面板示意图. 前面板可分为三个区域. 电流表部分：作为一个独立的电流表使用. 设有两个挡位：2mA 挡和 200mA 挡，可通过电流量程切换开关，选择合适的电流挡位测量电流. 电压表部分：作为一个独立的电压表使用. 设有两个挡位：2V 挡和 200mV 挡，可通过电压量程切换开关，选择合适的电压挡位. 恒流源部分：可变恒流源. 实验仪还提供巨磁电阻传感器工作所需的 4V 电源和运算放大器工作所需的 8V 电源.

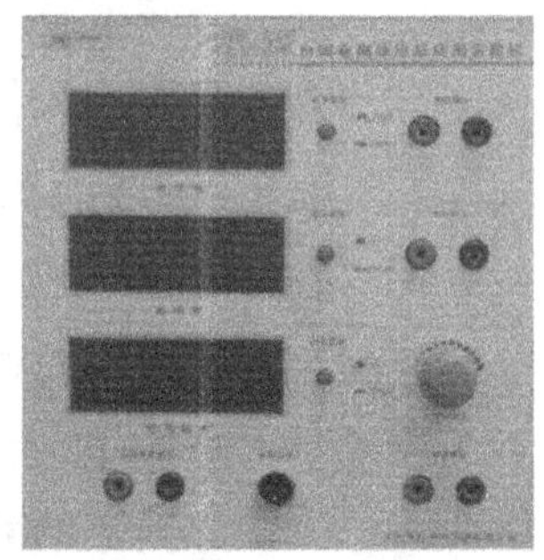

图 12-5　巨磁电阻效应及应用实验仪操作面板

2. 基本特性组件

基本特性组件(图 12-6)由巨磁电阻模拟传感器、螺线管线圈及比较电路，输入输出插孔组成. 用以对巨磁电阻的磁电转换特性，磁阻特性进行测量.

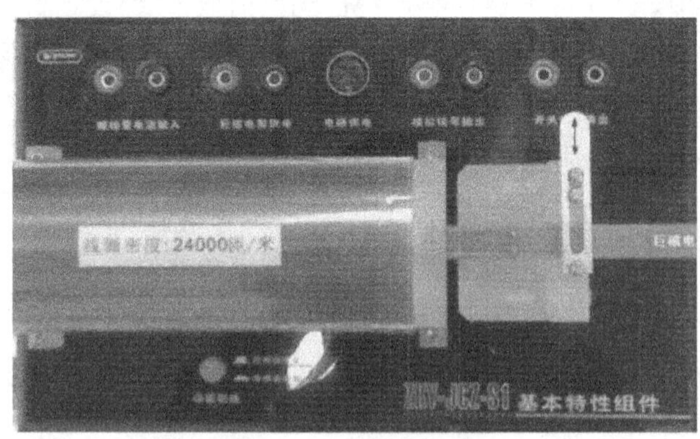

图 12-6　基本特性组件

巨磁电阻传感器置于螺线管的中央. 螺线管用于在实验过程中产生大小可计算的磁场，由理论分析可知，无限长直螺线管内部轴上任一点的磁感应强度的大小为

$$B = \mu_0 nI \tag{12-1}$$

式中，n 为线圈密度；I 为流经线圈的电流强度；$\mu_0 = 4\pi\times10^{-7}\,\mathrm{H/m}$ 为真空中的磁导率. 采

用国际单位制时，由上式计算出的磁感应强度单位为特斯拉(T，1T=10000G)．

3．电流特性组件

电流测量组件将导线置于巨磁电阻模拟传感器近旁，用巨磁电阻传感器测量导线通过不同电流时导线周围的磁场变化，就可确定电流大小(图 12-7)．与一般测量电流将电流表接入电路相比，这种非接触测量不干扰原电路的工作，具有特殊的优点．

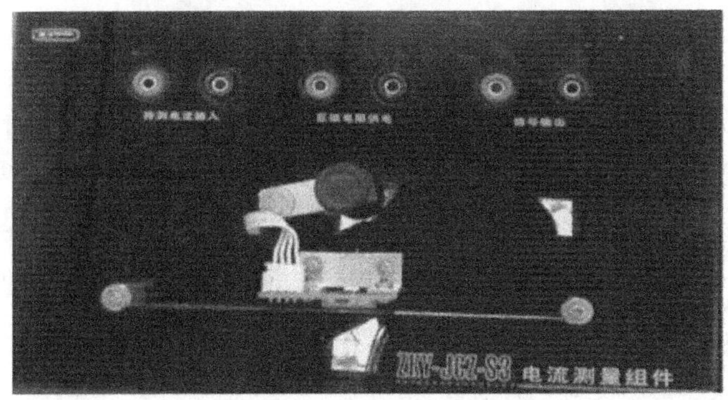

图 12-7　电流测量组件

4．角位移测量组件

角位移测量组件用巨磁电阻梯度传感器作为传感元件(图 12-8)，铁磁性齿轮转动时，齿牙干扰了梯度传感器上偏置磁场的分布，使梯度传感器输出发生变化，每转过一齿，就输出类似正弦波一个周期的波形．利用该原理可以测量角位移(转速、速度)．汽车上的转速与速度测量仪就是利用该原理制成的．

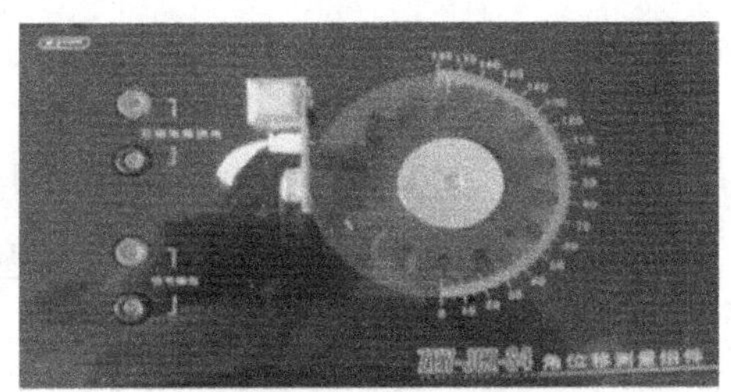

图 12-8　角位移测量组件

5．磁读写组件

磁读写组件(图 12-9)用于演示磁记录与读出的原理．磁卡为记录介质，通过写磁头时可写入数据，通过读磁头时将写入的数据读出来．

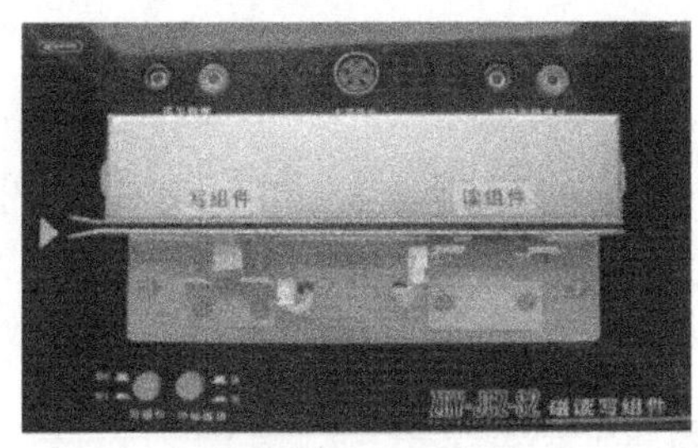

图 12-9　磁读写组件

【实验内容】

1．巨磁电阻模拟传感器的磁电转换特性测量

在将巨磁电阻构成传感器时，为了消除温度变化等环境因素对输出的影响，一般采用桥式结构，图 12-10 是某型号传感器的结构．

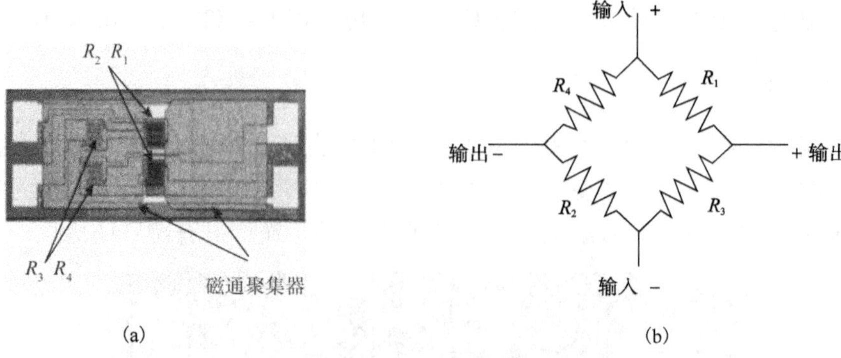

图 12-10 巨磁电阻模拟传感器结构图

(a)几何结构；(b)电路连接

对于电桥结构，如果 4 个巨磁电阻对磁场的影响完全同步，就不会有信号输出. 在图 12-10 中，将处在电桥对角位置的两个电阻 R_3，R_4 覆盖一层高导磁率的材料如坡莫合金，以屏蔽外磁场对它们的影响，而 R_1，R_2 阻值随外磁场改变. 设无外磁场时 4 个巨磁电阻的阻值均为 R，在外磁场作用下 R_1、R_2 减小 ΔR，简单分析表明，输出电压 U_{out} 为

$$U_{\text{out}} = U_{\text{in}} \Delta R / (2R - \Delta R) \qquad (12\text{-}2)$$

屏蔽层同时设计为磁通聚集器，它的高导磁率将磁力线聚集在 R_1，R_2 电阻所在的空间，进一步提高了 R_1，R_2 的磁灵敏度.

从图 12-10 的几何结构还可见，巨磁电阻被光刻成微米宽度迂回状的电阻条，以增大其电阻至 kΩ 数量级，使其在较小工作电流下得到合适的电压输出.

图 12-11 是某种巨磁电阻模拟传感器的磁电转换特性曲线.图 12-11 中左边曲线（原图蓝线）为磁场减小时对应曲线；右边曲线（原图红线）为磁场增加时对应曲线.图 12-12 是磁电转换特性的测量原理图.

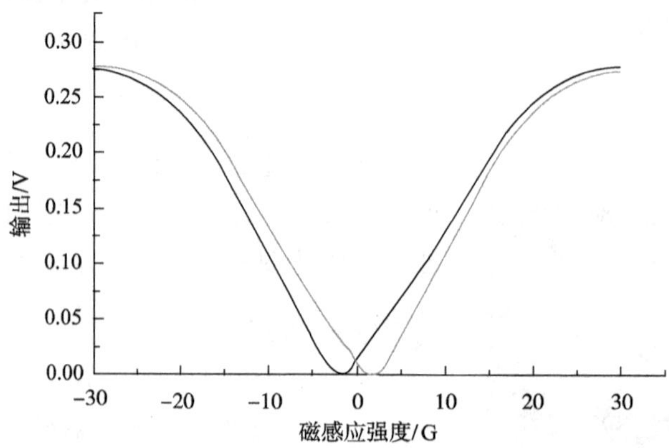

图 12-11 巨磁电阻模拟传感器的磁电转换特性

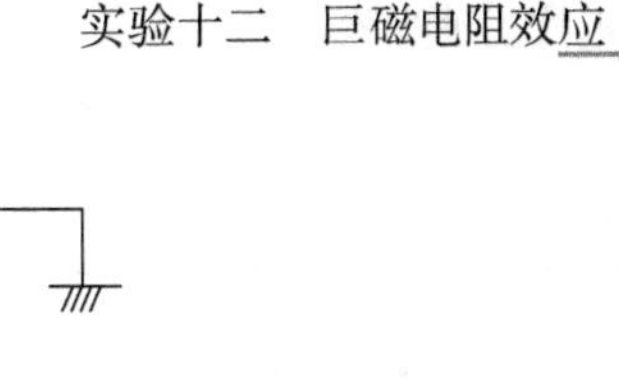
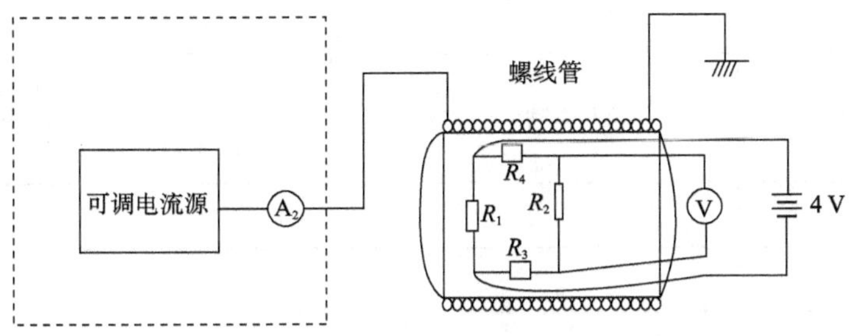

图 12-12　模拟传感器磁电转换特性实验原理图

将巨磁电阻模拟传感器置于螺线管磁场中，功能切换按钮切换为“传感器测量”. 实验仪的 4V 电压源接至基本特性组件“巨磁电阻供电”，恒流源接至“螺线管电流输入”，基本特性组件“模拟信号输出”接至实验仪电压表.

按表 12-1 数据，调节励磁电流，逐渐减小磁场强度，记录相应的输出电压于表格“减小磁场”列中. 由于恒流源本身不能提供负向电流，当电流减至 0 后，交换恒流输出接线的极性，使电流反向. 再次增大电流 I，此时流经螺线管的电流与磁感应强度的方向为负，从上到下记录相应的输出电压. 电流至−100mA 后，逐渐减小负向电流，电流到 0 时同样需要交换恒流输出的极性. 从下到上记录数据于表 12-1“增大磁场”列中.

表 12-1　巨磁电阻模拟传感器磁电转换特性的测量(电桥电压 4V)

励磁电流/mA	磁感应强度/G	输出电压/mV	
		减小磁场	增大磁场
100			
90			
80			
70			
60			
50			
40			
30			
20			
10			
5			
0			
−5			
−10			

续表

励磁电流/mA	磁感应强度/G	输出电压/mV	
		减小磁场	增大磁场
-20			
-30			
-40			
-50			
-60			
-70			
-80			
-90			
-100			

理论上讲，外磁场为零时，巨磁电阻传感器的输出应为零，但由于半导体工艺的限制，4 个桥臂电阻值不一定完全相同，所以外磁场为零时输出不一定为零，在某些传感器中可以观察到这一现象. 根据螺线管上标明的线圈密度，由式(12-1)计算出螺线管内磁感应强度 B 的大小. 以磁感应强度 B 的大小作横坐标，电压表的读数为纵坐标作出磁电转换特性曲线.

不同外磁感应强度时输出电压的变化反映了巨磁电阻传感器的磁电转换特性，同一外磁感应强度下输出电压的差值反映了材料的磁滞特性.

2. 巨磁电阻磁阻特性测量

为加深对巨磁电阻效应的理解，我们对构成巨磁电阻模拟传感器的磁阻进行测量. 将基本特性组件的功能切换按钮切换为“巨磁阻测量”，此时被磁屏蔽的两个电桥电阻 R_3、R_4 被短路，而 R_1、R_2 并联. 将电流表串连接进电路中，测量不同磁场时回路中电流的大小，就可以计算磁阻. 测量原理如图 12-13 所示.

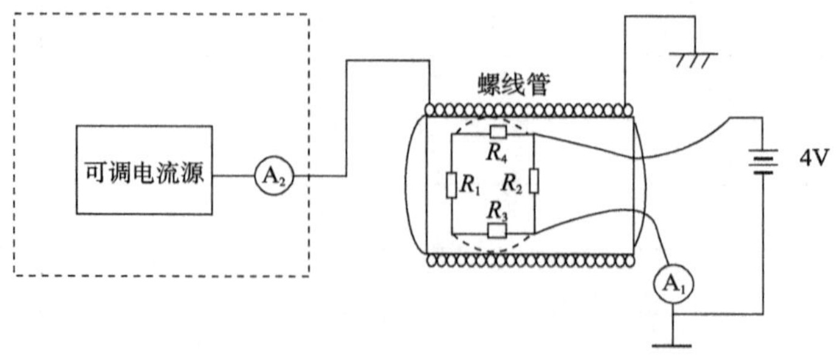

图 12-13　磁阻特性测量原理图

将巨磁电阻模拟传感器置于螺线管磁场中，功能切换按钮切换为“巨磁阻测量”．实验仪的 4V 电压源串联电流表后，接至基本特性组件“巨磁电阻供电”，恒流源接至“螺线管电流输入”．

按表 12-2 中数据，调节励磁电流，逐渐减小磁感应强度，记录相应的磁阻电流于表格“减小磁场”列中．由于恒源流本身不能提供负向电流，当电流减至 0 后，交换恒流输出接线的极性，使电流反向．再次增大电流，此时流经螺线管的电流与磁感应强度的方向为负，从上到下记录相应的输出电压．电流至-100mA 后，逐渐减小负向电流，电流到 0 时同样需要交换恒流输出接线的极性．从下到上记录数据于“增大磁场”列中．

表 12-2　巨磁电阻磁阻特性的测量(磁阻两端电压 4V)

励磁电流/mA	磁感应强度/G	减小磁场		增大磁场	
		磁阻电流/mA	磁阻/Ω	磁阻电流/mA	磁阻/Ω
100					
90					
80					
70					
60					
50					
40					
30					
20					
10					
5					
0					
−5					
−10					
−20					
−30					
−40					
−50					
−60					

续表

励磁电流/mA	磁感应强度/G	减小磁场		增大磁场	
		磁阻电流/mA	磁阻/Ω	磁阻电流/mA	磁阻/Ω
−70					
−80					
−90					
−100					

根据螺线管上标明的线圈密度，由式(12-1)计算出螺线管内的磁感应强度 B. 再由欧姆定律 $R = U/I$ 计算磁阻.

以磁感应强度 B 的大小作横坐标，磁阻为纵坐标作出磁阻特性曲线.

应该注意，由于模拟传感器的两个磁阻是位于磁通聚集器中，与图 12-3 相比，我们作出的磁阻曲线斜率大了约 10 倍，磁通聚集器结构使磁阻灵敏度大大提高.

不同外磁感应强度时磁阻的变化反映了巨磁电阻的磁阻特性，同一外磁感应强度的差值反映了材料的磁滞特性.

3. 巨磁电阻开关(数字)传感器的磁电转换特性曲线测量

将巨磁电阻模拟传感器与比较电路、晶体管放大电路集成在一起，就构成巨磁电阻开关(数字)传感器，结构如图 12-14 所示.

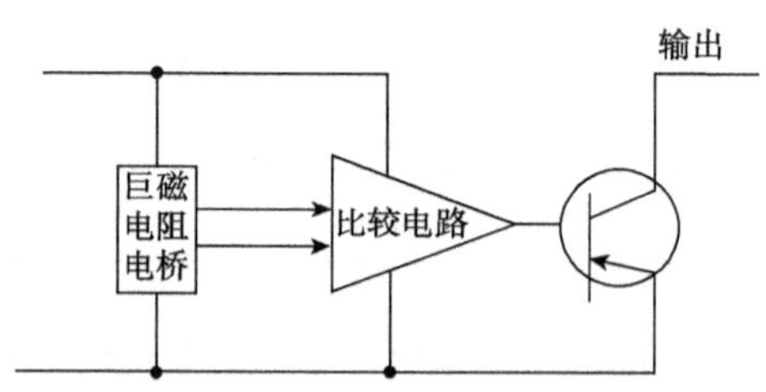

图 12-14　某种巨磁电阻开关传感器结构图

比较电路的功能是，当电桥电压低于比较电压时，输出低电平. 当电桥电压高于比较电压时，输出高电平. 选择适当的巨磁电阻电桥并结合调节比较电压，可调节开关传感器开关点对应的磁感应强度.

图 12-15 为巨磁电阻开关传感器磁电转换特性曲线. 当磁感应强度的绝对值从低增加到 12G 时，开关打开(输出高电平)，当磁感应强度的绝对值从高减小到 10G 时，开关关闭(输出低电平).

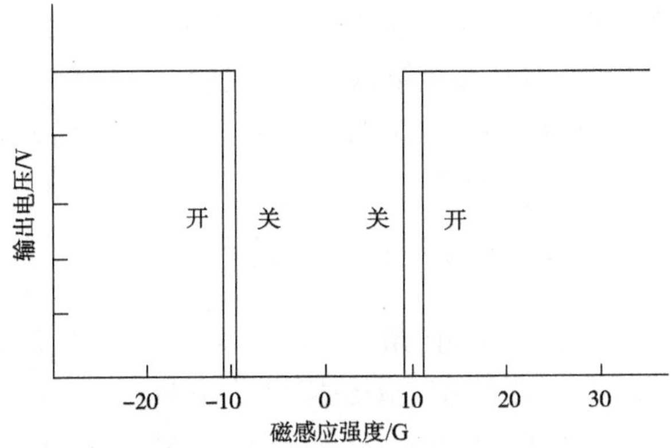

图 12-15 巨磁电阻开关传感器磁电转换特性曲线

将巨磁电阻模拟传感器置于螺线管磁场中，功能切换按钮切换为“传感器测量”. 实验仪的 4V 电压源接至基本特性组件“巨磁电阻供电”，“电路供电”接口接至基本特性组件对应的“电路供电”输入插孔，恒流源接至“螺线管电流输入”，基本特性组件“开关信号输出”接至实验仪电压表.

从 50mA 逐渐减小励磁电流，输出电压从高电平(开)转变为低电平(关)时记录相应的励磁电流于表 12-3“减小磁场”列中. 当电流减至 0 后，交换恒流输出接线的极性，使电流反向. 再次增大电流，此时流经螺线管的电流与磁感应强度的方向为负，输出电压由低电平(关)转变为高电平(开)时记录相应的正值励磁电流于表 12-3“减小磁场”列中. 将电流调至−50mA. 逐渐减小负向电流，输出电压从高电平(开)转变为低电平(关)时记录相应的负值励磁电流于表 12-3“增大磁场”列中，电流到 0 时同样需要交换恒流输出接线的极性. 输出电压从低电平(关)转变为高电平(开)时记录相应的正值励磁电流于表 12-3“增大磁场”列中.

表 12-3 巨磁电阻开关传感器的磁电转换特性测量

高电平=__V；低电平=__V

减小磁场			增大磁场		
开关动作	励磁电流/mA	磁感应强度/G	开关动作	励磁电流/mA	磁感应强度/G
关			关		-
开			开		

根据螺线管上标明的线圈密度，由式(12-1)计算出螺线管内的磁感应强度 B 的大小. 以磁感应强度 B 的大小作为横坐标，电压读数为纵坐标作出开关传感器的磁电转化特性曲线. 利用巨磁电阻开关传感器的开关特性已制成各种接近开关，当磁性物体(可在非磁性物体上贴磁条)接近传感器时就会输出开关信号. 广泛应用在工业生产及汽车、家电等日常生活用品中，控制精度高，恶劣环境(如高低温、振动等)下仍能正常工作.

4. 用巨磁电阻模拟传感器测量电流

从图 12-11 可见，巨磁电阻模拟传感器在一定的范围内输出电压与磁感应强度呈线性关系，灵敏度高，线性范围大，可以方便地将巨磁电阻制成磁场计，测量磁感应强度或其他与磁场相关的物理量. 作为应用示例，我们用它来测量电流.

由理论分析可知，通有电流 I 的无限长直导线，与导线距离为 r 的一点的磁感应强度为

$$B = \mu_0 I / 2\pi r = 2I \times 10^{-7} / r \tag{12-3}$$

磁感应强度与电流成正比，在 r 已知的条件下，测得 B，就可知 I.

在实际应用中，为了使巨磁电阻模拟传感器工作在线性区，提高测量精度，还常常预先给传感器施加一个固定的已知磁场，称为磁偏置，其原理类似于电子电路中的直流偏置（图 12-16）.

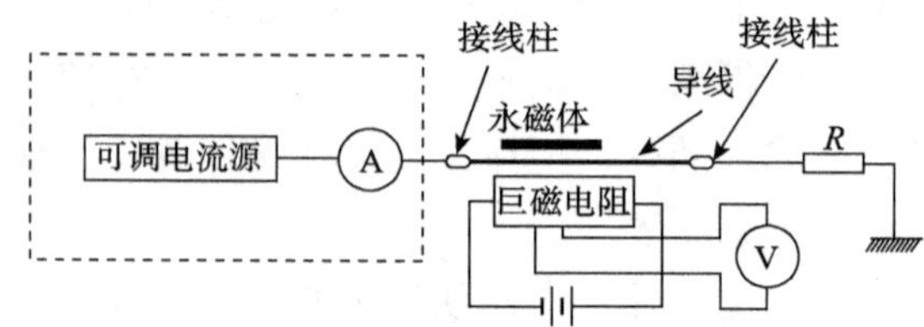

图 12-16　模拟传感器测量电流实验原理图

实验仪的 4V 电压接至电流测量组件“巨磁电阻供电”，恒流源接至“待测电流输入”，电流测量组件“信号输出”接至实验仪电压表. 将待测电流调至 0. 将偏置磁铁转到远离巨磁电阻传感器，调节磁铁与传感器的距离，使输出约 25mV.

将电流增大到 300mA，按表 12-4 数据逐渐减小待测电流，从左到右记录相应的输出电压于表格“减小电流”行中. 由于恒流源本身不能提供负向电流，当电流减小至 0 后，交换恒流输出接线的极性，使电流反向. 再次增大电流，此时电流方向为负，记录相应的输出电压. 逐渐减小负向待测电流，从右到左记录相应的输出电压于表格“增加电流”行中. 当电流减至 0 后，交换恒流输出接线的极性，使电流反向. 再次增大电流，此时电流方向为正，记录相应的输出电压.

将待测电流调至 0. 将偏置磁铁转到接近巨磁电阻传感器，调节磁铁与传感器的距离，使输出电压约 150mV. 用与低磁偏置同样的实验方法，测量适当的磁偏置时待测电流与输出电压的关系.

表 12-4　用巨磁电阻模拟传感器测量电流

待测电流/mA			300	200	100	0	−100	−200	−300
输出电压/mV	低磁偏置（约 25mV）	减小电流							
		增加电流							
	适当磁偏置（约 150mV）	减小电流							
		增加电流							

以电流读数为横坐标，电压表的读数为纵坐标作图，分别作出 4 条曲线. 由测量数据及所作图形可以看出，适当磁偏置时线性较好，斜率(灵敏度)较高. 由于待测电流产生的磁场远小于偏置磁场，磁滞对测量的影响也较小，根据输出电压的大小就可以确定待测电流的大小. 用巨磁电阻传感器测量电流时不用将测量仪器接入电路，不会对电路工作产生干扰，既可测量直流，也可测量交流，具有广阔的应用前景.

5. 巨磁电阻梯度传感器的特性及应用

将巨磁电阻电桥两对对角电阻分别置于集成电路两端，4 个电阻都不加磁屏蔽，即构成梯度传感器，如图 12-17 所示.

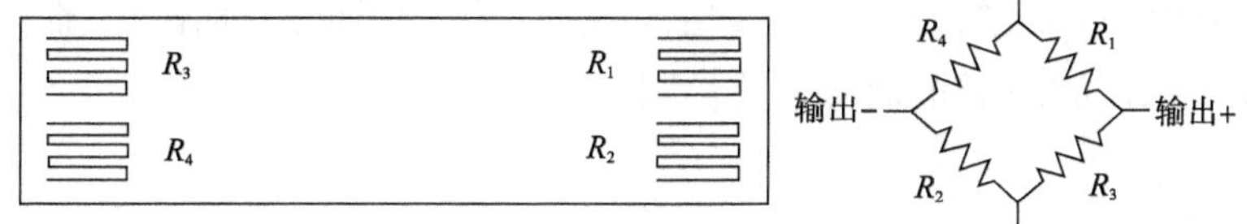

图 12-17　巨磁电阻梯度传感器结构图

这种传感器若置于均匀磁场中，由于 4 个桥臂电阻阻值变化相同，电桥输出为零. 如果磁场存在一定的梯度，各巨磁电阻感受到的磁场不同，磁阻变化不一样，就会有信号输出. 图 12-18 以检测齿轮的角位移为例，说明其应用原理.

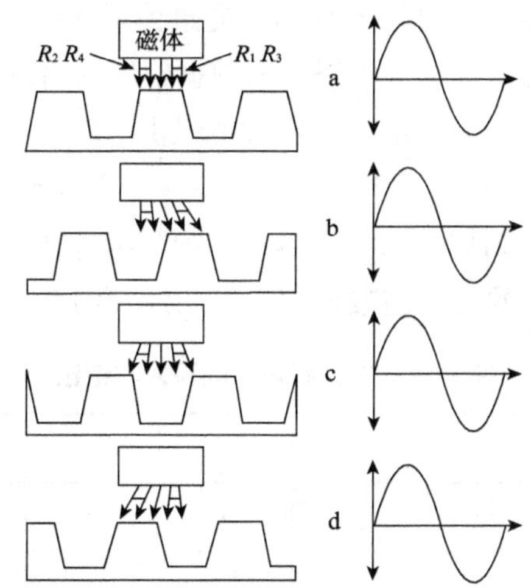

图 12-18　用巨磁电阻梯度传感器检测齿轮位移

将永磁体放置于传感器上方，若齿轮是铁磁材料，永磁体产生的空间磁场在相对于齿牙不同位置时，产生不同的梯度磁场. a 位置时，输出为零. b 位置时，R_1、R_2 感受到的磁场强度大于 R_3、R_4，输出正电压. c 位置时，输出回归零. d 位置时，R_1、R_2 感受到的磁场强度小于 R_3、R_4，输出负电压. 于是,在齿轮转动过程中,每转过一个齿牙便产生一个完整的波形输出. 这一原理已普遍应用于转速(速度)与位移监控，在汽车及其他工业领域得到广泛应用.

将实验仪 4V 电压源接角位移测量组件“巨磁电阻供电”，角位移测量组件“信号输出”接实验仪电压表. 逆时针慢慢转动齿轮，当输出电压为零时记录起始角度，以后每转 3°记录一次角度与电压表的读数，数据记录于表 12-5 中. 转动 48°齿轮转过 2 齿，输出电压变化 2 个周期.

表 12-5　齿轮角位移的测量

转动角度/(°)																	
输出电压/mV																	

以齿轮实际转过的度数为横坐标，电压表的读数为纵向坐标作图. 根据实验原理，巨磁电阻梯度传感器能用于车辆流量监控吗？

6. *磁记录与读出*

磁记录是当今数码产品记录与存储信息的最主要方式，由于巨磁电阻的出现，存储密度有了成百上千倍的提高. 在当今的记录领域，为了提高记录密度，读写磁头是分离的. 写磁头是绕线的磁芯，线圈中通过电流时产生磁场，在磁性记录材料上记录信息. 巨磁电阻读磁头利用磁记录材料商不同磁场时电阻的变化读出信息. 磁读写组件用磁卡作为记录介质，磁卡通过写磁头时可写入数据，通过读磁头时可将写入的数据读出来. 学生可自行设计一个二进制码，按二进制码写入数据，然后将读出的结果记录下来.

实验仪的 4V 电压源接磁读写组件“巨磁电阻供电”，“电路供电”接口接至基本特性组件对应的“电路供电”输入插孔，磁读写组件“读出数据”接至实验仪电压表. 同时按下“0/1 转换”和“写确认”按键约 2s，将读写组件初始化，初始化后才可以进行写和读. 将需要写入与读出的二进制数据记入表 12-6 第 1 和 3 行.

表 12-6　二进制数字的写入与读出

二进制数字写入								
磁卡区域号	1	2	3	4	5	6	7	8
读出电平								

将磁卡有刻度区域的一面朝前，沿着箭头标识的方向插入滑槽，按需要切换写“0”或写“1”(按“0/1 转换”按键，当状态指示灯显示为红色表示当前为“写 1”状态，绿色表示当前为“写 0”状态)按住“写确认”按键不放，缓慢移动磁卡，根据磁卡上的刻度区域线读数. 注意：为了便于后面的读出数据更准确，写数据时应以磁卡上各区域两边的边界线开始和结束，即在每个标定的区域内，磁卡的写入状态应完全相同.

完成写数据后，松开“写确认”按键，此时组件就处于读状态了，将磁卡移动到读磁头处，根据刻度区域在电压表上读出的电压，记录在表 12-6 中. 此实验演示了磁记录

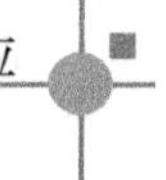

与磁读出的原理与过程(由于测试卡区域的两端数据记录可能不准确，所以实验中只记录中间的 1～8 号区域的数据).

【注意事项】

(1) 由于巨磁电阻传感器具有磁滞现象，所以，在实验中，恒流源只能单方向调节，不可回调，否则测得的实验数据将不准确. 实验表格中的电流只是作为一种参考，实验时以实际显示的数据为准.

(2) 实验过程中，实验环境不得处于强磁场中.

(3) 测试卡组件不能长期处于“写”状态.

【思考题】

(1) 什么是巨磁电阻效应？巨磁电阻结构组成有什么特点？

(2) 试分析不同磁偏置影响电流测量灵敏度的原因是什么？

(3) 什么是解释巨磁电阻效应的二流体模型？

【附录】

一、不同结构类型的巨磁电阻效应及巨磁电阻材料简介

1. 不同结构类型的巨磁电阻效应

1) 多层膜巨磁电阻效应

所谓多层膜就是由铁磁层和非铁磁层$(Fe/Cr)_N$交替沉积而形成的(N为周期数)，最初是采用分子束外延生长法在超高真空中制备的. 每分钟才形成一个单原子层，不仅制备缓慢，而且相当昂贵，所以对它的研究受到了限制. 1990 年，帕金(S. S. P. Parkin)等采用了十分普遍的磁控溅射设备，制备出了多层膜，观察到了巨磁电阻现象. 由于设备简单、价格低廉、效率高，所以推进了巨磁电阻的研究. 继后，他们对金属及合金与非磁金属多层膜的巨磁电阻效应进行了广泛的研究. 在 Fe/Cu，Fe/Mo，Fe/Cr，Fe/Au，Co/Cu，Co/Ag 和 Co/Au 等纳米结构的多层膜系统中均发现了巨磁电阻效应. 多层膜巨磁电阻效应的发现，无论是在基础研究还是在应用研究中均开拓了许多新的研究领域.

巨磁电阻效应的机制源于英国著名的物理学家莫特提出的铁磁性导电理论，即二流体模型. 莫特认为在铁磁金属中，导电的 S 电子要受到磁性原子磁矩的散射作用(即与局域 d 电子作用). 散射的概率取决于导电的 S 电子自旋取向与固体中磁性原子磁矩方向的相对取向. 当自旋方向与磁矩方向相同时，传导电子很容易地穿过许多磁层而只受到很弱的散射作用；反之，传导电子在每一磁层都要受到很强的散射作用，即有一半传导电子处于低电阻通道，从宏观上看，多层膜处于低电子状态，这样就产生了巨磁电阻现象.

这种描述是比较粗略的，实际上只考虑了电子在磁层内部的散射，即体散射. 然而磁层与非磁层之间界面处的自旋相关散射有时更为重要，尤其在一些巨磁电阻比较大的多层膜系统中、理论和实验都证明，多数情况下，巨磁电阻效应来自于界面散射作用.

上述多层膜巨磁电阻效应均指电流处于膜内层，称为 CIP(current in the planes)，电流也可以垂直于多层膜，称为 CPP(current perpendicular to the planes). 这时传导电子必须穿越所有层和界面，经受多次自旋相关的杂质和缺陷的散射. 实验和理论都证实，在 CPP 情况下的巨磁电阻效应大于 CIP 情况下约 4 倍. 当前，多层膜的主要研究方向是尽力提高磁场灵敏度，降低饱和磁场强度，尤其在作为高密度读出磁头、随机存储器时，磁场灵敏度是十分重要的参数，解决问题的途径之一是采用自旋阀结构；另一个途径是将膜在合适的温度下退火，使其成为间断膜，类似于颗粒膜，使层间产生偶极矩的静磁耦合. 自旋阀结构由钉扎层和隔离层构成，为了防止氧化，一般最后在表面再镀一层保护层，其中钉扎层选取自旋相关效应较大的材料，而自由层选取矫顽力较小的软磁材料.

2) 颗粒膜的巨磁电阻效应

颗粒膜(granular films)是指微颗粒弥散于薄膜中所构成的复合薄膜. 它具有微颗粒与薄膜双重特性及其交互作用效应，一半是采用共蒸发、共溅射、离子注入或化学工艺制备而成，改变其组成比例，控制颗粒大小、分布、形状等可以调节颗粒的声、光、电、磁等性质. 它比多层膜容易制备，成本低，具有广泛的应用前景. 1992 年伯科威茨(Berkowitz)和 C. L. Chien 分别独立地发现了 Co/Cu 颗粒膜中存在着的巨磁电阻效应，其值为负，且为各向异性. 目前颗粒膜巨磁电阻的研究主要是两大系列：一是银系 Co-Ag，FeNi-Ag 等；二是铜系，如 Co-Cu，FeCo-Cu 等，这些都是 Fe、Co 等微粒镶嵌于 Ag,Cu 薄膜中而构成的 Fe-Ag，Co-Cu 等颗粒膜.

研究表明，颗粒膜巨磁电阻效应除取决于组成外，还与微结构密切相关，例如，它与磁性颗粒直径成反比，即与颗粒的表面积成正比. 当颗粒尺寸与电子平均自由程相当时，巨磁电阻效应最显著，其机制的理论解释与多层膜一样，认为与自旋相关散射有关，并以界面散射为主. 颗粒膜与多层膜二者都属于二相或多相复合不均匀体系，但颗粒膜制备简便、重复性高、热稳定性好，颗粒膜存在的问题是饱和磁场高于多层膜. 所以当前的研究方向主要是降低饱和磁场，提高磁场灵敏度.

3) 钙钛矿型氧化物的磁电阻效应

稀土锰氧化 $REMnO_3$(RE=La，Pr，Nd，Cd，Sm 等稀土元素)具有钙钛矿晶体结构，一般情况下为非导体，并具有反铁磁性. 当 RE 被二价碱土金属元素部分代替后，形成掺杂稀土锰氧化物 $RE_{1-x}T_xMnO_3$(T=Ca，Sr，Ba，Pb).

1993 年 Helmolt 等在类钙钛矿结构 $La_{2/3}Ba_{1/3}MnO_x$ 铁磁薄膜中观察到磁电阻效应，从而大大地推进了磁性氧化物输运过程的研究，因为它表明，巨磁电阻效应的研究可以由金属、合金推至氧化物材料. 1994 年 Jin 等人发现在 $LaAlO_3$ 单晶基片上外延生长的 $La_{1-x}Ca_xMnO_3$ 薄膜，在 77K，6T 磁场下，具有特大磁电阻效应. 人们发现磁场可使类钙钛矿结构 $La_{1-x}M_xMnO_3$(M=Sr，Ca，Ba，Pb 等二阶金属离子)系氧化物在一定的温度范

围内由顺磁性转变为铁磁性，而且在磁性转变的同时氧化物从半导体的导电性转变为金属性，从而使其电阻率发生巨大的变化，高达几个数量级. 目前，人们对稀土锰氧化物进行了大量的研究，主要表现为两个方面：即改变 $La_{1-x}T_xMnO_3$ 中的 x，或掺杂不同的碱土金属，即改变 $La_{1-x}T_xMnO_3$ 中的 T，除钙钛矿结构 Mn 系和 Co 系氧化物外，1996 年日本 NEC 公司 Shimakawa 等人在具有焦绿石结构的 $T_{12}Mn_2O_{7-\delta}$ 中发现了庞磁电阻(colossal magnetoresistance，简称 CMR)效应. 由于需要数十 kOe(千奥斯特)的外磁场，且在特定的温度附近较小的范围内才能发生电阻率巨大变化. 钙钛矿型氧化物磁电阻效应比多层膜和颗粒膜系统的磁电阻效应大得多，所以具有强烈的应用前景. 其存在的问题是，它通常需要数十 kOe 的外磁场且在较小温区以内才存在电阻率的巨大变化，描述庞磁电阻的特性实验发现，它的输运性质、磁性质和晶体结构三者有着密切的联系.

4)铁磁薄膜隧道结巨磁电阻效应

20 世纪 70 年代，J. C. Slonczewski 提出了铁磁金属/非磁绝缘体/铁磁金属(FM/I/FM)隧道结. 当两铁磁层磁化方向平行或反平行时，FM/I/FM 构型原则上可以看成是自旋极化滤波器，它只允许一种自旋通过，Slonczewski 称为磁阀效应. 同年，Julliere 在 Fe/Ge/Co 隧道结中观察到这一现象，这种因外磁场改变隧道结铁磁层的磁化状态而导致其电阻变化的现象称为隧道磁电阻(tunneling magnetoresistance, 简称 TMR)效应. FM/I/FM 三明治结构产生自旋隧穿效应的原理是：电子隧穿非磁性层的位垒而产生隧穿电流. 当两铁磁层的磁化方向平行时，一铁磁层中的多数自旋子带的电子将进入另一铁磁层的多数子带的空态，同时少数自旋子带的电子也从一个铁磁层进入另一个铁磁层空态，此时，隧穿概率大. 当两铁磁层的磁化方向反平行时，一铁磁层中的多数自旋子带的电子的自旋与另一个铁磁层的少数自旋子带的电子的自旋平行，这时，一铁磁层中的多数自旋子带的电子将进入另一铁磁层的少数子带的空态，极少数自旋子带的电子也从一个铁磁层进入另一个铁磁层多数子带的空态，隧穿概率小. 由此可见，隧道电导与两铁磁层磁化适量的相对方向有关. 1995 年 FM/I/FM 隧道结的研究有了突破性进展，Miyazaki 等人发现 Fe/磁隧道结在室温几 mT 外磁场下 TMR 达到 18%，低温下为 23%. 磁隧道结饱和磁场低、巨磁效应大，具有广泛的应用前景.

2. 巨磁电阻材料简介

巨磁电阻效应和巨磁电阻材料是 20 世纪 90 年代以来凝聚态物理学和材料学领域中研究的热点. 衡量巨磁电阻材料性能的两个最基本的参数是：①在一定温度下所能达到的最大巨磁电阻值；②获得最大巨磁电阻效应所需施加的饱和外磁场强度.

巨磁电阻与饱和外磁场强度的比值称为磁场灵敏度. 巨磁电阻材料要获得广泛应用的一个关键问题是开发既具有低的饱和场，又具有高的巨磁电阻效应的合金系统. 在各种巨磁电阻材料中，多层膜和颗粒膜饱和磁场高达数特斯拉(T)，磁场灵敏度低；氧化物陶瓷材料需极高饱和场，难以实现实用化；自旋阀材料饱和磁场仅为几个或几十奥斯特，但在室温下巨磁电阻值低. 因此，在合金成分和膜/粒结构方面进行新的探索，研究和开发室温磁场灵敏度高的巨磁电阻磁性薄膜材料是这个领域的重要任务. 寻求巨磁电阻值高，饱和磁场低，磁场灵敏度高的合金体系和人工薄膜结构是巨磁电阻材料实用化的难点和重点.

二、人物简介

阿贝尔·费尔

阿贝尔·费尔(Albert Fert) 1938年3月7日出生于法国的卡尔卡松. 1962年，费尔在巴黎高等师范学院获数学和物理硕士学位. 1970年，费尔从巴黎第十一大学获物理学博士学位. 此后阿尔贝·费尔任巴黎第十一大学物理学教授. 费尔从1970年到1995年一直在巴黎第十一大学固体物理实验室工作，后任研究小组组长. 1995年至今则担任国家科学研究中心——Thales集团联合物理小组科学主管. 1988年，费尔发现巨磁电阻效应，2007年10月，科学界的最高盛典——瑞典皇家科学院颁发的诺贝尔奖揭晓了. 1988年，法国科学家阿尔贝·费尔和德国科学家彼得·格林贝格尔因分别独立发现巨磁电阻效应而共同获得2007年诺贝尔物理学奖. 同时他对自旋电子学做出了许多贡献.

彼得·格林贝格尔

彼得·格林贝格尔(Peter Grunberg) 1939年5月18日出生于比尔森. 1959～1963年，格林贝格尔在法兰克福约翰-沃尔夫冈-歌德大学学习物理，1962年获得中级文凭，1969年在达姆施塔特技术大学获得博士学位. 1988年，格林贝格尔在尤利西研究中心研究并发现巨磁电阻效应；1992年被任命为科隆大学兼任教授；2004年在研究中心工作32年后退休，但仍在继续工作.

格林贝格尔在学术方面获奖颇丰，除过2007年的诺贝尔物理学奖，1998年时任德国联邦总统罗曼·赫尔佐克颁发给格林贝格德国未来奖(Deutscher Zukunftspreis)，以表彰他发现了巨磁电阻效应. 2002年他因“格林贝格原理”获得波鸿大学的荣誉博士头衔. 2003年获得苏台德地区颁发的科学和研究的最高奖项“格斯特纳骑士勋章”(Ritter-von-Gerstner-Medaille). 2006年被欧洲委员会和欧洲专利局主管大学和研究机构的部门评选为“年度欧洲发明家”. 2007年获得德国物理学会的“施特恩-格拉赫奖章”(Stern-Gerlach-Medaille)，以及以色列国会颁发的“沃尔夫奖”. 2007年4月19日，格林贝格尔在日本的东京国家剧院，与巴黎第十一大学的阿尔贝·费尔一同接受“日本国际奖”，以表彰这两位固体物理学家发现巨磁阻效应，奖额高达35万欧元.

实验十三　LED 光电特性

1962 年，通用电气公司的尼克·何伦亚克(Nick Holonyak，Jr.)开发出第一只发光二极管(light emitting diode，简称LED)，而 LED 早期主要作为指示灯使用. 20 世纪 80 年代，LED 的亮度有了很大提高，开始广泛应用于各种大屏幕显示. 1994 年，日本科学家中村修二在氮化镓 GaN 基片上研制出第一只蓝光 LED，1997 年诞生了蓝光芯片加荧光粉的白光 LED，使 LED 的发展和应用进入了全彩应用及普通照明阶段.

LED 是一种固态的半导体器件，它可以直接把电转化为光，具有体积小、耗电量低、易于控制、坚固耐用、寿命长、环保等优点，其主要应用领域如下所示.

1. 照明

在全球能源日趋紧张和环保压力日益加大的情况下，使用 LED 照明是节能环保的重要途径. 在国务院发布的《国家中长期科学和技术发展规划纲要》中，“高效节能，长寿命的半导体照明产品”被列入国家中长期规划第一重点领域(能源)的第一优先主题(工业节能). 2006 年 10 月，国家“863”计划“半导体照明工程”正式启动.

普通照明用的白炽灯虽价格便宜，但光效低(12～24lm/W)，寿命短(平均 1500 小时)已被欧洲联盟禁止使用. 荧光灯的光效(50～120lm/W)高，寿命(平均 6000 小时)较长，但靠汞蒸气放电发光，但汞对人体有严重的毒害作用，污染环境. 白光 LED 的光效已达到 50lm/W，实验室水平已超过 200lm/W，寿命平均 50000 小时，从综合性能看已是最好的照明光源. 虽然目前价格较高，阻碍了 LED 在普通照明领域大规模推广，但依据芯片产业的发展规律，随着技术进步与规模扩大，成本将会迅速降低，不久 LED 照明将会取代普通照明方式.

2. 大屏幕显示

LED 显示屏显示画面色彩鲜艳，立体感强，静如油画，动如电影，同时具有耗电低、易于控制、寿命长等优点，广泛应用于车站、码头、机场、商场、医院、宾馆、银行、证券市场、建筑市场、拍卖行、工业企业管理和其他公共场所. LED 显示屏分为图文显示屏和视频显示屏，均由 LED 矩阵块组成. 图文显示屏可与计算机同步显示汉字、英文文本和图形；视频显示屏采用微型计算机进行控制，图文、图像并茂，以实时、同步、清晰的信息传播方式播放各种信息，还可显示二维、三维动画、录像、电视、VCD 节目及现场实况.

3. 液晶显示的背光源

液晶显示器目前在中小屏幕显示方面占据大部分市场，液晶矩阵元只对光线起开关控制作用，必须有背光源照明才能显示图像、色彩. 由于 LED 体积小、耗电低、寿命长，所以手机、数码相机、笔记本电脑、MP3/4 等便携设备的液晶屏都采用 LED 作为背光源. 由于价格因素，早期大屏幕液晶屏是采用 CCFL 荧光灯管作为背光源，随着 LED 的价格下降，且采用 LED 作为背光源可使显示屏色彩表现力更丰富，亮度和白平衡易于控制，目前大屏幕液晶屏已竞相采用 LED 作为背光源.

4. 装饰工程

城市的夜空，各种装饰性、广告性的灯具闪烁发光，曾经的霓虹灯已退出历史舞台，取代它的是组合、控制方便，表现力丰富的 LED 灯具. 景观照明中的一个亮点是 LED 与太阳能的结合，白天利用造型灯具中的太阳能电池发电，晚上利用太阳能发电的能量点燃灯具，实现了装饰照明与节能环保的和谐统一.

5. 其他

交通信号灯，公共场所的各种指示灯，光纤通信的光源，汽车上的各种内部照明灯，仪表指示灯，仪器上的数码显示管都大量采用 LED.

随着人们对 LED 的应用(尤其是大面积照明)提出越来越高的要求，LED 在迅猛发展的同时，也暴露出了一些问题.

与白炽灯、荧光灯等传统照明光源的发光机理不同，LED 属于电致发光(EL)器件，其热量不能辐射散热，从而导致器件温度过高，严重影响 LED 的光通量、寿命及可靠性，并会导致 LED 发光红移，尤其目前白光实现的方式是荧光粉加蓝光芯片的方案，其中荧光粉对温度特别敏感，最终会引起波长的漂移，造成颜色不纯等一系列问题. 据有关资料统计，大约 70%的故障来自 LED 温度过高. 因此研究温度对 LED 的影响有着重要的现实意义.

研究温度对 LED 的影响主要是研究 LED 的 pn 结的温度(即结温)对 LED 的影响. 通常使用的是经过封装的 LED，温度传感器的热探头至多能够探测 LED 的表面温度，而无法探测到 LED 的 pn 结的温度，那么，如何比较准确、快速地测量 LED 的结温呢？

“LED 综合特性实验仪”是一款专门针对高校 LED 教学使用的实验仪器，可研究 LED 的电学、光学、热学特性，学生能比较全面地掌握 LED 的知识. 该仪器共可开设约 7 个学时的实验，可分为两部分内容进行教学，第一部分共约 3 个学时，研究 LED 的伏安特性、电光转换特性、输出光空间分布特性，第二部分共约 4 个学时，研究如何测量 LED 的结温和热阻，以及在此基础上研究结温对 LED 电学、光学性能的影响.

【实验原理】

1. LED 发光原理

发光二极管是由 p 型和 n 型半导体组成的二极管(图 13-1). p 型半导体中有相当数量的空穴，几乎没有自由电子. n 型半导体中有相当数量的自由电子，几乎没有空穴. 当两种半导体结合在一起形成 pn 结时，n 区的电子(带负电)向 p 区扩散，p 区的空穴(带正电)

向 n 区扩散，在 pn 结附近形成空间电荷区与势垒电场. 势垒电场会使载流子向扩散的反方向做漂移运动，最终扩散与漂移达到平衡，使流过 pn 结的净电流为零. 在空间电荷区内，p 区的空穴被来自 n 区的电子复合，n 区的电子被来自 p 区的空穴复合，使该区内几乎没有能导电的载流子，所以又称为耗尽层.

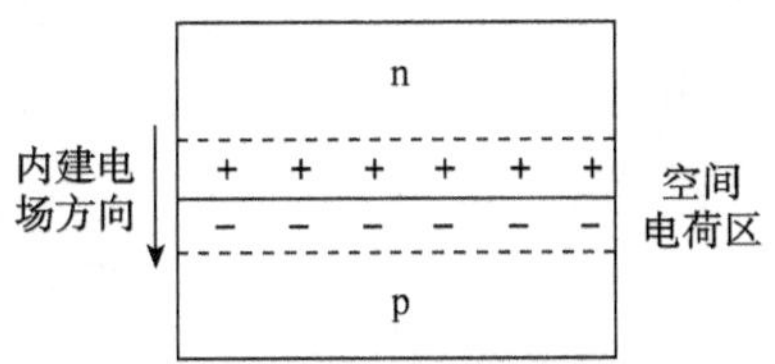

图 13-1 半导体 pn 结示意图

当加上与势垒电场方向相反的正向偏压时，结区变窄，在外电场作用下，p 区的空穴和 n 区的电子就向对方扩散运动，从而在 pn 结附近产生电子与空穴的复合，并以热能或光能的形式释放能量. 采用适当的材料，使复合能量以发射光子的形式释放，就构成了发光二极管. 发光二极管发射光谱的中心波长，由组成 pn 结的半导体材料的禁带宽度所决定，采用不同的材料及材料组分，可以获得发射不同颜色的发光二极管.

LED 的光谱线宽度一般有几十纳米，可见光的光谱范围是 380～780nm. 白光 LED 一般采用三种方法形成. 第一种是在蓝光 LED 管芯上涂覆荧光粉，蓝光与荧光粉产生的宽带光谱合成白光. 第二种是采用几种发不同色光的管芯封装在一个组件外壳内，通过色光的混合构成白光 LED. 第三种是紫外 LED 加 3 基色荧光粉，3 基色荧光粉的光谱合成白光.

2. LED 的伏安特性

LED 的伏安特性测量原理如图 13-2 所示.

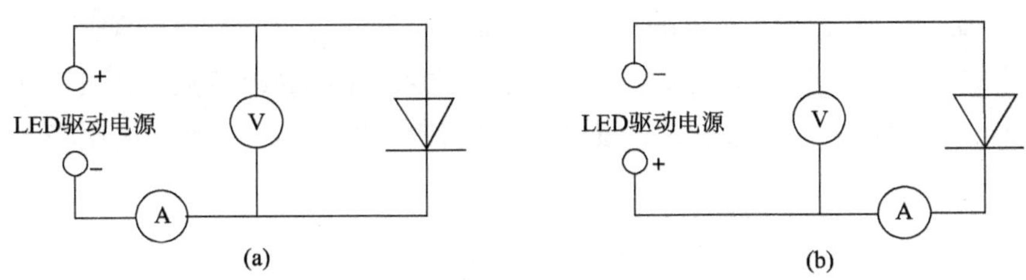

图 13-2 LED 伏安特性测试原理图

（a）正向测试；（b）反向测试

伏安特性反映了在 LED 两端加电压时，电流与电压的关系，如图 13-3 所示.

在 LED 两端加正向电压，当电压较小，不足以克服势垒电场时，通过 LED 的电流很小. 当正向电压超过死区电压 U_{th}(图 13-3 中的正向拐点)后，电流随电压迅速增长.

正向工作电流指 LED 正常发光时的正向电流值，根据不同 LED 的结构和输出功率的大小，其值在几十 mA 到 1A 之间.

正向工作电压指 LED 正常发光时加在二极管两端的电压.

允许功耗指加于 LED 的正向电压与电流乘积的最大值，超过此值，LED 会因过热而损坏.

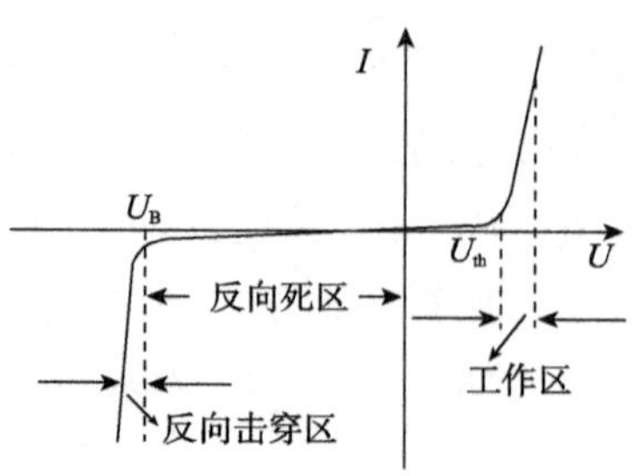

图 13-3　LED 的伏安特性曲线

LED 的伏安特性与一般二极管相似. 在 LED 两端加反向电压，只有 μA 级反向电流. 反向电压超过击穿电压 U_B 后 LED 被击穿损坏. 为安全起见，激励电源提供的最大反向电压应低于击穿电压.

3. LED 的电光转换特性

LED 的电光转换特性测量原理如图 13-4 所示.

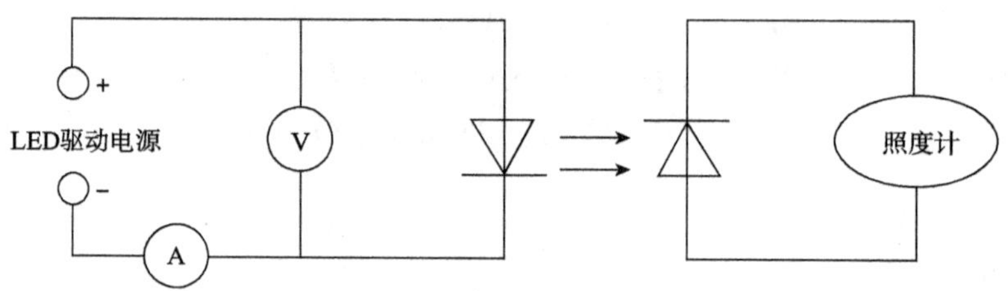

图 13-4　LED 电光转换特性测试原理图

图 13-5 反映发光二极管发出的光在某截面处的照度与驱动电流的关系，其照度值与驱动电流近似呈线性关系，这是因为驱动电流与注入 pn 结的电荷数成正比，在复合发光的量子效率一定的情况下，输出光通量与注入电荷数成正比，其照度正比于光通量.

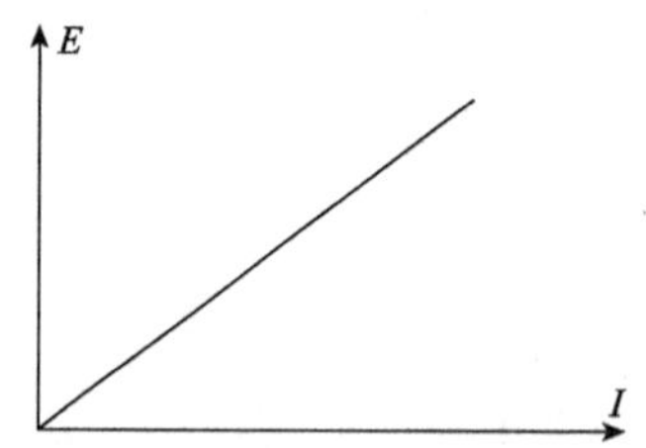

图 13-5　LED 电光转换特性曲线

4. LED 输出光空间分布特性

由于 LED 的芯片结构及封装方式不同，所以输出光的空间分布也不一样，图 13-6 给出其中两种不同封装的 LED 的空间分布特性(实际 LED 的空间分布特性可能与图示存在差异). 图 13-6 的发射强度是以最大值为基准的，此时方向角定义为零度，发射强度定义为 100%. 当方向角改变时，发射强度(或照度)相应改变. 发射强度降为峰值的一半

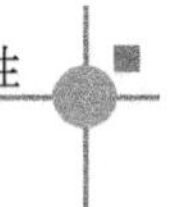

时，对应的角度称为方向半值角. LED 出光窗口附有透镜，可使其指向性更好，如图13-6(a)的曲线所示，方向半值角大约为 ± 7°，可用于光电检测、射灯等要求出射光束能量集中的应用环境；图 13-6(b)所示为未加透镜的 LED，方向半值角大约为 ± 50°，可用于普通照明及大屏幕显示等要求视角宽广的应用环境.

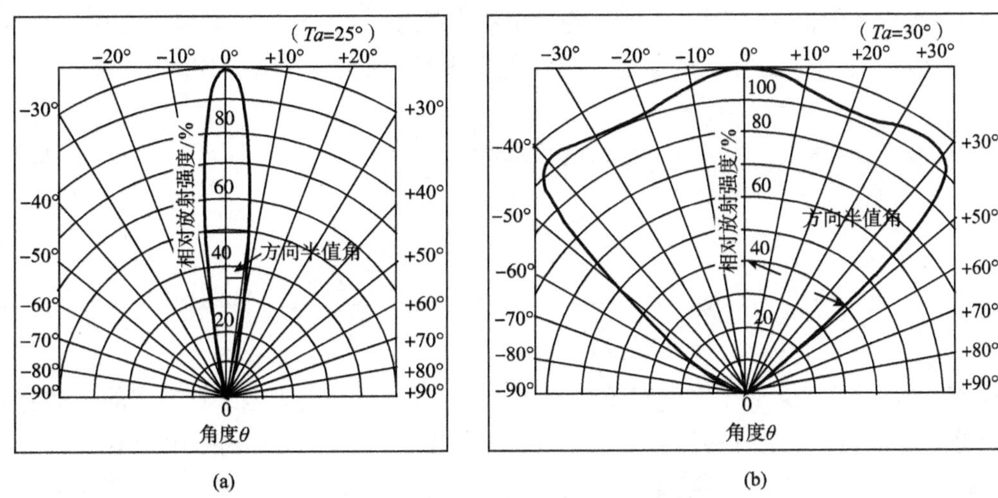

(a)　　　　　　　　(b)

图 13-6　两种 LED 输出光的空间分布特性曲线图

(a)加装透镜；(b)未加透镜

5. LED 结温及结温测量方法介绍

研究 LED 热特性的主要内容是测量 LED 的结温和热阻，而测量热阻的前提是准确测量结温，所以准确测量 LED 的结温是研究 LED 热特性的基础.

LED 结温：LED 的基本结构是一个半导体的 pn 结，pn 结的温度就是 LED 的结温，由于元件芯片均具有很小的尺寸，所以我们也可把 LED 芯片的温度视为结温.

目前测量 LED 结温的方法包括：电学参数法、管脚法、蓝白比法、红外热成像法、光谱法等，其中电学参数法被认为是目前结温测量最准确的方法而被广泛采用. 电学参数法又包括：小电流 K 系数法和脉冲法，二者都是利用 LED 电压与结温的关系，通过测量电压来求结温的，关于这两种方法的具体实现将在后面的内容中进行详细介绍.

6. LED 正向电压与结温关系

根据二极管的肖克利(Shockley)模型，LED 的伏安特性为

$$I = I_s\left[\exp\left(\frac{eU}{kT}\right)-1\right] \approx I_s \exp\left(\frac{eU}{kT}\right) \tag{13-1}$$

式中，I、U 为流过 LED pn 结的电流和 LED pn 结的端电压；I_s 为反向饱和电流；$e=1.6\times10^{-19}$C(库仑)，为电子电量；$k=1.38\times10^{-23}$J/K，为玻尔兹曼常量；T 为绝对温度. I_s

是温度的函数，在半导体材料杂质全部电离、本征激发可以忽略的条件下有

$$I_s = Ae\left(\sqrt{\frac{D_n}{\tau_n}}\frac{n_i^2}{N_A} + \sqrt{\frac{D_p}{\tau_p}}\frac{n_i^2}{N_D}\right) \tag{13-2}$$

式中，A 是结面积；D_n、D_p 是电子和空穴的扩散系数；τ_n、τ_p 是少数电子寿命和少数空穴寿命；N_A、N_D 分别是掺入的受主浓度和施主浓度；n_i 为本征半导体浓度，且

$$n_i^2 = N_C N_V \exp\left(-\frac{eU_{g0}}{kT}\right) \tag{13-3}$$

$$N_C = 2\left(\frac{m_n^* kT}{2\pi\eta^2}\right)^{\frac{3}{2}}, \quad N_V = 2\left(\frac{m_p^* kT}{2\pi\eta^2}\right)^{\frac{3}{2}} \tag{13-4}$$

其中，N_C、N_V 分别为导带和价带的有效态密度；$m_n{}^*$、$m_p{}^*$ 分别为电子和空穴的有效质量；U_{g0} 是绝对零度时 pn 结材料的导带底和价带顶的电势差. 因为式中两项的情况相似，所以只须考虑第一项. 因 D_n 与温度 T 有关，设 D_n/τ_n 与 T^γ 成正比，γ 为一常数，则有

$$I_s = Ae\left(\sqrt{\frac{D_n}{\tau_n}}\frac{n_i^2}{N_A} + \sqrt{\frac{D_p}{\tau_p}}\frac{n_i^2}{N_D}\right) \propto T^{3+\frac{\gamma}{2}} \exp\left(-\frac{eU_{g0}}{kT}\right) \tag{13-5}$$

所以有

$$I_s = CT^\beta \exp\left(-\frac{eU_{g0}}{kT}\right) \tag{13-6}$$

其中，C、β 为常数. 由上式可得

$$U = U_{g0} - \frac{k}{e}\ln\left(\frac{C}{I}\right)\cdot T - \frac{k\beta T}{e}\ln T \tag{13-7}$$

上式表示一般 pn 结的电压与电流和温度的函数关系，从中可以看出，当电流 I 一定时，U 仅随 T 的变化而变化，且结温越大，电压越低，于是可以通过测量电压得到结温，这就是电学参数法的理论基础. 定义电压温度系数 K 为

$$K = \frac{dV}{dT} = -\frac{k}{e}\ln\left(\frac{C}{I}\right) - \frac{\beta k}{e} - \frac{\beta k}{e}\ln T \tag{13-8}$$

从上式可知，影响 K 的因素有电流 I 和温度 T，但当 I 很小时 K 的值取决于上式右边第一项，而在一定温度范围内，末项中 T 的影响较小，所以当电流为很小的恒定电流时，电压温度系数 K 近似为常数. 于是上式就可以表示为

$$T=\frac{U-U_0}{K}+T_0 \tag{13-9}$$

其中，U_0，T_0 为初始时的电压和结温，这便是小电流 K 系数法的理论基础.

应当指出，由于实际 LED 样品不可能是一个理想的 pn 结，因此式(13-8)所描写的并不是严格的定量关系.

利用小电流 K 系数法测量 LED 结温要分两步进行：

(1) 标定 K，即给 LED 通一小的测量电流 I_M，在不同的环境温度下，测量对应的电压 U_M，求得系数 K.

(2) 测结温. 在规定的环境温度条件下，给被测 LED 施加小的测量电流 I_M，得到正向电压 U_M，用加热电流 I_H 替代 I_M，待达到热稳定并建立热平衡后，快速用测量电流 I_M 替代 I_H，测得正向电压 U_{Mi}，根据标定的 K，求得此时的结温 T_{Ji}.

K 系数的确定要考虑的因素有很多. 其中，最关键的是选择测量电流 I_M 必须足够大，以便获得一个不被表面漏电流影响的可靠的正向电压读数，但也要足够小，以便不会引起器件产生明显的自热行为，这就给测量电流 I_M 的选择带来难度. 一般测量电流 I_M 的大小取决于被测 LED 的额定电流或功率大小，通常取 0.1～5.0mA. 另外，将电流 I_H 切换至 I_M 的时间应尽量短，避免 LED 出现较大的降温，建议在 50μs 以下；加热电流 I_H 的大小一般为被测 LED 的额定电流.

小电流 K 系数法的局限性在于：测试时必须首先将该 LED 从原来的线路中断开，然后用专门的结温测试电源——脉冲恒流源供电.

7. 脉冲法测量 LED 结温

脉冲法是一种测量结温的新方法，2008 年由美国 NIST 实验室的 Zong Yuqin 先生提出，它与目前最常用的小电流 K 系数法一样同属于电学参数法.

利用脉冲法测量 LED 结温也分两步进行：

(1) 研究电压与结温的关系. 通过给 LED 注入恒定的窄脉冲电流(使得通电时间内产生的热量对结温温升的影响有限)，脉冲电流幅值与额定工作电流相等，同时通过减小占空比使得脉冲电流断开后热量有足够的时间散出去. 确定脉冲源后，分别测量 LED 在不同温度下的正向电压(在热平衡条件下结温等于环境温度)，获得额定电流下正向电压与结温的关系曲线.

(2) 在 LED 正常工作时，通过测量 LED 两端电压，根据已经求出的电压与结温的函数关系得到 LED 的结温.

与小电流 K 系数法相比，脉冲法最大的好处就是无须改变原来系统的连接关系，可直接测量. 由于可以选取 LED 的工作电流为测试电流，所以，一旦结温与电压的关系确定，只需要想办法读取待测 LED 两端的电压数据，而不需要专门的测试电源对 LED 供电，也就不用改变原来系统的连接关系，因而测试过程大大简化.

脉冲法测量 LED 结温的关键在于脉冲源必须保证工作电流下 LED 没有严重的自热行为，这就包括脉冲的宽度和占空比①的选择.

LED 在宽脉宽、大占空比的脉冲电流下结温随时间的变化关系可近似如图 13-7 所示.

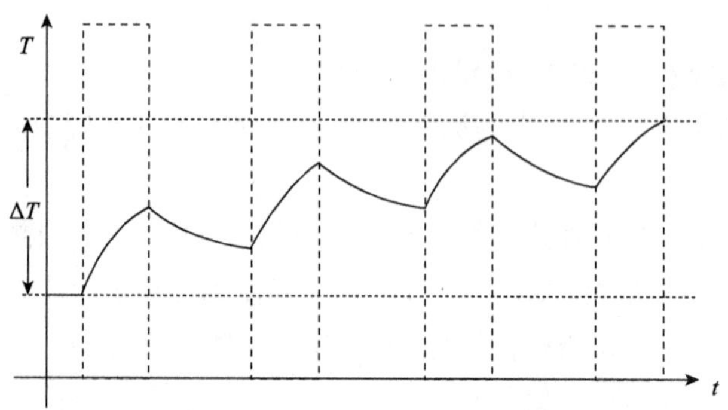

图 13-7 LED 在宽脉宽、大占空比的脉冲电流下结温随时间的变化关系

从图 13-7 可以看出，当脉冲电流脉宽较大、占空比较大时，结温的增量 ΔT 将随着时间累积增加. 如果选择合适的窄脉宽和小占空比的脉冲电流，那么结温随时间的变化情况近似如图 13-8 所示.

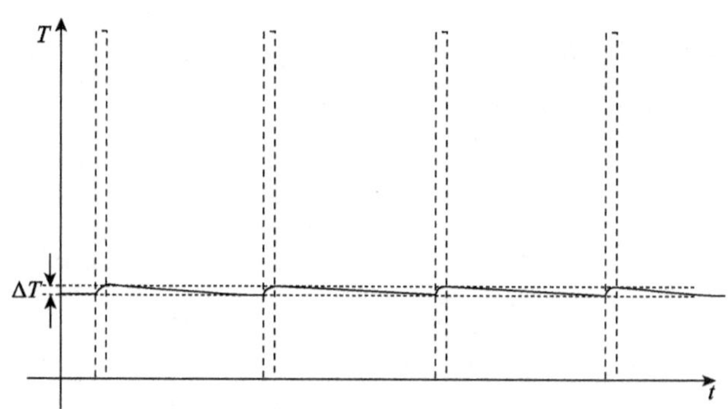

图 13-8 LED 在窄脉宽、小占空比的脉冲电流下结温随时间的变化关系

由图 13-8 可见，脉宽越小时，一个脉宽作用下引起的温升 ΔT 也越小，若第二个同样的窄脉冲到来之前，LED 有足够长的散热时间(即占空比足够小)，那么前一个脉冲引起的温升将得到抵消，当第二个、第三个、…脉冲来临时，将重复第一个脉冲周期内的结温变化情况.

由以上分析可见，脉冲宽度越小，占空比越小，通电电流引起的温升就越小，结温测量越准确. 那么该如何确定脉宽和占空比呢?

设芯片面积为 $(1.2\times1.2)\,mm^2$，厚度为 0.2mm，以 InGaN 为衬底. 由于外延层很薄，

① 占空比(duty ratio)是指在一串理想的脉冲周期序列中(如方波)，正脉冲的持续时间与脉冲总周期的比值. 例如，脉冲宽度 1μs，信号周期 4μs 的脉冲序列占空比为 0.25.

忽略外延层材料与衬底之间的差异，不考虑电极的影响，那么芯片的体积为 $2.88\times10^{-4}\text{cm}^3$. InGaN 的密度约为 6.15g/cm^3，故芯片质量 m 约为 $1.77\times10^{-3}\text{g}$，其比热容 c 约为 0.5J/(g·K). 工作电流为 0.35A，室温时工作电压约 3.24V，其中约 85%的电功率转变为热，那么在不考虑芯片向周围环境散热的情况下，LED 接通电流后，短时间内，LED 芯片的温升 ΔT 与时间 t 的关系可由下式表示：

$$\Delta T=\frac{\eta UI}{c\cdot m}\cdot t=\frac{0.85\times3.24\times0.35}{0.5\times1.77\times10^{-3}}\cdot t\approx1.09\times10^{3}\cdot t\ (℃) \tag{13-10}$$

由上式可知，在一个脉冲宽度为 10μs 的窄脉冲作用下，LED 芯片的温升 ΔT 约为 0.01℃，和室温相比可忽略不计. 以上分析结果为估计值.

确定脉宽后，再来考虑占空比，或者说散热时间的确定. 若散热时间不够，降温小于升温，则温升会随着时间进行积累，对每一个脉宽内某固定点进行电压采样，根据电压和结温的对应关系，若结温随时间累积变化，则采样的电压也会随时间变化，若电压不随时间变化，则说明降温抵消掉了之前的升温，即此时选择的占空比能使 LED 有足够的散热时间.

8. 结温对 LED 发光性能的影响

LED 的光通量或照度受结温的影响较大，随着结温的升高，LED 光通量减小，同一截面上照度也随之减小，结温下降时，LED 的光通量或照度增加. 一般情况下(正常工作时)，这种情况是可逆的和可恢复的，当结温回到原来的值时，光通量或照度也会回到原来的状态. LED 光通量或照度随结温(室温～120℃)的变化关系大致如图 13-9 所示.

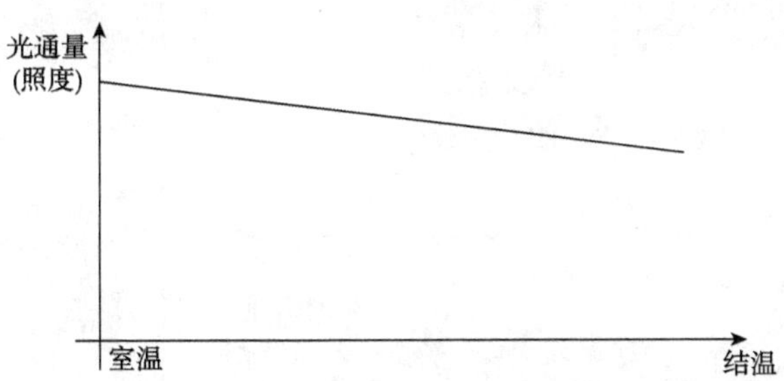

图 13-9　LED 光通量(或照度)与结温的关系曲线

9. LED 热阻

热阻是导热介质两端的温度差与通过热流功率的比值(单位℃/W 或 K/W)，LED 的热阻定义为

$$R_{\theta(\text{J-X})}=\frac{T_{\text{J}}-T_{\text{X}}}{P_{\text{H}}} \tag{13-11}$$

式中，$R_{\theta(\text{J-X})}$为 LED 的 pn 结到指定参考点之间的热阻；T_{J}为测试条件稳定时 LED 的结

温(即上文中的 T，此处为区别于 T_X，特意添加了下标 J，以示结温)；T_X 为指定参考点的温度；P_H 为 LED 的热耗散功率，目前，一般输入的电能中约 85%因无效复合而产生热量，故上式又可近似写为

$$R_{\theta(J\text{-}X)}=\frac{T_J-T_X}{0.85P}=\frac{T_J-T_X}{0.85UI} \tag{13-12}$$

其中，U 和 I 分别为 LED 两端的电压与流过 LED 的正向电流.

由热阻的定义公式可知，当输入功率一定时，热阻越小，结温与参考点的温度差越小，即此段散热通道上的散热能力越强，所以通过减小 LED 散热通道热阻的方法能够降低 LED 的结温，从而有效延长 LED 的寿命、改善发光效率等.

【实验仪器】

实验仪器如图 13-10 所示，主要由激励电源、LED 特性测试仪、热特性温控仪、温控测试台、实验装置(含照度检测探头、LED 光发射器、直线轨道)、LED 样件盒等组成.

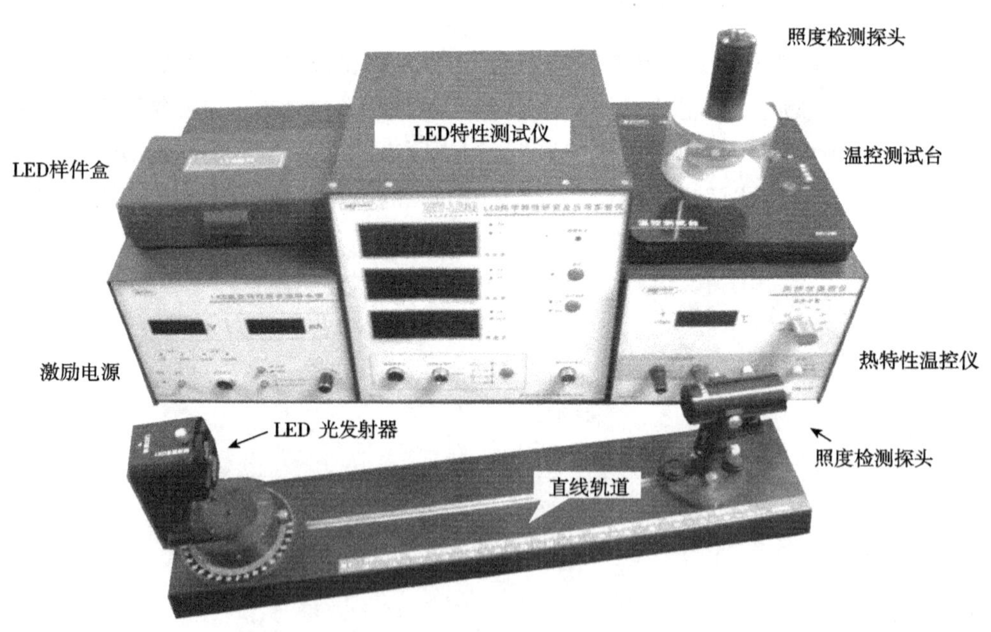

图 13-10　LED 综合特性实验仪示意图

激励电源

激励电源为 LED 提供驱动电源，其有稳压与稳流两种输出模式. 其中稳压模式分为 0～4V 和 0～36V 两挡，稳流模式分为 0～40mA 和 0～350mA 两挡，可通过激励电源面板上的按键进行相应挡位切换并可通过旋转编码开关实现电压电流输出的大小调节，顺

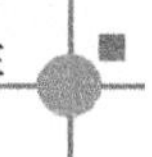

时针旋转增加电压电流输出，逆时针旋转减小电压电流的输出，且编码开关旋转越快，电压电流值改变幅度越大. 由于编码开关调节时存在一定的最小调节间隔，且不同挡位最小间隔不同，所以电流或电压不能进行连续调节. 当测试仪未处于“测试”状态时，若顺时针旋转编码开关，此时激励电源会出现报警，按红色“复位”键可停止报警.

- 稳压 0～4V 挡用于 LED 正向测试.
- 稳压 0～36V 挡用于 LED 反向测试.
- 稳流 0～40mA 挡用于高亮型 LED 的空间分布特性和正向伏安特性测试.
- 稳流 0～350mA 挡用于功率型 LED 的空间分布特性和正向伏安特性测试.

LED 特性测试仪

测试仪显示部分包含电压表、电流表、照度表.

电压表显示范围：−9.99～9.999V，最小分辨力 1mV.

电流表显示范围：正向 0～999.9mA，最小分辨力 0.01mA，反向−19.99～0μA，分辨力 0.01μA.

照度表显示范围：0～19990lx，最小分辨力 1lx.

测试仪处于未测试状态时，三只表均只在最低位上显示一个“0”，以区别于测试状态时的实际测量值.

测试仪具有电压/电流方向切换功能，用于测量 LED 的正向或反向特性.

测试仪在做“正向”实验时具有“直流/脉冲”驱动切换功能，在脉冲模式下(脉宽为固定值 10μs)还可选择三种不同的占空比，分别为 1∶50、1∶100、1∶1000(直流模式下占空比为 1∶1). 长按“直流/脉冲”切换按钮 2s，可进行直流或脉冲之间的相互切换，短按“直流/脉冲”切换按钮可在三种不同脉冲占空比下进行切换.

测试仪开机默认为直流驱动模式，且处于正向未测试状态.

LED 样件盒

装有红、绿、蓝、白色 4 种高亮型 LED 和红、绿、蓝、白色 4 种功率型 LED，各 LED 的正向最大电压、最大电流值见其外壳表面，所有 LED 反向电压均应小于等于 4V.

LED 光发射器

用于方便地安装 LED，并与 LED 结合构成 LED 光发射源. 它可以正反 90° 旋转并由刻度盘指示旋转角度，用于测量 LED 输出光空间分布特性.

照度检测探头

用于检测当前位置 LED 出射光的照度值，并与测试仪的照度表一起构成照度计. 照度检测探头所采用的照度传感器的光谱响应接近人眼视觉的光谱灵敏度特性，峰值灵敏度波长为 560nm. 请勿将该照度检测探头用于本实验之外的场合，特别应注意勿对准强光.

照度，表示被照射主体表面单位面积上所得到的光通量，符号用 E 表示，单位为 lx 或 lux(勒克斯). 当发光强度不变时，照度与光发射距离的平方成反比.

温控测试台

包含加热腔、温度传感器、待测 LED、透明防风罩、照度检测探头.

温控仪

控温范围：室温～120.0℃(控温最小间隔 10℃)，控温精度优于 0.5℃，温度显示分辨力 0.1℃. 控温方式为单向加热，自然散热，无制冷功能. 温度显示屏上短暂显示目标温度和长时间显示测量温度. 当温控仪上的“工作/停止”按钮切换为“工作”时，温度显示屏旁边的“工作指示”灯亮，加热腔将根据目标温度进行控温，当切换为“停止”时，温度显示屏旁边的“工作指示”灯灭，加热腔停止控温，但温控仪会显示测量温度. 每次更换目标温度时，必须先按下温控仪上的“工作/停止”按钮，使其处于“停止”状态，然后重新设置目标温度，设置好目标温度后再按一次“工作/停止”按钮，使其处于“工作”状态. 两次按下“工作/停止”按钮的间隔时间须大于 3s，否则加热腔可能无法正常工作.

备注：

(a)激励电源面板上显示的电压和电流值是激励电源输出端的参量，并非加载到 LED 上的参数，LED 的电压电流值应查看测试仪上电压表和电流表的显示值.

(b)为保证 LED 正常工作，加载到 LED 上的电压电流值勿超过 LED 封装外壳表面给的最大电压或电流值，以免损坏 LED.

(c)测试前须将激励电源输出调至小于 0.3V 后才能开始测试，否则将报警.

(d)当正向测试激励电源输出电压超过 3.9V(±0.1V)或 LED 反向电压超过 4.85V，反向电流超过 7.00μA，正向电流超过 350.0mA 时，测试仪开始预报警，报警红灯闪烁并发出“嘟、嘟、…”的报警声，出现预报警时，可将该电学参量值调至低于预报警值，即可消除预报警.

(e)当正向测试激励电源输出电压超过 4.0V(±0.1V)或 LED 反向电压超过 4.95V、反向电流超过 10.00μA、正向电流超过 360.0mA 时，测试仪将停止测试，电流显示为零，同时测试仪上报警灯熄灭，而激励电源报警红灯常亮，报警声持续常响，按激励电源上的“复位”键可停止报警.

(f)测试过程中，测试仪方向选择功能一旦锁定，就无法通过点击方向按钮进行换向操作.

(g)测试过程中，若驱动信号消失(如测试仪上电源输出线或 LED 驱动输出线脱落)，测试仪会立即停止测试，激励电源报警.

(h)若照度检测探头连接线脱落，照度表显示为“0”，但不会报警，重新连接好后，照度表恢复正常，显示当前实际照度.

(i)若温度传感器连线脱落，温度表显示会迅速溢出，只有最高位显示为“1”.

(j)在温控仪上每次更换目标温度时，必须先按下温控仪上的“工作/停止”按钮，使其处于“停止”状态，然后重新设置目标温度，设置好目标温度后再按一次“工作/停止”按钮，使其处于“工作”状

态. 两次按下“工作/停止”按钮的间隔时间须大于 3 秒钟，否则加热腔可能无法正常工作.

(k) 请勿将该套实验装置用于其他实验，否则由此造成的一切后果由用户自己负责.

【实验内容】

一、LED 基本特性实验

该部分主要研究 LED 的电学、光学特性，包括：LED 的伏安特性、电光转换特性，以及输出光空间分布特性. 用到的实验装置包括：激励电源、测试仪、LED 组件盒、LED 光发射器、直线轨道和照度检测探头.

实验前准备：打开激励电源和测试仪预热 10min.

1. 测量伏安特性与电光转换特性

将 LED 样品紧固在 LED 发射器上，发射器方向指示线对齐 0°. 将照度检测探头移至距 LED 灯 10cm 处，调节探头的高度和角度，使其正对 LED 发射器.

测量 LED 样品的反向特性：

(1) 点击测试仪上的方向按钮，点亮“反向”指示灯.

(2) 激励电源输出模式选为“稳压”，电源输出选择 0～36V 挡，“稳压，36V 挡”状态指示灯亮. 点击测试仪上的“测试”按钮，点亮测试状态指示灯.

(3) 将激励电源上“输出调节”旋钮顺时针旋转，记录−1～−4V(间隔 1V 左右)各电压下的反向电流值于表 13-1 或表 13-2(电压值以距设定值最近的实际电压值为准).

(4) 数据记录完毕后，点击“复位”按钮，电流归零，反向特性实验结束.

测量 LED 样品的正向特性：

(1) 点击测试仪上的方向按钮，点亮“正向”指示灯.

(2) 激励电源输出模式选为“稳压”，电源输出选择 0～4V 挡，“稳压，4V 挡”状态指示灯亮.

(3) 顺时针旋转“输出调节”旋钮，调节电压至正向前三组设定值附近(表 13-1 或表 13-2，包括 0V)，记录对应的电流和照度值.(注：由于材料特性，同类型的红色 LED 与其他颜色 LED 的电学参数差异较大，绿、蓝、白色 LED 的电学参数相近，故表格中红色 LED 的正向电压设定值与其他颜色 LED 不同.)

(4) 点击“复位”按钮，电流归零. 若样品为高亮型 LED，将激励电源输出模式切换为“稳流，40mA 挡”，若为功率型 LED，选择“稳流，350mA 挡”. 顺时针旋转“输出调节”旋钮，按表 13-1 或表 13-2 设计的电流值改变电流(接近即可)，记录电压、照度值于表 13-1 或表 13-2 中.

(5) 数据记录完毕后，点击“复位”按钮，电流归零. 点击“测试”按钮，测试状态指示灯灭，否则更换样品时可能出现短暂报警.

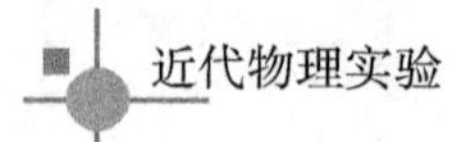

(6)更换样品，重复以上正反向特性测试步骤.

注意：

严禁在反向测试时使用电流源即稳流模式作为 LED 的驱动电源！

严禁在正向电流较大时(高亮型>2mA，功率型>20mA)使用稳压源作为 LED 的驱动电源！

表 13-1 高亮型 LED 伏安特性与电光转换特性的测量

红色高亮	电压/V	−4	−3	−2	−1	0	0.5	1.0										
	电流/mA								0.1	0.2	0.5	1	2	4	8	12	16	20
	照度/lx																	
绿色高亮	电压/V	−4	−3	−2	−1	0	1.0	2.0										
	电流/mA								0.1	0.2	0.5	1	2	4	8	12	16	20
	照度/lx																	
蓝色高亮	电压/V	−4	−3	−2	−1	0	1.0	2.0										
	电流/mA								0.1	0.2	0.5	1	2	4	8	12	16	20
	照度/lx																	
白色高亮	电压/V	−4	−3	−2	−1	0	1.0	2.0										
	电流/mA								0.1	0.2	0.5	1	2	4	8	12	16	20
	照度/lx																	

表 13-2 功率型 LED 伏安特性与电光转换特性的测量

红色功率	电压/V	−4	−3	−2	−1	0	0.5	1.0										
	电流/mA								1	2	5	10	20	40	80	120	160	200
	照度/lx																	
绿色功率	电压/V	−4	−3	−2	−1	0	1.0	2.0										
	电流/mA								1	2	5	10	20	40	80	120	160	200
	照度/lx																	
蓝色功率	电压/V	−4	−3	−2	−1	0	1.0	2.0										
	电流/mA								1	2	5	10	20	40	80	120	160	200
	照度/lx																	

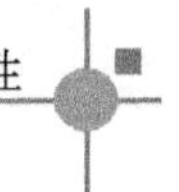

续表

白色功率	电压/V	−4	−3	−2	−1	0	1.0	2.0										
	电流/mA								1	2	5	10	20	40	80	120	160	200
	照度/lx	/	/	/	/													

注：表 13-1、表 13-2 中电流单位为 mA，在记录反向电流值时注意单位换算；表 13-2 中功率型 LED 在电流较大时，由于热效应，随着通电时间增加，其电压会逐渐降低，电流越大，热效应越明显，实验时，为减小热效应对伏安特性测量的影响，应尽量缩短做大电流驱动实验的时间.

根据表 13-1、表 13-2，画出 4 只高亮型 LED、4 只功率型 LED 的伏安特性及电光转换特性曲线，并与图 13-3、图 13-5 比较，分析异同原因. 普通硅二极管的死区电压 $U_{th}\approx0.7V$，锗二极管的死区电压 $U_{th}\approx0.2V$，试比较 LED 样品与普通二极管的异同.

2. LED 输出光空间分布特性测试

仪器操作方法与上面实验中“测量 LED 样品正向特性”相同，照度检测探头保持不动.

(1) 将 LED 样品紧固在 LED 发射器上，在“稳流”模式下调节驱动电流至设定电流(高亮型 LED，驱动电流保持在 18mA 左右；功率型 LED，驱动电流保持在 200mA 左右).

(2) 松开 LED 光发射器底部的锁紧螺钉，缓慢旋转发射器，观察照度的变化，以照度最大处对应的角度为基准 0°，并记录基准 0°与刻线 0°的差值——零差(规定俯视时以零刻度线为准，顺时针方向为负，逆时针方向为正)，以后的角度读数减去零差，才是实际转动角度.

(3) 对高亮型 LED，每隔 2°测量一次照度的变化，实验数据记入表 13-3；对功率型 LED，每隔 10°测量一次照度的变化，实验数据记入表 13-4.

(4) 数据记录完毕后，点击“复位”按钮，电流归零. 点击“测试”按钮，测试状态指示灯灭，否则更换样品时可能出现短暂报警.

(5) 更换样品，重复以上测试步骤.

表 13-3 高亮型 LED 输出光空间分布特性测量

实际转动角度/(°)		−14	−12	−10	−8	−6	−4	−2	0	2	4	6	8	10	12	14
照度/lx	红色高亮															
	绿色高亮															
	蓝色高亮															
	白色高亮															

表 13-4 功率型 LED 输出光空间分布特性测量

实际转动角度/(°)		−70	−60	−50	−40	−30	−20	−10	0	10	20	30	40	50	60	70
照度/lx	红色功率															
	绿色功率															
	蓝色功率															
	白色功率															

根据表 13-3 和表 13-4 分别画出 4 只高亮型 LED、4 只功率型 LED 的输出光空间分布特性曲线.

二、LED 热学特性研究及应用

该部分主要研究如何测量 LED 的结温和热阻，以及结温对 LED 电学、光学特性的影响. 用到的实验装置包括：激励电源、测试仪、温控仪、温控测试台等.

实验说明：

(1) 由于温控箱控温时间较长，为了节省实验时间，建议在同一个温度下把所有该温度下的实验做完，再做下一个温度下的实验.

(2) 设计实验表格是为了说明变量对实验的影响，方便最后的数据统计与分析.

以上两个因素由于无法同时兼顾(比如：在研究结温对伏安特性的影响时，进行了一系列的升温控制，而在测量稳态热阻时，又需要将 LED 置于室温下，于是又得降温，而加热腔散热时间很长，导致实验的大部分时间浪费在控温上面)，所以以下实验的数据表格并未按照实验步骤的顺序进行设计，但在步骤中会说明将实验数据填入某表格相应位置. 在不影响实验结果(一般为重复性较好的实验，该实验即是如此)的情况下，尽量在一个温度下完成所有该温度下的实验，然后再做下一个温度下的实验，这样将节省大量的实验时间，提高实验效率，避免重复控温.

实验操作过程说明：

(1) 将待测 LED 置于加热腔内，保证温度探头和 LED 金属热沉表面良好接触. 盖好加热腔的盖子，在盖子上方安放好照度检测探头.

(2) 正确连接线路. 打开激励电源、测试仪的电源开关进行预热，确认温控仪的“工作/停止”切换按钮处于“停止”状态，然后打开温控仪的电源开关.

(3) 待 LED 表面温度稳定(注：室温下，此时温控仪未控温)，将激励电源调为“稳流、350mA”状态.

(4) 测试仪上“方向选择”为“正向”. 长按测试仪上“直流/脉冲”切换按钮，将脉

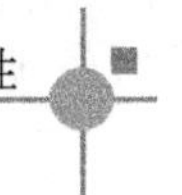

冲电流源调为占空比 1：1000 状态. 按下“测试”按钮，旁边的指示灯亮，此时测试仪处于测试状态.

(5) 迅速顺时针旋转激励电源上的“输出调节”旋钮，调节电流使测试仪上电流表显示为额定电流 300.0mA(或附近)，此时立即按下秒表开始计时，并每隔 0.5min 记录一次电压值和 LED 表面温度于表 13-5 中相应位置. 共记录 5min.

(6) 记录 5min 后(记得最后将秒表清零，下同)，逆时针旋转“输出调节”旋钮，测量脉冲电流幅值为 5～300mA(实际值与设定值接近即可)时，各电流下的电压值，将室温(即 LED 表面温度)和测得的电压值记录于表 13-6 中第一列.

(7) 迅速顺时针旋转激励电源上的“输出调节”旋钮，调节电流使测试仪上电流表显示为 300.0mA(或附近).

(8) 短按一次“直流/脉冲”切换按钮，将占空比改为 1：100，此时立即按下秒表开始计时，并每隔 0.5min 记录一次电压值和 LED 表面温度于表 13-5 中相应位置. 共记录 5min，此时测得的表面温度略有上升. 然后点击“复位”按钮，电流归零，使 LED 自然降温. 将占空比调为 1：1000 状态.

(9) 待 LED 表面温度稳定，重复步骤(7). 快速短按两次“直流/脉冲”切换按钮，将占空比改为 1：50，此时立即按下秒表开始计时，并每隔 0.5min 记录一次电压值和 LED 表面温度于表 13-5 中相应位置. 共记录 5min. 然后点击“复位”按钮，电流归零，使 LED 自然降温. 将占空比调为 1：1000 状态.

(10) 仍然在室温下(不控温)，重复步骤(7). 长按测试仪上“直流/脉冲”切换按钮，将电流源调为直流模式(即占空比 1：1 状态)，在电流模式变为直流的同时按下秒表，在 0～1min 内，每隔 10s 迅速记录一次电压和照度值(电压和照度变化很快，须快速记录)，之后的间隔时间见表 13-7(表 13-7 结温待最后对数据进行分析得出结温与电压的关系后再通过电压进行换算得到)，共记录 10min(一般来讲 LED 在 10min 后已基本稳定).

(11) 记录最后稳定时(即电压不再变化)的电压和表面温度(即参考点温度)于表 13-8 中，用于求 LED 的稳态热阻(表 13-8 中结温由电压换算得到). 实验完成后长按“直流/脉冲”切换按钮，将脉冲电流源调为占空比 1：1000 状态.

(12) 调节温控箱中的温度，以室温为最小值，以 10℃左右的温度间隔递增(若时间较为紧凑可间隔 20℃，不过这样得到的电压结温关系的准确性稍差). 待温度恒定，在每个恒定温度下测量脉冲电流幅值为 5～300mA 范围 LED 的正向伏安特性，将温度(即结温)和测得的电压记录于表 13-6 中相应位置.

(13) 实验完后，点击“复位”按钮，电流归零，取下照度检测探头，关闭各仪器开关电源，整理好连接导线.

1. 筛选合适的脉冲电流源

本内容旨在说明当脉冲源脉宽为固定窄脉宽，且单个脉宽内引起的 LED 的温升可忽略不计的情况下，占空比对结温测量准确性的影响，通过本实验可以确定满足结温准确测量条件的脉冲源.

表 13-5　不同占空比下，LED 电压 U、表面温度 T_B 与时间 t 的关系

室温：_____℃；电流幅值：_____mA；脉宽：10μs

占空比	1∶1000		1∶100		1∶50	
时间 t/min	电压 U/mV	表面温度 T_B/℃	电压 U/mV	表面温度 T_B/℃	电压 U/mV	表面温度 T_B/℃
0						
0.5						
1.0						
1.5						
2.0						
2.5						
3.0						
3.5						
4.0						
4.5						
5.0						
5min 内各参数改变量						

对比 5min 内各占空比下电压的改变量，根据电压与结温的对应关系，总结当脉宽固定时占空比是如何影响 LED 结温的，表面温度的改变能否从侧面对其进行印证.

2. 测量各结温下 LED 的正向伏安特性曲线

本内容采用脉冲法测量 LED 的正向伏安特性，脉冲源采用上面内容中筛选出来的、通电引起的温升很小的脉冲源，由于通电引起的温升很小甚至可忽略，所以其得到的伏安特性曲线是严格的一定温度下的伏安特性曲线，故可以研究不同结温对 LED 电学性能的影响.

根据表 13-6 以电压为横轴、电流为纵轴、结温为参变量，绘出不同结温下 LED 的正向伏安特性曲线族. 观察 LED 正向伏安特性曲线随结温变化的规律，总结结温对 LED 正向伏安特性的影响.

表 13-6　各结温下 LED 的伏安特性

电流/mA	各结温下 LED 两端的电压/mV										
	℃	℃	℃	℃	℃	℃	℃	℃	℃	℃	℃
5											
10											
30											
60											
100											
150											
200											
250											
300											

3. 研究各电流下 LED 的电压与结温关系曲线

根据表 13-6 的数据，以电压为纵轴、结温为横轴、电流为参变量，绘出不同电流下 LED 的电压与结温的关系曲线族. 观察各电流下 LED 的电压与结温是否呈线性关系. 小电流(5mA)与大电流(300mA)时，电压与结温的线性度有何差异，若有差异，理论上如何解释(提示：见原理部分式(13-7)和式(13-8)).

4. 额定电流时结温与电压的关系

对上面内容中额定电流下的电压与结温数据进行线性拟合，根据线性拟合函数计算出最大结温测量偏差，若该偏差较大(如大于 5℃)，说明在额定电流下若要更加准确地测量结温与电压的关系应该采用非线性拟合方式，为简便起见，可采用更高一次的二次多项式拟合.

备注：

为简化计算过程，我们建议用户可以使用 Origin 软件或更加常用的 excel 对数据进行拟合，软件将自动给出拟合参数及相关系数，用户可以通过相关系数判断拟合结果是否合理. 关于 Origin 软件和 excel 的使用请参见有关资料，这里不再详述.

若使用软件得到拟合参数，往往参数会保留小数点后多位，若保留位数过多，不但对测量的精度影响不大，而且会造成计算量的增加，造成资源浪费，这是在应用中尤其是硬件条件有限的情况下需要考虑的问题；若保留位数过少，计算结果的偏差可能很大. 如何保留较少的小数位数而又不会造成较大的误差，下面将对这种误差进行分析，用户可以根据自己要求的测量精度来确定需要保留的小数位数.

设二次多项式为 $y = A + B\cdot x + C\cdot x^2$，则 A、B、C 的取值误差 ΔA、ΔB、ΔC(对应于所取数值的小数点最后一位)对结果 y(精确的拟合值)造成的误差：

$$\Delta y = \sqrt{\left(\frac{\partial y}{\partial A}\cdot\Delta A\right)^2 + \left(\frac{\partial y}{\partial B}\cdot\Delta B\right)^2 + \left(\frac{\partial y}{\partial C}\cdot\Delta C\right)^2} = \sqrt{(\Delta A)^2 + (x\cdot\Delta B)^2 + (x^2\cdot\Delta C)^2}$$

若要使 y 的误差 $\Delta y<0.2$，则要求

$$\sqrt{(\Delta A)^2 + (x\cdot\Delta B)^2 + (x^2\cdot\Delta C)^2} < 0.2$$

满足上式的一个解为

$$\Delta A \leqslant 0.1,\quad x\cdot\Delta B \leqslant 0.1,\quad x^2\cdot\Delta C \leqslant 0.1$$

于是可以通过 x 的数量级来确定各参量需要保留的小数位数. 例如，x 取值为 10^3 数量级，则 $\Delta B < 10^{-5}$，$\Delta C < 10^{-8}$，即当 A 的取值精确到小数点后一位，B 的取值精确到小数点后五位，C 的取值精确到小数点后八位时，算得的 y 与精确拟合 y 值的误差小于 0.2. 考虑到拟合的 y 值与实际测量 y 值的误差，综合误差会大于 0.2，但若拟合结果较为理想，则不会偏差太多.

得到更为准确的二次拟合函数后，利用 $T(U)$ 方程得到结温计算值，与结温测量值比较计算误差，得到最大误差值，即在实验温度范围内结温测量的精度.

5. 研究结温对 LED 发光性能的影响

本内容采用上面内容中确定的更加准确的结温与电压关系，通过测量电压计算结温，来研究结温对照度的影响，数据记录于表 13-7 中.

表 13-7　结温对照度的影响

时间/s	电压/mV	结温/℃	照度/(×10 lx)
10			
20			
30			
40			
50			
60			
80			
100			
150			
300			
600			

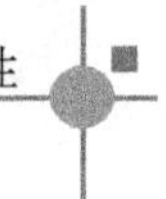

根据表 13-7 中的数据，绘出照度与结温的关系曲线，与图 13-9 作比较. 思考结温是如何影响 LED 的发光性能的.

6. 测量 LED 的稳态热阻

本内容旨在指导学生测量 LED 的另一重要的热性能参数——热阻，数据记录于表 13-8 中. 通过本实验内容及后面的思考，理解热阻对 LED 散热的重要性，以及对结温，甚至 LED 寿命的重要影响.

表 13-8　计算平衡时 LED 的 pn 结到指定参考点之间的热阻

电流 I/mA	电压 U/mV	结温 T_J/℃	参考点温度 T_X/℃	热阻 $R_{\theta(J-X)}$/(℃/W)
300				

【注意事项】

(1) 为保证使用安全，三芯电源线须可靠接地.

(2) 严禁在反向测试时使用电流源作为 LED 的驱动电源.

(3) 严禁在正向电流较大时(高亮型>2mA，功率型>20mA)使用稳压源作为 LED 的驱动电源.

(4) 仔细阅读标明“注”的地方.

(5) 实验之前，请确认短时间内周围环境温度不会出现较大波动.

【思考题】

(1) 热阻与电阻有何相似之处?

(2) 电阻对电流起阻碍作用，那么热阻对热流的作用呢?

(3) 热阻的大小怎样影响 LED 的散热性能?

【附录】

一、LED 芯片制造设备及其工艺介绍

LED 是技术引导型产业，特别是技术与资本密集型的芯片制造业，需要高端的工艺设备提供支撑. 但与半导体投资热潮下的“瓶颈”类似，设备研发与产业膨胀仍然存在着速度匹配的问题，尤其是在高端设备领域，大部分设备仍然需要依赖进口. 进口设备的价格昂贵，采购周期过长，所以中国的 LED 芯片制造行业急需本土设备的成长和崛起.

1. 上游外延片生长设备国产化现状

LED 产业链通常定义为上游外延片生长、中游芯片制造和下游芯片封装测试及应用

三个环节(表 13-9). 从上游到下游行业，进入门槛逐步降低，其中 LED 产业链上游外延生长技术含量最高，资本投入密度最大，是国际竞争最激烈、经营风险最大的领域. 在 LED 产业链中，外延生长与芯片制造约占行业利润的 70%，LED 封装占 10%～20%，而 LED 应用也占 10%～20%.

表 13-9　LED 产业链概况及关键设备介绍

	产业链	产品	关键设备
上游	原材料-单晶棒-单晶片-PSS-外延片	单晶片、图形化衬底 PSS、外延片	MOCVD、ICP 刻蚀机、光刻机、PECVD
中游	金属蒸镀-光刻-电极制作(热处理、刻蚀)芯片切割-测试分选	LED 芯片	CP 刻蚀机，光刻机，蒸发台，溅射台，激光划片机
下游	固晶(芯片粘贴)-打线(焊接)-树脂封装剪角-应用产品	灯泡、显示屏、背光源等	固晶机、焊线机等

产业链各环节使用的生产设备从技术到投资同样遵循上述原则，在我国上游外延片生长和中游芯片制造的 60 余家企业中，核心设备基本上为国外进口，技术发展受制于人，且技术水平尚无法与国际主流厂商相比. 这就意味着我国高端 LED 外延片、芯片的供应能力远不能满足需要，须大量进口，这大大制约了国内 LED 产业的发展和盈利能力.

上游外延生长，由于外延膜层决定了最终 LED 光源的性能与质量，是 LED 生产流程的核心，用于外延片生长的 MOCVD 也因其技术难度高、工艺复杂成为近年来最受瞩目，全球市场垄断最严重的设备. 所以，该设备的国产化受到了国内产业界的热捧，一些企业和研究机构也启动了 MOCVD 的研发，但何时能实现产业应用还是个未知数.

此外，伴随 LED 外延技术的不断创新，特别是蓝宝石衬底(PPS)加工技术的广泛应用，蓝宝石衬底刻蚀设备也逐渐成为 LED 外延片制造技术核心关键工艺设备之一，其工艺水平直接影响到成膜性能，越来越受到产业界的关注. 作为国内半导体装备业的新星，北方微电子借助多年从事半导体、太阳能高端设备制造的技术优势，为 LED 生产领域的刻蚀应用专门开发了 ELEDETM330ICP 刻蚀设备，并已成功实现了 PSS 衬底刻蚀在大生产线上的应用，这可以称得上是 LED 生产设备国产化领域的突破，势必对 LED 设备国产化起到推动和带头作用.

2. 中游芯片制造主要设备现状

中游芯片制造用于根据 LED 的性能需求进行器件结构和工艺设计. 主要设备主要包括刻蚀机、光刻机、蒸发台、溅射台、激光划片机等.

1)刻蚀工艺及设备

刻蚀工艺在中游芯片制造领域有着广泛的应用(表 13-9)，而随着图形化衬底工艺被越来越多的 LED 企业认可，对图形化衬底的刻蚀需求也使 ICP 刻蚀机在整个 LED 产业

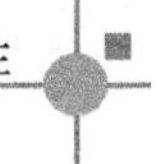

链中的比重大幅度提升. 更大产能、更高性能的 ICP 刻蚀机成为 LED 主流企业的需求目标，在产能方面要求刻蚀机的单批处理能力达到每盘 20 片以上，机台具有更高的利用率和全自动 Cassette to Cassette 的生产流程；由于单批处理数量增大，片间和批次间的均匀性控制更加严格；此外，更长的维护周期和便捷的人机交互操作界面也是面向大生产线设备必备的条件. 而北方微电子所开发的 ELEDETM330 刻蚀机，集成了多项先进技术，用半导体刻蚀工艺更为精准的设计要求来实现 LED 领域更高性能的刻蚀工艺，完全满足大生产线对干法刻蚀工艺的上述要求.

2) 光刻工艺及设备

光刻工艺是指在晶片上涂布光阻溶液，经曝光后在晶片上形成一定图案的工艺. LED 芯片生产中通过光刻来实现在 PSS 工艺中形成刻蚀所需特定图案掩模及在芯片制造中制备电极. LED 光刻工艺主要采用投影式光刻、接触式光刻和纳米压印三种技术. 接触式光刻由于价格低，是目前应用的主流，但随着 PSS 衬底普及，图形尺寸精细化，投影式光刻逐渐成为主流. 纳米压印不需光阻，工艺简单，综合成本较低，但由于重复性较差，还处于研发阶段.

国内 LED 生产用接触式光刻机主要依赖进口，投影式光刻机多为二手半导体光刻机翻新. 而鉴于国内光刻设备生产企业的技术基础和在翻新业务中取得的经验积累，相信假以时日开发出国产的 LED 光刻设备的前景一片光明. 纳米压印是通过模版热压的技术来制备纳米级图形，在美国、中国台湾等均有较深入的研究，工业化应用还不成熟，但仍存在较大的应用潜力.

3) 蒸镀工艺及设备

蒸镀工艺是指在晶片表面镀上一层或多层 ITO 透明电极和 Cr、Ni、Pt、Au 等金属，一般将晶片置于高温真空下，将熔化的金属蒸镀在晶片上. LED 芯片生产中采用蒸镀工艺在晶片上焊接电极并通过蒸镀金属加大晶片的电流导电面积. 蒸镀台按能量来源主要分为热蒸镀台和电子束蒸镀台，鉴于作为电极的金属熔点高，金属附着力要求较高，LED 行业普遍使用电子束蒸镀机(ebeam evaporator). 目前国内 LED 生产用蒸镀台仍以进口为主. 国内虽然已掌握蒸镀台原理，并能自行制造实验室用蒸镀台，但由于自动化程度、工艺重复性、均匀性等问题，没有进入大生产线使用. 鉴于 LED 电极沉积用蒸镀台相比半导体 PVD 设备难度较低这一情况，国内具有半导体 PVD 设备开发经验的设备商，将有能力实现 LED 蒸镀台国产化.

4) PECVD 工艺及设备

PECVD(等离子增强化学气相沉积)工艺是在完成外延工艺后，在晶片表面镀上一层 SiO_2 或 SiN_x，作为电极刻蚀需要的硬掩模，以增大掩模与 GaN 外延层的刻蚀选择比，获得更好的刻蚀剖面形貌.

目前LED主流使用PECVD一般为采用13.56MHz的平板式PECVD,在250～300℃下进行成膜，一次成膜可达40多片(2寸[①]衬底)，国内LED生产用PECVD目前仍以进口为主. LED采用PECVD与传统PECVD有相同的技术难点,关键技术仍在于温度控制、等离子体技术、真空系统、软件系统等. 国内已经成功开发晶硅太阳能电池用平板PECVD设备，该设备与LED用PECVD设备有很大的相通性，经过局部硬件改进设计，比较容易实现LED用PECVD国产化.

3. 下游封装制造主要设备现状

产业链下游为封装测试以及应用，是指将外引线连接到中游生产的 LED 芯片电极上，形成LED器件，再将这些器件应用于制造LED大型显示屏、LED背光源等最终产品的过程. 在这一环节中使用的生产设备相对简单，并具备一定电子行业通用性，如固晶机、焊线机等.

此外，在各个产业链中，还要使用到多种膜层性能、参数的检测设备，如X射线衍射、光致发光光谱仪、霍尔效应检测仪、椭偏仪、透射电镜、扫描电镜、电阻测试仪等，但这些检测设备大多数为电子行业通用设备，国内外生产应用已非常成熟.

LED产业的蓬勃发展为LED装备带来了广阔的发展空间，为我国LED装备的跨越式发展提供了前所未有的历史机遇，随着高亮度LED芯片市场需求的不断攀升，作为其技术支撑的设备行业将会获得越来越多的发展空间. 鉴于国内LED设备企业已经取得的成绩和具备的技术基础，我们有理由相信，国产设备供应商通过不断提升自身的技术实力和服务意识，一定能够早日实现与国外设备厂商的同台竞技，并利用自身的价格、地域及服务优势，在LED及更广阔的微电子设备行业，牢牢地站稳脚跟.

二、人 物 简 介

3名日本出生的科学家因发现新型节能光源LED而获得2014年度诺贝尔物理学奖，他们将平分800万瑞典克朗(约合111万美元)的奖金.

诺贝尔物理学奖评审委员会在瑞典首都斯德哥尔摩宣布这一消息时认定，3 名获奖者发明了一种蓝色LED，帮助人们以更节能的方式获得白色光源，依据这一原理问世的LED灯“将点亮整个21世纪”.

3名获奖者分别为85岁的日本明城大学教授赤崎勇,54岁的名古屋大学教授天野浩和60岁的加利福尼亚大学圣巴巴拉分校教授中村修二. 其中,中村修二为日裔美籍人士.

诺贝尔物理学奖评选委员会的声明说，这3名科学家于20世纪90年代早期通过半导体导出蓝色光束，为照明领域的发展带来了根本性转变.

①1寸=1/30米.

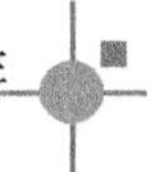

LED 光源与传统光源相比具有节能、耐久等优势. 红光 LED 和绿光 LED 早已发明，但长期以来制造蓝光 LED 成为一个难题，缺少了三原色中的蓝色，就无法获得可用于照明且让消费者感受舒适的白色 LED 光源.

“他们的发明具有革命性”声明说，“白炽灯点亮了 20 世纪，21 世纪将由 LED 灯点亮.”

按照评选委员会的说法，这项只有“20 岁”的“年轻”发明之所以获奖，是因为这种用全新方式创造的白色光源已经“让我们所有人受益”.

根据研究数据，多数高级 LED 灯的能耗可以低至普通灯泡的不到 1/20，但耐久度分别是荧光灯和白炽灯的 10 倍和 100 倍，且照明效果更加稳定.

因为全球发电总量的大约 1/4 用于照明，LED 灯的面世对节省全球资源贡献不小. 如今，不少国家正推动向 LED 照明领域转变，以节省更多照明所需的电力乃至资源.

评选委员会还认为，LED 灯对电力的要求非常低，依靠当地低成本的太阳能便可使用. 这种新型光源的问世为全球 15 亿未能受益于电网的人口带来了更高生活品质.

马里兰大学联合量子研究所物理学家菲利普·舍韦说，LED 照明研究获奖，说明物理学研究可以带来实实在在的益处，而不仅仅是探索宇宙的奥秘.

赤崎勇

赤崎勇　1929 年 1 月 30 日出生于鹿儿岛县，1952 年毕业于京都大学理学部. 1964 年在名古屋大学获得博士学位，1981 年起任名古屋大学教授，1992 年起任日本名城大学教授. 赤崎勇在氮化镓研究中，首次实现了氮化镓的 pn 结，为利用氮化镓材料制造蓝色 LED 奠定了基础. 2009 年 11 月 10 日，赤崎勇获得 2009 年度京都奖尖端技术领域的奖项.

赤崎勇在获奖后举行的记者会上首先感谢他的研究团队，称“我无法一个人完成这项成果”. 提及成功的秘诀时，赤崎勇强调了研究团队的执着精神. 他坦言，不少人之前对他说，他的研究在 20 世纪结束时也不会取得成果，“但我绝没有这么认为……我只是一直在做我希望做的事”.

天野浩

天野浩　1960 年 9 月 11 日出生于日本滨松，1989 年于日本名古屋大学获得工学博士学位，日本电子工学家，专长半导体器件制造，现为名城大学、日本名古屋大学教授. 曾获电气学会论文发表奖、光电子会议特别奖、美国 IEEE/LEOS 工程管理奖、应用物理学会奖、英国等级奖、武田奖、SSDM Award、日本结晶成长学会论文奖.

天野教授获得喜讯时，正在从法国出差结束后返回日本途中，在德国机场中转时，他收到了自己获奖的电子邮件. 天野教授说：“各种邮件有 300 多件，其中一件是诺贝尔评奖委员会发来的，差一点没有看到.”

中村修二

中村修二 蓝光 LED 发明人，1954 年 5 月 22 日出生于日本爱媛县. 1994 年在日本德岛大学获得电气工程博士学位. 1979 年加入日亚化学公司. 1989 年，中村教授开始研究基于三族氮材料的蓝光 LED. 由于在蓝光 LED 方面的杰出成就，中村教授获得了一系列荣誉，包括仁科纪念奖(1996)，IEEE Jack A. 莫顿奖，英国顶级科学奖(1998)；富兰克林奖章(2002)，2003 年中村教授入选美国国家工程院(NAE)院士. 2006 年获得千禧技术奖. 2000 年，中村教授加入加州大学圣芭芭拉分校. 他获得 100 多项专利，并发表了 200 多篇论文. 身在美国的中村修二当地时间凌晨接到获奖电话，惊喜之余连道“难以置信”. 他随后发表声明，称对获奖感到荣幸，“看到我们的 LED 照明梦想成真非常令人满意……希望节能的 LED 灯有助于减少能源消耗，降低全球范围的照明成本”.

LED 照明早已成为日常生活的一部分，2014 年诺贝尔物理学奖就表彰了为人类带来了新“光明”的蓝色 LED 的发明. 正是因为集齐红、绿、蓝三原色的光，才能让 LED 照明这种惠及全人类的节能光源“照亮 21 世纪”.

LED 灯高效节能且寿命长久，能持续照亮约 10 万小时，而白炽灯和荧光灯的寿命仅为 1000 小时和 1 万小时. 这种灯自诞生以来也一直在不断提高发光效率，最新纪录达到了每瓦功率产生 300lm 的亮度，相当于白炽灯的 15 倍.

实验十四　光电传感器件的光谱特性

光电器件分为发光器件和光探测器(光传感)两大类，是基于光伏效应、光电导效应、光电子发射效应、热释电效应、气体热膨胀和温差电效应而产生的. 发光器件是把电信号变成光信号的器件，在光纤通信中占有重要的地位. 性能好、寿命长、使用方便的光源是保证光纤通信可靠工作的关键. 光纤通信对光源的基本要求有如下几个方面：第一，光源发光的峰值波长应在光纤的低损耗窗口之内，要求材料色散较小；第二，光源输出功率必须足够大，入射功率一般应在 10μW 到数毫瓦之间；第三，光源具有高度可靠性，工作寿命至少在 10 万小时才能满足光纤通信工程的需要；第四，光源的输出光谱不能太宽以利于传高速脉冲；第五，光源应便于调制，调制速率应能适应系统的要求；第六，电-光转换效率不应太低，否则会导致器件严重发热和缩短寿命；第七，光源应省电，光源的体积、重量不应太大. 光传感器件则是将光信号转换为电信号的光电子器件，作为光通信系统用的光探测器需要满足以下要求：第一，其响应波长范围要与光纤通信的低衰耗窗口匹配；第二，具有很高的量子效率和响应度；第三，具有很高的响应速度；第四，具有高度的可靠性. 光探测器件作为光传感在各种电子设备中被广泛应用，并向集成化、功能化、智能化发展. 特别是随着计算机的发展，它已成为计算机检测和控制系统获取信息的重要功能部件. 光谱特性是光探测器件的一项很重要的参数.

【实验原理】

光传感器件一般指紫外和红外波的传感器. 作为光电器件的光传感器，可按其主要性质分为光电效应和热电效应两大类. 光电效应类器件常作为量子探测器，它测量光量子数的吸收速率，并仅对波长短于极限波长的光子有响应，即入射光子能量必须大于某一极小值时才能被探测到，这是一种选择性探测器. 当被不同波长的光照射时，具有不同的灵敏度，灵敏度随光照波长而变化的特性，称为光谱特性. 灵敏度最大的光照波长称为峰值波长. 这类器件主要有光电管、光电倍增管、光导管、光电池. 热电效应类器件常作为热探测器，它测量的是能量的吸收率，仅与入射的功率有关，而与入射的光谱成分无关，它是一种无选择的探测器，因此也可认为其光谱特性是一个常数. 这类器件主要是热电偶、热电堆.

1. 光敏电阻

光敏电阻是用光电导体制成的光电器件，又称光导管. 它是基于半导体光电效应工作的. 光敏电阻没有极性，纯粹是一个电阻器件，使用时可加直流电压，也可以加交流电压. 当无光照时，光敏电阻值(暗电阻)很大，电路中电流很小. 当光敏电阻受到一定波长范围的光照时，它的阻值(亮电阻)急剧减少，因此电路中电流迅速增加. 光电管的结构类似于我们常见的白炽灯泡，在真空的或充有惰性气体的玻璃泡内装有两个电极. 把阳极做成环状或其他形状，而阴极是采用逸出功较小的光敏材料涂在玻璃泡或附加的金属板上. 当有光入射到光电管的阴极时，阴极表面就会有电子从光敏材料中逸出.

光敏电阻的暗电阻越大，亮电阻越小，则性能越好，也就是说，暗电流要小，光电流要大，这样的光敏电阻的灵敏度就高. 实际上，大多数光敏电阻的暗电阻往往超过1MΩ，甚至高达 100MΩ，而亮电阻即使在正常白昼条件下也可降到 1kΩ 以下，可见光敏电阻的灵敏度是相当高的.

光敏电阻，常用的制作材料为硫化镉，另外还有硒、硫化铝、硫化铅和硫化铋等材料. 这些制作材料具有在特定波长的光照射下，其阻值迅速减小的特性. 这是由于光照产生的载流子都参与导电，在外加电场的作用下做漂移运动，电子奔向电源的正极，空穴奔向电源的负极，从而使光敏电阻器的阻值迅速下降.

光照特性、伏安特性和光谱特性是光敏电阻的基本特性.

2. 光敏二极管

光敏二极管是一种光伏探测器，主要利用 pn 结的光伏效应. 当入射光子在本征半导体的 pn 结及其附近产生电子-空穴对时，光生载流子受势垒区电场作用，电子漂移到 n 区，空穴漂移到 p 区. 电子和空穴分别在 n 区和 p 区积累，两端便产生电动势，这称为光生伏特效应，简称光伏效应. 对光伏探测器总的伏安特性可表达为

$$i = iD - i\varphi = i_{so}\left[\exp\left(eu / k_B T\right) - 1\right] - i\varphi$$

式中，i 是流过探测器总电流；i_{so} 为二极管反向电流；e 是电子电荷；u 是探测器两端电压；k_B 为玻尔兹曼常量；T 为器件绝对温度.

当入射光的强度发生变化时，通过光敏二极管的电流随之变化，于是在光敏二极管的两端电压也发生变化. 光照时导通，光不照时，处于截止状态，并且光电流和照度呈线性关系.

3. 光敏三极管

在光敏二极管的基础上，为了获得内增益，就利用了晶体三极管的电流放大作用，用 Ge 或 Si 单晶体制造 npn 或 pnp 型光敏三极管. 其结构使用电路及等效电路如图 14-1 所示.

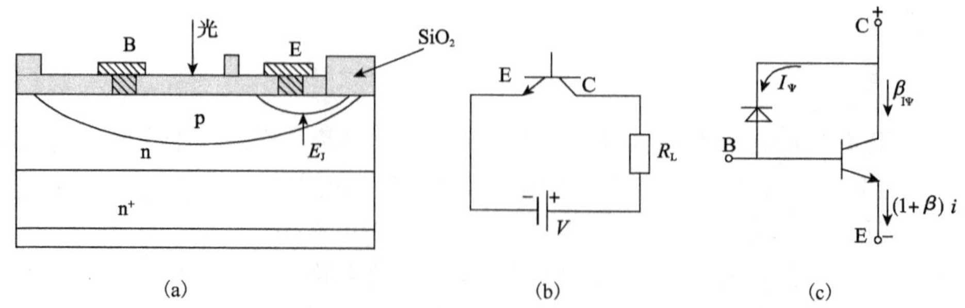

图 14-1　光敏三极管结构及等效电路

(a)光敏三极管结构；(b)使用电路；(c)等效电路

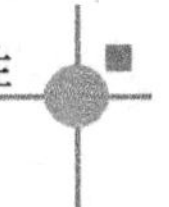

光敏三极管可以等效为一个光电二极管与另一个一般晶体管基极和集电极并联：集电极-基极产生的电流，输入到三极管的基极再放大. 不同之处是，集电极电流(光电流)由集电结上产生的 $i\varphi$ 控制. 集电极起双重作用：把光信号变成电信号起光电二极管作用；使光电流再放大起一般三极管的集电结作用. 一般光敏三极管只引出 E、C 两个电极，体积小，光电特性是非线性的，广泛应用于光电自动控制作光电开关应用.

4. 透射式光电开关

用发光二极管和光敏三极管实现透射式开关.

光电开关可以由一个光发射管和一个接收管组成(光耦、光断续器). 当发射管和接收管之间无遮挡时，接收管有光电流产生，一旦此光路中有物体阻挡，光电流即中断，利用这种特性可制成光电开关用于工业零件计数、控制等.

5. 硅光电池

当光照射到光电池 pn 结上时，便在 pn 结两端产生电动势. 这种现象叫“光生伏特效应”，将光能转化为电能. 该效应与材料、光的强度、波长等有关.

在 p 型硅材料表面用扩散法生成一层 n 型硅材料薄层，从而形成 pn 结，在 n 型层上有梳状的电极，p 型层上有另一电极，如图 14-2 所示.

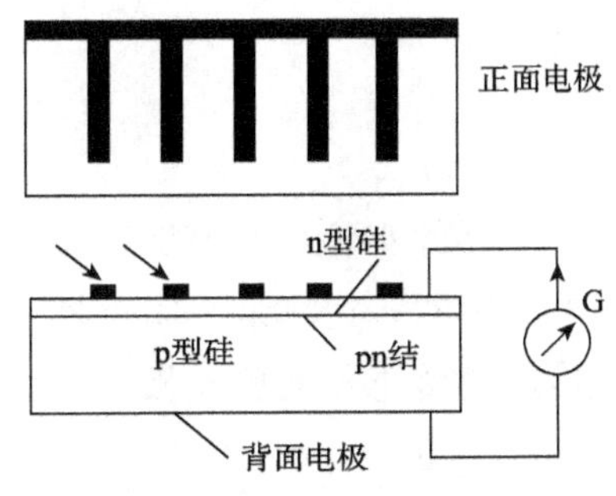

图 14-2　光电池电路

当光线照射在很薄的 n 型层表面时，n 型层中便产生大量的电子空穴对，其中空穴漂移到 pn 结层边界. 受内电场的作用而进入 p 型区，电子仍留在 n 区. 在光照下这一过程持续进行，这样在 n 区和 p 区之间便产生了一定的电动势，n 区积聚大量的电子为负极，p 区积聚大量的空穴为正极，如图 14-2 连接电路，则回路中就有电流产生.

光电池没有暗电流，不需外加电压. 响应时间较长，一般在 $10^{-8}\sim10^{-3}$s.

【实验仪器】

ZY13OFSENS12SB 光电传感器实验仪主要有主机箱、传感器装置、实验模板、实验桌四大部分组成.

1. 主机箱

供电电源：AC220V，50Hz；额定功率 200W.

(1) 提供实验所需的电源：0～12V 连续可调直流稳压电源，0～5V 连续可调直流稳压电源，±15V、+12V、±5V 稳压电源；

(2) 压力源：气压量程 4～20kPa (通过调节玻璃转子流量计可以控制气压输出大小)；

(3) 显示部分：量程 DC20μA、DC200μA、DC20mA 和 DC200mA 四挡切换的电流表，量程 DC200mV、DC2V 和 DC20V 三挡切换的电压表，量程 200μW、2mW 和 20mW 三挡切换的光功率计，量程 200lx、2000lx 和 20000lx 三挡切换的照度计，0～9999rpm[①]的转速表，9999s 的计时器 (秒表)，4～40kPa 的气压表；

(4) 温控仪：PID 位式调节仪：0～200℃.

2. 传感器装置

(1) 光敏器件：光敏电阻、光敏二极管、光敏三极管、红外光敏二极管 (光接收)、硅光电池、反射式光耦 (红外发射与红外光敏三极管组合)、红外线热释电探头、照度计探头、光功率计探头.

(2) 传感器：光纤传感器 (位移、压力、温度)，PSD 位置传感器，线阵 CCD 测径系统 (可选)，光栅位移传感器 (可选).

(3) 光源：普通白炽灯光源、普通发光二极管、红外发射管、半导体激光管及各种滤色镜.

3. 实验模板

光电器件实验 (一) 模板，光电器件实验 (二) 模板，光电器件实验 (光开关) 模板，光电器件实验 (光调制) 模板，光电传感器转速测量实验模板，光纤位移传感器实验模板，PSD 传感器实验模板，光纤温度压力传感器实验模板.

4. 实验桌

放置主机箱、实验模板、各种实验器件等，实验桌尺寸为 1600mm×800mm×740mm，在该系列实验中，所用到的仪器有：ZY13OFSens12SB 主机箱、普通光源、遮光筒、CDS 光敏电阻、光敏二极管、光敏三极管、发光二极管、硅光电池、照度计探头、光电器件实验 (一) 模板、滤色片 (七色) 一套、支架一套、12 导线若干.

【实验内容】

1. 光敏电阻

1) 亮电阻和暗电阻测量

(1) 图 14-3 是光敏电阻实验原理图.

---

①1rpm=1r/min.

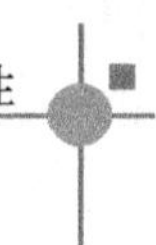

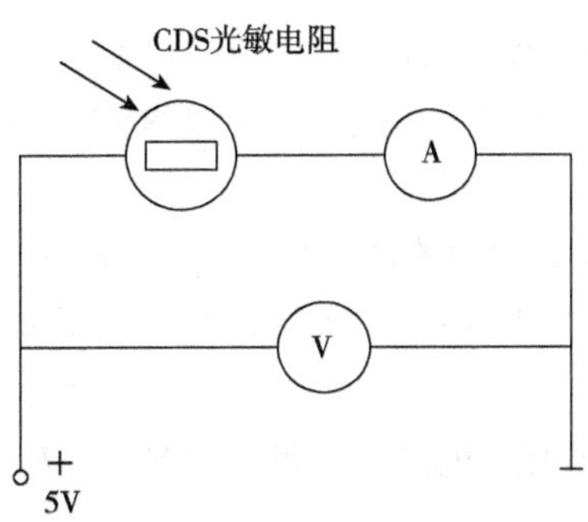

图 14-3　光敏电阻实验原理

(2)根据图 14-4 的光学系统装置图，安装好普通光源和照度计探头(代替图中光敏电阻)及遮光筒，将主机箱的 0～12V 的可调电源与普通光源的两个插孔相连，将可调电源的调节旋钮逆时针方向慢慢调到底. 将照度计探头的两个插孔“+”(红色)和“-”(黑色)与主机箱照度计输入端“+”“-”对应连接. 打开主机箱电源，顺时针方向慢慢调节 0～12V 可调电源幅度旋钮，使主机箱照度计显示 100lx. 关闭电源.

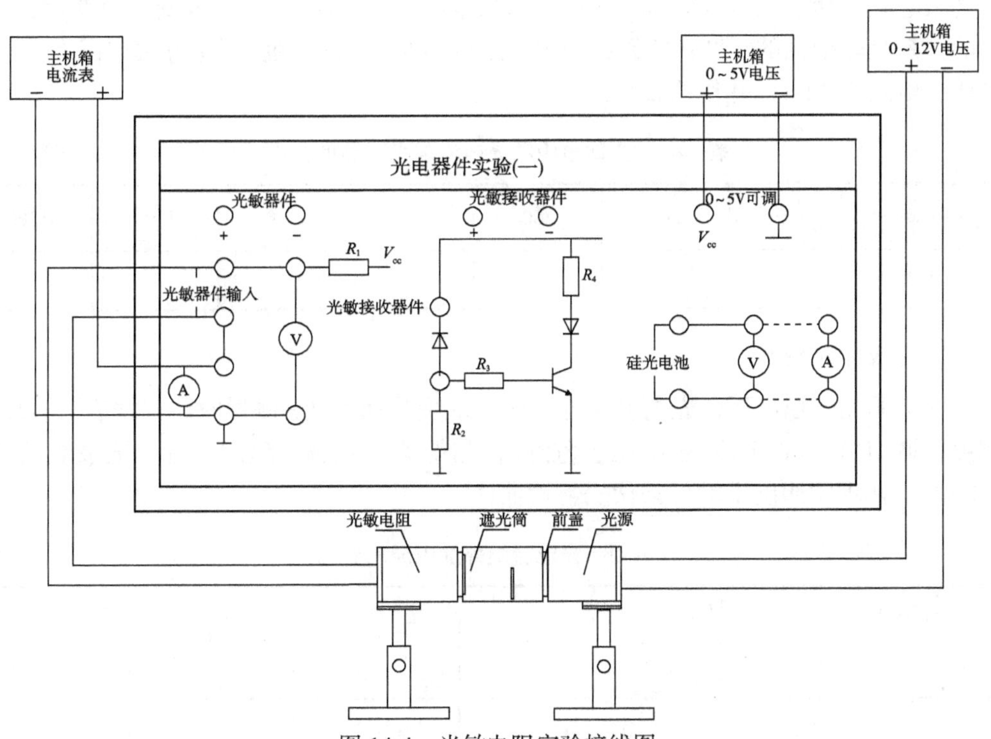

图 14-4　光敏电阻实验接线图

(3)撤下照度计连线及探头，换上光敏电阻. 将光敏电阻的两个插孔通过连线连到主实验模块上光敏器件输入端. 电流表输入端“+”插孔与模块上左下对应安培表输入端(红色)相连，电流表输入端“-”插孔与模块上左下对应安培表输入端(黑色)相连. 电压表输入端“+”插孔与模块上左边对应电压表输入端(红色)相连，电压表输入端“-”插孔与模块上左边对应电压表输入端(黑色)相连. 模块上 0～5V 电源输入端与主机箱上对应相连.

(4) 光敏电阻与光源之间用遮光筒连接. 打开电源，调节 0～5V 电源幅度调节旋钮，使电压表显示 5V(20V 挡)，10 秒钟左右(可观察主机箱上的定时器)读取电流表的值(亮电流) $I_{亮}$和电压表的值 $U_{测}$.

(5) 将 0～12V 可调电源的调节旋钮逆时针方向慢慢旋到底后，调节 0～5V 电源幅度调节旋钮，使电压表显示 5V(20V 挡)，10 秒钟左右读取电流表的值(暗电流) $I_{暗}$和电压表的值 $U_{测}$. 关闭电源.

(6) 根据以下公式，计算亮阻和暗阻(照度为 100lx，$U_{测}$为+5V)

$$R_{亮}=\frac{U_{测}}{I_{亮}}, \quad R_{暗}=\frac{U_{测}}{I_{暗}}$$

(7) 光敏电阻在不同的照度下有不同的亮阻和暗阻；在不同的测量电压($U_{测}$)下有不同的亮阻和暗阻. 如有兴趣可重复以上实验步骤做实验.

2) 光照特性测量

光敏电阻的测量电压($U_{测}$)固定时，光敏电阻的光电流随光照强度变化而变化，它们之间的关系是非线性的. 调节光源 0～12V 电压得到不同的照度(测量方法同以上实验)，测得数据填入表 14-1，并作曲线图.

表 14-1　光敏电阻的光电流随光照强度变化

照度/lx	100	300	500	700	900	1100	1300
电流/mA							

3) 伏安特性测量

在一定的光照强度下，光电流随外加电压的变化而变化. 测量时，根据表 14-2，给定照度，调节 0～5V 电压(由电压表监测)，测得流过光敏电阻的电流，记录数据填入表 14-2，并作不同照度下的三条伏安特性曲线.

表 14-2　光电流随外加电压的变化

电流/μA　电压/V 照度/lx	1.25	2	4	5
100				
300				
500				

4) 光谱特性测量

光敏电阻对不同波长的光，接收的光灵敏度是不一样的，这就是光敏电阻的光谱特性. 实验时线路接法同图 14-4，在光路装置中先用照度计窗口对准遮光筒，调节 0～12V

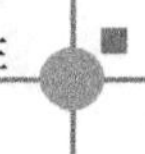

电源输出幅度旋钮，得到 100lx 的照度. 然后旋下光源前盖，更换不同的滤光片，可得到对应各种颜色的光. 作光谱特性时，须调节 0～5V 电源输出幅度旋钮，使光敏电阻工作在固定电压+5V 下. 根据光敏电阻在某一固定工作电压(+5V)，同一照度(100lx)，不同波长(颜色)时测量流过光敏电阻的电流值，就可作出其光谱特性曲线. 实验数据填入表 14-3.

表 14-3　光敏电阻光谱特性测量

颜色	波长/nm	100lx 照度下的电流
红	650	
橙	610	
黄	570	
绿	530	
青	480	
蓝	450	
紫	400	

2. 光敏二极管

1) 光照特性测量

根据图 14-5 接线，光敏二极管即为图中光敏探头，测量光敏二极管的暗电流和亮电流.

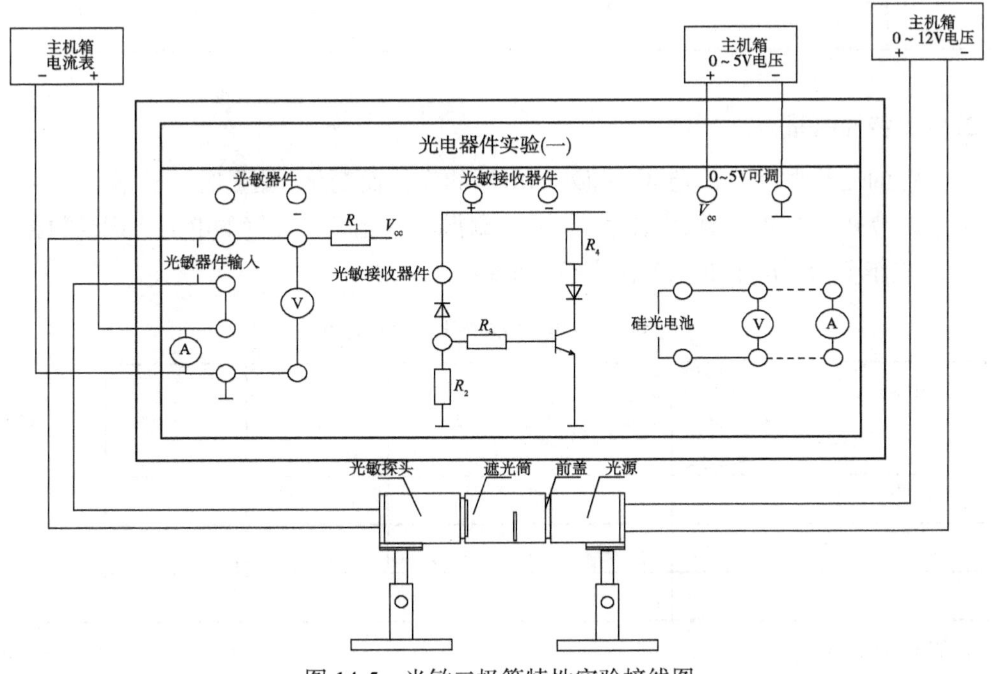

图 14-5　光敏二极管特性实验接线图

电流表输入端“+”与模块上左下对应安培表输入端(红色)相连，电流表输入端“-”与模块上左下对应安培表输入端(黑色)相连. 电压表输入端“+”与模块上左边对应电压表输入端(红色)相连，电压表输入端“-”与模块上左边对应电压表输入端(黑色)相连. 模块上 0～5V 电源输入端与主机箱上对应相连.

暗电流测试：将主机箱中的 0～12V 可调稳压电源的调节旋钮逆时针方向慢慢旋到底. 打开主机箱电源，顺时针方向慢慢地调节 0～5V 可调电源输出电压，使电压表显示 5V($U_{测}$). 读取主机箱上电流表(20μA 挡)的值即为光敏二极管的暗电流.

亮电流测试：

(1)关闭主机箱电源，撤下光敏二极管，换上照度计探头. 用连接线将照度计探头的两个插孔与主机箱上的照度计输入的两个插孔“+”“-”分别相应连接；照度计探头与光源之间用遮光筒连接.

(2)打开主机箱电源，顺时针方向慢慢地调节 0～12V 可调电源(光源电压)，使主机箱上照度计的读数为 100lx.

(3)撤下照度计探头，换上光敏二极管，读取电流表值，即为照度 100lx，$U_{测}$为 5V(光敏二极管工作电压)时的亮电流.

重复(1)～(3)实验步骤，把测量值填入表 14-4，并作出曲线.

表 14-4　光敏二极管光照特性测量

照度/lx	100	200	300	400	500	600	700	800
$I_{光}$/μA								

2)伏安特性测量

在一定的光照强度下，光电流随外加电压的变化而变化. 测量时，根据表 14-5，给定照度，调节 0～5V 电压(由电压表监测)，测得流过光敏二极管的电流，记录数据填入表 14-5，并作不同照度下的三条伏安特性曲线.

表 14-5　光敏二极管伏安特性测量

电流/μA　电压/V 照度/lx	1.25	2	3	4	5
100					
300					
500					

3)光谱特性测量

光谱特性测试用七种颜色的滤光片代替不同波长的光.

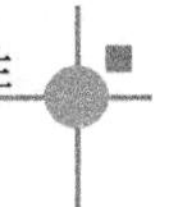

实验方法与亮电流测试方法基本一样，不同点就是拧下光源前盖，更换不同颜色的滤色镜，调节光源电压，在相同照度(800lx)下，测得电流，填入表 14-6，并作出曲线.

表 14-6　光敏二极管光谱特性测量

颜色/nm 电流 I/μA 照度/lx	红 (650)	橙 (610)	黄 (570)	绿 (530)	青 (480)	蓝 (450)	紫 (400)
800							

3. 光敏三极管

1) 光照特性测量

根据图 14-6 接线，光敏三极管即为图中光敏探头，测量光敏三极管的暗电流和亮电流.

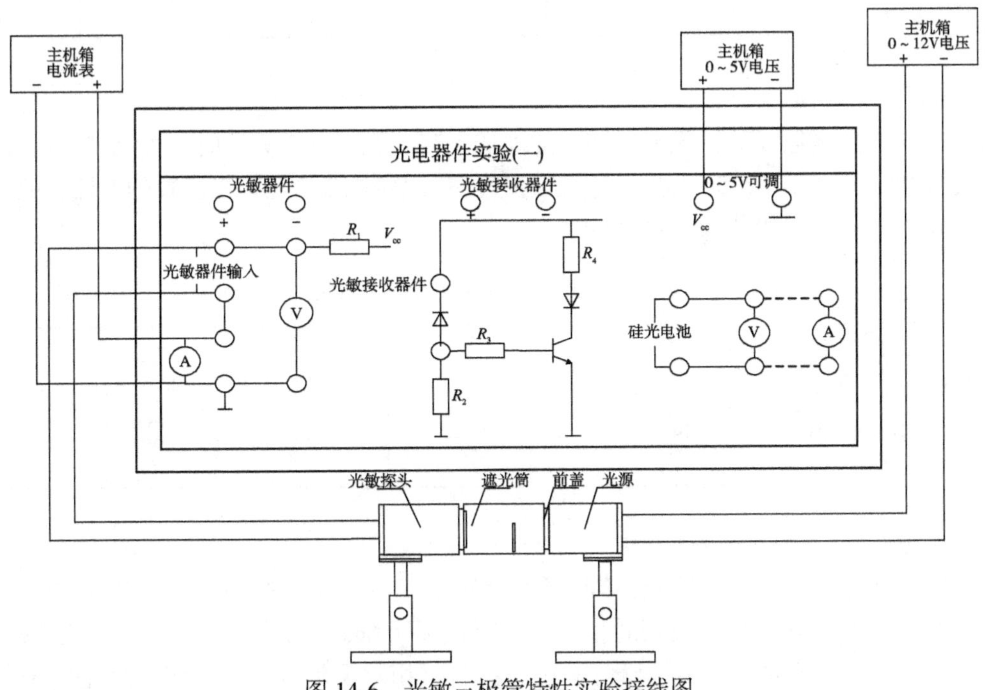

图 14-6　光敏三极管特性实验接线图

电流表输入端“+”与模块上左下对应安培表输入端(红色)相连，电流表输入端“-”与模块上左下对应安培表输入端(黑色)相连. 电压表输入端“+”与模块上左边对应电压表输入端(红色)相连，电压表输入端“-”与模块上左边对应电压表输入端(黑色)相连. 模块上 0～5V 电源输入端与主机箱上对应相连.

暗电流测试：将主机箱中的 0～12V 可调稳压电源的调节旋钮逆时针方向慢慢旋到底. 打开主机箱电源，顺时针方向慢慢地调节 0～5V 可调电源输出电压，使电压表显示

5V（$U_{测}$）. 读取主机箱上电流表（20μA 挡）的值即为光敏三极管的暗电流. 关闭电源.

亮电流测试：

（1）关闭主机箱电源，撤下光敏三极管，换上照度计探头. 用连接线将照度计探头的两个插孔与主机箱上的照度计输入的两个插孔“+”“−”分别相应连接；照度计探头与光源之间用遮光筒连接.

（2）打开主机箱电源，顺时针方向慢慢地调节 0～12V 可调电源（光源电压），使主机箱上照度计的读数为 100lx.

（3）撤下照度计探头，换上光敏三极管，读取电流表值，即为照度 100lx，$U_{测}$为 5V（光敏二极管工作电压）时的亮电流.

重复（1）～（3）实验步骤，测量不同照度下的亮电流值，填入表 14-7，并作出光照特性曲线.

表 14-7　光敏三极管光照特性测量

照度/lx	100	200	300	400	500	600	700	800
$I_{光}$/mA								

2）伏安特性测量

在一定的光照强度下，光电流随外加电压的变化而变化. 测量时，根据表 14-8，给定照度（100lx），调节 0～5V 电压（由电压表监测），测得流过光敏三极管的电流，记录数据填入表 14-8，并作出伏安特性曲线.

表 14-8　光敏三极管伏安特性测量

电流/mA　电压/V　照度/lx	0.5	1	1.5	2	2.5
100					

3）光敏三极管的光谱特性测量

光敏三极管对不同波长的光，接收灵敏度光是不一样的，它有一个峰值响应波长. 当入射光的波长大于峰值响应波长时，相对灵敏度要下降. 光子能量太小，不足以激发电子空穴对. 当入射光的波长小于峰值响应波长时，相对灵敏度也要下降，这是由于光子在半导体表面附近就被吸收，并且在表面激发的电子空穴对不能到达 pn 结，因而使相对灵敏度下降.

实验时通过滤色片得到不同波长的光，不同波长的光在相同的照度下，检测出对应的光敏三极管的电流大小，则得到不同波长的灵敏度.

光敏三极管响应波长（光谱特性）的实验方法与亮电流测试方法基本一样，不同点就是拧下光源前盖，更换不同颜色的滤色镜，调节光源电压，在相同照度（100lx）下，测得光电流，填入表 14-9，并作出光谱特性曲线.

表 14-9　光敏三极管光谱特性测量

颜色/nm 电流/mA 照度/lx	红 (650)	橙 (610)	黄 (570)	绿 (530)	青 (480)	蓝 (450)	紫 (400)
100							

4. 光开关

(1) 根据图 14-7 接线：将发光二极管两端接入实验模板光敏器件两端(根据插孔颜色对应相连)，将光敏三极管(接收管)两端引入实验模块的光敏接收器件两端(根据插孔颜色对应相连)，再将实验模块上的“0～5V”插孔与“⊥”插孔连接到主机箱的+5V 电源的相应插孔上.

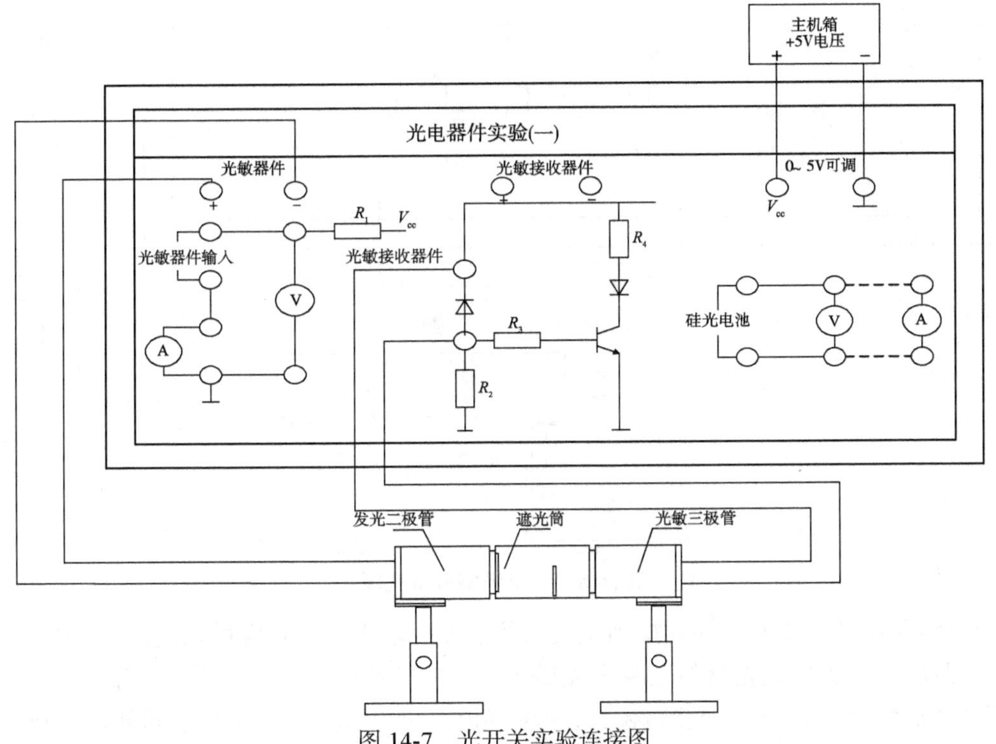

图 14-7　光开关实验连接图

(2) 开启主机箱电源，用手或者其他物体挡住发光二极管与光敏三极管之间的光路，接收管接收不到光，实验模板上的发光二极管不点亮；当光路中无物体阻隔畅通时，实验模板上的发光二极管亮，由此形成了开关功能.

* 利用这个开关功能，同学们可以自己组建计数系统实验.

5. 硅光电池

1) 光照特性测量

硅光电池在不同的照度下，产生不同的光电流和光生电动势. 它们之间的关系就是光照特性.

(1)按图 14-8 接线：将光源两个插孔接入主机箱 0～12V 可调电源的相应插孔上(逆时针方向调节可调电源的旋钮到底)，将光电池的两个插孔接到实验模板的硅光电池上(根据颜色对应连接).

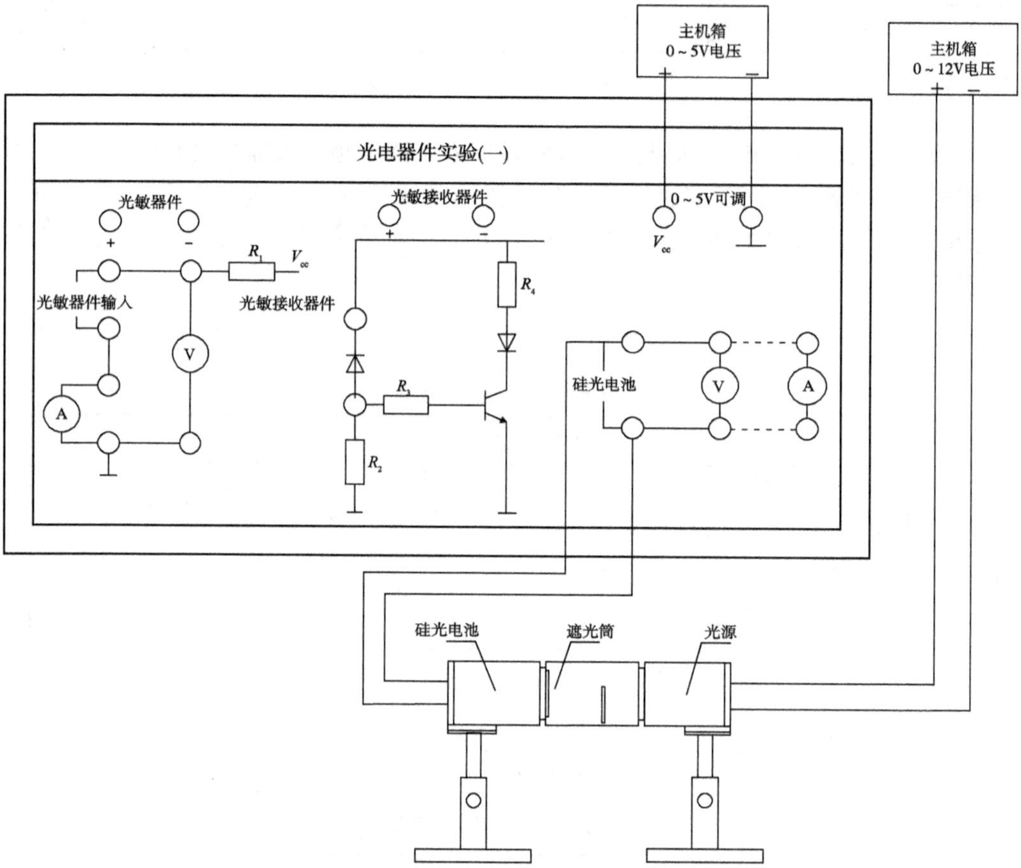

图 14-8　光电池实验接线图

(2)将照度计探头两个插孔接到主机箱的照度计输入端的相应插孔上，打开主机箱电源，将照度计探头用遮光筒与光源连接起来，调节接入光源的 0～12V 电源调节旋钮，使照度计显示 100lx. 拿去照度计探头，把硅光电池连到遮光筒上，将主机箱的电压表接到光电实验器件模板的硅光电池的电压表接口上，测出 100lx 照度下的开路电压. 把电压表的引线断开后，将主机箱的电流表串接到实验模板及硅光电池的电流表接口上，测出 100lx 照度下的短路电流. 重复以上方法，测出照度为 200lx，…，600lx 时的硅光电池的开路电压和短路电流，将数据填入表 14-10，并作出光照特性曲线图.

表 14-10　硅光电池光照特性测量

照度/lx	100	200	300	400	500	600
短路电流/μA						
开路电压/V						

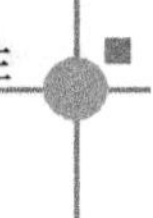

2)光谱特性

光电池在不同波长的光照下，产生不同的光电流和光生电动势. 用不同颜色的滤色片得到不同波长的光. 滤色片更换：拧下光源前盖，分别拧上红、橙、黄、绿、青、蓝、紫七种滤色片. 在相同的照度(100lx)之下，将测量结果填入表 14-11，并作出光谱特性曲线图.

表 14-11　硅光电池光谱特性测量

波长/nm	红	橙	黄	绿	青	蓝	紫
电动势/mV							
电流/mA							

【注意事项】

(1)“V_{cc}”“⊥”为电源输入，接主机箱 0～5V 可调的正负极.

(2)“硅光电池”为硅光电池的输入端口，按测试孔颜色接入.

(3)“A”两端测试孔为电流输出端口.

(4)“V”两端测试孔为电压输出端口.

【思考题】

(1)光敏电阻和普通电阻主要有什么不同？它有哪些特点？

(2)分析一下实验中用到的光敏二极管的特点.

(3)分析一下实验中用到的光敏三极管的特点.

(4)光敏二极管、光敏三极管的应用场合？

(5)硅光电池的受光面为什么是蓝色的？它有什么作用？

(6)在组成光开关的光发射管中各光接收管有哪些要求？

【附录】

一、光电传感器件的发展

1839 年 A.E.贝可勒尔发现当光线落在浸没于电介液中的两个金属电极上时，它们之间就产生电势，后来称这种现象为光生伏特效应. 1873 年 W.史密斯和 Ch.梅伊发现硒的光电导效应. 1887 年 H.R.赫兹发现外光电效应. 基于外光电效应的光电管和光电倍增管属真空电子管或离子管器件，曾在 20 世纪 50～60 年代广泛应用，直到目前仍在某些场合继续使用. 虽然早在 1919 年 T.W.凯斯就已取得硫化铊光导探测器的专利权，但半导体光敏元件却是在60年代以后随着半导体技术的发展而开始迅速发展的. 在此期间各种光电材料都得到了全面的研究和广泛的应用. 它们的结构有单晶和多晶薄膜的，也有非晶的，它们的成分有元素半导体的和化合物半导体的，也有多元混晶的. 其中最重要的两种是硅和碲镉汞. 硅的原料丰富，工艺成熟，是制造从近红外到紫外波段光电器件的优良材料. 碲镉汞是碲化汞和碲化镉的混晶，是优良的红外光敏材料.

通过对光电效应和器件原理的研究，发展了多种光电器件（如光敏电阻、光电二极管、光电三极管、场效应光电管、雪崩光电二极管、电荷耦合器件等），适用于不同的场合. 光电式传感器的制造工艺也随薄膜工艺、平面工艺和大规模集成电路技术的发展而达到很高的水平，并使产品的成本大为降低，被称为新一代摄像器件的聚焦平面集成光敏阵列，正在取代传统的扫描摄像系统. 光电式传感器的最新发展方向是采用有机化学气相沉积、分子束外延、单分子膜生长等新技术和异质结等新工艺. 光电式传感器的应用领域已扩大到纺织、造纸、印刷、医疗、环境保护等领域. 在红外探测、辐射测量、光纤通信、自动控制等传统应用领域的研究也有新发展. 例如，硅光电二极管自校准技术的提出为光辐射的绝对测量提供了一种很有前途的新方法.

光电元件有光敏电阻、光电二极管、光电三极管、LED、光电倍增管、光电池、光电耦合器件等. 由光通量对光电元件的作用原理不同所制成的光学测控系统是多种多样的，按光电元件（光学测控系统）输出量性质，光电式传感器可分两类，即模拟式光电传感器和脉冲（开关）式光电传感器；模拟式光电传感器按被测量（检测目标物体）方法又可分为透射（吸收）式、漫反射式、遮光式（光束阻挡）三大类.

二、光电传感器的应用

对于光电传感器，它的应用特点如下：①检测距离长. ②对检测物体的限制少. ③响应时间短. ④分辨率高. 能通过高级设计使投光光束集中在小光点，或通过构成特殊的受光光学系统，来实现高分辨率，也可进行微小物体的检测和高精度的位置检测. ⑤可实现非接触的检测. 可无机械接触地检测物体，不会对检测物体和传感器造成损伤，因此，传感器能长期使用. ⑥可实现颜色判别. 通过检测物体形成的光的反射率和吸收率根据被投光的光线波长和检测物体的颜色组合而有所差异，利用这种性质，可对检测物体的颜色进行检测. ⑦便于调整. 在投射可视光的类型中，投光光束是眼睛可见的，便于对检测物体的位置进行调整.

光敏电阻器是一种特殊的光电导器件，该电阻具有光电导效应，当它受到光辐射后其电导率会发生变化，即其阻值会发生改变. 入射光强，电阻减小，入射光弱，电阻增大，光敏电阻器在电路中用字母“R”或“RL”“RG”表示. 一般用于光的测量、光的控制和光电转换（将光的变化转换为电的变化）. 使用时无正负极之分.

光敏电阻器通常由光敏层、玻璃基片（或树脂防潮膜）和电极等组成，如图 14-9 所示.

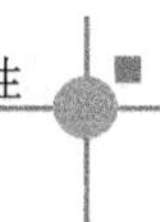

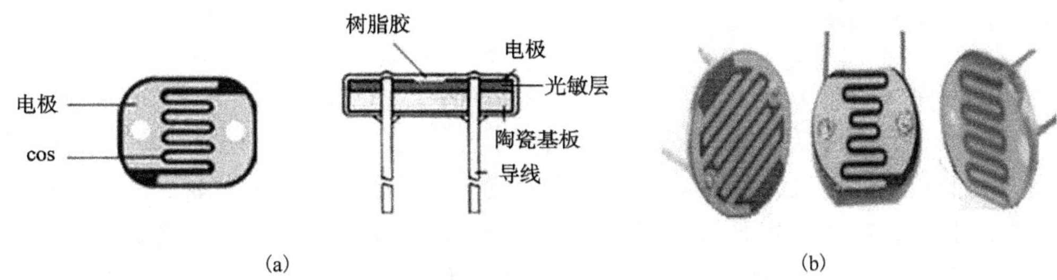

图 14-9　光敏电阻器

(a)光敏电阻器的组成部分；(b)光敏电阻外观

优点：①光谱响应范围宽，尤其对红光和红外辐射有较高的灵敏度；②所测的光强范围宽；③灵敏度较高；④工作电流大，可达数毫安；⑤偏置电压低，无极性之分，使用方便.

缺点：①强光照射下的线性较差；②弛豫过程较长，响应速度慢；③频率响应较差.

光敏电阻器的分类，按半导体材料分：本征型光敏电阻、掺杂型光敏电阻. 后者性能稳定，特性较好，故目前大都采用它.

根据光敏电阻的光谱特性，可分为三种光敏电阻器. 紫外光敏电阻器：对紫外线较灵敏，包括硫化镉、硒化镉光敏电阻器等，用于探测紫外线；红外光敏电阻器：主要有硫化铅、碲化铅、硒化铅、锑化铟等光敏电阻器，广泛用于导弹制导、天文探测、非接触测量、人体病变探测、红外光谱，红外通信等国防、科学研究和工农业生产中；可见光光敏电阻器包括硒、硫化镉、硒化镉、碲化镉、砷化镓、硅、锗、硫化锌光敏电阻器等，主要用于各种光电控制系统，如光电自动开关门户，航标灯、路灯和其他照明系统的自动亮灭，自动给水和自动停水装置，机械上的自动保护装置和“位置检测器”，极薄零件的厚度检测器，照相机自动曝光装置，光电计数器，烟雾报警器，光电跟踪系统等方面.

光敏电阻属半导体光敏器件，除具灵敏度高，反应速度快，光谱特性及 r 值一致性好等特点外，在高温、多湿的恶劣环境下，还能保持高度的稳定性和可靠性，可广泛应用于照相机、太阳能庭院灯、草坪灯、验钞机、石英钟、音乐杯、礼品盒、迷你小夜灯、光声控开关、路灯自动开关及各种光控玩具、光控灯饰、灯具等光自动开关控制领域.

应用一：红外线热成像仪

工作原理：所有物体都会发出红外线能量，物体越热，其分子就越活跃，它所发出来的红外线能量也就越多. 红外线热成像仪就是利用这一现象，通过接收人体热红外线辐射能量，达到检测人的体表温度的效果. 它由光学镜头、光电传感器、电子驱动组件、光学调变器及充电电池等主要组件组成. 它的光学镜头聚集来自人体的辐射红外线能量，并把该能量聚焦在探测器上，能量探测器将光信号转化为电信号，然后经电路进行放大，以热分布图显示出来. 人只需要望一下其镜头，检测人员不到一秒钟时间便可以检知该人的体温，如果发现有可疑对象，立即通知该旅客做体温的进一步检测. 该系统成像分辨率高、对比度好、响应时间快、可进行非接触式体温检测.

应用二：光电测速仪

江苏大学电气信息工程学院的陈照章、朱湘临设计了一种光电测速传感器如图 14-10 所示，它适用于轧钢、纺织等领域，尤其适用于车辆行驶性能的测量. 以前车辆行驶性能的测试一般使用五轮仪，其原理是一个轮子被车辆拖动着在路面上滚动，每转一周发出固定数的脉冲，输给微机系统计算出距离、速度等指标. 由于轮子的跳动、打滑、充气多少等因素的影响，测量的准确度不高. 在车速大于 80～100km/h 后，由于振动加大及其他因素，测出的数据已经不可靠. 它利用光电传感器非接触的特点，可以测目前汽车的最高速度，也可用于火车车速等其他场合的测试.

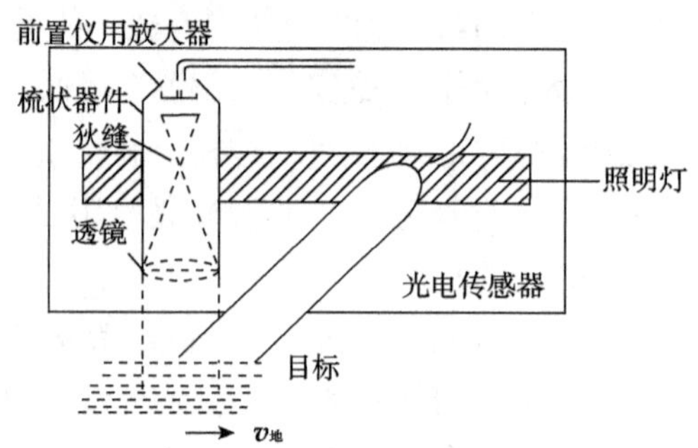

图 14-10　光电传感器的组成

工作原理：该光电传感由照明组件、透镜组件、梳状光电器件、仪用放大器及外壳支架等部件组成一体. 使用时用吸盘安装在车厢外侧，使透镜离地面 500mm 左右，照明灯光调整到在透镜下方的地面上形成一个直径为 80mm 的光斑，透镜把光斑中的图像成像于梳状光电器件上，光电器件产生的电信号，经前置仪用放大器放大，传感器移动时，产生交变电信号，经信号调整电路处理成 TTL 电平的方波，由 MCS-51 单片机组成的数字系统接收，如图 14-10 所示.

应用三：测量水的硬度

西北工业大学自动控制系的孙广清设计了一个传感器用于测定水的硬度. 目前，测定水中钙镁总含量的方法通常用乙二胺四乙酸(EDTA)络合滴定法或分光光度法，但是这两种方法各有缺点，不是费时很难实时测量，就是只能单一测定，不能简便快速地综合测定. 该传感器是由激光二极管和光电二极管组成的 3 通道光学阵列. 所有器件集成在一个芯片上，每个芯片上集成三个如图 14-11 所示的功能单元，图中只画出一个. 图中 E1，S1，R1，M1 及数字均为传感器芯片引脚标号.

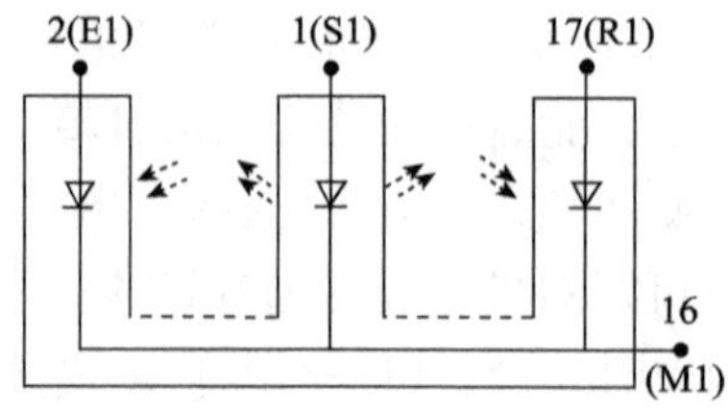

图 14-11　凹形结构光学传感器阵列

凹形结构的中间为激光二极管，它用来确定通过凹形槽吸收池后的光强，激光二极管具有良好的单色性、可控性、频率特性及稳定性，通过对驱动信号的控制，可实现光强信号的自动控制及检测光信号调制. 这样可以减小暗电流、自然光或杂散光对检测结果的影响，比传统的光谱分析系统在简单性和单色性上要好. 传感器为激光二极管、光电二极管和吸收池集成一体的光学传感器阵列.

应用四：光电池在光电检测和自动控制方面的应用

光电池作为光电探测使用时，其基本原理与光敏二极管相同，但它们的基本结构和制造工艺不完全相同. 由于光电池工作时不需要外加电压，且光电转换效率高、光谱范围宽、频率特性好、噪声低等，所以它已广泛地用于光电读出、光电耦合、光栅测距、激光准直、电影还音、紫外光监视器和燃气轮机的熄火保护装置等.

应用五：防止工业烟尘污染

为了消除工业烟尘污染，首先要知道烟尘排放量，因此必须对烟尘源进行监测、自动显示和超标报警. 烟道里的烟尘浊度是用通过光在烟道里传输过程中的变化大小来检测的. 如果烟道浊度增加，光源发出的光被烟尘颗粒的吸收和折射增加，到达光检测器的光减少，因而光检测器输出信号的强弱可反映烟道浊度的变化.

除了以上的应用，光电传感器在各行各业还有许多应用，如光电式带材跑偏检测器、光电色质检测、检测调整布料在传送中的张力、检测产品的有无、产品方向定位等.

实验十五　太阳能光伏电池实验

太阳能一般指太阳光的辐射能量．我们知道在太阳内部无时无刻不在进行着氢转变为氦的热核反应，反应过程中伴随着巨大的能量释放到宇宙空间．太阳释放到宇宙空间的所有能量都属于太阳能的范畴．科学研究已经表明太阳热核反应可以持续百亿年左右，能量辐射功率 3.8×10^{23}kW．根据地球体表面积与太阳的距离等数据可以计算出辐照到地球的太阳能大致为全部太阳能量辐射量的二十亿分之一．考虑到地球大气层对太阳辐射的反射和吸收等因素，实际到达地球表面的太阳辐照功率为 800000 亿千瓦，也就是说太阳每秒钟照射到地球上的能量相当于燃烧 500 万吨煤释放的热量．

随着各国经济的高速发展，环境污染、能源危机、生态破坏、温室效应正在不断加剧，能源问题逐渐成为各国可持续发展的首要问题．专家估计目前每年能源消耗总量为 200 亿吨标准煤，并且这其中的 90%左右是依靠不可再生的化石能源来维持的．就目前这种状况，全球化石能源贮备只能维持 100 年左右．在各种可再生的能源中，占地球总能量 99%以上的太阳能是最理想的可再生绿色能源之一，太阳能以其清洁、长久、无害等优点自然而然成为人类可持续发展不得不考虑的能源方式．它取之不尽、用之不竭，因此将太阳能转化为电能和热能来为人类服务一直是科学家追求的目标．太阳能电池是一种可直接将太阳能转化为电能的装置，所以它一直是世界各国作为新的清洁能源的主要研究的目标之一．

人类对太阳能的利用不是最近几十年的事情，而是具有悠久的历史．我国战国时期、古埃及等都有关于太阳能利用的记载．这类应用虽然属于太阳能利用范畴，但方式、手段和目的都非常原始．近代太阳能利用的标志是 1615 年法国工程师制造出第一台太阳能驱动的发动机．但高昂的造价和极低的效率注定这种发动机没有实用价值，只能是模型爱好者的宠儿．人类对硅材料的认识、固体理论、半导体理论的发展和成熟是太阳能利用的关键推动力，具有里程碑意义的事件是 1945 年美国 Bell 实验室研制出实用型硅太阳能电池．近年来，太阳能成为研究、技术、应用、贸易的热点．太阳能潜在的市场为全球所关注，除了人类能源需求量的增大、化石能源储量的下降和价格的提升、理论和工艺技术水平的提高等因素外，环保意识、可持续发展意识的提升也是全球关注太阳能的一个重要因素．

利用太阳能发电的方式有两种：一种是光-热-电转换方式，另一种是光-电直接转换方式．其中，光-电直接转换方式是利用半导体器件的光伏效应进行光电转换的，称为太阳能光伏技术，而光-电转换的基本装置就是太阳能电池．

根据所用材料来区分，太阳能电池可以分为：硅基太阳能电池、化合物薄膜太阳能

电池、聚合物多层修饰电极型太阳能电池、纳米晶太阳能电池、有机太阳能电池及染料敏化太阳能电池. 其中硅太阳能电池包括单晶硅太阳能电池、多晶硅薄膜太阳能电池及非晶硅薄膜太阳能电池. 化合物薄膜太阳能电池包括砷化镓Ⅲ-Ⅴ化合物太阳能电池、硒化镉太阳能电池和铜铟硒太阳能电池等. 有机太阳能电池又分为有机小分子太阳能电池和聚合物太阳能电池.

从利用技术的成熟度来区分，太阳能电池可以分为：第一代太阳能电池，晶体硅太阳能电池. 第二代太阳能电池，各种薄膜太阳能电池，包括非晶硅薄膜太阳能电池(α-Si)、碲化镉太阳能电池(CdTe)、铜铟镓硒太阳能电池(CIGS)、砷化镓(GaAs)太阳能电池、有机太阳能电池和染料敏化太阳能电池. 第三代太阳能电池又称为高效太阳能电池. 目前正在研究的包括各种叠层太阳能电池、热光伏电池(TPV)、量子阱及量子点的超晶格太阳能电池、中间带太阳能电池、上转换太阳能电池、下转换太阳能电池、热载流子太阳能电池、碰撞离化太阳能电池等新概念太阳电池.

目前，硅太阳能电池发展最成熟，在应用中居主导地位. 硅太阳能电池又分为单晶硅太阳能电池、多晶硅薄膜太阳能电池和非晶硅薄膜太阳能电池三种. 单晶硅太阳能电池转换效率最高，技术也最为成熟，在大规模应用和工业生产中仍占据主导地位，但单晶硅成本价格高. 多晶硅薄膜太阳能电池与单晶硅比较，成本低廉，而效率高于非晶硅薄膜电池. 非晶硅薄膜太阳能电池成本低、重量轻、转换效率较高，便于大规模生产，有极大的潜力，但稳定性不高，直接影响了实际应用.

太阳能电池的应用很广，已从军事、航天领域进入了工业、商业、农业、通信、家电及公用设施等部门，尤其是在分散的边远地区、高山、沙漠、海岛和农村等得到广泛使用. 目前，中国已成为全球主要的太阳能电池生产国，主要分布在长三角、环渤海、珠三角、中西部地区，已经形成了各具特色的太阳能产业集群.

太阳能给人无限的遐想，但对太阳能还需要有一个全面客观的认识. 任何的事物总是具有两面性的. 就太阳能而言，其优势在于：①普遍，地球的任何角落都存在；②巨大，太阳能是地球可供开采的最大能源；③无害，不污染环境；④持续，可稳定供应时间超过 100 亿年. 太阳能的缺点在于它的分散性、不稳定性、高成本. 分散性和不稳定性是由地球地理特征决定的. 高成本是工艺技术水平的不足导致的. 太阳能是非常活跃的研究和应用领域，前景广阔，回报丰厚. 这个领域也充满问题和挑战，对相关人才的需求量巨大.

太阳能电池是目前太阳能利用中的关键环节，核心概念是 pn 结和光生伏特效应. 理解太阳能电池的工作原理、基本特性表征参数和测试方法是必要和重要的.

【实验原理】

1. pn 结与光生伏特效应

半导体是一类特殊的材料. 从宏观电学性质上说，它们的导电能力介于导体和绝缘体之间，随外界环境(如温度、光照等)发生剧烈的变化. 从材料能带结构上说，这类材

料导带 E_C 和价带 E_V 之间的禁带宽度 E_g 小于 3eV. 温度、光照等因素可以使价带电子跃迁到导带，在导带和价带中形成电子-空穴对，从而改变材料的电学性质. 半导体材料具有负的电阻温度系数，即随温度的升高，其电阻减小. 通常情况下，都需要对半导体材料进行必要的掺杂处理，调整它们的电学特性，以便制作出性能更稳定、灵敏度更高、功耗更低的电子器件. 基于半导体材料电子器件的核心结构通常是 pn 结，简单地说，pn 结就是 p 型半导体和 n 型半导体接触形成的基础区域. 太阳能电池，本质上就是结面积比较大的 pn 结.

根据半导体基本理论，处于热平衡态的 pn 结由 p 区、n 区和两者交界区域构成，如图 15-1 所示. 刚接触时，电子由费米能级 E_F 高的地方向费米能级低的地方流动，空穴则相反. 为了维持统一的费米能级，n 区内电子向 p 区扩散，p 区内空穴向 n 区扩散. 载流子的定向运动导致原来的电中性条件被破坏，p 区积累带负电且不可移动的电离受主，n 区积累带正电且不可移动的电离施主. 载流子扩散运动导致在界面附近区域形成由 n 区指向 p 区的内建电场 E_i 和相应的空间电荷区. 显然，两者费米能级的不统一是导致电子空穴扩散的原因，电子空穴扩散又导致出现空间电荷区和内建电场. 而内建电场的强度取决于空间电荷区的电场强度，内建电场具有阻止扩散运动进一步发生的作用. 当两者具有统一费米能级后扩散运动和内建电场的作用相等，p 区和 n 区两端产生一个高度为 qV_D 的势垒(图 15-2(a)). 在理想的 pn 结模型下，处于热平衡的 pn 结空间电荷区没有载流子，也没有载流子的产生与复合作用.

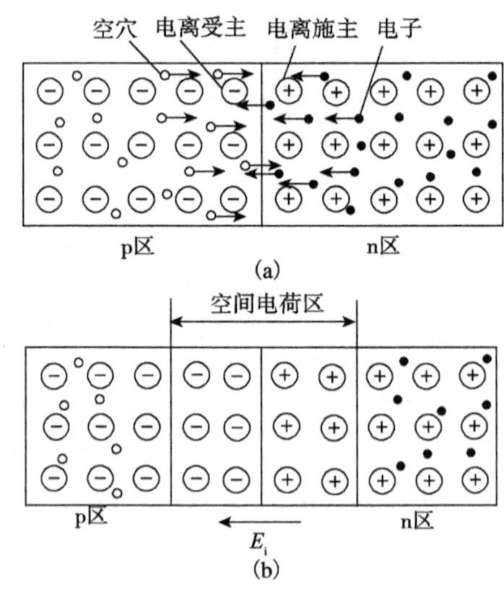

图 15-1　pn 结的形成

(a)图为刚接触时；(b)图为达到平衡时的情况

当有入射光垂直入射到 pn 结时，只要 pn 结结深比较浅，入射光子便会透过 pn 结区域甚至能深入半导体内部. 如果入射光子能量满足关系 $h\nu \geqslant E_g$(E_g 为半导体材料的禁带宽度)，那么这些光子会被材料吸收，在 pn 结中产生电子-空穴对. 光照条件下材料体内产生电子-空穴对是典型的非平衡载流子光注入作用. 光生载流子对 p 区空穴和 n 区电子这样的多数载流子的浓度影响是很小的，可以忽略不计．但是对少数载流子将产生显著影响，如 p 区电子和 n 区空穴．在均匀半导体中光照射也会产生电子-空穴对，但它们很快又会通过各种复合机制复合．在 pn 结中情况有所不同，主要原因是存在内建电场．在内建电场的驱动下 p 区光生少子电子向 n 区运动，n 区光生少子空穴向 p 区运动．这种作用有两方面的体现：第一，光生少子在内建电场驱动下定向运动产生电流，这就是光生电流，它由电子电流和空穴电流组成，方向都是由 n 区指向 p 区，与内建电场方向一致；第二，光生少子的定向运动与扩散运动方向相反，减弱了扩散运动的强度，pn 结势垒高度降低，甚至会完全消失，势垒高度降低(图 15-2(b))．宏观的效果是在 pn 结光照面和暗面之间产生电动势，也就是光生电动势，这个效应称为光生伏特效应．如果构成回路就会产生电流，这种电流叫做光生电流 I_L．

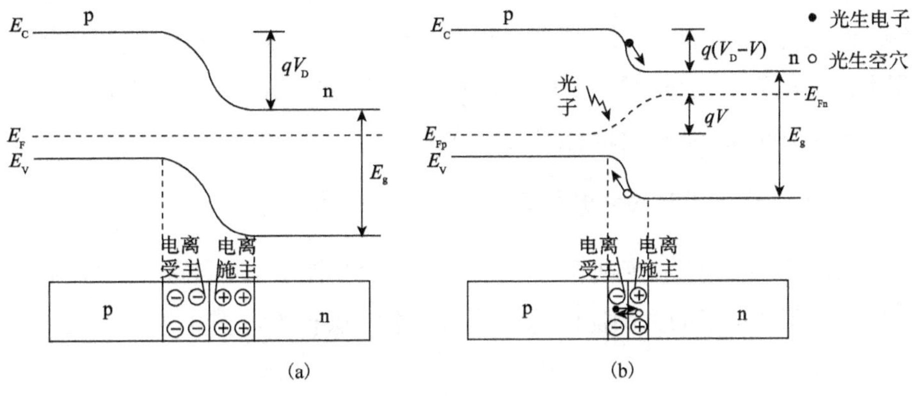

图 15-2　(a)热平衡时的 pn 结；(b)光照下的 pn 结

从结构上说，常见的太阳能电池是一种浅结深、大面积的 pn 结(图 15-3)．太阳能电池之所以能够完成光电转换过程，其核心物理效应是光生伏特效应．光照会使得 pn 结势垒高度降低甚至消失，这个作用完全等价于在 pn 结两端施加正向电压．这种情况下的 pn 结就是一个光电池．将多个太阳能电池通过一定的方式进行串并联，并封装好就形成了能防风雨的太阳能电池组件(图 15-4)．

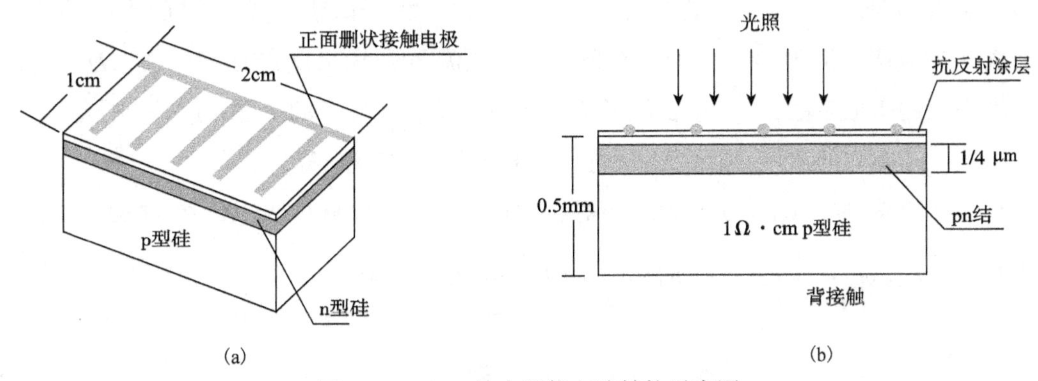

图 15-3　Si pn 结太阳能电池结构示意图

(a)外观示意图；(b)剖面图

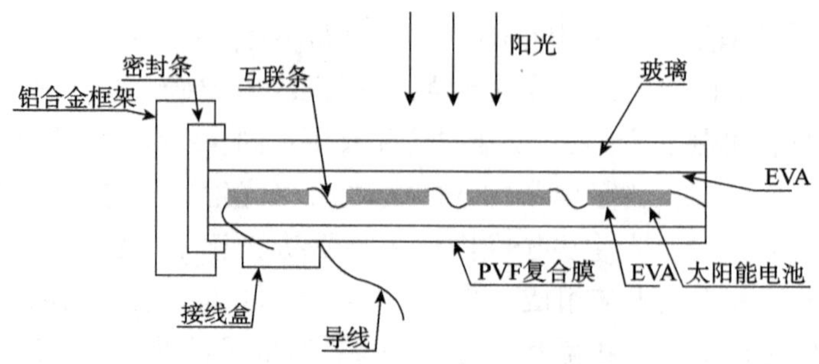

图 15-4 太阳能电池组件结构示意图

2. pin 结

若在 pn 结的 p 区和 n 区之间再加一层杂质浓度很低可近似看作本征半导体(用 i 表示)的半导体，这样便形成了 p-i-n 结构，简称 pin 结. pin 结除具有较宽的空间电荷区外，还具有很大的结电阻和很小的结电容，这些特点使得 pin 结在光电转换效率和高频响应特性等方面与普通的 pn 结相比均有很大的改善.

3. 太阳能电池无光照时的电流电压关系——暗特性

通常把无光照或光照为零的情况下太阳能电池的电流-电压特性叫做暗特性. 近似地，可以把无光照情况下的太阳能电池等价为一个理想 pn 结，其电流电压关系为肖克莱方程

$$I = I_s\left[\exp\left(\frac{qV}{k_0T}\right)-1\right] \tag{15-1}$$

其中，q 为电子电荷的绝对值；k_0 为玻尔兹曼常量；T 为绝对温度；

$I_s = J_sA = Aq\left(\frac{D_n n_{p0}}{L_n}+\frac{D_p n_{n0}}{L_p}\right)$ 为反向饱和电流，又称暗电流，暗电流是区分二极管的一个极其重要的参量. 其中，J_s 为反向饱和电流密度，根据掺杂程度的不同，反向饱和电流密度 J_s 的量级一般为 10^{-12}，即一般情况下暗电流非常小. A 为结面积，D_n、D_p 分别为电子和空穴的扩散系数，n_{p0} 为 p 区平衡少数载流子——电子的浓度，p_{n0} 为 n 区平衡少数载流子——空穴的浓度，L_n、L_p 分别为电子和空穴的扩散长度.

当 $T = 300\text{K}$ 时，$k_0T = 0.0259\text{eV}$. 对正向偏置条件，硅材料 pn 结的正向偏压 V 约为零点几伏，故 $\exp\left(\frac{qV}{k_0T}\right) \gg 1$，所以正向 I-V 关系可表示为

$$I = I_s\exp\left(\frac{qV}{k_0T}\right) \tag{15-2}$$

对于反向偏置，$\exp\left(\frac{qV}{k_0T}\right) \ll 1$，即理想 pn 结的电压指数项可以忽略不计，即

$$I \to -I_s \tag{15-3}$$

根据肖克莱方程，如图 15-5 所示，在反向电压不超过击穿电压 V_B 的情况下，电流接近于暗电流 I_s，此时的电流非常小且几乎为零；在正向电压下，电流随电压指数增长，因此太阳能电池的 I-V 特性曲线不对称，这就是 pn 结的单向导电特性或整流特性. 对于确定的太阳能电池，其掺杂类型、浓度和器件结构都是确定的，对伏安特性具有影响力的因素是温度. 温度对半导体器件的影响是这类器件的通性. 根据半导体物理原理，温度对扩散系数 D、扩散长度 L、载流子浓度 n 都有影响，综合考虑，以 p 型半导体为例，反向饱和电流密度为

$$J_s \approx q\left(\frac{D_n}{\tau_n}\right)^{1/2}\frac{n_i^2}{N_A} \propto T^{3+\frac{\gamma}{2}}\exp\left(-\frac{E_g}{k_0T}\right) \tag{15-4}$$

式中，τ_n 为电子寿命；n_i 是本征半导体浓度；N_A 是掺入的受主浓度；γ 为一常数. 由此可见随着温度升高，反向饱和电流随着指数因子$\left(-\frac{E_g}{k_0T}\right)$迅速增大，且带隙越宽的半导体材料，这种变化越剧烈.

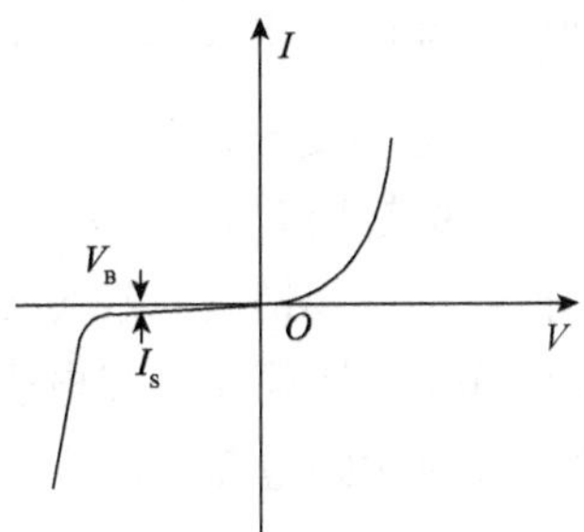

图 15-5　pn 结的暗特性曲线

半导体材料禁带宽度是温度的函数，有 $E_g = E_g(0) - \beta T$，其中 $E_g(0)$ 为绝对零度时的禁带宽度. 设有 $E_g(0) = qV_{g0}$，V_{g0} 是绝对零度时导带底到价带顶的电势差. 由此可以得到含有温度参数的正向 I-V 关系为

$$I = AJ \propto T^{3+\frac{\gamma}{2}}\exp\left[\frac{q(V - V_{g0})}{k_0T}\right] \tag{15-5}$$

显然，正向电流在确定外加电压下也是随着温度升高而增大的.

4. 太阳能电池光照时的电流电压关系——光照特性

太阳能电池的光照特性是指太阳能电池在光照条件下的输出伏安特性. 硅太阳能电池的性能参数主要有：开路电压 U_{oc}、短路电流 I_{sc}、最大输出功率 P_m、转换效率 η 和填充因子 FF.

光生少子在内建电场驱动下的定向运动在pn结内部产生了n区指向p区的光生电流 I_L，光生电动势等价于加载在pn结上的正向电压 V，它使得pn结势垒高度降至 $qV_D - qV$. 理想情况下，太阳能电池负载等效电路如图 15-6 所示，把光照的 pn 结看作一个理想二极管和恒流源并联，恒流源的电流即为光生电流 I_L，I_F 为通过硅二极管的结电流，R_L 为外加负载. 该等效电路的物理意义是：太阳能电池光照后产生一定的光电流 I_L，其中一部分用来抵消结电流 I_F，另一部分为负载的电流 I. 由等效电路图可知

$$I = I_L - I_F = I_L - I_s\left[\exp\left(\frac{qV}{k_0T}\right) - 1\right] \tag{15-6}$$

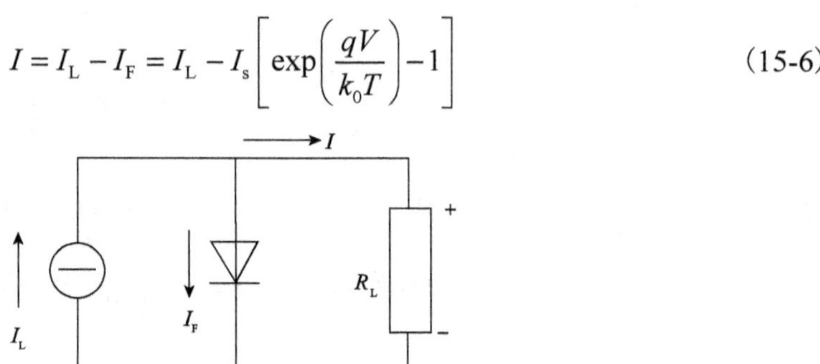

图 15-6　理想情况下太阳能电池负载等效电路图

随着二极管正偏，空间电荷区的电场变弱，但是不可能变为零或者反偏. 光电流总是反向电流，因此太阳能电池的电流总是反向的.

根据图 15-6 的等效电路图，有两种极端情况是在太阳能电池光照特性分析中必须考虑的. 其一是负载电阻 R_L=0，这种情况下加载在负载电阻上的电压也为零，pn 结处于短路状态，此时光电池输出电流我们称为短路电流 I_{sc}

$$I_{sc} = I_L \tag{15-7}$$

即短路电流等于光生电流，它与入射光的光强 E_e 及器件的有效面积 A 成正比. 其二是负载电阻 $R_L \to \infty$，外电路处于开路状态. 流过负载的电流为零 $I = 0$，根据等效电路图，光电流正好被正向结电流抵消，光电池两端电压 U_{oc} 就是所谓的开路电压. 显然有

$$I = I_L - I_s\left[\exp\left(\frac{qU_{oc}}{k_0T}\right) - 1\right] = 0 \tag{15-8}$$

由式(15-8)得到开路电压 U_{oc} 为

$$U_{oc} = \frac{K_0T}{q}\ln\left(\frac{I_L}{I_s} + 1\right) \tag{15-9}$$

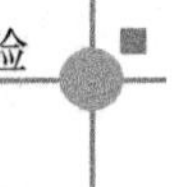

可以看出，开路电压 U_{oc} 与入射光的光强的对数成正比，与器件的面积无关，与电池片串联的级数有关.

开路电压 U_{oc} 和短路电流 I_{sc} 是光电池的两个重要参数，实验中这两个参数分别为稳定光照下太阳能电池 I-V 特性曲线与电压、电流轴的截距. 不难理解，在温度一定的情况下，随着光照强度 E_e 增大，太阳能电池的短路电流 I_{sc} 和开路电压 U_{oc} 都会增大，但是随光强变化的规律不同：短路电流 I_{sc} 正比于入射光强度 E_e，开路电压 U_{oc} 随着入射光强度 E_e 呈对数增加. 此外，从太阳能电池的工作原理考虑，开路电压 U_{oc} 不会随着入射光强度增大而无限增大，它的最大值是使 pn 结势垒高度为零时的电压值. 换句话说，太阳能电池的最大光生电压为 pn 结的势垒对应的电势差 V_D，是一个与材料带隙、掺杂水平等有关的值. 实际情况下，最大开路电压值 U_{oc} 与 E_g/q 相当.

太阳能电池从本质上说是一个能量转换器件，它把光能转换为电能. 因此讨论太阳能电池的效率是必要和重要的. 根据热力学原理，我们知道任何的能量转换过程都存在效率问题，实际发生的能量转换效率不可能是 100%. 就太阳能电池而言，我们需要知道的是，转换效率与哪些因素有关，以及如何提高太阳能电池的转换效率. 太阳能电池的转换效率 η 定义为最大输出功率 P_m 和入射光的总功率 P_{in} 的比值

$$\eta = \frac{P_m}{P_{in}} \times 100\% = \frac{I_m V_m}{E_e \cdot A} \times 100\% \tag{15-10}$$

其中，I_m、V_m 为最大功率点对应的最大工作电流、最大工作电压；E_e 为由光探头测得的光照强度(单位：W/m^2)；A 为太阳能电池片的有效受光面积.

图 15-7 为太阳能电池的输出伏安特性曲线，其中 I_m、V_m 在 I-V 关系中构成一个矩形，叫做最大功率矩形. 如图 15-17 所示，太阳能电池输出 I-V 特性曲线与电流、电压轴的交点分别是短路电流和开路电压. 最大功率矩形取值点 P_m 的物理含义是太阳能电池最大输出功率点，数学上是 I-V 曲线上横纵坐标乘积的最大值点. 短路电流和开路电压也形成一个矩形，面积为 $I_{sc}V_{oc}$. 定义为

$$FF = \frac{I_m V_m}{I_{sc} V_{oc}} \tag{15-11}$$

FF 为填充因子，图形中它是两个矩形面积的比值. 填充因子反映了太阳能电池可实现功率的度量，通常的填充因子在 0.5～0.8，也可以用百分数表示.

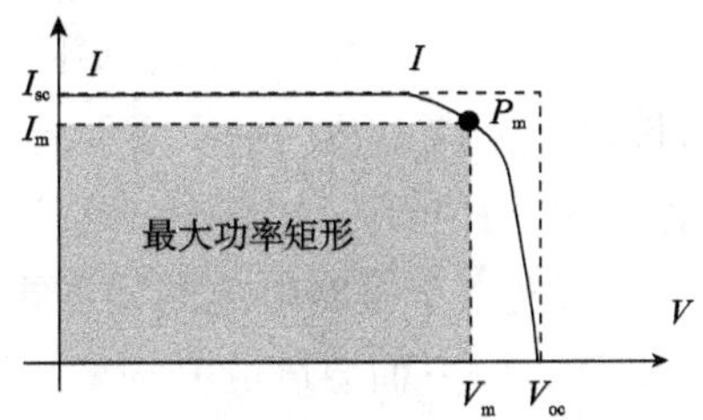

图 15-7　太阳能电池输出伏安曲线

太阳能电池本质上是一个 pn 结，因而具有一个确定的禁带宽度. 从原理我们得知只

有能量大于禁带宽度的入射光子才有可能激发光生载流子并继而发生光电转化. 因此，入射到太阳能电池的太阳光只有光子能量高于禁带宽度的部分才会实现能量的转化. 太阳能电池效率损失的原因主要有：电池表面的反射、电子和空穴在光敏感层之外由于重组而造成的损失，以及光敏层的厚度不够等因素. 综合来看，单晶硅太阳能电池的最大量子效率的理论值大约是 40%. 实际上，大规模生产的太阳能电池的效率还达不到理论极限的一半，只有百分之十几. 对太阳能电池效率有影响的还有其他很多因素，如大气对太阳光的吸收、表面保护涂层的吸收、反射、串联电阻热损失等. 综合考虑起来，太阳能电池的能量转换效率大致在 10%～15%.

为了提高单位面积的太阳能电池的输出功率，可能采取的办法中通过光学透镜集中太阳光是有效的. 太阳光强度可以提高几百倍，闭路电流线性增大，开路电流指数式增大. 不过具体的理论分析发现，太阳能电池的效率随着光照强度增大不是急剧增大的，而是有轻微增大. 但是考虑到透镜价格相对于太阳能电池低廉，所以透镜集中也是一个有优势的技术选择.

图 15-8 给出了对某种商用太阳能电池板室温下(25℃)实际测量得到的暗特性 I-V 曲线.

图 15-9 是对某种商用太阳能电池板室温下(25℃)、150W 氙灯光源直接照射下得到的光特性 I-V 曲线、功率曲线和最大功率矩形示意图.

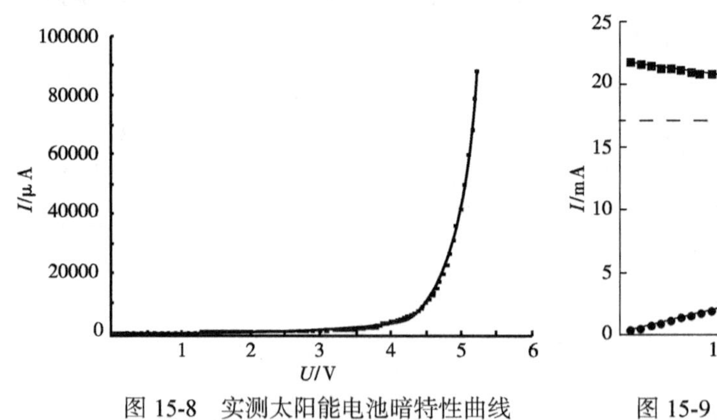

图 15-8　实测太阳能电池暗特性曲线

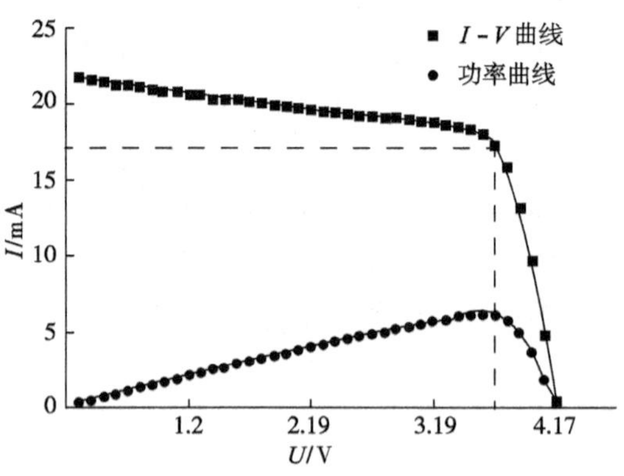

图 15-9　实测太阳能电池光特性曲线

5. 太阳能电池温度特性

太阳能电池温度特性是指电池片的开路电压 U_{oc}、短路电流 I_{sc} 及最大输出功率 P_m 与温度 T 之间的关系，温度特性是太阳能电池的一个重要特征. 对于大多数太阳能电池，在入射光强不变的情况下，随着温度 T 上升，短路电流 I_{sc} 略有上升，开路电压 U_{oc} 明显线性减小，由于开路电压的减小幅度大于短路电流的增加幅度所以转换效率降低. 温度对电流的影响主要作用于电子跃迁，一方面温度的升高减小了禁带宽度 E_g，使得更多光子激发电子跃迁. 另一方面，温度的上升提供了更多的声子能量，在声子的参与下，增加对光子的二次吸收. 温度的上升对增加光生电流具有积极的作用，但是对开路电压又

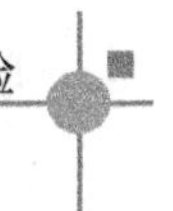

起着消极作用.

不同厂家生产的电池片的温度系数(温度升高 1℃对应参数的变化情况，单位为:%/℃)不同. 图 15-10 为某非晶硅太阳能电池片输出伏安特性随温度变化的一个例子，可以看出，随着温度升高，开路电压变小，短路电流略微增大，转换效率变低.

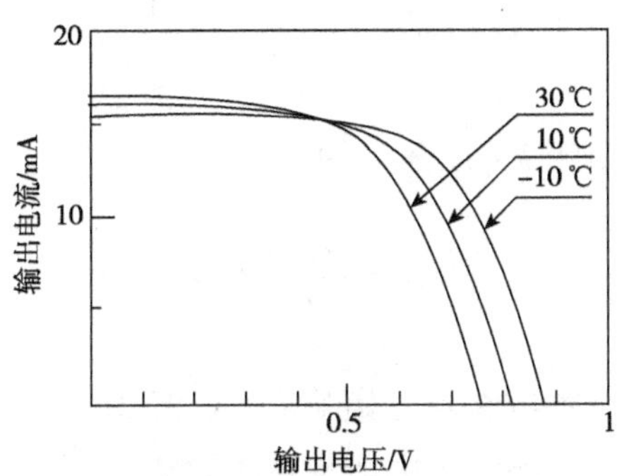

图 15-10 不同温度时非晶硅太阳能电池片的伏安特性

表 15-1 给出了太阳能标准光强(1000W/m^2)下实验测得的单晶硅、多晶硅、非晶硅太阳能电池输出特性的温度系数. 单晶硅与多晶硅转换效率的温度系数几乎相同，而非晶硅因为它的禁带宽度大而导致它的温度系数较低.

表 15-1 太阳能电池输出特性温度系数的实例

种类	温度升高 1℃各参数的变化情况/(%/℃)			
	开路电压 V_{oc}	短路电流 I_{sc}	填充因子 FF	转换效率 η
单晶硅太阳能电池	−0.32	0.09	−0.10	−0.33
多晶硅太阳能电池	−0.30	0.07	−0.10	−0.33
非晶硅太阳能电池	−0.36	0.10	0.03	−0.23

在太阳能电池板实际应用时必须考虑它的输出特性受温度的影响，特别是室外的太阳能电池，由于阳光的作用，太阳能电池在使用过程中温度变化可能比较大，所以温度系数是室外使用太阳能电池板时需要考虑的一个重要参数.

6. 太阳能电池光谱响应

太阳能电池的光谱响应描述了太阳能电池对不同波长的入射光的敏感程度，又称为光谱灵敏度，可分为绝对光谱响应和相对光谱响应. 只有能量大于半导体材料禁带宽度的那些光子才能激发出光生电子−空穴对，而光子的能量大小与光的波长有关.

一般来说,太阳能电池的光生电流 I_L 正比于光源的辐射功率 $\Phi(\lambda)$. 太阳能电池的绝对光谱响应 $R(\lambda)$ 定义为

$$R(\lambda)=\frac{I(\lambda)}{\Phi(\lambda)} \tag{15-12}$$

式中，$I(\lambda)$、$\Phi(\lambda)$ 分别为当入射光波长为 λ 时太阳能电池输出的短路电流和入射到太阳

能电池上的辐射功率.

如果光探测器(经过标定)在某一特定波长 λ 处的光谱响应是 $R'(\lambda)$、短路电流为 $I'(\lambda)$，那么在辐射功率 $\Phi(\lambda)$ 相同时，测量太阳能电池输出电流 $I(\lambda)$，则

$$\Phi(\lambda)=\frac{I'(\lambda)}{R'(\lambda)}=\frac{I(\lambda)}{R(\lambda)} \tag{15-13}$$

太阳能电池的绝对光谱响应可以表达为

$$R(\lambda)=\frac{I(\lambda)}{I'(\lambda)}R'(\lambda) \tag{15-14}$$

其中，$R'(\lambda)$ 为标准光强探测器的相对光谱响应(表 15-2)；$I'(\lambda)$ 为光强探测器在给定的辐照度下的短路电流；$I(\lambda)$ 为待测太阳电池片在相同辐照度下的短路电流. 而相对光谱响应等于绝对光谱响应除以绝对光谱响应的最大值.

表 15-2　光强探测器对应波长的相对光谱响应值

波长/nm	395	490	570	665	760	865	950	1035
相对光谱响应值	0.044	0.222	0.419	0.613	0.795	0.962	0.982	0.563

通过上述比对法就可以进行太阳能电池绝对光谱响应的测试. 在得到绝对光谱响应曲线后，将曲线上的点都除以该曲线的最大值，就得到对应的相对光谱响应曲线.

光谱响应特性与太阳能电池的应用：从太阳能电池应用的角度来说，太阳能电池的光谱响应特性与光源的辐射光谱特性相匹配是非常重要的，这样可以更充分地利用光能和提高太阳能电池的光电转换效率. 例如，有的电池在太阳光照射下转换效率较高，但在荧光灯这样的室内光源下就无法得到有效的光电转换. 不同的太阳能电池与不同的光源的匹配程度是不一样的. 而光强和光谱的不同，会引起太阳能电池输出的变动.

【实验仪器】

本仪器定位于探究型实验系统，除可以测量配套的样件以外，实验者还可以利用本系统测量自制的电池片组件. 系统主要包括氙灯电源、光源、测试主机、配套软件、USB 集成器及通信线、电池片试件和滤光片组. 本仪器可以进行不同太阳能电池片的整流特性实验，测量不同温度下电池片的整流特性、不同电池片的导通电压；可以测试不同温度、不同光照强度及不同太阳能电池的输出特性曲线，得到电池片的重要参数(开路电压、短路电流及最大输出功率)随温度、光照强度的变化关系，对比不同电池片的转换效率；还可以测量电池片的光谱曲线，找出不同电池片对哪些波长的光更敏感.

仪器组成：测试主机、氙灯电源、氙灯光源、滤光片组和电池片组. 实验操作和显示由计算机软件完成. 整机图片(图 15-11)和仪器构成示意图(图 15-12)如下：

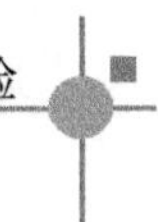

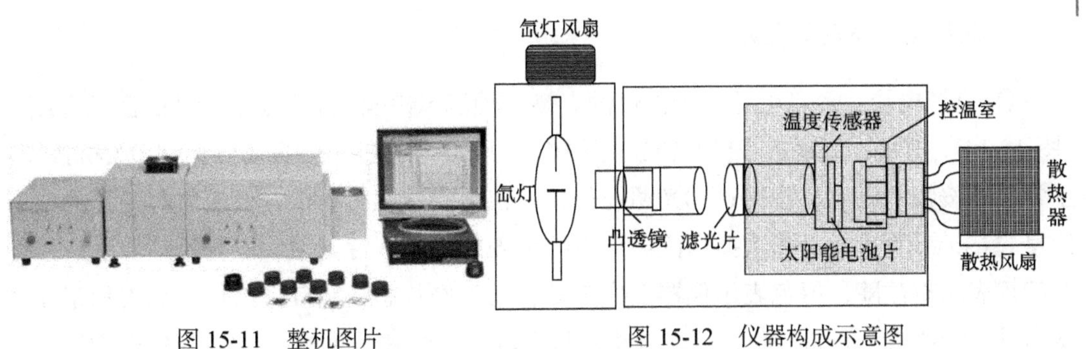

图 15-11　整机图片　　　　图 15-12　仪器构成示意图

1. 光路部分

本设备光路简洁，由氙灯光源、凸透镜、滤光片构成.

2. 测试主机

(1)面板介绍：(图 15-13).

①紧急停机按钮：直接按下为关，顺时针旋转自动归位；②关机按钮：正常关机按钮；③开机按钮；④PC 接口：与计算机通信的 USB 接口；⑤光源通信接口：与氙灯电源通信，接收氙灯光源的状态信息(暂未使用)；⑥故障指示灯：红色闪烁表示有故障，绿色表示工作正常；⑦工作状态指示灯：红色闪烁表示腔内温度调整中，绿色表示未进行温度调整；⑧电源指示灯：红色闪烁表示关机中，红色表示工作正常.

ZKY-SAC-III+G　太阳能光伏电池实验（探究型）系统

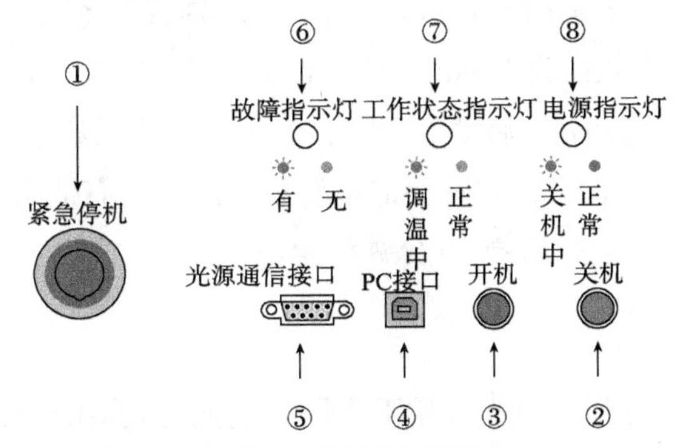

图 15-13　测试主机面板示意图

(2)电路部分. 电路部分包括温度控制电路和测试电路两个部分. 温控电路用于太阳能电池片所在的控温室的温度控制，在一定范围内，可使控温室达到指定温度. 测试电路用于测试太阳能电池片各性能的数据，该电路将测得的数据传送给计算机，由计算机进行数据的处理和显示.

(3)控温室. 给太阳能电池片提供一个-10～40℃的太阳能电池片的测试环境. 温控间隔 5℃.

3. 氙灯电源与氙灯光源

(1) 氙灯电源：氙灯电源用于氙灯的点燃、轴流风冷及光源腔体内除湿. 面板介绍：(图 15-14). 其中，①紧急停机按钮：直接按下为关，顺时针旋转自动归位；②关机按钮：正常关机按钮；③开机按钮；④光源通信接口：与测试主机通信，传送氙灯光源的状态信息(暂未使用)；⑤光强选择挡位：从 1 挡到 6 挡，光强逐渐增大；⑥故障指示灯：红色闪烁表示有故障，绿色表示仪器工作正常；⑦工作状态指示灯：红色闪烁表示正在准备启动，绿色表示正常工作；⑧电源指示灯：红色闪烁表示关机中，红色表示工作正常.

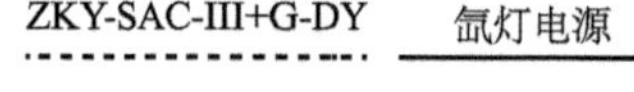

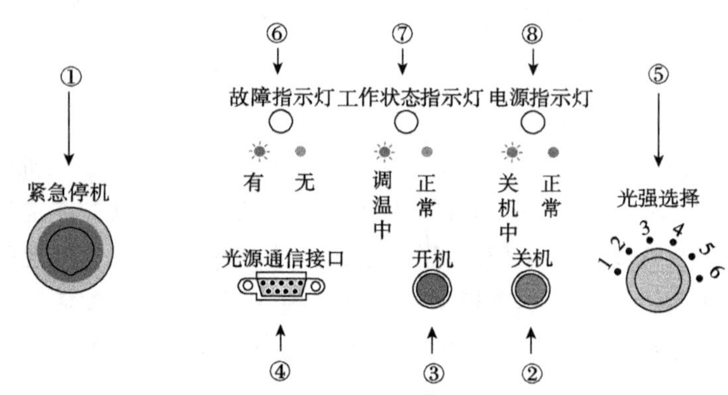

图 15-14　氙灯电源面板示意图

(2) 氙灯光源. 采用高压氙灯光源，高压氙灯具有与太阳光相近的光谱分布特征. 光源功率 750W，出射光孔径为 50mm；氙灯启动过程中有 3 分钟的腔体除湿，防止因空气湿度过大氙灯不能正常启动. 启动过程中，光强挡位必须放置在第 6 挡才能启动，若光强挡位选择不是第 6 挡，会出现短促的报警声，此时只需把光强挡位调整到第 6 挡即可正常启动. 实验时氙灯点亮后约 30 分钟稳定后再使用.

4. 滤光片组

滤色片用于研究近似单色光作用下太阳能电池的光谱响应特性. 滤光片共 8 种，中心波长分别为 395nm、490nm、570nm、665nm、760nm、865nm、950nm、1035nm.

5. 太阳能电池片组

太阳能电池片组件包括单晶硅、多晶硅和非晶硅，均采用普通商用硅太阳能电池片，且为 5 级串联.

(1) 单晶硅和多晶硅有效受光面积均为 30mm × 30mm，为 pn 结构.

(2) 非晶硅有效受光面积约为 30mm × 24mm (注意：软件帮助信息中提到非晶硅的有效面积为 681mm^2，实验过程中应该以操作说明书为准)，为 pin 结构.

(3) 在光照特性实验中，光强探测器用于测定入射光强度，已通过标准光功率计进行

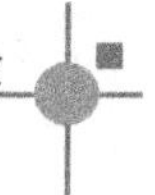

校准；在光谱特性实验中，光强探测器的光谱曲线是已知的. 光强探测器的表面积为 $7.5mm^2$.

6. 微机软件

见软件说明书.

【实验内容】

1. 太阳能电池的暗特性测量

暗伏安特性是指无光照时，流经太阳能电池的电流与外加电压之间的关系. 实验在避光条件下进行，分别测量单晶硅、多晶硅和非晶硅三种电池片在同一温度下的 *I-V* 特性和不同温度下(35℃、15℃和−5℃)单晶硅太阳能电池片的正、反向暗伏安特性. 测量原理如图 15-15 所示.

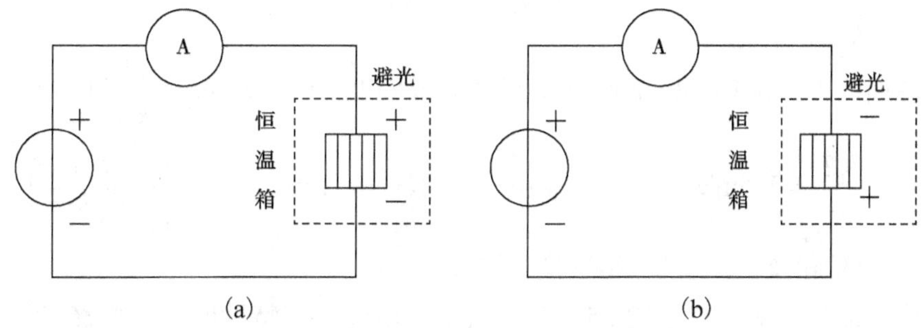

图 15-15　(a)暗伏安特性正向测试原理图；(b)暗伏安特性反向测试原理图

实验步骤：

(1)打开测试主机，镜筒加遮光罩，将单晶硅电池片放入插槽，调节控温箱温度，将温度控制在 35℃，按图 15-15(a)连接电路，在太阳能电池片两端加 0～4V 的电压，测量并记录太阳能电池两端的电流.

备注：在不损害电池片的前提下，为最大限度地观察 *I-V* 特性曲线的趋势，由于电池片的灵敏度不一致，可能在 3.80V 左右提示电流源保护，这是正常的，不影响数据的存储和输出.

(2)按图 15-15(b)连接电路，在太阳能电池片两端加 0～4V 的电压，测量并记录流过太阳能电池的反向电流.

(3)将单晶硅电池片换成多晶硅和非晶硅电池片，重复以上步骤，记录它们在 35℃下的暗特性实验数据.

汇总测试数据形成 *I-V* 特性曲线. 根据实验时间安排测量不同温度下的特性曲线. 根据理想 pn 结电流电压方程对正偏实验数据进行拟和.

实验结果：汇总正向偏压数据形成的 *I-V* 特性曲线如图 15-16 所示.

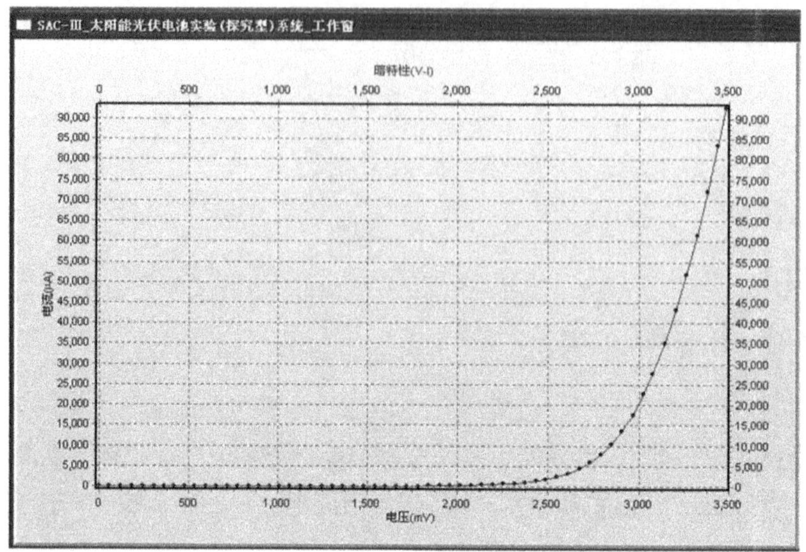

图 15-16　*I-V* 特性曲线图

取特性曲线上两点(3000，20000)，(3300，60000)由 $I = I_s\left[\exp\left(\frac{eV}{k_0T}\right)-1\right]$，其中 $\frac{k_0T}{e}$ 为常数，可得 $\frac{k_0T}{e} = 273\text{mV}$ ，$I_s = 0.34\mu\text{A}$ ，即拟合函数为 $I_s = 0.34\left[\exp\left(\frac{V}{273}\right)-1\right]$. 将温度分别改为 15℃和−5℃，重复步骤(1)、(2).

根据得到的实验数据，绘制 35℃时各太阳能电池的暗特性曲线，观察三种不同电池片的暗伏安特性曲线有什么的异同，试分析原因；观察单晶硅电池片在三个不同温度下的暗特性曲线，试说明 pn 结的 *I-V* 曲线随温度如何变化.

2. 太阳能电池的光照特性测试

太阳能电池的光照特性测试是指不同温度、不同光照强度下，单晶硅、多晶硅、非晶硅 3 种太阳能电池片的输出 *I-V* 特性曲线，并由此计算得到开路电压、短路电流、最大输出功率、填充因子和转换效率. 光功率由光强探测器间接测得：$P_{in} = E_e \times A$ ，其中 E_e 为光强探测器测得的光强值，A 为太阳能电池有效光照面积.

打开氙灯光源，先预热 30 分钟，取掉遮光盖.

1)单晶硅太阳能电池温度特性实验

光强挡位固定在 5 挡(该挡位接近标准光强：1000W/m^2)，测量不同温度下电池片(以单晶硅为例)的输出 *I-V* 特性；研究开路电压、短路电流和最大输出功率随温度如何变化.

实验步骤：

(1)将温度控制在 35℃，待温控箱的温度稳定 5 分钟左右，测量单晶硅电池片的输出 *I-V* 特性，记录开路电压、短路电流和最大输出功率.

(2)将温度分别设置为 25℃、15℃、5℃和−5℃，重复以上实验步骤.

绘制单晶硅在不同温度下的 I-V 特性曲线，试说明随着温度的变化，其输出特性如何变化？为什么？

根据各温度 T 下得到的单晶硅电池片的开路电压 U_{oc}，绘制 U_{oc}-T 关系曲线，求出电池片的温度特性. 试分别说明短路电流 I_{sc} 和最大输出功率 P_m 与温度之间的关系.

2) 单晶硅太阳能电池光强特性实验

温度控制在 25℃，测量不同挡位下单晶硅太阳能电池片的输出 I-V 特性(注：每次换挡过后等光源稳定 5 分钟以后再进行实验)，研究开路电压、短路电流和最大输出功率随光强如何变化.

实验步骤：

(1) 氙灯光源置于 1 挡，使用光强探测器测量此时的光强，测试成功后取出光强探测器，放入单晶硅电池片，记录单晶硅电池的 I-V 特性、开路电压、短路电流和最大输出功率，计算填充因子和转换效率.

(2) 依次调节光强挡位至 2～6 挡，重复以上步骤.

绘制单晶硅在不同光强下的 I-V 特性曲线，试说明随着光强的变化，其输出特性如何变化？为什么？

根据各光强 E_e 下得到的单晶硅电池片的开路电压 U_{oc}、短路电流 I_{sc} 和最大输出功率 P_m，绘制 U_{oc}-E_e、I_{sc}-E_e、P_m-E_e 关系曲线. 试说明这些参数与光强之间的关系.

3) 不同太阳能电池片的输出特性

温度控制在 25℃，氙灯光源置于 5 挡，测量单晶硅、多晶硅和非晶硅三种太阳能电池片的输出 I-V 特性，比较三种电池片输出特性的异同.

(1) 使用光强探测器测量此时的光强，测试成功后取出光强探测器，放入单晶硅电池片，记录单晶硅电池的输出 I-V 特性、开路电压、短路电流和最大输出功率，计算填充因子和转换效率.

(2) 更换太阳能电池片，重复以上步骤，测量多晶硅、非晶硅电池片的输出 I-V 特性.

根据实验数据，绘制相同实验条件下，不同硅片的输出 I-V 特性曲线，比较三者的异同. 根据计算得到的转换效率 η，比较三者的转换效率.

4) 太阳能电池光谱灵敏度实验

将温度控制在 25℃，氙灯光源设定在 5 挡. 加载不同滤光片，放入光强探测器，测量透过滤光片后光强探测器产生的电流 $I'(\lambda)$. 取出光强探测器，放入各单晶硅太阳能电池片，测量加载滤光片后单晶硅的短路电流 $I(\lambda)$，通过原理中所述比对法结合原理描述中给出的相对光谱灵敏度参考值就可以进行光谱响应曲线的绘制. 然后，按照同样的方法测试多晶硅和非晶硅的光谱相应曲线.

实验步骤：

(1) 插入光强探测器，加载 395nm 滤光片，记录此时的光强探测器产生的电流 $I'(\lambda)$，将光强探测器换成单晶硅片，记录对应的短路电流 $I(\lambda)$.

(2)将滤光片换成 490nm、570nm、665nm、760nm、865nm、950nm、1035nm，重复以上步骤.

(3)计算单晶硅电池片的绝对光谱响应，再计算各自的相对光谱响应.

(4)将单晶硅电池片分别换成多晶硅和非晶硅，重复以上步骤.

分别描绘及比较各种太阳能电池片的相对光谱灵敏度曲线，试分别说明各种太阳能电池对太阳光哪些波段最灵敏.

【注意事项】

1. 氙灯光源

(1)机箱内有高压，非专业人员请勿打开，否则易造成触电危险.

(2)机箱表面温度较高，请勿触摸，避免烫伤.

(3)请勿遮挡机箱上下进出风口，否则可能造成仪器损坏.

(4)氙灯工作时，请勿直视氙灯，避免伤害眼睛.

(5)严禁向机箱内丢杂物.

(6)为保证使用安全，三芯电源线须可靠接地.

(7)仪器在不用时请将与外电网相连的插头拔下.

2. 氙灯电源

(1)为保证使用安全，三芯电源线须可靠接地.

(2)仪器在不用时请将与外电网相连的插头拔下.

(3)氙灯启动时氙灯光强选择旋钮必须放到第 6 挡，否则可能无法点亮氙灯.

(4)关机时，按下关机按钮 15 秒，氙灯未熄灭，说明仪器出现故障，应按下紧急开关按钮.

3. 测试主机

(1)风扇在高速旋转时，严禁向内丢弃杂物.

(2)实验时请关闭顶盖，关闭顶盖时应注意安全，不要夹到手指.

(3)为保证使用安全，三芯电源线须可靠接地.

(4)请勿遮挡机箱风扇进出风口，否则可能造成仪器损坏.

(5)仪器在不用时请将与外电网相连的插头拔下.

(6)温控开启后，若发现制冷腔散热器风扇未转应按下紧急开关按钮，待修.

4. 实验配件

(1)太阳能电池板组件为易损部件，应避免挤压和跌落.

(2)光学镜头要注意防尘，注意不要刮伤表面. 使用完毕后，应包装好置于镜头盒内. 滤光片在强光下连续工作应小于 30 分钟，否则将损坏滤光片.

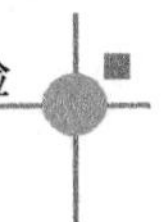

【思考题】

(1) 太阳能电池的工作原理是什么？

(2) 为了得到较高的光电转化效率，太阳能电池在高温下工作有利还是低温下工作有利？

(3) 为了尽可能提高太阳能电池的光电转换效率，太阳能电池表面应该怎么处理？

(4) 不同单色光下太阳能电池的光照特性有什么变化？为什么？

【附录】

一、太阳能电池的分类

太阳能电池根据所用材料的不同还可分为：晶硅太阳能电池、多元化合物薄膜太阳能电池、聚合物多层修饰电极型太阳能电池等，如图 15-17 所示.

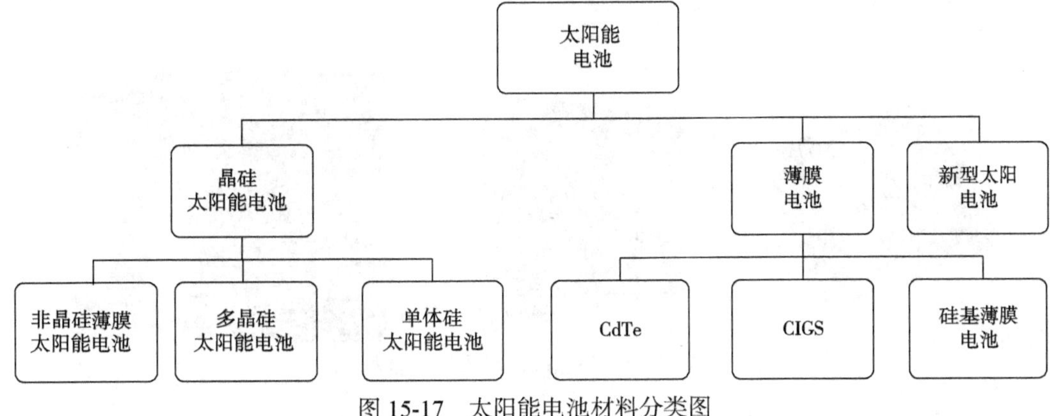

图 15-17　太阳能电池材料分类图

1. 晶硅太阳能电池

晶硅太阳能电池分为单晶硅太阳能电池、多晶硅太阳能电池和非晶硅薄膜太阳能电池三种.

1) 单晶硅太阳能电池

目前单晶硅太阳能电池的光电转换效率为 19%左右，最高的达到 24%，这是目前所有种类的太阳能电池中光电转换效率最高的技术也最为成熟，但制作成本很大，以至于它还不能大量普遍地使用. 由于单晶硅一般采用钢化玻璃以及防水树脂进行封装，所以其坚固耐用，使用寿命一般可达 15 年，最高可达 25 年. 单晶硅太阳能电池的构造和生产工艺已定型，产品已广泛用于空间和地面. 这种太阳能电池以高纯的单晶硅棒为原料.

2) 多晶硅太阳能电池

多晶硅太阳电池的制作工艺与单晶硅太阳电池差不多，但是多晶硅太阳能电池的光电转换效率要降低不少，其光电转换效率约 17%左右. 从制作成本上来讲，比单晶硅太阳能电池要便宜一些，材料制造简便，节约电耗，总的生产成本较低，因此得到大量发展. 此外，多晶硅太阳能电池的使用寿命也要比单晶硅太阳能电池短. 多晶硅太阳能电池的生产需要消耗大量的高纯硅材料，而制造这些材料工艺复杂，电耗很大，在太阳能电池生产总成本中已超 1/2.

3) 非晶硅薄膜太阳能电池

非晶硅薄膜太阳能电池(图 15-18)与单晶硅和多晶硅太阳电池的制作方法完全不同，工艺过程大大简化，硅材料消耗很少，电耗更低，成本低，重量轻，转换效率较高，便于大规模生产，它的主要优点是在弱光条件也能发电，有极大的潜力. 但非晶硅太阳电池存在的主要问题是光电转换效率偏低，目前国际先进水平为 10%左右，且不够稳定，随着时间的延长，其转换效率衰减，直接影响了它的实际应用. 如果能进一步解决稳定性问题及提高转换率问题，那么，非晶硅太阳能电池无疑是太阳能电池的主要发展产品之一.

图 15-18　非晶硅薄膜太阳电池板

2. 多元化合物薄膜太阳能电池

多元化合物薄膜太阳能电池材料为无机盐，其主要包括砷化镓Ⅲ–Ⅴ族化合物、硫化镉及铜铟硒薄膜电池等.

硫化镉、碲化镉多晶薄膜电池的效率较非晶硅薄膜太阳能电池效率高，成本较单晶硅电池低，并且也易于大规模生产，但由于镉有剧毒，会对环境造成严重的污染，所以，并不是晶体硅太阳能电池最理想的替代产品.

砷化镓(GaAs) Ⅲ–Ⅴ化合物电池的转换效率可达 28%，GaAs 化合物材料具有十分理想的光学带隙以及较高的吸收效率，抗辐照能力强，对热不敏感，适合于制造高效单结电池. 但是 GaAs 材料的价格不菲，因而在很大程度上限制了用 GaAs 电池的普及.

铜铟硒薄膜电池(简称 CIS)适合光电转换，不存在光致衰退问题，转换效率和多晶

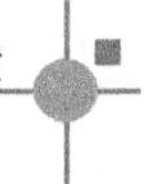

硅一样，具有价格低廉、性能良好和工艺简单等优点，将成为今后发展太阳能电池的一个重要方向(图 15-19). 唯一的问题是材料的来源，由于铟和硒都是比较稀有的元素，所以这类电池的发展又必然受到限制.

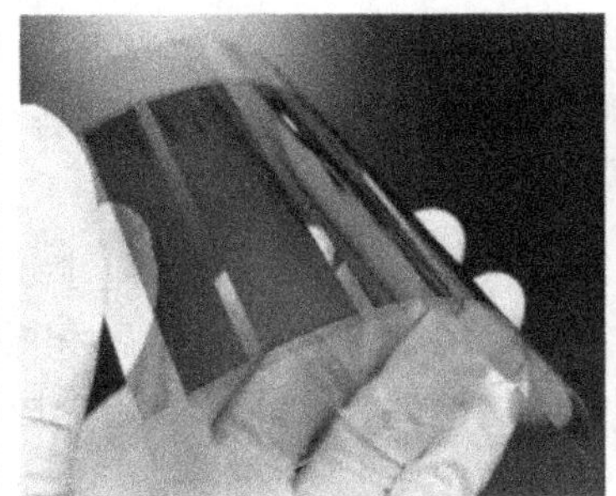

图 15-19　铜铟硒薄膜电池

3. 聚合物多层修饰电极型太阳能电池

在太阳能电池中以聚合物代替无机材料是刚刚开始的一个太阳能电池制造的研究方向. 其原理是利用不同氧化还原型聚合物的不同氧化还原电势，在导电材料(电极)表面进行多层复合，制成类似无机 pn 结的单向导电装置. 其中一个电极的内层由还原电位较低的聚合物修饰，外层聚合物的还原电位较高，电子转移方向只能由内层向外层转移；另一个电极的修饰正好相反，并且第一个电极上两种聚合物的还原电位均高于后者的两种聚合物的还原电位. 当两个修饰电极放入含有光敏化剂的电解波中时，光敏化剂吸光后产生的电子转移到还原电位较低的电极上，还原电位较低电极上积累的电子不能向外层聚合物转移，只能通过外电路通过还原电位较高的电极回到电解液，因此外电路中有光电流产生.

有机材料柔性好、制作容易、材料来源广泛、成本低等优势对大规模利用太阳能，提供廉价电能具有重要意义. 但以有机材料制备太阳能电池的研究刚刚开始，不论是使用寿命，还是电池效率都不能和无机材料特别是硅电池相比. 能否发展成为具有实用意义的产品，还有待进一步研究探索.

二、太阳能电池的发展进程

第一代太阳能电池：包括单晶硅太阳能电池和多晶硅太阳能电池. 从单晶硅太阳能电池发明开始到现在，尽管硅材料有各种问题，但仍然是目前太阳能电池的主要材料，其比例占整个太阳能电池产量的 90%以上. 我国北京市太阳能研究所从 20 世纪 90 年代起开始进行高效电池研究，采用倒金字塔表面织构化、发射区钝化、背场等技术，使单晶硅太阳能电池的效率达到了 19.8%.

第二代太阳能电池：第二代太阳能电池是基于薄膜材料的太阳电池. 薄膜技术所需

的材料较晶体硅太阳电池少得多，且易于实现大规模生产. 薄膜电池主要有非晶硅薄膜电池、多晶硅薄膜电池、碲化镉及铜铟硒薄膜电池. 我国南开大学于 20 世纪 80 年代末开始研究铜铟硒薄膜电池，目前在该研究领域处国内领先、国际先进地位. 其制备的铜铟硒太阳能电池的效率已经超过 12%. 铜铟硒薄膜太阳能电池的试生产线亦已建成. 我国在染料敏化纳米薄膜太阳能电池的科学研究和产业化研究上都与世界研究水平相接近. 在染料敏化剂、纳米薄膜修饰和电池光电效率上都取得与世界接近的科研水平，在该领域有一定的影响.

第三代太阳能电池：第三代太阳能电池必须具有以下条件：薄膜化，转换效率高，原料丰富且无毒. 目前第三代太阳能电池还在进行概念和简单的试验研究. 已经提出的第三代太阳能电池主要有叠层太阳能电池、多带隙太阳能电池等.

虽然太阳能电池材料的研究已到了第三个阶段，但是在工艺技术的成熟程度和制造成本上，都不能和常规的硅太阳能电池相提并论. 硅太阳能电池的制造成本经过几十年的努力终于有了大幅度的降低，但是与常规能源相比，仍然比较昂贵，这又限制了它的进一步大规模应用. 鉴于此点，开发低成本、高效率的太阳能电池材料仍然有很长的路要走.

实验十六　液晶电光效应

液晶是介于液体与晶体之间的一种物质状态. 一般的液体内部分子排列是无序的，而液晶既具有液体的流动性，其分子又按一定规律有序排列，使它呈现晶体的各向异性. 当光通过液晶时，会产生偏振面旋转、双折射等效应. 液晶分子是含有极性基团的极性分子，在电场作用下，偶极子会按电场方向取向，导致分子原有的排列方式发生变化，液晶的光学性质也随之发生改变，这种由外电场引起的液晶光学性质的改变称为液晶的电光效应.

1888 年，奥地利植物学家 Reinitzer 在做有机物溶解实验时，在一定的温度范围内观察到了液晶. 1961 年美国 RCA 公司的 Heimeier 发现了液晶的一系列电光效应，并制成了显示器件. 从 20 世纪 70 年代开始，日本公司将液晶与集成电路技术结合，制成了一系列的液晶显示器件，至今在这一领域保持领先地位. 液晶显示器件由于具有驱动电压低(一般为几伏)、功耗极小、体积小、寿命长、环保无辐射等优点，在当今各种显示器件的竞争中有独领风骚之势.

【实验原理】

1. 液晶光开关的工作原理

液晶的种类很多，仅以常用的 TN(扭曲向列)型液晶为例，说明其工作原理.

TN 型光开关的结构如图 16-1 所示. 在两块玻璃板之间夹有正性向列相液晶，液晶分子的形状如同火柴一样，为棍状. 棍的长度在十几埃($1Å = 10^{-10}m$)，直径为 4～6Å，液晶层厚度一般为 5～8 μm. 玻璃板的内表面涂有透明电极，电极的表面预先做了定向处理(可用软绒布朝一个方向摩擦，也可在电极表面涂取向剂)，这样，液晶分子在透明电极表面就会躺在摩擦所形成的微沟槽里；电极表面的液晶分子按一定方向排列，且上下电极上的定向方向相互垂直. 上下电极之间的那些液晶分子因范德瓦尔斯力的作用，趋向于平行排列. 然而由于上下电极上液晶的定向方向相互垂直，所以从俯视方向看，液晶分子的排列从上电极的沿−45°方向排列逐步地、均匀地扭曲到下电极的沿+45°方向排列，整个扭曲了 90°，如图 16-1 左图所示.

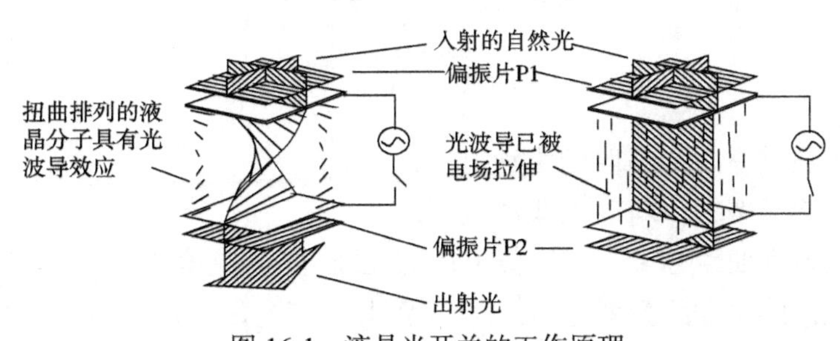

图 16-1　液晶光开关的工作原理

理论和实验都证明，上述均匀扭曲排列起来的结构具有光波导的性质，即偏振光从上电极表面通过扭曲排列起来的液晶传播到下电极表面时，偏振方向会旋转 90°.

取两张偏振片贴在玻璃的两面，P1 的透光轴与上电极的定向方向相同，P2 的透光轴与下电极的定向方向相同，于是 P1 和 P2 的透光轴相互正交.

在未加驱动电压的情况下，来自光源的自然光经过偏振片 P1 后只剩下平行于透光轴的线偏振光，该线偏振光到达输出面时，其偏振面旋转了 90°. 这时光的偏振面与 P2 的透光轴平行，因而有光通过.

在施加足够电压的情况下(一般为 1～2V)，在静电场的作用下，除了基片附近的液晶分子被基片“锚定”以外，其他液晶分子趋于平行于电场方向排列. 于是原来的扭曲结构被破坏，成了均匀结构，如图 16-1 右图所示. 从 P1 透射出来的偏振光的偏振方向在液晶中传播时不再旋转，保持原来的偏振方向到达下电极. 这时光的偏振方向与 P2 正交，因而光被关断.

由于上述光开关在没有电场的情况下让光透过，加上电场的时候光被关断，所以叫做常通型光开关，又叫做常白模式. 若 P1 和 P2 的透光轴相互平行，则构成常黑模式.

液晶可分为热致液晶与溶致液晶. 热致液晶在一定的温度范围内呈现液晶的光学各向异性，溶致液晶是溶质溶于溶剂中形成的液晶. 目前用于显示器件的都是热致液晶，它的特性随温度的改变而有一定变化.

2. 液晶光开关的电光特性

图 16-2 为光线垂直液晶面入射时本实验所用液晶相对透射率(以不加电场时的透射率为 100%)与外加电压的关系.

由图 16-2 可见，对于常白模式的液晶，其透射率随外加电压的升高而逐渐降低，在一定电压下达到最低点，此后略有变化. 可以根据此电光特性曲线图得出液晶的阈值电压和关断电压.

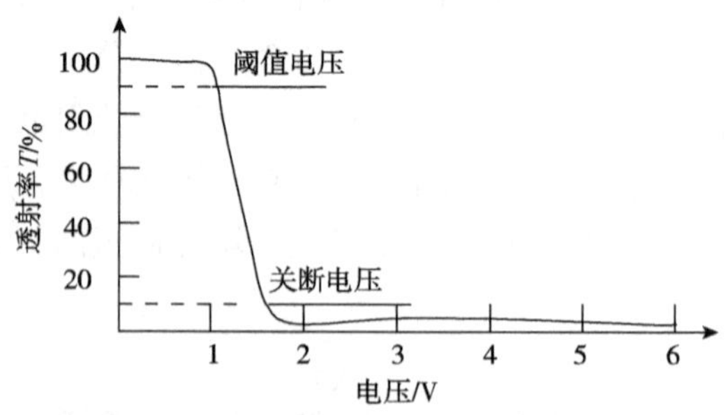

图 16-2 液晶光开关的电光特性曲线

阈值电压：透过率为 90%时的驱动电压；

关断电压：透过率为 10%时的驱动电压.

液晶的电光特性曲线越陡，即阈值电压与关断电压的差值越小，由液晶开关单元构成的显示器件允许的驱动路数就越多. TN 型液晶最多允许 16 路驱动，故常用于数码显示. 在电脑、电视等需要高分辨率的显示器件中，常采用 STN(超扭曲向列)型液晶，以

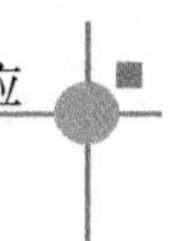

改善电光特性曲线的陡度，增加驱动路数.

3. 液晶光开关的时间响应特性

加上(或去掉)驱动电压能使液晶的开关状态发生改变，是因为液晶的分子排序发生了改变，这种重新排序需要一定时间，反映在时间响应曲线上，用上升时间 τ_r 和下降时间 τ_d 描述. 给液晶开关加上一个如图 16-3 上图所示的周期性变化的电压，就可以得到液晶的时间响应曲线，上升时间和下降时间，如图 16-3 所示.

上升时间：透过率由 10%升到 90%所需时间；

下降时间：透过率由 90%降到 10%所需时间.

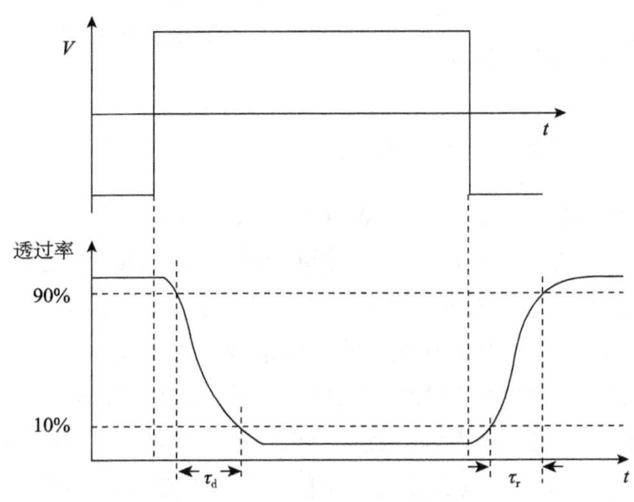

图 16-3　液晶驱动电压和时间响应图

液晶的响应时间越短，显示动态图像的效果越好，这是液晶显示器的重要指标. 早期的液晶显示器在这方面逊色于其他显示器，现在通过结构方面的技术改进，已达到很好的效果.

液晶可分为热致液晶与溶致液晶. 热致液晶在一定的温度范围内呈现液晶的光学各向异性，溶致液晶是溶质溶于溶剂中形成的液晶. 目前用于显示器件的都是热致液晶，它的特性随温度的改变而有一定变化.

4. 液晶光开关的视角特性

液晶光开关的视角特性表示对比度与视角的关系. 对比度定义为光开关打开和关断时透射光强度之比，对比度大于 5 时，可以获得满意的图像，对比度小于 2 时，图像就模糊不清了.

图 16-4 表示某种液晶视角特性的理论计算结果. 在图 16-4 中，用与原点的距离表示垂直视角(入射光线方向与液晶屏法线方向的夹角)的大小. 图中 3 个同心圆分别表示垂直视角为 30°、60°和 90°. 90°同心圆外面标注的数字表示水平视角(入射光线在液晶屏上的

投影与 0°方向之间的夹角）的大小. 图 16-4 中的闭合曲线为不同对比度时的等对比度曲线.

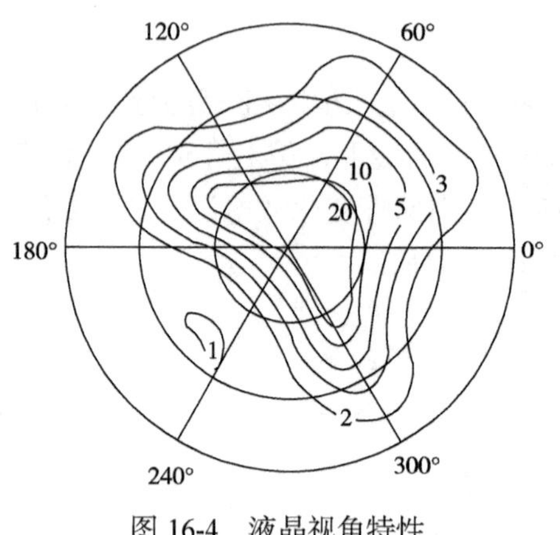

图 16-4　液晶视角特性

由图 16-4 可以看出，液晶的对比度与垂直和水平视角都有关，而且具有非对称性. 若我们把具有图 16-4 所示视角特性的液晶开关逆时针旋转，以 220°方向向下，并由多个显示开关组成液晶显示屏. 则该液晶显示屏的左右视角特性对称，在左、右和俯视 3 个方向，垂直视角接近 60°时对比度为 5，观看效果较好. 在仰视方向对比度随着垂直视角的加大迅速降低，观看效果差.

5. *液晶光开关构成图像显示矩阵的方法*

除了液晶显示器以外，其他显示器靠自身发光来实现信息显示功能. 这些显示器主要有以下几种：阴极射线管（CRT）显示，等离子体显示（PDP），电致发光显示（ELD），发光二极管（LED）显示，有机发光二极管（OLED）显示，真空荧光管显示（VFD），场发射显示（FED）. 这些显示器因为要发光，所以要消耗大量的能量.

液晶显示器通过对外界光线的开关控制来完成信息显示任务，为非主动发光型显示，其最大的优点在于能耗极低. 正因为如此，液晶显示器在便携式装置的显示方面（如电子表、万用表、手机、传呼机等）具有不可替代的地位. 下面我们来看看如何利用液晶光开关来实现图形和图像显示任务.

矩阵显示方式，是把图 16-5（a）所示的横条形状的透明电极制在一块玻璃片上，叫做行驱动电极，简称行电极（常用 Xi 表示），而把竖条形状的电极制在另一块玻璃片上，叫做列驱动电极，简称列电极（常用 Si 表示）. 将这两块玻璃片面对面组合起来，把液晶灌注在这两片玻璃之间构成液晶盒. 为了画面简洁，通常将横条形状和竖条形状的 ITO 电极抽象为横线和竖线，分别代表扫描电极和信号电极，如图 16-5（b）所示.

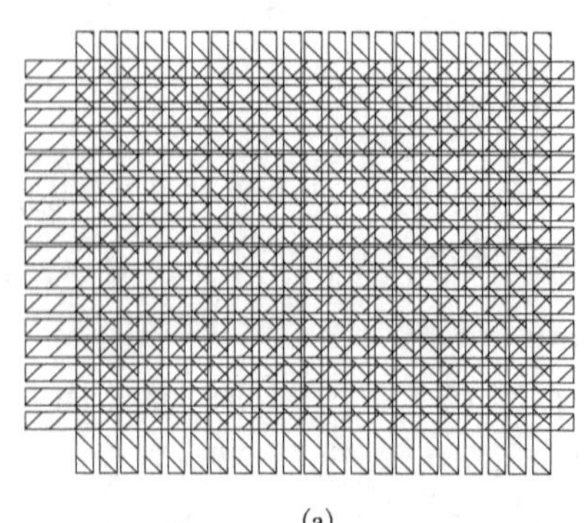
(a)

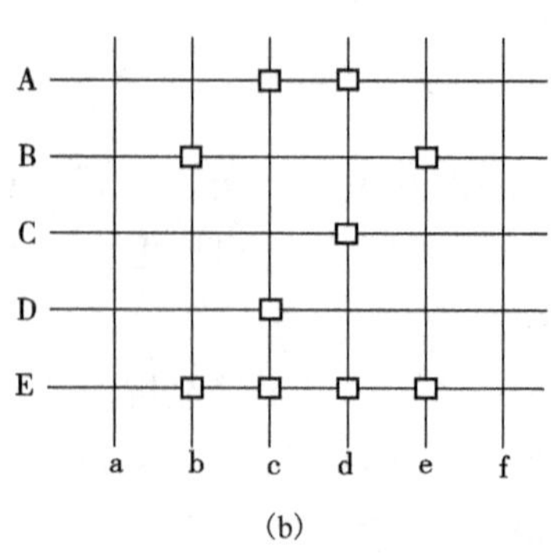

(b)

图 16-5　液晶光开关组成的矩阵式图形显示器

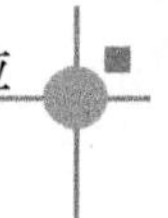

矩阵型显示器的工作方式为扫描方式. 显示原理可依以下的简化说明做一介绍.

欲显示图 16-5(b)的那些有方块的像素，首先在第 A 行加上高电平，其余行加上低电平，同时在列电极的对应电极 c、d 上加上低电平，于是 A 行的那些带有方块的像素就被显示出来了. 然后第 B 行加上高电平，其余行加上低电平，同时在列电极的对应电极 b、e 上加上低电平，因而 B 行的那些带有方块的像素被显示出来了. 然后是第 C 行、第 D 行，…，依此类推，最后显示出一整场的图像. 这种工作方式称为扫描方式.

这种分时间扫描每一行的方式是平板显示器的共同的寻址方式，依这种方式，可以让每一个液晶光开关按照其上的电压的幅值让外界光关断或通过，从而显示出任意文字、图形和图像.

【实验仪器】

本实验所用仪器为液晶光开关电光特性综合实验仪，其外部结构如图 16-6 所示. 下面简单介绍仪器各个按钮的功能.

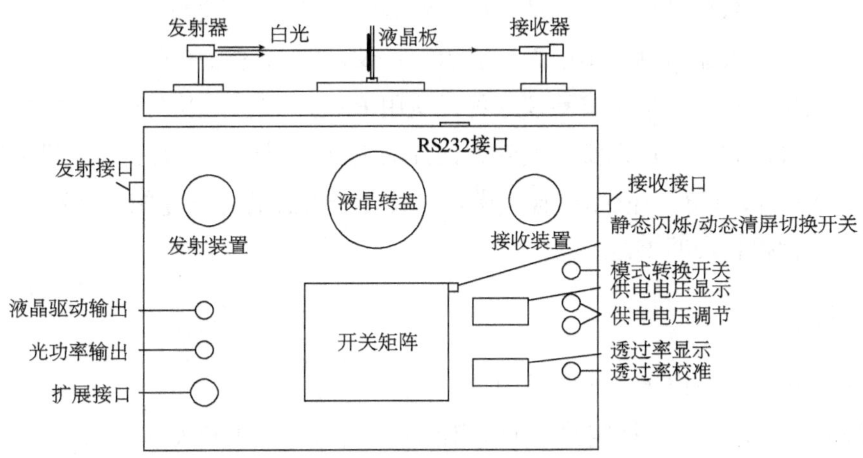

图 16-6　液晶光开关电光特性综合实验仪功能键示意图

模式转换开关：切换液晶的静态和动态(图像显示)两种工作模式. 在静态时，所有的液晶单元所加电压相同，在(动态)图像显示时，每个单元所加的电压由开关矩阵控制. 同时，当开关处于静态时打开发射器，当开关处于动态时关闭发射器；

静态闪烁/动态清屏切换开关：当仪器工作在静态时，此开关可以切换到闪烁和静止两种方式；当仪器工作在动态时，此开关可以清除液晶屏幕因按动开关矩阵而产生的斑点；

供电电压显示：显示加在液晶板上的电压，范围在 0.00～7.60V；

供电电压调节：改变加在液晶板上的电压，调节范围在 0～7.6V. 其中单击“+”按键(或“−”按键)可以增大(或减小)0.01V. 一直按住“+”按键(或“−”按键)2 秒以上可以快速增大(或减小)供电电压；

透过率显示：显示光透过液晶板后光强的相对百分比；

透过率校准：在接收器处于最大接收状态的时候(即供电电压为 0V 时)，如果显示值大于“250”，则按住该键 3 秒可以将透过率校准为 100%；如果供电电压不为 0，或显示小于“250”，则该按键无效，不能校准透过率.

液晶驱动输出：接存储示波器，显示液晶的驱动电压；

光功率输出：接存储示波器，显示液晶的时间响应曲线，可以根据此曲线来得到液晶响应时间的上升时间和下降时间；

扩展接口：连接 LCDEO 信号适配器的接口，通过信号适配器可以使用普通示波器观测液晶光开关特性的响应时间曲线；

发射器：为仪器提供较强的光源；

液晶板：本实验仪器的测量样品；

接收器：将透过液晶板的光强信号转换为电压输入到透过率显示表；

开关矩阵：此为 16×16 的按键矩阵，用于液晶的显示功能实验；

液晶转盘：承载液晶板一起转动，用于液晶的视角特性实验；

电源开关（在仪器后侧，图中无法显示）：仪器的总电源开关.

RS232 接口：只有微机型实验仪才可以使用 RS232 接口. 用于和计算机的串口进行通信，通过配套的软件，可以实现将软件设计的文字或图形送到液晶片上显示出来的功能. 必须注意的是，只有当液晶实验仪模式开关处于动态的时候才能和计算机软件通信. 具体操作见软件操作说明书.

【实验内容】

本实验仪可以进行以下几个实验内容：

- 液晶的电光特性测量实验. 可以测得液晶的阈值电压和关断电压.
- 液晶的时间特性实验，测量液晶的上升时间和下降时间.
- 液晶的视角特性测量实验(液晶板方向可以参照图 16-7 所示).
- 液晶的图像显示原理实验.

实验步骤：将液晶板金手指 1(图 16-7)插入转盘上的插槽，**液晶凸起面必须正对光源发射方向.** 打开电源开关，点亮光源，使光源预热 10 分钟左右.

在正式进行实验前，首先需要检查仪器的初始状态，看发射器光线是否垂直入射到接收器；在静态 0V 供电电压条件下，透过率显示经校准后是否为“100%”. 如果显示正确，则可开始实验，如不正确，指导教师根据本实验【附录】中第一部分的调节方法将仪器调整好再让学生进行实验.

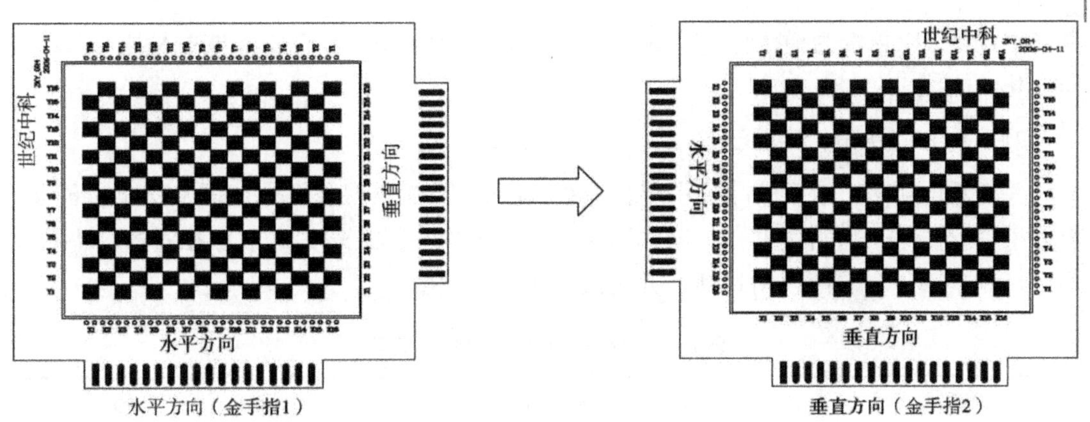

图 16-7 液晶板方向

视角为正视液晶屏凸起

1. 液晶光开关电光特性测量

将模式转换开关置于静态模式，将透过率显示校准为 100%，按表 16-1 的数据改变电压，使得电压值从 0～6V 变化，记录相应电压下的透射率数值. 重复 3 次并计算相应电压下透射率的平均值，依据实验数据绘制电光特性曲线，可以得出阈值电压和关断电压.

表 16-1 液晶光开关电光特性测量

电压/V		0	0.5	0.8	1.0	1.2	1.4	1.6	1.8	2.0	2.2	2.4	3.0	4.0	5.0	6.0
透射率/%	1															
	2															
	3															
	平均															

2. 液晶时间响应的测量

将模式转换开关置于静态模式，透过率显示调到 100%，然后将液晶供电电压调到 2.20V，在液晶静态闪烁状态下，用存储示波器观察此光开关时间响应特性曲线，可以根据此曲线得到液晶的上升时间 τ_r 和下降时间 τ_d.

3. 液晶光开关视角特性的测量

1) 水平方向视角特性的测量

将模式转换开关置于静态模式. 首先将透过率显示调到 100%，然后再进行实验.

确定当前液晶板为金手指 1 插入的插槽(图 16-7). 在供电电压为 0V 时，按照表 16-2 所列举的角度调节液晶屏与入射激光的角度，在每一角度下测量光强透过率最大值 $T_{\max}$. 然后将供电电压设置为 2.20V，再次调节液晶屏角度，测量光强透过率最小值 $T_{\min}$，并计

算其对比度. 以角度为横坐标，对比度为纵坐标，绘制水平方向对比度随入射光入射角而变化的曲线.

2) 垂直方向视角特性的测量

关断总电源后，取下液晶显示屏，将液晶板旋转 90°，将金手指 2(垂直方向) 插入转盘插槽(图 16-7). 重新通电，将模式转换开关置于静态模式. 按照与 1) 相同的方法和步骤，可测量垂直方向的视角特性，并记录入表 16-2 中.

表 16-2　液晶光开关视角特性测量

角度/(°)		−75	−70	···	−10	−5	0	5	10	···	70	75
水平方向视角特性	T_{max}/%											
	T_{min}/%											
	T_{max}/T_{min}											
垂直方向视角特性	T_{max}/%											
	T_{min}/%											
	T_{max}/T_{min}											

4. 液晶显示器显示原理

将模式转换开关置于动态(图像显示)模式. 液晶供电电压调到 5V 左右，此时矩阵开关板上的每个按键位置对应一个液晶光开关像素. 初始时各像素都处于开通状态，按 1 次矩阵开光板上的某一按键，可改变相应液晶像素的通断状态，所以可以利用点阵输入关断(或点亮)对应的像素，使暗像素(或点亮像素)组合成一个字符或文字. 以此让学生体会液晶显示器件组成图像和文字的工作原理. 矩阵开关板右上角的按键为清屏键，用以清除已输入在显示屏上的图形.

实验完成后，关闭电源开关，取下液晶板妥善保存.

【注意事项】

(1) 禁止用光束照射他人眼睛或直视光束本身，以防伤害眼睛!

(2) 在进行液晶视角特性实验中，更换液晶板方向时，务必断开总电源后，再进行插取，否则将会损坏液晶板.

(3) 液晶板凸起面必须要朝向光源发射方向，否则实验记录的数据为错误数据.

(4) 在调节透过率 100%时，如果透过率显示不稳定，则可能是光源预热时间不够，或光路没有对准，需要仔细检查，调节好光路.

(5) 在校准透过率 100%前，必须将液晶供电电压显示调到 0.00V 或显示大于“250”，否则无法校准透过率为 100%. 在实验中，电压为 0.00V 时，不要长时间按住“透过率校

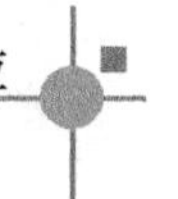

准”按钮，否则透过率显示将进入非工作状态，本组测试的数据为错误数据，需要重新进行本组实验数据记录.

【思考题】

(1)如何确定本实验使用的液晶样品是长黑型还是长白型.

(2)在液晶开关视角特性的测量中，可以发现图像和数据关于0并不是十分对称的，分析其原因.

(3)电光效应的原理是什么?

(4)关于液晶的应用前景的分析.

【附录】

一、液晶电光效应实验操作手册

1. 准备工作

(1)将液晶板插入转盘上的插槽，凸起面正对光源发射方向. 打开电源，点亮光源，让光源预热10～20分钟(若光源未亮，检查模式转换开关. 只有当模式转换开关处于静态时，光源才会被点亮).

(2)检查仪器初始状态：发射器光线必须垂直入射到接收器(当没有安装液晶板时，透过率显示为“999”的情况下，我们就认为光线垂直入射到接收器上)；在静态、0°、0V供电电压条件下，透过率显示大于“250”时，按住透过率校准按键3秒以上，透过率可校准为100%(若供电电压不为0，或显示小于“250”，则该按键无效，不能校准透过率). 若不为此状态，须增加光源预热时间，再重新调整仪器光路，直到达到上述条件为止.

2. 液晶电光特性测量

(1)将模式转换开关置于静态模式，液晶转盘的转角置于0°，保持当前转盘状态. 在供电电压为0V，透过率显示大于“250”时，按住“透过率校准”按键3秒以上，将透过率校准为100%.

(2)调节“供电电压调节”按键，按照表16-1中的数据逐步增大供电电压，记录下每个电压值下对应的透过率值.

(3)将供电电压重新调回0V(此时若透过率不为100%，则需重新校准). 重复步骤(2)，完成3次测量.

3. 液晶时间响应的测量

(1)将液晶实验仪上的“液晶驱动输出”和“光功率输出”与数字示波器的通道1

和通道 2 用 Q9 线连接起来.

(2)打开实验仪和示波器. 将实验仪“模式转换开关”置于静态模式，液晶盘转角置于 0°，透过率显示校准到 100%，供电电压调到 2.20V.

(3)按动“静态闪烁/动态清屏”按键，使液晶处于静态闪烁状态.

(4)调节示波器，使通道 1 和通道 2 均以直流方式耦合；调节电压和周期按钮，直到出现合适的波形为止(调节时可以从屏幕下方看到对应的电压值和周期值的变化).

(5)用示波器观察此光开关时间响应特性曲线；由示波器上的曲线可读出不同时间下的透过率值. 选定测试项目为上升时间和下降时间，可以直接测出液晶光开关的响应时间.

4. 液晶光开关视角特性的测量

(1)确认液晶板以水平方向插入插槽.

(2)将模式转换开关置于静态模式，在转角为 0°、供电电压为 0V、透过率显示大于“250”时，按住“透过率校准”按键 3s 以上，将透过率校准为 100%.

(3)将供电电压置于 0V，按照表 16-2 所列举的角度调节液晶屏与入射激光的角度，记录下在每一角度时的光强透过率值 T_{max}.

(4)将液晶转盘保持在 0°位置，调节供电电压为 2V. 在该电压下，再次调节液晶屏角度，记录下在每一角度时的光强透过率值 T_{min}.

(5)切断电源，取下液晶显示屏，将液晶板旋转 90°，以垂直方向插入转盘(注：在更换液晶板方向时，一定要切断电源).

(6)打开电源，按照步骤(2)～(4)，可测得垂直方向时在不同供电电压，不同角度时的透过率值.

5. 液晶显示器显示原理

(1)将模式转换开关置于动态模式，液晶转盘转角逆时针转到 80°，供电电压调到 5V 左右.

(2)按动矩阵开关面板上的按键，改变相应液晶像素的通断状态，观察由暗像素(或亮像素)组合成的字符或图像，体会液晶显示器件的成像原理.

(3)组成一个字符或文字后，可由“静态闪烁/动态清屏”按键清除显示屏上的图像.

(4)如果是微机型，在实验仪处于动态模式下，还可以通过对应的软件在 PC 机上设计文字或图像，然后将其发送到液晶屏上显示. 显示的文字或图像可以是静止不动的，也可以是动态循环播放的.

完成实验后，关闭电源，取下液晶板妥善保存.

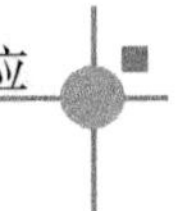

二、液晶光电效应应用实例

1. *液晶在生活方面的应用*

在生活中，液晶最为常见的应用是液晶显示器. 现在，它已经广泛应用于手表、计算器、时钟、电话、照相机、办公设备、个人计算机、温度计、袖珍电视、汽车仪表盘等设备中. 有些变色窗户中也使用了液晶材料.

(1) 笔记本电脑用的液晶显示屏；

(2) 额头温度计(液晶变色温度计，类固醇型液晶，因螺旋结构而对光有选择性反射，利用白光中的圆偏光，最简单的是根据变色原理制成的温度计)：能安全准确地测试温度，包括体温、水温、气体及各种固体物表面等. 适用于奶瓶、酒瓶、饮料、冰箱、水壶、鱼缸、水缸、室内、车内等测试温度.

2. *液晶生物学——正在崛起的交叉学科*

简言之，生物组织必须有足够的刚性，使其正常发挥功能，并且又要有足够的流动性，使所有必要的过程能够进行. 这种精巧的平衡，部分地能够被夜景结构所实现. 液晶的奇妙性质对许多生物过程来说毫无疑问很重要. 在生物学的某些领域，研究者们开始对重要分子的物理状态提出疑问，希望能发现重要的新观念来解释有机体如何实现必要的功能. 液晶，作为这个自然界中的奇妙物质，已经成为这些研究者们的新宠儿.

3. *液晶用于气体的检测*

液晶对气体和蒸气污染的灵敏度高于氧、氮及惰性气体. 它能记录有害气体的浓度，并能精确测定漏气部位，以保证安全. 测量的灵敏度可达百万分之几. 这对环境保护监测工作有重要价值. 例如，胆甾液晶对不同有机溶剂气体可显示不同的颜色.

4. *浅层肿瘤的诊断*

用涂有胆甾型液晶的黑底薄膜，贴在病灶区的皮肤上，则能显示温度不到 1℃的彩色温度变化图. 利用液晶诊断肿瘤、动脉血栓和静脉肿瘤(因为癌细胞代谢速度比一般细胞快，所以温度会比一般细胞高些)，以提供手术的准确部位，并能根据皮肤温度的变化，以及交感神经系统的堵塞情况，判断神经系统及血管系统是否开放. 液晶在 0～250℃对温度变化都很灵敏，根据选用的混合物液晶能显示 1～5℃温度变化的全谱图，即使小于 0.125℃的温度变化，也可以清楚地看出.

基础科学的进展和新技术观念的结合，使得在这个领域工作的研究者急剧增长. 研究论文开始充斥每年的学术刊物，新的应用不断定期出现. 由物理学家、化学家和工程师组成的液晶研究小组也在全世界的各主要大学和工业实验室中形成. 分子如何协调运动，分子结构如何影响这种运动，对于我们不断深入理解的这两个问题，液晶研究在其中起了重要的作用. 合成新的液晶化合物的化学家们使我们更广泛地理解了有机合成. 现在，液晶已经被用作探测某些物质的溶剂或介质. 其他应用包括液晶温度计及热敏薄膜、高强度液晶聚合物，以及用于油回收工艺的表面活性剂. 对液晶理解的发展还有助于我们对细胞膜及某些疾病(比如镰状细胞性贫血和动脉硬化)的了解. 我们确信，在不久的将来，液晶必然会以更优秀、更常见的姿态走入我们的生活，走入千家万户.

三、液晶发展史

具结晶性的液体——液晶，早在 1850 年，普鲁士医生鲁道夫·菲尔绍(Rudolf Virchow)等人就发现神经纤维的萃取物中含有一种不寻常的物质. 1877 年，德国物理学家奥托·雷曼(Otto Lehmann)运用偏光显微镜首次观察到了液晶化的现象，但他对此现象的成因并不了解.

奥托·雷曼

奥地利布拉格德国大学的植物生理学家弗里德里希·莱尼泽(Friedrich Reinitzer)在加热安息香酸胆固醇脂(Cholesteryl Benzoate)研究胆固醇在植物内的角色，于 1883 年 3 月 14 日观察到胆固醇苯甲酸酯在热熔时的异常表现. 它在 145.5℃时熔化，产生了带有光彩的混浊物，温度升到 178.5℃后，光彩消失，液体透明. 此澄清液体稍微冷却，混浊又复出现，瞬间呈现蓝色，又在结晶开始的前一刻，颜色是蓝紫的.

莱尼泽反复确定他的发现后，向德国物理学家雷曼请教. 当时雷曼建造了一座具有加热功能的显微镜去探讨液晶降温结晶之过程，后来又加上了偏光镜，正是深入研究莱尼泽的化合物之最仪器. 而从那时开始，雷曼的精力完全集中在该物类物质. 最初称之为软晶体，然后改称晶态流体，最后深信偏振光性质是结晶特有的，流动晶体(fliessende kristalle)的名字才算正确. 此名与液晶(flussige kristalle)的差别就只有一步之遥了. 莱尼泽和雷曼后来被誉为液晶之父.

由嘉德曼(L. Gattermann)、利区克(A. Ristchke)合成的氧偶氮醚，也是被雷曼鉴定为液晶. 但在 20 世纪，有名的科学家如塔曼(G. Tammann)都以为雷曼等的观察只是极微细晶体悬浮在空间形成胶体之现象. 能斯特(W. Nernst)则认为液晶只是化合物的互变异构物之混合物. 不过，化学家伏兰德(D. Vorlander)由于聚集经验所以他能预测哪一类的化合物最可能呈现液晶特性，然后合成取得该等化合物质，理论于是被证明. 详细研究历史如下：

1850 年普鲁士医生鲁道夫·菲尔绍(Rudolf Virchow)等人就发现神经纤维的萃取物中含有一种不寻常的物质.

1877 年德国物理学家奥托·雷曼运用偏光显微镜首次观察到了液晶化的现象.

1883 年 3 月 14 日植物生理学家弗里德里希·莱尼泽(Friedrich Reinitzer)观察到胆固醇苯甲酸酯在热熔时有两个熔点.

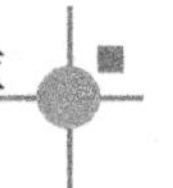

1888 年莱尼泽反复确定他的发现后，向德国物理学家雷曼请教. 当时雷曼建造了一座具有加热功能的显微镜去探讨液晶降温结晶之过程，而从那时开始，雷曼的精力完全集中在该类物质.

1888 年出版《分子物理学》，是对这段时间他在材料物理领域知识的总结，特别值得一提的是，他在书中首次提出了显微镜学研究方法，并说明了如何通过显微镜对晶体进行观察.

20 世纪化学家伏兰德(D. Vorlander)的努力由聚集经验使他能预测哪一类的化合物最可能呈现液晶特性，然后合成取得该等化合物质，于是雷曼关于液晶的理论被证明.

1922 年法国人弗里德(G. Friedel)仔细分析当时已知的液晶，把他们分为三类：向列型(nematic)、层列型(smectic)、胆固醇(cholesteric).

1930～1960 年在 G.Freidel 之后，液晶研究暂时进入低谷，也有人说，1930～1960 年是液晶研究的空白期. 究其原因，大概是由于当时没有发现液晶的实际应用. 但是，在此期间，半导体电子工业却获得了长足的发展. 为使液晶能在显示器中应用，透明电极的图形化以及液晶与半导体电路一体化的微细加工技术必不可缺. 随着半导体工业的进步，这些技术已趋向成熟.

20 世纪 40 年代开发出矽半导体，利用传导电子的 n 型半导体和传导电洞的 p 型半导体构成 pn 结(pn junction)，发明了二极管和晶体管. 在此之前，在电路中为实现从交流到直流的整流功能，要采用二极管，而要实现放大功能，需要采用电子管. 这些大而笨重的元件完全可以由半导体二极管和晶体管代替，不需要向真空中发射电子，仅在固体特别是极薄的膜层中可实现整流、放大功能，从而使电子回路实现小型化. 接着，由光加工技术实现了包括二极管、晶体管在内的电子回路图形的薄膜化、超微细化. 这种技术简称为微影(photolithography). 20 世纪 60 年代，随着半导体集成电路(integrated circuit)技术的发展，电子设备实现了进一步的小型化. 上述技术的进步，对于在液晶显示装置(display)中的应用是必不可少的，随着材料科学和材料加工技术的进一步发展，以及新型显示模式和驱动技术的开发，液晶显示技术获得了快速发展.

20 世纪 60 年代随着半导体集成电路(integrated circuit)技术的发展，电子设备实现了进一步的小型化.

1968 年任职美国 RCA 公司的 G. H. Heilmeier 发表采用 DS(dynamic scattering，动态散射)模式的液晶显示装置. 在此之后，美国企业最早开始了数字式液晶手表实用化的尝试.

1971 年一家瑞士公司制造出了第一台液晶显示器.

实验十七　真空镀膜及膜厚测量

“真空”来源于拉丁语“Vacuum”，原意为“虚无”，但绝对真空不可达到，也不存在. 只能无限逼近. 即使达到$10^{-16}\sim10^{-14}$ Torr 的极高真空，单位体积内还有 33～330 个分子. 在真空技术中，“真空”泛指低于该地区大气压的状态，也就是同正常的大气比，是较为稀薄的气体状态. 真空是相对概念，在“真空”下，由于气体稀薄，即单位体积内的分子数目较少，故分子之间或分子与其他质点(如电子、离子)之间的碰撞就不那么频繁，分子在一定时间内碰撞表面(如器壁)的次数亦相对减少. 这就是“真空”最主要的特点. 真空度是对气体稀薄程度的一种客观量度，作为这种量度，最直接的物理量应该是单位体积中的分子数. 但是由于分子数很难直接测量，所以历来真空度的高低通常都用气体的压强来表示. 气体的压强越低，就表示真空度越高，反之亦然. 真空技术是建立低于大气压力的物理环境，以及在此环境中进行工艺制作、物理测量和科学试验等所需的技术. 真空技术主要包括真空获得、真空测量、真空捡漏和真空应用四个方面.

远在 1643 年，意大利物理学家、数学家托里拆利(Evangelista Torricelli，1608～1647)发现，真空和自然空间有大气和大气压力存在. 他把一根一端封闭的长玻璃管灌满汞，并倒立于汞槽中时，发现管中汞面下降，直至与管外的汞面相差 76cm 时为止. 托里拆利认为，玻璃管汞面上的空间是真空，76cm 高的汞柱是因为存在大气压力. 1650 年，德国物理学家、工程师盖利克(Otto von Guericke，1602～1686)制成活塞真空泵. 1654 年，他在马德堡进行了著名的马德堡半球试验：用真空泵把两个合在一起的、直径为 14in(35.5cm)的铜半球抽成真空，然后用两组各八匹马以相反方向拉拽铜球，始终未能把两半球分开. 这个著名的试验又一次证明，空间有大气存在，且大气有巨大的压力. 为了纪念托里拆利在科学上的重大发现和贡献，以往所用的真空压力单位就是用他的名字命名的. 19 世纪中后期，英国工业革命的成功，促进了生产力和科学实验发展，同时也推动了真空技术的发展. 1850 年和 1865 年，先后发明了汞柱真空泵和汞滴真空泵，从而研制成了白炽灯泡(1879)、阴极射线管(1879)、杜瓦瓶(1893)和压缩式真空计(1874). 压缩式真空计的应用首次使低压力的测量成为可能. 20 世纪初，真空电子管出现，促使真空技术向高真空发展. 1935～1937 年发明了气镇真空泵、油扩散泵和冷阴极电离计. 这些成果和 1906 年制成的皮拉尼真空计为大多数真空系统所常用. 1940 年以后，真空应用扩大到核研究(回旋加速器和同位素分离等)、真空冶金、真空镀膜和冷冻干燥等方面，真空技术开始成为一个独立的学科. 第二次世界大战期间，原子物理试验的需要和通信对高质量电真空器件的需要，又进一步促进了真空技术的发展.

真空镀膜技术是一种新颖的材料合成与加工的新技术，是表面工程技术领域的重要组成部分. 真空镀膜技术是利用物理、化学手段将固体表面涂覆一层特殊性能的镀膜，从而使固体表面具有耐磨损、耐高温、耐腐蚀、抗氧化、防辐射、导电、导磁、绝缘和

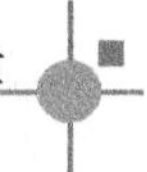

装饰等许多优于固体材料本身的优越性能，以达到提高产品质量、延长产品寿命、节约能源的作用. 真空镀膜和其他镀膜方式相比较，具有以下特点：①真空镀膜可以在固态基体上镀制金属、合金、半导体薄膜及各种化合物薄膜，薄膜的成分可以在大范围内控制；②真空镀膜可以镀制高纯度、高致密度，以及与基体结合力强的各种功能薄膜、电子薄膜、光学薄膜. 特别是大规模集成电路、小分子有机显示器件、硅太阳能电池等很多器件所需的主体薄膜只能在真空条件下制备，其他制膜技术无法满足要求；③真空镀膜对环境的污染小，特别是 PVD 方法，对环境基本没有污染. 用化学方法制备薄膜时，一方面膜自身受到制膜所使用的溶剂污染，性能降低，另一方面反应废弃物对环境也会造成污染；④真空镀膜的主要缺点是需要有真空设备，相对来说成本比较高.

1950 年后，真空获得和测量取得的进展推动了真空镀膜技术迅速实现产业化，使薄膜技术获得腾飞. 20 世纪 70 年代各种真空镀膜技术的应用全面实现产业化. 目前真空镀膜技术已在国民经济各个领域得到应用，如航空、航天、电子、信息、机械、石油、化工、环保、军事等领域. 它在高技术产业化的发展中展现出了诱人的市场前景，被誉为最具有发展前途的重要技术之一. 真空镀膜常用的方法有蒸发镀膜、射频溅射镀膜和离子镀膜等. 本实验通过介绍真空蒸发镀膜的原理，掌握蒸发镀膜的操作方法，并测量所镀膜的厚度.

【实验原理】

1. 真空镀膜

真空镀膜是在真空环境中，将膜材气化并沉积到固体基体上形成固态薄膜的方法. 首先来简单介绍下真空镀膜的物理过程. 真空镀膜基本可分为“膜材气化”“真空输运”和“薄膜生长”三个过程. 在真空镀膜中，如果膜材是固态，那么首先需要采取措施使固态膜材气化或升华或经历一个类似升华的过程，变成气态，然后是气化的膜材粒子在真空中输运. 输运过程中，粒子可能不经历碰撞，直接到达基体，也可能在空间发生碰撞，经过散射，再达到机体表面. 最后粒子在基体上凝聚，生长成薄膜. 所以，镀膜过程涉及膜材蒸发或升华、气态原子在真空中输运，以及气态原子在固体表面的吸附、扩散、成核和托附等过程. 根据膜材从固态变成气态方式的不同，以及膜材原子在真空中输运过程的不同，真空镀膜基本上可以分为真空蒸发镀、真空溅射镀、真空离子镀和真空化学气相沉积镀四大类型，前三种方法称为物理气相沉积(physical vapor deposition，PVD)，后一种称为化学气相沉积(chemical vapor deposition，CVD).

真空蒸发镀是利用外界提供的热量使膜材受热液化后气化，或直接气化成气态，沉积到机体上形成薄膜的技术. 根据热量来源不同，分为电阻蒸发镀、电子束蒸发镀、脉冲激光蒸发镀和感应加热蒸发镀等. 本实验中，我们采用真空蒸发镀. 以热蒸发铝膜为例，先把高纯铝(膜材)和要在其上沉积薄膜的基体(或工件)置于真空室内，将挡板转到膜材上方，然后把真空室抽到压强约为10^{-3} Pa，再用电阻加热铝丝，使其受热蒸发；当蒸发稳定后，将挡板转开，让蒸发出来的膜材原子穿过真空室，到达基体上形成薄膜.

2. 镀膜厚度的测量

薄膜厚度是薄膜最重要的参数之一，它影响着薄膜的各种性质及其应用. 不论是光学涂层，还是为各种电子器件制备的沉积层，均需要测量了解其厚度情况. 但根据不同的薄膜，其测量方法也是多种多样. 下面介绍几种光学的方法：椭圆偏振光法、光的干涉法及光的吸收法来测薄膜厚度.

1)椭圆偏振光法

椭偏法测量的原理是，起偏器产生的线偏振光经取向一定的 1/4 波片后成为特殊的椭圆偏振光，把它投射到待测样品表面时，只要起偏器取适当的透光方向，被待测样品表面反射出来的将是线偏振光. 根据偏振光在反射前后的偏振状态变化(包括振幅和相位的变化)，便可以确定样品表面的许多光学特性.

设待测样品是均匀涂镀在衬底上的透明同性膜层. 如图 17-1 所示，n_1，n_2 和 n_3 分别为环境介质、薄膜和衬底的折射率，d 是薄膜的厚度，入射光束在膜层上的入射角为 φ_1，在薄膜及衬底中的折射角分别为 φ_2 和 φ_3. 按照折射定律有

$$n_1 \sin\varphi_1 = n_2 \sin\varphi_2 = n_3 \sin\varphi_3 \tag{17-1}$$

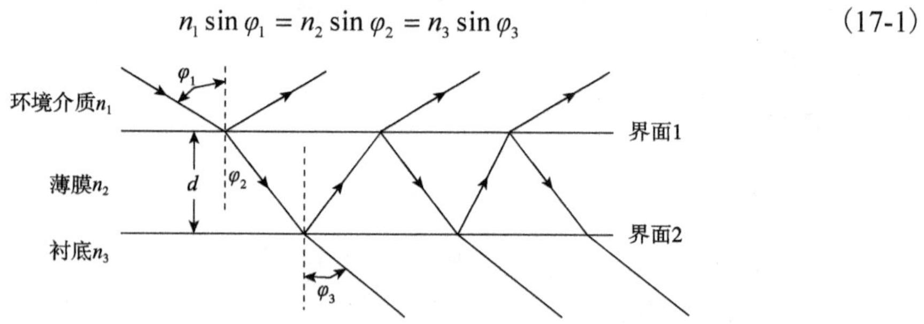

图 17-1　透明同性膜层的发射和折射

光的电矢量分解为两个分量，即在入射面内的 p 分量及垂直于入射面的 s 分量. 根据折射定律及菲涅耳反射公式，可求得 p 分量和 s 分量在第一界面上的复振幅反射率分别为

$$r_{1\mathrm{p}} = \frac{n_2\cos\varphi_1 - n_1\cos\varphi_2}{n_2\cos\varphi_1 + n_1\cos\varphi_2} = \frac{\tan(\varphi_1 - \varphi_2)}{\tan(\varphi_1 + \varphi_2)} \tag{17-2}$$

$$r_{1\mathrm{s}} = \frac{n_1\cos\varphi_1 - n_2\cos\varphi_2}{n_1\cos\varphi_1 + n_2\cos\varphi_2} = -\frac{\sin(\varphi_1 - \varphi_2)}{\sin(\varphi_1 + \varphi_2)} \tag{17-3}$$

而在第二个界面处则有

$$r_{2\mathrm{p}} = \frac{n_3\cos\varphi_2 - n_2\cos\varphi_3}{n_3\cos\varphi_2 + n_2\cos\varphi_3}, \quad r_{2\mathrm{s}} = \frac{n_2\cos\varphi_2 - n_3\cos\varphi_3}{n_2\cos\varphi_2 + n_3\cos\varphi_3} \tag{17-4}$$

从图 17-1 可以看出，入射光在两个界面上会有很多次的反射和折射，总反射光束将是许多反射光束干涉的结果，利用多光束干涉的理论，得 p 分量和 s 分量的总反射系数

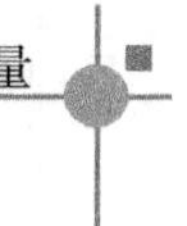

$$R_p = \frac{r_{1p} + r_{2p}\exp(-2i\delta)}{1 + r_{1p}r_{2p}\exp(-2i\delta)}, \quad R_s = \frac{r_{1s} + r_{2s}\exp(-2i\delta)}{1 + r_{1s}r_{2s}\exp(-2i\delta)} \tag{17-5}$$

其中

$$2\delta = \frac{4\pi}{\lambda} dn_2 \cos\varphi_2 \tag{17-6}$$

是相邻反射光束之间的相位差，而λ为光在真空中的波长.

光束在反射前后的偏振状态的变化可以用总反射系数比（R_p / R_s）来表征. 在椭偏法中，用椭偏参量ψ和Δ来描述反射系数比，其定义为

$$\tan\psi \exp(i\Delta) = \frac{R_p}{R_s} \tag{17-7}$$

分析上述各式可知，在λ，φ_1，n_1，n_3确定的条件下，ψ和Δ只是薄膜厚度d和折射率n_2的函数，只要测量出ψ和Δ，原则上应能解出d和n_2. 然而，从上述各式却无法解析出$d = (\psi, \Delta)$和$n_2 = (\psi, \Delta)$的具体形式. 因此，只能先按以上各式用电子计算机算出在λ，φ_1，n_1和n_3一定的条件下(ψ, Δ)~ (d, n)的关系图表，待测出某一薄膜的ψ和Δ后再从图表上查出相应的d和n（即n_2）的值.

测量样品的ψ和Δ的方法主要有光度法和消光法. 下面介绍用椭偏消光法确定ψ和Δ的基本原理.

设入射光束和反射光束电矢量的 p 分量和 s 分量分别为$E_{ip}, E_{is}, E_{rp}, E_{rs}$，则有

$$R_p = \frac{E_{rp}}{E_{ip}}, \quad R_s = \frac{E_{rs}}{E_{is}}$$

于是

$$\tan\psi \exp(i\Delta) = \frac{E_{rp}/E_{rs}}{E_{ip}/E_{is}} \tag{17-8}$$

为了使ψ和Δ成为比较容易测量的物理量，应该设法满足下面的两个条件：

(1) 使入射光束满足

$$|E_{ip}| = |E_{is}|$$

(2) 使发射光束成为线偏振光，也就是令反射光两分量的相位差为 0 或 π.

满足上述两个条件时，有

$$\begin{cases} \tan\psi = \pm\dfrac{|E_{rp}|}{|E_{rs}|} \\ \varDelta = (\beta_{rp} - \beta_{rs}) - (\beta_{ip} - \beta_{is}) \\ (\beta_{rp} - \beta_{rs}) = 0或\pi \end{cases} \tag{17-9}$$

其中，β_{ip}，β_{is}，β_{rp}，β_{rs} 分别是入射光束和反射光束的 p 分量和 s 分量的相位. 可见 $\varDelta$ 只与反射光的 p 波和 s 波的相位差有关，可从起偏器的方位角算出.

2) 光的干涉法

干涉现象是光的波动性的基本特征之一. 只有频率相同、振动方向相同或有相同的振动分量、相位相同或是相位差保持恒定的两个相干光源所发出的光波才是相干波. 膜层之间的反射光和透射光满足光相干的条件，可形成干涉.

如图 17-2 所示，薄膜上下两个界面平行，从光源上一点射出单色光入射到薄膜上，一部分光在上界面反射(振幅为 r_1)，另一部分透过上界面，在下界面反射，然后再透过上界面射出(振幅为 r_2)，光线 1 和 2 满足光干涉条件，因而在无穷远处产生干涉. 两光线的干涉强度决定于他们的光程差，作 CD 垂直于光线 1. 利用图中所示的几何关系的折射定律，可以得到光线 1 和光线 2 的光程差为

$$\delta = 2nd\cos i \tag{17-10}$$

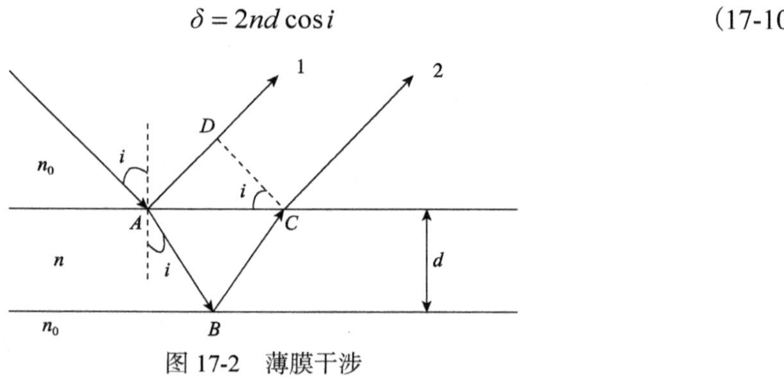

图 17-2　薄膜干涉

如果不考虑光在上下两个界面反射时的相位跃变，则当光程差 $2nd\cos i = m\lambda$ ($m = 0,1,2,\cdots$)时，将产生相长干涉：当 $2nd\cos i = (2m+1)\lambda/2$ ($m = 0,1,2,\cdots$)时将产生相消干涉. $nd\cos i$ 称为薄膜的有效光学厚度，而 $\delta = 2\pi nd\cos i/\lambda$ 则称为有效相位厚度. 于是有

$$\delta = 2n\lambda + \frac{\lambda}{2} = \begin{cases} k\lambda & (k = 1,2,3,\cdots) \quad 明纹 \\ (2k+1)\dfrac{\lambda}{2} & (k = 0,1,2,\cdots) \quad 暗纹 \end{cases} \tag{17-11}$$

3) 光的吸收法

此方法比较简单，适合于测量连续薄膜的厚度. 其原理是通过测量薄膜透射光强

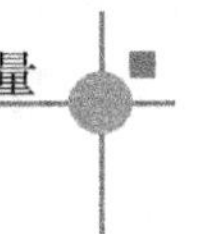

$$I = I_0(1-R)^2 \exp(\alpha d) \tag{17-12}$$

进一步计算出膜厚. 式中，I_0 为入射光强度；I 为透射光强度；d 是膜厚；α 为吸收系数；R 是薄膜与空气界面的反射率.

【实验仪器】

1. 整体结构

本实验所用的高真空系统是 DM-450A 型镀膜机，我们看到，由机械泵和油扩散泵组成的抽气系统给蒸发镀膜室抽气，由热偶真空规和电离真空规来检测真空度，通过蒸发器将膜材蒸发使基底材料镀膜. 图 17-3 给出真空系统的整体结构图.

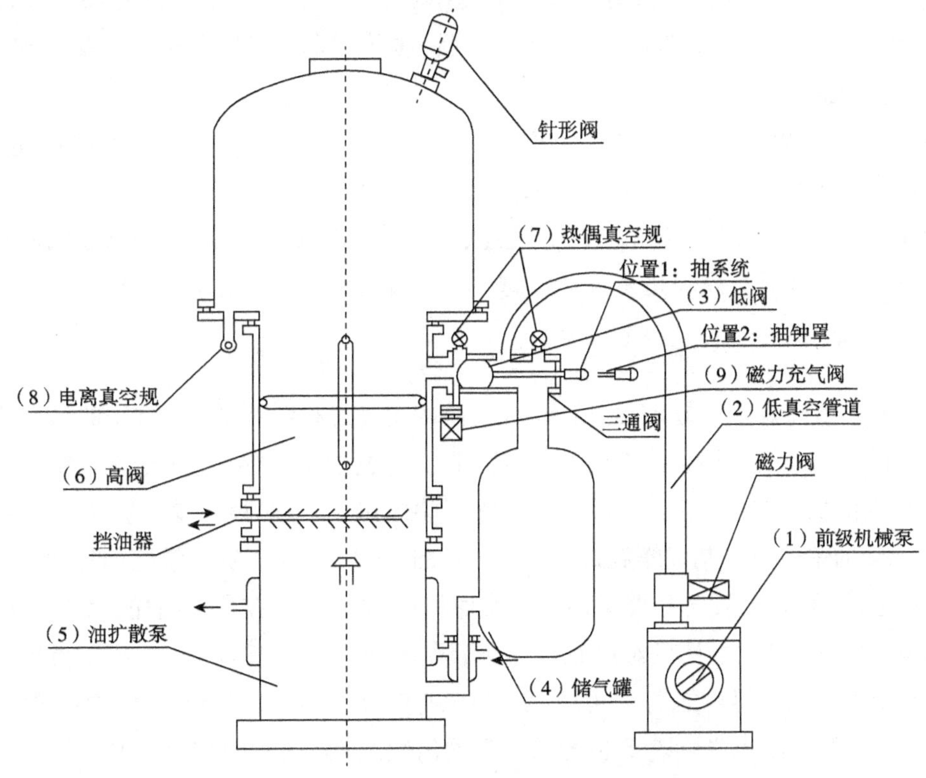

图 17-3　DM-450A 型镀膜机结构示意图

图中各部件的名称及功用如下：

(1) 前级机械泵，用以产生扩散泵的预备真空. 要求机械泵的极限压强和抽气速率能满足扩散泵的正常工作条件及尽可能短的抽气时间.

(2) 低真空管道，其所用的是真空橡皮管，是一种用于真空器件之间连接的专用橡皮管，具有较厚的管壁而且能耐一个大气压强的压力，具有低于 0.1Pa 的动态蒸汽压，它只适用于低真空部分.

(3) 低阀，是用于控制机械泵抽钟罩或者抽系统的阀门，位置 2(即低阀拉出来)是抽钟罩的状态(即机械泵直接对真空腔进行抽气)，位置 1(即低阀推进去)是抽系统的状态(即机械泵对储气罐进行抽气).

(4) 储气罐，它装在机械泵和扩散泵之间，扩散泵的前级真空由储气罐实现.

(5) 油扩散泵，作为二级抽气系统用于获得高真空，本实验采用的扩散泵极限真空度约为10^{-3} Pa，具体工作原理见本实验【附录】. 其底部是用于对泵油加热的电炉.

(6) 高阀，本实验采用的是一个高真空碟阀，处在扩散泵和高真空部分中间. 它一方面可在高真空部分突然破裂时保护扩散泵油不被氧化，同时还便于分段检漏. 必须满足用具有蒸汽压低于10^{-3}Pa (在室温情况下)的高真空；能维持10^{-4}Pa 与 1 个大气压的压差；具有较大的流导(即对气流具有较大的通导能力)等要求.

(7) 热偶真空规，本实验采用的热偶规配用复合真空计中的低真空测量部分，测量范围10^{-1}～10^{2} Pa (10^{-3}～10^{-1}Torr). 整套仪器有两根热偶真空规分别测量钟罩内(V_1)和储气罐内(V_2)的真空度.

(8) 电离真空规，本实验采用的电离真空规配用复合真空计中的高真空测量部分，测量范围10^{-6}～10^{-2} Pa (10^{-8}～10^{-4}Torr).

(9) 磁力充气阀，是放气阀，作为放空气入钟罩的进气口之用. 该阀与高阀是有关联的，即当高阀打开时，该阀是无法打开的；当高阀关闭时，该阀才可以打开.

2. 蒸发皿

蒸发皿是由热稳定性好、出气少、纯度高的耐高温材料制成的. 常用的蒸发皿材料有：钨、钽、钼、铌、铂、耐熔合金. 蒸发皿可以分为两大类：①用金属丝制成；②用金属铂制成槽状、舟状或碗状等形式. 实验中用到的蒸发皿很简单，就是采用直径为 0.5～0.7mm 的单股钨丝制成螺旋式蒸发皿，见图 17-4. 将要蒸发的膜材(如铝丝)挂或缠绕在钨丝上. 它可使蒸发物放置量多，接触面大，受热均匀. 在蒸发前先预熔，然后迅速升温而快速蒸发. 蒸发物质的纯度直接影响着薄膜的结构和光学性质，为了得到较纯的薄膜，要求物质纯度尽可能高(一般为 99.99%或 99.999%). 本实验中用的铝箔的纯度为 99.99%. 蒸发的速度也影响着薄膜的结构和均匀性. 蒸发的时间越短，薄膜的均匀性越好，蒸发的时间太长，一定会使真空度下降太多，影响膜层质量.

图 17-4　螺旋状蒸发皿

3. 机械泵和扩散泵

实验中使用的是油封旋片式机械泵，依靠转子带动旋片造成吸气和排气来抽真空. 机械泵的极限真空度不高，一般为10^{-2}～10^{-1}Pa. 当需要较高的真空度时，需要将机械

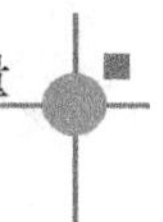

泵和油扩散泵结合起来使用. 油扩散泵有玻璃壳和金属壳两种. 两种真空泵的工作原理见本实验中【附录】.

4. 复合真空计

复合真空计是由“热偶真空计”和“电离真空计”组成的，其中，热偶真空计测量的真空度较低，为$10^{-1}\sim10$Pa，电离真空计测量的真空度较高，为$5\times10^{-6}\sim10^{-1}$Pa，二者合在一起可以测量$5\times10^{-6}\sim10$Pa的真空度.

热偶真空计是根据气体对流导热性、借助温差电动势效应来间接测量真空度的，电动势与真空度之间是非线性关系.

电离真空计是用高速电子电离空气的办法来测量真空度的，空气越稠密，电离出来的正离子就越多，通过检测正离子流，可以测量真空度. 离子流与真空度是线性关系.

5. 干涉显微镜

把显微镜和光波干涉仪结合起来设计而成的显微镜为干涉显微镜. 将被测件和标准光学镜面相比较，用光波波长作为尺子来衡量工件表面的不平深度. 由于光洁度是微观不平深度，所以用显微镜进行高倍放大后再行观察和测量. 图 17-5 给出了 6JA 型干涉显微镜光学系统.

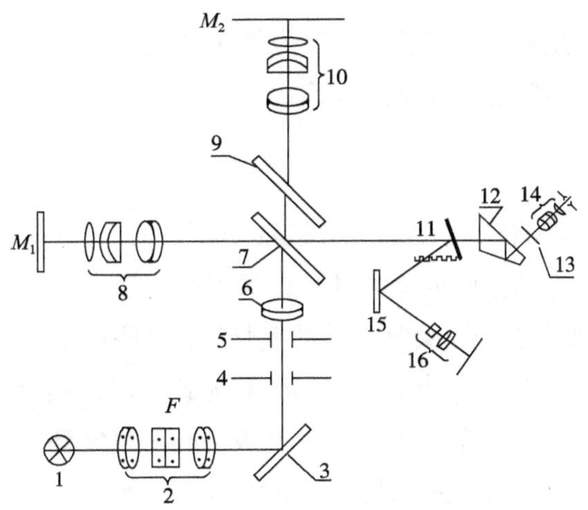

图 17-5　6JA 型干涉显微镜光学系统

1. 光源；2. 聚光镜；3、11、15. 反射镜；4. 孔径光阑；5. 视场光阑；6. 照明物镜；7. 分光板；8、10. 物镜；9. 补偿板；12. 转向棱镜；13. 分划板；14. 目镜；16. 摄影物镜

为了获得干涉，必须使光源 S 发出的光束经分光板 T 后分为两束；一束透过分光板 T，补偿板 T_1，显微物镜 O_2 后射向被测工件 P_2 的表面，由 P_2 反射后经原路返回至分光板 T，再在 T 上反射，射向观察目镜 O_3；另一束由分光板 T 反射后通过物镜 O_1 射到标准镜 P_1 上，由 P_1 反射，再经物镜 O_1 并透过分光板 T，也射向观察目镜 O_3. 它与第一束

光线相遇，产生干涉. 通过目镜 O_3 可以看到定位在工件表面上的干涉条纹.

分光板 T、补偿板 T_1、物镜 O_1、O_2 及标准镜 P_1 等都经过精密加工，如果被测工件表面也是同样精密那么就可以得到没有弯曲的直接干涉条纹.

调节 P_1、P_2 至物镜 O_1、O_2 的距离，使目镜视场中能清晰地看到 P_1、P_2 的表面像. 同时物镜 O_1、O_2 离分光板分光点的光学距离相等时，说明干涉仪的两臂之长相等，视场中出现零次干涉条纹. 用白光照明时，视场中央出现两条近似黑色的对称条纹；其次，对称分布着数条彩色条纹.

使 P_2 做高低方向微量移动时，视场中干涉条纹也做相应的位移. P_2 的移动量 t 与视场中干涉条纹的移动量 ΔN 有确定的关系，t 等于 $\lambda/2$ 时（λ 为光波的波长）视场中干涉条纹移动一个条纹间隔，即原来零次条纹移到 1 次条纹的位置，原来 1 次条纹的位置移到 2 次条纹的位置……

如果 P_2 上有一凹穴或凸缘，其凹凸的深度为 t，那么在视场中此凹凸部分成像处的干涉条纹也相应弯曲. 弯曲量 ΔN（单位为条纹间隔数量，几个条纹或几分之一个条纹间隔），t 与 ΔN 也与上述一样有确定关系，即 $t=(\lambda/2)\Delta N$. 因此测量时与干涉条纹的视见宽度无关.

【实验内容】

本实验的内容是使用蒸发镀膜机练习蒸发镀膜的操作方法，在一块平面玻璃的表面镀上一层铝反射膜. 具体要完成的内容如下.

1. 基体的清洁

基本表面清洁度是影响膜基附着力的关键因素之一，而基体在制备或加工过程中会有油污染，即使是经过去油去脂处理的基片，裸露在大气中，也会有水蒸气、有机物和灰尘的污染. 另外，硅或金属表面会有疏松的氧化层. 这些污染物及疏松的氧化层降低了基体表面原子与基体的结合能，使得膜和基体的附着力弱，膜容易脱落. 基体表面吸附的油脂及油脂吸附的气体在真空室中是一种气源，破坏真空环境. 如果材料中混有颗粒状或纤维状的杂质，将直接影响膜的均匀性和牢固度；如果混有可溶的化学成分，将影响膜的物理性质，如亮度、表面张力、电导率等. 所以，基体在放进真空室之前必须进行严格的去油、去污和脱水处理. 基体的清洗方法有很多种，而且不同的基片需要用不同的方法清洗，真空镀膜中常用的方法有下面几种.

(1) 化学试剂清洗：一般的基体都可以用化学试剂清洗. 先用洗涤剂去油，然后对金属基体用弱酸或弱碱浸泡，而对玻璃则用王水浸泡，取出后再用大量的蒸馏水或去离子水冲洗，最后用氮气或电吹风吹干，储存于干净的容器中备用.

(2) 真空烘烤：对于用化学试剂清洗过的基片，特别是金属或合金基体，在存储过程

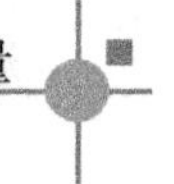

中，表面会有吸附物，最好在真空室内镀膜之前，对之烘烤，使其表面吸附的气体解吸.

(3) 真空离子轰击：对于干净的金属基体，其表面有一薄层氧化物，可以采用辉光放电方法清洗，即在真空室中充入氩气，进行辉光放电. 利用辉光放电产生的氩离子轰击基体表面，把表面吸附物及氧化层一起溅射掉，并通过抽气系统抽走.

(4) 紫外线或臭氧清洗：紫外线和臭氧可以分解有机物，从而可以有效地除去基体表面吸附的有机物. 只要在镀前，将基片放进专用设备中，用紫外线或臭氧辐照几分钟即可.

清洗后的基体严禁用手直接接触，因为手指上的油脂和有机物会污染基体. 实验人员必须戴上清洁的一次性塑料或橡胶手套，才可以接触基体. 基体清洁好且组好后立即放入真空室中或清洁的储物盒中.

2. 安装

仪器状态的检查：高阀是否关闭；低阀是否拉出；复合真空计面板上电离计开关是否关闭；电离计是否在10^{-2}Pa 量程挡；总电源是否关闭. 打开机器总电源，见指示灯亮后，开“充气”，充气完毕后打开“升钟罩”开关，钟罩被提升. 把弯成“V”形的铝丝挂在钨丝上，将玻璃安装在工件支架上. 开“降钟罩”使扣下的钟罩边缘密封好.

3. 抽真空

打开“机械泵”，低阀处于“抽钟罩”位置，接通热电偶真空计进行测量. 当钟罩内真空度达到1.3Pa 时，开“轰击”旋钮，调节变压器 1BZ 逐步升高电压，使轰击电流上升为 100mA，轰击约 20 分钟后，将变压器调回零，关“轰击”. 将低阀置于“抽系统位置”，接通扩散泵冷却水，开“机械泵”“扩散泵”对扩散泵加热，约 40 分钟后，同时观测系统真空度在 6.7Pa 以上，打开高阀，监测钟罩内真空度，当真空度超过1.33×10^{-1}Pa 时，接通电离真空计测量.

4. 蒸发镀膜

当真空度达到1.33×10^{-1}Pa 时，开“烘烤”，调节变压器 2BZ 烘烤镀件，使镀件获得基底温度；当真空度达到6.7×10^{-3}Pa 以上时选择好蒸发电极，插入电流分配塞，开“蒸发”，调节变压器 1BZ，逐渐加大电流使铝丝预熔(钟罩内真空度同时下降)，此时用挡板挡住蒸发源避免初熔时杂质蒸发到玻璃上；当钟罩内真空度恢复到6.7×10^{-3}Pa 以上时，再加大蒸发电流，同时移去挡板，此时从观察窗可以看到铝丝逐渐熔化缩成液体小球，然后迅速蒸发，玻璃上便附着了一层铝膜.

5. 镀膜结束

关高真空测量，停扩散泵加热炉，关高阀，低阀仍处于“抽系统位置”，开“空气”，充气完毕后开“升钟罩”，取出镀件. 清洗镀膜室，开“降钟罩”，扣下钟罩后，将低阀置于“抽钟罩位置”，抽钟罩 3～5 分钟后停机械泵，关总电源，再过 1 小时后关闭扩散泵冷却水.

6. 用干涉显微镜测量所镀薄膜的厚度

先用刻蚀法制作薄膜台阶，然后用干涉显微镜测量薄膜厚度.

【注意事项】

1. 冷凝水的使用

开关冷却水时要注意，在开始加热油扩散泵时打开，开始通冷却水时要慢慢增加，并注意冷却水是否畅通；工作过程中，保证其通畅，要随时关注水温，水温过高，加大水量，水温低，则可以适当关小；关闭冷却水要在关掉油扩散泵的加热后，等油冷却后再关，一般情况是冷却 20 分钟.

2. 高真空蝶阀的使用

开关高真空蝶阀时要注意，在油扩散泵处于高温时，打开高真空蝶阀前要保证真空室的压强小于6.7Pa；在工作过程中，保证其压强一直小于6.7Pa，在压强将要接近6.7Pa时，要抢先关掉高真空蝶阀；高真空蝶阀也要在压强小于6.7Pa时关掉.

3. 电离真空计的使用

要保证真空室内的压强小于0.1Pa即真空度高于0.1Pa时才能打开电离真空计的加热开关；使用过程中，保证其压强一直小于0.1Pa，如果预计压强将要接近0.1Pa时，要抢先关掉电离真空计；电离真空计也要在压强小于0.1Pa的状态下关掉.

【思考题】

(1)蒸发镀膜可否在常压的空气中进行？
(2)怎样保证镀膜所要求的洁净度？
(3)如果机械泵“反油”，即油反冲进了抽气管道，你认为会有什么影响？
(4)你认为“预熔”真的有必要吗？
(5)热偶规管的测压范围较小，你认为是什么原因？
(6)电离规管在真空度较低时不能工作，你认为是何原因？

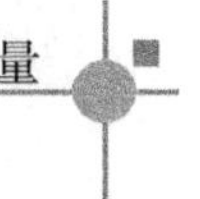

【附录】

真空的获得与测量

1. 真空的获得

真空的获得是由真空泵完成的. 真空泵的种类很多，根据工作原理分为机械泵、喷射泵、分子泵(分子泵也是一种机械泵，但它与这些泵的工作原理不同，所以后面会单一列出)、吸附泵和低温泵等. 一般真空实验室经常使用的是机械泵和扩散泵，用于超高真空的是钛升华泵和低温泵. 真空泵的基本原理：当泵工作后，形成压差，$p_1 > p_2$，实现了抽气.

真空泵按其工作机理可分为排气型和吸气型两大类. 排气型真空泵是利用内部的各种压缩机构，将被抽容器中的气体压缩到排气口，而将气体排出泵体之外，如机械泵、扩散泵和分子泵等. 吸气型真空泵则是在封闭的真空系统中，利用各种表面(吸气剂)吸气的办法将被抽空间的气体分子长期吸着在吸气剂表面上，使被抽容器保持真空，如吸附泵、离子泵和低温泵等.

任何真空泵都不可能得到压强为零的绝对真空，而只能达到一个极限值，即极限压强，用 p_M 表示. 也称为极限真空度，即无负载(无被抽容器)时泵入口处可达到的最低压强(最高真空度)，它决定了该真空泵能否满足实际工作的需要，是衡量真空泵性能的主要指标之一. 另一个指标是抽气速率，即在一定的温度与压力下，单位时间内泵从被抽容器抽出气体的体积，表示为

$$S = -p\left(\frac{\mathrm{d}V}{\mathrm{d}t}\right), \quad p = 常数 \tag{17-13}$$

单位为(L/s)，S 为正值时表示抽气，体积随时间增长而减小. 实际上，容器的体积一般是不可以变化的，抽气只是改变容器内气体的压强，由理想气体压强方程可知，温度不变时有

$$S = -\frac{V}{p}\frac{\mathrm{d}p}{\mathrm{d}t} \tag{17-14}$$

则容器内气体压强变化为

$$\frac{\mathrm{d}p}{\mathrm{d}t} = -\frac{S}{V}p \tag{17-15}$$

实际当 $\frac{\mathrm{d}p}{\mathrm{d}t} = 0$ 时，气体压强 p 不可能是零，应是极限压强 p_M 值，因此对上式进行修正后

得到 $\frac{dp}{dt}=-\frac{S}{V}(p-p_M)$ 或 $\frac{dp}{dt}=-\frac{S_0}{V}p$. 式中 S_0 为实际抽气速率，或称为测得抽速

$$S_0=S\left(1-\frac{p_M}{p}\right) \tag{17-16}$$

当 $p \gg p_M$ 时，$S=S_0$；当 $p=p_M$ 时，$S_0=0$.

衡量真空泵的主要性能还有一个指标是启动压强，即泵能够开始正常工作的最高压强. 通常的真空系统不是只有一种真空泵在工作，而是由至少两级真空泵组成的. 本实验中真空系统由两级构成，前级泵由旋片式机械泵构成，二级泵是油扩散泵. 下面我们分别介绍机械泵和油扩散泵.

1）机械泵

机械泵是运用机械方法不断地改变泵内吸气空腔的容积，使被抽容器内气体的体积不断膨胀，从而获得真空的泵. 机械泵的种类很多，通常包括旋片泵、往复泵、滑阀泵、罗茨泵、螺杆泵和爪式泵等. 这些泵都包含转子和容积腔，通过转子的旋转把气体从入口带到出口或利用偏心配置的转子和容积腔之间体积的变化压缩气体，并将气体排出. 目前常用的是旋片式机械泵. 它由一个定子、一个偏心转子、旋片、弹簧等组成. 其结构如图 17-6 所示. 定子为一圆柱形空腔，空腔上装着进气管和出气阀门，转子顶端保持与空腔壁相接触，转子上开有槽，槽内安放了由弹簧连接的两个刮板. 当转子旋转时，两刮板的顶端始终沿着空腔的内壁滑动. 为了保证机械泵的良好密封和润滑，排气阀浸在密封油里以防止大气流入泵中. 油通过泵体上的缝隙、油孔及排气阀进入泵腔，使泵腔内所有的运动表面被油覆盖，形成了吸气腔与排气腔之间的密封. 同时，油还充满了泵腔内的一切有害空间，以消除它们对极限真空的影响. 工作时，转子沿着箭头所示方向旋转时，进气口方面容积逐渐扩大而吸入气体，同时逐渐缩小排气口方面容积将已吸入气体压缩从排气口排出.

圆柱形定子内有一个偏心圆柱作为转子，转子槽内装有带弹簧的旋片，旋转时靠离心力和弹簧的张力使旋片和定子缸内壁始终紧密接触. 如图 17-7 所示，当转子处于(a)位置时，A 室与进气口相通，A 室在转子转动过程中体积逐渐扩大，并将被抽容器中的气体吸入；处于(b)位置时，A 室与进气口断开，体积达到最大；处于(c)位置时，A 室与排气口相通，体积逐渐被压缩，压强增高，当压强超过大气压时，排气阀将气体外排，完成一个抽气过程. B 室做同样的动作，只是比 A 室落后半个周期. A、B 两室随转子转动，不停地膨胀、压缩，以达到连续抽气的目的. 此种机械泵目前的抽真空极限为 1.33×10^{-2} Pa.

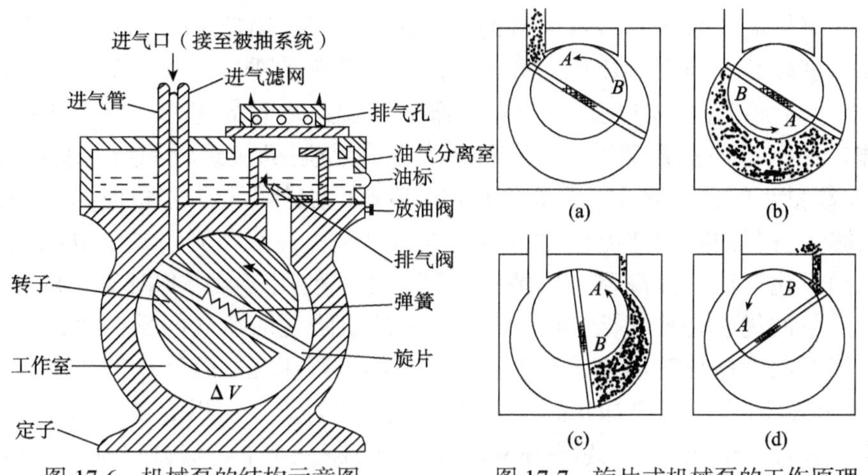

图 17-6　机械泵的结构示意图　　图 17-7　旋片式机械泵的工作原理

如果所抽的气体中含有大量可凝性蒸气，如水蒸气，由于水蒸气在压缩时产生液化，并与机械泵油混合在一起，随着油在泵体内循环回到进气口时，变为蒸气，使泵的极限压强变坏．为了排除蒸气，通常在泵体上附有一个气镇阀门，在压缩排气时，放入适量的空气，减少蒸气的压缩比，蒸气得不到液化时便和空气一起排出泵外．使用完机械泵停机时，如无电磁真空阀门应人为对进气口放气，使泵体内压强与大气平衡，否则会出现返油现象，造成油污染整个真空设备的事故．

2）油扩散泵

扩散泵是以扩散泵油为工作介质的一种蒸气流泵．油扩散泵由泵体、喷嘴、导流管、冷却水管和加热器组成，其结构如图 17-8 所示．油扩散泵是用来获得高真空的主要设备．工作压强范围：$10^{-7}\sim10^{-5}$Pa．扩散泵是利用气体扩散现象来抽气的．它的工作原理是通过电炉加热处于泵体下部的专用液油(称为扩散泵油，是蒸气压强很低的高分子化合物，常用硅油)，沸腾的油蒸气沿着伞形喷口高速向上喷射，在喷嘴出口处蒸气流造成低压，使进气口附近被抽气体的压强高于蒸气流中该气体的压强，所以被抽气体分子就沿蒸气流束的方向高速运动，即不断向泵体下部运动，经三级喷嘴连续作用将被抽气体压缩到低真空端由机械泵抽走．而油蒸气通过冷却水降温，运动到下部与冷的泵壁接触，又凝结为液体，循环蒸发．

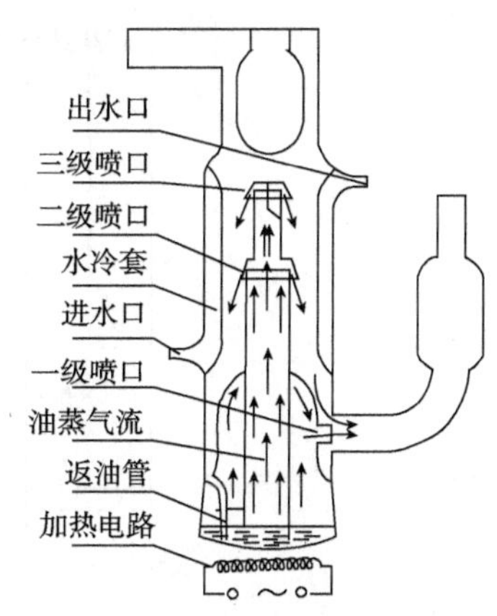

图 17-8　油扩散泵剖面图

扩散泵不能单独使用，一般采用机械泵为前级泵，以满足出口压强(最大 40Pa)，如果出口压强高于规定值，抽气作用就会停止．因为在这一压强下，可以保证绝大部分气体分子以定向扩散形式进入高速蒸气流．此外若扩散泵在较高空气压强下加热，会导致具有大分子结构的扩散泵油分子的氧化或裂解．油扩散泵的极限真空度主要取决于油蒸气压和反扩散两部分．由于油蒸气从各种口高速喷出，需要冷凝成为液体再重新返回加热的油锅里，泵体需要采用水冷或风冷的方式进行冷却. 当玻璃泵体处于工作状态时，泵体下部温度较高，切不可让冷水溅到上面，以防突然受冷后剥离炸裂. 遇到突然停电、停水时，不必慌乱，应立即关闭扩散泵与机械泵之间的连通阀门，避免外界空气返入泵体内引起油质高温氧化. 开扩散泵前必须先用机械泵将系统包括扩散泵本身抽至几 Pa 数量级的预备真空. 再通冷却水，后通电加热泵油. 停机时，应先断开扩散泵加热电源，待泵油降到室温后，再断开冷却水源，最后断开机械泵电源. 这样操作可防止泵油氧化变质，提高真空的清洁程度，延长使用寿命，保证系统的极限真空.

油扩散泵的优点是价格低，油扩散泵最大的缺陷是油蒸气的反扩散，也称为反流. 一些油蒸气扩散到被抽容器内，不仅限制了它的极限压强，而且对整个被抽空间造成油污染. 另外，因为油需要加热到沸腾才能形成喷射流，所以启动时间比较长. 低温阱和现代工业液(如 DC-705 或 Santovac-5)，可获得10^{-8}Pa 的极限压强，对其污染可进行一定的控制.

3) 分子泵

分子泵是靠高速运动的刚体表面来携带气体分子，从而实现抽气的一种机械真空泵，分为牵引分子泵和涡轮分子泵两种. 牵引分子泵依靠高速刚体表面携带气体分子，按一定方向运动而实现抽气. 涡轮分子泵是一种超高真空泵，极限真空能达到10^{-9}Pa. 涡轮分子泵由交替排列的静叶片和动叶片转子及其驱动系统组成. 动、静叶轮几何尺寸相同，但叶片倾角相反. 动叶轮外缘的线速度高达气体分子热运动速度(一般为 150～400m/s). 倾角叶片的运动使气体分子不断从低压侧向高压侧输送，从而产生抽气作用. 单个叶轮的压缩比很小，通常需要十多个动叶轮和静叶轮交替排列. 分子泵清洁，无油污染，而且抽速大，启动快，所以也得到广泛应用. 分子泵不能工作在近大气压强下，排气口压强也达不到大气压强，所以工作时需要前级泵和粗抽泵，经常与旋片泵或各类干式机械泵组合使用，用作主泵.

另外，还有前面提到的吸附泵等，因为它们在真空镀膜中使用很少，这里不做具体介绍. 图 17-9 给出了各种常用泵的使用范围.

超高真空<10^{-5}Pa
高真空 10^{-5}~10^{-1}Pa
中真空 10^{-1}~10^{2}Pa
低真空 10^{2}~10^{5}Pa
液环泵
旋片泵
滑阀泵
罗茨泵
涡轮分子泵
扩散泵
吸附泵
溅射离子泵
低温泵
10^{-14}Pa 10^{-5}Pa 10^{-1}Pa 10^{2}Pa 10^{5}Pa

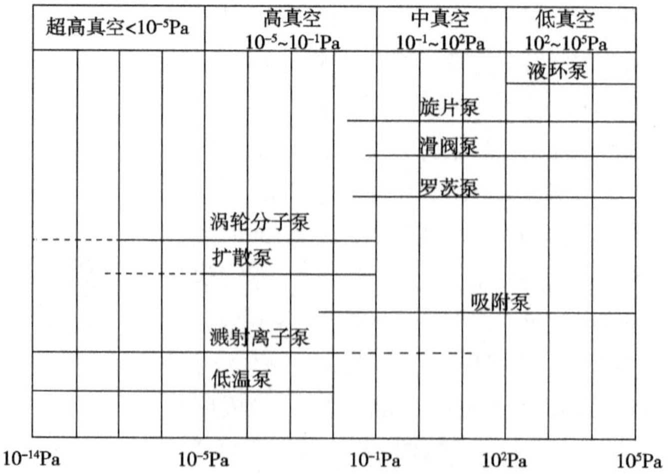

图 17-9 各种常用泵的使用范围

2. 真空的测量

1)真空计

真空计是测量真空系统中气体压强的仪器，由真空规、测量电路和显示仪表组成. 真空规是探测器，探测真空室压强，仪表显示所探测的压强. 真空计可以分为两类：一类是从测量的物理量自身直接计算出压强大小的叫绝对真空计，如液体压强计、机械压强计. 另一类是所测量的量只有和绝对真空计相校准后才能表示出相应的压强值，称为相对真空计. 显然，相对真空计的准确性受到限制，但使用却比较方便，在实际中应用相当广泛. 常见的有热阻真空计、热偶真空计、热阴极电离真空计和冷阴极电离真空计等. 可以根据它们的真空测量应用范围进行选择. 常用于测量低真空的规管是热偶规，测量高真空的规管是电离规，两个规管的仪表可以集成在一个数显仪器上，称为复合真空计. 还有一种真空规，称为冷规，工作范围为 10^{-11}～0.1Pa.

热电偶真空计是利用气体的热传导特性这一原理制成的. 其结构原理如图 17-10 所示.

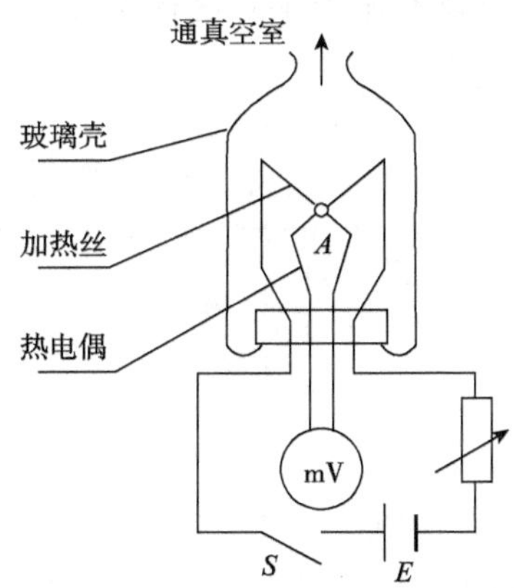

图 17-10　热电偶真空计的工作原理

把细热偶丝与用恒定电流加热的钨丝连在一起，由于气体的热传导系数为

$$\chi = \frac{1}{3}\rho\bar{\lambda}\bar{v}C_v \tag{17-17}$$

式中，ρ 及 $\bar{\lambda}$ 是气体分子的密度和平均自由程；$\bar{v}$ 和 C_v 为气体的平均速度及定容比热，乘积 $\rho\bar{\lambda}$ 在常压下是与压强变化无关的常数，所以气体的导热现象不反映压强的变化，但压强降低到其分子的平均自由程大于容器的线度时，气体分子自由程受到容器限制，$\rho\bar{\lambda}$ 乘积便是与压强有关了. 气体的热传导变化使热丝温度改变，便反映出气压的变化. 热偶真空计在使用时须根据热丝要求调节适当的工作电流.

电离真空计也叫电离规，它由电离真空规管和测量电路两部分组成. 是利用气体电离时产生的离子流与压强有关这一原理制成的. 其工作原理图如图 17-11 所示. 电离真空规管直接连于被测系统或容器. 它由发射电子的阴极，加速并收集电子的螺旋状的栅极，以及收集正离子的圆筒状的板极组成，其结构类似于三极管. 热阴极灯丝加热后发射热电子，栅状阳极具有较高的正电压. 热电子在栅状阳极作用下加速并被阳极吸收. 由于栅状阳极的特殊形状，除了一部分电子被吸收外，其他的电子流向带有负电的板状收集极，再返回阳极. 也就是说部分电子要来回往返几次才能最终被阳极吸收. 可以想象，在电子运动的过程中，一定会与气体分子碰撞并电离，电离的阳离子被收集极吸收并形成电流. 电子电流 i_e 、阳离子电流 i_+ 与气体压强之间满足如下关系：

$$i_+/i_e = KP \tag{17-18}$$

式中，K 称为电离真空计的灵敏度. 通常将电子电流 i_e 保持一定值，然后用绝对真空计校准. 绘出 i_+-P 关系曲线，就可确定出 K 来. 由上述公式可以确定出气压.

对于很高真空度的情况，气体分子很稀薄，所以被电离的气体分子数目很小，因此需要配置微电流放大装置和灯丝稳流装置. 电离规是中高真空范围应用最广的真空计. 低真空范围内，电离真空计的灯丝和阳极很容易被烧掉，所以一定要避免在低真空情况下使用电离真空计.

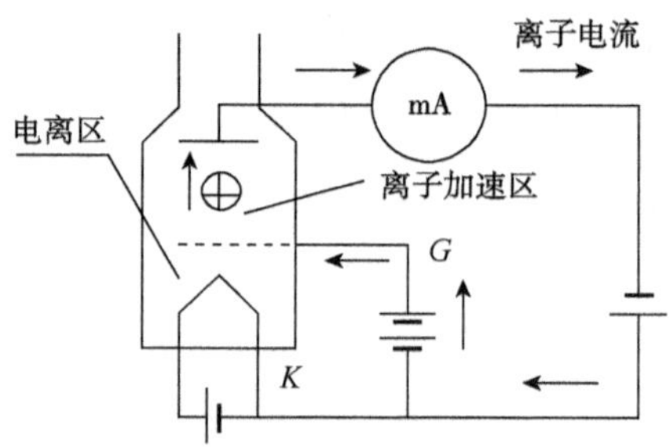

图 17-11　电离真空计的工作原理

2) 真空计的使用方法

热偶真空计的使用方法：将热偶规管开封并与系统封接；将四芯缆线一端与仪器连接；接通电源，开机预热 10 分钟，再将“加热-测量”波段开关(S_5)放在“加热”位置，调节“电流调节”使加热电流达到标定值，再将“加热-测量”开关放在“测量”位置，从电表第二行刻度读取压强值；热偶规管的转换，依靠“加热-测量”开关，V_1 位置对应热偶规管 V_1，V_2 位置对应热偶规管 V_2.

电离真空计的使用方法：将“规管灯丝”开关 S_2 关断，电离规管用五芯缆线与仪器相连，将带鳄鱼夹子的电离规管收集极相连. 有香蕉插头一端与仪器背面接线柱连接. 把量程开关 S_4 移到 10^{-1}，打开灯丝开关 S_2 预热 10 分钟后，即可从 10^{-1}，10^{-2}，…依次测量系统的真空度. 在电离规管需要除气时，先将量程开关 S_4 放到 10^{-1} 挡，关闭灯丝，打开除气开关 S_3 即可. 除气完毕，关闭除气开关，打开灯丝开关 S_2，从 10^{-1} 依次测量. 当真

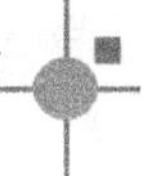

空度低于10^{-2}Pa时，不可进行除气. 一般除气时间1～2分钟，不宜过长，在除气时电离规管栅极较红；当真空度低于10^{-1}Pa时，不能接通电离计. 电离规管暂时不用时只须断开“规管灯丝”开关即可.

3) 真空检漏

一个高真空系统，如果经过长时间抽气，仍达不到预期的真空度，在排除泵的因素后，可能的原因如下.

蒸气源：水蒸气、机械泵油和扩散泵油的蒸气、高真空的密封油脂和封蜡的蒸气及系统内其他污染物，形成蒸气源.

表面放气：系统的器壁、系统内金属元件表面吸附着大量气体分子，在低压下向系统内释放.

真漏：真空系统连接部位安装不良，焊接处有漏孔或漏隙及阀门处密封不严.

对于蒸气源和表面放气，首先在设计系统时要选择合适的材料和结构. 尽量选择蒸气压低的真空泵油，其次是搞好真空清洁，使系统表面清洁、干燥，然后在真空条件下烘烤去气，但材料吸附的气体不可能完全去除，在压强较低时，表面放气还是存在. 实验中的主要问题是真漏，这正是检漏所要解决的问题. 检漏的首要问题是要判断系统是否漏气，其次是确定漏气率的大小，以便确定它是否在允许范围，最后是用合适的仪器找出漏孔的确切位置，用合适的密封材料堵漏.

在高真空系统，漏孔或漏隙用肉眼一般是看不出来的，我们通常采用静态升压法，即把系统抽到一定压强后，关闭阀门，将被检部分与泵隔开，由于漏气和表面放气，被检部分的压强将随时间而上升，用电离真空计或复合真空计和秒表，测出P-T关系曲线，由曲线形状，我们可以判断系统是否漏气，如图17-12所示.

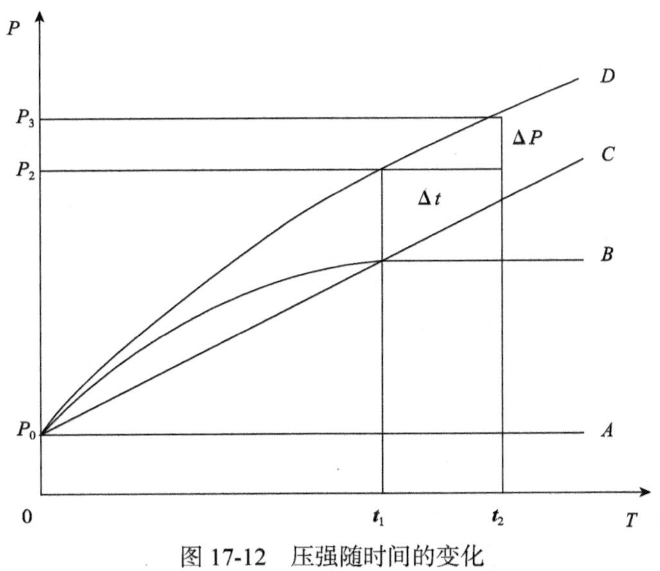

图17-12　压强随时间的变化

由图 17-12 可得：直线 A 平行于 T 轴，说明压强是恒量，它不随时间而变化，表明系统既无放气也无漏气；曲线 B 开始上升较快而后渐渐变成平行于 T 轴的直线. 这说明系统只有放气而无漏气，气压较低时放气速率较大，达到某一气压值时，放气速率和吸气速率相等，达到平衡，曲线即趋于水平直线；直线 C 是一斜率为 $\dfrac{\Delta P}{\Delta t}$ 的直线. 这说明系统只有漏气，系统的漏率为

$$Q_{漏} = V\frac{\Delta P}{\Delta t} \tag{17-19}$$

式中，V 是被检容器的体积.

曲线 D 开始上升较快，而后渐渐减慢，最后变成直线，这说明系统既有放气也有漏气，曲线 D 是 B 和 C 的叠加.

一个真空系统(或容器)要做到绝对不漏气是不现实的，只要漏孔的漏率足够小，平衡压强低于真空系统工作所需要的压强，这些漏孔就是允许的. 真空系统正常工作所能允许的最大漏气量，称为最大允许漏率，简称允许漏率.

实验十八　磁控溅射镀膜

当今信息社会，众多通信机器的心脏部分，离不开以薄膜技术为基础而制作的元器件、电子回路、集成电路等. 磁控溅射镀膜是目前应用最为广泛的薄膜制备方法之一，特别是在微电子、光学薄膜和材料表面处理领域中，用于薄膜沉积和表面覆盖层制备. 1852 年 Grove 首次描述了溅射这种物理现象，20 世纪 40 年代溅射技术作为一种沉积镀膜方法开始得到应用和发展. 60 年代后随着半导体工业的迅速崛起，这种技术在集成电路生产工艺中，用于沉积集成电路中晶体管的金属电极层，才真正得以普及和广泛应用. 磁控溅射技术出现和发展，以及 80 年代用于制作反射层之后，磁控溅射技术应用的领域得到极大扩展，逐步成为制造许多产品的一种常用手段，并在最近几年，发展出一系列新的溅射技术. M. B. Park 等应用射频磁控溅射技术，用于在 Si 衬底和硅酸盐玻璃上，沉积 Er 或 Tb 掺杂纳米晶粒 Si 薄膜. 另外研究 H_2 在 H+Ar 混合等离子体中对溅射过程所起的作用，N. Laidani 等人的工作是在 Ar 气氛中通入 H_2，用射频溅射沉积 C 薄膜. 现在磁控溅射技术已经在镀膜领域占有举足轻重的地位，在工业生产和科学领域发挥着极大的作用. 正是近来市场上各方面对高质量薄膜日益增长的需要使磁控溅射不断发展. 在许多方面，磁控溅射薄膜的表现都比物理蒸发沉积制成的要好；而且在同样的功能下采用磁控溅射技术制得的比采用其他技术制得的要厚. 因此，磁控溅射技术在许多应用领域包括制造硬的、抗磨损的、低摩擦的、抗腐蚀的、装潢的及光电学薄膜等方面具有重要影响.

磁控溅射技术得以广泛地应用，是由该技术有别于其他镀膜方法的特点所决定的. 其特点可归纳为:可制备成靶材的各种材料均可作为薄膜材料，包括各种金属、半导体、铁磁材料，以及绝缘的氧化物、陶瓷等物质，尤其适合高熔点和低蒸气压的材料沉积镀膜，在适当条件下，多元靶材采用共溅射方式，可沉积所需组分的混合物、化合物薄膜；在溅射的放电气中加入氧、氮或其他活性气体，可沉积形成靶材物质与气体分子的化合物薄膜；控制真空室中的气压、溅射功率，基本上可获得稳定的沉积速率；通过精确地控制溅射镀膜时间，容易获得均匀的高精度的膜厚，且重复性好；溅射粒子几乎不受重力影响，靶材与基片位置可自由安排；基片与膜的附着强度是一般蒸镀膜的 10 倍以上，且由于溅射粒子带有高能量，在成膜面会继续表面扩散而得到硬且致密的薄膜，同时高能量使基片只要较低的温度即可得到结晶膜；薄膜形成初期成核密度高，故可生产厚度 10nm 以下的极薄连续膜.

溅射法是利用高能离子(电场加速正离子，由电极间工作气体在强电场作用下电离产生)高速冲击负极溅射材料表面，发生碰撞. 由于高能离子的能量大于靶材原子表面结合能，所以可使靶材表面的原子或分子等得到入射离子的能量，逐渐溢出表面形成溅射. 溅射镀膜就是基于荷能离子轰击靶材时的溅射效应，整个过程都是建立在辉光放电的基础上，即溅射离子都来源于气体放电.

随着工业的需求和表面技术的发展，新型磁控溅射如高速溅射、自溅射等成为目前磁控溅射领域新的发展趋势. 高速溅射能够得到大约几个 μm/min 的高速率沉积，可以缩短溅射镀膜的时间，提高工业生产的效率，有可能替代目前对环境有污染的电镀工艺. 当溅射率非常高，以至于在完全没有惰性气体的情况下也能维持放电，即仅用离化的被溅射材料的蒸气来维持放电，这种磁控溅射称为自溅射. 被溅射材料的离子化以及减少甚至取消惰性气体，会明显地影响薄膜形成的机制，加强沉积薄膜过程中合金化和化合物形成中的化学反应. 由此可能制备出新的薄膜材料，发展新的溅射技术，如在深孔底部自溅射沉积薄膜. 高速溅射的本质特点是产生大量的溅射粒子，导致较高的沉积速率. 最近实验表明在最大的靶源密度下发生高速溅射时，靶的溅射和局部蒸发同时发生，两种过程的结合保证了最大的沉积速率（几微米/分钟）并导致薄膜的结构发生变化. 与通常的磁控溅射比较，高速溅射和自溅射的特点在于较高的靶功率密度 $Wt = P_d/S > 50\text{W}\cdot\text{cm}^{-2}$，（$P_d$ 为磁控靶功率，S 为靶表面积）. 高速溅射有一定的限制，因此只有在特殊的环境下才能保持高速溅射，如足够高的靶源密度，靶材足够的产额和溅射气体压力，并且要获得最大气体的离化率. 最大的限制高速沉积薄膜的是溅射靶的冷却. 高速率磁控溅射的一个固有的性质是产生大量的溅射粒子而获得高的薄膜沉积速率. 高的沉积速率意味着高的粒子流飞向基片，导致沉积过程中大量粒子的能量被转移到生长薄膜上，引起沉积温度明显增加. 由于溅射离子的能量大约 70%需要从阴极冷却水中带走，所以薄膜的最大溅射速率将受到溅射靶冷却的限制. 冷却不但靠足够的冷却水循环，还要求良好的靶材导热率及较薄膜的靶厚度. 同时高速率磁控溅射中典型的靶材利用率只有 20%～30%，因而提高靶材利用率也是有待解决的一个问题. 然而磁控溅射的优点还是多于缺点，具体如下：

(1) 操作易控. 镀膜过程，只要保持工作压强、电功率等溅射条件相对稳定，就能获得比较稳定的沉积速率.

(2) 沉积速率高. 在沉积大部分的金属薄膜，尤其是沉积高熔点的金属和氧化物薄膜时（如溅射钨、铝薄膜和反应溅射 TiO_2、ZrO_2 薄膜），具有很高的沉积率.

(3) 基板低温性. 相对二极溅射或者热蒸发，磁控溅射对基板加热少了，这一点对实现织物的上溅射相当有利.

(4) 膜的牢固性好. 溅射薄膜与基板有着极好的附着力，机械强度也得到了改善.

(5) 成膜致密、均匀. 溅射的薄膜聚集密度普遍提高了. 从显微照片看，溅射的薄膜表面微观形貌比较精致细密，而且非常均匀.

(6) 溅射的薄膜均具有优异的性能. 例如，溅射的金属膜通常能获得良好的光学性能、电学性能及某些特殊性能.

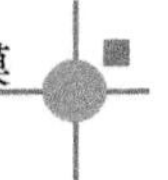

(7) 易于组织大批量生产. 磁控源可以根据要求进行扩大，因此大面积镀膜是容易实现的. 再加上溅射可连续工作，镀膜过程容易自动控制，因此工业上流水线作业完全成为可能.

(8) 工艺环保. 传统的湿法电镀会产生废液、废渣、废气，对环境造成严重的污染. 不产生环境污染、生产效率高的磁控溅射镀膜法则可较好地解决这一难题.

磁控溅射目前是一种应用十分广泛的薄膜沉积技术，溅射技术上的不断发展和对新功能薄膜的探索研究，使磁控溅射应用延伸到许多生产和科研领域.

(1) 在微电子领域作为一种非热式镀膜技术，主要应用在化学气相沉积 (CVD) 或金属有机化学气相沉积 (MOCVD) 生长困难及不适用的材料薄膜沉积，而且可以获得大面积非常均匀的薄膜. 包括欧姆接触的 Al、Cu、Au、W、Ti 等金属电极薄膜及可用于栅绝缘层或扩散势垒层的 TiN、Ta_2O_5、TiO、Al_2O_3、ZrO_2、AlN 等介质薄膜沉积.

(2) 磁控溅射技术在光学薄膜 (如增透膜)、低辐射玻璃和透明导电玻璃等方面也得到应用. 在透明导电玻璃的玻璃基片或柔性衬底上，溅射制备 SiO_2 薄膜和掺杂 ZnO 或 InSn 氧化物 (ITO) 薄膜，使可见光范围内平均光透过率在 90%以上.

(3) 在现代机械加工工业中，利用磁控溅射技术制作表面功能膜、超硬膜、自润滑薄膜能有效地提高表面硬度、复合韧性、耐磨损性和抗高温化学稳定性能，从而大幅度地提高涂层产品的使用寿命.

磁控溅射除上述已被大量应用的领域，还在高温超导薄膜、铁电体薄膜、巨磁电阻薄膜、薄膜发光材料、太阳能电池、记忆合金薄膜研究方面发挥重要作用.

【实验原理】

磁控溅射属于辉光放电范畴，利用阴极溅射原理进行镀膜. 膜层粒子来源于辉光放电中氩离子对阴极靶材产生的阴极溅射作用. 氩离子将靶材原子溅射下来后，沉积到元件表面形成所需膜层. 磁控原理就是采用正交电磁场的特殊分布控制电场中的电子运动轨迹，使得电子在正交电磁场中变成了摆线运动，因而大大增加了与气体分子碰撞的概率. 用高能粒子 (大多数是由电场加速的气体正离子) 撞击固体表面 (靶)，使固体原子 (分子) 从表面射出的现象称为溅射. 溅射现象很早就为人们所认识，通过前人的大量实验研究，我们对这一重要物理现象得出以下几点结论：

(1) 溅射率随入射离子能量的增加而增大，而在离子能量增加到一定程度时，由于离子注入效应，溅射率将随之减小；

(2) 溅射率的大小与入射粒子的质量有关；

(3) 当入射离子的能量低于某一临界值 (阈值) 时，不会发生溅射；

(4) 溅射原子的能量比蒸发原子的能量大许多倍；

(5) 入射离子的能量很低时，溅射原子角分布就不完全符合余弦分布规律，角分布还与入射离子方向有关，从单晶靶溅射出来的原子趋向于集中在晶体密度最大的方向；

(6) 因为电子的质量很小，所以即使使用具有极高能量的电子轰击靶材也不会产生溅射现象，溅射是一个极为复杂的物理过程，涉及的因素很多，长期以来对于溅射机理虽然进行了很多的研究，提出过许多的理论，但都难以完善地解释溅射现象.

辉光放电

辉光放电是在真空度约为 1 的稀薄气体中，两个电极之间加上电压时产生的一种气体放电现象. 溅射镀膜基于荷能离子轰击靶材时的溅射效应，而整个溅射过程都是建立在辉光放电的基础之上，即溅射离子都来源于气体放电. 不同的溅射技术所采用的辉光放电方式有所不同，直流二极溅射利用的是直流辉光放电，磁控溅射是利用环状磁场控制下的辉光放电.

图 18-1 所示为一个直流气体放电体系，在阴阳两极之间由电动势为 E 的直流电源提供电压和电流，并以电阻作为限流电阻. 在电路中，各参数之间应满足下述关系：

$$V = E - IR \tag{18-1}$$

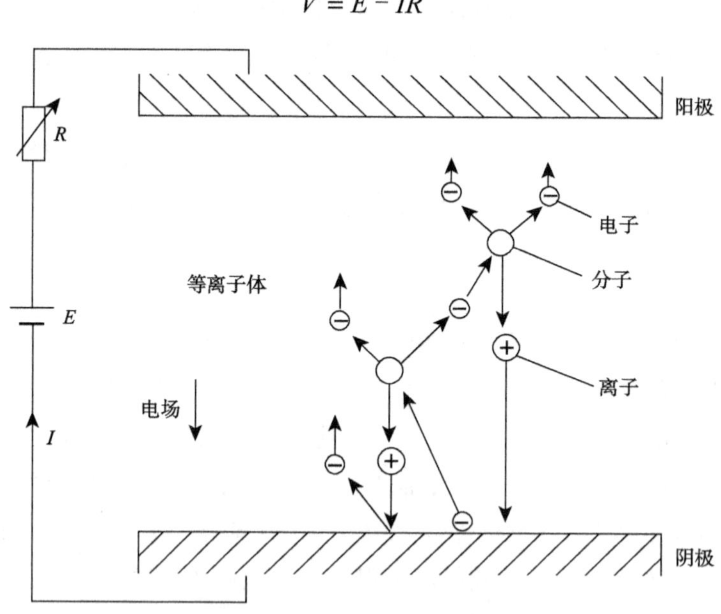

图 18-1　直流气体放电体系

使真空容器中 Ar 气的压力保持一定，并逐渐提高两个电极之间的电压. 在开始时，电极之间几乎没有电流通过，因为这时气体原子大多仍处于中性状态，只有极少量的电离粒子在电场的作用下做定向运动，形成极为微弱的电流，即图 18-2 中曲线的开始阶段所示的那样.

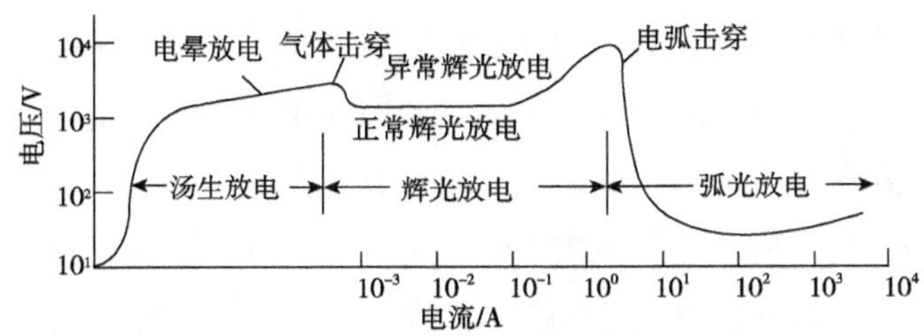

图 18-2　直流气体放电体系中电流与电压的关系

随着电压逐渐升高，电离粒子的运动速度也随之加快，即电流随电压上升而增加. 当这部分电离粒子的速度达到饱和时，电流不再随电压升高而增加. 此时，电流达到了一个饱和值(对应于图中曲线的第一个垂直段).

当电压继续升高时，离子与阴极之间以及电子与气体分子之间的碰撞变得重要起来. 在碰撞趋于频繁的同时，外电路转移给电子与离子的能量也在逐渐增加. 一方面，离子对于阴极的碰撞将使其产生二次电子的发射，而电子能量也增加到足够高的水平，它们与气体分子的碰撞开始导致后者发生电离，如图 18-1 所示. 这些过程均产生新的离子和电子，即碰撞过程使得离子和电子的数目迅速增加. 这时，随着放电电流的迅速增加，电压的变化却不大. 这一放电阶段称为汤生放电.

在汤生放电阶段的后期，放电开始进入电晕放电阶段. 这时，在电场强度较高的电极尖端部位开始出现一些跳跃的电晕光斑. 所以这一阶段称为电晕放电.

在汤生放电阶段之后，气体会突然发生放电击穿现象. 这时，气体开始具备相当的导电能力，我们将这种具备一定导电能力的气体称为等离子体. 此时，电路中的电流大幅度增加，同时放电电压却有所下降. 这是因为此时的气体被击穿，气体的电阻将随着气体电离度的增加而显著下降，放电区由原来只集中于阴极边缘和不规则处变成向整个电极表面扩展. 在这一阶段，气体中导电粒子的数目大量增加，粒子碰撞过程伴随的能量转移也足够大，因此放电气体会发出明显的辉光.

电流的继续增加将使得辉光区域扩展到整个放电长度上，同时，辉光的亮度不断提高. 当辉光区域充满了两极之间的整个空间之后，在放电电流继续增加的同时，放电电压又开始上升. 上述的两个不同的辉光放电阶段常被称为正常辉光放电和异常辉光放电. 异常辉光放电是一般薄膜溅射或其他薄膜制备方法经常采用的放电形式，因为它可以提供面积较大、分布较为均匀的等离子体，有利于实现大面积的均匀溅射和薄膜沉积.

磁控溅射

平面磁控溅射靶采用静止电磁场，磁场为曲线形，其工作原理如图 18-3 所示. 电子在电场作用下，加速飞向基片的过程中与氩原子发生碰撞. 若电子具有足够的能量(约为 30eV)，则电离出 Ar^+并产生电子. 电子飞向基片，Ar^+在电场作用下加速飞向阴极溅射靶并以高能量轰击靶表面，使靶材发生溅射. 在溅射粒子中，中性的靶原子(或分子)沉积在基片上形成薄膜. 二次电子 e_1 在加速飞向基片时受磁场 $\boldsymbol{B}$ 的洛伦兹力作用，以摆线和螺旋线状的复合形式在靶表面做圆周运动. 该电子 e_1 的运动路径不仅很长，而且被电磁场束缚在靠近靶表面的等离子体区域内. 在该区中电离出大量的 Ar^+用来轰击靶材，因此磁控溅射具有沉积速率高的特点. 随着碰撞次数的增加，电子 e_1 的能量逐渐降低，同时，e_1 逐步远离靶面. 低能电子 e_1 将如图中 e_3 那样沿着磁力线来回振荡，待电子能量将耗尽时，在电场 E 的作用下最终沉积在基片上. 由于该电子的能量很低，传给基片的能量很小，所以基片温升较小. 在磁极轴线处电场与磁场平行，电子 e_2 将直接飞向基片. 但是，在磁控溅射装置中，磁极轴线处离子密度很低，所以 e_2 类电子很少，对基片温升作用不大.

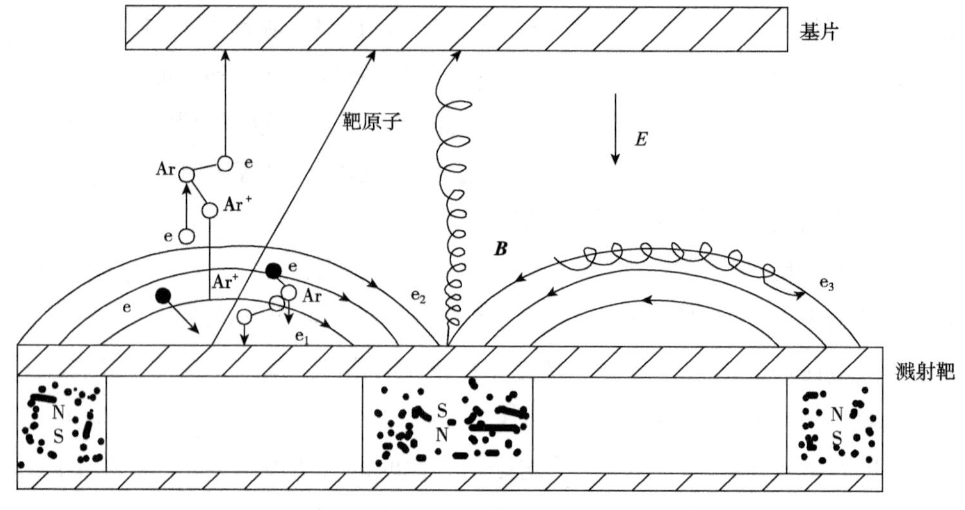

图 18-3　磁控溅射工作原理图

磁控溅射的基本原理就是以磁场改变电子运动方向，束缚和延长电子的运动路径，提高电子的电离概率以及有效地利用电子的能量. 因此，在形成高密度等离子体的异常辉光放电中，正离子对靶材轰击所引起的靶材溅射更加有效，同时受正交电磁场的束缚的电子只能在其能量将要耗尽时才能沉积在基片上. 这就是磁控溅射具有“低温”“高速”两大特点的机理.

【实验仪器】

本实验所用仪器为高真空磁控溅射镀膜系统(JCP-600M4)，其真空室结构如图 18-4 所示. JCP-600M4 高真空磁控溅射镀膜设备主要有真空专用不锈钢腔室、两只 3in①圆形平面磁控靶，两台直流电源. 由 FF200/1200 分子泵高真空系统、0～20r/min 加热旋转基

①1in = 2.54cm.

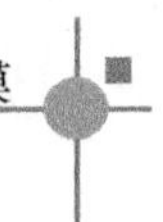

片台、机架、气路、水路、逻辑控制等组成. 该设备可选配电源，实现一机多用，可开发纳米级单层或多层的导电膜、半导体膜、绝缘膜等. 整机结构紧凑、操作方便、抽真空速度快. 控制系统采用手动逻辑按钮控制及安全保护.

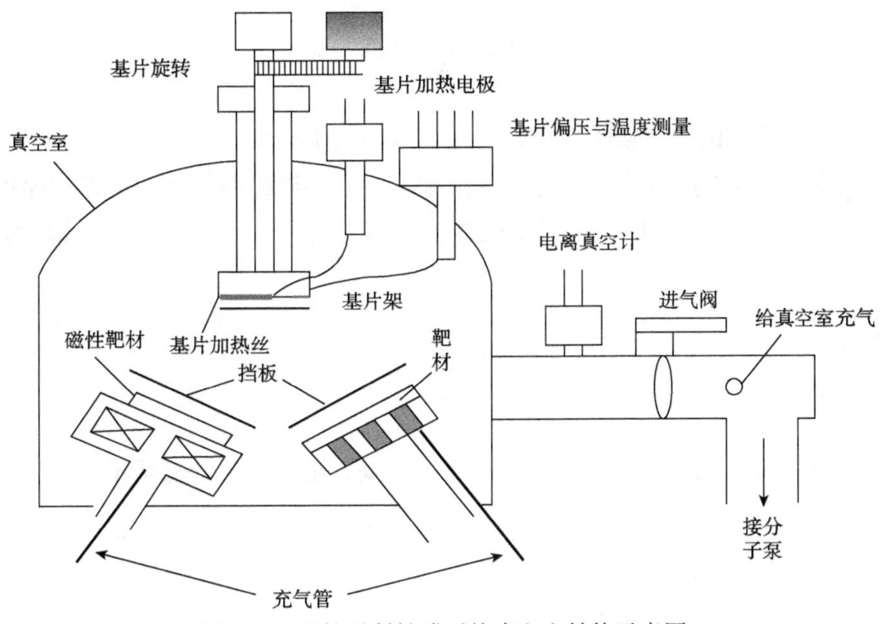

图 18-4　磁控溅射镀膜系统真空室结构示意图

按各部分的功能分类，该设备主要由真空系统、溅射镀膜系统、测量及控制系统三部分组成.

1. 真空系统及其测量

真空系统为溅射镀膜提供了一个高真空的薄膜生长环境，本底真空度的高低也直接影响薄膜的结构和性能，是薄膜制备最基本和最重要的条件. 真空度底，镀膜室内残余气体分子多，薄膜受残余气体分子的影响，其性能变差.

常用真空获取与测量设备：

(1) 旋片式机械真空泵. 机械真空泵是通常用来获得低真空的设备或充当其他高真空泵的前级泵.

(2) 涡轮分子泵. 分子泵是一种获取高真空的常用设备，作为本实验二级泵.

(3) 真空的测量——复合真空计. 本实验采用程控复合真空计测量真空室的真空度，高、低真空分别用电离规管和热偶规管测量，分别显示于两个窗口便于实验.

2. 溅射镀膜、测量及控制系统

(1) 磁控溅射靶；

(2) 多功能基片架；

(3)溅射气压气体的测量及控制；

(4)薄膜厚度的在线监测.

本实验采用石英晶体振荡法测量薄膜厚度和淀积速率

$$df = -\frac{v^2}{N}\frac{\rho_m}{\rho}dx \tag{18-2}$$

此式即为振荡频率变化与薄膜质量膜厚之间关系的基本公式.

该实验能够有效掌握真空的获得与测量技术，了解磁控溅射镀膜的工作原理，探究仪器参数对镀膜过程的影响. 运用磁控溅射镀膜技术可以实现在玻璃载玻片上镀上铜膜.

【实验内容】

1. 基片加热过程中真空度的变化

由图 18-5 可知，随着温度上升，气压迅速升高，随后气压降低至不变，至温度稳定后，气压持续降低.

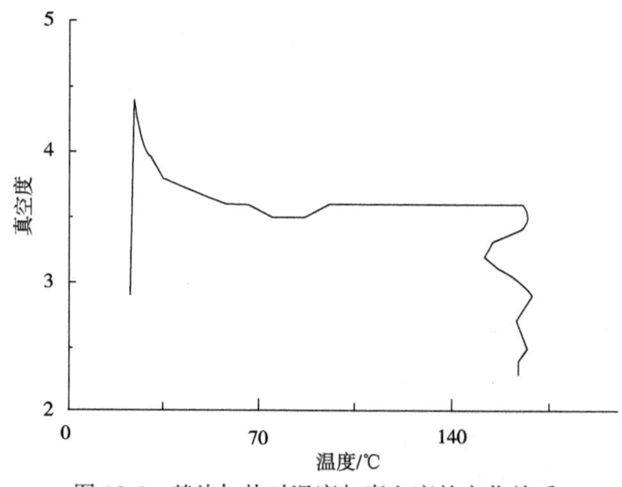

图 18-5　基片加热时温度与真空度的变化关系

基片暴露在空气中会吸附气体分子(主要是水蒸气)，在基片加热的过程中这些吸附的分子会迅速释放出来导致气压迅速上升，这就解释了曲线前面的上升段. 当气体大部分释放完后，气体释放速率降低，并且气体温度上升与真空泵抽气平衡，气压基本不变，温度上升至接近指定温度时，温度上升速率减慢，低于真空泵抽气速率，气压开始下降且到达指定温度后，温度基本不变，下降速率越来越快.

2. 镀膜速率与溅射气压的关系

用 30 秒内膜厚度的增长量来度量溅射速率，在溅射电流 $I = 0.1\text{A}$，靶磁场电流 $I=1.5\text{A}$ 的条件下，得到图像(图 18-6).

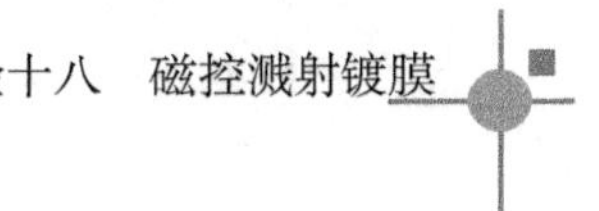

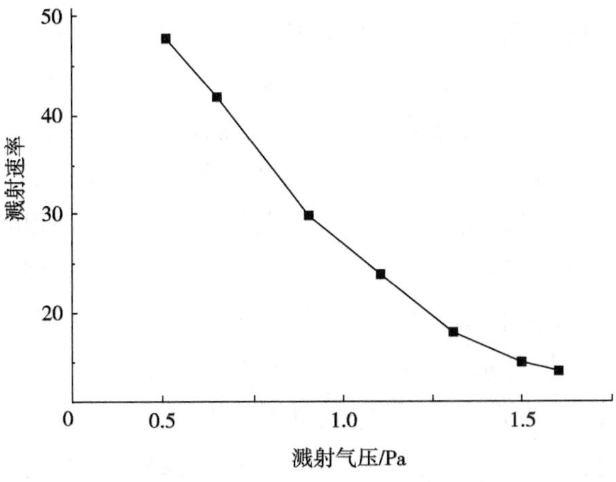

图 18-6　溅射气压和溅射速率的关系

由图 18-6 可知，在一定范围内，溅射气压越大，溅射速率越小. 因此，气压越大，真空室内氩气分子密度就越大，镀膜材料分子运动的平均自由程就越小，即材料分子在飞往基片过程中更容易与氩气分子碰撞，导致到达基片的材料分子减少，故气压大溅射速率低.

3. 镀膜速率与溅射功率的关系

用 60 秒内膜厚度的增长量来度量溅射速率，在溅射气压 $P=1.3\text{Pa}$，靶磁场电流 I=1.5A 条件下得到图像(图 18-7).

$$y=6.635x,\quad r=0.995 \tag{18-3}$$

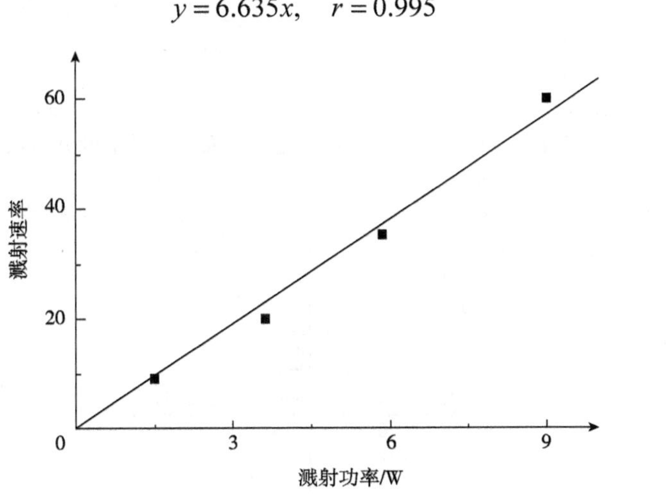

图 18-7　溅射功率和溅射速率的关系

由图可知，在一定范围内，溅射电流(溅射功率)越大，溅射速率越大，且呈线性关系. 分析可知：

溅射电流的提高，轰击靶材料的氩离子的浓度提高，会使更多的靶材料被溅射出来；另外，溅射粒子的能量也提高，使薄膜与基片的附着力增加，加快了薄膜的形成速率，而理论上说溅射速率与溅射功率基本成正比关系，实验结果与此符合得较好.

需要注意的是，溅射时电流与电压之间的关系遵循公式：$I=KVn$，而式中的参数 K、n 与气压、靶材料、磁场和电场有关，实验中注意到靶磁场的增大会使溅射电压减小，因此猜想靶磁场增大会使 K 增大. 对于靶材蚀刻跑道的讨论如下.

由于试验用的铜靶使用时间很长，所以在靶面上留下了很深的蚀刻轨道. 蚀刻跑道形状如图 18-8 所示，截面如图 18-9(b)所示，这是由于沿靶面一圆周的径向有一如图 18-10 的镜像磁场，使电子被约束在跑道宽度内，假设 $x=\pm a$ 处是临界磁约束点，即电子在此区域内被约束来回反射. 但能被约束的电子并不都是在 $x=\pm a$ 处才反射，也即是说电子的横向宏观振荡半径并不都是 a，而是 $0\sim a$ 内均可发生，因此在 $x=\pm a$ 区域内各处电子的浓度并不相同，显然 $x=0$ 处是所有受约束的电子运动的必经之路，浓度越大，往 $\pm a$ 处能到达的电子数目越少，其浓度也就越小(但不能认为该处的浓度为零)，可以近似认为符合高斯分布，如图 18-9(a)所示.

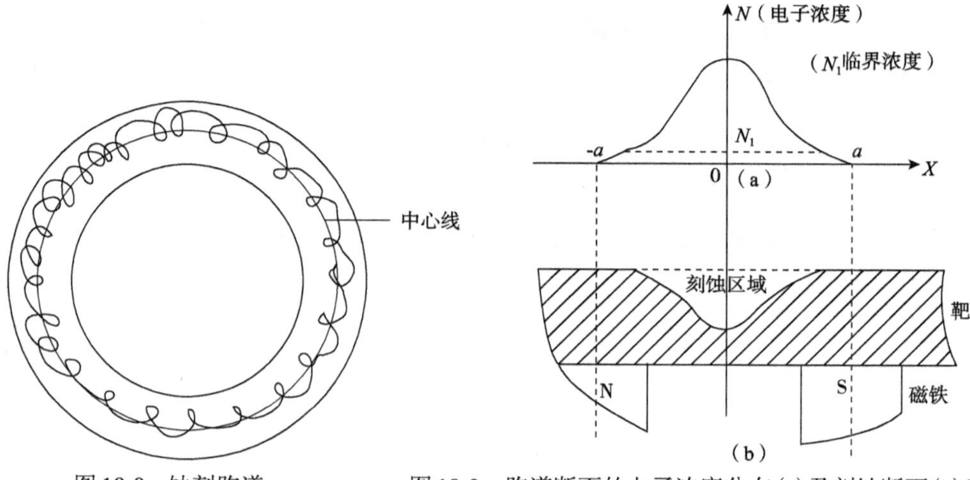

图 18-8　蚀刻跑道　　图 18-9　跑道断面的电子浓度分布(a)及刻蚀断面(b)示意图

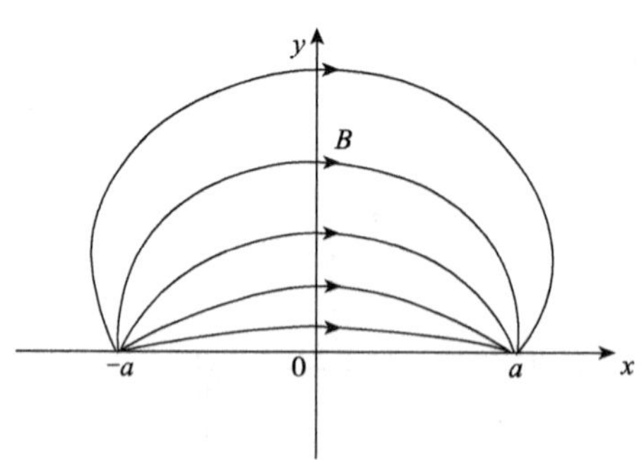

图 18-10　镜像场磁力线分布

随着刻蚀的加深，靶面下降，更强的磁力线露出靶面(需要说明的是，磁力线本身的分布并不因溅射而有所改变)，约束力增强，临界约束半径减小即约束区域变窄，于是溅射区域也随之变窄. 长期如此作用下去，刻蚀跑道的形状就自然是宽度连续收缩，中心深度加剧的倒高斯分布，如图 18-9(b)所示.

关于溅射功率和溅射气压对溅射速率影响的讨论：虽然分析的结果是提高靶的溅射功率能够提高溅射速率，但是查阅资料表明，如果溅射功率过大，靶的温度将过高，甚至可能靶开裂、升华和熔化. 因此，溅射靶的力学性质和导热性能是限制提高溅射速率的重要因素. 为了提高溅射速率，应该将基片尽可能靠近溅射源，但必须保证稳定的异常辉光放电.

而对于溅射气体分压和溅射速率的关系，实验中表明在一定范围内溅射气压越大，溅射速率越小. 查找资料后发现在低气压范围(0.1～0.25Pa)，溅射气压和溅射速率却是正相关的，这是由于气压升高，气体分子数增多，电离产生的轰击离子增多，靶材溅射出的原子增多，并且在低气压范围内，气体分子对溅射原子的阻挡作用不明显，因此呈现出溅射气压和溅射速率的正相关关系.

因此，在实际镀膜中，应该综合考虑溅射功率和溅射气压对溅射速率的影响，选择合适的溅射功率和溅射气压，使得镀膜质量达到最佳效果.

【注意事项】

(1) 实验时基片的选取很重要，本实验选用普通的玻璃载玻片，镀膜前须用丙酮和乙醇对基片进行仔细的清洗，即基片表面在镀膜前应清洗干净.

(2) 热处理影响镀膜的质量，本实验在 160℃下进行镀膜，使吸附原子的动能随之增大，跨越表面势垒的概率增多，容易结晶化，并使薄膜缺陷减少，薄膜内应力也相应减小. 同时也可以除去基片上残留的水蒸气. 对真空室加热时，须在达到指定温度后保持 30 分钟再进行镀膜，这样一方面使基片温度达到设置温度并尽可能稳定，一方面使真空室在恒定温度下继续抽气，使杂质气体的浓度尽可能低，减少镀膜时的干扰.

(3) 对于不同的靶材应选用不同的磁控靶，如 NiFe 这样软磁材料的靶，即外回路磁阻很小时，如果采用永磁靶这样磁阻较大的靶，绝大部分磁力线都将被屏蔽，而在靶面上方空间不可能形成足够的平行磁场(漏磁很小). 这样就破坏了磁控模式运行的前提条件，故 NiFe 应用电磁靶溅射. 而如 Cu 这样的抗磁材料，则电磁靶和永磁靶都可使用，而电磁靶产生的磁场强，可更好地延长电子在氩气中的运动时间，利于起辉放电，故实验选用电磁靶.

(4) 实验结束后，应等待真空室冷却后，再放气取出样品，否则会造成薄膜氧化，影响其性能. 真空腔应时常清洁，保持真空环境的卫生和稳定的真空度.

(5) 真空系统放气前，必须关掉电离真空计.

(6) 腔内温度应自然冷却后才可以取出产品.

(7) 升降机在上升到可以打开密封盖时应及时停止.

开机注意事项

(1) 系统在开机前，需要确认供电状况：主空开是否合闸，溅射电源空开是否已合闸，加热器空开是否已合闸；以上检查完成后，检查传动系统总空开→分级空开，单个加热器空开，PLC 柜内空开是否已合闸；

(2) 供电确认后，开启 PLC 和启动计算机，启动后，确认以下外部状况：

①气压是否存在异常；

②水压是否存在异常；

③各级水路是否存在报警；

④设备是否存在故障.

以上外部状况确认后，才能执行实验操作过程.

停机注意事项

(1) 确认直流、中频电源已关闭；

(2) 确认腔室内温度已低于 70℃；

(3) 确认所有泵组已停止运行；

(4) 关闭计算机；

(5) 停止水、气等设备；

(6) 关闭供电；

(7) 各种开关、旋(按)钮使用完毕后应及时关闭或恢复到初始状态；

(8) 轴承等需要润滑的机械部位应该及时使用润滑剂.

【思考题】

(1) 溅射镀膜与真空镀膜相比，有何特点？

(2) 正常辉光放电和异常辉光放电的特征.

(3) 射频辉光放电的特点.

(4) 简述射频溅射原理.

【附录】

一、设备操作手册

1. 设备操作步骤

(1) 开冷却水，开气源.

(2) 开总电源，开充气阀，对真空室充气(充气完毕后即刻关闭).

(3) 打开真空室，做好一切室内的安装及其他准备工作.

(4) 封闭好真空室.

(5) 开机械泵，开前级阀.

(6) 开前级低真空测量，当前级真空压力≤5Pa.

(7) 关前级阀，开预抽阀，开真空室低真空测量，当真空压力≤5Pa 时，开前级阀，关预抽阀，开分子泵，开分子泵主阀.

(8) 当真空室低真空压力≤1.3×10^{-1}Pa 时转至高真空测量，直至真空室的真空压力达到工作真空为止.

(9) 基片加热到所需值.

(10) 用节流阀和质量流量控制器配合调整真空室内所需溅射压力到需要值.

(11) 开基片旋转，开溅射电源，打开靶挡板，进行溅射镀膜.

(12) 镀膜结束，关靶挡板，关溅射电源，关基片旋转，关基片加热，关质量流量控制器，开节流阀.

2. 重复制膜

(1) 当基片温度下降后关主阀，关真空室真空测量，开充气阀.

(2) 打开真空室，取件、清洗、换件，关真空室，关充气阀.

(3) 开预抽阀，开真空室低真空测量，当真空室的低真空压力≤5Pa 时，开预抽阀.

(4) 关预抽阀，开前级阀，打开主阀，待真空度超过 1.3×10^{-1}Pa 时，转至高真空测量，直至所需的工作真空为止.

(5) 重复第 1 部分中 (9) ～ (12) 步骤.

3. 结束阶段

当全部工作结束而不再进行制膜时，应按下列顺序结束系统的工作：

(1) 切断全部真空测量.

(2) 关主阀，关预抽阀.

(3) 开充气阀.

(4) 打开真空室，结束真空室内全部拆卸、清洗及其他工作.

(5) 封闭好真空室，关充气阀.

(6) 关分子泵，约 9 分钟分子泵停止.

(7) 关前级阀，开预抽阀，对真空室抽低真空 3～5 分钟.

(8) 关预抽阀，关机械泵.

(9) 切断水源、气源及电源，全部工作结束.

二、影响镀膜质量的因素

一般对镀膜质量方面的要求有：厚度、均匀性、附着强度. 厚度=沉积率×时间. 其中沉积率是指单位时间内形成有效镀层的厚度，一般用 μm/h 表示. 沉积率的大小除与起辉电压、工作气压等主要因素有关外，也受其他许多因素的影响. 不同蒸发源在相同条件下的沉积率也是不同的，所以沉积率是由特定条件约束的，一般与理论值有较大差距，要通过大量试验来具体确定. 镀膜方式由于镀膜原理的不同可分为很多种类，仅仅因为都需要高真空度而拥有统一名称. 所以对于不同原理的真空镀膜，影响均匀性的因素也不尽相同. 并且均匀性这个概念本身也会随着镀膜尺度和薄膜成分不同而有不同的意义.

薄膜均匀性的概念

(1)厚度上的均匀性，也可以理解为粗糙度，从光学薄膜的尺度上看(也就是 1/10 波长作为单位，约为 100Å)，真空镀膜的均匀性已经相当好，可以轻松地将粗糙度控制在可见光波长的 1/10 范围内，也就是说对薄膜的光学特性来说，真空镀膜没有任何障碍. 但是如果是指原子层尺度上的均匀度，也就是说要实现 10Å 甚至 1Å 的表面平整，是现在真空镀膜中主要的技术含量与技术瓶颈所在.

(2)化学组分上的均匀性，就是说在薄膜中，化合物的原子组分会由于尺度过小而很容易产生不均匀特性，如 $SiTiO_3$ 薄膜，如果镀膜过程不科学，那么实际表面的组分并不是 $SiTiO_3$，而可能是其他的比例，镀的膜并非是想要的膜的化学成分，这也是真空镀膜的技术含量所在.

(3)晶格有序度的均匀性：这决定了薄膜是单晶、多晶还是非晶，是真空镀膜技术中的热点问题.

膜的附着强度主要受膜的应力影响. 按膜应力产生的原因，可分为热应力和内应力两种.

1. 靶材

靶材的质量是保证镀膜质量的一个重要条件，靶材应该有相当的纯度和均匀的密度，并在使用时保证洁净. 如果靶材的质量不达标将直接影响镀膜质量，而且通过试验获得的实验参数也将失去意义，浪费时间精力，影响生产效率.

2. 基片应与靶材平行

因为在与靶材不同的距离上金属蒸气的密度、温度情况、磁力强度等镀膜条件是不相同的. 如果不平行，不仅会使镀膜厚度不均匀，也会使膜所受的应力不一致，有可能导致开裂、翘曲或脱落等附着强度问题.

3. 基片表面应洁净

基片表面的洁净与否会直接影响镀膜的均匀性、附着强度. 严重时还会使镀膜开裂、翘曲或脱落. 以玻璃基片为例，如果基片清洗效果不达标，表面存有灰尘、油脂或油的薄层，那么就会严重影响镀层的光学透射率、反射率、色调均匀性等基本性质.

4. 真空卫生

真空卫生首先是腔内气体卫生，即腔内气体应该有足够的纯度和稳定的比例. 其次是腔体卫生，腔体应该保持相应的洁净度，不能有灰尘、废金属屑等. 由于金属蒸气和

气体的部分电离会使腔体附着脏污,应及时清除. 否则日积月累会更难以去除. 只有保证了真空卫生才能保证镀膜的质量.

5. 稳定的真空度

真空区域可划分为五类:

粗真空区域: $1.3\times10^{3}\sim1.103\times10^{5}$Pa($10\sim760$Torr);

低真空区域: $1.3\times10^{-1}\sim1.3\times10^{3}$Pa($10^{-3}\sim10$Torr);

高真空区域: $1.3\times10^{-6}\sim1.3\times10^{-1}$Pa($10^{-8}\sim10^{-3}$Torr);

超真空区域: $1.3\times10^{-12}\sim1.3\times10^{-6}$Pa($10^{-14}\sim10^{-8}$Torr);

极高真空区域: $<1.3\times10^{-12}$Pa($<10^{-14}$Torr).

这种气体的量的变化也会对各类生产过程产生很大影响. 对镀膜过程也不例外. 例如, 物质在真空中的沸点比在大气中的低, 在真空条件下可以降低物质大量蒸发所需的温度, 因而在真空镀膜室内镀膜材料可以在较低的温度下大量蒸发. 在低真空区域中氧气相应少了, 物质被氧化的可能性大大变小, 因而真空镀膜时能够得到纯度较高的有实用价值的镀膜层. 所以稳定的真空度能有效保证各实验参数的进行, 保证镀膜质量.

6. 稳定的流量

只有稳定的流量才能保持腔内环境的稳定, 才能维持稳定的温度, 使膜所受的热应力均匀稳定, 保证膜有效的附着强度.

7. 循环水能及时降温

循环水的有效降温同样是维持实验条件稳定和实验参数进行的有力保障. 其主要影响设备是抽水泵. 所以在确定水箱充有足够水的前提下还要确保泵的正常工作.

8. 腔内温度应自然降至室温

从晶核生成开始, 在急热急冷下制膜时所产生的膜应力是影响膜附着强度的重要因素. 按膜应力产生的原因,可分为热应力和内应力两种. 由于金属蒸气在高温下和基片强制结合在一起, 若膜材与基片的热膨胀系数不同, 必然导致膜与基片间不能自由伸缩, 因而产生热应力. 内应力就其产生的原因可分为淀积内应力和附加内应力两种. 前者是成膜过程中, 晶核在相互合并时膜内所形成的结构缺陷和热效应引起的. 后者是膜制成后暴露于大气或是将大气引入镀膜室, 膜产生氧化作用而产生的. 这里就是为了避免膜在突然降温和接触大气时受热应力和内应力作用下而开裂、翘曲或脱落, 影响镀膜质量.

9. 操作者

镀膜的条件准备和正式镀膜一般要花费较长时间, 需要操作者有一定的耐性. 尤其是在镀膜正式开始时, 由于设备具有一定的不稳定性, 会影响甚至改变由试验得来的镀膜条件. 其中流量是最容易发生变化的. 这种变化会直接影响辉光放电(此时辉度指示灯一般会闪烁)，导致气压不稳，严重影响镀膜质量. 所以要求操作者应当及时观察，保证镀膜过程的稳定进行.

三、设备使用养护

升降机：升降机在上升到可以打开密封盖时应及时停止，否则由于制动与惯性作用，长时间使用后可能会导致脱销，造成设备损坏，影响使用.

各种开关、旋(按)钮：各种操作时使用的开关、旋(按)钮在使用完毕后应及时关闭或恢复到初始状态，防止下次使用时突然加电而烧坏仪器.

润滑：轴承等需要润滑的机械部位应该及时使用润滑剂，以保证设备的正常使用，延长使用寿命，提高使用效率.

实验十九　化学气相沉积技术制备纳米材料

纳米材料是指在三维空间中至少有一维处于纳米尺度范围或由它们作为基本单元构成的晶体、非晶体、准晶体，以及界面层结构的材料，这相当于 10～100 个原子紧密排列在一起的尺度. 从尺寸大小来说，通常产生物理化学性质显著变化的细小微粒的尺寸在 0.1μm 以下(1m=1000mm，1mm=1000μm，1μm=1000nm，1nm=10Å)，即 100nm 以下. 纳米级结构材料简称为纳米材料(nano material)，是指其结构单元的尺寸为 1～100nm. 由于它的尺寸已经接近电子的相干长度，它的性质因为强相干所带来的自组织使得性质发生很大变化，并且，其尺度已接近光的波长，加上其具有大表面的特殊效应，因此其所表现的特性，如熔点、磁性、光学、导热、导电特性等，往往不同于该物质在整体状态时所表现的性质. 纳米科技是现代科学和先进技术结合的产物，它不仅可为人类提供新颖的装置，而且在物理学、化学、生物学、材料学、矿物学等领域中有广阔的发展前景，对基础科学、应用科学研究来说都有重要意义. 当小粒子尺寸进入纳米量级时，其本身具有的体积效应、表面效应、量子尺寸效应和宏观量子隧道效应等，使其具有奇异的力学、电学、光学、热学、化学活性、催化和超导特性，使纳米材料在各种领域具有重要的应用价值.

纳米材料大致可分为纳米粉末、纳米纤维、纳米膜、纳米块体四类. 其中纳米粉末开发时间最长、技术最为成熟，是生产其他三类产品的基础. 纳米粉末又称为超微粉或超细粉，一般指粒度在 100nm 以下的粉末或颗粒，是一种介于原子、分子与宏观物体之间处于中间物态的固体颗粒材料. 纳米纤维指直径为纳米尺度而长度较大的线状材料. 纳米膜分为颗粒膜与致密膜. 颗粒膜是纳米颗粒粘在一起，中间有极为细小的间隙的薄膜. 致密膜指膜层致密但晶粒尺寸为纳米级的薄膜. 纳米块体是将纳米粉末高压成型或控制金属液体结晶而得到的纳米晶粒材料.

纳米技术是一门交叉性很强的综合学科，研究的内容涉及现代科技的广阔领域. 纳米科技现在已经包括纳米生物学、纳米电子学、纳米材料学、纳米机械学、纳米化学等学科. 从包括微电子等在内的微米科技到纳米科技，人类正越来越向微观世界深入，人们认识和改造微观世界的水平提高到了前所未有的高度. 我国著名科学家钱学森也曾指出，纳米左右和纳米以下的结构是下一阶段科技发展的一个重点，会是一次技术革命，从而将引起 21 世纪又一次产业革命.

研究纳米生物学可以在纳米尺度上了解生物大分子的精细结构及其与功能的关系，获取生命信息，特别是细胞内的各种信息，利用纳米粒子研制成机器人，注入人体血管内，对人体进行全身健康检查，疏通脑血管中的血栓，清除心脏动脉脂肪沉积物. 研究微器件纳米材料，特别是纳米线，可以使芯片集成度提高，电子元件体积缩小，使半导体技术取得突破性进展，大大提高计算机的容量和进行速度，对微器件制作起决定性的推动作用. 纳米材料由于其特殊的电子结构与光学性能，作为非线性光学材料、特异吸光材料、军事航空中用的吸波隐身材料，以及包括太阳能电池在内的储能及能量转换材料等具有很高的应用价值. 近年来，随着纳米技术的悄然崛起，纳米环保也会迅速来临，拓展人类利用资源和保护环境的能力. 德国科学家正在设计用纳米材料制作一个高温燃烧器，通过电化学反应过程，不经燃烧就把天然气转化为电能. 燃料的利用率要比一般电厂的效率提高 20%～30%，而且大大减少了二氧化碳的排气量.

纳米材料由于具有特异的光、电、磁、热、声、力、化学和生物性能，所以广泛应用于工业和民用等领域. 随着纳米材料制备技术的不断开发及应用范围的拓展，工业化生产纳米材料必将对传统的化学工业和其他产业产生重大影响. 纳米科技的研究在短短的数年取得了巨大的成绩，它在高科技领域的应用也将越来越广，人们正致力于纳米新材料的研制，如新型光电转换材料、光催化有机物降解材料、保洁抗菌涂层材料、生态建材、新型的磁性液体和磁记录材料、纳米半导体材料等. 这些新纳米材料有着广阔的应用前景，它们的成功研制将给人们的生活带来巨大的变化.

纳米材料的种类众多，结构各异，制备方法也多种多样. 其中化学气相沉积法是一种非常重要的制备方法. 化学气相沉积的英文词原意是化学蒸气沉积(chemical vapor deposition，CVD)，乃是通过化学反应的方式，利用加热、等离子激励或光辐射等各种能源，在反应器内使气态或蒸气状态的化学物质在气相或气固界面上经化学反应形成固态沉积物的技术.

化学气相沉积的成核理论模型如下：

固体能在气相中沉积或生长，除了生长温度低于熔点以外，还必须满足以下两个条件：①气相必须处于过饱和状态. ②如果没有晶核，气相过饱和度必须足以克服成核势垒.

晶核的形成分均匀成核和非均匀成核两大类. 一定条件下，在气相中直接产生的晶核称为均匀成核；在体系内，外来质点(如衬底、尘埃或其他固体表面)上成核为非均匀成核.

1) 均匀成核

气体中的分子总是不停地运动，但它们的运动速度与能量各不相同. 由于能量涨落，分子与分子之间可以相互连接起来形成大小不一的“小集团”，这些“小集团”可以继续吸收新的分子而进一步长大成晶核，它们也可以重新拆散再形成单个的蒸气分子，通常称这些“小集团”为晶坯.

如果气相处于过饱和状态，当晶坯形成后，一部分气体分子变成晶坯的内部分子，同时在晶坯的微小体积内引起自由能的降低，这部分体积自由能的降低是结晶的动力. 另一方面，晶坯形成后出现了气-坯界面，处于界面的分子和晶坯内部的分子能量是不同的. 因为在晶坯内部，分子处于四周分子包围之中，它在各个方面受力大小相等，彼此相互抵消. 处在界面的分子则不同，晶坯内部分子密度大，键合力强，对它的引力大，

而界面气体分子密度小，作用力弱，对它的吸力小，如果把一个分子从晶坯内部迁移到表面以增大晶坯的表面积，就需要克服吸力做功，使表面获得表面能. 由于表面能的存在，当气体分子成为晶坯表面的分子时，会在晶坯表面层引起自由能增高，称为结晶的阻力. 晶坯是否能够长大取决于其半径，当半径大于临界半径时才会继续生长，否则会变小、消失.

2)非均匀成核

非均匀成核是直接在气相内形成的. 如果气相中存在固体物(如衬底)，则结晶时晶核将优先依附于衬底表面形成. 这种成核方式称为非均匀成核. 在衬底上成核要比自由空间均匀成核容易得多. 可以通过控制沉积条件使气相分子热运动的能量起伏介于两种表面形核能之间，或者改变不同表面的化学性质进行选择性沉积.

化学气相沉积法制备的纳米微粒颗粒均匀，纯度高，粒度小，分散性好，化学反应活性高，工艺可控和连续，可对整个基体进行沉积等优点. 此外，化学气相沉积法因其制备工艺简单，设备投入少，操作方便，适于大规模生产而显示出它的工业应用前景. 因此，化学气相沉积法成为实现可控合成技术的一种有效途径. 化学气相沉积法的缺点是衬底温度高. 随着其他相关技术的发展，由此衍生出来的许多新技术，如金属有机化学缺陷相沉积、热丝化学气相沉积、等离子体辅助化学气相沉积、等离子体增强化学气相沉积及激光诱导化学气相沉积等技术. 化学气相沉积法是纳米薄膜材料制备中使用最多的一种工艺，广泛应用于各种结构材料和功能材料的制备. 用化学气相沉积法可以制备几乎所有的金属，氧化物、氮化物、碳化合物、复合氧化物等膜材料. 总之，随着纳米材料制备技术的不断完善，化学气相沉积法将会得到更广泛的应用.

目前，化学气相淀积已成为无机合成化学的一个新领域. 它的特点是：

(1)在中温或高温下，通过气态的初始化合物之间的气相化学反应而形成固体物质沉积在基体上.

(2)可以在常压或者真空条件下，负压进行沉积，通常真空沉积膜层质量较好.

(3)采用等离子和激光辅助技术可以显著地促进化学反应，使沉积可在较低的温度下进行.

(4)涂层的化学成分随气相组成的改变而变化，从而获得梯度沉积物或者得到混合镀层.

(5)可以控制涂层的密度和涂层纯度.

(6)绕镀件好. 可在复杂形状的基体上以及颗粒材料上镀膜. 适合涂覆各种复杂形状的工件. 由于它的绕镀性能好，所以可涂覆带有槽、沟、孔，甚至是盲孔的工件.

(7)沉积层通常具有柱状晶体结构，不耐弯曲，但可通过各种技术对化学反应进行气相扰动，以改善其结构.

(8)可以通过各种反应形成多种金属、合金、陶瓷和化合物涂层.

化学气相沉积所用的反应体系必须满足以下三个条件：

(1) 在沉积温度下，反应物必须有足够高的蒸气压. 假如反应物在室温下全部为气态，沉积装置就比较简单；假如反应物在室温下挥发性很小，就需要对其加热，使其挥发，而且一般还要用运载气体把它带入反应室，这样反应源到反应室的管道也需要加热，以防止反应气体在管道中冷凝下来.

(2) 反应的生成物，除了所需要的沉积物为固态薄膜外，其余都必须是气态.

(3) 沉积薄膜的蒸气压应足够低，以保证在整个沉积反应过程中，沉积的薄膜能维持在具有一定温度的基体上. 基体材料在沉积温度下的蒸气压也必须足够低.

化学气相沉积法之所以得以迅速发展，和它本身的特点是分不开的，与其他沉积方法相比，化学气相沉积技术除了具有设备简单、操作维护方便、灵活性强的优点外，还具有以下优势：

(1) 沉积物众多，在大大低于其熔点或分解温度的沉积温度下它可以沉积金属、碳化物、氮化物、氧化物和硼化物等，这是其他方法无法做到的.

(2) 成膜所需的反应源材料一般比较容易获得，而且制备同一种薄膜可以选用不同的化学反应；有意识地改变和调节反应物的成分，又能方便地控制薄膜的成分和特性，因此灵活性较大.

(3) 能均匀涂覆几何形状复杂的零件，这是因为化学气相沉积过程有高度的分散性.

(4) 涂层和基体结合牢固.

(5) 镀层的化学成分可以改变，从而获得梯度沉积物或者得到混合镀层.

(6) 可以控制镀层的密度和纯度.

(7) 特别适用于在形状复杂的零件表面和内孔镀膜.

(8) 设备简单，操作方便.

随着工业生产要求的不断提高，化学气相沉积的工艺及设备得到不断改进，但是在实际生产过程中化学气相沉积技术也还存在一些缺陷：

(1) 反应温度较高，沉积速率较低，一般在几～几百 nm/min，不如蒸发和离子镀，甚至低于溅射镀膜，难以局部沉积.

(2) 在不少场合下，参与沉积反应的气源和反应后的余气易燃、易爆或有毒，因此需要采取防止环境污染的措施；对设备来说，往往还有耐腐蚀的要求.

(3) 镀层很薄，已镀金属不能再磨削加工，如何防止热处理畸变是一个很大的难题，这也限制了化学气相沉积法在钢铁材料上的应用，而多用于硬质合金.

【实验原理】

目前化学气相沉积技术的工业应用有两种不同的沉积反应类型即热分解反应和化学合成反应. 它们的共同点是：基体温度应高于气体混合物；在工件达到处理温度之前气体混合物不能被加热到分解温度以防止在气相中进行反应.

该实验主要是制备纳米 ZnO 材料，其制备方法可以有两种模式：

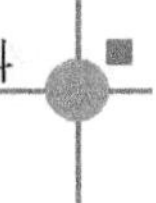

1)实验中利用 ZnO 和 C 粉作为反应源

在生长过程中没有使用金属催化剂，我们认为整个反应的生长机制是 V-S 生长过程. 首先，在生长过程中 ZnO 粉末被 C 粉还原成 Zn 蒸气，然后 C 粉被氧气氧化成 CO 和 CO_2. 一部分气态 ZnO 开始沉积在衬底上，而刚开始生成的 ZnO 颗粒膜为纳米线的生长提供了成核点，而在反应过程中还原的 Zn 蒸气会被载气输运到衬底上并附着在成核点上，然后被 CO_2 或系统中残存的氧气氧化成 ZnO，此过程中发生的化学反应为

$$ZnO(s)+C(s)=CO(g)+Zn(g)$$
$$O(g)+C(s)=CO_2(g)+2Zn(g)$$
$$ZnO(s)+CO(g)=Zn(g)+CO_2(g)$$
$$Zn(g)+CO(g)=ZnO(s)+C(s)$$
$$2Zn(g)+O_2(g)=2ZnO(s)$$
$$C(s)+CO_2(g)=2CO(g)$$

接下来的 ZnO 就会逐渐在成核点上聚集，最终生长成为 ZnO 纳米线.

2)实验中利用先驱模板作衬底，Zn 粉作为反应源

在生长过程中没有使用金属催化剂，整个反应的生长机制是气-固生长过程. 锌粉颗粒位于衬底的表面，随着温度的升高，锌颗粒的表面首先熔化，由于表面张力的作用，锌颗粒一般都以球形存在. 首先，当温度为 400℃时空气通入反应室(石英管)后，Zn 微球表面的 Zn 原子与空气中的 O 原子反应，所以锌颗粒的表面会被迅速氧化形成一层薄薄的氧化锌层，包覆在锌微球的表面，并且随着温度的升高薄层厚度逐渐增加. 由于单晶 ZnO 与 Zn 的晶格差异，故 ZnO 包层的表面形成规则的纳米凸起点. 这些凸起点是吸附 Zn 源的 Zn 蒸气继而形成 ZnO 纳米线/杆的很好的外延生长点. Zn 微球体表面氧化成 ZnO 薄层的同时，颗粒内部的 Zn 也逐渐升华变成蒸气(因为温度超过了 Zn 的熔点 419℃)，而外面的 ZnO 膜熔点很高(约 1975℃)不能被熔化或气化. 随着温度的继续升高，氧化锌壳内部的锌蒸气也越来越多，气压增大. 当锌蒸气压大于 ZnO 壳层薄弱处的承受能力时，锌蒸气冲破 ZnO 薄壳的薄弱处而溢出. 与此同时，氧气从缺口进入后，Zn 颗粒的内表面也会被氧化，形成开口的 ZnO 空心球壳. 也有人认为存在于 ZnO 纳米晶间的缺口或小孔可能是相转换时过度扭伤造成的.

同时，来自 Zn 源的 Zn 蒸气会沉积在 ZnO 球壳的表面，被凸起的 ZnO 形核点优先吸附并与氧气反应形成 ZnO. 被 ZnO 凸起点优先吸附并与氧气反应形成 ZnO 而外延生长成排列整齐的 ZnO 纳米杆，ZnO 纳米杆的持续生长，最后形成表面生长 ZnO 纳米杆的 ZnO 空微球结构.

【实验仪器】

该实验中用到的主要实验仪器设备及材料有：干燥箱、化学气相沉积生长系统、电子天平、超声清洗机、去离子水机等，现将主要设备介绍如下.

1. 化学气相沉积生长系统

本实验所用化学气相沉积生长系统由生长设备、真空设备、气体流量控制系统和冷却设备四部分组成，实物图如图 19-1 所示.

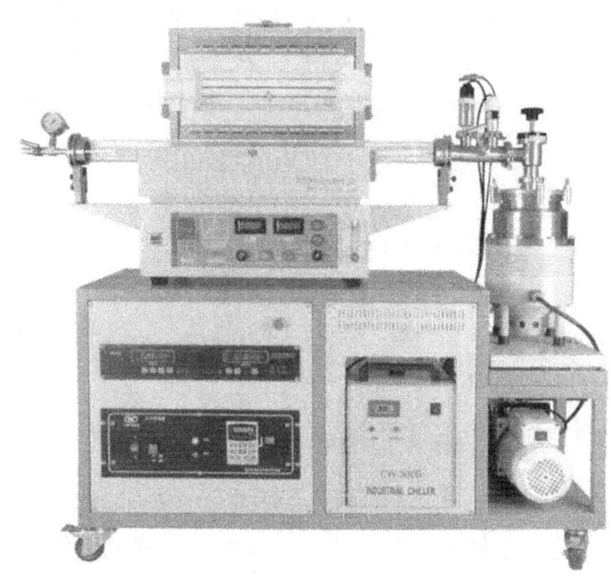

图 19-1　化学气相沉积设备实物图

2. 电子天平

本实验所用电子天平采用电磁力平衡原理进行称量，特点是称量准确可靠，显示快速清晰并且具有自动检测系统、简便的自动校准装置及超载保护等装置. 在本实验中电子天平主要用于精确称量药品，称量精度可精确到小数点后第五位.

【实验内容】

1. 实验中利用 ZnO 和 C 粉作为反应源

1) 实验前准备工作

(1) 用玻璃刀切割合适大小的 Si 衬底，用丙酮、乙醇、HF 等洗净后吹干待用;

(2) 用稀 HNO_3 清洗石英衬底或者用去离子水冲洗，吹干待用.

2) 前驱体配置

取适量 ZnO 粉体和 C 粉，称量，按比例配置好后在坩埚中研磨 2 小时后待用.

3) 生长过程

(1) 将配置好的粉末放入石英舟中，再用细铁丝将石英舟慢慢推入石英管内部，位置应在加热棒处，否则生长温度与设置温度不符，然后在管口处放置好 Si 衬底.

(2) 将石英管密封后用分子泵抽真空. 打开真空系统后，先用机械泵抽一级真空，在真空度达到 10^{-1} 以下后开启分子泵，真空抽至 10^{-4} 时对炉子进行升温操作. 然后打开气

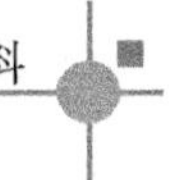

体流量控制系统对化学气相沉积系统进行通气.

(3)升到所需温度后保持一段时间再进行降温，等炉子完全冷却后再停止抽真空和水冷，打开放气系统进行放气，然后取出样品，放入样品盒中保存.

2. 实验中利用先驱模板作为衬底，Zn 粉作为反应源

1)实验前准备工作

实验原料：Zn 粉(纯度：99.99%)、无水乙醇(分析纯)、氩气和空气.

锌颗粒模板的制备. 将球状高纯 Zn 粉超声分散在乙醇中(质量比为 5%)，然后滴两滴于清洗过的硅片衬底($(1\times1)\,cm^2$)上，在空气中室温自然挥发掉乙醇，衬底表面形成一层薄锌粉，它们就是用于生长成 ZnO 空心微球的模板.

2)生长过程

(1)称量 2gZn 粉放在石英舟上，将表面有锌粉颗粒的硅衬底放在石英舟的下游一端，然后将石英舟推至石英管中，使其处于加热炉的中部. Zn 粉和 Si 衬底的距离约 5mm.

(2)用机械泵抽取低真空，同时，管式炉以 15℃/min 的速率升温.

(3)升温前根据实验需要，设置好温度运行程序.

(4)在温度达到 400℃时，将流量 70sccm 的氩气和流量 80sccm 的空气通入反应室，此时气压恒定在 20Pa. 温度上升到 470℃时，恒温 1 小时.

(5)停止加热，维持真空状态至整个系统自然冷却至室温. 通入气体打开炉门，取出样品.

(6)在扫描电子显微镜下，观测样品形貌，进行数据记录.

图 19-2 是化学气相沉积氧化锌纳米结构的示意图，石英管安置在高温炉中，高温区在中部，一般用氩气作为载流气体并从左边通入，右边为气体出口，由真空泵抽取. 石英管内放一石英舟，石英舟上放蒸发源和收集产物的衬底(我们做实验用的是硅片)，一般来说，衬底放在气路的下游. 温度和气体流量可以通过控制系统来控制.

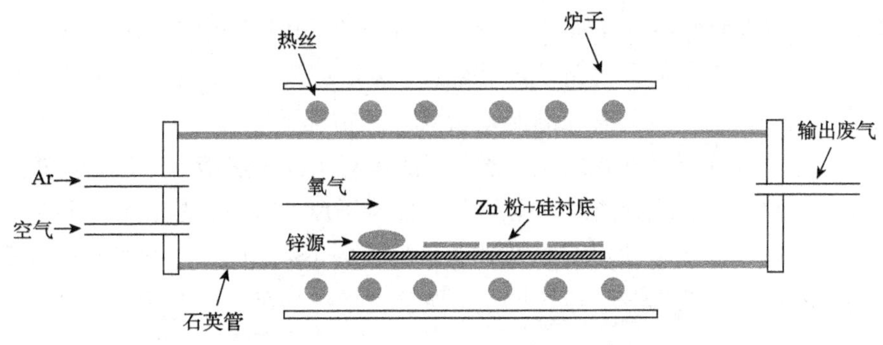

图 19-2　合成 ZnO 结构的装置示意图

用化学气相沉积方法制备纳米结构的一般过程如下：当加热时，水平反应炉内会存在一定的温度梯度，作为反应物的源材料会被蒸发成气体，并被载流气体送到低温区，

进而沉积在衬底的表面，形成纳米材料. 化学气相沉积方法是目前制备纳米 ZnO 结构的常用方法，因为与其他方法如分子束外延(MBE)、脉冲激光沉积(PLD)等相比，化学气相沉积设备操作简单. 化学气相沉积方法制备纳米结构时可以控制的主要参数有：温度、气流量、催化剂、压强、衬底、源材料等.

【注意事项】

(1) 在使用电子天平称量时，将洁净称量瓶或称量纸置于秤盘上，关上侧门，轻按一下去皮键，天平将自动校对零点，然后逐渐加入待称物质，直到所需重量为止. 称量结束应及时除去称量瓶(纸)，关上侧门，切断电源.

(2) 在化学气相沉积使用过程中，严格按照说明书的操作规程操作.

(3) 取出样品时，反应室内通入一定气体后再打开反应室.

【思考题】

(1) 化学气相沉积方法中的载气主要起什么作用?

(2) 化学气相沉积法制备纳米材料中纳米材料的主要生长动力是什么?

(3) 配置的前驱体中 C 粉的作用是什么?

(4) 高真空度对生长的影响主要有哪些?

(5) 衬底需要摆放在什么位置?

【附录】

一、纳米材料的基本效应如下

1. 量子尺寸效应

当粒子尺寸下降到某一值时，金属费米能级附近的电子能级由准连续变为离散能级的现象和纳米半导体颗粒存在不连续的最高被占据分子轨道和最低未被占据的分子轨道能级，即能隙变宽的现象均称为量子尺寸效应. 能带理论表明，金属费米能级附近电子能级一般是连续的，这一点只有在高温或宏观尺寸情况下才成立. 对于纳米材料，所包原子数有限，这就导致能级间距发生分裂. 当能级间距大于热能、磁能、静磁能、静电能、光子能量或超导态的凝聚能时，必须要考虑量子尺寸效应，这会导致纳米材料磁、光、声、热、电以及超导电性与宏观特性有着显著的不同. 例如，纳米材料的比热、磁化率、光谱线的频移、催化性质等均与粒子所含电子数的奇偶性有关.

2. 小尺寸效应

当纳米材料的尺寸与光波波长、德布罗意波长以及超导态的相干长度或透射深度等物理特征尺寸相当或更小时，晶体周期性边界条件将被破坏；纳米材料表面层附近原子

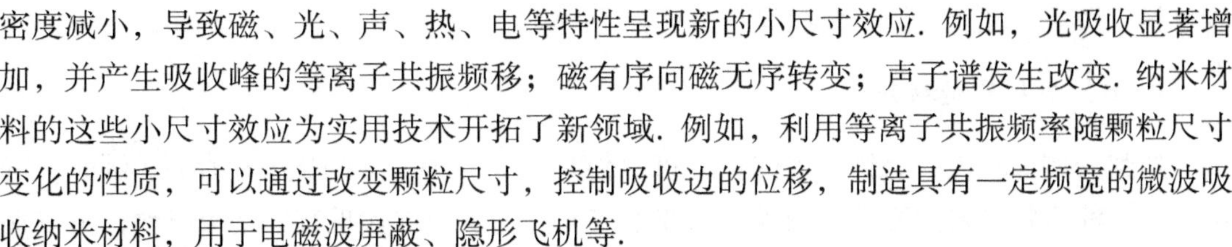

密度减小，导致磁、光、声、热、电等特性呈现新的小尺寸效应. 例如，光吸收显著增加，并产生吸收峰的等离子共振频移；磁有序向磁无序转变；声子谱发生改变. 纳米材料的这些小尺寸效应为实用技术开拓了新领域. 例如，利用等离子共振频率随颗粒尺寸变化的性质，可以通过改变颗粒尺寸，控制吸收边的位移，制造具有一定频宽的微波吸收纳米材料，用于电磁波屏蔽、隐形飞机等.

3. *表面效应*

纳米颗粒尺寸小，表面能高，位于表面的原子占相当大的比例. 随着粒径减小，表面原子数迅速增加，这是粒径小、表面积急剧变大所致. 例如，粒径为 10nm 时，比表面积为 $90m^2/g$，粒径为 5nm 时，比表面积为 $180m^2/g$. 这样高的比表面，使处于表面的原子数越来越多，同时，表面能迅速增加. 由于表面原子数增多，原子配位不足及高的表面能，所以这些表面原子具有高的活性，极不稳定，很容易与其他原子组合. 例如，金属的纳米粒子在空气中会燃烧，无机的纳米粒子暴露在空气中会吸附气体，并与气体进行反应. 表面原子一旦遇见其他原子，便很快结合，使其稳定化，这就是活性的机理，这种表面原子的活性不但引起纳米粒子表面原子输运和构型的变化，同时也引起表面电子自旋构像和电子能谱的变化.

4. *宏观量子隧道效应*

微观粒子具有贯穿势垒的能力称为隧道效应. 近年来，人们已发现一些宏观量，如微颗粒的磁化强度. 量子相干器件中的磁通量等亦具有隧道效应，称为宏观的量子隧道效应. 宏观量子隧道效应的研究对基础研究及实用都有着重要意义. 它限定了磁带、磁盘进行信息储存的时间极限. 量子尺寸效应、隧道效应将会是未来微电子器件的基础，或者它确立了现存微电子器件进一步微型化的极限. 当微电子器件进一步细微化时. 必须要考虑上述的量子效应.

二、化学气相沉积技术的应用

精细化工是当今化学工业中最具活力的新兴领域之一，是新材料的重要组成部分，现代科学和技术需要使用大量功能各异的无机新材料，这些功能材料必须是高纯的，或者是在高纯度材料中有意地掺入某种杂质形成的掺杂材料. 但是，我们过去所熟悉的许多制备方法如高温熔炼、水溶液中沉淀和结晶等往往难以满足这些要求，也难以保证得到高纯度的产品. 因此，无机新材料的合成就成为现代材料科学中的主要课题.

化学气相沉积技术是近几十年发展起来的制备无机材料的新技术. 化学气相沉积法已经广泛用于提纯物质、研制新晶体、沉积各种单晶、多晶或玻璃态无机薄膜材料. 这些材料可以是氧化物、硫化物、氮化物、碳化物，也可以是二元或多元的元素间化合物，而且它们的物理功能可以通过气相掺杂的沉积过程精确控制. 目前，用化学气相沉积技术所制备的材料不仅应用于宇航工业上的特殊复合材料、原子反应堆材料、刀具材料、耐热耐磨耐腐蚀及生物医用材料等领域，而且还被应用于制备与合成各种粉体料、新晶体材料、陶瓷纤维及金刚石薄膜等，具体如下.

1. 制备超细陶瓷材料

超细粉表面积大，烧结温度降低，可以使其成为一种有效的烧结添加剂. 例如，氮化铝是一种非常重要的高导热陶瓷，做成集成元件的基板取代现有的基板材料，可以提高导热率，从而可以解决集成元件的集成度提高时所带来的热难以迅速散发出去的问题. 但是，氮化铝的稠密烧结非常困难，须靠添加氧化物烧结剂来使氮化铝稠密烧结，大量添加氧化物会使氮化铝中第二相增多，反而降低整体的导热率. 添加 5%～10%的氮化铝超细粉，一方面可以利用烧结驱动力大的特点促进氮化铝烧结，另一方面也可以减少第二相，对提高氮化铝的导热率有较好的效果. 除此之外. 像碳化钨、碳化硅、氮化硅等都可以通过添加这些物质的纳米粉的方法来促进烧结.

2. 制备晶体或晶体薄膜

由于现代科学技术对无机新材料的迫切需求，晶体生长领域的发展十分迅速. 化学气相沉积法不仅能极大地改善某些晶体或晶体薄膜的性能，而且还能制备出许多其他方法无法制备的晶体，由于化学气相沉积法具有设备相对简单，操作方便，适应性强的特点，所以成为无机新晶体主要的制备方法之一，广泛应用于新晶体的研究与探索. 化学气相沉积最主要的应用之一是在一定的单晶基体上沉积外延单晶层. 最早的气相外延工艺是硅外延生长，其后又制备出外延化合物半导体层. 气体外延技术亦广泛用于制备金属单晶薄膜及一些化合物单晶薄膜.

3. 制备梯度功能材料

梯度功能材料是为了适应未来新技术、新设备发展的需要，在 20 世纪 80 年代后期发展起来的一类组成、结构与性能呈连续变化的高性能材料. 首先在航空、航天领域中获得了系统的研究和实际应用. 随着科学技术的进步及相关工业的发展，在机械工程的设计、制造中也普遍采用了梯度功能材料. 目前的梯度功能材料制备方法有粉末铺层法、薄膜沉积法、化学气相沉积法、等离子喷涂法、自蔓延燃烧法等. 在这些方法中，由于化学气相沉积能按设计要求精确地控制材料的组成、结构和形态，并能使组成、结构与形态从一种组分到另一种组分连续变化，无须烧结等处理即可制备出致密的、性能优异的梯度功能材料，所以备受人们的重视. 目前，已用化学气相沉积方法成功地制备出碳-碳化硅、碳-碳化钛、碳化钛-碳化硅等体系的梯度功能材料.

三、几种新型化学气相沉积技术

1. 金属有机化合物化学沉积技术(MOCVD)

MOCVD 的发展是半导体外延沉积的需要. 它是把金属烷基化合物或配位化合物与

其他组分(主要是氢化物)送入反应室，然后金属有机化合物分解沉积出金属或化合物. MOCVD 的主要优点是沉积温度低，这对某些不能承受常规化学气相沉积的高温基体是很有用的，如可以沉积在钢这样一类的基体上，其缺点是沉积速率低，晶体缺陷度高，膜中杂质多，且某些金属有机化合物具有高度的活性，必须加倍小心.

2. 激光化学气相沉积技术(LCVD)

LCVD 是一种在化学气相沉积过程中利用激光束的光子能量激发和促进化学反应的薄膜沉积方法. 激光作为一种强度高、单色性好和方向性好的光源，在化学气相沉积中发挥着热效应和光效应. 一方面激光能量对基体加热，可以促进基体表面的化学反应，从而达到化学气相沉积的目的；另一方面高能量光子可以直接促进反应物气体分子的分解. 利用激光的上述效应可以实现在基体表面的选择性沉积，即只在需要沉积的地方用激光光束照射，就可以获得所需的沉积图形. 另外，利用激光辅助化学气相沉积技术，可以获得快速非平衡的薄膜，膜层成分灵活，并能有效地降低化学气相沉积过程的衬底温度. 如利用激光，在衬底温度为 50℃时也可以实现二氧化硅薄膜的沉积. 目前，LCVD 技术广泛用于激光光刻、大规模集成电路掩模的修正、激光蒸发-沉积及金属化等领域. LCVD 制备氮化硅薄膜已达到工业应用的水平，其平均硬度可达 2200HK；氮化钛、碳化硅及碳化钛膜正处于研发阶段.

3. 等离子增强化学气相沉积技术(PECVD)

近年来发展的等离子体增强化学气相沉积法也是一种很好的方法，最早用于半导体材料的加工，即利用有机硅在半导体材料的基片上沉积二氧化硅，该方法利用等离子中的电子动能来激发化学气相反应. PECVD 将沉积温度从 1000℃降低到 600℃以下，最低的只有 300℃左右. 因为 PECVD 利用了等离子体环境诱发载体分解形成沉积物，这样就减少了对热能的大量需要，从而大大扩展了沉积材料及基体材料的范围. 目前，PECVD 除了用于半导体材料外，在刀具、模具等领域也获得成功的应用. 例如，利用 PECVD 在钢件上沉积出氮化钛等多种薄膜不仅提高了模具的工作温度，也使模具的寿命大大提高.

随着工业生产要求的不断提高，化学气相沉积的工艺及设备得到不断改进，不仅启用了各种新型的加热源，还充分利用等离子体、激光、电子束等辅助方法降低了反应温度，使其应用的范围更加广阔. 与此同时交叉、综合地使用复合的方法，不仅启用了各种新型的加热源，还充分运用了各种化学反应、高频电磁（脉冲、射频、微波等）及等离子体等效应来激活沉积离子，成为技术创新的重要途径. 但是，目前化学气相沉积工艺中常用的 NH_3、H_2S 等气体，或有毒性、腐蚀性，或对空气、湿度较为敏感. 因此，寻找更为安全、环保的生产工艺以及加强尾气处理的研究在环境问题日益突出的今天有着尤其重要的意义.

实验二十　材料光学性能测试分析

人们在实践中早已总结出不同颜色的物质具有不同的物理和化学性质. 根据物质的这些特性可对它进行有效地分析和判别. 由于颜色本就惹人注意，根据物质的颜色深浅程度来对物质的含量进行估计，可追溯到古代及中世纪. 1852 年，比尔(Beer)参考了布格尔(Bouguer)1729 年和朗伯(Lambert)在 1760 年所发表的文章，提出了分光光度的基本定律，即液层厚度相等时，颜色的强度与呈色溶液的浓度成比例，从而奠定了分光光度法的理论基础，这就是著名的比尔-朗伯定律. 1854 年，杜包斯克(Duboscq)和奈斯勒(Nessler)等人将此理论应用于定量分析化学领域,并且设计了第一台比色计. 到 1918 年，美国国家标准局制成了第一台紫外可见分光光度计. 此后，紫外可见分光光度计经不断改进，又出现自动记录、自动打印、数字显示、微机控制等各种类型的仪器，使光度法的灵敏度和准确度不断提高，其应用范围也不断扩大.

紫外可见分光光度法从问世以来，在应用方面有了很大的发展，尤其是在相关学科发展的基础上. 分光光度计仪器的不断创新，功能更加齐全，使得光度法的应用范围更宽. 目前，分光光度法已为工农业各个部门和科学研究的各个领域所广泛采用，成为人们从事生产和科研的有力测试手段. 我国在分析化学领域有着坚实的基础，分光光度分析方法和仪器的制造在国际上都已达到一定的水平.

分光光度法对分析人员来说，可以说是最有用的工具之一. 几乎每一个分析实验室都离不开紫外可见分光光度计. 分光光度法的主要特点如下.

1. 应用广泛

由于各种各样的无机物和有机物在紫外可见区都有吸收，所以均可借此法加以测定. 到目前为止，几乎化学元素周期表上的所有元素(除少数放射性元素和惰性元素之外)均可采用此法. 在国际上发表的有关分析的论文总数中，光度法约占 28%，我国约占所发表论文总数的 33%.

2. 灵敏度高

由于新的显色剂的大量合成，在应用研究方面取得了可喜的进展，对元素测定的灵敏度有所推进，特别是有关多元络合物和各种表面活性剂的应用研究，使许多元素的摩尔吸光系数由原来的几万提高到数十万.

3. 选择性好

目前有些元素只要控制适当的显色条件就可直接进行光度法测定，如钴、铀、镍、铜、银、铁等元素的测定，已有了比较满意的方法.

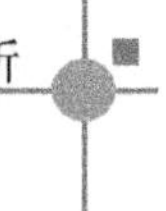

4. 准确度高

对于一般的分光光度法，其浓度测量的相对误差在 1%～3%范围内，例如，采用示差分光光度法进行测量，误差可减少到更低.

5. 适用浓度范围广

可从常量(1%～50%)(尤其使用示差法)到痕量(10^{-8}%～10^{-6}%)(经预富集后).

6. 分析成本低、操作简便、快速

由于分光光度法具有以上优点，目前广泛地应用于化工、冶金、地质、医学、食品、制药等部门及环境监测系统. 单在水质分析中的应用就很广，目前能用直接法和间接法测定的金属和非金属元素就有 70 多种.

【实验原理】

光学性能是材料最重要也是最常用的性能之一，薄膜、陶瓷、玻璃、粉末、聚合物、人工晶体甚至胶体的性能评价都离不开光学性能的表征. 本实验中所涉及的材料的光学性能主要是指透过率、反射率尤其是漫反射模式测定的反射率等光学性能的测定，涉及的材料包括聚合物、粉末和玻璃等.

在通常所用的分光光度法中，常常将待测定的物质溶解在溶剂中，通过比色来定性或定量描述物质的含量或浓度等. 一些无机粉末或者聚合物本身并不溶于常见的溶剂中，将这些不溶解的物质分散在液体介质中得到的是消光光谱而不是吸收光谱，测定的是消光(extinction)而不仅仅是吸收(absorption). 另外，对薄膜材料来说，能进行原位测定是重要的，因为在溶解过程中往往改变了材料的状态，所测定的不再是实际应用中所要知道的结果. 薄膜、粉末等是实际应用中常见的材料形式，这些材料的光学性能的测定对材料提出了更高的要求.

目前中高档的紫外-可见(UV-vis)分光光度计均可通过选配积分球附件来测定物质的漫反射光谱，UV-vis 2600 分光光度计特别适用于粉末样品的测定. 聚合物、聚合物与无机物的杂化材料、多种无机化合物半导体均可用 UV-vis 2600 分光光度计进行测定. 带积分球的分光光度计还可测定玻璃、有机玻璃、塑料制品的透过率和反射率等. 紫外-可见分光光度计的工作原理如下.

光照射到物质可发生折射、反射和透射，一部分光会被物质吸收. 不同的物质会吸收不同波长的光. 改变入射光的波长，并依次记录物质对不同波长光的吸收程度，就得到该物质的吸收光谱. 每一种物质都有其特定的吸收光谱，因此可根据物质的吸收光谱来分析物质的结构、含量和纯度. 紫外-可见分光光度计的工作原理遵循比尔-朗伯定律. 设入射光强度为 I_0，当透过浓度为 c、液层厚度为 b 的溶液后，透射光强度为 I，透射光强度与入射光强度的比值称为透光度，也叫透射率，以 T 表示. 当液层厚度 b 或溶液浓度 c 按算术级数增加时，透光度 T 按几何级数减少，数学表达式为

$$T = \frac{I}{I_0} = 10^{-kcb} \tag{20-1}$$

式中，k 为比例常数.

在光谱分析中，常常用吸光度表示溶液对入射光的吸收程度. 吸光度与透光度的关系是：吸光度等于透光度的负对数，用 A 表示吸光度，有下列公式关系：

$$A = -\lg T = -\lg\frac{I}{I_0} = \lg\frac{I_0}{I} = \lg\frac{1}{T} = kbc \tag{20-2}$$

该公式表明，当用一束单色光照射吸收溶液时，其吸光度与液层厚度及溶液浓度的乘积成正比，此即比尔–朗伯定律. 在比尔–朗伯定律中，比例常数 k 称为吸光系数. 如果溶液浓度以物质的量的浓度表示，此常数称为摩尔吸光系数(ε)，它表示在一定波长下测得的液层厚度为 1cm、溶液浓度 c 为 1mol/L 时的溶液吸光度值. 如果溶液浓度以质量体积比表示，此常数称为比吸光系数(α)，它表示当溶液浓度为 1g/L、液层厚度为 1cm 时，在一定波长下测得的吸光度值. 摩尔吸光系数 ε 和比吸光系数 α 可相互换算.

针对不同的物质，它们的原理又不完全相同. 下面就有机物、无机物和化合物的紫外–可见光谱的原理做详细的介绍.

1. 有机物的紫外–可见吸收光谱

分子的紫外–可见吸收光谱是基于物质分子吸收紫外辐射或可见光，其外层电子跃迁而成的，又称分子的电子跃迁光谱. 紫外–可见分光光度法是基于物质分子的紫外–可见吸收光谱而建立的一种定性、定量分析方法. 有机化合物紫外吸收光谱(电子光谱)是由分子外层电子或价电子跃迁所产生的. 按分子轨道理论，有机化合物分子中有：成键 σ 轨道，反键 σ*轨道；成键 π 轨道，反键 π*轨道(不饱和烃)；另外还有非键轨道(杂原子存在). 各种轨道的能级不同，如图 20-1 所示.

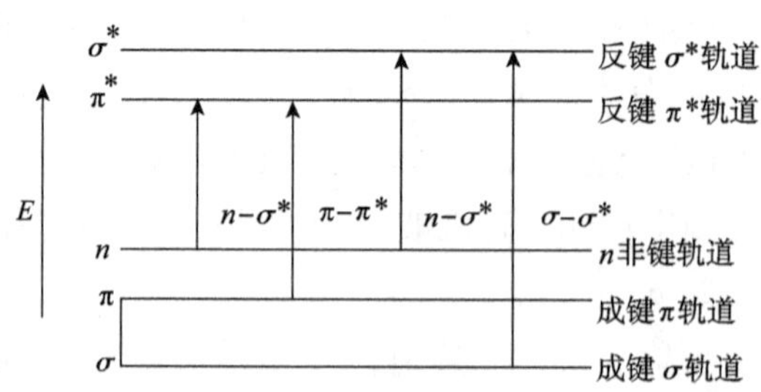

图 20-1　有机物的电子跃迁

相应的外层电子和价电子有三种：σ 电子、π 电子和 n 电子. 通常情况下，电子处于低的能级(成键轨道和非键轨道). 当用合适能量的紫外线照射分子时，分子可能吸收光的能量，而由低能级跃迁到反键*轨道. 在紫外可见光区，主要有下列几种跃迁类型：

(1) N→V 跃迁：电子由成键轨道跃迁到反键轨道，包括 σ→σ*，π→π*跃迁.

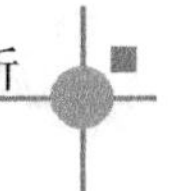

(2) N→Q 跃迁：分子中未成键的 n 电子跃迁到反键轨道，包括 n→σ*，n→π*跃迁.

(3) N→R 跃迁：σ 电子逐级跃迁到各高能级，最后脱离分子，使分子成为分子离子的跃迁(光致电离).

(4) 电荷迁移跃迁：当分子形成配合物或分子内的两个大 π 体系相互接近时，外来辐射照射后，电荷可以由一部分转移到另一部分，而产生电荷转移吸收光谱.

可见，有机化合物一般主要有 4 种类型的跃迁：n→π*、π→π*、n→σ*和 σ→σ*. 各种跃迁所对应的能量大小为 n→π* < π→π* < n→σ* < σ→σ*.

2. 无机化合物的紫外吸收光谱

产生无机化合物紫外-可见吸收光谱的电子跃迁形式，一般分为两大类：电荷迁移跃迁和配位场跃迁. 许多无机配合物有电荷迁移跃迁所产生的电荷迁移吸收光谱.

电荷迁移跃迁：指络合物吸收了紫外-可见光后，电子从中心离子的某一轨道跃迁到配位体的某一轨道，或从配位体的某一轨道跃迁到中心离子的某一轨道. 所产生的吸收光谱称为电荷迁移吸收光谱（相当于内氧化还原反应）. 一般可表示为

$$M^{n+}—L^{b-} \longrightarrow M^{(n+1)+}—L^{(b+1)-} \quad (h\nu)$$

$$[Fe^{3+}—SCN^{-}]^{2+} \longrightarrow [Fe^{2+}—SCN]^{2+}$$

（这就是配合物 λ_{max}= 490nm 为血红色的原因）

金属配合物的电荷转移吸收光谱，有三种类型：

(1) 电子从配体到金属离子：相当于金属的还原.

(2) 电子从金属离子到配体：产生这种跃迁的必要条件是金属离子容易被氧化(处于低氧化态)，配位体具有空的反键轨道，可接收从金属离子转来的电子，如吡啶、2，2'-联吡啶、1, 10-二氮杂菲及其衍生物等，这类试剂易与可氧化性的 Ti(Ⅲ)、Fe(Ⅱ)、V(Ⅱ)、Cu(I) 等结合，生成有色配合物，反应过程中，电子从主要定域在金属离子的 d 轨道，转移到配位体的 π 轨道上.

(3) 电子从金属到金属：配合物中含有两种不同氧化态的金属时，电子可在其间转移，这类配合物有很深的颜色，如普鲁士蓝 $KFe[Fe(CN)_6]$，硅（磷、砷）钼蓝 $H_8[SiMO_2O_5(Mo_2O_7)_5]$等.

过渡金属离子与含生色团的试剂反应所生成的配合物以及许多水合无机离子，均可产生电荷迁移跃迁.

如, Fe^{2+}--1, 10 邻二氮菲及 Cu^{+}--1, 10 邻二氮菲配合物.又如, $Fe^{3+}OH^{-} \longrightarrow Fe^{2+}HO\ (h\nu)$.

此外，一些具有 d^{10} 电子结构的过渡元素形成的卤化物及硫化物，如 AgBr、HgS 等，也是由这类跃迁而产生颜色.

电荷迁移吸收光谱出现的波长位置，取决于电子给予体和电子接受体相应电子轨道的能量差. 中心离子的氧化能力越强，或配位体的还原能力越强，则发生跃迁时需要的

能量越小，吸收光波长红移.

(4)配位场跃迁. 配位场跃迁包括 d-d 跃迁和 f-f 跃迁. 元素周期表中第四、五周期的过渡金属元素分别含有 3d 和 4d 轨道，镧系和锕系元素分别含有 4f 和 5f 轨道. 在配体的存在下，过渡元素五个能量相等的 d 轨道和镧系元素七个能量相等的 f 轨道分别分裂成几组能量不等的 d 轨道和 f 轨道.

当它们的离子吸收光能后，低能态的 d 电子或 f 电子可以分别跃迁至高能态的 d 或 f 轨道，这两类跃迁分别称为 d-d 跃迁和 f-f 跃迁. 由于这两类跃迁必须在配体的配位场作用下才可能发生，所以又称为配位场跃迁. 如$[Co(NH_3)_5X]^{n+}$的吸收光谱，其中 d-d 跃迁属配位场跃迁.

配位场跃迁吸收光谱的 ε 一般在 10^{-1}～10^2，其波长通常处于可见区. ε 较小，所以在定量分析上用途不大，但可用于研究无机化合物的结构及键合理论.

这里还要特别强调一类化合物半导体，按照能带理论，其导带是部分被填充的. 其最高被占用轨道和最低未填充轨道之间的能量差称为带隙，其吸收光谱不再是吸收峰而是一个吸收带边界. 例如，我们常常说锐钛矿相的二氧化钛的带隙为 3.2eV，吸收波长在 387nm 或以下的光. 氧化锌的带隙为 3.37eV，吸收波长在 370nm 或以下的光. 硒化镉则有点不同，其往往也有一个较明显的吸收峰，其较大的晶粒带隙为 1.8eV，吸收波长在 688nm 或以下的光. 但硒化镉晶粒的吸收光谱具有明显的尺寸效应，例如，晶粒尺寸为 5.6nm，其吸收带边界为 610nm；晶粒尺寸为 4.1nm，其吸收带边界为 560nm；晶粒尺寸为 2.8nm，其吸收带边界为 505nm，相应的吸收光谱如图 20-2 所示.

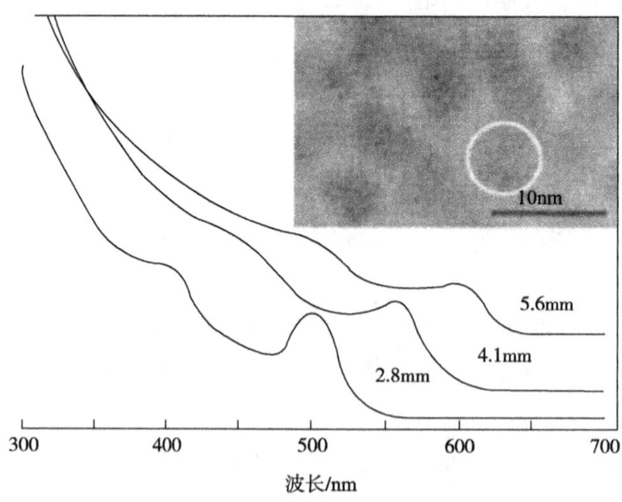

图 20-2　氯仿介质中不同晶粒尺寸的硒化镉的吸收光谱

插入的图为硒化镉的高分辨透射电镜照片

3. 紫外-可见吸收光谱及漫反射光谱(DRS)

物质受光照射时，通常发生两种不同的反射现象，即镜面反射和漫反射. 镜面反射如同镜子反射一样，光线不被物质吸收，反射角等于入射角，反射光束是平行的. 图 20-3

为镜面反射和漫反射的示意图，注意较粗糙的表面主要发生漫反射，对于很多粉末样品，将其压片后其表面是粗糙的，可通过一个积分球的附件来测定粗糙表面的漫反射光谱. 积分球是一个内壁涂有高反射率的物质(如硫酸钡)的球形附件，可将压片后粉末的漫反射光谱收集起来，通过光电倍增管来定量测定光信号的强弱.

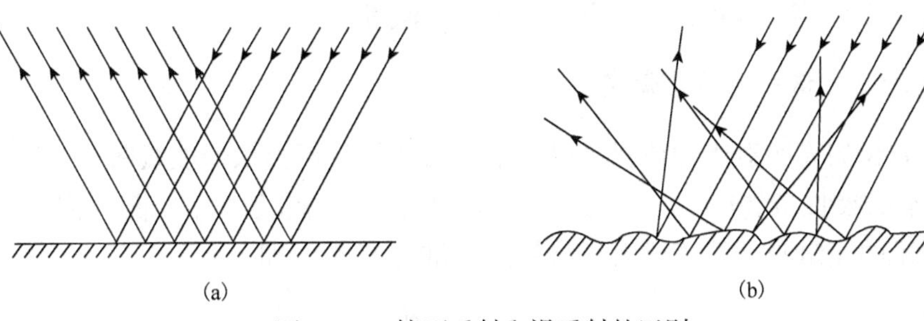

图 20-3　镜面反射和漫反射的区别

(a)镜面反射；(b)漫反射

对于粒径极小的超细粉体，主要发生的是漫反射. 漫反射满足 Kubelka-Munk 方程式

$$\frac{(1-R_\infty)^2}{2R_\infty}=\frac{K}{S} \tag{20-3}$$

式中，K 为吸收系数，与吸收光谱中的吸收系数的意义相同；S 为散射系数；R_∞ 表示无限厚样品的反射系数 R 的极限值. 实际上，反射系数 R 通常采用与一已知的高反射系数 $(R_\infty \approx 1)$ 标准物质比较来测量，测定 R_∞(样品)/R_∞(标准物)比值，将此比值对波长作图，构成一定波长范围内该物质的反射光谱. 常用的标准物质为硫酸钡粉末.

4. 禁带宽度

对于包括半导体在内的晶体，其中的电子既不同于真空中的自由电子，也不同于孤立原子中的电子. 真空中的自由电子具有连续的能量状态，原子中的电子是处于分离的能级状态，而晶体中的电子是处于所谓能带状态. 能带是由许多能级组成的，能带与能带之间隔离着禁带，电子就分布在能带中的能级上，禁带是不存在公有化运动状态的能量范围. 半导体最重要的能带就是价带和导带. 导带底与价带顶之间的能量差即称为禁带宽度(或者称为带隙、能隙). 禁带中虽然不存在属于整个晶体所有的公有化电子的能级，但是可以出现杂质、缺陷等非公有化状态的能级——束缚能级，如施主能级、受主能级、复合中心能级、陷阱中心能级、激子能级等.

禁带宽度是半导体的一个重要特征参量，用于表征半导体材料物理特性. 其涵义有如下四个方面：第一，禁带宽度表示晶体中的公有化电子所不能具有的能量范围. 第二，禁带宽度表示价键束缚的强弱. 当价带中的电子吸收一定的能量后跃迁到导带，产生出自由电子和空穴，才能够导电. 因此，禁带宽度的大小实际上反映了价带中电子被束缚强弱程度的物理量. 价电子由价带跃迁到导带的过程称为本征激发. 本征激发根据价电子获取能量的方式可以分为热激发、光学激发和电离激发等. 第三，禁带宽度表示电子与空穴的势能差. 导带底是导带中电子的最低能量,故可以看作电子的势能. 价带顶是价带中空穴的最低能量，故可以看作空穴的势能. 离开导带底和离开价带顶的能量就分别为电子和空穴的动能. 第四，虽然禁带宽度是一个标志导电性能好坏的重要参量，但也不是绝对的. 价电子由价带跃迁到导带的概率是温度的指数函数，所以当温度很高时，即使是绝缘体(禁带宽度很大)，也可以发生本征激发.

5. 基于透射光谱的光学禁带宽度计算原理

当一定波长的光照射半导体材料时，电子吸收能量后会从低能级跃迁到能量较高的能级. 对于本征吸收，当电子吸收足够能量后将从价带直接跃迁入导带. 发生本征吸收的条件是：光子的能量必须等于或大于材料的禁带宽度 E_g，即

$$h\nu \geqslant h\nu_0 = E_g \tag{20-4}$$

而当光子的频率低于 ν_0，或波长大于本征吸收的长波限时，不可能发生本征吸收，半导体的光吸收系数迅速下降，这在透射光谱上表现为透射率的迅速增大，即透射光谱上出现吸收边. 光波透过厚度为 d 的样品时，吸收系数同透射率的关系如下：

$$\alpha d = \ln((1-R^2)/T) \tag{20-5}$$

其中，d 为样品厚度；R 是对应波长的反射率；T 是对应波长的透射率.

实验中，我们所选样品为 ZnO 基薄膜材料，入射光垂直照射在样品表面，且样品表面具有纳米级的平整度，在紫外和可见光波段的反射率很小，所以在估算禁带宽度时，忽略反射率的影响，吸收系数 α 可简单表示为

$$\alpha d = \ln(1/T) \tag{20-6}$$

因此，在已知薄膜厚度的情况下，可以通过不同波长的透射率求得样品的吸收系数. 又半导体的禁带宽度与半导体材料的禁带宽度满足下列方程：

$$\alpha h\nu = A(h\nu - E_g)^{\frac{m}{2}} \tag{20-7}$$

$$A \approx \frac{e^2(2\mu^*)^{3/2}}{nch^2me^*} \tag{20-8}$$

式中，α 为吸收系数；$h\nu$ 是光子能量；E_g 为材料的禁带宽度；A 是材料折射率(n)、折合质量(μ^*)和真空中光速(c)的函数，基本是一常数；m 是常数，对于直接带隙半导体允许的偶极跃迁，$m=1$；对于直接带隙半导体禁戒的偶极跃迁，$m=3$；对于间接带隙半导体允许的偶极跃迁，$m=4$；对于间接带隙半导体禁戒的偶极跃迁，$m=6$.

ZnO 薄膜是一种直接带隙半导体，在本征吸收过程中电子发生直接跃迁，因此 m 取 1，则式(20-5)可以表示为

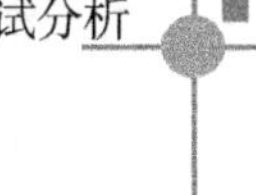

$$(\alpha h\nu)^2 = A^2(h\nu - E_g) \tag{20-9}$$

对于禁带宽度的计算，可根据 $\alpha h\nu \propto h\nu$ 的函数关系作图，将吸收边陡峭的线性部分外推到 $(\alpha h\nu)^2 = 0$ 处，与 x 轴的交点即为相应的禁带宽度值.

【实验仪器】

UV-vis 2600 分光光度计，仪器含积分球附件、计算机和打印机，积分球的直径约为 60mm. 该设备的整机图如图 20-4 所示，它的主要的功能有：

(1) 吸光度测量：为用户提供单点或多点读数的功能，测量 1～10 个波长处的吸光度或透过率，并可按设定的公式进行科学计算. 还可计算平均值及四则运算结果.

(2) 光谱扫描：为用户提供指定波段范围的扫描功能，支持 Abs、T% 和能量方式. 可进行重复扫描. 按设定的波长范围进行吸光度或透过率的谱图扫描并可进行各种数据处理，如峰值检出、导数光谱、谱图运算等. 多通道光谱测量，彩色曲线显示与打印，配各种数据处理功能，能满足各行各业的需求.

(3) 定量计算：单波长、双波长、三波长及微分定量，定量测定的工作曲线制作更加方便，可实现多达 20 个点的 1～4 次曲线回归，对吸光度非线性样品也可实现准确测定. 用户可根据不同的需要进行选择.

(4) 时间扫描：为用户提供定点波长的时间扫描功能. 在设定的 1～10 个波长处进行吸光度或透过率的时间扫描并可进行各种数据处理，如峰值检出、谱线微分、谱线运算等. 用户可根据不同的需要对扫描时间、间隔时间和采样点进行设置. 同时，还可以对时间增量进行设置. 时间扫描与光谱扫描类似，都具有重复扫描的功能.

图 20-4　UV-vis 2600 分光光度计整机图

紫外-可见分光光度计的基本结构由光源、单色器、吸收池、检测器和信号显示系统五部分组成，结构示意图见图 20-5.

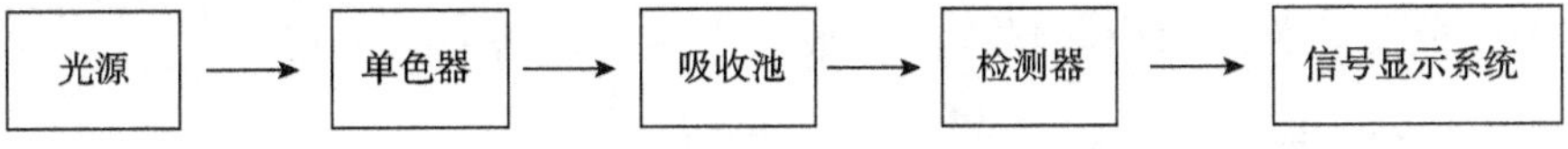

图 20-5　紫外-可见分光光度计的基本结构示意图

(1) 光源：是提供入射光的装置. 不同类型的分光光度计根据需要配有不同的光源，在紫外-可见分光光度计中，常用的光源有钨灯或卤钨灯、氢灯或氘灯、汞灯等多种. 钨灯和卤钨灯，是紫外-可见分光光度计使用最多的光源之一，其发出光的波长范围是330～2500nm，是连续光谱，需用单色光器进行分光；紫外光区较窄，仅为330～400nm，所以钨灯或卤钨灯不适用于紫外分析. 氢灯和氘灯是紫外-可见分光光度计的紫外光源，其发出光的波长范围是150～400nm，是连续光谱，需用单色光器进行分光，是紫外光区的主要光源. 汞灯发射的是离散线光谱，在254～734nm范围内产生一系列谱线，能量绝大部分集中在253nm波长处.

(2) 单色器：是将来自光源的复合光分解为单色光并分离出所需波段光束的装置，是分光光度计的关键部件. 主要由入射狭缝、色散元件、准直镜和出射狭缝组成.

(3) 吸收池：又称为比色皿、比色杯、样品池或液槽等，是用来盛放被测溶液的器件，同时也决定着透光液层厚度、特定波长光的透光度等多种参数，应具有良好的透光性和较强的耐腐蚀性. 在可见光范围内，常用无色光学玻璃或塑料制作；在紫外区，需用能透紫外线的石英玻璃或蓝宝石制作.

(4) 检测器：又称光电转换器，把光信号转换为电信号的装置. 用于紫外-可见分光光度计上的检测器种类较多，包括光电管、光电倍增管、光电二极管阵列等.

(5) 信号显示系统是把放大的信号以适当的方式显示或记录下来的装置. 常用的信号显示装置有指针显示、LD数字显示、VGA屏幕显示和计算机显示等四种类型.

【实验内容】

1. 测量ZnO的光学禁带宽度

(1) 样品准备：ZnO薄膜和空白基片；将空白基片放在参考位；将ZnO基薄膜样品置于样品位.

(2) 打开仪器电源，预热20分钟.

(3) 打开工作站软件“UVprobe”，点选“连接”按钮，系统将自检；仪器自检，绿灯闪烁. 当有鸣响声发出且绿灯不闪时，表明自检完成(约5分钟).

(4) 选择仪器的工作模式为光谱扫描，输入测试波长和狭缝宽度，样品测试选择透射率；波长扫描的起止范围一般为190～800nm，狭缝值一般为2.

(5) 点击“自动清零”.

(6) 将清洗干净的空白基片放在参考位，进行基线扫描.

(7) 将ZnO基薄膜样品置于样品位，点击“开始”按钮.

(8) 扫描结束后保存测试样品的透射率数据.

(9) 实验测量结束，点击“断开”按钮，关闭软件.

(10) 关闭电源开关，取出测量样品，放入干燥剂，盖上防尘布.

2. 光谱扫描(定性)

(1) 在软件菜单栏中点击“光谱”图标→“连接”，UV主机会给出自检报告. 所有

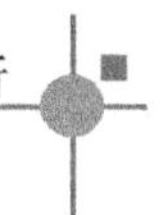

结果均为绿色，则自检通过，点击“确定”.

(2)点击软件上方的“M”按钮，设定参数(波长范围、扫描速度、测定方式、检测单元、狭缝宽度、光源转换波长等).

(3)将两个空白样品放入样品仓，点击“自动调零”.

(4)调零之后，点击“开始”进行测试，运行结束弹出对话框，点击“确定”. 点击软件菜单栏“文件”，根据所需格式另存文件.

(5)点击软件菜单栏“打开”，可调用已测试样品的光谱图，点击“操作”可根据需要获取谱图信息(峰值检测、选点检测等).

3. 光度测定(定量)

原始数据法：

(1)点击软件菜单栏“光度测定”图标→“M”输入波长→“下一步”→选择类型→“原始数据”.

(2)点击“原始数据”→“下一步”→“下一步”→“完成”→“关闭”. 点击“M”设定波长.

(3)将两个空白样品放入样品仓，若单波长测定，点击“自动调零”. 若多波长测定，点击“基线”，扫描范围应包含所选波长.

(4)在样品表中输入待测样品信息(样品名必须是英文或数字)，选中待测样品，点击界面下方“读取 unk”.

(5)储存谱图文件，完成扫描，点击“编辑”→“清除样品表”，然后可进行其他工作.

多点法：

(1)点击软件菜单栏“光度测定”图标→“M”输入波长→“下一步”→“标准曲线”→选择类型“多点”→选择波长→“关闭”.

(2)将两个空白样品放入样品仓，点击“自动调零”.

(3)在样品表中输入样品名和各样品浓度，分别放入对应浓度样品，点击“读取 std”点击“是”.

(4)右侧图给出样品对应的点，仪器可自动绘制标准曲线. 点击软件菜单栏“图像”→点击“标准曲线统计”，即可给出标准曲线相关信息(方程式、相关系数等)，点击“文件”，可另存文件.

【注意事项】

(1)先退出软件再关闭机器.

(2)若实验中使用积分球，请于实验结束后更换成标准池.

(3)及时取出样品仓内样品，保持样品仓清洁(可用酒精擦拭样品仓内的四个窗口，机箱后面部分勿动).

(4)操作者应如实填写仪器运行状况，若有故障请及时联系仪器负责人.

【思考题】

(1)从吸收系数随波长的变化如何判断半导体材料的能带结构?

(2)分光光度计由哪几部分组成?设计其光路图.

(3)紫外-见分光光度计对光源的要求是什么?一般采用哪几种光源，各光源的波长范围是什么?

(4)比色皿一般由什么材料制成?有哪几种规格?做实验时,你是如何选择比色杯的规格及材料的?

【附录】

一、UV-vis 2600分光光度计操作规程

1. 开机

(1)打开仪器电源.

(2)打开电脑，点击“UVprobe”进入光谱分析软件.

(3)软件将自动搜索仪器端口，点击“联机”，软件与仪器联机成功.

2. 选择测试模式

根据实验需求选择测试模式. 仪器提供的测试模式有“波长扫描”“时间扫描”“定点测量”“定量测量”“核酸测量”和“蛋白质测量”.

波长扫描　主要用以检测样品对一定范围波长光的吸收情况，以便对样品进行定性测量.

(1)点击左侧主功能栏中的“波长扫描”即可进入波长扫描界面.

(2)根据实验要求，在“设置”中设定检测参数.

(3)在样品室内参比及检测光路同时放入装有空白溶液的比色皿.

(4)点击“基线测量”以扣除空白的背景吸收.

(5)将检测光路中的空白溶液换成待测样品.

(6)点击“扫描”以完成样品波长扫描检测.

(7)点击“保存”并选择保存路径即可保存谱图.

注意：在“基线测量”中所选择的基线必须与参数设置中基线一致!

时间扫描　是检测样品在特定波长范围内吸光度(或透过率)随时间的推移而发生变化的情况. 主要用以检测样品的稳定性或进行化学动力学研究.

(1)点击左侧主功能栏中的“定量测量”即可进入定量测量界面.

(2)根据实验要求，在“设置”中设定检测参数.

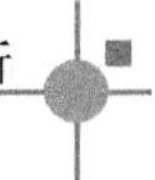

(3)在样品室内参比及检测光路同时放入装有空白溶液的比色皿.

(4)点击“基线测量”以扣除样品空白的背景吸收.

(5)将检测光路中的空白溶液换成待测样品.

(6)点击“扫描”以完成样品波长扫描检测.

(7)点击“保存”并选择保存路径即可保存谱图.

定点测量　是检测样品在特定波长中的吸光度(或透过率).

(1)点击左侧主功能栏中的“定量测量”即可进入定量测量界面.

(2)根据实验要求，在“设置”中设定检测参数.

(3)在样品室内参比及检测光路同时放入装有空白溶液的比色皿.

(4)点击“自动校零”，以扣除该波长中空白溶液的背景吸收.

(5)将检测光路中的空白溶液换成待测样品.

(6)点击“测量”以完成样品的吸光度(或透过率)的测量.

(7)点击“保存”并选择保存路径即可保存测量结果.

定量测量　可通过检测标准样品或输入特定的系数建立标准曲线后测量样品的浓度值.

(1)点击左侧主功能栏中的“定量测量”即可进入定量测量界面.

(2)根据实验要求，在“设置”中设定检测参数并输入标准样品的浓度值.

(3)在样品室内参比及检测光路同时放入装有空白溶液的比色皿.

(4)点击“自动校零”，以扣除该波长中空白溶液的背景吸收.

(5)将检测光路中的空白溶液换成标样，点击“标样测量”读取标样的吸光度值.

(6)所有标样测量完毕后，将光路中的标样换成待测样品，点击“样品测量”进行样品测量.

(7)点击“保存”并选择保存路径即可保存测量结果.

核酸测量

(1)点击左侧主功能栏中的“核酸测量”即可进入核酸测量界面.

(2)根据实验要求，在“设置”中设定检测参数.

(3)在样品室内参比及检测光路的同时放入装有空白溶液的比色皿.

(4)点击“空白”，以扣除该波长中空白溶液的背景吸收.

(5)将检测光路中的空白溶液换成待测样品，点击“测量”得到230nm、260nm、280nm和320nm的吸光度值同时计算出A260/A280、A260/A230和样品浓度.

(6)点击“保存”并选择保存路径即可保存测量结果.

蛋白质测量

(1)点击左侧主功能栏中的“蛋白质测量”即可进入蛋白质测量界面.

(2)根据实验要求，在“设置”中设定检测参数.

(3)在样品室内参比及检测光路的同时放入装有空白溶液的比色皿.

(4)点击“空白”，以扣除该波长中空白溶液的背景吸收.

(5)将检测光路中的空白溶液换成待测样品，点击“测量”，仪器会按照设定好的计算方式和浓度计算方法计算出浓度.

(6)样品测量完毕后，点击“结束”生成结果文件.

(7)点击“保存”并选择保存路径即可保存测量结果.

3. 关机

将比色皿中的溶液倒尽，然后用蒸馏水或有机溶剂冲洗比色皿至干净，倒立晾干. 关电源将干燥剂放入样品室内，盖上防尘罩，做好使用登记，得到管理老师认可后方可离开.

4. 注意事项

(1)在光谱线校正过程中注意光度计状态窗口的读数变化，如测定过程中改变切换波长，必须重新进行基线校正.

(2)光谱图像要保存的，一定要保存，否定软件关闭后会丢失.

(3)比色皿光亮面一定要用擦镜纸，小心划伤.

(4)先用两个空白溶液，校正吸光度，用一个供试品取代一个空白溶液，测定吸光度.

(5)一般空白放里面一个，供试样品放外面一个.

二、UV-vis 2600 分光光度计的应用

1. 检定物质

吸收光谱图上的一些特征吸收，特别是最大吸收波长和摩尔吸收系数是检定物质的常用物理参数，这在药物分析上有着很广泛的应用. 在国内外的药典中，已将众多的药物紫外吸收光谱的最大吸收波长和摩尔吸收系数载入其中，为药物分析提供了很好的手段.

2. 与标准物及标准图谱对照

将分析样品和标准样品以相同浓度配制在同一溶剂中，在同一条件下分别测定紫外可见吸收光谱. 若两者是同一物质，则两者的光谱图应完全一致. 如果没有标样，也可以和现成的标准谱图对照进行比较. 这种方法要求仪器准确，精密度高，且测定条件要相同.

3. 比较最大吸收波长吸收系数的一致性

由于紫外吸收光谱只含有 2～3 个较宽的吸收带，而紫外光谱主要是分子内的发色团在紫外区产生的吸收，与分子和其他部分关系不大. 具有相同发色团的不同分子结构，在较大分子中不影响发色团的紫外吸收光谱，不同的分子结构有可能有相同的紫外吸收光谱，但它们的吸收系数是有差别的. 如果分析样品和标准样品的吸收波长相同，吸收系数也相同，则可认为分析样品与标准样品为同一物质.

4. 纯度检验

例 1 紫外吸收光谱能测定化合物中含有微量的具有紫外吸收的杂质. 如果化合物的紫外可见光区没有明显的吸收峰，而它的杂质在紫外区内有较强的吸收峰，就可以检

测出化合物中的杂质.

例 2　检测乙醇样品含有的苯的杂质. 苯的最大吸收波长在 256nm，而乙醇在此波长处没有吸收. 在紫外吸收光谱上就能很明显地看出来. 如果化合物在紫外可见有吸收，可用吸收系数检测其纯度.

例 3　还可以用差示法来检测样品的纯度. 取相同浓度的纯品在同一溶剂中测定作空白对照，样品与纯品之间的差示光谱就是样品中含有杂质的光谱.

5. 推测化合物的分子结构

1) 推测化合物的共轭体系和部分骨架

如果一个化合物在紫外区是透明的，没有吸收峰，则说明不存在共轭体系（指不存在多个相间双键）. 它可能是脂肪族碳氢化合物、胺、腈、醇等不含双键或环状结构的化合物.

如果在 210～250nm 有强吸收，则可能有两个双键共轭系统（如共轭二烯或 α、β-不饱和酮）.

如果在 250～300nm 有强吸收，则可能具有 3～5 个不饱和共轭系统.

如果在 260～300nm 有中强吸收（吸收系数 =200～1000），则可能有苯环.

如果在 250～300nm 有弱吸收，则可能存在羰基基团.

2) 区分化合物的构型和构象

例 4　化合物二苯乙烯有顺式和反式两种构型，它们的最大吸收波长和吸收强度都不同，由于反式构型没有空间障碍，偶极矩大，而顺式构型有空间障碍，因此反式的吸收波长和强度都比顺式的来得大. 为此就很容易区分顺式和反式构型了.

3) 互变异构体的鉴别

在有机化学中，会有异构体的互变现象，通过紫外光谱也可鉴别.

6. 氢键强度的测定

实验证明，不同的极性溶剂产生氢键的强度也不同，这可以利用紫外光谱来判断化合物在不同溶剂中的氢键强度，以确定选择哪一种溶剂.

7. 络合物组成及稳定常数的测定

金属离子常与有机物形成络合物，多数络合物在紫外可见区是有吸收的，我们可以利用分光光度法来研究其组成.

8. 反应动力学研究

借助于分光光度法可以得出一些化学反应速度常数，并从两个或两个以上温度条件下得到的速度数据得出反应活化能. 丙酮溴化反应的动力学研究就是一个成功的例子.

9. 在有机分析中的应用

有机分析是一门研究有机化合物的分离、鉴别及组成结构测定的科学，它是在有机化学和分析化学的基础上发展起来的综合性学科. 在国民经济的许多领域都用有机分析.

波长在 190～800nm 的电磁光谱对于判断有机分子中是否存在共轭体系、芳环结构及 C═C、C═O、N═N 之类的发色团是一个很好的手段，具有强烈的吸收，其摩尔吸光系数可达 104～105(而红外吸收光谱的摩尔吸光系数一般均小于 103)，因而检测灵敏度很高. 对于一些特殊类型的结构，可通过简单的数学运算确定最大吸收. 如果发色团之间不以共轭键相连，其紫外吸收具有可加性，即总的吸收等于各单独发色团的吸收之和. 用此性质曾成功地推导出利血平及氯霉素的部分结构. 一个复杂分子的结构，往往可以由比较化合物的紫外光谱性质而推断其含有何种发色团，有时还能提供一些立体结构及分子量的一些信息，为未知物的剖析提供有用的线索. 以下通过实例说明分光光度法在有机分析中的应用.

例 5 氯霉素分子中的硝基首先是由它的紫外光谱确定的，在紫外光谱中 298nm 和 278nm 处出现芳香硝基的特征吸收.

例 6 五元环酮和羧酸酯的红外特征吸收都在 1740cm^{-1} 附近，难以区别. 但在紫外光谱中只有前者在 210nm 以上有吸收，从而得以区别.

利用紫外可见分光光度法进行定量分析时，可将待测试样的纯品配制成一系列标准溶液，事先绘制标准曲线，由待测未知样品吸光度对照标准曲线，就可得到其含量. 当未知物样品为几种组分，且这些组分的最大吸收峰值互不重叠时，则可用联立方程解之.

三、积分球的使用

(1) 首先卸下标准池，安装积分球. 积分球上面可以看到 S 和 R 标记，S 的对面为样品位置，R 的对面为参比位置.

(2) 点击“M”→“仪器参数”选择“反射率”→“狭缝”→“检测器单元”，选择“外置单检测器”→“确定”. 积分球波长范围 220～850nm，狭缝至少 5.0.

(3) 测试之前先用两个 $BaSO_4$ 白板测基线(积分球不调零). 取下样品处的白板，放入样品. 样品必须压实，少量多次一层一层压，否则会污染积分球.

(4) 实验如需测定膜或悬浊液样品，可以在样品和参比处放白板，在光路进入处前端放薄膜或者悬浊液支架来测定其反射率，还可通过光栅控制光强.

(5) 实验如需测定镜面样品，只能用积分球测. 点击“M”→“仪器参数”→“S/R 转换”→“相反”. 同时将积分球样品台中待测样品和参比样品的摆放位置对调.

实验二十一　接触角测量实验

伴随着纳米材料制备与结构分析表征技术的日益发展成熟，超疏水性表面从理论到实践都取得了突破性的进步. 对固体来说，当液滴接触其表面时，液滴会保持它部分的形状或者在固体表面铺展开来从而形成一层薄的液膜. 这一性质通常是通过测量接触角来描述的. 当水滴在固体表面上所形成的接触接近 0°时，这样的固体表面分别被称为超亲水表面；而当水滴在固体表面上所形成的接触角大于 150°时，这样的固体表面分别被称为超疏水表面. 滚动角的测量与接触角的测量类似，是测量一个特定表面的润湿性的另外一种方法，也是常用的一种测量材料表面润湿性的方法. 测量时试片水平放置，从 0°开始以一个固定的端点逐渐倾斜，夹角越大材料表面的滚动角越小，说明其表面润湿性越小，即疏水性越强. 作为固体表面润湿性的一个极端特例，超疏水性或者超疏水材料由于其在防水、自净、减阻降噪音和光电材料等方面有极其广阔的应用前景，所以近 20 年来一直受到材料科学研究者的广泛关注，最近的几年里更是备受瞩目. 因此，研制出一种主要用于测量耐水材料表面上水滴的接触角及滚动角，以及衡量材料的耐水性能等的仪器是非常必要的.

材料表面的接触角和滚动角的测量是衡量材料的润湿性能的重要方法. 固体表面对于液体的润湿性(又称浸润性)是固体的一个非常重要的性质，它在工业、农业及日常生活中发挥着非常重要的作用. 自然界中植物根部对水的吸收，建筑物外墙上的水渍和眼镜上的水雾等，都与其表面润湿性能有关. 对工程材料来说，对水或其他的腐蚀性液滴的超疏行为可以大大加强它们的抗腐蚀能力，延长其在苛刻的腐蚀环境下的使用寿命. 尤其对海洋船舶工业来说，制备出具有超疏水能力的抗腐蚀能力的工程合金材料将会产生非常重要和深远的意义. 本项目研制出的接触角及滚动角测量仪结构合理、操作方便、制造容易，广泛用于耐水材料表面上水滴的接触角及滚动角的测量，衡量材料表面的耐水性能等，保证了耐水材料的品质，在耐水材料(如防水自清洁涂料)质量的控制方面具有较为广泛的应用. 通过测量材料表面的接触角和滚动角，可衡量材料的润湿性能. 从科学研究的角度来讲，对润湿问题的研究不仅具有重要的理论意义，而且具有重大的实际应用价值. 润湿性能的应用极为广泛：微电子工业、印刷业、造纸工业、交通行业乃至新材料的合成制备及医药、生物芯片等方面无不与润湿性能有着密切的关系.

【实验原理】

润湿是自然界和生产过程中常见的现象. 通常将固-气界面被固-液界面所取代的过程称为润湿. 将液体滴在固体表面上，由于性质不同，有的会铺展开来，有的则粘附在表面上成为平凸透镜状，这种现象称为润湿作用. 前者称为铺展润湿，后者称为黏附润湿. 如水滴在干净玻璃板上可以产生铺展润湿. 如果液体不粘附而保持椭球状，则称为不润湿，如汞滴到玻璃板上或水滴到防水布上的情况. 此外，如果是能被液体润湿的固体完全浸入液体之中，则称为浸湿. 上述各种类型示于图 21-1.

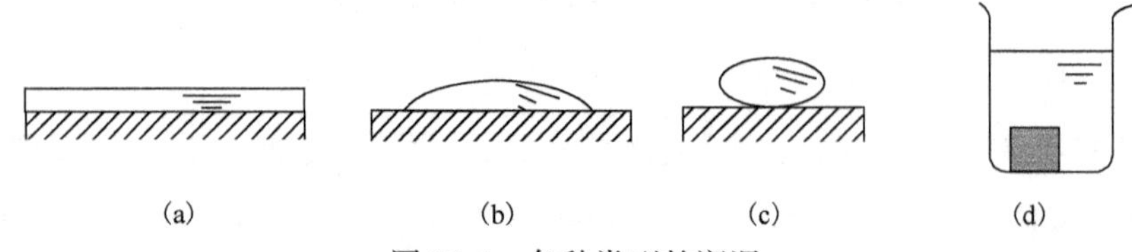

图 21-1　各种类型的润湿

(a)铺展湿润；(b)黏附湿润；(c)不湿润；(d)浸湿

当液体与固体接触后，体系的自由能降低. 因此，液体在固体上润湿程度的大小可用这一过程自由能降低的多少来衡量. 在恒温恒压下，当一液滴放置在固体平面(指表面是平坦、刚性、光滑的，化学性质均匀且没有接触角滞后效应的固体表面)上时，液滴将会在固体表面上展开，或以与固体表面成一定接触角的液滴存在，在固体表面上形成一个球冠状，如图 21-2 所示. 接触角指的是在固-液-气三相交界处，从固-液界面经液体内部到液-气界面的夹角，图中用 θ_C 表示.

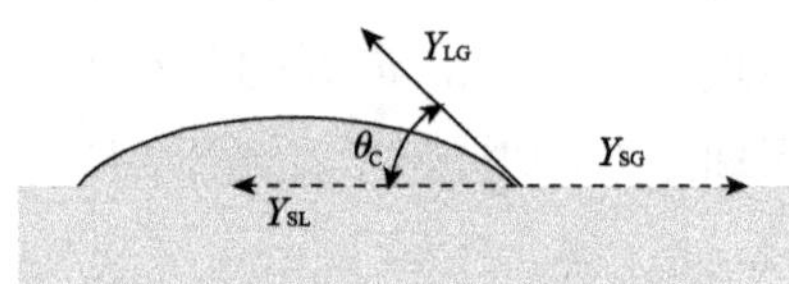

图 21-2　接触角

假定不同的界面间力可用作用在界面方向的界面张力来表示，则当液滴在固体平面上处于平衡位置时，这些界面张力在水平方向上的分力之和应等于零，这个平衡关系就是著名的 Young 方程，即

$$\gamma_{SG} - \gamma_{SL} = \gamma_{LG}\cos\theta \tag{21-1}$$

式中，γ_{SG}，γ_{LG}，γ_{SL} 分别为固-气、液-气和固-液界面张力；θ 是在固、气、液三相交界处，自固体界面经液体内部到气液界面的夹角，称为接触角，在 0°～180°. 接触角是反应物质与液体润湿性关系的重要尺度.

在恒温恒压下，黏附润湿、铺展润湿过程发生的热力学条件分别是

$$\text{黏附润湿}\quad W_a = \gamma_{SG} + \gamma_{LG} - \gamma_{SL} \geqslant 0 \tag{21-2}$$

$$\text{铺展润湿}\quad S = \gamma_{SG} - \gamma_{LG} - \gamma_{SL} \geqslant 0 \tag{21-3}$$

式中，W_a，S 分别为黏附润湿、铺展润湿过程的黏附功和铺展系数.

若将式(21-1)代入式(21-2)和式(21-3)，则得到下面结果：

$$W_a = \gamma_{SG} + \gamma_{LG} - \gamma_{SL} = \gamma_{LG}(1+\cos\theta) \tag{21-4}$$

$$S = \gamma_{SG} - \gamma_{LG} - \gamma_{SL} = \gamma_{LG}(\cos\theta - 1) \tag{21-5}$$

以上方程说明，只要测定了液体的表面张力和接触角，便可以计算出黏附功、铺展系数，

进而可以据此来判断各种润湿现象. 还可以看到，接触角的数据也能作为判别润湿情况的依据. 通常把 $\theta = 90°$作为润湿与否的界限，当 $\theta>90°$时，称为不润湿，当 $\theta<90°$时，称为润湿，θ越小润湿性能越好；当 θ角等于零时，液体在固体表面上铺展，固体被完全润湿.

接触角是表征液体在固体表面润湿性的重要参数之一，由它可了解液体在一定固体表面的润湿程度. 接触角测定在矿物浮选、注水采油、洗涤、印染、焊接等方面有广泛的应用.

决定和影响润湿作用和接触角的因素很多. 例如，固体和液体的性质及杂质、添加物的影响、固体表面的粗糙程度、不均匀性的影响、表面污染等. 原则上说，极性固体易被极性液体所润湿，而非极性固体易被非极性液体所润湿. 玻璃是一种极性固体，故易被水所润湿. 对于一定的固体表面，在液相中加入表面活性物质常可改善润湿性质，并且随着液体和固体表面接触时间的延长，接触角有逐渐变小趋于定值的趋势，这是表面活性物质在各界面上吸附的结果.

接触角的测定方法很多，根据直接测定的物理量分为四大类：角度测量法、长度测量法、力测量法、透射测量法. 其中，液滴的角度测量法是最常用的，也是最直截了当的一类方法. 它是在平整的固体表面上滴一滴小液滴，直接测量接触角的大小. 为此，可用低倍显微镜中装有的量角器测量，也可将液滴图像投影到屏幕上或拍摄图像再用量角器测量，这类方法都无法避免人为作切线的误差.

【实验仪器】

仪器：JY-82 视频接触角/界面张力测量仪，整机如图 21-3 所示. 主要用于测量液体对固体的接触角，即液体对固体的浸润性. 该仪器能测量各种液体对各种材料的接触角，对石油、印染、医药、喷漆、选矿等行业的科研生产有非常重要的作用.

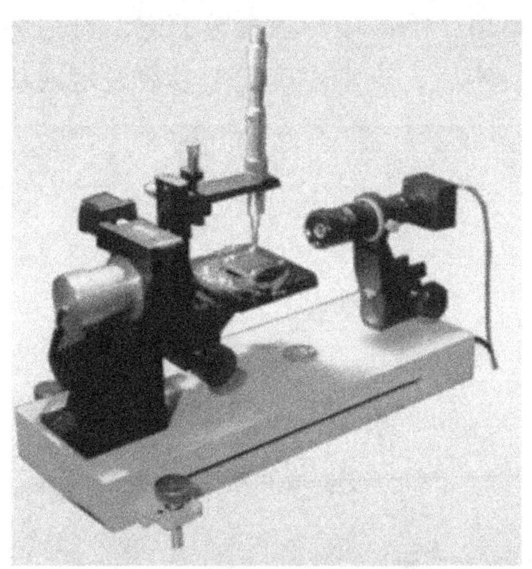

图 21-3　JY-82 视频接触角/界面张力测量仪的整机图片

传统的接触角可用低倍显微镜中装有的量角器测量，也可将液滴拍摄成图像再用量角器测量，这类方法都无法避免人为作切线的误差. 本仪器是通过数码摄像机将图像采集到计算机后进行分析的，减少了人为误差，而且试验数据可保存、调阅.

辅助器具：微量注射器，容量瓶，镊子，玻璃载片，涤纶薄片，聚乙烯片，金属片(不锈钢、铜等).

试剂：蒸馏水，无水乙醇，十二烷基苯磺酸钠(或十二烷基硫酸钠).

十二烷基苯磺酸钠水溶液的质量分数：0.01%，0.02%，0.03%，0.04%，0.05%，0.1%，0.15%，0.2%，0.25%.

【实验内容】

将仪器插上电源，打开电脑，运行“JY-82 视频系统”，即可进入接触角测定仪应用程序主界面，见图 21-4.

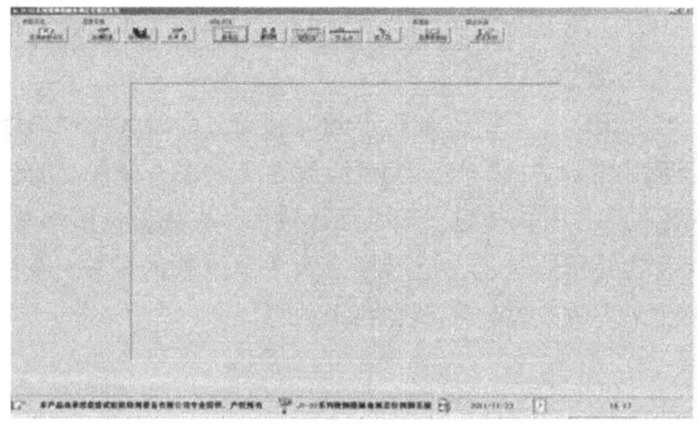

图 21-4

(1)考察在载玻片上水滴的大小(体积)与所测接触角读数的关系，找出测量所需的最佳液滴大小；同时考察水在不同固体表面上的接触角.

◆ 界面上面有功能菜单，第一项为“参数设定”点击进入试验参数的设定界面，见图 21-5，按照提示进行设定后，点击“确定”参数设定成功.

图 21-5

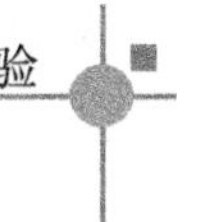

◆　功能菜单第二项为：图像采集，内容有：

①活动图像：点击后，数码摄像机处于摄像状态，选择采集的图像可以保存，以便进行测试.

②保存图像：是把处于测试状态的图像保存，保存后的图像如图 21-6 所示.

图 21-6

③录像：在数码相机不处于活动状态时，点击“录像”，可以把所录图像存储在 D: 盘，以便选择所需要的图片进行测试.

◆　功能菜单第三项为：试验方法(量角法、量高法、转落法、拟合法、插入法)，点击每项会进入各项的测试界面，获得所测固体表面的接触角.

①量角法：通过鼠标点击三点进行测试，三点分别为液滴的中点、液滴的顶点和液滴和固体的交点，见图 21-7，并能保存、调阅、打印报告.

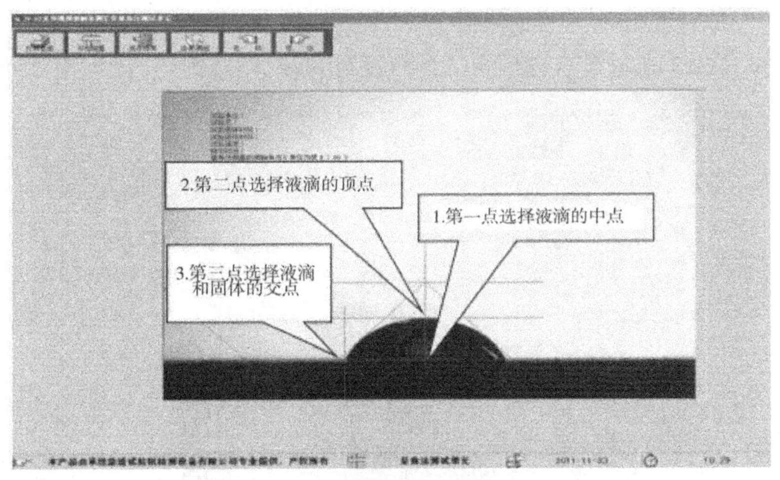

图 21-7

②量高法：通过三点测试，三点分别为液滴的顶点、液滴和固体的左交点及液滴和固体的右交点，见图 21-8，并能保存、调阅、打印报告.

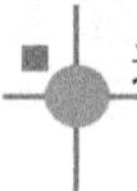

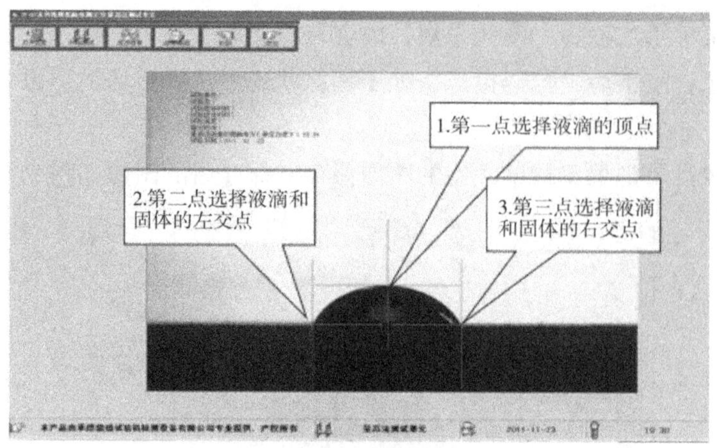

图 21-8

表 21-1 为记录水在不同固体表面的接触角测量，使用的方法是量角法和量高法.

表 21-1　水在不同固体表面的接触角的测量

实验温度____

固体表面	θ(量角法) / (°)			θ(量高法) / (°)
	左	右	平均	
玻璃				
涤纶				
金属				

③转落法：“打开图像”→“前进角测试”→“后退角测试”→“保存图像”→“调阅图像”.

- 打开图像：打开所选择的图像；
- 前进角测试：通过 5 点进行测试，直接给出滚动角及前进角，见图 21-9 和图 21-10；

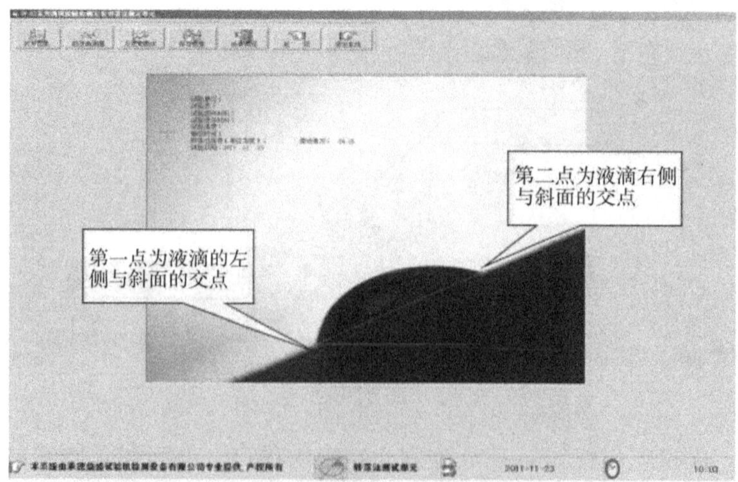

图 21-9

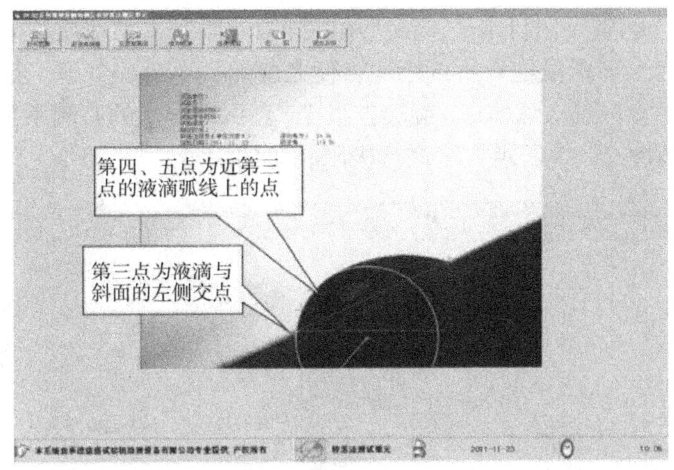

图 21-10

➢ 后退角测试：通过 5 点进行测试，见图 21-11，直接给出滚动角及后退角；

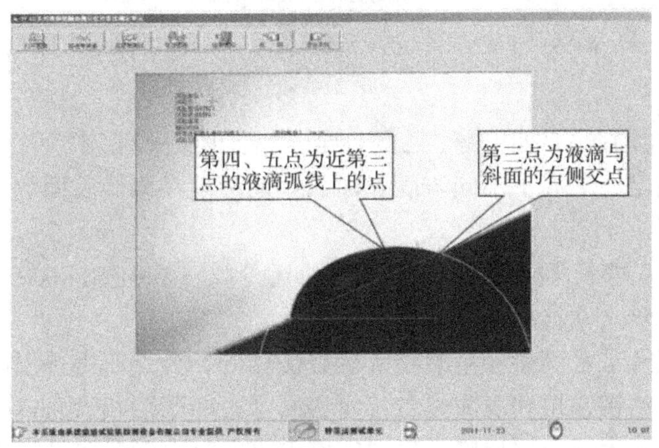

图 21-11

➢ 保存图像：把测试结果进行保存；
➢ 调阅图像：调阅保存的结果.

④拟合法：通过鼠标点击三点把液滴拟合为圆，见图 21-12，进行测试.

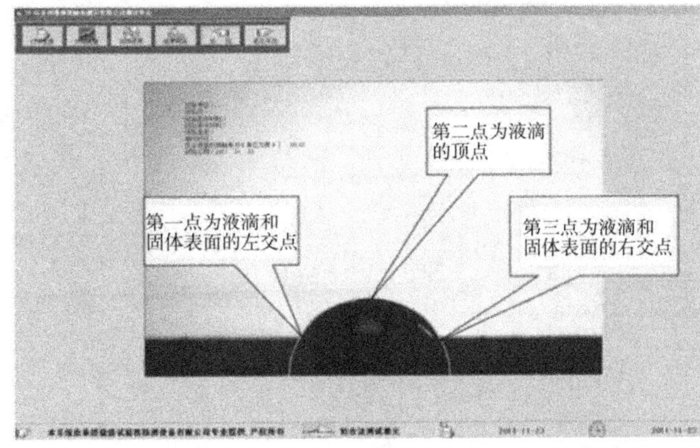

图 21-12

⑤插入法:首先调整工作台水平，将所示的纤维丝用胶布粘在挂丝架的上下两端，再将液槽放在工作台上，缓慢注入所试液体，使之膨胀而不外溢为好. 上移工作台，使带有纤维丝的挂丝架缓慢进入液体中. 旋转挂丝架，直到纤维丝的右侧不再粘连液体. 点击保存图像，即可按图 21-13 所示方法进行极限转角的测量.

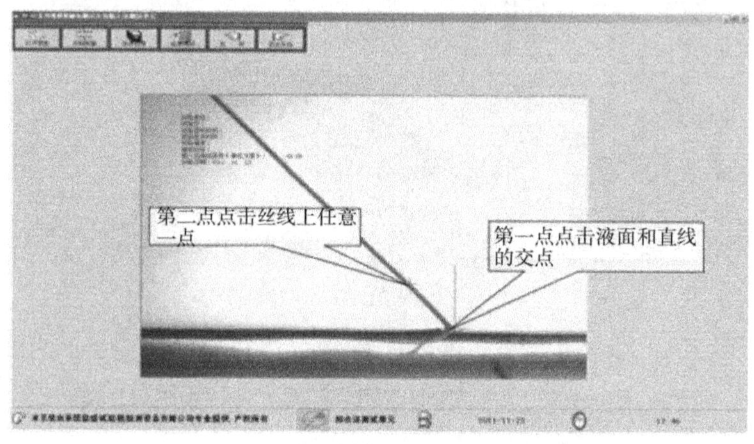

图 21-13

(2)等温下醇类同系物(如甲醇、乙醇、异丙醇、正丁醇)在涤纶片和玻璃片上的接触角和表面张力的测定；等温下不同浓度表面活性剂溶液在固体表面的接触角和表面张力的测定.

选择液体：十二烷基苯磺酸钠溶液浓度(质量分数)：0.01%，0.02%，0.03%，0.04%，0.05%，0.1%，0.15%，0.2%，0.25%.

同考察在载玻片上水滴接触角测量实验方法相同，分别获得等温度下醇类同系物在涤纶片和玻璃片上的接触角和表面张力，而表面张力的获得和表面自由能紧密相关.

首先从接触角测定仪应用程序主界面中调出表面自由能参数设定界面，见图 21-14，通过 Owens 二液法计算表面能.

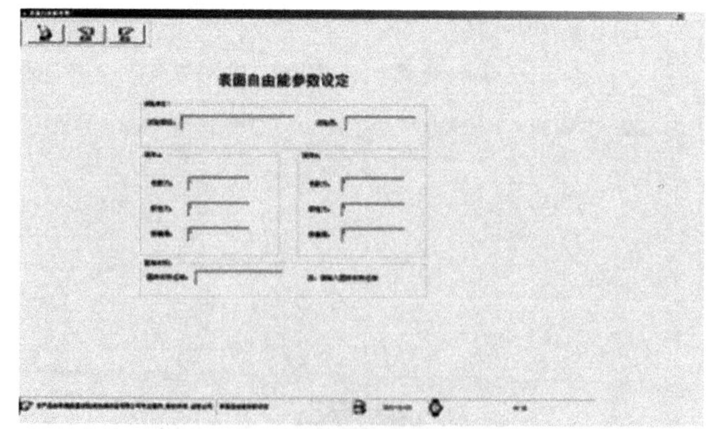

图 21-14

本仪器提供了 Owens 二液法计算表面能的功能，具体计算方法如下：

$$\gamma_S = \gamma_{SD} + \gamma_{SP}$$

$$\gamma_L = \gamma_{LD} + \gamma_{LP}$$

式中，γ_S 为固体表面能，可以分解为色散力 γ_{SD} 项和极性力 γ_{SP} 项；γ_L 为液体表面能，也可以分解为色散力 γ_{LD} 项和极性力 γ_{LP} 项. 那么

$$\gamma_L(1+\cos\theta)=2(\gamma_{SD}\gamma_{LD})^{1/2}+2(\gamma_{SP}\gamma_{LP})^{1/2}$$

在上式中，如果已知液体的表面能 γ_L 和其分项 γ_{LD}、γ_{LP}，并测出液体在固体表面上的接触角 θ，则公式中还有两个未知数 γ_{SD} 和 γ_{SP}. 为了求得这两个未知数，就需要两个方程，因此必须采用两种测试液体，获得如下的方程组：

$$\gamma_{L1}(1+\cos\theta_1)=2(\gamma_{SD}\gamma_{L1D})^{1/2}+2(\gamma_{SP}\gamma_{L1P})^{1/2}$$

$$\gamma_{L2}(1+\cos\theta_2)=2(\gamma_{SD}\gamma_{L2D})^{1/2}+2(\gamma_{SP}\gamma_{L2P})^{1/2}$$

由该方程组可以求出 γ_{SD} 和 γ_{SP}，进而可以求出固体的表面能：$\gamma_S = \gamma_{SD} + \gamma_{SP}$. 目前常用的测试液体的表面能如表 21-2 所示.

表 21-2　常用测试液体的表面能

液体	γ_{LP}	γ_{LD}	γ_L	γ_{LP}/γ_{LD}	极性
水	51	21.8	72.8	2.36	极性
甘油	26.4	37	63.4	0.71	
Formamide	18.7	39.5	58.2	0.47	
二碘甲烷	2.3	48.5	50.8	0.05	非极性
α-溴萘	0	44.6	44.6	0	
正十六烷	0	27.6	27.6	0	

用 Owens 二液法计算表面能时，所选的两种测试液必须满足如下的条件：

①两种液体的 γ_{LP}/γ_{LD} 值不能接近，而且两者的差距越大越好；

②两种液体必须有不同的极性，即必须从极性液体中和非极性液体中各选一种液体.

③测试液不能使固体的表面发生溶解、膨胀和变形等.

在计算表面能时，需要试验单位，试验员及液体 A 和液体 B 的色散力、极性力和分别测得的接触角填入图 21-15 所示界面中.

然后按“确定”键即可自动计算出固体的表面能试验报告，报告能保存、调阅、打印. 列表或作图表示所得实验结果. 初步解释所得结果的原因.

将等温下，醇类和不同浓度表面活性剂溶液的相关测量数据分别填入表 21-3 和表21-4 中. 用所测得的表面张力数值对十二烷基苯磺酸钠溶液的浓度作图，根据其表面张力曲线了解表面活性剂的特性.

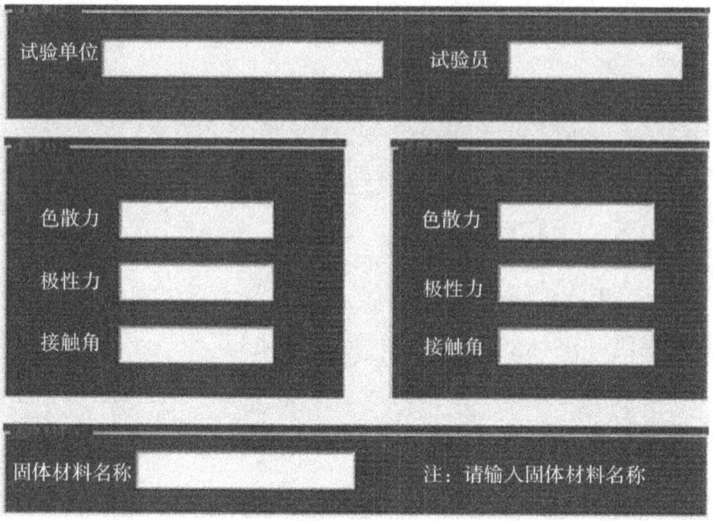

试验单位
试验员
色散力
极性力
接触角
色散力
极性力
接触角
固体材料名称
注：请输入固体材料名称

图 21-15

表 21-3　等温下醇类同系物在涤纶片和玻璃片上的接触角和表面张力的测定

实验温度____

醇类同系物	θ / (°)	$\cos\theta$	γ/(mN/m)
甲醇			
乙醇			
异丙醇			
正丁醇			

表 21-4　等温下不同浓度表面活性剂溶液在固体表面的接触角和表面张力的测定

实验温度____

浓度	θ / (°)		$\cos\theta$		γ / (mN/m)	W_a / (mN/m)		S / (mN/m)	
	涤纶	玻璃	涤纶	玻璃		涤纶	玻璃	涤纶	玻璃
0.01%									
0.02%									
0.03%									
0.04%									
0.05%									
0.10%									
0.15%									
0.20%									
0.25%									

注：表中 W_a 为黏附功；S 为铺展系数.

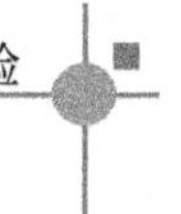

【注意事项】

(1) 在使用仪器前先检查载物台是否水平. 如果没有，应该通过水平测量仪进行调节.

(2) 在拧动螺柱时，不易旋转过快，以免在被测试样表面滴水的数量过多.

(3) 实验室场地比较拥挤，学生务必注意遵守纪律.

(4) 学生必须在教师的指导下进行操作.

(5) 做好实验原始记录，整理好实验数据，不清楚的地方要及时问指导教师.

(6) 实验结束后清理好实验场地，收好实验样品.

(7) 实验结束后，将仪器擦拭干净，并定期在相应部件上加注适量润滑油，保持各部件活动灵活，防止生锈.

【思考题】

(1) 液体在固体表面的接触角与哪些因素有关?

(2) 在本实验中，滴到固体表面上的液滴的大小对所测接触角读数是否有影响? 为什么?

(3) 实验中滴到固体表面上的液滴的平衡时间对接触角读数是否有影响?

(4) 材料表面与水的接触角的大小反映了材料表面的什么性能?

(5) 材料的表面能的单位是什么? 表达的是什么物理量?

【附录】

一、自然界的超疏水现象

科研人员研究发现荷花叶子的表面覆盖有长链烯烃类的低表面能的物质，并且具有粗糙的表面结构. 开始科研人员认为这种现象是由荷叶表面上覆盖的白色蜡状物质决定的，用肉眼就能观察到的一层蜡状突起物质，能用手感觉得到. 用扫描电子显微镜观察，可以看到其表面的结构是丝状或绒状，且在荷叶的上面和下面都有分散. 水珠在荷叶的反面无法形成球状自由的滚动，只能留在荷叶的中部. 用扫描电子显微镜观察，能看到荷花叶子的表面具有很多微小的突起，这种微小的突起的尺寸大概在微米级左右，在这种微小的微米级的突起上面，又覆盖了不少纳米尺寸的凸起(图 21-16). 这种粗糙结构的存在导致我们用手触摸荷花叶子时有凹凸不平的感觉. 这些微小的突起的平均直径为 10μm 左右. 在荷叶的微米级结构上的小的凸起的直径在 200nm 上下. 在荷叶粗糙的表面上，存在着精细的微米加纳米的双重结构. 一层结构就是荷叶表面的微米级的乳凸，直径在 11μm 左右，高度在 13μm 左右，然后突起上面还有一个表皮分泌的蜡状物质，在扫描电子显微镜的观察下，能看到它类似于毛丝或者是绒状的表面形貌. 这是它们表面特殊的微纳米微观结构致使气膜产生，存在于固体和液体的界面处，从而导致水滴不能浸润而达到超疏水效果. 微观几何结构以及具有一定疏水性的化学组成，其表面与水滴的接触角可以达到 160°以上，水滴在这样的表面很容易滚落，这种特殊的润湿现象称为荷叶效应.

图 21-16 超疏水的荷叶和表面结构

(a)球形的水滴滴在荷叶表面；(b)荷叶表面大面积的微结构；(c)荷叶表面单个乳突；(d)荷叶表面的纳米结构

同样，水黾能够浮水也是因为水黾的腿的表面(图 21-17)存在类似于荷叶表面的微纳结构，此外自然界中的稻叶、蝴蝶、蝉、蜻蜓等都表现出超疏水现象.

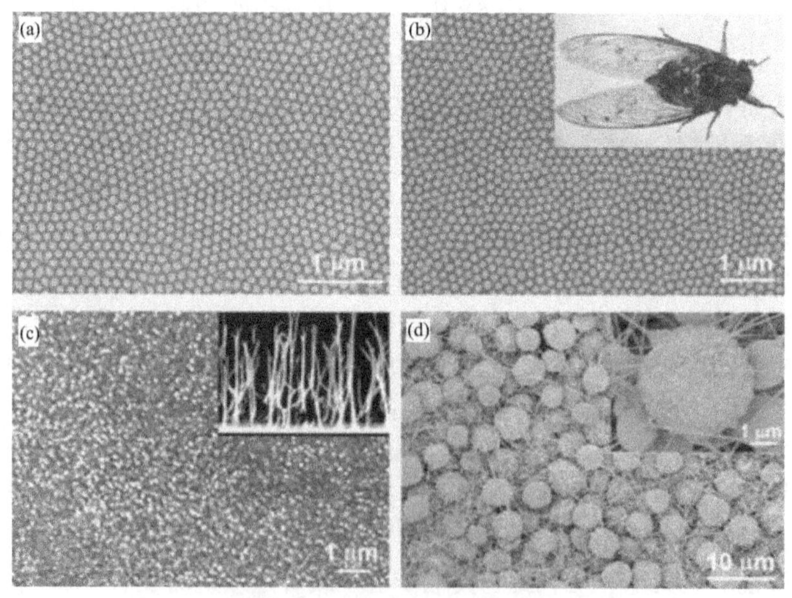

图 21-17 蝉翼表面由规则排列的纳米柱状结构组成

纳米柱的直径大约在 80nm，纳米柱的间距大约在 180nm. 规则排列纳米突起所构建的粗糙度使其表面稳定吸附了一层空气膜，诱导了其超疏水的性质，从而确保了自清洁功能

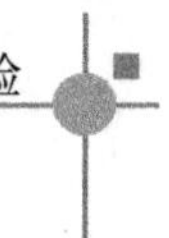

二、超疏水表面的应用

1. 自清洁涂层

当材料表面暴露在户外时，因静电作用，往往容易吸附无机污渍，如灰尘等. 对于普通材料表面，液体在表面滑落时可以把部分污渍和灰尘颗粒卷入液体内部，但由于表面的疏水性较差，液体和材料表面具有较大的接触面，所以大部分污渍和灰尘颗粒重新沉积在材料表面. 而超疏水表面的自清洁效应主要是由超疏水性能和低表面黏滞性能共同作用使得液体在材料表面具有很大的接触角和很小的接触面，液体从表面快速滚落时会将表面的污渍和灰尘颗粒快速带离表面，从而实现材料表面的自清洁.

2. 油水分离

由于水和油的表面张力差别很大，很多超疏水表面同时兼具超疏水和超亲油性能，因而可用于实现油水分离. 将具有低表面能的聚四氟乙烯(PTFE)喷涂在金属铜网的表面，利用胶黏剂提高聚四氟乙烯与铜网表面的黏附能力，制得的网兼有超疏水和超亲油性能(图 21-18). 该超疏水亲油网可有效实现油水分离：表面的强疏水性使水滴无法穿过金属网孔，而超亲油性却使得油滴能在极短的时间(240ms)内穿过滤网.

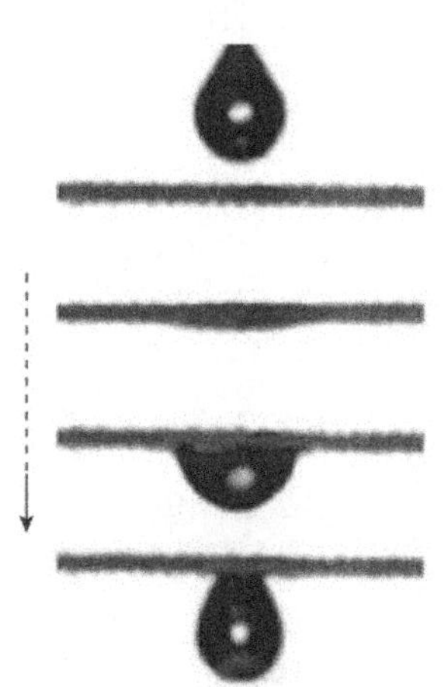

图 21-18　油滴在超疏水铜网表面迅速铺展并透过

3. 超疏水纤维及纺织物

超疏水纺织物不仅要具良好的超疏水性能，同时还需要有良好的生物相容性、无毒害性和感官舒适性.

4. 流体减阻

超疏水材料由于其表面具有强疏水性能，在液相和固相接触面上生成一薄层气泡层，从而极大地降低了材料表面的固/液相界面作用力. 他们在实验中让液滴从普通工程材料表面流入具有超疏水表面的部件中，发现液滴在超疏水部件中的流动速度显著增大，这表明液滴在超疏水表面上受到的阻力较低.

5. 其他

此外，超疏水材料还能应用于金属表面，延缓金属的腐蚀；应用于汽车玻璃、眼镜、电子器件的光学镜头等光学部件上，提高光学部件的防反射性能；用于微流体控制领域可以实现对微流体流动的定向操控，以降低微流系统的工作能耗；用于室外天线上，可以防积雪，从而保证信号的完好接收；用于微量注射器针尖上，可以消除昂贵药品在针尖上的黏滞带来的针尖污染问题；用于电池系统，可以大大提高电池的工作寿命和工作效率. 近年来，超疏水表面因其广泛的应用前景而备受关注，已经成为界面材料研究中的一个重要研究领域.

参考文献

安毓英，刘继芳，李庆辉，等. 2002. 光电子技术. 北京：电子工业出版社

北京分析仪器厂. 1974. 核磁共振谱仪及其应用. 北京师范大学物理系编译. 北京：科学出版社

陈继述. 1986. 红外探测器. 北京：国防工业出版社

陈智文， 张旦松. 1992. B 型超声诊断仪原理、调试与维修. 武汉：湖北科学技术出版社

戴乐山，戴道宣. 2006. 近代物理实验. 北京：高等教育出版社

杜向阳，周渝斌. 2009. 机械工程测试技术基础. 北京：清华大学出版社

方应翠. 2014. 真空镀膜原理与技术. 北京：科学出版社

国家技术监督局. JJG 1027-91. 1992. 测量误差及数据处理(试行). 北京：中国计量出版社

胡昌义. 2001. 化学气相沉积技术与材料制备. 稀有金属，25(5)：364-368

黄昆. 2004. 固体物理学. 北京：高等教育出版社

黄章勇. 2001. 光纤通信用光电子器件和组件. 北京：北京邮电大学出版社

江剑平. 2000. 半导体激光器. 北京：电子工业出版社

江月松. 2000. 光电子技术与实验. 北京：北京理工大学出版社

克拉尔，特里维尔皮斯，等. 1983. 等离子体物理学原理. 北京：原子能出版社

雷汉源，姜新英，王敬芳，等. 1990. 等离子体动力学. 武汉：武汉大学出版社

李家泽，阎吉祥. 1998. 光电子学基础. 北京：北京理工大学出版社

李俊峰，王斯成. 2011. 中国光伏发展报告：2011. 北京：中国环境科学出版社

李树棠. 1990. 晶体 X 射线衍射学基础. 北京：冶金工业出版社

李惕碚. 1981. 实验的数据处理. 北京：科学出版社

林木欣. 1999. 近代物理实验教程. 北京：科学出版社

刘荣. 2000. 自然能供电技术. 北京：科学出版社

刘粤惠，刘平安. 2003. X 射线衍射分析原理与应用. 北京：化学工业出版社

刘志宏，张淑英，刘智勇，等. 2009. 化学气相沉积制备粉体材料的原理及研究进展. 粉末冶金材料科学与工程，14(6)：359-364

刘智敏，刘风. 1996. 测量不确定度的评定与表示. 物理，25(2)：96-99

卢正启，戴中生. 1998. 磁隧道巨磁电阻效应及应用. 大自然探索，17(3)：34-37

马石庄. 2012. 等离子体物理学导论(讲义). 北京：中国科学院大学

母国光，战元龄. 1979. 光学. 北京：人民教育出版社

沈辉，曾组勤. 2007. 太阳能光伏发电技术. 北京：化学工业出版社

田民波. 1991. 薄膜科学与技术手册. 北京：机械工业出版社

田民波. 2006. 薄膜技术与薄膜材料. 北京：清华大学出版社

王纯正. 1993. 超声学. 北京：人民卫生出版社

王金山. 1982. 核磁共振谱仪. 北京：机械工业出版社

王魁香，韩炜，杜晓波，等. 2007. 新编近代物理实验. 北京：科学出版社

王豫，水恒勇. 2001. 化学气相沉积制膜技术的应用与发展. 热处理，16(4)：1-4

邬鸿彦，宋明刚. 1998. 近代物理实验. 北京：科学出版社

吴思诚，王祖栓. 1995. 近代物理实验. 北京： 北京大学出版社

伍长征. 1989. 激光物理学. 上海：复旦大学出版社

伍学高. 1987. 干法镀技术. 四川：四川科学技术出版社

席细平，马重芳，王伟. 2007. 超声波技术应用现状. 山西化工，27(1)：25-29

许同乐. 2010. 机械工程测试技术. 北京：机械工业出版社

杨家福. 2008. 原子物理学. 北京：高等教育出版社

杨金换，于化丛，葛亮，等. 2009. 太阳能光伏发电应用技术. 北京：电子工业出版社

杨经国. 1990. 光电子技术. 成都：四川大学出版社

杨序纲，吴琪琳. 2008. 拉曼光谱的分析与应用. 北京：国防工业出版社

张立德. 2001. 纳米材料. 北京：化学工业出版社

张天喆，董有尔. 2004. 近代物理实验. 北京：科学出版社

张以忱. 2009. 真空镀膜技术. 北京：冶金工业出版社

张迎光，白雪峰，张洪林，等. 2005. 化学气相沉积技术的进展. 中国科技信息，12：82-84

赵正予. 2002. 等离子体物理学(讲义). 武汉：武汉大学

周文，陈秀峰，杨冬晓，等. 2000. 光子学基础. 杭州：浙江大学出版社

朱京平. 2003. 光电子技术基础. 北京：科学出版社

附录 A　综合创新实验项目范例

目前，大学生创新思维培养是每个大学必须完成的任务，而物理学学科是容易也是最好完成这一任务的学科，因而，每所学校都有自己培养学生创新能力的办法，在此，就江汉大学物理学开设物理综合创新实验选修课的情况做简要介绍. 物理综合创新实验是在学生完成近代物理实验后开设的一门选修课，课内时间为 2 周，选题前由主要负责教师对该课程的要求做简要介绍，后由学生自由组合，但一般项目人数不得超过 3 人，组队完成后选题，题目可由每个队自己设定，也可在指导老师帮助下根据小组自身的爱好选题，也可选指导老师给定的题目，一般来讲，给定的一般都是与各种大赛相关的题目，题目选定后，每个小组须在短期内讨论完成该项目的构思，以及较详细的过程、方法和所需的实验元件和材料，实验中心给学生提供相应的设备和场地，指导老师不定期检查并指导，解决在完成项目过程中遇到的困难. 这几年下来，我们已取得了一些成果，下面就几个创新实验项目作为范例简要介绍如下.

一、综合性光学实验测微小长度

微小长度测量综合性物理实验，它集原理、演示现象、实际应用为一体. 此实验装置既可作为应用型物理实验，也可为学生创新性实验提供一个很好的平台. 其主要集光的多种现象于一体，将四个原理不同的装置分别放在同一平台上进行测量，并可以精准地测量出微小物体的长度.

【实验原理】

1. 光杠杆

将微小物体插入可定轴旋转的两玻璃薄片中，如图 A1-1 所示，光经过两玻璃片表面的反射光会以一定的角度射出，测量出光屏上光斑的距离，利用几何关系即可计算出微小的长度.

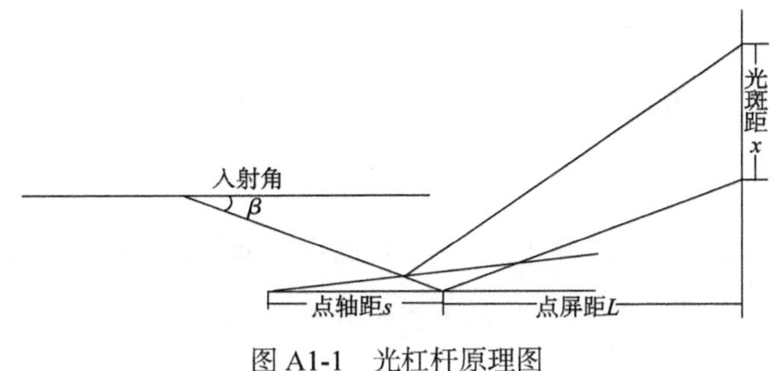

图 A1-1　光杠杆原理图

令

$$\begin{cases} a = x\cos^2\beta - 2s\sin\beta\cos\beta \\ b = 2s\cos^2\beta + 2x\sin\beta\cos\beta + 2l \\ c = -x\cos^2\beta \end{cases} \tag{A1-1}$$

则有

$$\begin{cases} \tan\alpha = \dfrac{-b + \sqrt{b^2 - 4ac}}{2a} \\ h = d\tan\alpha \end{cases} \tag{A1-2}$$

其中，α 为镜片张角；β 为入射角；h 为微小厚度；d 为插入深度.

2. 单缝衍射

原理图如图 A1-2 所示，利用机械杠杆，将微小长度反映在单缝缝宽上. 通过对衍射条纹间距变化的检测，可得微小长度的大小.

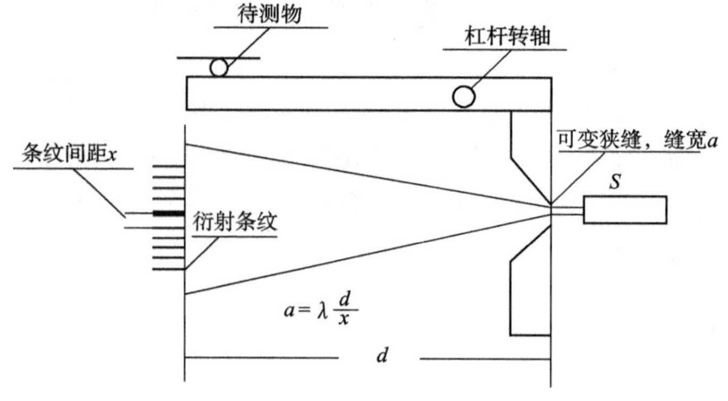

图 A1-2　单缝衍射原理图

厚度

$$h = l \cdot \lambda \cdot k \cdot \left(\frac{1}{x_1} - \frac{1}{x_2} \right) \tag{A1-3}$$

其中，l 为缝屏距；k 为力臂比；x_1，x_2 分别为两次测量的条纹间距.

3. 劳埃德镜

原理图如图 A1-3 所示，应用机械杠杆，将微小长度的量反映在镜面与光源的垂直距离的变化上，再通过干涉条纹间距的变化计算出微小长度的大小.

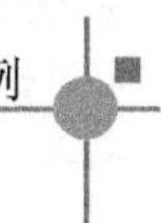

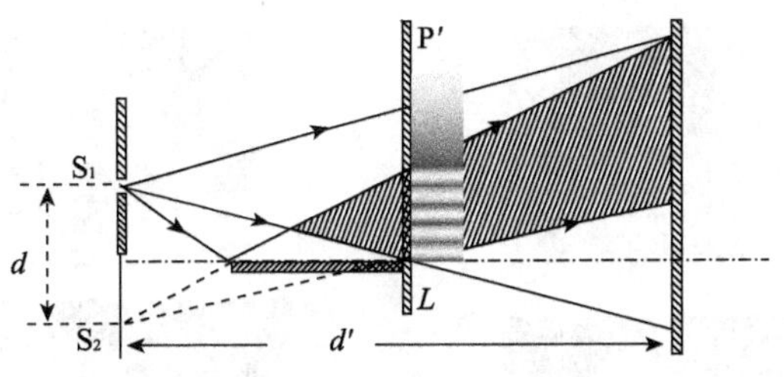

图 A1-3　劳埃德镜原理图

$$x=\begin{cases}\pm k\dfrac{d'}{d}\lambda, & \text{明纹}\\ \pm(2k+1)\dfrac{d'}{d}\dfrac{\lambda}{2}, & \text{暗纹}\end{cases}\qquad k=0,1,2,\cdots \tag{A1-4}$$

4. 迈克尔孙干涉

迈克尔孙干涉工作原理图见图 A1-4，运用机械方法将微小长度表现为镜面的前后位移，从而引起干涉环级数的变化，根据干涉级数变化的总数，即可计算此微小长度.

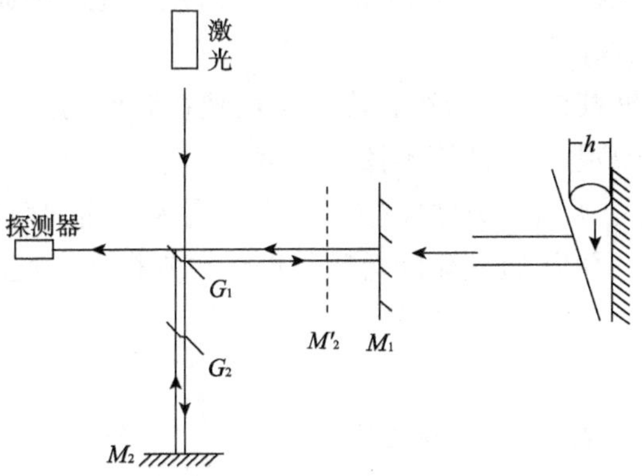

图 A1-4　迈克尔孙干涉工作原理图

由图 A1-4 有

$$h=\frac{1}{2}N\lambda \tag{A1-5}$$

其中，N 为条纹变化级；λ 为激光波长.

【实验仪器】

各实验装置见图 A1-5.

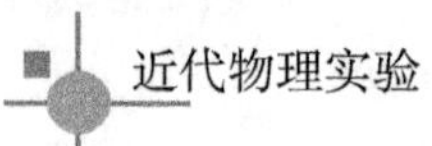

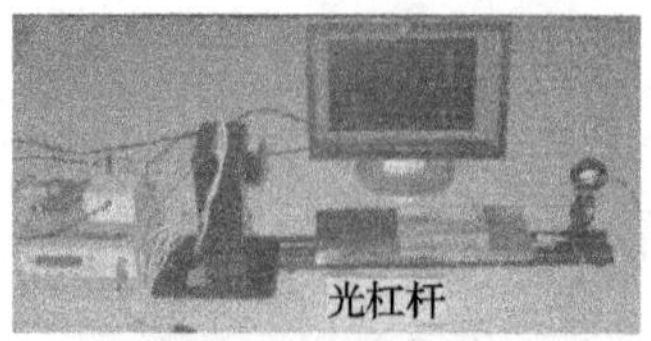

图 A1-5　实验装置图

【实验研究】

光杠杆实验中，将微小物体插入可定轴旋转的两玻璃薄片中，使玻璃片一端翘起一定高度，光经过两玻璃片表面的反射光会以一定的角度射出，再测量出光屏上光斑的距离即可计算出微小的长度.

单缝衍射，利用机械杠杆将微小长度反映在单缝缝宽上，再通过对衍射条纹的检测，即可得知微小长度的大小.

劳埃德镜，利用机械杠杆，将微小长度的量反映在镜面与光源的垂直距离的变化上，再通过干涉条纹间距的变化即可计算出微小长度的大小.

迈克尔孙干涉，运用了机械方法将微小长度表现为镜面的前后位移，从而引起干涉环级数的变化，再根据干涉级数变化的总数，即可得知微小长度的大小.

【结果分析】

实验数据分别记录于表 A1-1～表 A1-4 中.

表 A1-1　测量范围：0.1～1mm　　（单位：mm）

	塞尺 次数	0.75	0.15	0.05
光杠杆	1	0.7503	0.1494	0.0594
	2	0.7515	0.1494	0.0591
	3	0.7513	0.1493	0.0595
	平均值	0.7510	0.1494	0.0593
	算术平均值标准偏差	0.0004	0.0001	0.0001
	不确定度	0.05%	0.02%	0.18%
	结果	0.7510 ± 0.0004	0.1494 ± 0.0001	0.0593 ± 0.0001
	千分尺读数	0.751	0.153	0.054

表 A1-2 测量范围：0.02～1mm （单位：mm）

	塞尺 / 次数		0.75	0.09	0.04
单缝衍射	测量结果	1	0.7487	0.0850	0.0394
		2	0.7565	0.0839	0.0391
		3	0.7517	0.0835	0.0397
		4	0.7581	0.0854	0.0404
		5	0.7558	0.0839	0.0399
		6	0.7553	0.0836	0.0414
		7	0.7531	0.0835	0.0409
	平均值		0.7542	0.0841	0.0401
	算术平均值标准偏差		0.001	0.0003	0.0003
	不确定度		0.2%	0.3%	0.8%
	结果		0.754 ± 0.001	0.0841 ± 0.0003	0.0401 ± 0.0003
	千分尺读数		0.762	0.097	0.047
			0.768	0.090	0.045

表 A1-3 测量范围：0.02～1mm （单位：mm）

	塞尺 / 次数		1.00	0.10	0.02
劳埃德镜	测量结果	1	0.9755	0.0874	0.0276
		2	0.9799	0.0891	0.0288
		3	0.9801	0.0872	0.0289
		4	0.9845	0.0892	0.0274
		5	0.9799	0.0880	0.0279
		6	0.9782	0.0884	0.0267
		7	0.9782	0.0889	0.0289
	平均值		0.9795	0.0883	0.0280
	算术平均值标准偏差		0.001	0.0003	0.0003
	不确定度		0.11%	0.35%	1.16%
	结果		0.980 ± 0.001	0.0883 ± 0.0003	0.0280 ± 0.0003
	千分尺读数		0.984	0.108	0.024
			0.986	0.100	0.025

表 A1-4　测量范围：0.02～0.2mm

次数 \ 测量值/μm \ 塞尺/mm		0.02	0.10	0.15
迈克尔孙干涉	1	25.350	99.775	157.950
	2	24.050	99.125	155.350
	3	24.375	99.125	152.100
	4	23.725	99.775	151.775
	5	23.725	99.125	153.725
	6	24.050	99.125	154.375
	7	23.725	99.125	154.375
	8	23.725	99.450	153.075
	9	24.375	99.450	153.725
	10	23.400	99.125	153.400
	平均值	24.050	99.320	153.985
	算术平均值标准偏差	0.175	0.087	0.554
	不确定度	0.7%	0.1%	0.4%
	结果	24.050 ± 0.175	99.320 ± 0.087	153.985 ± 0.554

平均值标准偏差计算公式

$$s(\overline{x})=\sqrt{\frac{\sum_{i=1}^{n}(x_i-\overline{x})^2}{n(n-1)}}$$

不确定度计算公式

$$\frac{s(\overline{x})}{\overline{x}}$$

结论见表 A1-5.

表 A1-5　结论数据表　　（单位：mm）

	测量范围	测量不确定度
光杠杆	0.1～1	± 0.2% ± 0.002
单缝衍射	0.02～0.09	± 2% ± 0.001
	0.1～1	± 1% ± 0.005
劳埃德镜	0.02～0.09	± 2% ± 0.0003
	0.1～1	± 1% ± 0.0003
迈克尔孙干涉	0.02～0.2	± 1% ± 0.0007 ± 2 条纹

【思考题】

各个装置的光条纹间距或光斑以及光圆环的改变量，均由光电探测装置进行检测，再由设计的相应程序在计算机和单片机直接获得微小长度的数值及其相对误差，并予以显示. 如何使学生觉得简单方便？

参考文献

梁铨廷. 2008. 物理光学. 3 版. 北京：电子工业出版社

吴铁山. 2009. 大学物理实验. 3 版. 武汉：湖北科学技术出版社

王玉清. 2001. 利用光杠杆测量薄片的厚度. 延安大学学报(自然科学版)，20(4)：29-33

谢兴红. 2008. MSP430 单片机基础与实践. 北京：北京航空航天大学出版社

二、基于硫化铋光敏器件的设计

纳米级结构材料简称为纳米材料，是指其结构单元的尺寸为 1～100nm. 由于它的尺寸已经接近电子的相干长度，因强相干所带来的自组织使得性质发生很大变化. 并且，其尺度已接近光的波长，加上其具有独特的表面效应，因此其所表现的特性，如纳米体系的光学、电学、热学和磁学等物理性质与常规材料不同，出现许多新奇特性.

纳米粒子由于其表面效应、小尺寸效应、量子尺寸效应和宏观量子隧道效应从而表现出既不同于宏观物质也不同于单个孤立原子的特异性能. 这些特异性能使得纳米粒子具有特殊的性质，成为举世瞩目的研究热点. 尺寸效应导致量子能级的出现，能带结构发生的变化引起半导体纳米材料在光学性质、磁学性能、电子传输等性质上出现了与其他材料不同的现象，如光吸收向短波方向移动，电导出现量子涨落，材料的发光峰出现蓝移等. 这种量子限制效应在半导体、光电子和非线性光学领域具有极大的应用价值. 如制作发光二极管、量子点激光器及各种光转换器或调制器等. 特别是发光性质的改变对于硅、锗等间接带隙半导体材料尤为突出.

纳米晶的小尺寸，大的表面积极大地增加了其表面活性，独特的表面结构、电子状态和极大的裸露面积对于化学反应是良好的催化剂，因此纳米晶被广泛应用于催化领域，纳米晶的尺寸依赖催化性能已经被广泛研究，最近在合成形状可控纳米晶方面的成功，如由[100][111]和均匀的[100]截面为主的纳米晶，使该领域向前迈进了一步. Li 等研究表明花状氧化锌显微结构相比其他纳米粒子(如氧化锌纳米颗粒、纳米片、纳米棒等)表现出优异的催化性能，可以归因于纳米花具有开放的多孔纳米结构表面层这一特殊的结构特征，大大方便了罗丹明 B 分子和氧的扩散和运输，促进光化学反应降解罗丹明 B. Anna Mclaren 等研究发现 ZnO 的极性面(001)具有更高的能量，容易吸附 OH 导致更多羟基自由基的产生，从而降解染料分子，极性面具有更强的光催化性能. 同时由于半导体纳米晶的小尺寸，其激发电子-空穴对的空间分布被限制在较小的特定空间内，导致非线性光学性能的增强. 其电子特性明显受到单电子传输的影响，这些为制造单电子器件提供了可能性. 在量子器件和纳米电子学中要求器件尺寸必须是纳米尺寸范围，半导体纳米晶被广泛应用于这些领域.

最近二维层状材料，如过渡金属硫属化合物由于其独特的形状吸引了研究者的广泛兴趣. 其独特的电子性质和大的表面积已经获得广泛使用，尤其是在超薄纳米材料方面也取得了巨大的进步. 目前，Ⅴ-Ⅵ族的半导体材料成为最近研究的一个热点. 作为Ⅴ-Ⅵ族的代表材料硫化铋(Bi_2S_3)，其带隙能 1.3eV，它在很多方面有广泛的用途，如热电材料、光电探测器件、气敏传感器、锂离子电池等. 由于其低带隙、高吸收系数和合理的能量转换效率，Bi_2S_3 被认为是最有前途的感光性材料. 此外，Bi_2S_3 纳米材料，由于层次结构、大的表面积、高结晶度的快速电子分离和运输，可用作高效光活化物质.

在未来的记忆存储、光电电路、电流用于成像技术和光波通信领域，光电探测器和光开关是不可或缺的元素. 不幸的是，传统的光电探测器通常在薄膜或大容量的结构配置中，与微纳材料的光电探测器相比，这意味着更高的功耗. 采用纳米材料制备光电探测器显得尤为重要.

【实验原理】

1. 硫化铋纳米材料的制备

众所周知，光响应性能很大程度上取决于形态，合成形貌不同的 Bi_2S_3 纳米结构已经使用了各种方法，如微波照射法、化学气相沉积法、声化学的方法、电化学沉积、生物分子辅助法.

主要采用的是水热法，与其他制备方法相比，水热过程操作更加简单，成本低且容易获得纳米结构.

2. 光敏器件的设计

选择 Bi_2S_3 微-纳米材料，研究其在光电探测器方面的应用. 基于 Bi_2S_3 微-纳米材料的光探测器件的研究比较少，有望得到光响应特性较好的光探测器件.

把纳米材料涂在通明导电玻璃上，制备出一个光探测器原型器件，测试在不同光照条件下，其 I-V 曲线的变化，以及光探测器的光响应特性.

【实验仪器】

实验仪器包括反应釜、磁力搅拌器、超声波清洗仪器、电热恒温鼓风干燥箱、电热蒸馏水器、电子天平、马弗炉、烧杯、玻璃杯以及实验试剂等，见图 A2-1.

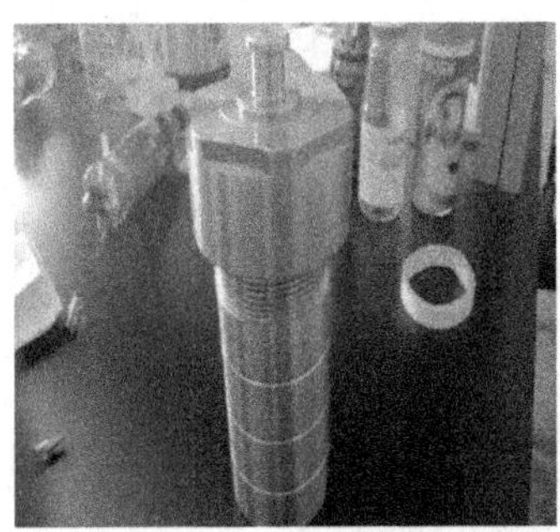

(a)

(b)

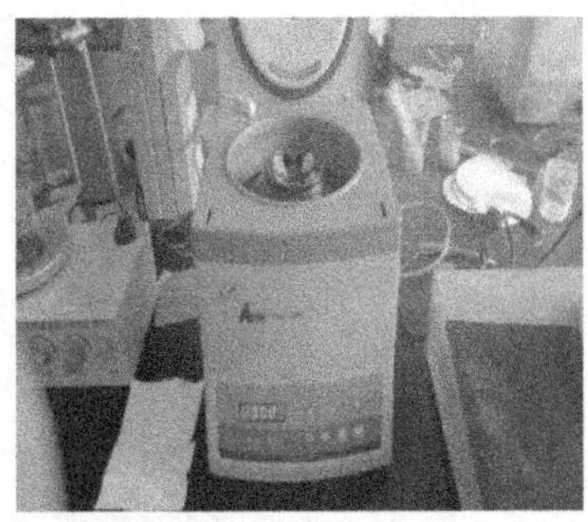

(c)

(d)

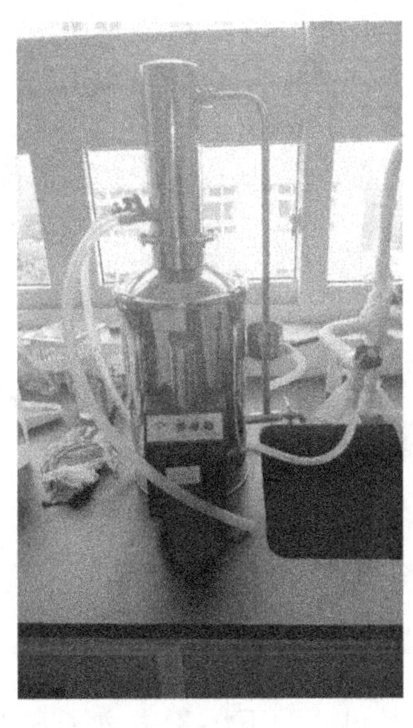

(e)

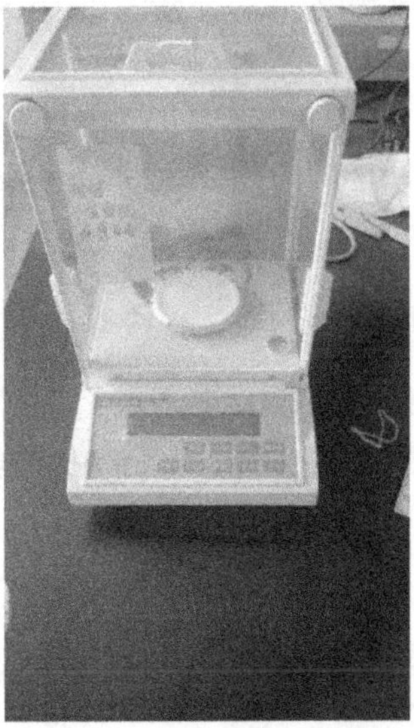

(f)

(g)

图 A2-1　实验仪器图

(a)反应釜；(b)磁力搅拌器；(c)超声波清洗仪器；(d)电热恒温鼓风干燥箱；(e)电热蒸馏水器；(f)电子天平；(g)马弗炉

【实验研究】

1. Bi_2S_3 微-纳米材料的制备

水热法 Bi_2S_3 微-纳米材料的合成：硝酸铋、硫脲、PVP、在超声的辅助下溶于去离子水(蒸馏水)中，并形成了浑浊的溶液，将溶液转移到反应釜中，在 110～130℃的条件下反应 4～12h，添加表面活性剂 PVP，控制活性剂的量调节纳米材料的形貌.

2. Bi_2S_3 微-纳米材料的提取

将反应所得浑浊液离心、清洗得 Bi_2S_3 固体粉末.

3. Bi_2S_3 样品的测试表征

对生成的纳米材料的形貌、成分等进行测试，并研究不同实验条件下，纳米材料形貌的变化规律.

4. 光响应特性的测试

把纳米材料涂在透明导电玻璃上，制备出一个光探测器原型器件，测试在不同光照条件下，其 I-V 曲线的变化，以及光探测器的光响应特性.

【实验步骤】

1. Bi_2S_3 纳米材料的制备

采用水热法，将硝酸铋、硫脲、PVP 在超声的辅助下溶于去离子水中，然后将上述溶液转移到反应釜中，在 110～130℃的条件下反应 4～12h，得到 Bi_2S_3 的纳米材料沉淀物. 测量 pH，记录于表 A2-1 中. 将其洗涤、干燥得到 Bi_2S_3 产物.

2. 光敏器件的设计

1)浆料的制备

将实验制得的 Bi_2S_3、乙基纤维素、松油醇按质量分数为 27：8：65 进行配比，首先用乙醇把乙基纤维素完全溶解，然后再加入 Bi_2S_3 和松油醇，高速搅拌 2h 以上，即得到实验需要的 Bi_2S_3 浆料.

2)薄膜的制备

利用旋涂法将浆料涂在 FTO 导电玻璃上，用红外灯将薄膜烘干，然后放入马弗炉中，升温到 450℃、烧结 0.5h. 就得到了实验需要的硫化铋膜.

3. 数据记录表格

表 A2-1　薄膜材料 pH 随温度（时间变化）的数据记录表

样品	$m(Bi(NO_3)_3)$/g	m(硫脲)/g	m(PVP)/g	V(DI)/mL	T/℃	t/h	pH
1	2.43	0.57	0.15	60	130	4	
2	2.43	0.57	0.15	60	130	8	
3	2.43	0.57	0.15	60	130	12	
4	2.43	0.57	0.15	60	110	4	
5	2.43	0.57	0.15	60	110	8	
6	2.43	0.57	0.15	60	110	12	

【结果分析】

将得到的样品进行 SEM、TEM 及 XRD 等检测，确定样品的表面形貌以及特性，样品实物图见图 A2-2.

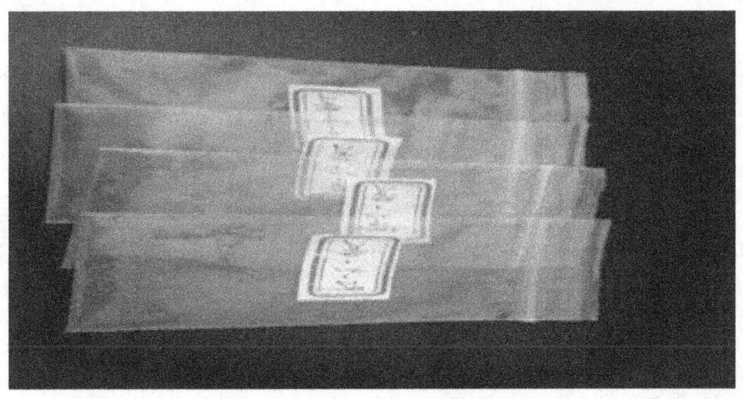

图 A2-2　实验得到的样品实物图

通过分析得到以下结论：

(1)加热时间越长反应就越完全，获得的实验产物就越纯；

(2)在一定范围内，加热的温度越高反应就越完全，获得的实验产物就越纯；

(3)由于时间的限制，还有一些相关的测试没有完成，光敏器件原型还未完成，通过相关查阅知：Bi_2S_3 纳米杆制备而成的装置有着良好的光电流特性以及稳定和快速的光响应(图 A2-3).

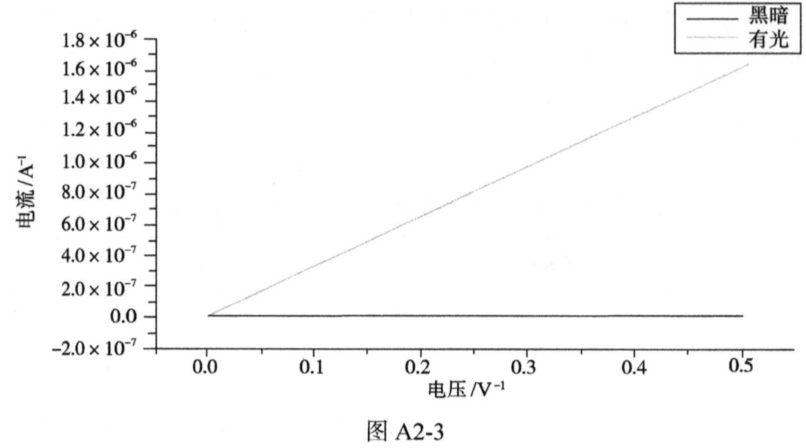

图 A2-3

【拓展研究】

(1)补齐所需的相关测试.

(2)将 Bi_2S_3 纳米材料应用在超级电容器和锂离子电池中，同时还可以考虑将其制备成气体传感器.

【思考题】

(1)表面活性剂的不同对生成纳米材料形貌的影响不同，不同的形貌又有哪些特定性能？

(2)所生成的纳米材料的尺寸不同，其性能有何差异，如何控制生成物的尺寸？

参考文献

Late D J，Huang Y K，Liu B，et al. 2013. Sensing behavior of atomically thin-layered MoS_2 transistors. Acsnano，7：4879-4891

Li H H, Yang J, Zhang J Y, et al. 2012. Facile synthesis of hierarchical Bi_2S_3 nanostructures for photodetector and gas sensor. RSC Advances，2：6258-6261

Li Y P，Wei F，Ma Y G，et al. 2013. Selected-control hydrothermal synthesis and photoresponse proper-

ties of Bi_2S_3 micro/ nanocrystals. Cryengcomm，15：6611-6616

Liao X H，Wang H，Zhu J J，et al. 2001. Preparation of Bi_2S_3 nanorods by microwave irradiation. Mat. Res. Bull.，36：2339-2346

Ma J M，Liu Z F，Lian J B，et al. 2011. Ionic liquids-assisted synthesis and electrochemical properties of Bi_2S_3 nanostructures. Crystengcomm.，13：3072-3079

Martinez L，Bernechea M，De-Arquer F P，et al. 2011. Near IR-sensitive, non-toxic, polymer/nanocrystal solar cells employing Bi_2S_3 as the electron acceptor. Adv. Energy Mater.，1：1029-1035

Peng X S，Meng G W，Zhang J，et al. 2001. Electrochemical fabrication of ordered Bi_2S_3 nanowire arrays. J. Phys. D: Phys.，34：3224-3228

Peter L M，Wijayantha K G U，Riley D J，et al. 2003. Band-edge tuning in self-assembled layers of Bi_2S_3 nanoparticles used to photosensitize nanocrystalline TiO_2. J. Phys. Chem. B，107：8378-8381

Wang H，Zhu J J，Zhu J M，et al. 2002. Sonochemical method for the preparation of bismuth sulfide nanorods. J. Phys. Chem. B，106：3848-3854

Xiao G J，Dong Q F，Wang Y N，et al. 2012. One-step solution synthesis of bismuth sulfide (Bi_2S_3) with various hierarchical architectures and their photoresponse properties. RSC Advances，2：234-240

Yao K，Gong W W，Hu Y F，et al. 2008. Individual Bi_2S_3 nanowire-based room-temperature H_2 sensor. J. Phys. Chem. C，112：8721-8724

Yashina L V，Barriga J S，Scholz M R，et al. 2013. Negligible surface reactivity of topological insulators Bi_2Se_3 and Bi_2Te_3 towards oxygen and water. Acsnano，7：5181-5191

Yin Z Y，Li H，Li H，Jiang L，et al. 2012. Single-layer MoS_2 phototransistors. Acsnano，6：74-80

Zhang B，Ye X C，Hou W Y，et al. 2006. Biomolecule-assisted synthesis and electrochemical hydrogen storage of Bi_2S_3 flowerlike patterns with well-aligned nanorods. J. Phys. Chem. B，110：8978-8985

Zhang X H，Lu X H，Shen Y Q，et al. 2011. Three-dimensional WO_3 nanostructures on carbon paper: photoelectrochemical property and visible light driven photocatalysis. Chem. Commun.，47：5804-5806

Zhang Y J，Ye J T，Matsuhashi Y，et al. 2012. Ambipolar MoS_2 thin flake transistors. Nano Lett.，12：1136-1140

三、铁氧体温度测量仪的设计

温度的测量无论是在科学研究还是生产生活中都有着极高的需求. 为了能最大限度地满足不同的测量需求，人们期望有一款既能有高的测量精度，又要有大的测量量程的温度测量仪. 然而一般的温度计无法达到这一点. 这就是我们项目所要解决的问题.

我们选用铁氧体作为测温物质. 铁氧体材料的饱和磁化率随温度变化明显，且耐温范围大，适合作为高精度大量程温度测量仪的探头.

1. 铁氧体材料的磁温特性

铁磁性属于强磁性，铁磁物质存在一个相变温度，即居里温度，当物质温度大于居里温度时呈现顺磁性，当温度低于居里温度时呈现铁磁性. 而铁磁物质的顺磁性磁化率近似地满足居里-外斯定律

$$\chi = \frac{c}{T - \theta_{\mathrm{P}}} \tag{A3-1}$$

θ_{P}称为顺磁居里点，实际上只有当物质温度较远地高于θ_{P}时，$1/\chi$与T才是线性关系，而当温度下降至θ_{P}附近时，$1/\chi$与T线性偏离，但仍存在某种函数关系.

铁磁体是指铁磁体在居里温度以下的性能，铁磁体的第一个特性是具有远比顺磁体高的磁化率，在不太高的磁场下可使铁磁状态下的物质获得高的磁化强度，铁磁体的磁化曲线上存在着饱和现象，饱和磁化强度随材料而异，但均为温度的函数，当温度从绝对零度上升时，饱和磁化强度M_{s}下降，趋于居里温度时，M_{s}便趋近于零.

顺磁磁化率很小，这是由于在通常情况下，热运动或电子动能大于磁场与电子磁矩的作用能. 而在铁磁性状态下，较低的磁场就能产生很高的磁化强度.

铁磁体中存在着代表分子间的相互作用的分子场H_{m}，当在居里温度以下时，分子场与电子磁矩的作用能大于热运动能，足以克服分子的无规则热运动，导致铁磁体的自发磁化. 铁磁体的自发磁化发生在许多微小的区域中，称为磁畴，这些磁畴按照一定的规律自发磁化在不同的方向，宏观磁化强度为单位体积内磁畴磁矩的矢量和. 铁氧体材料宏观不显磁性，而在磁场的作用下，磁畴结构沿磁场的方向发生变化重新排列，而磁畴的自发磁化强度变化很小，而当磁场使材料成为单一磁畴时即达到了磁饱和，而饱和磁化强度会随分子热运动的加剧而减小.

外斯分子场铁磁理论基于局域磁矩的模型，将原子磁矩的相互作用等效为一个分子场H_{m}，叠加在外加磁场上. 令

$$H_{\mathrm{m}} = \lambda M$$

λ称为分子场常数，$\lambda > 0$，意味着分子场的方向与M一致. 其作用是使原子磁矩相互平行，当外磁场H不为零时，作用在原子磁矩上是有效场大于外场

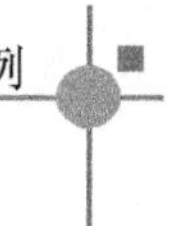

$$H_{\text{eff}} = H + \lambda M \tag{A3-2}$$

宏观磁化强度为

$$M = M_0 B_J(\alpha_J) \tag{A3-3}$$

而

$$\alpha_J = \frac{g_J J \mu_B}{kT}(H + \lambda M) \tag{A3-4}$$

式(A3-3)中 $M_0 = Ng_J J\mu_B$ 是饱和磁化强度，N 为单位体积中的原子数，$g_J J\mu_B$ 为原子沿磁场的最大磁矩．$B_J(\alpha_J)$ 为布里渊函数

$$B_J(\alpha_J) = \frac{2J+1}{2J}\text{cth}\left(\frac{2J+1}{2J}\right)\alpha_J + \frac{1}{2J}\text{cth}\left(\frac{\alpha_J}{2J}\right) \tag{A3-5}$$

(1) 当 $T < T_C$ (居里温度)时．铁磁性的自发磁化意味着当 $H = 0$ 时，式中有 M 不等于零的稳定解

$$\alpha_J = \frac{g_J J \mu_B}{kT}\lambda M \tag{A3-6}$$

或

$$\frac{M}{M_0} = \frac{kT}{\lambda N g_J^2 J^2 \mu_B^2}\alpha_J \tag{A3-7}$$

如图 A3-1 中，曲线(1)为布里渊函数，曲线(2)相应于式(A3-7)．直线(2)和曲线(1)的非零交点 A 相应于同时满足式(A3-3)及式(A3-7)的稳定解．从交点的纵坐标可确定自发磁化强度，即 M_s．直线(2)的斜率正比于温度 T.

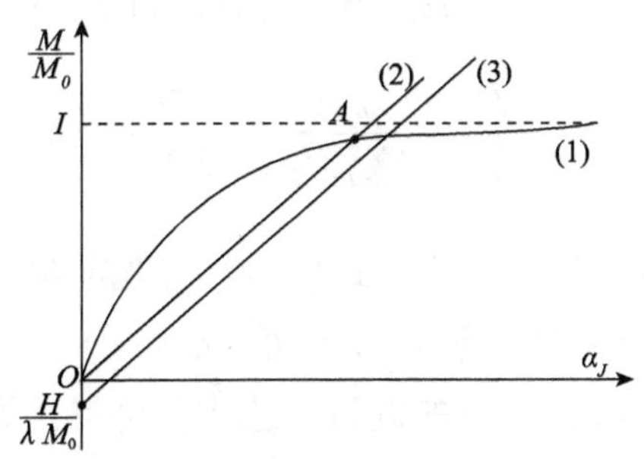

图 A3-1　约化磁化强度 M/M_0 与 α_J 的关系曲线

当温度 $T\to 0\text{K}$ 时，交点在 $\alpha_J \to \infty$ 处．这时，$B_J(\infty) \to 1, M_s = M_0$ 自发磁化达到完全饱和，每个局域(原子)磁矩沿磁场方向均取最大值，故

$$M_0 = Ng_J J\mu_B \tag{A3-8}$$

定义每个原子的铁磁饱和磁矩为

$$P_S = g_J J = \frac{M_s}{N\mu_B} \tag{A3-9}$$

P_S 以玻尔磁子为单位.

当温度从 0K 增加时，交点 A 从 ∞ 向左移，自发磁化强度 M_s 从 M_0 下降，当达到临界温度 T_C 时，直线(2)的斜率与曲线(1)在零点的切线斜率相等，交点 A 与原点汇合. 在 $M_s=0$ 处，铁磁性消失，T_C 称为铁磁居里点.

曲线(1)在原点的切线方程为

$$\frac{M}{M_0} = \frac{1}{3}\frac{J+1}{J}\alpha_J \tag{A3-10}$$

上式与式(A3-7)在 $T=T_C$ 时相等，可得

$$T_C = \lambda \frac{Ng_J^2 J(J+1)\mu_B^2}{3k} \tag{A3-11}$$

于是有

$$\alpha_J = \frac{3J}{J+1}\left(\frac{M_s}{M_0}\bigg/\frac{T}{T_C}\right) \tag{A3-12}$$

则可得约化的 M_s-T 的普遍关系

$$\frac{M_s}{M_0} = B_J\left(\frac{3J}{J+1}\frac{M_s}{M_0}\bigg/\frac{T}{T_C}\right) \tag{A3-13}$$

(2) $T>T_C$，式(A3-7)无非零解，$M_s\equiv 0$，当 $H\neq 0$ 时，从式(A3-4)和式(A3-7)可得

$$\frac{M}{M_0} = \frac{kT}{\lambda N g_J^2 J^2 \mu_B^2} - \frac{H}{\lambda M_0} \tag{A3-14}$$

相应于图 A3-1 中的直线(3)，上式与式(A3-3)有非零解 M，为顺磁态的磁化强度，由于上式中 $H/\lambda M_0$ 很小，所以 M 很小，χ 也很小.

当 $T \gg T_C$ 时，$\alpha_J \ll 1$. 取 $B_J(\alpha_J)$ 的近似表达式，可得到居里–外斯定律

$$\chi = \frac{c}{T-\theta_P} \tag{A3-15}$$

顺磁居里点 θ_P 和居里常数 C 分别为

$$\theta_P = \lambda \frac{Ng_J^2 J(J+1)\mu_B^2}{3k} \tag{A3-16}$$

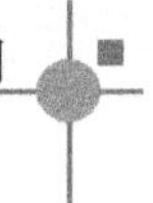

$$C=\frac{Ng_J^2J(J+1)\mu_{\mathrm{B}}^2}{3k} \tag{A3-17}$$

2. 设计思想

温度变化会引起铁氧体的饱和磁化强度的变化从而引起线圈中的感应电压的变化，我们采集变化的电压信号并将其与温度建立一一对应关系从而达到测温的目的，再加以显示磁滞回线来更明显地反映温度与饱和磁化率的变化关系. 电路设计中以 ICL8038 高精度波形发生芯片产生 1kHz 的低失真正弦波激励，利用 TDA2030 功率放大器对正弦激励进行功率放大，产生的信号通过以热敏铁氧体为磁芯的初级线圈，并使用 LM324 构成的仪用放大电路对次级线圈的信号进行放大，输入到 4 位半交流模块并通过 RS485 接口传输到单片机读取并显示测量数据. 其设计框图如图 A3-2 所示.

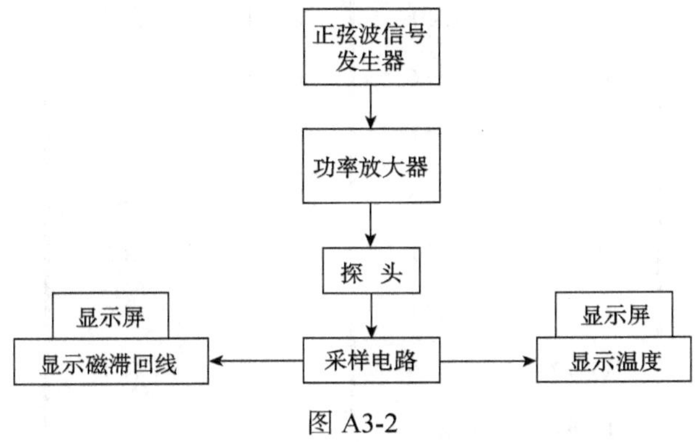

图 A3-2

3. 定标曲线及磁滞回线显示

在温度变化条件下，通过采集电压信号的电压与温度值建立一一对应关系，见表 A3-1.

表 A3-1　电压与温度的关系

电压/mV	温度/℃	电压/mV	温度/℃	电压/mV	温度/℃	电压/mV	温度/℃
9.5	83.0	18.5	79.4	35.7	75.9	68.3	72.4
10.7	82.4	20.7	79.9	38.6	75.4	76.1	71.9
11.5	82.0	22.7	78.4	44.0	74.9	85.4	71.4
12.9	81.5	24.7	77.9	46.6	74.4	94.2	70.9
14.8	81.0	26.9	77.4	50.7	73.9	620.8	65.8
16.0	80.5	29.0	76.9	57.3	73.4	677.3	65.3
17.3	80.0	31.7	76.4	62.3	72.9	747.6	64.8

续表

电压/mV	温度/℃	电压/mV	温度/℃	电压/mV	温度/℃	电压/mV	温度/℃
782.2	64.3	1113.0	55.2	1564.7	25.1	1739.5	8.4
823.9	63.8	1124.1	54.7	1572.2	24.5	1744.5	7.9
842.5	63.3	1134.3	54.2	1576.0	24.0	1748.9	7.4
876.7	62.8	1144.7	53.7	1580.4	23.5	1753.7	6.9
899.4	62.3	1484.0	31.6	1587.2	23.0	1758.8	6.4
914.3	61.8	1487.9	3.10	1594.0	22.5	1764.3	5.9
932.0	61.3	1494.8	30.5	1601.1	22.0	1769.3	5.4
951.5	60.8	1501.0	30.0	1608.5	21.5	1775.9	4.9
973.9	60.3	1503.5	30.1	1614.1	21.0	1783.8	4.4
994.5	59.8	1510.8	29.6	1620.5	20.5	1792.3	3.9
1006.8	59.3	1515.2	29.1	1624.1	20.0	1794.6	3.4
1024.4	58.7	1521.5	28.6	1704.7	12.0	1795.9	2.9
1040.6	58.2	1527.9	28.1	1709.1	11.5	1797.1	2.4
1052.7	57.7	1539.7	27.1	1714.2	11.0	1798.5	1.9
1065.2	57.2	1543.7	27.6	1719.7	10.4	1800.0	1.4
1078.4	56.7	1546.0	26.6	1725.0	9.9	1801.8	0.9
1088.2	56.2	1552.6	26.1	1729.7	9.4	1804.8	0.4
1101.1	55.7	1558.3	25.6	1734.4	8.9	1809.2	0.0

(1)测量范围($T > 69$℃)，温度电压拟合曲线见图 A3-3.

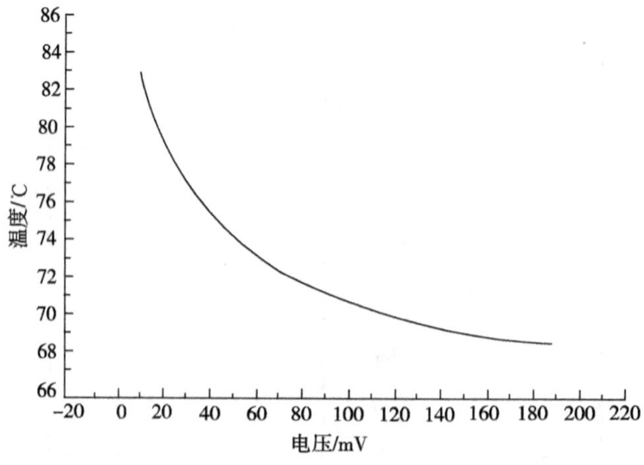

图 A3-3　居里点以上温度电压拟合曲线

(2) 测量范围($T \leqslant 69$℃)，温度电压拟合曲线见图 A3-4.

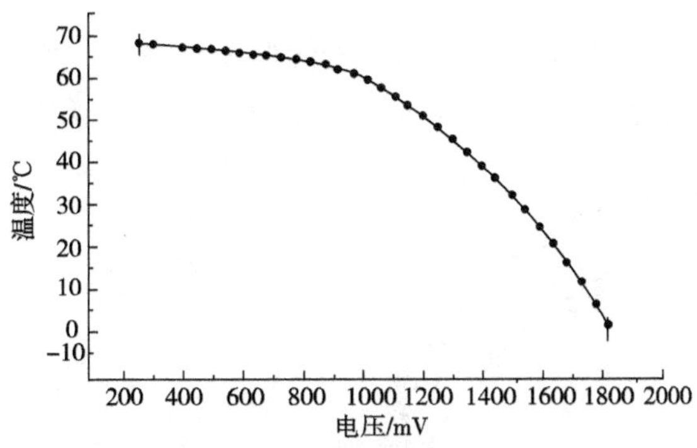

图 A3-4　居里点以下温度电压拟合曲线

(3) 磁滞回线的显示. 通过对以铁磁性物质为磁芯的初级线圈施加合适的正弦交变电流，测量次级线圈放大感应出的信号电压值，即可反映出饱和磁化率，并通过虚拟示波器电路显示磁滞回线(图 A3-5).

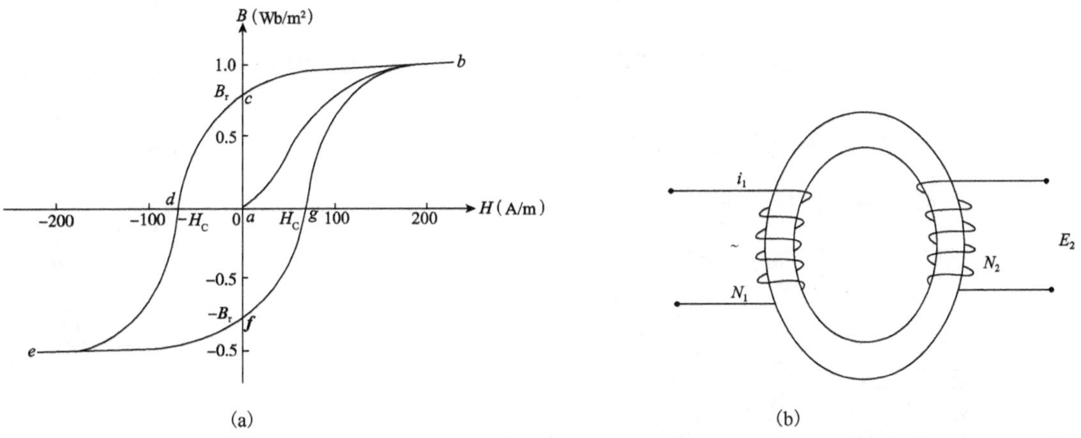

图 A3-5　(a) 磁滞回线和 (b) 测试示意图

4. 电路原理图

电路原理图见图 A3-6.

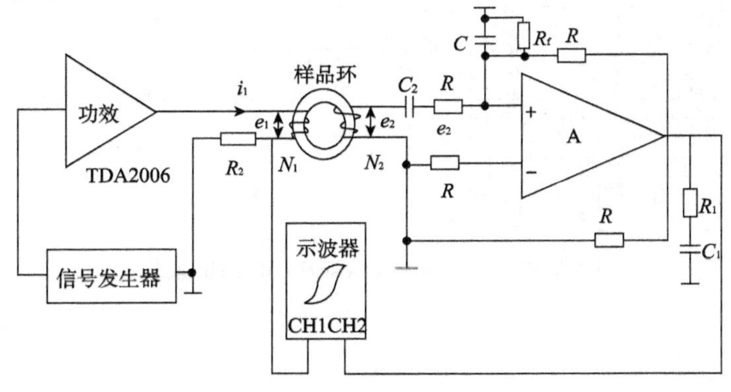

图 A3-6　电路原理图

5. 铁氧体的居里点与成分配比的关系

铁氧体作为测温探头，其测温特性由自身的居里点决定，见图 A3-7，而居里点可以通过烧结铁氧体时的物质配比决定，见图 A3-8，因而可以人为掌控探头的测温域.

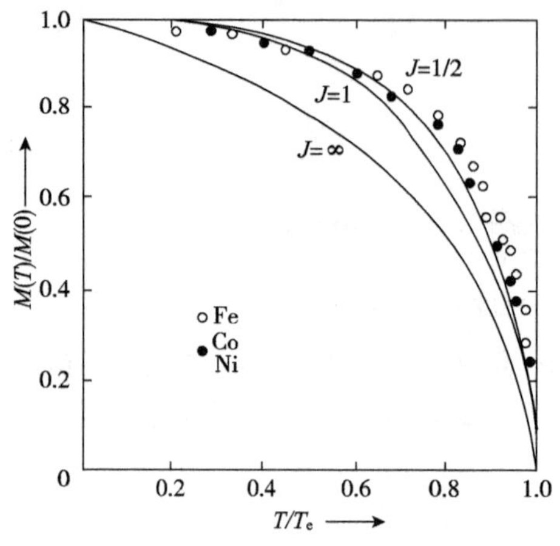

图 A3-7　饱和磁化率的温度依赖性

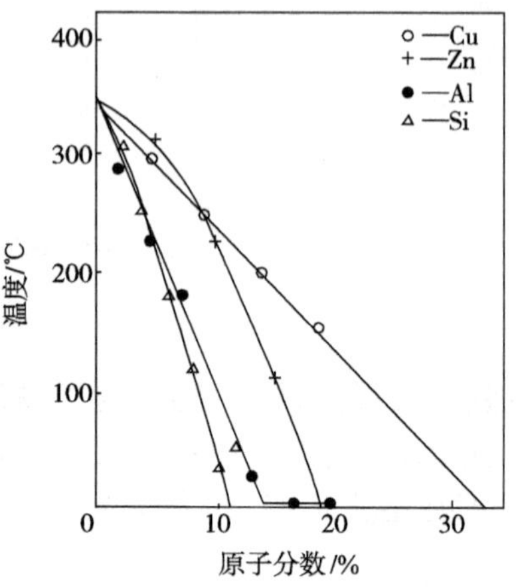

图 A3-8　铁氧体探头的居里点和材料配比关系

6. 不同居里点的铁氧体的测温特性

铁氧体的测温特性见图 A3-9～图 A3-11.

温度/℃	电压/mV	温度/℃	电压/mV
61	40	49	1064
60.8	44	48.8	1072
60.6	52	48.6	1080
60.4	64	48.4	1088
60.2	76	48.2	1096
60	96	48	1104
59.8	124	47.8	1112
59.6	152	47.6	1116
59.4	184	47.4	1124
59.2	216	47.2	1128
59	252	47	1136
58.8	288	46.8	1140
58.6	324	46.6	1148
58.4	356	46.4	1156
58.2	392	46.2	1164
58	420	46	1168
57.8	456	45.8	1172
57.6	488	45.6	1180
57.4	524	45.4	1184
57.2	548	45.2	1188
57	568	45	1196
56.8	592	44.8	1200
56.6	616	44.6	1208
56.4	640	44.4	1212
56.2	656	44.2	1220
56	672	44	1224
55.8	688	43.8	1228
55.6	712	43.6	1236
55.4	728	43.4	1240
55.2	744	43.2	1244
55	760	43	1252

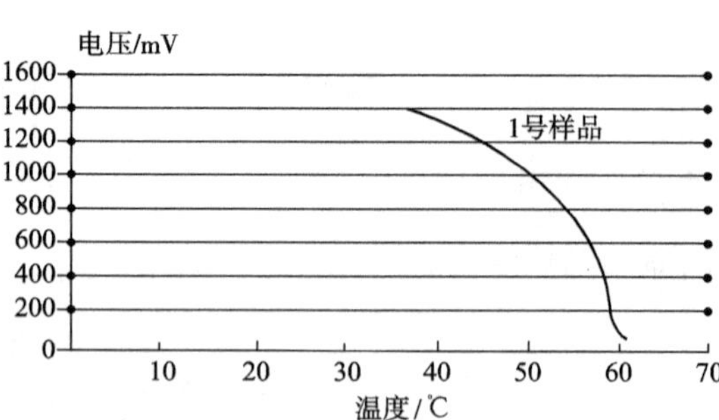

图 A3-9　Ⅰ号探头感应电压与温度的关系

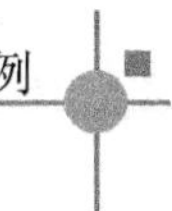

温度/℃	电压/mV	温度/℃	电压/mV
74	64	55.6	888
73.8	68	55.4	892
73.6	72	55.2	896
73.4	76	55	900
73.2	76	54.8	904
73	80	54.6	904
72.8	84	54.4	908
72.6	88	54.2	912
72.4	92	54	916
72.2	100	53.8	920
72	108	53.6	920
71.8	116	53.4	924
71.6	120	53.2	928
71.4	124	53	928
71.2	132	52.8	932
71	140	52.6	936
70.8	148	52.4	940
70.6	156	52.2	940
70.4	164	52	944
70.2	172	51.8	948
70	184	51.6	952
69.8	200	51.4	952
69.6	216	51.2	956
69.4	232	51	960
69.2	248	50.8	960
69	272	50.6	964
68.8	288	50.4	968
68.6	312	50.2	972
68.4	331	50	972
68.2	376	49.8	976
68	400	49.6	976

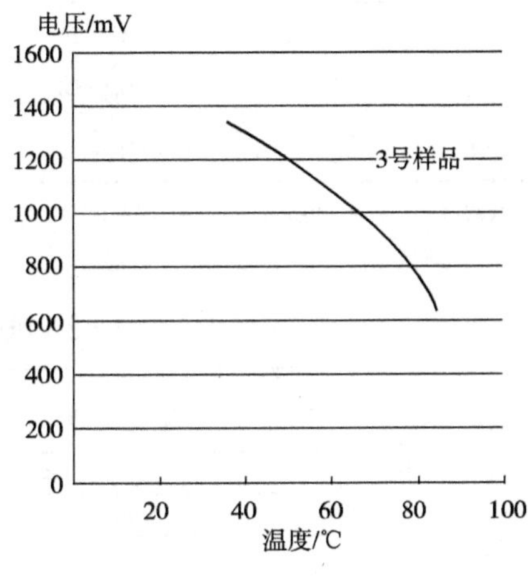

图 A3-10 Ⅱ号探头感应电压与温度的关系

温度/℃	电压/mV	温度/℃	电压/mV
74	64	55.6	888
73.8	68	55.4	892
73.6	72	55.2	896
73.4	76	55	900
73.2	76	54.8	904
73	80	54.6	904
72.8	84	54.4	908
72.6	88	54.2	912
72.4	92	54	916
72.2	100	53.8	920
72	108	53.6	920
71.8	116	53.4	924
71.6	120	53.2	928
71.4	124	53	928
71.2	132	52.8	932
71	140	52.6	936
70.8	148	52.4	940
70.6	156	52.2	940
70.4	164	52	944
70.2	172	51.8	948
70	184	51.6	952
69.8	200	51.4	952
69.6	216	51.2	956
69.4	232	51	960
69.2	248	50.8	960
69	272	50.6	964
68.8	288	50.4	968
68.6	312	50.2	972
68.4	331	50	972
68.2	376	49.8	976
68	400	49.6	976

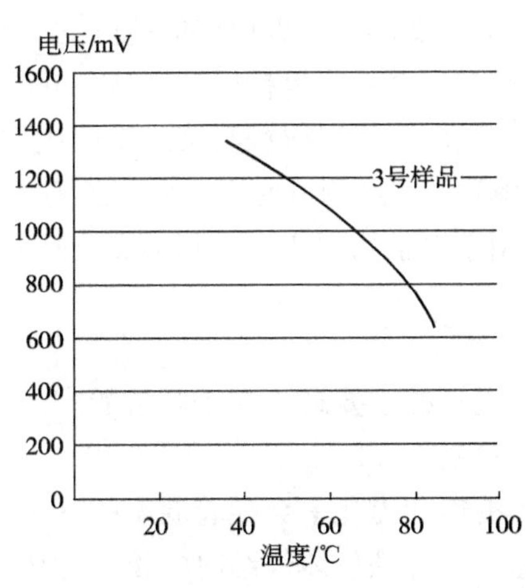

图 A3-11 Ⅲ号探头感应电压与温度的关系

7. 技术参数和技术性分析

电路稳定性参数和整体性能指标见表 A3-2 和表 A3-3.

表 A3-2　温度漂移

芯片	漂移值	漂移类型	温度波动	总漂移	影响
ICL8038	50ppm*/℃	频率漂移	<5℃	250ppm	无
LM324	30μV/℃	电压漂移	<5℃	150μV	±0.15mV
四位半测量模块	100ppm/℃	电压漂移	<5℃	500ppm	500ppm

注：温漂引入的总误差=测量值×(1/2000)+0.15(mV).

*1ppm=10^{-6}.

表 A3-3　整体性能指标

分辨率	0.01℃
精确度	0.01℃
居里点附近最高精确度	0.0004℃
误差	500ppm

8. 作品的特色和创新点

将铁氧体的铁磁性用于温度测量尚属首次，国内外均无相关研究，其产品相比于传统温度计兼具宽量程和高精度，相比于专业的温度测量仪价格便宜，测温效果理想. 可用于实验室中的温度测量仪器、工业生产中监测炉温等高温、日常生活中普通的温度计，具有良好的经济价值和使用价值.

(1)测量范围广：可以通过改变铁氧体材料配比从而改变其温度特性曲线，进而测量不同范围内的温度，易实现更广的范围的测量.

(2)测量精度高：测量精度可以达到 0.01℃.

(3)反应灵敏：可以很快与接触物体达到热平衡，显示稳定温度.

(4)可单独作温度测量使用，亦可连接电脑显示磁滞回线与温度的变化关系用以教学.

(5)可用于大学物理实验中其他实验开发的基础设备.

9. 前景展望

传统温度计的主要缺陷在于测量的广度和测量的精度难以同时满足，而专业的温度测量仪往往价格不菲.

铁氧体的饱和磁化率会随着温度的升高而降低(磁温特性)，且在居里温度点附近变化更为明显，通过铁氧体烧结时的物质配比可以很容易地控制其居里温度点，制成可快速更换的温度探头以实现高精度、宽量程的测温，且铁氧体烧结物制成的温度传感器价格低廉，适合用于制作宽广度、高精度的温度传感器.

并且该温度测量仪器不仅仅只用于温度的测量，在大学中可以进一步改装为其他设备的教学仪器使用.

10. 实验装置

实验装置见图 A3-12.

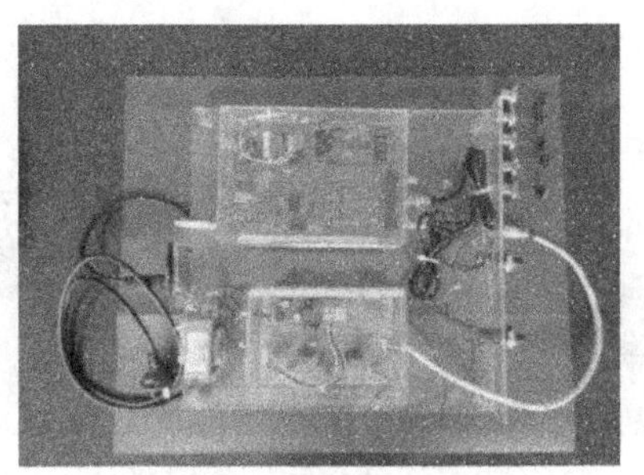

图 A3-12　实验装置图

参 考 文 献

冯本珍. 2006. 铁磁材料磁滞回线的研究. 中国科技信息杂志，(22)：306-308

冯端. 1998. 超导电性和磁性. 金属物理学(第四卷). 北京：科学出版社

沈建华，杨艳琴. 2008. MSP430 系列 16 位超低功耗单片机原理与实践. 北京：北京航空航天大学出版社

秦龙. 2007. MSP430 单片机常用模块与综合系统实例精讲. 北京：电子工业出版社

赵近芳. 2011. 大学物理学. 3 版. 北京：北京邮电大学出版社

四、利用双霍尔探头测螺线管中低频交变磁场

霍尔效应测磁场实验是一项重要的基础物理实验，也是一个较复杂的实验，利用螺线管磁场实验仪测螺线管中心磁场，测定霍尔片的载流子类型、载流子浓度，及其导电率和磁导率等已被广泛研究，但当螺线管中通低频交变电流时，螺线管中磁场的分布特征如何，也是值得我们探讨的，这是由于我们日常生存的空间处处都存在弱电磁辐射，影响着我们的生活.如何探测这些电磁辐射，可通过该实验的研究为学生测量弱电磁辐射提供一种思路.

目前所使用的霍尔元件灵敏度高，体积很小，对磁场频率的变化反应快，为较精确测量螺线管中低频交变磁场分布成为可能. 本实验通过简单改造螺线管磁场实验仪，利用双霍尔元件作探头来测量螺线管中低频交变磁场,从而加深学生对这一矢量场的认识，通过参与该实验设计来开拓创新思维.

1. 仪器的改装

为了更好地测量螺线管中磁场的空间分布，我们将螺线管改换成匝数为 1385 匝，铜线线径为 0.67mm，内径为 90mm，外径为 95mm，长为 265mm 的螺线管，用信号发生器作为螺线管的交变电源，用示波器来观测探头输出电压，霍尔元件电源可用简单电路或恒压源提供 5V 电压即可，其实验装置如图 A4-1 所示.

图 A4-1　改进后的实验装置

用信号源提供电压为 20V，频率为 380Hz 的低频交变信号，将探头放入螺线管中心轴处时，其输入信号与经滤波放大后的输出电压接入示波器后得到波形如图 A4-2 所示.

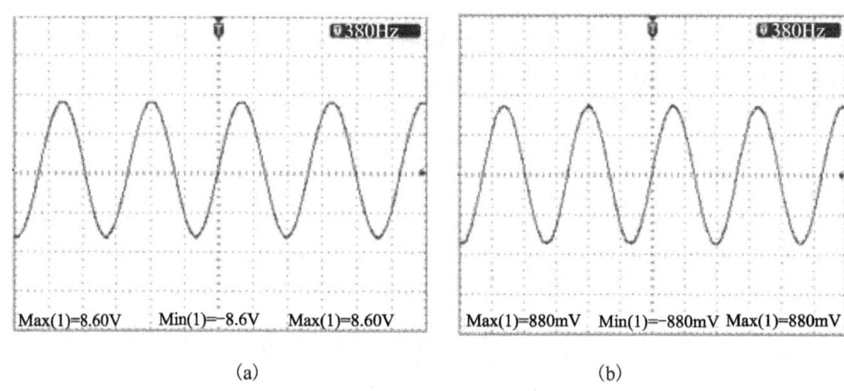

(a)　　(b)

图 A4-2　输入输出波形图

(a) 输入信号波形；(b) 输出电压波形

从图 A4-2 中可看出，输出霍尔电压与输入信号具有相同的变化规律.

2. 探头的设计

为了测量低频微弱磁场，我们采用两个完全相同的价格低廉但精度较高的线性霍尔元件 SS496B，其精度为 2.5mV/G，将两者正对交合成为一个探头，安置在图 A4-1 中细杆的端点处，这样就可解决由单个霍尔元件输出的信号难以提取且放大受到限制的问题，这是由于单个霍尔元件输出信号承载于基准输出电压上不易于放大和提取，为了分离出交流信号，去掉直流基准电压的影响，采用两个霍尔元件让其接收到的磁场方向相反，当磁场变化时，两霍尔元件输出的两路信号电压 u_+ 和 u_- 分别为

$$u_+ = U_0 + u_H,\quad u_- = U_0 - u_H \tag{A4-1}$$

式中，U_0 为基准信号电压；u_H 为霍尔电压.

将两路信号通过减法电路时，则有

$$u = u_+ - u_- = 2u_H \tag{A4-2}$$

经放大后输出的霍尔电压为

$$U_{\mathrm{H}} = nu \tag{A4-3}$$

式中，n 为放大倍数.

由此可见，有用的弱小信号得到放大，微弱磁场就可测量. 探头设计电路如图 A4-3 所示.

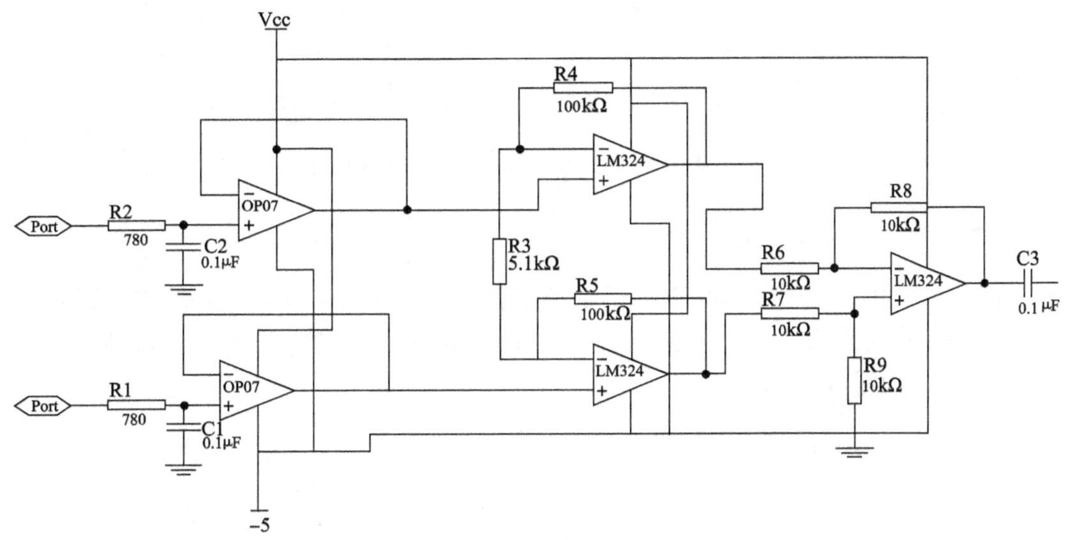

图 A4-3　探头设计电路示意图

从图中可看出，由 OP07 构成了有源低通滤波器，采用 LM324 芯片实现了求差放大功能，使双霍尔探头输出的两路信号中的直流成分相消，而所需探测的较小的交流信号得到放大，放大后，通过一个电容起到隔直作用. 经实验验证，此电路不仅可满足设计要求，且噪声信号小，输出信号的数值稳定.

3. *磁场定标*

因 SS496B 的响应时间为 3μs，而在低频情况下，感生电场激发的附加磁场很弱，可不予考虑，因此螺线管中部磁场可视为恒电流产生的均匀分布的磁场，即

$$B = B_0 \mathrm{e}^{-\mathrm{i}\omega t} \tag{A4-4}$$

这样，我们可采用恒流源作为螺线管的电源，改变电流源的电流，由 $B_0 = \mu_0 nI$ 可得到螺线管中部霍尔电压随磁感应强度的变化曲线，如图 A4-4 所示.

从图 A4-4 中可看出，探头中输出的霍尔电压与螺线管中磁感应强度有很好的线性变化关系，并可得到

$$B = 5226.95U_{\mathrm{H}} - 34.67\ (\mathrm{mG}) \tag{A4-5}$$

由此可见，当通过载流线圈的电流为零时，输出的霍尔电压不为零，即拟合的直线没有通过原点. 这是由此时螺线管中存在噪声 0 信号以及四种可能的副效应而引起的.

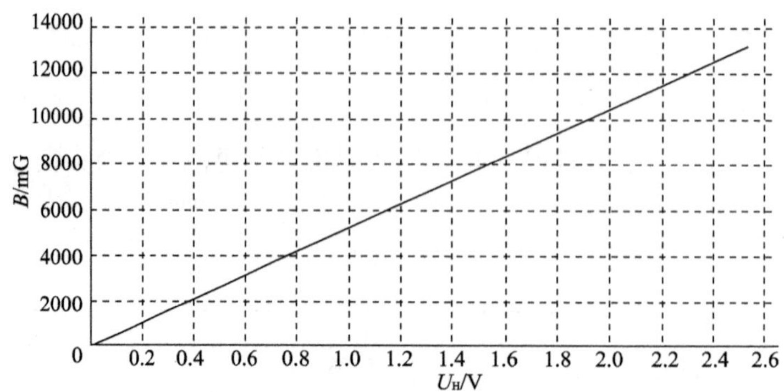

图 A4-4 磁感应强度与输出电压的关系曲线

4. 螺线管中磁场分布

将电压为 20V，频率为 380Hz 的正弦交流信号接入螺线管两端，经滤波放大后，测出螺线管中轴线上输出的霍尔峰值电压，再由式(A4-5)得到轴线上磁感应强度随中轴线位置的变化，如图 A4-5 所示.

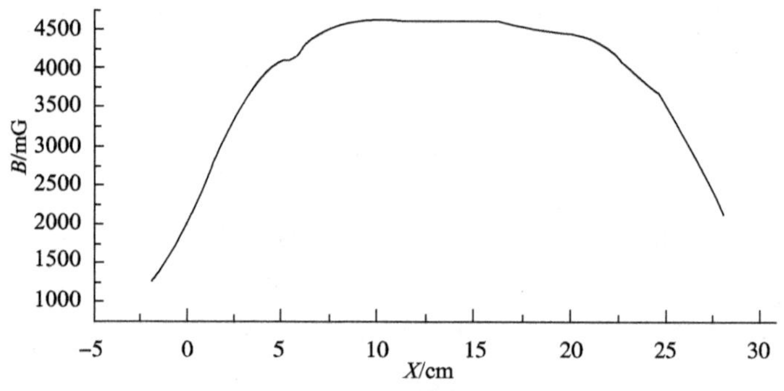

图 A4-5 螺线管轴线上的 *B*-*X* 关系曲线

从图 A4-5 中可看出，螺线管中轴线上磁场的均匀区域在 10.0～16.5cm，其分布特征与恒流磁场的分布一致，但使用交流电源时，我们可从示波器上清晰地看到每一个位置磁场的变化.

为了让学生对螺线管中磁场空间分布有一个较全面了解，根据其具有对称分布特性，通过调节前后和上下螺母可测出螺线管截面 *OXY* 面上各点位置磁感应强度的大小，见表 A4-1.

表 A4-1 螺线管内外附近截面位置磁感应强度的大小

B/mG　*X*/cm　*Y*/cm	−2.0	−1.0	1.5	3.0
0.0	1219.80	1596.14	2871.51	3561.47
−1.5	1177.98	1554.32	2892.42	3592.83
−3.0	1031.63	1345.24	2965.60	3707.82

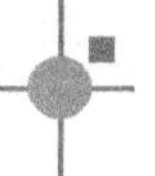

从表中可看出，在螺线管外部附近中间区域磁场较强，而离中轴越远，磁场越弱，但在螺线管内离端点不远处，中间磁场较管边弱，这与刘卓霖等(2011)所表述的结果一致.

5. 结束语

本实验根据霍尔元件的特性，提出了一种利用双霍尔探头来改进霍尔效应测磁场实验的方法. 在此实验中，通过对磁场定标，研究了螺线管中低频交变磁场，并分析了螺线管中低频交变磁场的分布特征. 在低频条件下，我们可根据放入螺线管中霍尔探头输出电压与通过霍尔探头横截面的总电磁功率呈线性关系来测量螺线管中电磁场功率，以此为基础，来探测我们日常生活中的电磁辐射，为学生设计测量低频弱电磁辐射实验提供一种新的思路，从而拓展学生的创新思维.

参考文献

姚列明，霍中生，胡松君. 2012. 基于研究性教学的大学物理实验教学实践——霍尔效应测螺线管轴线磁场. 实验技术与管理，29(1)：137-139

曹伟然，段立永，赵启博. 2009. 霍尔效应实验的改进与扩展. 物理实验，29(2)：41-44

张师平，陈森，朱少奇，等. 2013. 利用红外光谱测量氮化镓薄膜的载流子浓度和迁移率. 物理实验，33(3)：4-6

刘卓霖，杨一帆，陈苏，等. 2011. 基于霍尔传感器阵列的孔板流量计测流量实验. 物理实验，31(7)：5-7

葛松华. 2003. 通以交变电流的长直螺线管内部磁场和电场分布. 物理与工程，13(6)：6-8

珀塞尔 E M. 1979. 电磁学. 北京：科学出版社

刘昶丁，柳纪虎. 1989. 利用霍尔效应测量电磁场功率的简便方法. 物理实验，9(5)：202-203

五、护目镜设计

随着现代工业的快速发展和各种工艺产品的不断涌现，生活中会产生各种各样的强光来伤害我们的眼睛，因此如何保护人的眼睛受到了广泛关注. 例如，在电焊过程中不仅会产生耀眼的强光，而且还存在着看不见的紫外线和红外线，这些都会严重地伤害我们的眼睛. 不仅如此，在电焊过程中还易产生长时间的盲目引弧，极大地影响焊接的质量(方芸球等，1981；杨利芳等，2004；陈峰杰，2003). 又如开车，在强光刺激下，人眼会产生盲区引发交通事故. 为了解决诸如此类的问题，根据液晶的光电特性，该设计提出了一种能自动连续调节透光率大小，以达到人眼舒适范围的强光护目镜设计方案.

该目镜的设计主要包括两大部分：一是强光防护镜片设计；二是控制电路设计. 通过镜片内侧探头的探测，将光强信号的大小传送给控制电路，再经控制电路数模、模数转换与控制系统分析处理，在液晶片两端输出电压，调节液晶片的透光率以达到人眼舒适的范围. 这种设计方案不仅可自动调节强光到人眼舒适的范围，而且调节过程迅速，能极大地方便佩戴者作业与观察，还可减少电焊盲目引弧，提高焊接质量.

1. 强光防护镜片设计

1) 常亮液晶片特性

如图 A5-1 所示，3、4 玻璃片之间为液晶分子，2、5 为两偏正片，其夹角为 90°，2～5 共同构成具有光开关特性的液晶片. 此款液晶片选为常亮型液晶，因为只有工作时才需要在液晶两端加电压，这样能有效节约能源.

当液晶未加电压时其液晶分子自身扭曲 90°，正好让从 2 进入的线偏正光从 5 传出，达到光全透的目的. 当在液晶分子两端连续缓慢加压时，液晶分子会缓慢旋转改变扭曲角度，从而使液晶片的透光率发生变化，实现了透光率由大到小的连续变化，进而达到调节强光的目的.

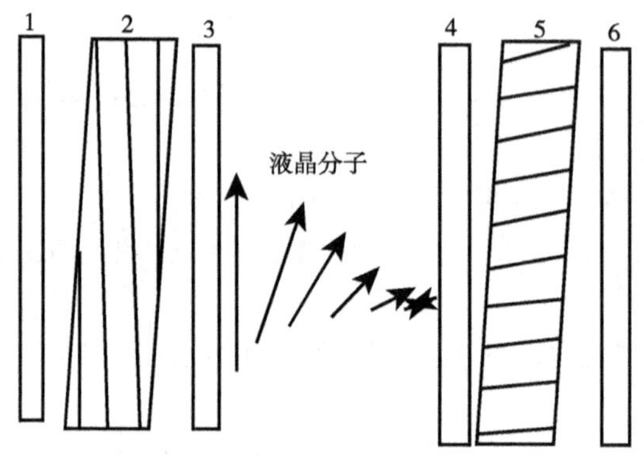

图 A5-1 常亮型液晶

液晶片透光率随电压变化曲线如图 A5-2 所示，可以看出当所加电压在 1.5～3.3V 时，其透光率变化明显. 为了解决盲目引弧的问题，要求液晶在短时间内实现由亮到暗的转变. 配合电路部分，根据图 A5-2 数据通过调节电压，测得液晶的反应时间为 5ms. 这种快速的自我调节，能极大地减少引弧时间，有利于焊接过程中的清晰观察.

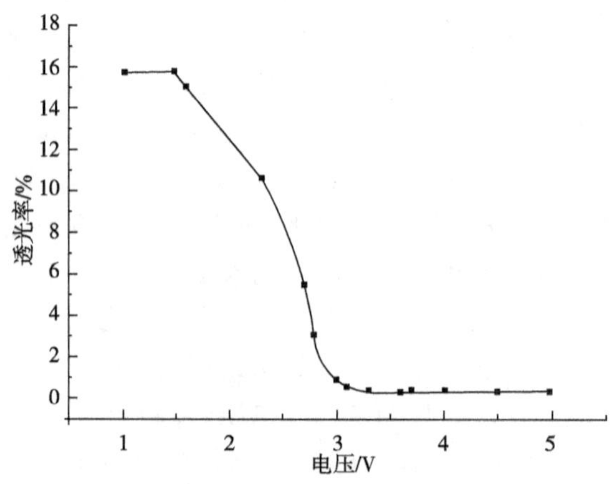

图 A5-2 液晶片透光率随电压变化曲线

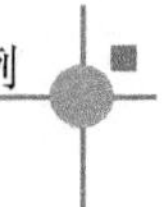

2) 镜片设计

研究表明，液晶的开关状态与紫外线和红外线的透射比无关，也就是说液晶只改变可见光透射比. 这就要求我们在液晶片的基础上增加防紫外线和红外线装置. 对于紫外线，其波长短，液晶分子对其的阻碍作用本来就很大，所以液晶片本身就是一个紫外线滤光片.

对于红外线，波长较长，可以大量地通过液晶片，对人眼易造成伤害. 基于以上结果，我们在图 A5-1 中 1、6 地方加入了两片红外滤光片，有效地阻隔了红外光.

2. 控制电路设计

1) 控制电路

控制电路由感光探头、放大电路、电源电路、单片机控制电路及液晶片驱动电路组成.

控制电路设计是基于一种闭环自控系统，其工作简图如图 A5-3 所示，强光通过液晶片后被感光管接收，感光探头将光信号转化为电信号，经放大模块放大，放大后的信号由 AD 转换电路转换为数字信号，送往单片机进行处理，通过判断比较，再由 SPI 通信模块将处理后的数字信号，送往 DA 转换模块，经放大处理由液晶片驱动模块调节液晶片透光率. 这时，感光管接收到的信号会随液晶片透光率的改变而改变，实现自动循环调节功能.

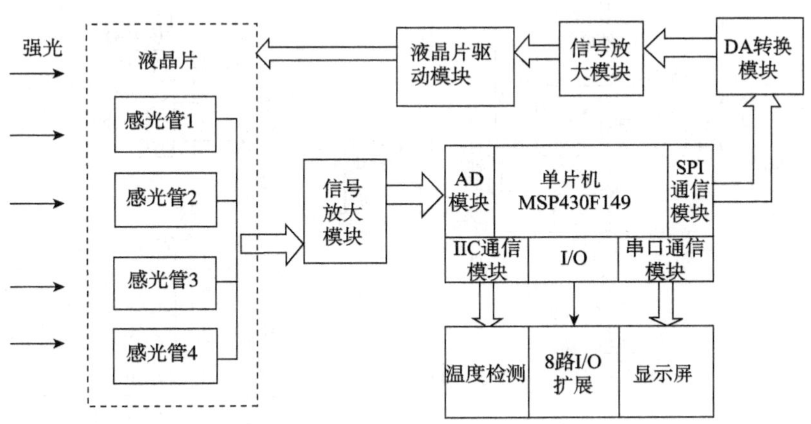

图 A5-3　控制电路简图

a. 感光探头及其运放电路

此感光探头由四路光敏二极管组成，将其均匀地分布在液晶片的后面，以便准确测量经过液晶片之后的光照强度. 这里所选取的光敏二极管是波长在 400～1000nm 内反应灵敏的光敏二极管，这样就可以完全覆盖可见光，使其可以对通过液晶片的强光灵敏反应，增强了调节灵敏度.

感光管运放电路示意图如图 A5-4 所示，采用 TL1008 作为运放芯片，能有效地将感光管输出的电信号放大. 在图 A5-4 中 P4 为感光管，AD0 为输出端口.

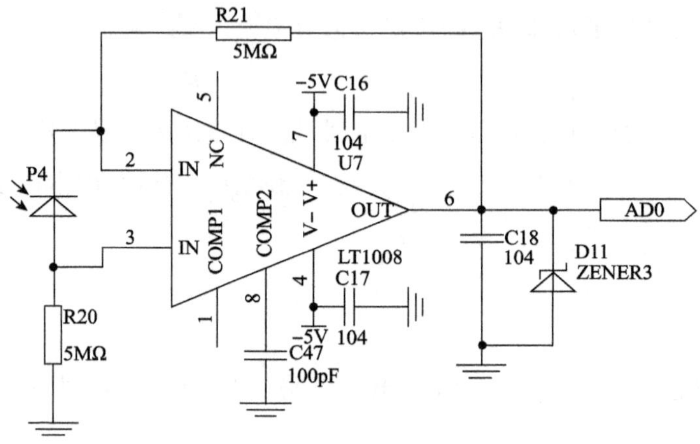

图 A5-4　感光管运放电路示意图

b. 电源电路

通过 LM317 将 12V 转换为 5V 直流，再由 CLM7660 转成−5V. ±5V 给运放 LT1008 供电. 由 TPS71533 将 5V 转为 3.3V 给单片机 MS430F149 和 DA 转换芯片供电. 其电路示意图如图 A5-5 所示.

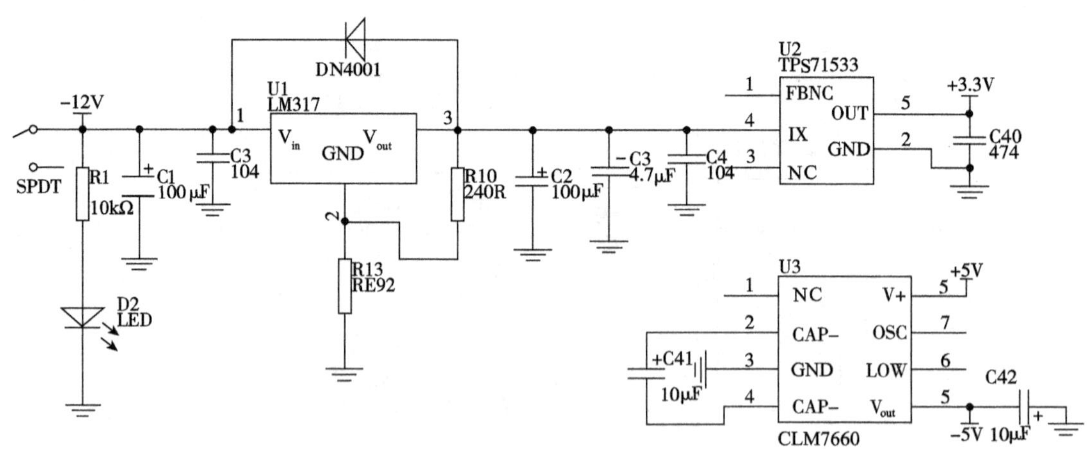

图 A5-5　电源电路示意图

c. 单片机控制电路

单片机控制电路中的数据由 AD 转换模块进入，由 MSP430 单片机进行数据处理，分析完成后通过串口通信到 DA 转换. 此外也预留了显示和扩展模块，为测试与改善提供可能.

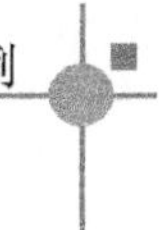

d. 液晶片驱动电路

通过在上下极板加不同幅度翻转电压，可实现透光率的连续变化. 其具体变化如下：随着液晶片两端翻转电压的增大，液晶分子在电磁场的作用下，逐渐变成同向排列结构，使得其对偏正光振动方向改变逐渐减小，实现透光率连续变小的过程. 其中液晶片的翻转电压频率一般要求在 60～100Hz.

根据以上的要求，选用 CD4047 作为电压翻转芯片，液晶片的调节范围在 0～5V，而 DA 转换芯片输出电压最大只有 3.3V，则需要加一级运放放大电压. 为保证电压的输出稳定，选定了一个 2.048V 的电压基准源，其采用的放大电路示意图如图 A5-6 所示.

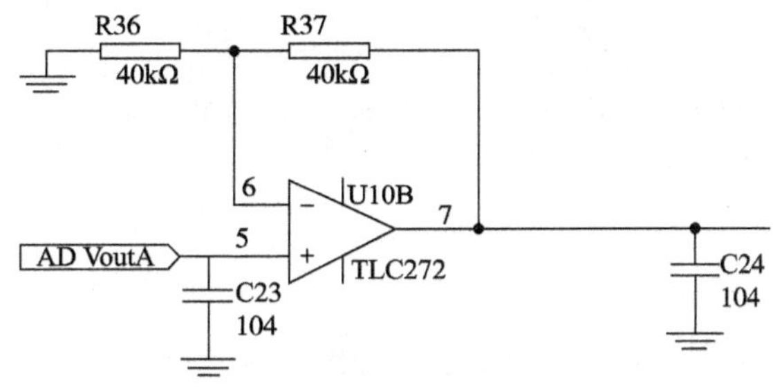

图 A5-6　放大电路示意图

2）软件设计

软件采用 C 语言编写设计，通过 AD 转换芯片对数据采集，由单片机运行处理，再由多种通信模块传输，实现迅速、稳定的调节功能. 软件设计了 AD 转换采样，平均值计算，比较循环运算，其流程图如图 A5-7 所示.

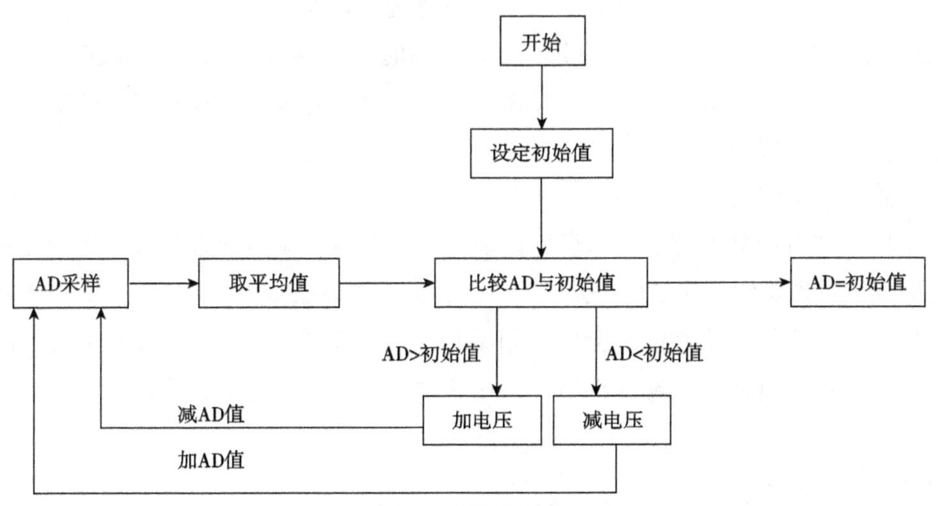

图 A5-7　软件流程图

具体处理过程如下：①当发现感光管 AD 采样值大于我们设定的人眼适合范围的初始值时，增加液晶片两端的电压，使其透光率减小，降低 AD 采样值，到达防护人眼免受强光伤害的作用. ②当感光管采样值小于设定的初始值时，就会减小液晶片两端的电压，使其透光率增大，增加 AD 采样值，从而保证了工人由焊接过程到非焊接过程的正常观察.

3. 作品的特色和创新点

可控液晶片能自行调节透过液晶片的光强，减少了手动操作的麻烦和误差. 透过光强能在较短时间内稳定在设定值，设定值的值域宽，适用于各种不同的环境. 与同类产品相比，实现了强光自动转化为弱光的功能，从而达到防强光辐射的目的.

(1) 自动调节强光到人眼所适合的范围；

(2) 对光强进行检测；

(3) 可代替如今大学物理实验室中对液晶特性研究的实验装置.

4. 前景展望

1) 电焊眼镜

焊接是现代工业生产中不可缺少的先进制造技术，随着科学技术的发展，焊接技术越来越受到各行各业的密切关注，电焊眼镜可以广泛应用于机构、冶金、电力、锅炉、建筑、桥梁、船舶、汽车、电子、航空航天、军工机械和军事装备等生产部门. 电焊是一种在瞬间强电流作用下产生的高温作业. 它主要是使同一种(或不同种)金属在高温下溶解而融合在一起，产生一种强烈的光线，而且高温电弧中有很多非可见光，它们对眼睛的危害非同小可，大量的强光会烧伤视网膜，紫外线杀伤晶状体，导致以后可能患白内障， 时间长了眼睛视力也会下降，还会出现电光性眼炎，当电光刺眼以后短时间内眼睛会流泪，这都是电弧光造成的. 因此在电焊作业时一定要保护好自己的眼睛. 对于电焊工人，有一个能自动调节，控制入眼光强度的护目镜，将极大地提高他们的工作效率，很好地保护他们的眼睛.

2) 防强光司机眼镜

几乎所有司机都遭遇过这样的事：夜晚正常驾驶时，突然前方射来一道雪亮雪亮的强光，瞬间的“强刺激”让眼前一片黑，20～30s 后才能恢复正常. 这短短的几十秒，幸运的，惊出一身冷汗；不幸的，会引发想不到的交通事故. 如果用这种方法设计的液晶视镜，汽车氙汽大灯强光就再也不怕了，在您驾车时能够看得清，看得远，无反光，不刺眼.

3) 新型太阳眼镜

现在的太阳镜，在阳光灿烂的时候，戴着很舒服，那是因为其极大地减少了光的透光率，不会感到很刺眼，可是一到天暗下来的时候，就会感觉视野太黑. 因为这种透光率是恒定不变的，但我们的产品可以自动调节透光率，从而让眼睛感受到最合适的光强.

4) 高温炉眼镜

在一些陶瓷烧制、金属冶炼等工作生产中会产生刺眼的强光，伤害人的眼睛. 我们的产品也可以用于其中，保护眼睛.

上述的眼镜都可以用我们的液晶屏来做镜片，以达到各自的目的，弥补不足. 当然，不只是可以用来做眼镜，还有很多需要改变光强的地方，都能用上它. 像这样的产品可以产业化地大量生产，从而降低产品的市场价值，满足很多消费者的要求. 所以在市场上，还是会有很多的需求，有一定的市场价值.

5. 实验装置

护目镜设计实验装置见图 A5-8.

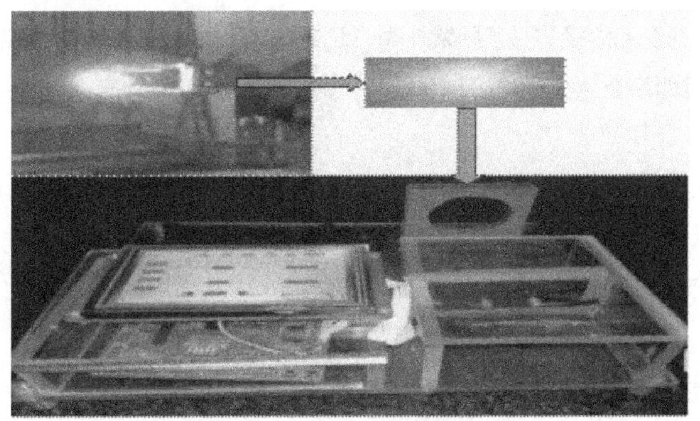

图 A5-8 实验装置图

说明：

(1) 实验用电弧放电装置产生的电火花模拟强光，测量其照度值为 2000～4500lx，将初始值设置为 100 以后，液晶后面感光管测量的照度值迅速变到 500lx 左右，方便人眼的精细观察.

(2) 感光探头及其放大电路：选取了波长在 400～1000nm 的反应灵敏的光敏二极管，实现可见光范围的信号采集，采用 TL1008 芯片进行放大.

(3) 电源电路：将交流的 220V 电压变成直流 12V，+5V，3.3V 给各部件供电.

(4) 液晶片驱动电路中，产生使液晶透光率变化的翻转电压，其翻转电压的频率一般要求在 60～100Hz.

参 考 文 献

杨利芳，张祖怀，朱磊. 2004. 新型电焊防护装置的研究和设计. 中国安全学报，14(9)：81-83

严建英. 2003. 手工电焊的危害与防护. 安全与健康，(1)：45

许君华，莫玮. 2003. 一种基于 TN 型液晶的自控光阀. 光电工程，30(4)：59-61

唐建伟，陈水桥. 2008. 扭曲向列型液晶光阀旋光机理的等效模型. 实验技术与管理.（01）：64-67

欧阳艳东，王建国，沈奕，等. 2008. 液晶光阀的电光频率特性. 汕头大学学报，（01）：77-79

李树贤. 1999. 变光焊接护目镜简介. 中国个体防护装备.（02）：37-38

金士良，刘会方. 2006. 焊接护目镜用液晶光阀响应特性研究. 光学仪器，28（5）：13-17

黄翀，欧阳艳东，吴永俊，等. 2004. 液晶显示器防紫外光谱特性分析. 光谱学与光谱分析.（05）：637-638

黄翀，刘骥，姜言森，等. 2007. 液晶光阀的偏光显示特性分析. 光谱学与光谱分析，（03）：432-433

方芸球，毛守金，陈明，等. 1981. 关于闪光盲的研究. 心理学报.（04）：413

陈伟，张强，江文杰，等. 2006. 基于液晶光阀的防眩目眼镜. 物理实验.（03）：11-13

陈汝全，林水生. 1993. 实用微机与单片机控制技术. 成都:电子科技大学出版社，43-69

陈锋杰. 2005. 液晶变光焊接护目镜的紫外线、红外线透射比测试分析. 检测与防护，（4）：29-30

陈峰杰. 2003. 对四家企业变光焊接护目镜响应时间和保持时间的实测分析. 中国个体防护装备.（05）：42-43

陈峰杰，李红俊. 2004. 变光焊接护目镜光电响应特性研究. 中国安全学报，14（8）：89-93

附录 B　开放性物理虚拟仿真实验教学系统简介

近几年来，中国大学已由原来的单纯型研究转化成实用型研究，且出现了大量的应用型大学. 如何培养大学生的创新能力，最近受到各个大学的重视，且提出了很多培养模式，各级政府也设置了很多实验大赛，如物理实验创新设计大赛、电子设计大赛、机械设计大赛等，希望以此来带动创新型人才的培养.

目前，不仅北京大学、清华大学等重点大学在不断探索适合这些重点大学的培养模式，而且各级地方院校也都在结合自身的特点构造适合本校的培养模式. 对于地方的具有自身特色的应用型大学，如何培养学生的创新能力，以适应地方经济发展是值得研究的课题.

一、开放性物理虚拟仿真实验教学内容和课程体系构建说明

本科教育是培养创新型人才的重要阶段，而实验教学在对学生的科学思维方式、创新意识、分析解决问题的能力和创新能力的培养中，具有举足轻重的其他教学环节不可替代的作用. 充分发挥实验教学的主动性与创新性，建立与理论教学有机结合又独立运行的实验教学新模式，为学生提供自主实验，合作研究，发展创新思维的空间和育人环境，改革传统的实验内容和实验技术方法，加强综合性和创新性实验，以适应社会对人才素质的要求.

1. 贯彻素质教育、改革课程体系、加强开放式实验教学

根据实际，实验教学内容注重实验与理论结合，实验与工程技术结合，特别是光电技术的结合，实现基础与前沿，经典与现代的有机结合重组实验课程体系，探索课程体系新结构，设置了三个实验平台：基础物理实验平台，近、现代物理实验平台和光电信息类实验平台，在三个实验平台中，又将实验划分成四个层次：基础型物理实验、提高型物理实验、综合设计型物理实验和研究创新型物理实验，体现分层次、个性化的实验教学要求，强调学生综合素质和能力的培养，形成从低到高、从基础到前沿、从传授知识到培养综合创新能力的课程新体系. 经过几年的探索，现已形成了一套较为完整的实验体系，在每一个实验阶段，我们一般设置前三个层次的实验内容，部分采用开放式的教学模式，但在实践过程中显得很不够，实施过程也存在不少困难，因此，我们探索了一种新的开放式实验教学模式，以充分发挥学生的能动性，积极参与教学. 对于研究创新型开放式实验，对有一定实验基础和能力且对物理实验感兴趣的学生来讲，其实验项目可由指导教师设定或由学生自己根据自身的爱好选定，再由导师指导来完成. 如

图 B1-1 所示.

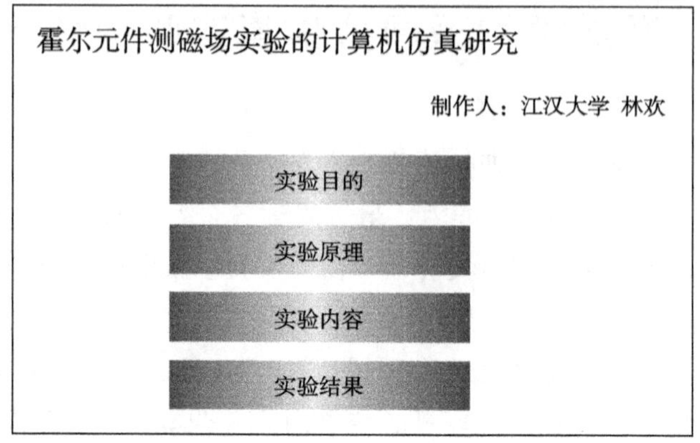

图 B1-1

这样的研究性实验可充分发挥学生的能动性，大胆地创作与设计，验证可行后，进创新实验室，完成实验，可减少实验器材的损耗，也可完成因实际条件不能完成的实验，以提高学生的创新能力.

2. *以学生为中心，体现学生发展为根本，实行开放式物理实验教学*

探索物理实验教学在时间、空间、内容和方法上的开放，使学生有自由选择权，保护学生的原创精神，使学生在宽松的实验环境中实现从被动学习到主动学习的转变，提高学生学习兴趣，培养创新精神. 利用校园网，建立网上虚拟物理实验室，使学生在校园内任何位置，任何时候，都可在网上预习实验、预演实验、设计实验和研究实验，如遇到问题，可网上咨询、研究、探讨. 对于好的具有创意性的实验可收入数据库，供大家参考使用，这样可激励学生的积极性，提高学习兴趣，可大大加强自主性，提高学习效率.

3. *开发“物理实验开放式教学管理系统”，对开放性实验教学实施全面管理*

以实验教学体系构建为主导，坚持以先进实验内容带动实验室建设，创建设备先进、管理规范，与时俱进的信息化开放式管理的现代实验教学环境. 开发具有自身特色的“基于校园网的物理实验开放教学管理系统”，以先进的管理手段为基础，对开放式实验实行全面管理，确保开放性实验教学的顺利进行，见图 B1-2.

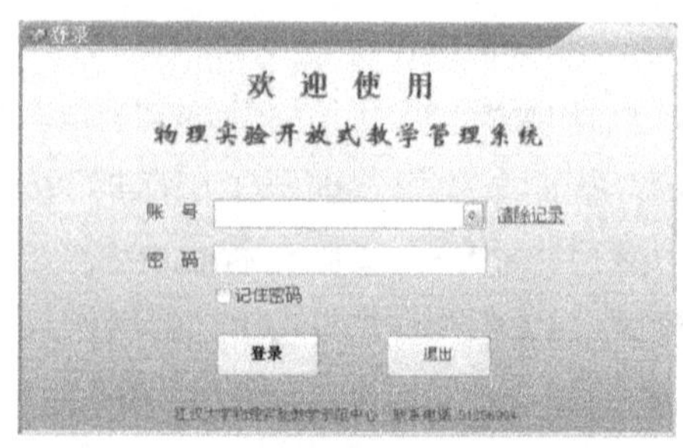

图 B1-2

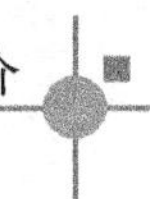

4. 选择合适平台，建立开放实验预备设计数据库(图 B1-3)

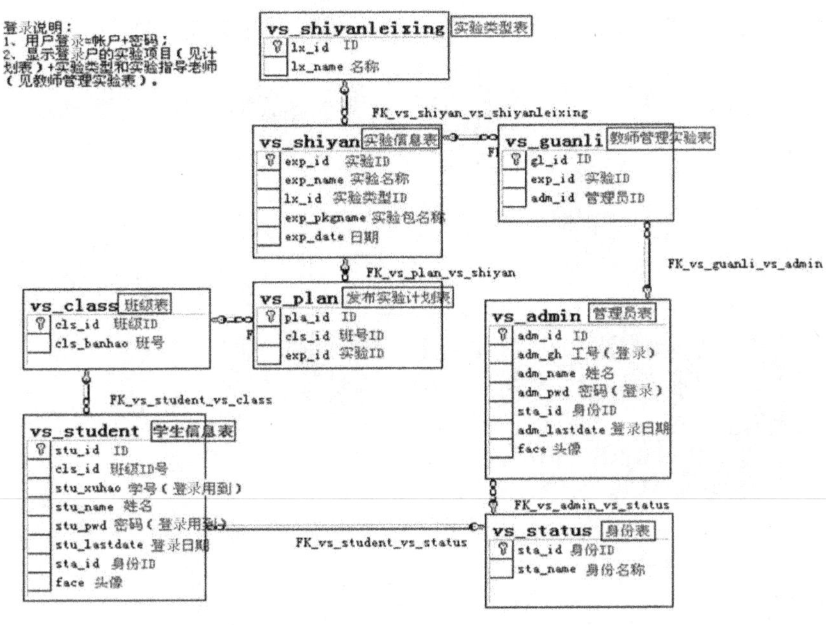

图 B1-3

运用现代化技术及先进的实验教学手段，发挥校园网络资源优势，查阅相关资料，充分发挥学生的聪明才智，通过设计模拟、仿真等技术，探索适应实验教学改革的新方法和新途径. 为解决实验仪器有限的问题，减少设备损耗，又能达到最佳设计效果，实现创新构想，在着手真实实验前，对自己的设计进行仿真预演，以确保开放实验长期有效进行，实现教学相长.

二、物理实验开放式教学管理系统及数据库介绍

物理实验开放式教学管理系统对提升物理实验教学水平和教学质量具有很好的辅助作用，具有推广与应用价值. 物理实验开放式教学管理系统及其数据库采用虚拟实验方式来弥补传统真实实验存在的不足，符合实验教学改革的发展趋势和人才培养的实际需要. 物理实验开放式教学管理系统及其数据库提供了这样一个交互平台，它从结构上分为三大块：

(1) 物理实验开放式教学管理系统教学网站.

(2) 物理实验开放式教学管理系统软件(client/server).

(3) 开放性设计数据库

1. 网站介绍

网站可以用来发布最新的实验动态，介绍各种新的实验方法和发展方向；通过不断

增加新的虚拟实验，充实教学内容供学生学习；“资源下载”提供相关学习资料的下载；“视频教学”给学生一个便捷的网上多媒体学习环境；网站的教学论坛为学生和教师提供一个相互交流的空间，实现网上师生间、学生间的相互交流（图 B2-1）.

图 B2-1　网站界面

网站主要模块：

网站开发环境为 Dreanweaver、javascript、IIS 和 SQL Server 2000.

◆ “用户管理”模块，为各用户提供注册、修改、登录等功能.

◆ “信息发布”模块，为管理员提供网站发布信息功能，包括主页各版块，电子书、课件、视频资源发布.

◆ “资源下载”模块，对合法登录的用户提供资源下载(包括课件、电子书等).

◆ “教学论坛”模块，提供“基础实验”“综合性实验”和“设计性实验”交流板块.

◆ 主页板块说明，主页板块包括“虚拟实验导航”“视频教学”“实验动态”“资源下载”“通知公告”“虚拟实验客户端软件下载”等.

◆ “后台管理”模块，提供管理员管理页面.

2. 管理系统介绍(客户端/服务端软件)

本系统采用了 C/S 结构的架构方案，使实验教学在时间和空间上得到延伸，如图 B2-2 所示.

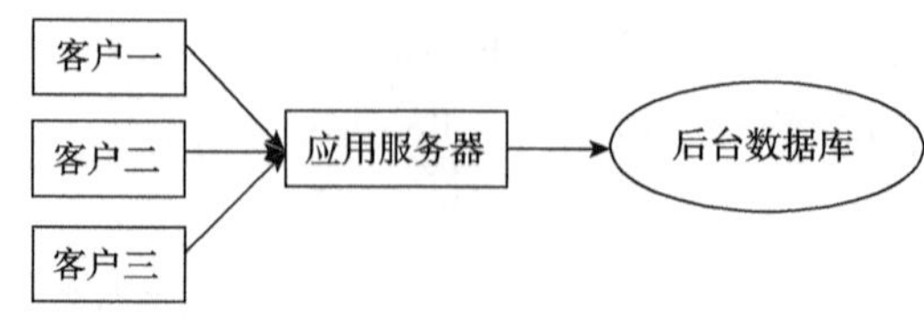

图 B2-2

◆ 客户端文件说明(图 B2-3).

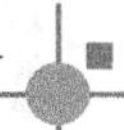

名称	大小	类型	文件说明
Face2		文件夹	动画表情目录
help		文件夹	帮助文件目录
sound		文件夹	声音目录
users		文件夹	用户信息目录
vepdata		文件夹	虚拟实验目录
Client.exe	896 KB	应用程序	客户端程序
ConnectServer.ini	1 KB	配置文件	连接服务端配置文件
ExpsData.dat	1 KB	配置文件	实验配置文件
ExpType.dat	1 KB	配置文件	实验类型文件
GdiPlus.dll	1,678 KB	系统动态链接库	GDI系统文件
ImageOle.dll	70 KB	系统动态链接库	OLE动画播放
MainCfg.ini	1 KB	配置文件	配置文件
md5.dll	89 KB	自编译动态链接	MD5校验
phrase.dat	1 KB	配置文件	短语文件
redpkg.dll	404 KB	自编译动态链接	实验包读取
StrRWCustom.dll	92 KB	自编译动态链接	自定义加密字符串
systeminfo.afi	2 KB	配置文件	系统公告文件
Ver.dat	1 KB	配置文件	版本文件
VExpMakePro.dll	943 KB	自编译动态链接	实验包制作库
zLib.dll	292 KB	系统动态链接库	压缩系统文件

图 B2-3

说明：

类型为“系统动态链接库”的 dll 文件为系统自带的动态链接库，其中“ImageOle.dll”为腾讯 QQ 自带动画播放的动态链接库，“zLib.dll”为 winRAR 压缩/解压缩工具自带的动态链接库.

类型为“自编译动态链接库”的 dll 文件均为自行设计，均有源代码，详细见“编译_dll”目录.

◆ 客户端源代码窗体说明(图 B2-4).

窗体	标题	类型	工程	大小(Byte)
AboutBox	关于		Client.dpr	2,607
basfrm	基类窗体		Client.dpr	57,263
classfrm	班级设置	(Inherited)	Client.dpr	1,634
ConFrm	数据模块	TDataModule	Client.dpr	496
expsfrm	我的实验		Client.dpr	4,186
frmface	表情窗体		Client.dpr	635,847
frmUpdataCfg	配置更新		Client.dpr	1,091
jsshiyanfrm	实验安排	(Inherited)	Client.dpr	3,445
loginfrm	登录		Client.dpr	45,389
mainfrm	虚拟实验平台		Client.dpr	523,993
msgfrm	在线交流		Client.dpr	54,712
planfrm	实验安排发布	(Inherited)	Client.dpr	3,416
Regfrm	注册窗体		Client.dpr	1,303
runfrm	实验运行		Client.dpr	13,098
Seefrm	学生查询		Client.dpr	5,549
setfrm	个人资料修改		Client.dpr	3,454
Setupfrm	设置		Client.dpr	10,501
studentfrm	学生设置	(Inherited)	Client.dpr	3,436
teacherfrm	教师设置	(Inherited)	Client.dpr	2,087

图 B2-4

客户端系统的每个单元均为独立设计，可以方便自行修改和扩展.

◆ 实验包结构说明. 实验包为自定义 VEP 格式文件，数据结构如图 B2-5 所示. 文件头为 TVEPHead 结构类型，定义如下：

```
TVEPHead = record              //VEP 头文件
expname:string[50];            //实验名称
exptype:string[50];            //实验类别
author:string[50];             //作者
units:string[50];              //单位
Date:string[20];               //发布日期
icosize:Int64;                 //图标尺寸
pkgsize:Int64;                 //包尺寸
end;
```

文件头 head TVEPHead类型
图标 ICON
文件包 RAR

图 B2-5　VEP 文件数据结构说明

◆ 服务端文件说明(图 B2-6).

名称	大小	类型	文件说明
ClientCfg		文件夹	客户端参数配置
logs		文件夹	日志目录
md5.dll	89 KB	应用程序扩展	MD5校验
redpkg.dll	404 KB	应用程序扩展	实验包读取
Server.exe	555 KB	应用程序	服务端程序
sevcfg.ini	1 KB	配置设置	配置文件
StrRWCustom.dll	92 KB	应用程序扩展	字符串加密
systeminfo.afi	2 KB	AFI 文件	系统公告配置文件
VExpMakePro.dll	943 KB	应用程序扩展	实验包制作

图 B2-6

说明：

服务端所有 dll 文件均为自行设计的动态链接库，源代码详见“编译_dll”目录.

◆ 服务端源文件说明(图 B2-7).

窗体	标题	类型	工程	大小(Byte)
verfrm	版本管理		Server.dpr	7,952
registerfrm	注册		Server.dpr	3,337
mainfrm	服务端		Server.dpr	16,757
loginfrm	启动服务端		Server.dpr	1,113
frmWebDirSet	网站目录设置		Server.dpr	1,912
exptypefrm	实验类型设置	(Inherited)	Server.dpr	1,631
expsfrm	实验名称设置	(Inherited)	Server.dpr	1,687
datacfgfrm	数据库参数配置(...		Server.dpr	1,722
confrm	控制面板		Server.dpr	404,409
commonfrm	数据模块	TDataModule	Server.dpr	1,044
clientcfgfrm	客户端参数配置		Server.dpr	63,887
basfrm	基类窗体		Server.dpr	67,763

图 B2-7

◆ 发布新版本(服务端).

(1)在服务端主菜单下找到“版本设置”，鼠标左键单击打开版本管理窗口，如图 B2-8 所示.

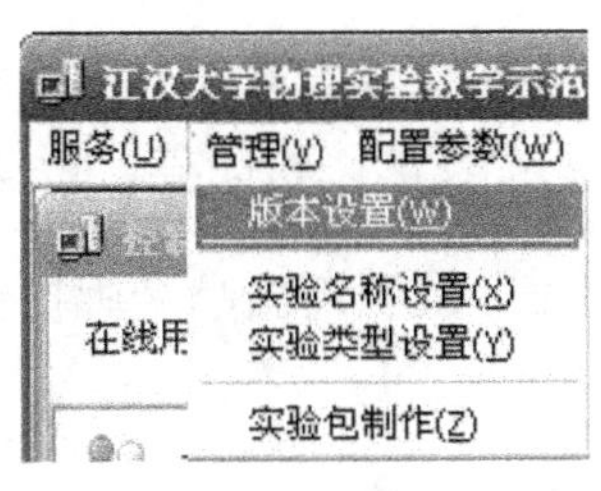

图 B2-8

(2)在版本管理窗口左侧选择“发布新版本”，首先填写新版本号，注意新版本的序号要大于旧版本序号，在“新实验项目”里点击“添加”按键，添加新实验包(.vep 格式文件)，如图 B2-9 所示.

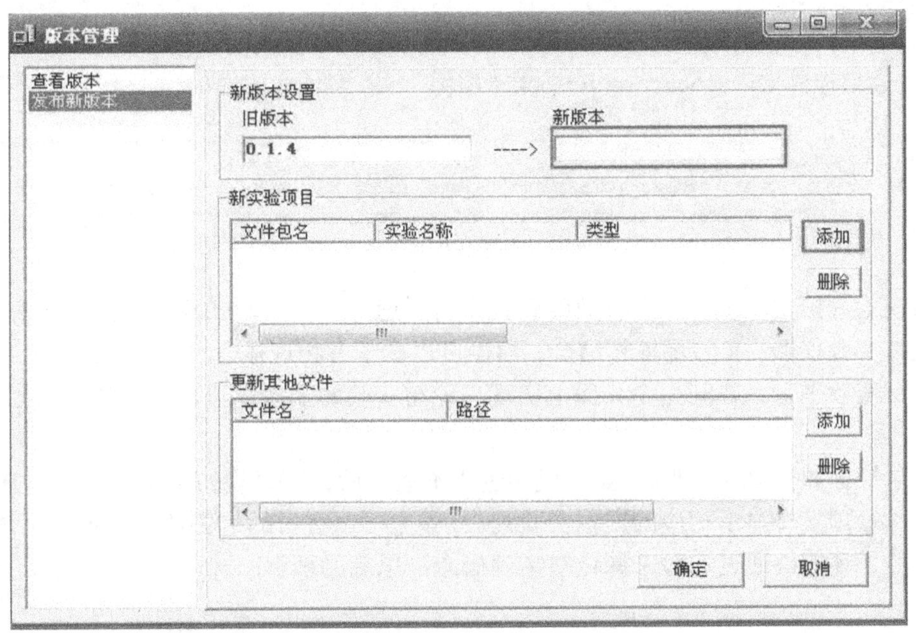

图 B2-9

(3)在“其他更新文件”里点击“添加”按键添加其他模块文件或配置文件.

(4)点击“确定”按键完成新版本设置，系统将自动更新数据库和版本号，并且在自身根目录下生成一个新版本号文件夹(如 0.1.5)来保存更新文件，将这些文件打包(RAR 格式)或制作成安装文件(exe 格式)后在网站上发布更新包或新版本客户端.

客户端在启动时会自动检查版本号，当发现有新版本发布时会自动提示更新客户端.

◆ 第三方控件说明.

(1) CoolTrayIcon v.4.3.1 . 在任务栏放置图标的控件，是同类空间中功能最为完善和强大的. 支持动态图标，以及交互式气球样式的提示.

(2) OBRARLib RAR ZLib v0.04 . 文件压缩/解压缩控件，压缩后的文件格式是RAR，并且有压缩进度指示.

(3) Vclskin.v2.68  . Vclskin 是目前世界上最好的皮肤控件，几乎所有的经典皮肤都有，像 XP 经典、苹果系等，安装也比较简单，帮助文件里都有.

(4) rxrichedit_v2.76_for_D7 . 俄罗斯出品老牌控件包中的富文本控件，用于图文混排显示.

(5) flash 控件 . 在 delphi 中的 component import activex contrals... 中选中“shockwave flash (version 1.0)”，并单击“install”，会出现一个“install”窗口. 如果要把它添加到一个已经存在的包中，在“into existing package”对话框中的“file name:”窗口中选择你想安装的路径，并单击“ok”；会弹出一个确认的对话框，它问你“package dclusr50.bpl will be rebuilt. continue? ”，单击“yes”；在弹出的窗口中单击“install”，该插件就安装完毕.

(6) 通信控件 clientsocket/serversocket 控件  (图 B2-10).

安装clientsocket和serversocket控件方法：
点菜单“组件”->“安装包”，点击窗体上的ADD建，在对话框里选择路径为bin目录，找到dclsockets70.bpl文件，点击“打开”即可。

图 B2-10

系统为虚拟实验提供一个有效的管理平台，通过它将实验的原理、思想、方法和应用与虚拟实验仪器、实验环境相结合，学生可以在学习物理概念、思想、方法的基础上，利用虚拟实验平台，在同一个界面上实现理论与实验的互动学习，培养学生的创新思维和能力.

登录界面如图 B2-11 所示. 登录成功进入本系统后，显示“我的实验”窗口 (图 B2-12)，根据实验管理安排显示相应的虚拟实验列表. 学生可以有目的地去预习实验、设计实验、完成实验，还能够通过实验来深化对物理概念、思想的理解.

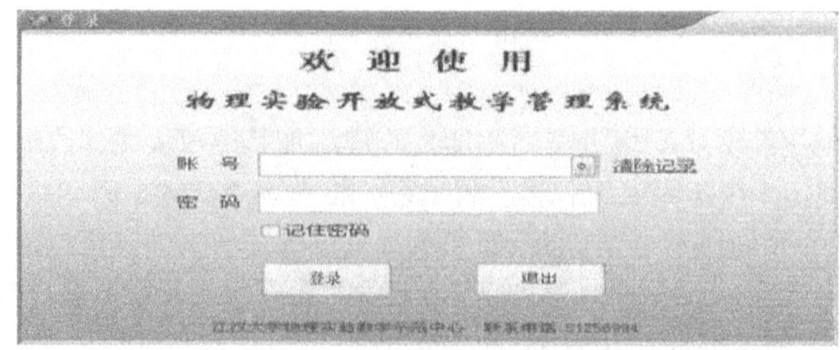

图 B2-11

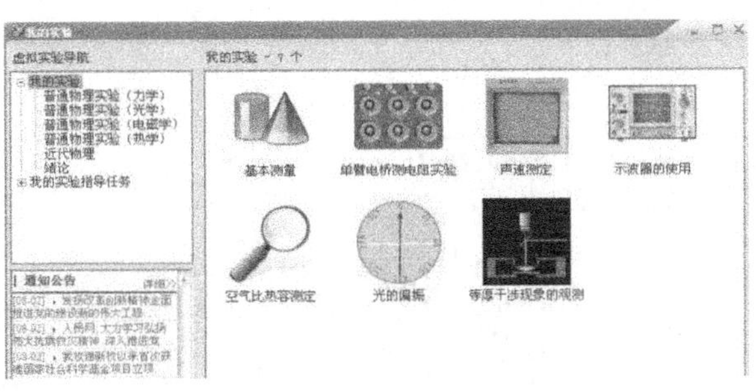

图 B2-12

“在线交流”为师生提供了实时的在线交流，教师通过它了解学生在线学习状态，解答问题等(图 B2-13).

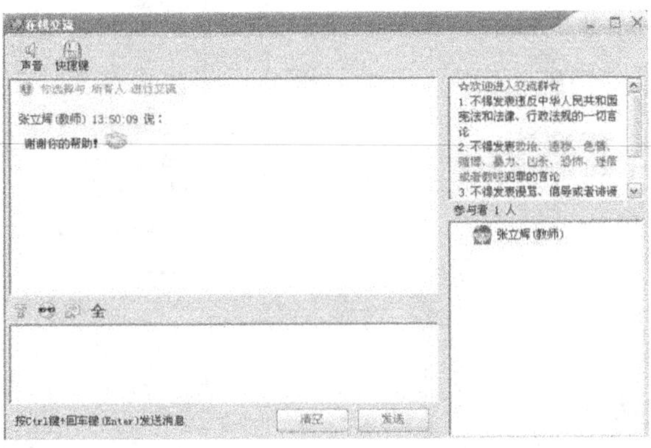

图 B2-13

系统还提供了相当完善的管理功能，对教师的管理，教师指导实验任务；对班级的管理；学生管理，学生完成实验项目；版本管理，发布新版本通知等.

系统对虚拟实验采用开放式管理，任何教师或学生都可以用 flash 文件、网页文件以及 exe 可执行文件来制作虚拟实验，通过系统的“实验包制作向导”程序对它进行格式化封装后就能在平台上发布和运行来丰富完善数据库(图 B2-14).

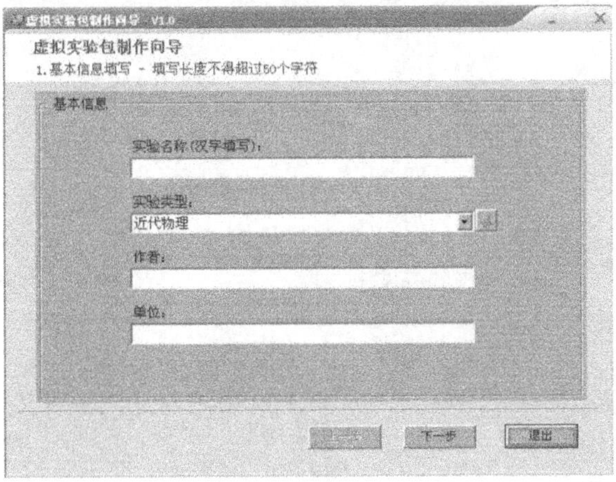

图 B2-14

3. 数据库关系图(图 B2-15)

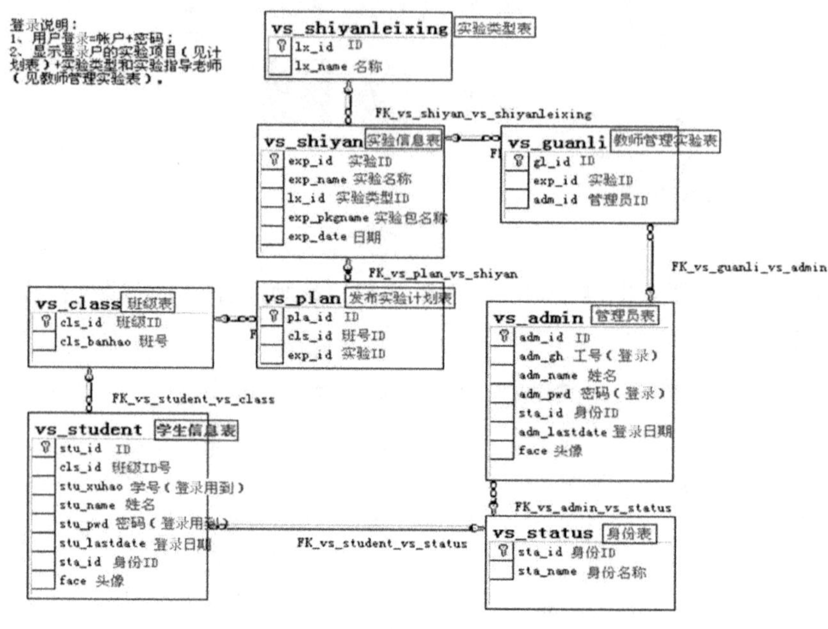

图 B2-15

4. 网站后台操作说明

登录江汉大学物理实验教学示范中心后台，为了更好地发挥网站应该发挥的作用，请按下面的步骤操作.

(1) 网站的后台管理是网址：你的网站域名/admin.asp.

用户名：admin　密码：admin.

以上为原始用户名和密码，登录后可以修改. 登录界面如图 B2-16 所示.

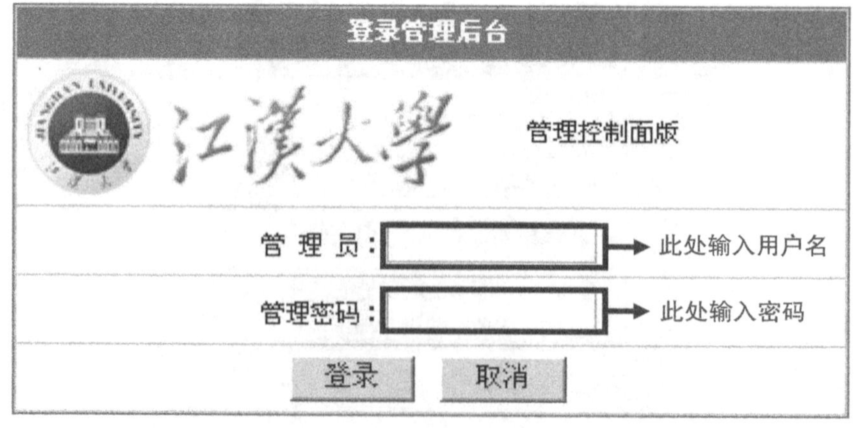

图 B2-16

⑵登录成功，显示如图 B2-17 所示界面.

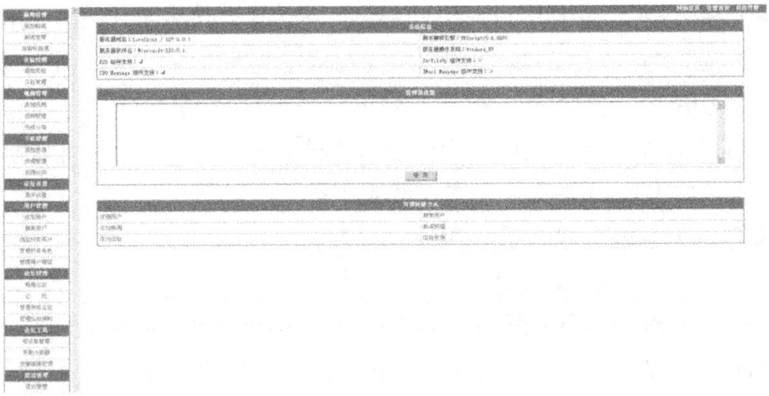

图 B2-17

⑶左侧菜单栏中，新闻管理功能如图 B2-18 所示.

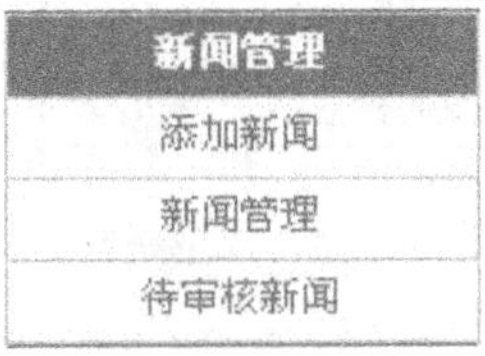

图 B2-18

①点击“新闻管理”→“添加新闻”，进入图 B2-19 所示界面，可录入新的新闻信息.

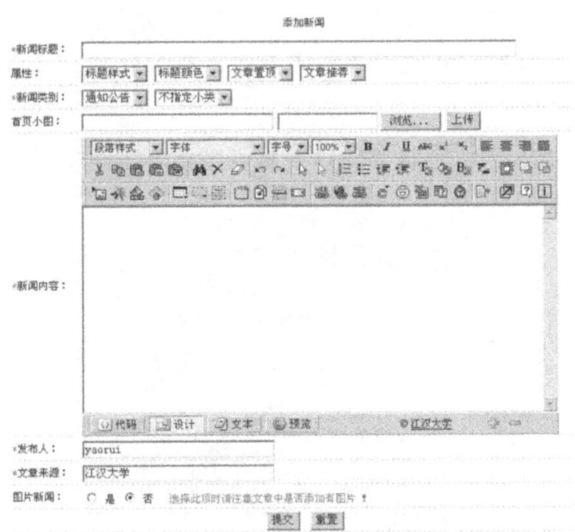

图 B2-19

◆ 项目前标有“*”号的为必填项，为空则提交文章失败；
◆ 项目“属性”里标题样式、标题颜色功能暂未开放；

◆ 项目“属性”里选择文章置顶，录入的文章将在“通知公告” 板块中显示在靠上位置，多条置顶将按录入时间顺序优先显示置顶文章，并显示“顶”图标；

◆ 项目“属性”里选择文章推荐，录入的文章将在“通知公告”板块中显示“荐”图标；

◆ 首页小图功能暂未开放；

◆ 文章内容的录入支持所见即所得的录入方式，点“代码”可切换到 HTML 语言代码显示模式，供有代码基础的工作人员使用；

◆ 发布人默认为系统登录人员，可手动修改；

◆ 文章来源默认为“江汉大学”，可手动修改，

填写完毕后点“提交”则文章录入完毕；点“重置”则清除全部选项和填写内容.

②点击“新闻管理”→“新闻管理”，进入图 B2-20 所示界面，可管理已录入的新闻信息.

	新闻标题	发布者	发布日期	推荐	置顶	操作
□	⊞ [通知公告] 发扬改革创新精神全面推进党的建设新的伟大	admin	2008-7-12	否	否	已审 修改 删除
□	⊞ [通知公告] 人民网 大力学习弘扬伟大抗震救灾精神 深	admin	2008-7-12	否	否	已审 修改 删除
□	⊞ [通知公告] 我校建新校以来首次获准国家社会科学基金项	admin	2008-7-12	否	否	已审 修改 删除
□	⊞ [通知公告] 75名毕业生参加三支一扶及西部志愿服务计	admin	2008-7-12	否	否	已审 修改 删除
□	⊞ [通知公告] 2008届学生毕业典礼暨学士学位授予仪式	admin	2008-7-12	否	否	已审 修改 删除
□	⊞ [通知公告] 我校庆祝中国共产党成立87周年暨表彰大会	admin	2008-7-12	否	否	已审 修改 删除

□ 全部选中 删除所选文章

首页 上一页 下一页 尾页 页次：1/1页 共6条记录 20条记录/页 转到：1 goto

图 B2-20

◆ 点击文章标题可查看文章实际显示页面效果；

◆ 点击“推荐”可切换单篇文章“是”“否”推荐的状态；

◆ 点击“置顶”可切换单篇文章“是”“否”置顶的状态；

◆ 点击“已审”可切换单篇文章“已审”“待审”状态，只有“已审”的文章才能在前台页面显示出来；

◆ 点击“修改”进入文章修改页面，可修改已录入文章信息(图 B2-21)；

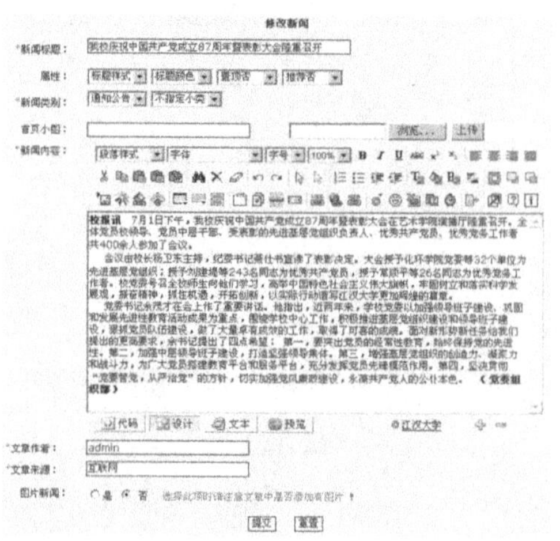

图 B2-21

◆ 点击“删除”可删除单篇文章，删除操作不可逆，请谨慎使用，尽量以“审核”功能代替“删除”功能；

◆ 点击文章标题前的“□”，然后点击“删除所选文章”可批量删除已选择的文章.

③点击“新闻管理”→“待审核新闻”，进入图 B2-22 所示界面，可管理待审核新闻信息.

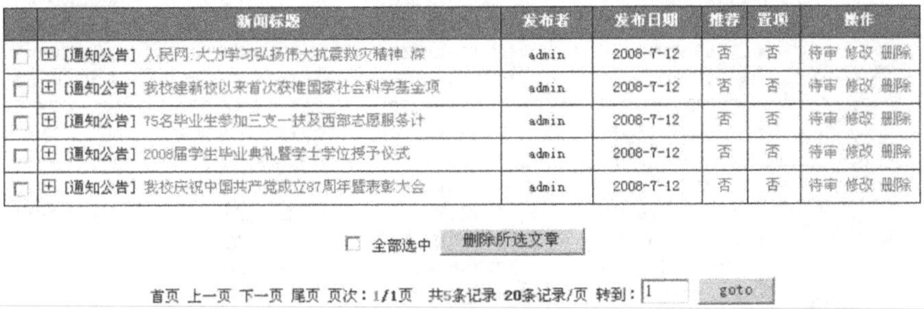

	新闻标题	发布者	发布日期	推荐	置顶	操作
□	⊞ [通知公告] 人民网：大力学习弘扬伟大抗震救灾精神 深	admin	2008-7-12	否	否	待审 修改 删除
□	⊞ [通知公告] 我校建新校以来首次获准国家社会科学基金项	admin	2008-7-12	否	否	待审 修改 删除
□	⊞ [通知公告] 75名毕业生参加三支一扶及西部志愿服务计	admin	2008-7-12	否	否	待审 修改 删除
□	⊞ [通知公告] 2008届学生毕业典礼暨学士学位授予仪式	admin	2008-7-12	否	否	待审 修改 删除
□	⊞ [通知公告] 我校庆祝中国共产党成立87周年暨表彰大会	admin	2008-7-12	否	否	待审 修改 删除

□ 全部选中　删除所选文章

首页 上一页 下一页 尾页 页次：1/1页　共5条记录 20条记录/页 转到：1　goto

图 B2-22

(4) 左侧菜单栏中，实验管理功能如图 B2-23 所示.

实验管理
添加实验
实验管理

图 B2-23

①点击“实验管理”→“添加实验”，进入图 B2-24 所示界面，可录入新的实验信息.

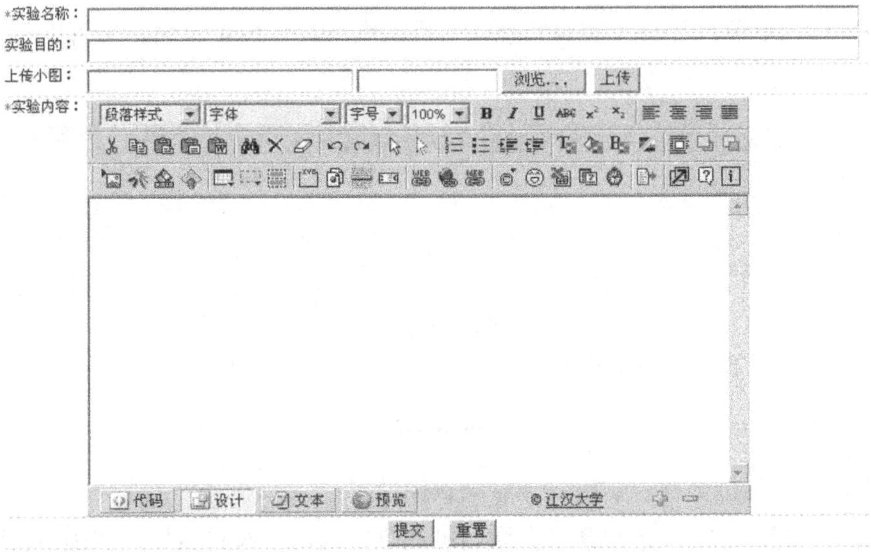

*实验名称：

实验目的：

上传小图：　浏览...　上传

*实验内容：　段落样式　字体　字号　100%

代码　设计　文本　预览　© 江汉大学

提交　重置

图 B2-24

◆ 项目前标有“*”号的为必填项，为空则提交实验失败；

◆ 项目“上传小图”里先点击“ 浏览... ”；出现如图 B2-25 所示窗口；

图 B2-25

◆ 选择好需要上传的图片后，点击“ 上传 ”按键，等待图片上传完成显示“上传成功”即可；上传小图文件大小不要超过 100kB；

◆ 实验内容的录入支持所见即所得的录入方式，点“ 代码 ”可切换到 HTML 语言代码显示模式，供有代码基础的工作人员使用；填写完毕后点“ 提交 ”则实验录入完毕；点“ 重置 ”则清除全部选项和填写内容.

②点击“实验管理”→“实验管理”，进入图 B2-26 所示界面，可管理已录入的实验信息.

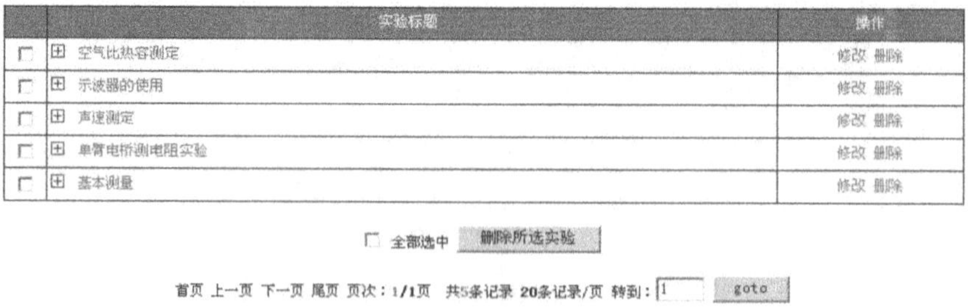

	实验标题	操作
□	⊞ 空气比热容测定	修改 删除
□	⊞ 示波器的使用	修改 删除
□	⊞ 声速测定	修改 删除
□	⊞ 单臂电桥测电阻实验	修改 删除
□	⊞ 基本测量	修改 删除

□ 全部选中　删除所选实验

首页 上一页 下一页 尾页 页次：1/1页 共5条记录 20条记录/页 转到：1 goto

图 B2-26

◆ 点击实验标题可查看实验实际显示页面效果；

◆ 点击“修改”进入实验修改页面，可修改已录入的实验信息，如图 B2-27 所示；

*实验名称：
空气比热容测定
实验目的：
上传小图：
200883221349002.jpg
浏览...
上传
*实验内容：
段落样式
字体
字号
100%
代码
设计
文本
预览
江汉大学
提交
重置

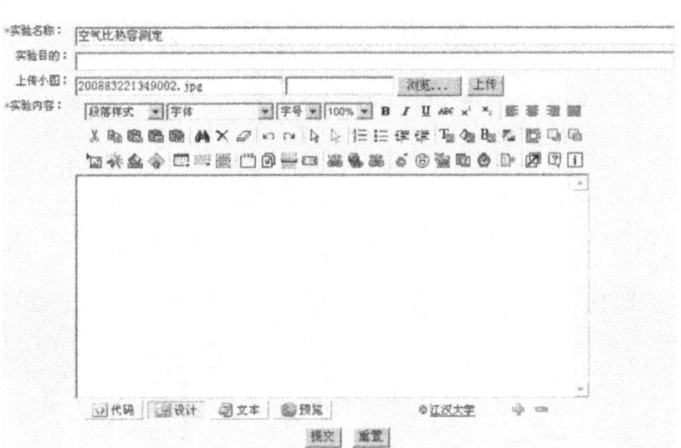

图 B2-27

- 点击“删除”可删除单个实验，删除操作不可逆，请谨慎使用；
- 点击实验标题前的“□”，然后点击“删除所选实验”可批量删除已选择的实验.

(5) 左侧菜单栏中，视频管理功能(图 B2-28).

视频管理
添加视频
视频管理
视频分类

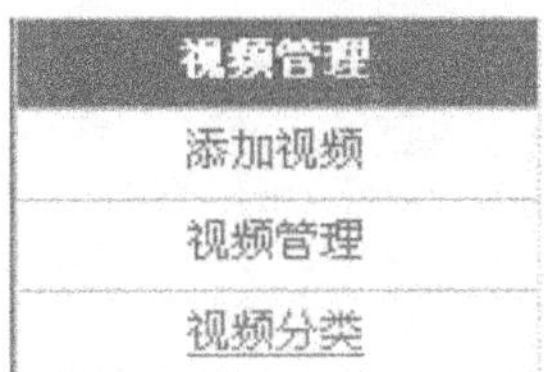

图 B2-28

①点击“视频管理”→“添加视频”，进入如图 B2-29 所示界面，可录入新的视频信息.

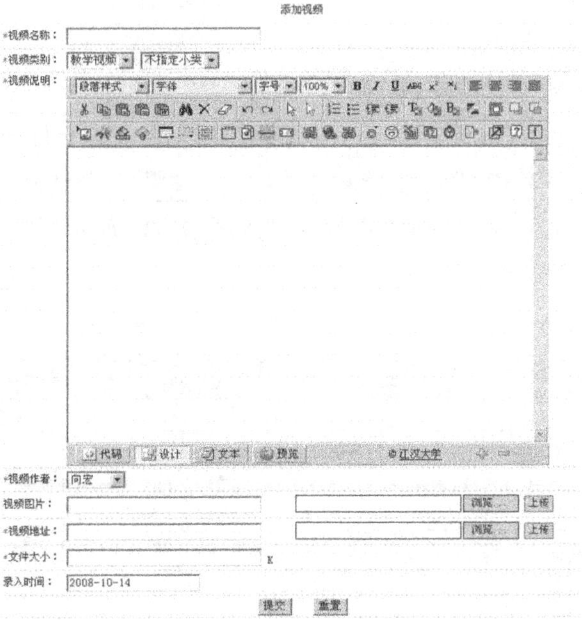

添加视频
*视频名称：
*视频类别：
教学视频
不指定小类
*视频说明：
段落样式
字体
字号
100%
代码
设计
文本
预览
江汉大学
*视频作者：
向宏
视频图片：
浏览...
上传
*视频地址：
浏览...
上传
*文件大小：
K
录入时间：
2008-10-14
提交
重置

图 B2-29

◆ 项目前标有“*”号的为必填项，为空则提交视频失败；

◆ 视频说明的录入支持所见即所得的录入方式，点“代码”可切换到HTML语言代码显示模式，供有代码基础的工作人员使用；

◆ 视频作者默认为系统登录人员，可手动修改；

◆ 项目“视频图片”里先点击“浏览...”，出现如图B2-30所示窗口；

图 B2-30

◆ 项目“视频地址”操作同“视频图片”，此处上传视频文件大小不要超过100MB，上传成功后“视频地址：”将会自动生成上传文件的地址信息，该处也可手动输入上传视频文件地址信息；

◆ 项目“视频地址”上传视频文件成功后，给出如下提示.

◆ “*文件大小： K”将会自动生成上传文件的大小信息.

填写完毕后点“提交”则视频录入完毕；点“重置”则清除全部选项和填写内容.

②点击“视频管理”→“视频管理”，进入图B2-31所示界面，可管理已录入的视频信息.

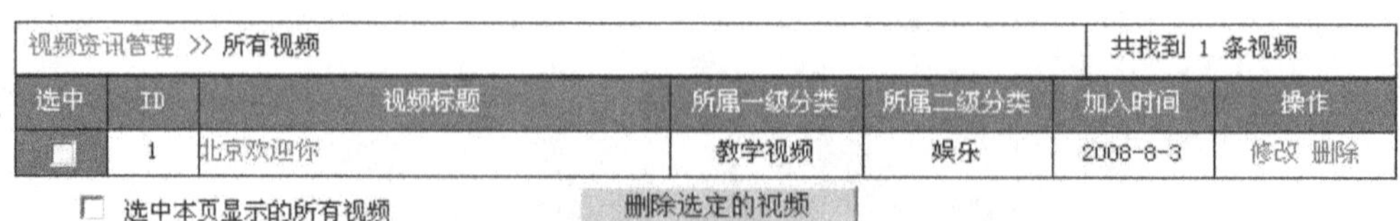

图 B2-31

◆ 点击“视频标题”可查看视频实际显示页面效果；

◆ 点击“修改”进入视频修改页面，可修改已录入视频信息(图 B2-32)；

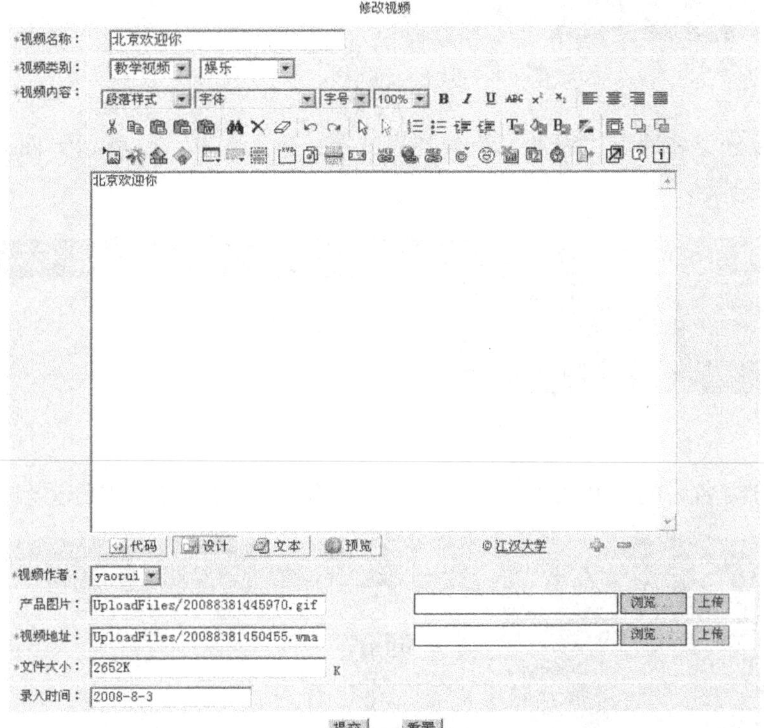

图 B2-32

◆ 点击“删除”可删除单段视频，删除操作不可逆，请谨慎使用;

◆ 点击视频标题前的“ □ ”，然后点击“ 删除选定的视频 ”可批量删除已选择的视频.

③点击“视频管理”→“视频分类”，进入图 B2-33 所示界面，可管理视频的分类信息.

添加视频一级分类

栏目名称	操作选项
⊞ 教学视频	添加二级分类 ｜ 修改 ｜ 删除
⊟ 娱乐	修改 ｜ 删除

图 B2-33

◆ 点击“添加视频一级分类”链接，进入图 B2-34 所示界面，输入一级分类名点“ 添 加 ”即可；

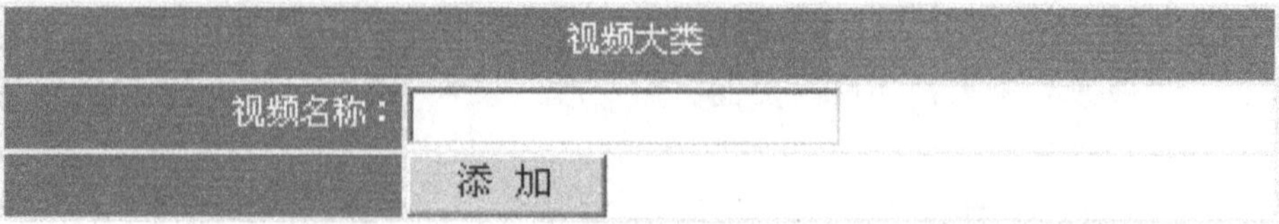

视频大类
视频名称：
添 加

图 B2-34

◆ 在一级分类名后点“添加二级分类”链接，进入图 B2-35 所示界面，可添加该一级分类下的子分类；

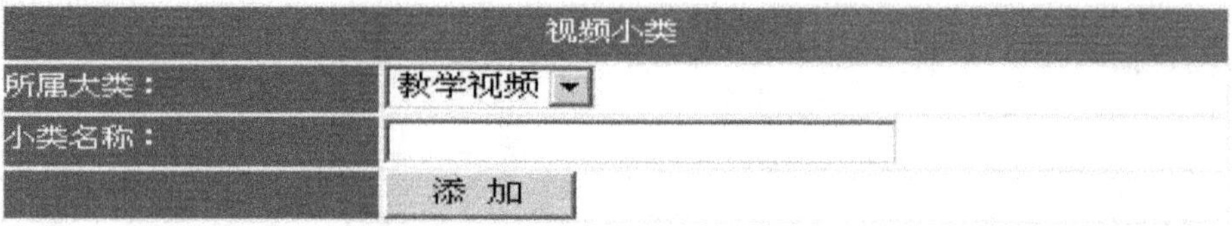

视频小类
所属大类：
教学视频
小类名称：
添 加

图 B2-35

◆ 点击分类名后的“修改”，进入图 B2-36 所示界面，可更改分类名；

修改大类名称
大类ID：
1
大类名称：
教学视频
修 改

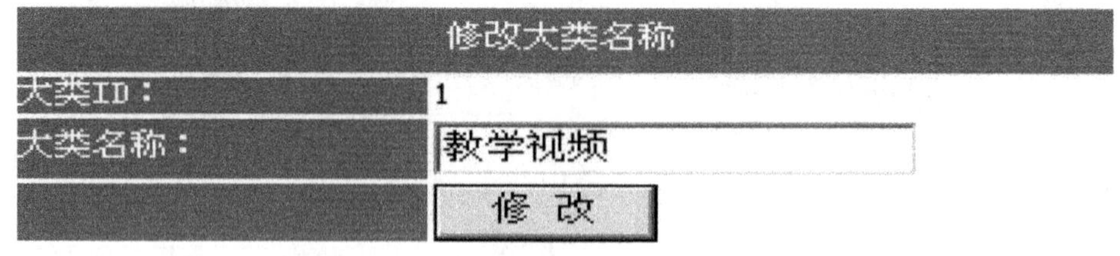

图 B2-36

◆ 点击分类名后的“删除”，可删除该分类；如删除的是一级分类，会同时删除该一级分类下面的子分类；

◆ 目前该栏目暂只实现两级分类.

(6)左侧菜单栏中，下载管理功能(图 B2-37).

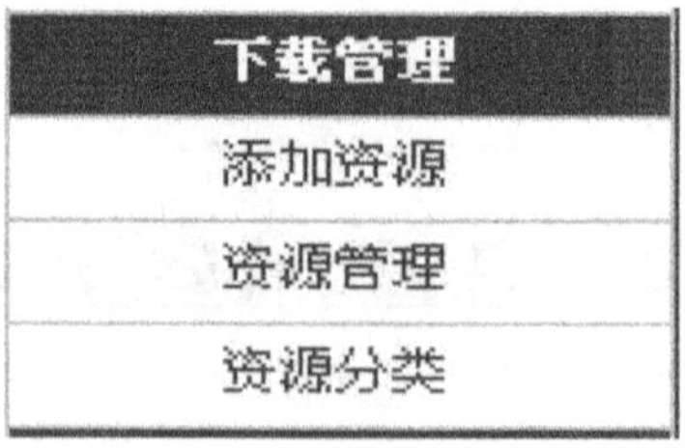

下载管理
添加资源
资源管理
资源分类

图 B2-37

①点击“下载管理”→“添加资源”，进入图 B2-38 所示界面，可录入新的资源信息.

图 B2-38

◆ 项目前标有“*”号的为必填项，为空则提交资源信息失败；

◆ 下载说明的录入支持所见即所得的录入方式，点“代码”可切换到 HTML 语言代码显示模式，供有代码基础的工作人员使用；

◆ 项目“产品图片”里先点击“浏览...”，出现如图 B2-39 所示窗口，选择好需要上传的图片后，点击“上传”按键，等待图片上传完成显示“上传成功”即可，上传视频图片文件大小不要超过 100kB；

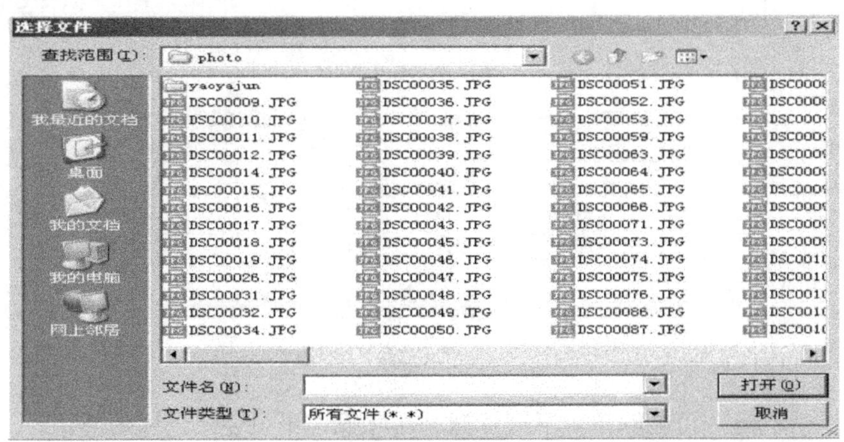

图 B2-39

◆ 项目“下载地址”操作同“产品图片”，此处上传资源文件大小不要超过 100MB，上传成功后“*下载地址：　　　　”将会自动生成上传文件的地址信息，该处也可手动输入上传视频文件地址信息；

◆ 项目“视频地址”上传视频文件成功后，“*文件大小：　　　　K”将会自动生成上传文件的大小信息；

填写完毕后点“提交”则视频录入完毕；点“重置”则清除全部选项和填写内容.

②点击“下载管理”→“资源管理”，进入如图 B2-40 所示界面，可管理已录入的下载资源信息.

下载资讯管理 >> 所有下载						共找到 1 条下载
选中	ID	下载标题	所属一级分类	所属二级分类	加入时间	操作
□	1	测试软件	教学课件		2008-7-17	修改 删除

□ 选中本页显示的所有下载　　删除选定的下载

共 1 条下载　首页　上一页　下一页　尾页　页次：1/1页　20条下载/页

查 询　请输入下载名称。如果为空，则查找所有下载。

图 B2-40

◆ 点击下载资源标题可查看下载资源实际显示页面效果；

◆ 点击“修改”进入下载资源修改页面，可修改已录入下载资源信息(图 B2-41)；

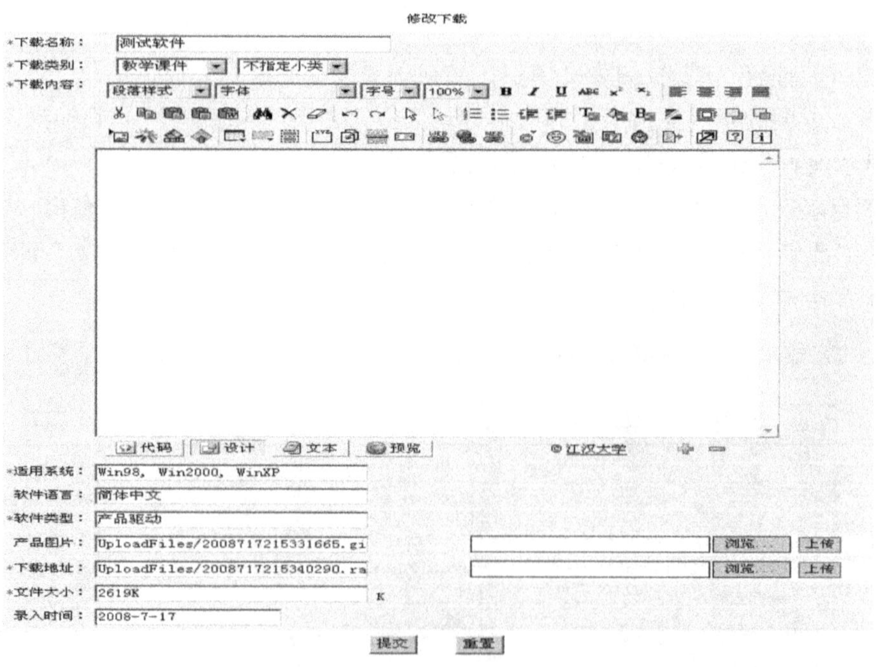
修改下载

*下载名称：测试软件
*下载类别：教学课件　不指定小类
*下载内容：
代码　设计　文本　预览　© 江汉大学
*适用系统：Win98, Win2000, WinXP
软件语言：简体中文
*软件类型：产品驱动
产品图片：UploadFiles/2008717215331665.gi　浏览…　上传
*下载地址：UploadFiles/2008717215340290.ra　浏览…　上传
*文件大小：2619K　K
录入时间：2008-7-17
提交　重置

图 B2-41

◆ 点击“删除”可删除单个下载资源，删除操作不可逆，请谨慎使用；

◆ 点击下载资源标题前的“□”，然后点击“删除选定的下载”可批量删除已

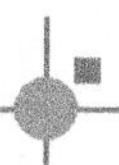

选择的下载资源；

◆ 可在搜索框中输入想要查询的下载资源名进行搜索，如“ 查询 请输入下载名称。如果为空，则查找所有下载 ”.

③点击“下载管理”→“资源分类”，进入如图 B2-42 所示界面，可管理下载资源的分类信息.

添加下载一级分类

栏目名称	操作选项
⊞教学课件	添加二级分类 | 修改 | 删除
⊞客户端下载	添加二级分类 | 修改 | 删除

图 B2-42

◆ 点击“添加下载一级分类”链接，进入图 B2-43 所示界面，输入一级分类名点“ 添 加 ”即可；

下载大类	
下载名称：	
	添 加

图 B2-43

◆ 在一级分类名后点“添加二级分类”链接，进入图 B2-44 所示界面，可添加该一级分类下的子分类；

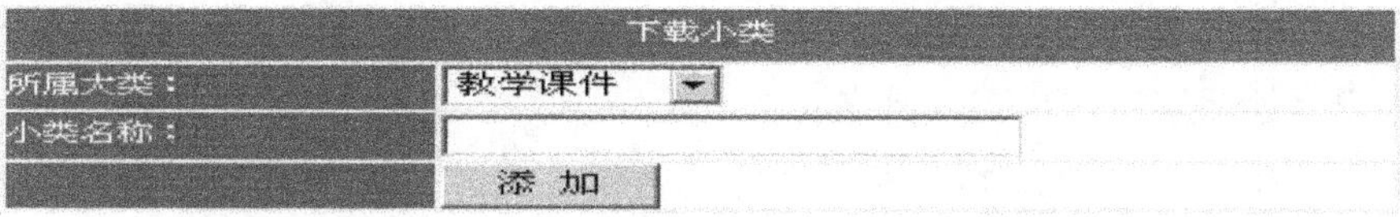

下载小类	
所属大类：	教学课件
小类名称：	
	添 加

图 B2-44

◆ 点击分类名后的“修改”，进入图 B2-45 所示界面，可更改分类名；

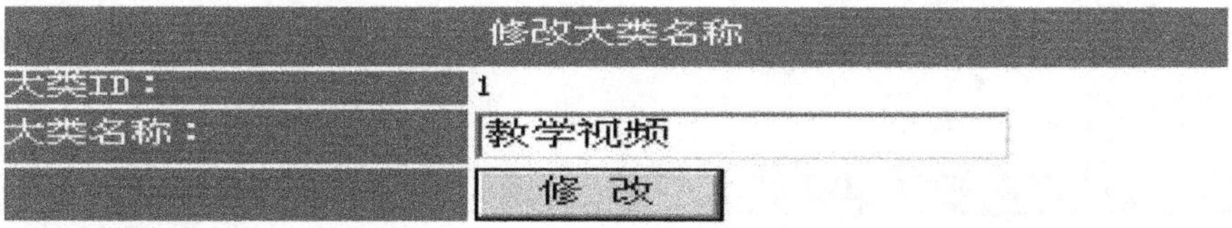

修改大类名称	
大类ID：	1
大类名称：	教学视频
	修 改

图 B2-45

◆ 点击分类名后的“删除”，可删除该分类，如删除的是一级分类，会同时删除该一级分类下面的子分类；

◆ 目前该栏目暂只实现两级分类.

(7) 左侧菜单栏中，用户管理功能(图 B2-46).

用户管理
注册用户
搜索用户
浏览所有用户
管理所有角色
管理用户等级

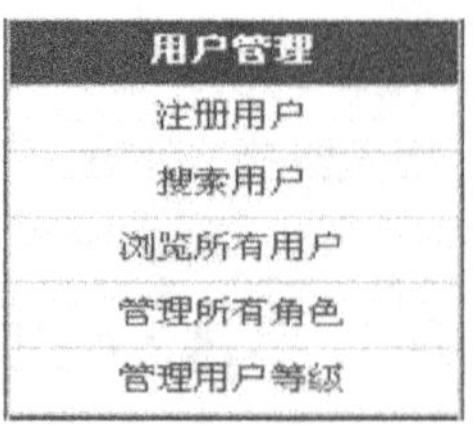

图 B2-46

①点击“用户管理”→“注册用户”，进入如图 B2-47 所示界面，可录入新的用户信息.

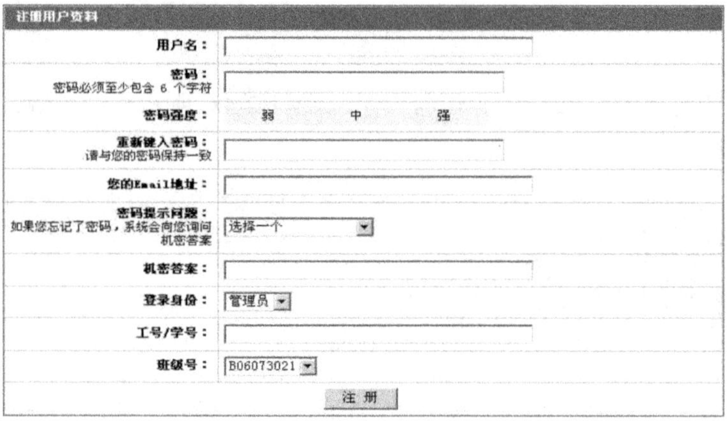

注册用户资料
用户名：
密码：
密码必须至少包含 6 个字符
密码强度：
弱
中
强
重新键入密码：
请与您的密码保持一致
您的Email地址：
密码提示问题：
如果您忘记了密码，系统会向您询问机密答案
选择一个
机密答案：
登录身份：
管理员
工号/学号：
班级号：
B06073021
注 册

图 B2-47

♦ 此处所有选项都为必选项；

♦ 用户名处请填写用户真实姓名；

♦ 录入密码，系统自动判断密码强度，密码强度越高密码被暴力破解的可能性就越低；

♦ “密码提示问题”和“机密答案”两项填写后不能更改.

所有选项填写完毕后点“注册”即可成功提交.

②点击“用户管理”→“浏览所有用户”，进入图 B2-48 所示界面，可管理已录入的用户信息.

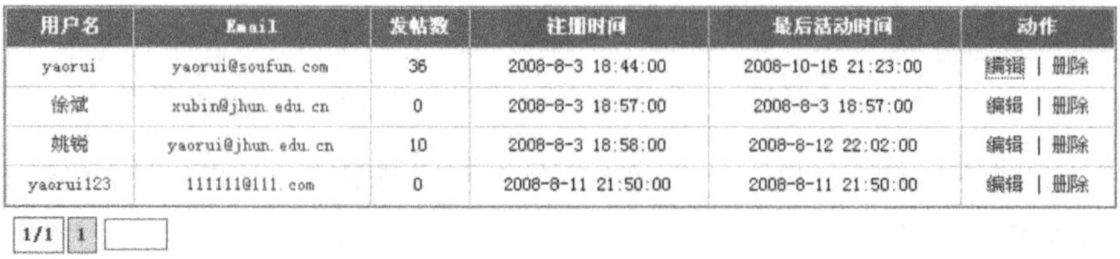

用户名	Email	发帖数	注册时间	最后活动时间	动作
yaorui	yaorui@soufun.com	36	2008-8-3 18:44:00	2008-10-16 21:23:00	编辑 | 删除
徐斌	xubin@jhun.edu.cn	0	2008-8-3 18:57:00	2008-8-3 18:57:00	编辑 | 删除
姚锐	yaorui@jhun.edu.cn	10	2008-8-3 18:58:00	2008-8-12 22:02:00	编辑 | 删除
yaorui123	111111@111.com	0	2008-8-11 21:50:00	2008-8-11 21:50:00	编辑 | 删除

1/1 1

图 B2-48

♦ 点击用户名可查看该用户信息；

♦ 点击“修改”进入用户信息修改页面，可修改已录入用户信息(图 B2-49)；

查看“徐斌”的详细资料	
用户名称：徐斌	用户密码：修改密码
用户角色：普通学生	帐号状态：已通过审核
用户头衔：	信任等级：非信任用户
发 帖 数：0	用户声望：0
活跃天数：0	用户等级：
金　　钱：0	邀 请 人：
经 验 值：0	用户头像：images/face/Default.g
注册日期：2008-8-3 18:57:00 （IP：192.168.0.3）	
活动日期：2008-8-3 18:57:00 （IP：192.168.0.3）	
基本资料	
名字：徐斌	性别：男
生日：	地址：
职业：	兴趣：
邮箱：xubin@jhun.edu.cn	主页：
博客：	相册：
即时通信	
QQ：	ICQ：
AIM：	MSN：
Yahoo：	Skype：
签名＆简介＆备注	
签名：	
简介：	

图 B2-49

♦ 点击“删除”可删除该用户，删除操作不可逆，请谨慎使用.

③点击“用户管理”→“管理所有角色”，进入图 B2-50 所示界面，可管理角色的权限.

角色管理

创建/编辑角色，用来控制一个用户在制定版块的权限。

角色管理	
管理员 不需要添加用户到该角色，该权限为所有论坛管理的最高权限。	编辑版块权限
教师 可以管理单个论坛。	编辑版块权限
普通学生 可以浏览论坛上的所有版块，但没有管理权限	编辑版块权限
创建	

图 B2-50

◆ 目前仅有“管理员”“教师”“普通学生”三种权限；

◆ “管理员”拥有全部论坛最高权限；

◆ “教师”拥有所负责论坛的管理权限；

◆ “普通学生”拥有所有论坛看帖、发帖、回帖的权限，无任何管理权限；

◆ 各角色权限可在此项中进行更改.

④点击“用户管理”→“管理用户等级”，进入如图 B2-51 所示界面.

添加用户等级

管理员			
ID	用户等级	最少发帖	管理
1	工兵	0	编辑 | 删除
2	排长	50	编辑 | 删除
3	连长	150	编辑 | 删除
4	营长	500	编辑 | 删除
5	团长	1000	编辑 | 删除
6	旅长	2000	编辑 | 删除
7	师长	5000	编辑 | 删除
8	军长	20000	编辑 | 删除
9	司令	50000	编辑 | 删除

图 B2-51

◆ 用户等级仅针对“普通学生”角色有效；

◆ 各等级达到条件和名称可在此项中进行更改.

(8) 左侧菜单栏中，论坛管理功能(图 B2-52).

论坛管理
新建论坛
论　　坛
管理所有论坛
管理论坛资料

图 B2-52

①点击“论坛管理”→“新建论坛”，进入图 B2-53 所示界面，可新开论坛.

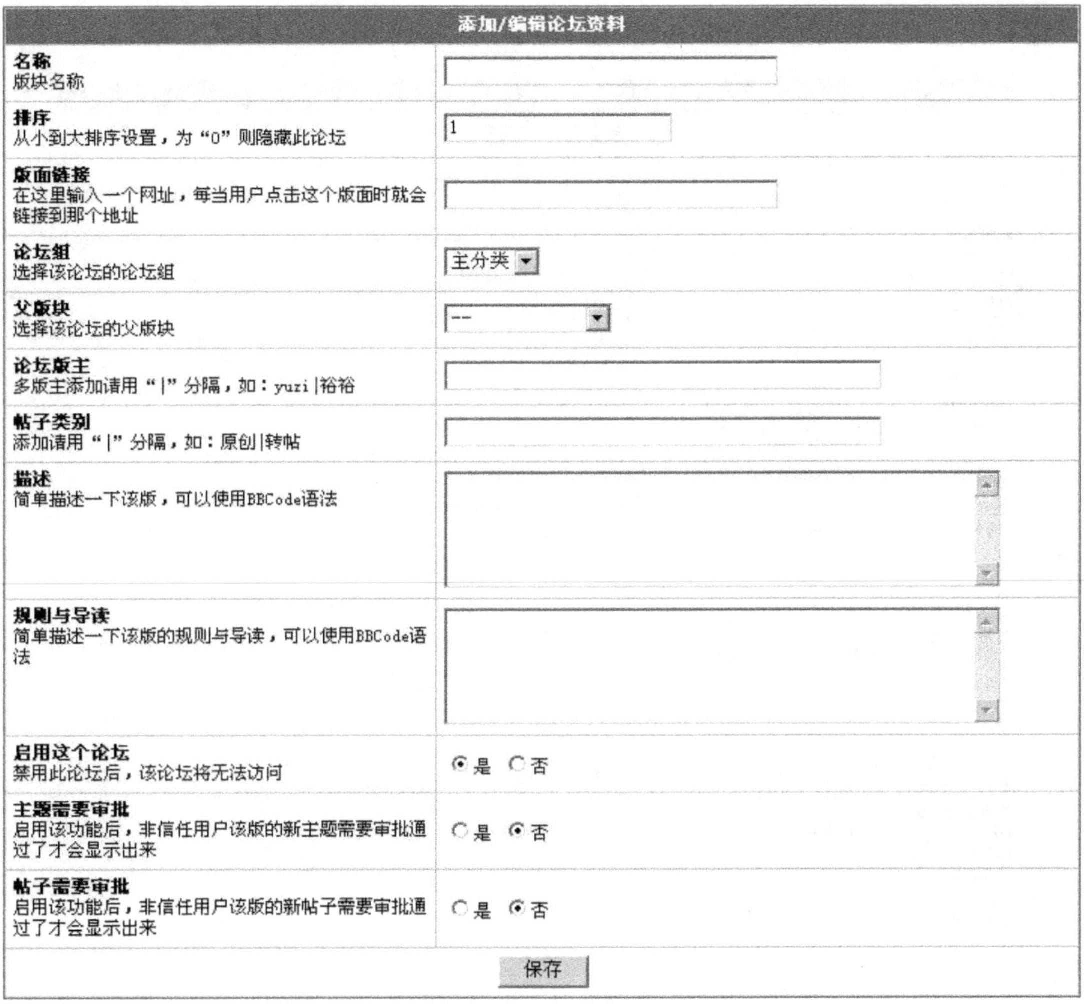

添加/编辑论坛资料	
名称 版块名称	
排序 从小到大排序设置，为“0”则隐藏此论坛	1
版面链接 在这里输入一个网址，每当用户点击这个版面时就会链接到那个地址	
论坛组 选择该论坛的论坛组	主分类
父版块 选择该论坛的父版块	--
论坛版主 多版主添加请用“|”分隔，如：yuzi|裕裕	
帖子类别 添加请用“|”分隔，如：原创|转帖	
描述 简单描述一下该版，可以使用BBCode语法	
规则与导读 简单描述一下该版的规则与导读，可以使用BBCode语法	
启用这个论坛 禁用此论坛后，该论坛将无法访问	◉是 ○否
主题需要审批 启用该功能后，非信任用户该版的新主题需要审批通过了才会显示出来	○是 ◉否
帖子需要审批 启用该功能后，非信任用户该版的新帖子需要审批通过了才会显示出来	○是 ◉否
保存	

图 B2-53

- ◆ 此处所有选项都为必选项；
- ◆ 请根据界面上的说明文字进行操作.

所有选项填写完毕后点“保存”即可成功提交.

②点击“论坛管理”→“论坛”，进入图 B2-54 所示界面，可管理已录入的论坛.

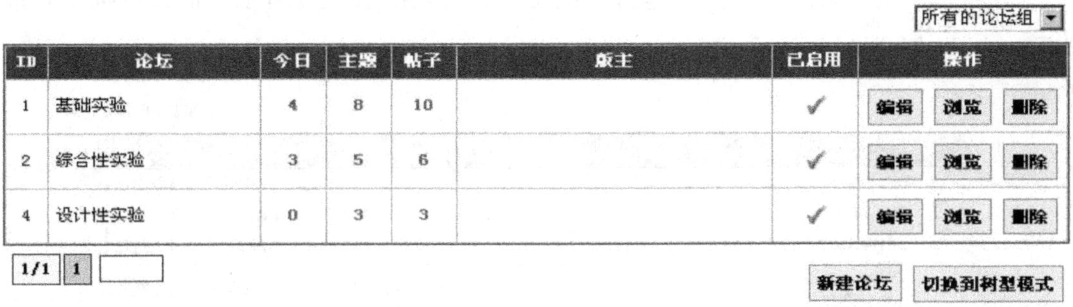

所有的论坛组

ID	论坛	今日	主题	帖子	版主	已启用	操作
1	基础实验	4	8	10		✓	编辑 浏览 删除
2	综合性实验	3	5	6		✓	编辑 浏览 删除
4	设计性实验	0	3	3		✓	编辑 浏览 删除

1/1　1　　　新建论坛　切换到树型模式

图 B2-54

◆ 点击“编辑”，可修改论坛信息(图 B2-55)；

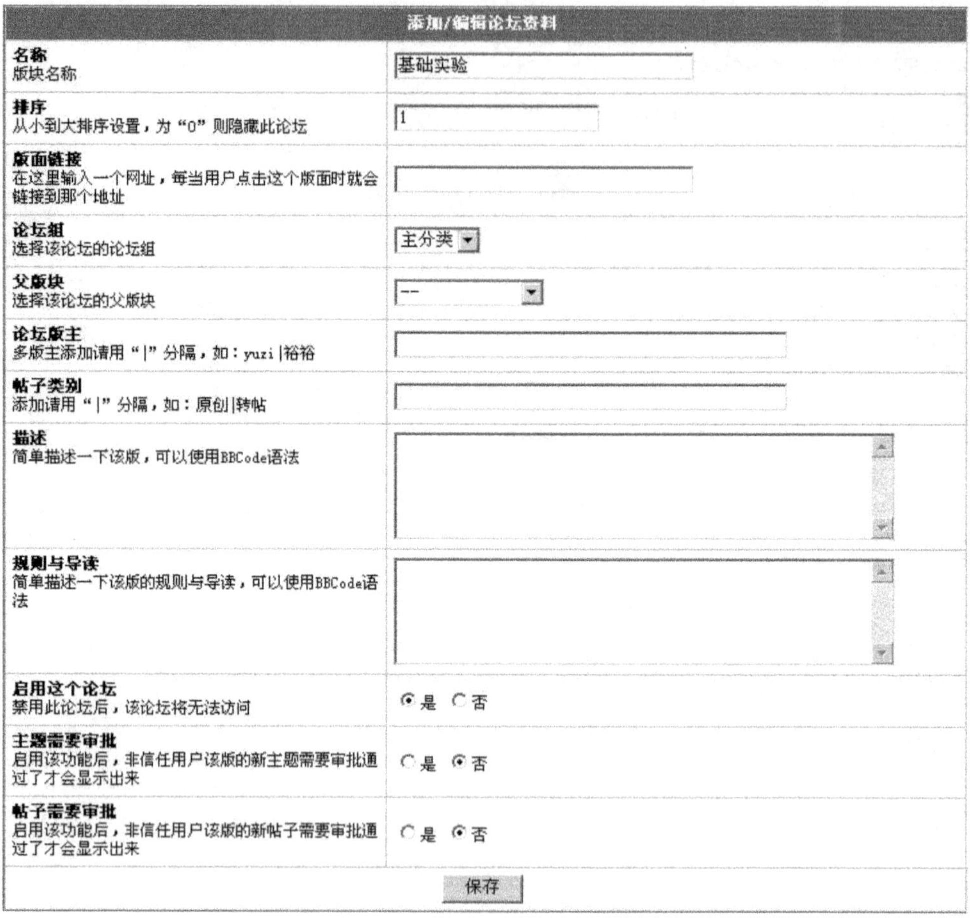

添加/编辑论坛资料	
名称 版块名称	基础实验
排序 从小到大排序设置，为“0”则隐藏此论坛	1
版面链接 在这里输入一个网址，每当用户点击这个版面时就会链接到那个地址	
论坛组 选择该论坛的论坛组	主分类
父版块 选择该论坛的父版块	--
论坛版主 多版主添加请用“|”分隔，如：yuzi|裕裕	
帖子类别 添加请用“|”分隔，如：原创|转帖	
描述 简单描述一下该版，可以使用BBCode语法	
规则与导读 简单描述一下该版的规则与导读，可以使用BBCode语法	
启用这个论坛 禁用此论坛后，该论坛将无法访问	⊙是 ○否
主题需要审批 启用该功能后，非信任用户该版的新主题需要审批通过了才会显示出来	○是 ⊙否
帖子需要审批 启用该功能后，非信任用户该版的新帖子需要审批通过了才会显示出来	○是 ⊙否
保存	

图 B2-55

◆ 请根据界面上的说明文字进行操作；

所有选项填写完毕后点“保存”即可成功提交.

◆ 点击“浏览”可查看该论坛详细信息；

◆ 点击“删除”可删除该论坛及论坛下的帖子，删除操作不可逆，请谨慎使用.

③点击“论坛管理”→“管理所有论坛”，进入图 B2-56 所示界面，可批量管理论坛.

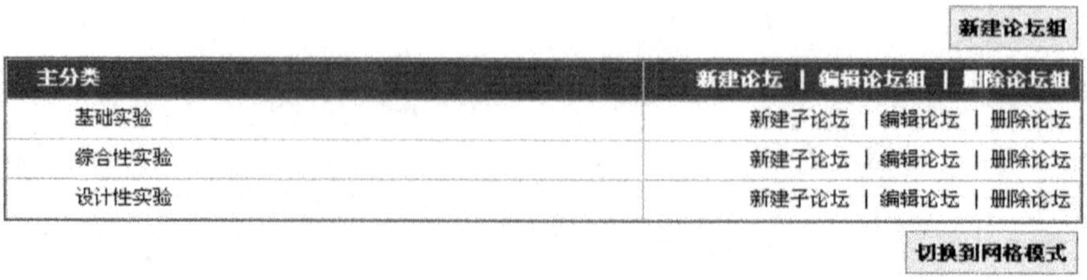

新建论坛组

主分类	新建论坛 | 编辑论坛组 | 删除论坛组
基础实验	新建子论坛 | 编辑论坛 | 删除论坛
综合性实验	新建子论坛 | 编辑论坛 | 删除论坛
设计性实验	新建子论坛 | 编辑论坛 | 删除论坛

切换到网格模式

图 B2-56

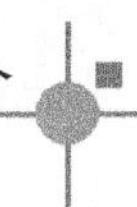

④点击“论坛管理”→“管理论坛资料”，进入图 B2-57 所示界面.

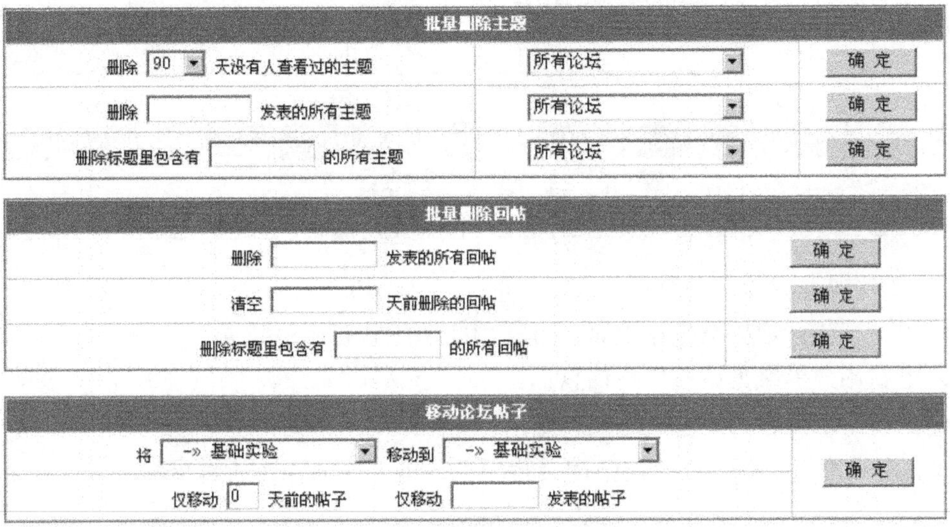

批量删除主题		
删除 [90] 天没有人查看过的主题	所有论坛	确 定
删除 [ ] 发表的所有主题	所有论坛	确 定
删除标题里包含有 [ ] 的所有主题	所有论坛	确 定

批量删除回帖	
删除 [ ] 发表的所有回帖	确 定
清空 [ ] 天前删除的回帖	确 定
删除标题里包含有 [ ] 的所有回帖	确 定

移动论坛帖子	
将 [-» 基础实验] 移动到 [-» 基础实验]	确 定
仅移动 [0] 天前的帖子　仅移动 [ ] 发表的帖子	

图 B2-57

- 可批量删除或转移论坛帖；
- 请根据界面上的说明文字进行操作.

(9) 左侧菜单栏中，论坛工具功能(图 B2-58).

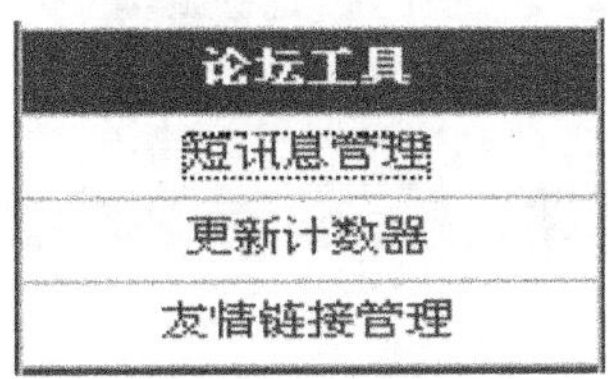

图 B2-58

①点击“论坛工具”→“短讯息管理”，进入图 B2-59 所示界面，可新开论坛.

数据库共 0 条短讯息

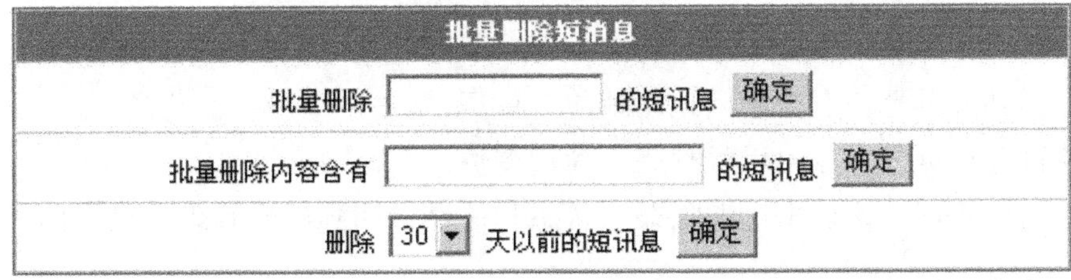

批量删除短消息
批量删除 [ ] 的短讯息 确定
批量删除内容含有 [ ] 的短讯息 确定
删除 [30] 天以前的短讯息 确定

图 B2-59

- 当需要删除部分用户短信息时，可利用此功能；
- 可根据用户名或内容含有的关键字选项批量删除用户短信息.

②点击“论坛工具”→“更新计数器”，进入图 B2-60 所示界面：

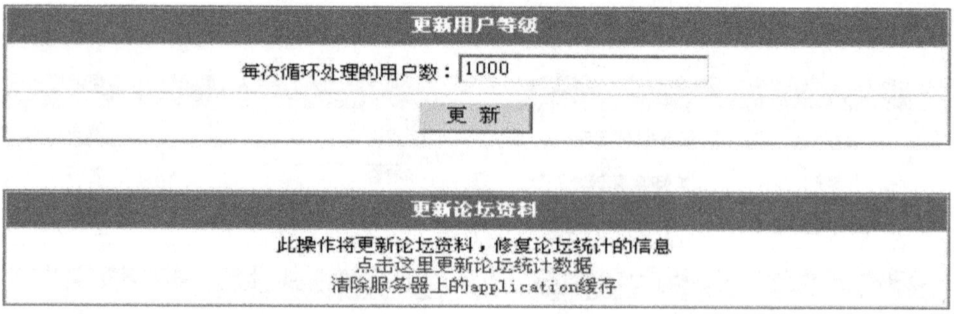

更新用户等级
每次循环处理的用户数：1000
更 新

更新论坛资料
此操作将更新论坛资料，修复论坛统计的信息 点击这里更新论坛统计数据 清除服务器上的application缓存

图 B2-60

- ◆ 当论坛统计数据发生错误时，可利用此功能重新调整数据；
- ◆ 更新用户等级可调整用户信息；
- ◆ 更新论坛资料可调整论坛发帖量.

③点击“论坛工具”→“友情链接管理”，进入图 B2-61 所示界面.

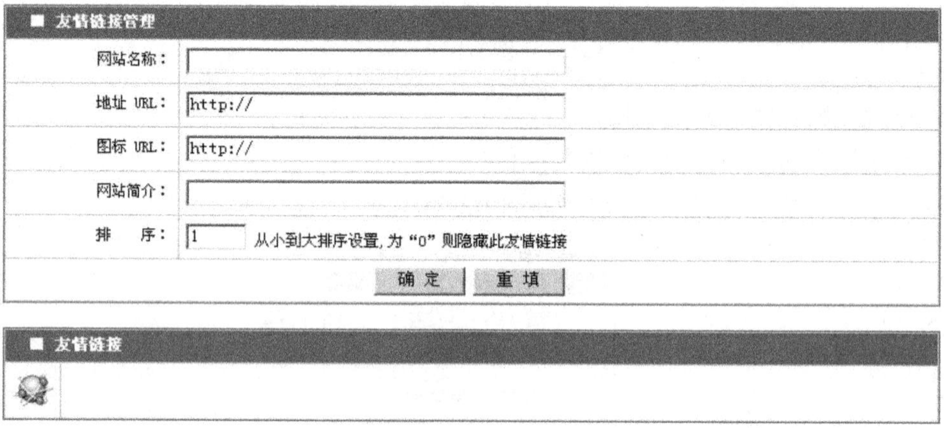

■ 友情链接管理	
网站名称：	
地址 URL：	http://
图标 URL：	http://
网站简介：	
排　序：	1　从小到大排序设置，为“0”则隐藏此友情链接
	确 定　重 填

■ 友情链接

图 B2-61

(10)顶部菜单栏中，导航功能见图 B2-62.

回到首页　管理首页　退出管理

图 B2-62

- ◆ “回到首页”，点击后回到网站前台首页；
- ◆ “管理首页”，点击后回到后台管理首页；
- ◆ “退出管理”，点击后清除登录状态和信息，回到后台管理登录页面.

5. 软件安装说明

1)安装数据库

- ◆ 安装“SQL Server 2000”数据库到服务器中，默认安装目录；
- ◆ 打开“SQL 2000”数据库“企业管理器”，新建一个数据库名“sysgl_v”；

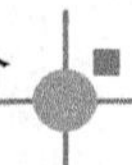

◆ 将数据库文件“sysgl_v0812”还原即可.

2) 安装服务端

拷贝服务端软件到服务器硬盘中，如“D:盘”.

运行服务端软件“Server.exe”，启动后在菜单“配置参数”下完成以下设置:

◆ 设置“网站目录”位置，提供配置更新目录，使客户端能自动下载更新;

◆ 运行“在线更新参数”，更新配置文件(仅第一安装时使用).

3) 配置客户端连接参数

◆ 点击服务端菜单“配置参数”下的“客户端参数”，然后将 ConnectServer.ini 文件拷贝到客户端目录里，完成客户端参数配置.

4) 客户端测试、上传

◆ 运行配置好参数的客户端“Client.exe”，测试是否成功连接到服务端;

◆ 将配置好参数的客户端软件打包或制作成安装包，上传到网站完成整个系统安装.

附表 A　常用物理常数表

物理量	符号，公式	数值	单位
精细结构常数	$a = e^2 / 4\pi\varepsilon_0 hc$	$7.297352568(24) \times 10^{-3}$	
	a^{-1}	$137.03599911(46)$	
普朗克常量	h	$6.6260755(40) \times 10^{-34}$	J·s
里德伯常量	$R_\infty = m_e ca^2 / 2h$	$10\ 937731.568525(73)$	m^{-1}
玻尔半径	$a_0 = 4\pi\varepsilon_0 \hbar^2 c^2 m_e$	$0.5291772108(18) \times 10^{-10}$	m
电子质量	m_e	$9.1093826(16) \times 10^{-31}$	kg
电子-质子质量比	m_e / m_p	$5.4661702173(25) \times 10^{-4}$	
电子康普顿波长	$\lambda_e = \hbar / m_e c$	$3.86159323(35) \times 10^{-13}$	m
经典电子半径	$r_e = e^2 / 4\pi\varepsilon_0 m_e c^2$	$2.817940325(28) \times 10^{-15}$	m
汤姆孙截面	$\sigma_r = 8\pi r_e^2 / 3$	$0.665245873(13) \times 10^{-28}$	m^2
电子磁矩	μ_e	$-928.476412(80) \times 10^{-26}$	$J \cdot T^{-1}$
玻尔磁子	μ_B	$5.78838263(52) \times 10^{-11}$	$MeV \cdot T^{-1}$
核磁子	μ_N	$3.15245166(28) \times 10^{-14}$	$MeV \cdot T^{-1}$
电子反常磁矩	$\lvert\mu_e\rvert / \mu_B - 1$	$1.1596521859(38) \times 10^{-3}$	
电子 g-因子	g_e	$-2.0023193043718(75)$	
质子质量	m_p	$1.67262171(29) \times 10^{-27}$	kg
氘核质量	m_d	$3.34358335(57) \times 10^{-27}$	kg
引力常数	G_N	$6.67259(85) \times 10^{-11}$	$m^3 \cdot kg^{-1} \cdot s^{-2}$
阿伏伽德罗常量	N_A	$6.0221415(10) \times 10^{23}$	mol^{-1}
原子质量常数	$m_u = m(^{12}C) / 12 = 1u$	$1.66053886(28) \times 10^{-27}$	kg
法拉第常数	$F = N_A e$	$96485.3383(83)$	$C \cdot mol^{-1}$
摩尔气体常数	R	$8.314472(15)$	$J \cdot mol^{-1} \cdot K^{-1}$
玻尔兹曼常量	k	$1.3806505(24) \times 10^{-23}$	$J \cdot K^{-1}$
理想气体摩尔数	$N_A k$	$22.413996(39) \times 10^{-3}$	$m^3 \cdot mol^{-1}$
斯特藩-玻尔兹曼常数	$\sigma = \pi^2 k^4 / 60\hbar^3 c^2$	$5.67051(19) \times 10^{-8}$	$W \cdot m^{-2} \cdot K^{-4}$

附表 B 标准正态分布函数 $N(x;0,1)$ 数值表

$$N(x;0,1)=\int_{-\infty}^{x}\frac{1}{\sqrt{2\pi}}\exp\left(-\frac{1}{2}x^{2}\right)\mathrm{d}x$$

x	0.00	0.01	0.02	0.03	0.04	0.05	0.06	0.07	0.08	0.09
0.0	0.50000	0.5040	0.5080	0.5120	0.5160	0.5199	0.5239	0.5279	0.5319	0.5359
0.1	0.5398	0.5438	0.5478	0.5517	0.5557	0.5596	0.5636	0.6575	0.5714	0.5753
0.2	0.5793	0.5832	0.5871	0.5910	0.5948	0.5987	0.6026	0.6064	0.6103	0.6141
0.3	0.6179	0.6217	0.6255	0.6293	0.6331	0.6368	0.6406	0.6443	0.6480	0.6517
0.4	0.6554	0.6591	0.6628	0.6664	0.6700	0.6736	0.6772	0.6808	0.6844	0.6879
0.5	0.6915	0.6950	0.6985	0.7019	0.7054	0.7088	0.7123	0.7157	0.7190	0.7224
0.6	0.7257	0.7291	0.7324	0.7357	0.7389	0.7422	0.7454	0.7486	0.7517	0.7549
0.7	0.7580	0.7611	0.7642	0.7673	0.7704	0.7734	0.7764	0.7794	0.7823	0.7852
0.8	0.7881	0.7910	0.7939	0.7967	0.7995	0.8023	0.8051	0.8078	0.8106	0.8133
0.9	0.8159	0.8186	0.8212	0.8238	0.8264	0.8289	0.8315	0.8340	0.8365	0.8389
1.0	0.8413	0.8438	0.8461	0.8485	0.8508	0.8531	0.8554	0.8577	0.8599	0.8621
1.1	0.8643	0.8665	0.8686	0.8708	0.8729	0.8749	0.8770	0.8790	0.8810	0.8830
1.2	0.8849	0.8869	0.8888	0.8907	0.8925	0.8944	0.8962	0.8980	0.8997	0.9015
1.3	0.9032	0.9049	0.9066	0.9082	0.9099	0.9115	0.9131	0.9147	0.9162	0.9177
1.4	0.9192	0.9207	0.9222	0.9236	0.9251	0.9265	0.9279	0.9292	0.9306	0.9319
1.5	0.9332	0.9345	0.9357	0.9370	0.9382	0.9394	0.9406	0.9418	0.9429	0.9441
1.6	0.9452	0.9463	0.9374	0.9484	0.9495	0.9505	0.9515	0.9525	0.9535	0.9545
1.7	0.9554	0.9564	0.9573	0.9582	0.9591	0.9599	0.9608	0.9616	0.9625	0.9633
1.8	0.9641	0.9649	0.9656	0.9664	0.9671	0.9678	0.9686	0.9693	0.9699	0.9706
1.9	0.9713	0.9717	0.9726	0.9732	0.9738	0.9744	0.9750	0.9756	0.9761	0.9767

续表

x	0.00	0.01	0.02	0.03	0.04	0.05	0.06	0.07	0.08	0.09
2.0	0.9772	0.9778	0.9783	0.9788	0.9793	0.9798	0.9803	0.9808	0.9812	0.9817
2.1	0.9821	0.9826	0.9830	0.9834	0.9838	0.9842	0.9846	0.9850	0.9854	0.9857
2.2	0.9861	0.9864	0.9868	0.9871	0.9875	0.9878	0.9881	0.9884	0.9887	0.9890
2.3	0.9893	0.9896	0.9898	0.9901	0.9904	0.9906	0.9909	0.9911	0.9913	0.9916
2.4	0.9918	0.9920	0.9922	0.9925	0.9927	0.9929	0.9931	0.9932	0.9934	0.9937
2.5	0.9938	0.9940	0.9941	0.9943	0.9945	0.9946	0.9948	0.9949	0.9951	0.9952
2.6	0.9953	0.9955	0.9956	0.9957	0.9959	0.9960	0.9961	0.9962	0.9963	0.9964
2.7	0.9965	0.9966	0.9967	0.9968	0.9969	0.9970	0.9971	0.9972	0.9973	0.9974
2.8	0.9974	0.9975	0.9976	0.9977	0.9977	0.9978	0.9979	0.9979	0.9980	0.9981
2.9	0.9981	0.9982	0.9982	0.9983	0.9984	0.9984	0.9985	0.9985	0.9986	0.9986
3.0	0.9987	0.9987	0.9987	0.9988	0.9988	0.9989	0.9989	0.9989	0.9990	0.9990
3.1	0.9990	0.9991	0.9991	0.9991	0.9992	0.9992	0.9992	0.9992	0.9993	0.9993
3.2	0.9993	0.9994	0.9994	0.9994	0.9994	0.9994	0.9994	0.9995	0.9995	0.9995
3.3	0.9995	0.9995	0.9995	0.9996	0.9996	0.9996	0.9996	0.9996	0.9996	0.9997
3.4	0.9997	0.9997	0.9997	0.9997	0.9997	0.9997	0.9997	0.9997	0.9997	0.9998

x	4	5	6	7	8	9	10
$1-N(x;0,1)$	3.2×10^{-5}	2.9×10^{-7}	9.9×10^{-10}	1.3×10^{-12}	6.2×10^{-16}	1.1×10^{-19}	7.6×10^{-24}

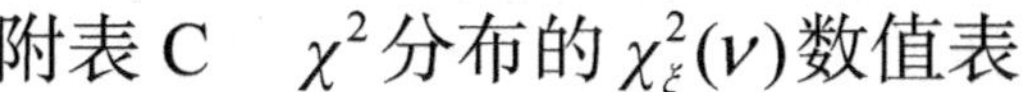

附表 C　χ^2分布的$\chi_\xi^2(\nu)$数值表

$$P_r[\chi^2 \leqslant \chi_\xi^2(\nu)] = \int_0^{\chi_\xi^2(\nu)} \frac{1}{2^{\nu/2}\Gamma\left(\frac{\nu}{2}\right)} u^{\frac{\nu}{2}-1} \exp\left(-\frac{u}{2}\right) \mathrm{d}u = \xi$$

ν	ξ								
	0.20	0.50	0.70	0.80	0.90	0.95	0.98	0.99	0.999
1	0.0642	0.455	1.074	1.642	2.706	3.841	5.412	6.635	10.828
2	0.446	1.386	2.408	3.219	4.605	5.991	7.824	9.210	13.816
3	1.005	2.366	3.665	4.642	6.251	7.815	9.837	11.345	16.266
4	1.619	3.357	4.878	5.989	7.779	9.448	11.668	12.277	18.467
5	2.343	4.351	6.064	7.289	9.236	11.070	13.388	15.068	20.515
6	3.070	5.348	7.231	8.558	10.645	12.592	15.033	16.812	22.458
7	3.822	6.346	8.383	9.803	12.017	14.067	16.622	18.475	24.322
8	4.594	7.344	9.524	11.030	13.362	15.507	18.168	20.090	26.125
9	5.380	8.343	10.656	12.242	14.684	16.919	19.679	21.666	27.877
10	6.179	9.342	11.781	13.442	15.987	18.307	21.161	23.209	29.588
11	6.989	10.341	12.899	14.631	17.275	19.675	22.618	24.725	31.264
12	.7.807	11.340	14.011	15.812	18.549	21.026	24.054	26.217	32.909
13	8.634	12.340	15.119	16.985	19.812	22.362	25.472	27.688	34.528
14	9.467	13.339	16.222	18.151	21.064	23.685	26.873	29.141	36.123
15	10.307	14.339	17.322	19.311	22.307	24.996	28.259	30.578	37.697
16	11.152	15.338	18.418	20.465	23.542	26.296	29.633	32.000	39.252
17	12.002	16.338	19.511	21.615	24.769	27.587	30.995	33.409	40.790
18	12.857	17.388	20.601	22.760	25.989	28.869	32.346	34.805	42.312
19	13.716	18.388	21.689	23.900	27.204	30.114	33.687	36.191	43.820

续表

ν	ξ								
	0.20	0.50	0.70	0.80	0.90	0.95	0.98	0.99	0.999
20	14.578	19.337	22.775	25.038	28.412	31.410	35.020	37.566	45.315
21	15.445	20.337	23.858	26.171	29.615	32.671	36.343	38.932	46.797
22	16.314	21.337	24.939	27.301	30.813	33.924	37.659	40.289	48.268
23	17.187	22.337	26.018	28.429	32.007	35.172	38.968	41.638	49.728
24	18.062	23.337	27.096	29.553	33.196	36.415	40.270	42.980	51.179
25	18.940	24.337	28.172	30.675	34.382	37.652	41.566	44.314	52.618
26	19.820	25.336	29.246	31.795	35.563	38.885	42.856	45.642	54.052
27	20.703	26.336	30.319	32.912	36.741	40.113	44.140	46.963	55.476
28	21.588	27.336	31.391	34.027	37.916	41.337	45.419	48.278	56.893
29	22.475	28.336	32.461	35.139	39.087	42.557	46.693	49.588	58.301
30	23.364	29.336	33.530	36.250	40.256	43.773	47.962	50.892	59.703